美国总统是怎么工作的

—— 解读美国总统制

（第七版）

[美] 詹姆斯·P.菲夫纳　罗杰·H.戴维森　　王向华 译

上海社会科学院出版社
SHANGHAI ACADEMY OF SOCIAL SCIENCES PRESS

上海市美国问题研究所
SHANGHAI INSTITUTE OF AMERICAN STUDIES

图书在版编目(CIP)数据

美国总统是怎么工作的:解读美国总统制/(美)詹姆斯·P.菲夫纳,(美)罗杰·H.戴维森编;王向华译.—上海:上海社会科学院出版社,2019

书名原文:Understanding The Presidency

ISBN 978 - 7 - 5520 - 0891 - 3

Ⅰ.①美⋯　Ⅱ.①詹⋯②罗⋯③王⋯　Ⅲ.①总统制—研究—美国　Ⅳ.①D771.221

中国版本图书馆 CIP 数据核字(2018)第 270164 号

上海市版权局著作权合同登记号 图字:09 - 2014 - 505

Authorized translation from the English language edition, entitled Understanding The Presidency, 978-0-205-86468-3 by James P. Pfiffner, Roger H. Davidson, published by Pearson Education, Inc, publishing as Prentice Hall, Copyright © 2013,2011,2009,2007

美国总统是怎么工作的:解读美国总统制

编　　者:[美]詹姆斯·P.菲夫纳　罗杰·H.戴维森
译　　者:王向华
特约编辑:孙　洁
责任编辑:唐云松　王　勤
封面设计:夏艺堂艺术设计+夏商 xytang@vip. sina. com
出版发行:上海社会科学院出版社
　　　　　上海顺昌路 622 号　邮编 200025
　　　　　电话总机 021 - 63315900　销售热线 021 - 53063735
　　　　　http://www. sassp. org. cn　E-mail:sassp@sass. org. cn
照　　排:南京前锦排版服务有限公司
印　　刷:上海颛辉印刷厂
开　　本:710×1010 毫米　1/16 开
印　　张:33
字　　数:632 千字
版　　次:2019 年 2 月第 1 版　2019 年 2 月第 1 次印刷

ISBN 978 - 7 - 5520 - 0891 - 3/D · 515　　定价:138.00 元

序　言

　　我们之所以编写这本书,是源于对课堂教学的感受与体验。多年来,我们一直教授有关总统制方面的本科生及研究生课程。每一学期,为了提供给学生们总统制方面的基本理论、阅读材料和原始资料,我们都要去搜集合适的教科书。由于在单独一部作品中,我们不能找到这些材料的最佳搭配,所以决定自己着手编著这样一本书。我们认为,关于总统制方面,一部有效的书籍应该从历史和现代两个角度进行论述,涉及范围广泛,囊括"经典"著作和原著,并易于本科生理解和接受。

　　在我们的总统制课程中,我们俩人在指定一些综合性教科书方面还是颇有经验的。虽然这些指定的教科书能够涵盖总统制的所有重要方面,但是补充材料才能够彰显出学者们在专业领域方面与众不同的声音,展现出具体议题中更为深层的内容。当然,在授课过程中我们还会使用简短的补充文本,但使用这种手段往往缺少的是,或者至少难以获得的是,对所有重要话题的全面覆盖。因而,我们设想有这样一本总统制读物,它会包含着最重要的、多维度的选萃文本材料。把这些想法牢记于心,我们编著了这本读物。

　　根据我们的课堂经验,我们认识到我们的学生需要更多地了解美国历史。因而,我们选取了一些总统制创建和两个世纪以来政府机构发展方面的文章。其中有几篇是制宪者们发表的有重要影响的文章,及亚伯拉罕·林肯、西奥多·罗斯福、伍德罗·威尔逊、威廉·霍华德·塔夫脱所发表的重要阐释。学生往往对当代发生的事件和议题感兴趣,所以我们也选取了一些现代议题的文章。

　　我们打算收录一些 20 世纪学术界研究总统制的经典文章;我们的学生应该去了解这些作者和他们的思想。因而我们选取了理查德·诺伊施塔特、休·赫克洛、斯蒂芬·斯科夫罗内克的文章。我们也打算给学生提供一些当代最好的总统制学者的原始分析材料,因而物色了一些文章,这些文章的作者有拉腊·布朗、约翰·伯克、詹姆斯·坎贝尔、路易斯·费希尔、乔治·爱德华兹、迈克尔·吉诺维斯、约翰·安东尼·马耳他、理查德·帕尔斯、克莱德·威尔科克斯。我们邀请这些作者的目的不是为了讨论他们的学术专长,而是把他们对问题的分析放在概括及易懂的层面上;我们非常感激的是,他们每个人都为我们写了一篇文章。除此之外,我们编者为这本书写了几篇文章,并更新了第七版的内容。

第七版的创新之处

自第六版以来,新形势的发展已经影响到了本书中一些文章的内容,阅读材料也已经得以修订,以便来反映这些新的变化和发展。拉腊·布朗已更新了她的包含 2012 年总统提名准备阶段的阅读文章。克莱德·威尔科克斯等人带来了最新的竞选经费方面的分析材料。

约翰·安东尼·马耳他把奥巴马总统任命埃琳娜·卡根到最高法院的材料补充进了他的文章。罗杰·H·戴维森更新了他的两篇文章,增添了奥巴马政府前半期的内容。詹姆斯·菲夫纳把对奥巴马总统的行政权力和布什政府时期的权力进行了比较。

自第六版以来,最近出炉的奥巴马总统制方面的优秀文章也收录进了修订版中。加里·雅各布森分析了奥巴马总统与国会在政策上达成一致的成就,并解释了为什么这些成就没有转变成政党的成功。扎克里·科斯向我们阐述了茶党如何影响了 2010 年的选举,并且可能影响到 2012 年的选举周期。路易斯·费希尔专门为此书写了一篇文章,内容为奥巴马总统在 2011 年春夏干涉利比亚,拒绝取得国会的支持。在这一版本中,史蒂芬·韦恩论述了奥巴马总统的性格及在其主要政策决策中的反映。最后,詹姆斯·菲夫纳分析了奥巴马白宫的决策制定。

我们的目标,一如既往,力求提供一本全面的总统制读本,它囊括了大学课程中应有的重要的论题。我们相信这个版本中的选材代表了现有的总统制方面最好的内容,并且又能激发读者的兴趣,吸引他们的眼球。

目　　录

第一章　总统制的制宪起源

　　创立总统制，制宪者们不得不临时起草。他们倡导议会权力，不想设立一个地位举足轻重的行政机构。非君主制的形式——甚至不受宪法制约的形式——是可以接受的。经过一开始的殖民地（后来的州）统治，大陆会议以及后来的《邦联条例》，建立强有力而又合法的制宪会议精神，深深地植根于这片新大陆的土壤之中。

　　然而，这种议会强势而行政机构弱势的传统造成了麻烦。国家的第一个执政宪章——1781 年采用的《邦联条例》——没有促进政治或经济上的稳定。国会证实按照条例的规定，在提供共同防务，处理与大国的关系，规范贸易及货币制度等方面是不能胜任的。詹姆斯·麦迪逊宣布新国家的行政机构已经变得"无足轻重"，而议会是"至高无上的"。他抱怨宪法的制约，一时被议会超越。

　　十七、十八世纪英国和美国大陆的思想家们发表的引人注目的政治文章已经探讨了政府权力的问题，这些思想家包括：詹姆士·哈林顿（James Harrington 1611—1677）；约翰·洛克（John Locke 1632—1704）；孟德斯鸠（Baron de Montesquieu 1689—1755）；威廉·布莱克斯通（William Blackstone 1723—1780）。这些哲学家把议会权力看成是最真实的社会意愿的表达。但是这种权力是有限的。比如国家在紧急情况发生时，可能需要行政机构超出或者违背法律法规去采取行动（洛克的"特权"）。此外，洛克，布莱克斯通，尤其是孟德斯鸠认为，在相互制衡的机构之间分配政府权力，自由才能得到最好的体现。

　　来自大西洋北美大陆地区的影响也表现了出来。没有人能够忽略一个事实，那就是从英国在弗吉尼亚州的詹姆斯敦建立第一个殖民地，到 1787 年的制宪会议，180 年流逝而去。在美国开国元勋们看来，新大陆经历的这些事情至少和过去的议会制、哲学方面的文章一样丰富生动。首先是作为英国统治下的殖民者，后来作为新国家的公民，他们的经历造就了他们对于政府尤其是行政机构的看法。虽然开国元勋们赞同立法制度，但是他们当中善于表达的一些人寻求一个强有力的独立行政机构来制衡立法霸权。他们知道按照《邦联条例》行使权力的的国会（缺少一个独立的行政机构或司法机构）——更不用说，这个新国家的集所以权力于一身的立法机构了——不能在全国范围内果断采取行动解决问题和确保秩序。他们找到了一种模式，正如历史学家查尔斯·C. 撒奇（Charles C. Thach）所表明的，在刚刚加强的纽约和马萨诸塞州的总督职位中，他们修改了原先的宪法，创立了一个更平衡的政府。

总统制的另一个模式千万不能被忽视：那就是尊贵而又谦逊的乔治·华盛顿的存在，他主持了费城会议。没有足够的证据表明华盛顿在文件内容方面提出了重要的实质性的建议。然而，他所具有的处事不惊的大家风范对这整个的事业来讲是一笔宝贵的财富。本来"总统"这个词源于拉丁语动词"主持"（praesidere），是"主持，负责或统辖"（to preside）之意。

因此，即使没有确切的的历史先例，代表们也能够看到他们希望的那个人摆在他们的面前。"这话别对外人讲"，皮尔斯·巴特勒（Pierce Butler）给他的一个英国朋友的信中写道："如果不是许多代表们将目光投向华盛顿将军，视之为总统，并且根据对其德行的评价形成了关于应授予总统权力的观点，我相信他们（行政机构的权力）不会如此之强大。本杰明·富兰克林（Benjamin Franklin）明智地评论道"即将掌权的第一个人是个好人，没有人知道……后来的是什么人"。

建立一个独立、强有力的行政机构的倡导者——弗吉尼亚的麦迪逊、宾夕法尼亚的詹姆斯·威尔逊和古弗尼尔·莫里斯，以及纽约的亚历山大·汉密尔顿——都是制宪会议最活跃的人物。经常被称为总统制之父的威尔逊想要一个"反应迅速、负责任"的行政机构。强有力政府的拥护者汉密尔顿写道，一个"精力充沛的政府"是制宪会议最重要的目标。莫里斯，制宪会议起草委员会的领导人之一，支持建立一个强有力的、独立的——广泛选举产生的——行政机构。

在这些人的引领下，制宪会议达成了一系列重大的决议，这些决议列出了现代总统制的特征。最显著的条款为：

1. 总统是一个个体（不是一个委员会）。

2. 至少在正常情况下，总统是独立于国会选举产生的（众议院会在候选人没有在选举人团中得到大多数支持时会做出选择）。

3. 总统的任职期限陈述模糊，但也有潜在的概括性语言，例如，"授予"和"注意"条款。

4. 总统为行政分支的首脑。

5. 总统和国会分享制定政策的权力：他可以推荐立法和否决国会法案（虽然否决可以由两院的三分之二票数推翻）。

6. 总统是首席外交官，但外交政策与国会一同制定。总统有权缔结条约，但须征求参议院的意见并取得同意。

7. 所谓的战争权力也是分开的。总统是总司令，而国会有权宣战，也有权募集和维持陆军，提供和维护海军，以及制定统辖军队的条例，包括管理"陆地和海上的俘虏"。

8. 总统在征求参议院建议和同意的前提下有权任命"美国的官员"。

9. 总统有资格获得连任(后来由《宪法》第二十二条修正案限定为两届),并且只有在被弹劾和因"叛国、贿赂,或其他重罪和轻罪"而定罪的情况下才能被解除职务。

费城会议后不久,詹姆斯·麦迪逊(James Madison)——无疑为制宪会议最有影响力的人物——给他的同事托马斯·杰弗逊(Thomas Jefferson)(当时在法国,没有参加起草宪法)汇报了有关会议的工作。后面有这封信的重印本,回顾了大会的主要目标和重点的辩论:关于行政首长的定义(是一个人还是多人),可选择的选举总统的方式(是由国会、各州的行政机构推选,还是人民普选),总统的任期期限,连任资格和人事任命权力等议题。

联邦党人——他们支持新宪法,尤其是主张独立行政首长的想法——在一系列的文章中非常有说服力地阐述了他们的理由,这些文章刊登在 1787 年 10 月到 1788 年 7 月的纽约报刊《独立杂志》上。作者是麦迪逊、汉密尔顿和约翰·杰伊(John Jay),所有作品都用笔名"普布利乌斯"署名。这 85 篇联邦党人的文章被认为是美国历史上的最重要的政治理论著作。至少,这些著作清晰地阐明了最有影响宪法创立者的想法以及他们的想法的合情合理性。汉密尔顿是对建立一个强有力的行政机构最有激情的倡导者,他在《联邦党人文集》里的 11 篇关于这个议题的文章中(从 67 号到 77 号),69 号和 70 号是最有说服力的。在这两篇文章的开头,汉密尔顿对总统的宪法权力进行了评论,同时通过列举对这些权力具有制约和审查作用的手段来努力地平复反联邦党人的恐惧(比如说英国国王)。在第二部分中,他高度赞扬了建立一个"有活力的行政机构"的必要性并阐述了它的构成。

宪法的反对者——反联邦党人——辩论说新宪法授予的行政权力过大并且类似于他们已经努力推翻的许多王室权威。例如,纽约州长乔治·克林顿(George Clinton,1777—1795;1800—1803)就反对批准新宪法,原因是宪法似乎允许总统无限期连任,这会导致总统终身执政。克林顿还担心缺乏提出建议并辅助总统的委员会,不能在人事任命、接见大使、否决立法及赦免等方面提出建议。此外,他还担忧总统不像纽约州长,不是由人民直接选出。

虽然联邦党人险胜,赢得了对汉密尔顿所称的"有活力的政府"进行规划的许可,但是强有力中央政府的倡导者和那些支持重新运行联邦权力,把权力归还到各州、各地及各个私人实体的倡导者之间的争论还很激烈。即便是 200 多年后,美国人在国家政府问题上仍众说纷纭:一方面,他们坚持强调政府所提供的利益,而另一方面,他们不相信政府有能力去解决问题,不喜欢政府对他们的个人生活带来一些不可避免的侵扰。

　　一项表面上看来毫无恶意的条文规定了总统的任职资格。代表们对提议中的局限提出反驳——尤其是宗教和财产所有权。最终只有三项资格条件用于选举联邦官员：就总统职位而言，年龄（至少35岁），在美居住时间（至少14年），公民身份（竞选者必须"生来是美国公民"，也就是说，出生在这个国家或者如果出生在国外，应该是美国公民的孩子）。对公民身份的要求毫无疑问是害怕外国干涉新创立的国家，这在18世纪时是可以理解的。这种要求对于一个拥有不同种族的强大而又稳固的世界大国来讲似乎过时了，这样可能会剥夺那些碰巧生来不是美国公民的潜在的有领导才能的人的权利。

　　然而，最为奇特的宪法条款是开国元勋们选举总统的神秘制度：选举人团。与人们普遍认为的相反，总统职位不是由普选产生。费城的制宪者们区分了国会、各州和公民在选取总统时应该扮演的角色，制定出了包括所有这些因素的方案。对大众民主持怀疑者——比如，怀疑普通民众充分了解竞选者并能够做出明智的选择——起草委员会设计了一个方案，使各州和国会两院都能发挥作用。总统由选举人选出，选举人由他们所在的各州选出。如果没有候选人获得多数选举人（选举人团）票，众议院将会选出总统——参议院选出副总统，每州代表团只投一票。

　　谁又能够预测到，在几十年之内，各州会把选举人选举移交给大众普选？谁又能想到由于通信和交通的发展能够将关于候选人及派系信息传遍全国呢？谁又能知道总统和副总统候选人能够在他们的政治党派提名的名单上一块竞选呢？谁又能猜到选举人团成员自身会从党派候选人名单中被选出，还被要求（在许多州）为他们所在党派的候选人投票呢？所有这些可能成为现实的事情都发生了，并永久地改变了总统选举的本质和实施。

　　然而，选举人团制度保留了下来，因此普选产生的候选人可能得不到选举人团投的票。这样的结局最近就发生在2000年，在佛罗里达州的激烈角逐中，乔治·W. 布什（George W. Bush）以选举人团投票的微弱优势赢得胜利，尽管他以大约50万张的普选票的差距输给了他的竞争对手民主党人阿尔·戈尔（Al Gore）。詹姆斯·P. 普费弗勒（James P. Pfiffner）评价了选举人团制度的历史怪事并解释了简化和废除现存制度的一些提议（呜呼，没有一个有可能被采用）。

　　对于行政权力的争论同样反复出现，虽然这些阵营通常与对联邦政府范围内开战的阵营相当不同。问题大多是由于宪法本身引起，宪法将决策的责任分离出来，描述总统权力和职责远远不如给予国会的精确。宪法学者爱德华·S. 科温（Edward S. Corwin）有句著名格言：宪法在两个分支机构之间"诱发争斗"。这条格言适用于外交政策，但更适用于国内事务方面。因而，大部分现代总统制的权力是在两个多世纪的历史长河中积累的动议和先例的产物——包括危机、战争、大萧条、政治上的重整及大大小小的机制调整。

　　总统制最根本的悖论，正如政治科学家托马斯·E. 克罗宁（Thomas E. Cronin）写道："它总是太强大，然而它又总是不充分。"有些陈述提到，这个职位软弱并受到限制；还有人提到，它处于危险的失控状态。公民对总统权力也是游移不定的态度。表面上看来，他们喜欢看到他们的总统地位低下或者是威望降低。与此同时，人们继续渴望英雄总统的出现——出色的领导人总能从"仅仅是政客们"的抗议声中脱颖而出，引领国家行驶在正确的道路上。

参考文献

Corwin，Edward S. ，*The President：Office and Powers 1787－1957*，4th rev. ed.（New York：New York University Press，1957）.

Cronin，Thomas E. ，and Michael A. Genovese，*The Paradoxes of the American Presidency*（New York：Oxford University Press，2004）.

Edwards，George C. III，*Why the Electoral College Is Bad for America*（New Haven：Yale University Press，2004）.

Hamilton，Alexander，James Madison，and John Jay，The Federalist Papers，ed. Clinton Rossiter（New York：Penguin Books，1961）.

Mansfield，Harvey C. ，Jr. ，*Taming the Prince：The Ambivalence of Modern Executive Power*（Baltimore，MD：The Johns Hopkins University Press，1993）.

Milkis，Sidney M. ，and Michael Nelson，*The American Presidency：Origins and Development*，*1776－2011*，6th ed.（Washington，DC：CQ Press，2011）.

Thach，Charles C. ，Jr. ，*The Creation of the Presidency 1775－1789*（Baltimore，MD：The Johns Hopkins University Press，1989）.

文献 1　詹姆斯·麦迪逊致托马斯·杰弗逊的信

詹姆斯·麦迪逊

1787 年 10 月 24 日于纽约

您会随同此信收到制宪会议的成果，会议开到 9 月 17 号结束了。我冒昧地在这个议题上做一些评论以写成此信，并无其他目的。

正在做的基础工作所呈现的几个重要目标：(1)把行政机构特有的活力和立法机构特有的稳定结合起来，并且要具有共和政府一些必不可少的特色。(2)划出一条界线，既能够给予中央政府实行总目标的必要权力，又能够留给各州管理实现最大利益的权力。(3)规定联合体不同部分的不同利益。(4)调和大州与小州之间相互冲突的主张。每一个目标都困难重重。把这些目标一起形成一项任务要比单纯构思而不考虑如何执行困难多了。再加上人们生来对于所有这些陌生而又复杂的议题的各种各样的考虑，最终能够达到协调一致就是奇迹。

这些目标中的第一个，关于行政机构，尤其让人尴尬。在由一个人担任还是相互协调的多个成员组成，以及任命的方式、任期长短、权力尺度、续任等问题上与会者进行了冗长而又反复的讨论。行政机构由相互协调的多个成员组成的主张最后几乎没有支持者了。伦道夫州长(Governour Randolph)首当其冲。提出的任命方式也是各种各样，比如，由人民普选、由人民选出的选举人选举、由各州的行政机构选举、由国会选举，有些人提议参众两院联合投票，有些人提倡分开并同时投票，允许相互否决——有些人主张由一议院提名几个候选人，另一议院从中做出选择。一些其他的修改意见也进行了陈述。最后采用的权宜之计看来成员们还是总体满意的。至于任期期限问题，几个人原本主张终身制，如果任职期间品行良好的话——如果一套被弹劾的简单而又有效的免职制度确立下来的话，相当一部分人会做到这一点。争论不休的是长任期，比如七年并且以后永无资格参加选举呢？还是短任期，比如能够再参加选举呢？这个应该固定下来。支持前者就会面临着从再选举到终身制再到世袭终身制逐步堕落的危险，同时还能收到在独立行政机构的权力实践中不能再被任命的良好效果。另一方则争论说这种不可避免的堕落的前景会使那些最有尊严的对执政有抱负的人物丧失信心，他们会失去忠诚履行职责的主要动机——获得连任将会激励延续宪法条款实施的雄心壮志——不建立一个独立的行政机关并坚定地护卫该部门的宪法权力，就会导致官员对他即将永远要离开的职位的重要性更加漠不关心，更愿意让步于立法机构，因为他可能再成为其成员。关于权力尺度的问题主要集中在对部门的任命及对立法机构的支配权上。第一点的不同意见,是对所有部门还是一些部门还是不对任何一个部门形成绝对的任命权。第二点,有些人主张绝对否决权,作为减少禁止立法机关与行政机构权力混合体的自由政府理论实践唯一可能的手段。也有的人赞成一种经过修订的权力,就是两院都遵循四分之三否决权。有人极力主张修订中应出现与司法部门相关的内容。有些人的观点是应该对这两个部门的规则分别进行修订——如果一方三分之二反对,如果两方四分之三反对,应该有必要提出否决。

文献 2 《联邦党人文集》第 69 篇

亚历山大·汉密尔顿

我们现在继续根据会议提出的草案来探究提议的行政机构的真实性质。这将有助于我们把已经做出的陈述中的不公允之处摆到台面上。

吸引我们注意力的第一件事就是行政权力几乎毫无例外地由唯一的长官授予。然而，这并不能表明在此点上就不能进行任何比较；因为如果在这一点上，其与英国国王有相似之处，那么其与土耳其苏丹、蒙古可汗、罗马七王以及纽约州长也有不少的相似之处。

长官将由选举产生，任期四年；当美国人民认为他值得信任时可以连任。这种情况下，"他"和英国国王是完全不同的。英国国王是世袭君主，拥有作为世袭财产的王位，并能永续传给他的后代；但是"他"和纽约州长有类似的地方，纽约州长经选举产生，任期三年，无限制或间断连任。

美国总统一经犯叛国、贿赂或其他重罪和轻罪将会受到弹劾、审判，甚至离职；之后将会按照常规法律程序被起诉，接受刑罚。而英国国王本人是神圣不可侵犯的；他不服从于任何宪法裁决；如果不是陷入国家革命的危机，他不会接受任何惩罚。在这微妙而又重要的个人职责形势下，糟于马里兰和特拉华州长的处境。

总统有权驳回已由两院通过的议案，要求复决；驳回的议案一经复决并取得两院三分之二同意将会成为法律。而英国国王在这方面对议会两院的法案有绝对的否决权。这项权力长时间的停用不会改变它存在的事实，其停用完全归因于王室已经找到了对权力施加影响的替代方式，或者是赢得了两院议会任何一方大多数的支持，而行使这一特权难免引起某种程度的全国恐慌。这种总统有限度的否决很大程度上与英国君主的绝对否决权不同；同时又恰恰与纽约州复审委员会的复议权力相吻合，州长是其中的一个组成部分……

美国总统受到召唤为合众国服务时，将成为"合众国海陆军总司令及几个州的民兵总司令。除了在被弹劾的情况下，他有权对侵犯美国的行为给予缓刑和特赦；他有权向国会推荐他判断是必要而有利的举措；在非常情况下，他有权召集立法两院，或其中一院，一旦两院在休庭时间上不一致的话，有权让他们在他认为合适的时间休会；他有权监督法律如实执行，并且有权任命合众国所有官员"。在这些细节中，多数情况下总统权力与英国国王及纽约州长的权力类似。最为实质性的不同之处如下：首先，总统偶尔将会对国家民兵有指挥权，但这只有在通过立法条款召集民兵为联邦服务时。而英国国王和纽约州长在他们的几个管辖范围之内任何时候对所有民兵都有完全的指挥权。因而在这项条款中，总统的权力不如君主或州长的权力。第二，总统是合众国海陆军总司令。在这方面，总统权力名义上与英国国王的权力一样，但是在本质上权力小得多。权力实际上并不超过邦联陆军和海军的第一将军对陆军和海军的最高指挥权；而英国国王的权力扩展到宣战和征召管理舰队及军队——所有这些将通过宪法审议归属于立法机关……第三，总统权力在赦免权上将扩展到所有案件，弹劾案除外。纽约州长对所有案件都有赦免权，甚至包括弹劾案，但叛国和谋杀案除外。在这一条款中，如果按照在政治上的影响来衡量的话，难道州长的权力不比总统的权力大吗？……

第四，总统只能在对休会时间上有分歧的情况下让国家立法机构休会。英国君主可以使议会休会［终止］甚至解散议会。纽约州长也可以使本州的立法机构在一段有限的时间内休会；这是一种在特定情况下可以用于重要目的的权力。

总统有权获得参议院建议和三分之二同意来缔结条约。英国国王是国家所有外交事务中唯一的绝对的代表。他可以自行缔结和平、贸易、结盟和其他方面的条约。

……不得不承认的是，在此情况下，联邦行政长官的权力超出了州行政长官的权力，但是问题自然就出现在与缔结条约有关的最高权力上。问题就是假设邦联被解散，这几个州的行政长官是否会被单独授予这项微妙而又重要的特权。

总统也有权接见大使和其他公使。虽然这一直是辩论的热点，但更是一个有关尊严而不是权力的问题。这种情况对政府管理没有什么影响；这种安排方式会比在每一次外交官到来时召集立法机关或它的一个分支机构都要方便得多，这些使节到来只是为了接替其前任的工作。

总统须经参议院建议和同意而提名和任命驻外大使、公使和最高法院法官，以及由法律确立的、宪法没有另行规定的所有官员。英国国王完完全全拥有这项殊荣。他不但指派所有职位，而且还能创立职位。他能随意授予贵族头衔；对大量的教堂晋职有处置权。很明显，在这一点上总统的权力远远低于英国国王的权力；如果我们通过已有的惯例来诠释一下纽约州宪法的话，会发现它也比不上纽约州长的权力……

因此，似乎除了在条约的条文方面总统有同等权力以外，在整体上很难确定总统拥有的权力比纽约州长更大还是更小。然而似乎更确定无疑的是，总统和英国国王之间没有可比性。但是在这个方面进行显著对比有助于把这些主要不同之处归入更相近的类别。

合众国总统是由人民选举产生的官员，任期四年；英国国王是无限期的世袭君主。一方可接受对其个人的惩罚和羞辱；而另一方是神圣不可侵犯的。一方对立法机构提出的议案持有限的否决权；而另一方有绝对的否决权。一方有指挥国家海陆军的权力；而另一方除了这项权力之外，拥有自行宣战、召集及管理军舰和军队的权力。一方将在缔结条约时与立法机构分支共同完成；而另一方拥有缔结条约的完全权力。一方在任命职位上有类似的共同承担的权力；而另一方拥有所有职位的全部任命权。一方不管怎样都不能授予任何特权；而另一方能够让外国居民归化，让平民成为贵族，能够创立具有法人团体所有权利的团体。一方对于国家的商业和货币不能制定任何规定；而另一方在几个方面主宰着商业，从而建立市场，能够规范度量衡，能够宣布一段时间的贸易禁运令，能够铸造钱币，能够授权或禁止外币流通。一方在精神上对人民没有控制权；而另一方是至高无上的领袖和国家教会的教长。有些人认为，如此不同的两者之间有相似之处，对此，我们还能如何回答呢？有些人认为权力掌握在定期选举产生的人民公仆手中的政府是贵族统治，是君主制，是专制统治。对于这些，我们又该如何回答呢？

文献 3　《联邦党人文集》第 70 篇

亚历山大·汉密尔顿

有一种想法，不乏支持者，那就是认为一个强有力的行政机构与共和政府的本质是不相符的……强有力的行政机构是决定政府良好运作中的一个首要特点。它在保护国家免受外来攻击时是必不可少的；在确保稳定地实施法律时也是必不可少的；在保护财产免受那些有时违反公正的、非法的、高压联合体的侵害方面也是必不可少的；在保障自由免受各种野心、派别争斗及无政府状态的侵犯方面都是必不可少的。

然而无需在前面再列举更多论证或例子来说明这个问题了。一个无力的行政机构就意味着无力执行政府治理。无力执行政府治理只是执行力糟糕的代名词；一个执行力糟糕的政府，无论在理论上找什么借口，在实践上一定是一个糟糕的政府……

构成强有力的行政机构的因素首先是统一；第二是持久；第三是一项支撑它的充分的条款；第四是适当的权力。

构成安全的共和观念因素首先是适当地依靠人民；第二是承担适当的责任。

那些一直以原则坚定和观点公正而负有盛名的政客和政治家们已经宣布支持一个单一的行政机构和一个多人构成的立法机构。对于行政机构而言，他们得体地认为强有力的机构是最为必要的条件，认为权力最适宜由一个人掌管；同样地，他们认为多人立法机构最适合集思广益、调动人民的自信心及确保人民的特权和利益。

统一有助于建立强有力的政府，这一点没有争议。决策、行动、保密及派遣由一人去安排比多人具备更明显的优势；相应地，参与的人数越多，这些优势就会越少。

两种方式可能会破坏统一：要么是把权力赋予两个或多个同样尊贵、同等职位的官员；要么是表面上将权力赋予一个人，实际上全部或部分处于别人的掌控及协助之下，这些人作为他的顾问出现。古罗马共和国时期的两名执政官可以作为第一种方式的例子；第二种方式将会在几个州的宪法中找到例证。如果我没有记错的话，纽约州和新泽西州是唯有的两个把行政权力完全委托给一个人的州。破坏行政机构统一的这两种方式都有其支持者，但是支持行政委员会的人占到大多数。他们都容易引起类似的反对意见，虽然这些意见不完全相同，但在多数情况下可以一起考察……

两人或多人无论在什么地方参与任何一项事业，总会有意见分歧的风险。如果是在一个公共部门他们有着同等的地位及同样的职权的话，尤其会产生个人竞争甚至仇恨的危险。这样就会出现最严重的意见分歧。这些情况无论什么时候发生，都会损害名声、削弱权威，使得产生意见分歧的那些人的计划和行动出现混乱。不幸的是，如果他们猛烈攻击由多人组成的国家最高行政机构的话，他们就可能会在国家最紧急的情况下阻挠政府采取的最重要的举措。更糟糕的是，他们可能会把社会分裂成激烈而不可调和的派系，并且他们分别去追随在行政机构里供职的人。

人们经常会反对某事，只是因为在谋划此事时，没有代表他们的人参加，或者是这项决议是由他们不喜欢的人去谋划的。但是如果去咨询他们，碰巧他们又不同意，那么他们就会认为反对是他们责无旁贷的事了。他们似乎认为不管出于何种动机自己在道义上绝对有责任去否决那违背了自己的观点的事物……

在立法机构中，仓促地作出决议往往是有害而不是有益的。在政府的这个部门里，虽然意见的分歧、党派的争斗有时会阻碍一些好决议的实施，然而也往往会促使进一步的慎重考虑，防止多数人的过分行为。一旦执行一项决议，反对之声就会戛然而止。因为决议就是法律，抵制就会受到惩罚。但是在行政机构里，不存在掩盖或弥补因意见不合带来的不利形势的环境。在这里，分歧是纯粹的。他们没有停止执行决议的时机。他们要从头到尾为一些与行政机构相关的决议或措施服务，即使这些决议或措施让他们感到尴尬或是在削弱他们。他们不断地抵消行政机构的一些特性，而这些是行政机构在组建时最必要的构成要素——效力和快捷，并且没有达到任何制衡的作用。在指挥战争过程中，强有力的行政机构是国家安全的保障，每件事情都会因决策经过多人作出而让人忧虑……

但是对行政机构由多人组成最有分量的反对意见之一就是这往往会隐瞒过错和推卸责任。责任有两种类型——指责和惩罚。尤其是在选举产生的部门中，第一种更为重要。在公共部门工作的人往往会这样去行事，使他不再值得被信任，而不是让他去接受法律的惩罚。但是多人执掌行政机构加大了在上述情况中的识别难度。因为相互指责，所以断定谁该为造成严重后果的措施或一系列措施接受惩罚，也就变得不可能了……

基于以上考虑，很明显的是，行政机构由多人组成往往会剥夺人们去忠实地执行任何所授予权力应该具备的两大保障。其一，舆论的约束力失去了它应有的功效，不但是因为对糟糕措施的种种指责分摊到多人头上，而且还因为不能确定谁应该来承担责任。其二，顺畅而又确切地发现他们所信任的人们的渎职行为的机会，是为了解除他们的职务，或是在允许的情况下给予他们惩罚。

在英国，国王是终身执政官；一条以公众和平的名义确立的准则是：国王不对他的管理负责，他本人神圣不可侵犯。所以没有什么能比给国王配备一个宪法委员会更明智的事了，这个宪法委员会可以就他们给出的建议对国家负责。如果没有这个委员会，行政部门不管发生什么都不会承担责任——这是一个在自由政府里不能被接受的想法。然而即便如此，国王也不会因为议会的决议而受到束缚，虽然委员会要对自己给出的建议负责。国王在执行权力时是绝对的主宰者，可以自行决定接受或舍弃委员会给他提供的建议。

但是，在每一个行政官员都应该对自己的执政行为负责的共和政体内，在英国宪法里面关于委员会的规定，不但不再适用，而且反对这个机构的存在。在英国的君主制下，它为国王提供了一个承担责任的替代品，在某种程度上作为国家公正的人质，为国王的良好品行作担保。在美国共和政体中，这种委员会只会破坏或大大削减首席行政长官自身必要的责任。

由一个委员会来辅助行政机构的想法，在州宪法中被广泛采纳，它源自共和政体谨慎从事的原则，认为权力掌握在多数人手中比一个人手中要安全得多。如果认为这个主张适用于当前情况的话，我会认为这个优势不会抵消它所带来的太多的劣势。我认为这种制度对行政权力不适用。在这一点上，我非常赞同一位作者的观点，杰出的朱尼厄斯（Junius）也认为这位作者"深刻，证据确凿，手法巧妙"，他的观点是："行政权力由一个人掌控时更容易被限制起来"；人民提防和戒备一个单一目标会安全得多；总而言之，行政机构中人数的增加比起给予一个人适当的自由要危险得多……

我将要补充说明的是，在宪法出台之前，我遇到的有识之士无不承认，经验证明纽约州的行政权集中在一人手中是我们宪法最显著的特点之一。

普布利乌斯（Publius）

文献4　致纽约人民书

乔治·克林顿

1787年11月8日

　　无论如何,承认美国的地域范围之大,还有我在上封信中向你们提供的种种妨碍了新政府公正执行权力的可行性的其他原因,这不足以让人信服;还有一个不受欢迎的事实,那就是你们之前就已经认为会导致严重问题的几个部分现在反而是有原则的,而你们已经确立的对你们的政治安全最基本的部分反而被省略掉了,而且必定是在实行过程中省略掉的。我要大胆地发表我自己的主张,束缚住你们的嘴巴和大脑,束缚住你们的身体,最终使人类所具有的伟大和高尚不复存在。

　　按照我的计划,我将从观察这个崭新体系的行政分支开始;虽然按顺序它不是第一条,然而按此处的安排,它却是"最重要的",有资格放在第一位去考虑。行政权力正如在宪法第二条里所描述的那样,是由总统和副总统构成,在四年任期内执政;同时里面说明了选举的时间、方式及总统任职资格的确立;它也提供了总统和副总统的免职、死亡或无法胜任的应对措施——规范了总统的薪水,阐明了他的权力和责任;最后声明了总统和副总统被免职的理由。

　　尽管参加这次会议的是一些具有远见卓识、才华横溢的绅士们,但是我在这儿还是满怀敬意地给出我的评论,宪法第二条第一项第一段的阐述是含糊不清的,关于在第一个四年任期期满后总统和副总统的选举是留有疑问的:在其他情况下,这些重要官员的选举有明文规定,但是对于执政期满后的选举,也就是使政治机器运作起来的后续选举没有给出明确的规定。没有像你们州宪法里每四年一次的确切表达术语,每当这些职位在期满或因其他原因空缺,其中有此类表述,选举将按如下所述举行,等等,这种不清楚的陈述也许会导致终身制。

　　在对待共和政体的问题上,孟德斯鸠给出这样的评论,在所有行政机构的职位中,巨大的权力必须由短暂的任期来补救,长于一年的任期将是危险的。显而易见的是,连最笨的人也能解释为什么很大的权力在一个长官手中并且这种权力有相当长的任期可能会对一个共和政体的自由带来危险。对一位行政长官抱着巨大的信任会让他利用这个权力去制造许多从属关系:这样就会导致他的野心膨胀,这点在一个共和政体的官员那儿也有所觉察,是有害无益的;再加上相当长时间的任期有助于形成他自己的观点,给予他时间和方式去完善和执行他的设计,于是他认为去压制他的市民,以损害国家为代价让自己爬上永久显赫的位置是伟大而光荣的事情。所以这里可以有必要去对照一下总统广泛而又重要的权力和他的执政时间,如上所述——他的显赫而又威严的地位会有很多的追随者,将会有推崇和溜须拍马的人围绕在他左右,他在所有任命上的提名和影响的权力,他管理下的每个州拥有权力的职位,由他领导下的军队保护,他对陆军、民兵和海军的控制权,对叛国罪无限制的赦免权,这可能被用来庇护那些他私下里教唆犯罪的人免于惩罚,从而避免自己的罪行被发现,他任期四年:所有这些,还有其他各种不同的规定显然证明了这个职位的真相,那就是如果总统野心勃勃的话,他有足够的权力和时间来毁灭国家。

虽然总统在召开立法会议时受到参议院辅佐,然而在参议院休会期间他是没有宪法委员会辅助的;因而他就得不到正确的信息及建议,通常会被他的下属和支持者引领,或者由一个国家委员会引领,这个委员会由一些重要部门的主要官员组成,是一个自由国度中最危险的委员会。

将要成为政府所在地的这个十平方英里的地方,理应是总统和国家高级官员居住的地方;一位伟人相同的评论也适合来描述拥有君主权力的总统的官邸,以下是对君主官邸的评述:"懒散而又野心勃勃、傲慢而又卑鄙下贱、渴望不劳而获、嫌恶真理、奉承、叛国、背弃信义、违反约定、蔑视公民义务、希望官员软弱无能;但最重要的是,对美德的永久嘲弄。"他评论说这些是自古以来显著的宫廷特征。

这个官邸使用的语言和礼节使其有别于社会的其他部分,它也不会融入社会的其他部分中;这种评论来源于他们那些刻意显示他们出身并不卑贱的行为,以及对有权有钱之人的阿谀奉承。

创立副总统职位是没有必要的,也是危险的。因缺乏其他工作,他就成为参议院院长,这样就混淆了行政和立法权力,另外还会给予他所属的某个州一种不公正的优势地位。

共和政体的一个准则就是人民的代表应该是由人民直接选举的;而通过现在总统选举的方式来看,他是通过四次或五次间接选举,不是以获得最高票数而产生的。这种选举方式决定了选举结果,因为总统只要是在获得多数票的五人中得最高票就可以了。

把你们过去的观点与目前的提议比较一下,你们将会发现如果接受它的话,它就会把你们引入一个在此之前你们谴责过的令人厌恶的体系当中。每一个美国辉格党人,在不久前,强有力地声明反对一个君主制的政府,虽然只是有限的反对,原因是它在公民当中造成了很危险的不平等,比如在与他们相关的权利和财产方面;这样的被授予了特权的总统与英国国王在哪里有根本的不同呢(除了叫法的不同、产生的高贵的身份、一些非物质的东西、荒谬的后代以及地域的差别)?总统的直接特权,来自他政治上的特征,如下:为了使他和社会的其余部分区别开,并能够让他保持和维护他的官邸,有必要给他提供劳动报酬,或者换句话说,他的收入应该能让他像君主般华丽出现；他有权接见来访大使并对派驻外国人员的任命施加重要影响；在参议院协助下,他也能与外国缔结条约、结盟,一旦确定,就成为国家的最高法律；他是立法权力的一个组成部分,因为众议院和参议院将要通过的每一项议案都要呈送给他批准；如果他同意,就会签署,如果不同意,就会驳回,在大部分情况下这样就等于完全否决；在这点上他还享有很大的权力去谋求和平和铸造钱币等,所有立法的各个方面都在宪法中有所体现或暗示；尽管可以断言英国国王有谋求和平或发动战争的明确权力,然而他认为他会听取议会的建议并从中得到支持,再谨慎地实施,因而总统和国王的这些权力从根本上来说是相同的：他是国家的最高统帅,当然也拥有指挥和掌控陆军、海军和民兵的权力；他是联邦和平的总管——除了在被弹劾的情况下,他可以赦免所有罪行；并且他还是所有职位的首要任命者。因而这些权力的实施难道不是要建立一种邪恶而又专制的贵族统治或者君主统治吗？共和体制里人民的安全仰赖于他们在政府里所占的比例和份额；但是你们根据经验可知,当一个由选举产生的政府首脑享有极大的权力并对连任感兴趣的话,那么他将会在什么圈子里作出任命呢,这样就意味着会建立一个接近于君主制的不完善的贵族政府。

然而,我的同胞们,你们必须意识到这个新体系的拥护者,不会通过在这个新体系和你们非常珍惜的自己州的政府之间作错误的类比来欺骗你们；如果你们分析一下的话,你将会意识到这个国家的首席行政长官应该是由你们直接选举产生的,由代表人民的一个公正而充分的机构来负责对他进行管理和审查,并除去一些在以下方面造成影响的特权：战争与和平,缔结条约,接见和派送大使,指挥常设的海陆军,这些权力是属于邦联的,并且你们将会坚信这样的政府才是你们心目中真正的图景,正如黑暗天使与光明天使有着相似之处一样。

1787 年 11 月 22 日

在我的上封信中,我竭力证实了与建立新政府的行政机构相关的宪法语言是含糊不清的；总统拥有的极大权力与他的任期相结合将会导致压迫和毁灭；他将被他的拥护者和谄媚者所操纵,或者国家的重要官员会组建一个极具危险性的委员会；这十平方英里的地方——最明智的人汲取了人类的经验得出的评论,如果可以让人信服——将成为卑鄙、懒散、贪婪、野心的庇护所,并且这个官邸将拥有一套不同于你们的语言和礼节；副总统是没有必要的,并且他的影响是危险的；总统不能代表你们,因为他不是你们直接选举产生的；如果你们接纳了这个政府,你们将会陷入一种专制可憎的贵族统治或君主统治中；总统拥有由政府框架授予的权力,与英国君主的确立不同,但这种不同并非实质性的；我警告过你们要提防由支持这个新政府的人所给出的在它和你们自己的国家政府之间的这种不恰当的类比。

在此我禁不住要评论的是含糊性似乎充满了整个政治结构；当然在政治条款中，科克先生(Mr. Coke)将其称为"安宁之母"，正是这种对它的需求诱惑人们参与到政治社会中，并且明智而自由的民族一直将其作为对他们的安全必不可少的东西；一方面它确实设置了一些障碍，使野心专横的首脑不敢逾越，另一方面，它也变成了社会的安全墙——如果没有它，管理者和被管理者之间的规约就会变成无效的，你们不妨把立法机构和行政机构的重要权力放在一个人或几个人身上并允许他们按照自己的性情和意愿去管理；但是又苦于世界上有太多的例子已经表明了"依靠一个人的意愿生存会导致所有人痛苦"。不去明确地确立这些政治条款，而是适度地暗示首脑应该运用聪明才智和公平正义来管理国家；但是要限制一个品行不好的人无拘束的野心，或者是提供安全保障来反对失职、残暴或任何其他心理缺陷，仅仅靠暗示实在是太无力了。据说美国人民的观点和做法能够抵制和避免特权和压迫的扩张，但是你们必须想到的是观点和做法是可以改变的，并不总是能够永久抵挡住政府的侵蚀；商业社会的发展带来的是奢侈，是不平等的根源，是美德的敌人，是约束的敌人；野心和纵欲，加上帮凶和阿谀奉承，将会使首脑在没有明确规定的地方从人民那儿得到明显的独自的利益。另外，不可否认的是，政府把社会的观点和做法融合到它的政策之中。因而，统治者将管理好国家的总体推测不是一个充分的保障。毕竟你们有神圣的义务为你们的子孙后代提供安全，只要稍微谨慎一些就能传承给他们一笔美好的政治遗产，这些遗产将是他们不用流血牺牲去奋争的东西，是你们的智慧本可以保障的，那么你们现在将会置他们的利益而不顾吗？同样，对于自己的名誉你们应负责任，因为你们会失去很大的名声；你们会被描述为在政治上谨慎小心、精心守护、满心猜忌；你们将要把自己投入到无限的不确定中，采纳一个如此模糊的体系，而这个体系已经抛弃了你们那么多宝贵的权利，这是为什么呢？是因为你们相信美国人一定不是暴君吗？如果是这样的话，那你们就寄托于一个不牢靠的基础之上：由于各种原因(我之前已提及)，原先采取的观点和做法不再被遵循时，美国人的反应与出现类似情况的其他国家的人一样。你们的政治契约含糊不清，你们的子孙后代将会发现与野心、奢侈和阿谀奉承联系在一起的巨大权力将会轻而易举地造就出一个美国的恺撒、卡利古拉、尼禄和图密善，就像在罗马帝国由于相同的原因导致这些人存在一样。

文献 5　再评选举人团制

詹姆斯·P. 菲夫纳

亚历山大·汉密尔顿（Alexander Hamilton）在《联邦党人文集》第 68 篇中断言新共和体制里行政首长的选举方法是宪法草案中为数不多的几乎没人反对的部分之一，甚至得到了反对者的许可。"美国行政首长的任命方式几乎是逃脱了遭受严重谴责的命运，或者是从反对者那儿得到些许认可的体制中的唯一部分"。他得出的结论是，如果这种选举方式"不是完美的，至少是优秀的"。

然而不久，实践就暴露出了宪法选举机制设计上的一些问题。在 1796 年的选举中，总统候选人中失败的一方托马斯·杰弗逊（Thomas Jefferson，民主共和党人）成为副总统，而联邦党人约翰·亚当斯（John Adams）被选为总统。[1] 在 1800 年，杰弗逊和他的副总统竞选伙伴亚隆·伯尔（Aaron Burr）在选票上打成了平局，在众议院中经过 36 轮投票，杰弗逊才成为总统。其他的选举问题在 20 世纪显露出来，选举人团制已经成为国会 700 多项体系改革提议中的议题。[2] 在 1967 年，美国律师协会在报告中宣布："美国总统选举中的选举人团方式是过时的、不民主的、复杂的、模棱两可的、间接和危险的。"[3]

本文首先将简要分析存在问题的选举制，包括选举人团制和制宪者们设计选举机制的目的，然后以取得大多数普选票的候选人不应该在选举中失利为民主前提，对要求改变宪法选举条款的各种辩论进行剖析。随后考察对要求改变的提议的原则性和实践性上的反对意见。文章得出的结论是，由 2000 年选举产生的宪法问题为重新审视美国总统的选举机制提供了充分的理由。

存在疑问的选举：1800 年、1824 年、1876 年、1888 年

在 1800 年的总统选举中，托马斯·杰弗逊和亚隆·伯尔得到了相同数量的选举人票，虽然众所周知杰弗逊是预期的总统候选人，而伯尔是副总统人选。因为都没有获得大多数的选举人票，任期将满的联邦党的众议院不得不再进行选举，最终进行了三十六轮投票。鉴于 1800 年的经验教训，宪法第十二修正案规定分别为总统和副总统投票，此修正案获得通过和批准。[4]

其他的几次总统选举在另外一些方面也出现了问题。在 1824 年的总统选举中，各州已经开始给予选民权利来选出州选举人，安德鲁·杰克逊（Andrew Jackson）得到了最多的普选票（大约 38%）；他也得到了最多的选举人票（261 票中得到 99 票），但没有达到多数票得票数。因此，众议院不得不进行重新投票，最终

获得 32% 普选票和 84 张选举人票的约翰·昆西·亚当斯(John Quincy Adams)当选总统。因为宪法第十二修正案减少了候选人数,众议院推选的候选人从五人降到三人,候选人众议院议长亨利·克莱(Henry Clay)——得到了 14% 的普选票和 37 张选举人票——转而支持亚当斯,结果亚当斯当选总统。在亚当斯组建的政府中克莱被任命为国务卿,杰克逊指控里面存在徇私舞弊行为。

1876 年选举后,直到 1877 年 3 月 2 日国家才知晓谁是总统,因为来自佛罗里达、路易斯安那和南卡罗来纳州的两份不同的选举人名单分别呈交给国会。国会两院在承认哪一份为合法的问题上未达成一致,于是就建立了一个委员会来做出决定。这个委员会由 5 名众议员、5 名参议员及 5 名最高法院法官组成。党派分配是 7 名民主党人和 7 名共和党人,无党派人士首席大法官大卫·戴维斯(David Davis)担任委员会主席。而当伊利诺依州立法机构任命戴维斯为来自本州的参议员时,共和党人法官约瑟夫·菲洛·布拉德利(Joseph Philo Bradley)取代了戴维斯的主席位置,他和其他的共和党人把所有的 20 张有争议的选举人票投给了共和党候选人。这项决议让拉瑟福德·海斯(Rutherford Hayes)在选举人票中以 185 票对 184 票取胜,并以所需要的多数票赢得总统职位。民主党人塞缪尔·蒂尔登(Samuel Tilden)获得了 4 300 590 张普选票,而海斯获得 4 036 298张普选票。因而蒂尔登以 264 292 张普选票的优势赢得了普选,输掉了总统竞选。

赢得普选的获胜者在选举人团投票中位居第二,失去了担任总统的机会。人们对此类选举唯一一次无异议的是 1888 年选举。民主党人格罗夫·克利夫兰(Grover Cleveland)赢得了 5 537 857 张选票,相比之下,印第安纳州的共和党人本杰明·哈里森(Benjamin Harrison)只赢得了 5 447 129 张选票。然而哈里森赢得了 401 张选举人团票中的 233 票,从而成了总统。[5] 在 19 世纪出现了三次在普选中位居第二而成为总统的事例,依据是宪法中选举人团条款和应急条款中的规定。在 20 世纪也出现了许多险象环生的情况(例如,1948 年、1960 年、1968 年和 1976年),尽管在普选中位居第二,但最终赢得总统选举。[6]

在 2000 年的总统选举中,意想不到的事情发生了。民主党人阿尔·戈尔(Al Gore)与共和党人乔治·W. 布什(George W. Bush)之间的角逐难分伯仲,获胜者是由佛罗里达州的 25 张选举人团票决定的,布什在本州以 537 张普选票的差额获胜。戈尔赢得了国家普选票 50 996 116 张,布什是 50 456 169 张,差额是 539 947张(51.6%)。[7] 布什赢得了 271 张选举人团票,比多数票多出一票;戈尔赢得 266 张(哥伦比亚特区的一名选举人投了空票)。又一个在普选中位居第二最终却成为总统的事例出现,再次对总统选举的选举人团机制提出了质疑。[8]

制宪者的设计

如何选举行政长官是 1787 年夏天制宪者们面临的最为复杂的挑战之一。这种选举的方法是在 22 天的制宪会议上经过深思熟虑，并且是 30 项独立决议的主题。[9] 其产生的结果不是建立在明确的政治原则基础上的连贯的设计，而是一个反映了各州不同利益的复杂的妥协。制宪者们在行政机构选举中不得不考虑的主要的可变因素是：由谁来选举总统、任期长短、是否有资格连任的问题。

大多数与会代表设想的是行政长官由立法机构来选举产生，正如詹姆斯·麦迪逊(James Madison)所起草的弗吉尼亚方案(Virginia Plan)中提出的那样。制宪会议于 1787 年 7 月 25 日休会时，确定行政长官将由立法机构选举产生，但是任期和连任资格问题都没有确定。[10] 细则委员会在 8 月 6 日公布了这一方案：

> 合众国的行政权力将赋予唯一个体。他的职务是"美利坚合众国的总统"；他的头衔是"阁下"。他将由立法机构投票选举产生。他将有 7 年的任期，但不能参加第二次选举。[11]

但是仍然有人持反对意见，认为由立法机构选出的总统会对其心怀感激，因而不够独立。基于这个原因，詹姆斯·威尔逊(James Wilson)和古弗尼尔·莫里斯(Gouverneur Morris)都支持人民选举。[12]

由人民选举所带来的问题不是制宪者们不相信这种方法的民主性(尽管制宪者们没有努力来创建民主制)。而是从他们的观点看，直接普选总统有两个问题。一个是大多数的公民自身对所有的最有资格的潜在候选人不熟悉。这正是乔治·梅森(George Mason)所担心的地方；梅森认为总统普选将是不切实际的。[13]"他认为让人民来选出合适的行政长官就像是让瞎子来辨认颜色一样不合常理。国家地域的广大使得让人民具备必要的能力对候选人各自的主张做出评价是不可能的"。[14]

但是更重要的问题是，如果选票只是以人口为基础的话，一些州将会处于不利的形势之下。人口最多的州弗吉尼亚与人口最少的州特拉华的人口比例大约是 10：1。[15] 除了这些小州的这个总体问题之外，大多数蓄奴州拥有更少的人口；直接选举的话，他们将不能像计算在众议院所占的代表数(奴隶人口按五分之三个人折算计算)那样去计算他们的奴隶人口。

因而，在康涅狄格州妥协案中以国会代表建立的选票比例为基础来选举总统的提议是具有吸引力的。这样就打消了小州的疑虑，因为在大州和小州之间选票的比例不再是 10：1，而是 4：1。另外，蓄奴州的代表将奴隶人口以五分之三个人折算计入总人口。麦迪逊如是说：对于选举总统而言，"总的来说，人民发表自己的观点是最合适的",但是：

> 由人民直接参与选举在严肃性上存在一个困境。选举权在北方各州要比
> 南方各州普及得多，由于黑人的原因，南方各州对选举没有什么影响力。以选
> 举人来代替就会消除这个困境，并且总的看来不容易引起异议。[16]

因而未完成部分由布里尔利委员会（the Brearley Committee on Unfinished Parts）工作了4天把一项选举人团方案在9月4日报告给了制宪会议。按照这项方案，总统选举将会脱离立法机构，事实上移交给一个独立的"临时国会"，该组织只为了选举总统而召集。[17]选举人将由各州立法机构选出，但是因为会有密谋的危险，他们不能在国家政府部门任职，不能聚在一起开会。各州在选举人团中人数的比例正好与他们在立法机构的代表相同，也就是选举人团的人数与各州有资格选出的众议员与参议员的人数相同。各州在人口上的变化将会反映在国会代表人数的变化上。

每一个选举人会推选出两名总统候选人，其中一名不能和选举人来自同一个州，要赢得总统，候选人必须拿到所任命选举人的多数票。如果没有一位候选人得到多数票，选举权将移交众议院（在最初的布里尔利委员会方案中是由参议院负责），众议院将从得到选举人票最多的五人中选出总统。作为对小州的让步，众议院的州代表每州只能投出一票。

因而，由于不信任公民直接选举，制宪者没有制定出方案。而什洛莫·斯洛宁（Shlomo Slonim）认为"只有几位代表——特别是梅森、格里和巴特勒——原则上反对直接选举行政长官……反多数表决制决不是创立选举人团制的主要动机"，而是根据斯洛宁所言：

> 代表们面临着在费城出现的一系列激烈武装冲突的实际问题，于是他们
> 设计了一个实际的解决办法——一个临时的国会，它将如实地反映加权表决
> 模式，而这个模式是真正国会运行的一个必不可少的组成部分。[18]

卢修斯·威尔默丁（Lucius Wilmerding）在引用了制宪者们在制宪会议后解释和为宪法辩护的许多陈述后也指出，对于选举总统，他们的意图是以公民的愿望为基础。"很清楚的是，"他说，"制宪者们想要并渴望在总统选举中实施更受欢迎的规则。"

如果这个推理合乎情理，那么近来的一些在选举总统的方法方面更能体现普选的提案就不能因破坏制宪者的本意而被驳回。制宪者们设计出了选举人团方案

是因为在创建初期他们面临的一系列的政治武力冲突事件，不是因为基本的政治原则问题。在一些重要的势力方面，最重要的是在大州与小州之间、蓄奴州与非蓄奴州之间的差异两个世纪以来已经消除，可以制定出要求变革的提案，而不用担心违反了制宪者的基本原则。

那么，选举人团体系反对变革的辩护必须要置于这样的一些讨论上，它目前的运作是如何去保护其他基本价值的，比如联邦制或两党制。或者是对选举人团制提出的任何变革存在严重的缺陷，这些缺陷会多于变革带来的优点的讨论等等。

支持选举人团制改革的论点

对于那些认为赢得最多普选票的候选人应该当选总统，或者至少在普选中位居第二就不应该成为总统的人们来说，选举人团制度是有"缺陷"的。据小阿瑟·施莱辛格（Arthur Schlesinger, Jr. ）所言，"因为它是不民主的，所以不能容忍。因为它把重担放在了少数人支持的总统身上，所以它是不能容忍的"。[20] 可以说，这种观点是和两个世纪以来美国不断发展的民主价值观念相一致的。

但是首先必须认识到的是，美国不是，也没打算成为一个纯粹的民主国家，即使是在一个拥有3.08亿人口的大国中这是可能实现的。它也没有去考虑美国政府会在一个多数表决的总体原则下去运行；虽然多数表决原则在政府机构决策时经常使用。制宪者将政府体系设计成共和政体，由人民选出的代表来统治。实际上，在最初的宪法中，众议院议员是唯一由美国公民直接选举产生的政府工作人员。其他的政府官员是由间接选举产生的，参议员由国家立法机构选举，总统、副总统由选举人选举，法官由总统经参议院同意后任命。

除了政府架构外，在其他一些重要的方面政府也不打算成为一个遵循多数表决原则的单一民主国家。设计相互制衡的分权制度是为了滤除公众情绪波动，并放慢突然变革的任何冲动。《权利法案》（The Bill of Rights）目的是要确保大多数人单纯的意愿不能轻易地侵犯公民的权利。政府的联邦性质是由在参议院和众议院中的公民和各州代表及州政府的独立性来保障的。因而，美国的基本结构是一个联邦民主共和政体。

不过，自从共和政体建立以来，我们政体的性质已经在一些重要的方面发生了变化；宪法修正案中已反映了一些其中的变化。关于总统选举的问题，制宪者们最初的期望已经被多次修改。各州已经分别做出了最重要的决定，那就是把选举总统选举人的权利给予本州公民。在共和制确立的前25年，有一半的州通过州立法机构选出选举人。四分之一的州按选区让公民选出候选人，还有四分之一的州采用了总记票的方式，即该州获得相对多数普选票的总统候选人获得本州的全部选票。1820年后，这种总计票的方法开始占到了多数，1832年后，除了南卡罗来纳州外,所有的州通过普选选出选举人。[21]各州也决定采用赢者通吃制而不是采用扩大它们势力的选区制。在现在这个时代,只有缅因州和内布拉斯加州使用选区方法选出选举人(在每个选区的总统选举获胜者各获得一张选举人票,在全州总统选举获胜者获得剩下的两张选举人票)。

除了各州在选举人选举上不同的决策之外,六个宪法修正案的通过也扩大了选举权的范围:

1. 第十五修正案(1870)投票权扩展到非裔美国人。
2. 第十七修正案(1913)规定了直接选举参议员。
3. 第十九修正案(1920)投票权扩展到妇女。
4. 第二十三修正案(1961)投票权扩展到了哥伦比亚特区的公民。
5. 第二十四修正案(1964)不得以未缴纳人头税为由阻碍公民行使投票权。
6. 第二十六修正案(1971)投票权扩展到年满 18 岁的公民。

或许总统应由普选直接产生最有说服力的论点前提是,总统和副总统是唯一能代表全体人民的国家官员,并且赢得最多数选票的那位候选人最接近于人民的选择。这个论点能在宪法序言中找到论证:"我们人民……",制宪者们有意要求宪法应该由不同的州召集的特别会议来批准通过,而不是由各州的立法机构来通过。这个决策的意义在于"人民"制定了宪法。那么,主张人民的选择决定政府里面唯一由选举产生的国家官职也不是太离谱的事。

主张总统应该由普选产生并不意味着政府部门的所有官员都应该通过多数票选举产生。很明显的是,考虑到地域性代表(参议院)和任命官员(联邦法官)方面,我们有一种混杂的政府形式。原则上承认普选产生总统并不意味着所有其他的官员应该由普选产生,就像是接受任命法官并不意味着所有其他的官员都应该由任命产生一样。[22]

在普通民众中,总统普选合法性是由下述可能性支撑的,许多(即使不是大多数)投票选举总统的公民认为他们是在为总统投票,而不是去为选举人投票。一些州的选票上明确指出这次投票是选出选举人,有些州甚至列出了选举人名单,但是许多州没有列出。至少一直到 2000 年 11 月 8 日,还有很多投票人认为自己是为总统投票。

改革选举人团的提案

选举人团制带来的一个后果就是所有选民投出的票的权重不等。也就是说,选举人票与普选票的比例在各州是不同的,人口越少的州越受益。例如,怀俄明州(人口 563 626 人,选举人票 3 票)是 1∶187 875,而加利福尼亚州(人口 37 253 956,选举人票 55 票)是 1∶677 334。这样的话,在推选选举人上,怀俄明州的一张票相当于加利福尼亚州一张票几倍的分量。[23]

但是小州也未必是选举人团制中的最大赢家。因为大多数州已经采取把所有的选举人票都给予本州赢得多数票的候选人(叫作单位投票制或赢者通吃)，这样人口最多的州在选举人票上就能得到最大的利益。大州的民众就会从候选人由法庭裁决得到的票数中得益。但是在任何一次既定选举中，一个大州是否通过法庭裁决计票取决于候选人是否取得了本州的多数票。例如，在2000年的选举中，乔治·W.布什在纽约州竞选中没有花费很多时间，因为他承认大多数纽约州选民不管怎样都会投票给阿尔·戈尔。同样，除非要加强党内的忠诚性，戈尔也没有在纽约州花很大力气。阿尔·戈尔在被提名之后，甚至没有在加利福尼亚州进行竞选活动，只去过一次，因为他认为大多数选票无论如何都会投给他。[24]同样，戈尔也没有在得克萨斯州举行过多的竞选活动，原因是布什在这个州已经稳操胜券。

但是选举人团制中关乎选民权重这种抽象意义上的不平等没有成为主要的问题。只要赢得普选票也赢得选举人团票，对不同的权重的选票就几乎没有异议。但事实并不总是这样，对选举人团制设计最大的异议就是普选中处于第二的候选人能够最终当上总统。在三种情况下会发生这种事情：

1. 如果几位"失信选举人"不把票投给他们承诺的总统候选人，第二名可能会赢得总统职位。

2. 如果没有总统候选人赢得选举人团的多数票，众议院会从选举人票最多的三名中选出总统，而不必去考虑普选票。

3. 总统候选人能够赢得选举人票的绝对多数，而不用赢得多数普选票。

选举人不把票投给他们许诺的总统候选人的可能性很小。被选出的选举人是党内忠实的党员并坚定地忠诚于本党的总统候选人。让他们把选票投给别人几乎是不可能的。在历史上，在1789年到1988年总数为19744的选举人票中只有9票失信选举人票。[25]最近一次是1988年，一名来自西弗吉尼亚的民主党派选举人把票投给了劳埃德·本特森(Lloyd Bentsen，副总统提名人)，而不是迈克尔·杜卡基斯(Michael Dukakis)，而1976年，一名华盛顿共和党选举人把票投给了竞选总统的罗纳德·里根(Ronald Reagan)，而不是共和党候选人杰拉尔德·福特(Gerald Ford)。在2000年选举中，第十名失信选举人加到了这个名单中，来自哥伦比亚特区的一名选举人投了空票，而没有投给她已经宣誓的阿尔·戈尔，她说她投空票的目的是抗议哥伦比亚特区在国会中代表数额不足。

除了选举人不把票投给所期望的候选人的可能性很小以外，仅凭几个失信选举人改变选举结果的机会也是很渺茫的。选举人团通常会夸大赢得普选票候选人的取胜优势。然而，仅凭几个选举人的倒戈来改变选举人团票数相近的候选人的命运也是有可能的。2000年的选举就是一个绝佳的例子。虽然阿尔·戈尔以50

多万票的差额赢得了普选票,但是选举人团票是271票比266票,阿尔·戈尔落后。这种局势下,只要布什阵营里的几个选举人倒戈就会造成两个总统候选人没有获得多数票的结果,或者是几个选举人票的改变就会让戈尔当选。(精确的票数取决于是否把空票统计在内。)

虽然这种改变是不可能的,但是以前确实发生过。能载入史册的诱惑力本来就可能对一些选举人产生吸引力,来自哥伦比亚特区的那位选举人就这样去做了。当然各州有激励措施来防止选举人倒戈,26个州加上哥伦比亚特区都制定了法律来约束选举人,让他们给其承诺的总统候选人投票。[26]然而这样一些法律在合宪性上是存有疑问的,因为宪法规定选举人将为选举总统、副总统投票,没有以任何方式束缚他们。

第二种情况在我们的历史上已经出现过两次。在1800年的选举中,杰弗逊和伯尔打成平局,要求众议院在他们之间作出选择。在1824年,众议院通过投票决定约翰·昆西·亚当斯当选,安德鲁·杰克逊落选,而杰克逊的普选票和选举人团票数都比亚当斯多。第三种情况在历史上也有过三次。在1888年,赢得普选票的总统候选人显然没有在选举人团票中获胜,这样就没有任何争议地落选了。在1876年,海斯在普选票中位居第二,当时由国会建立了一个特别委员会来决定如何分配三个有争议的州的选举人名单,海斯得到了他所需要的20票从而赢得了多数票。总的来说,一名总统候选人在普选中获胜,然而没有赢得选举人团选举,通常是在大州中以微弱的劣势惜败,而在小州中以多数票胜出。这正是2000年发生在乔治·W.布什身上的事,他在普选中以50多万票的差额位居第二,但是在选举人票中以271票比266票胜出。

除了前面提到的选举外,在20世纪还有一些票数比较接近的选举——这时在一些关键州里相对少量票数的转变都会把选举权推给众议院或者是改变选举结果,如1948年、1960年、1968年和1976年。[27]

改革选举人团制的提案

多年来,一直有很多改革选举人团制的提案,一些人主张相对较小的变革,一些人主张通过宪法修正案来规定采用直接普选产生总统的方式。"自动化方案"(automatic plan)会将各州的选举人票自动投给赢得本州相对多数普选票的候选人,从而消除了失信选举人的问题。这样将不会再由单个选举人来投票,因而就没有机会再投出意想不到的选票了。这需要通过宪法修正案来作出修订。[28]

"选区方案"(district plan)将会把一张选举人票给予本州内每一个选区里赢得相当多数票的候选人。额外的两张选举人票会给予在本州赢得最多普选票的候选人。因为现在的州立法机构能决定如何去确定选举人票,单个的州可以对此作出改动。事实上，缅因州（4 张选举人票）和内布拉斯加州（5 张选举人票）已经采用了这种选区方案。然而，大多数州认为通过整体投出选举人票能够扩大他们的影响，从而遵循"单位投票制"（赢者通吃）的方法。因而大多数州在自愿的基础上采取选区方案是不可能的。选区方案会让选举人的投票结果更贴近地体现普选，但是它不会完全排除位居第二的候选人成为总统的可能性。

"国家补贴方案"（national bonus）将会把 102 张选举人选票（每州各两票加上哥伦比亚特区）补贴给赢得最多普选票的候选人，条件是获胜者至少获得了 40% 的选票。这种方法从本质上消除了普选中位居第二的候选人成为总统的可能性，而同时保留了各州对选举人票的分配（虽然是以一种削弱了的方式）。[29] 小阿瑟·施莱辛格赞同国家补贴方案，他是在 1978 年主张采用这个方案的 20 世纪基金专门工作组的成员之一。据施莱辛格所言，这项方案"会在总统选举进程中保留宪法和各州的实际影响"。[30]

但是到目前为止，选举人团制改革的最基本、最重要的提案是通过宪法修正案允许直接普选总统的提案。国会在 1966 年到 1979 年斟酌过的这个方案的一个版本规定："人民……将选举总统。"候选人"获得最多数选票将会当选总统"。……如果总统和副总统候选人没有一人获得 40% 的选票，那么在得票前两名的候选人团队中进行决胜选举。[31] 在国会听证会后，1969 年，宪法修正案的提议在众议院以 339 票比 70 票通过。参议院的听证会在随后的 10 年中多次举行，1979 年，参议院以 51 票比 48 票支持把提案呈送给各州批准，结果远远没有达到通过宪法修正案所需的三分之二的多数支持。[32]

为选举人团制辩护，反对变革

对选举总统的选举人团制的辩护不是以制宪者们的意图为基础的。制宪者们的意图是达成一种妥协，让一些不同的选区满意从而使其认可宪法，主要是一些小州和蓄奴州。其中一个最坚决维护选举人团制的人朱迪丝·贝斯特（Judith Best）承认："选举人团制没有像制宪者们所期望的那样发挥作用。"……她甚至主张把单位投票制（赢者通吃）写入宪法，因为它保护了联邦制。[33]

对于选举人团制最强有力的辩护就是两个世纪以来这一制度在宪法结构的实践中产生的效果。选举人团制在宪法方面的辩护强调了任何一个变革可能对联邦制产生的影响。选举人团制度在政治方面的辩护强调两党制对政治稳定的重要性及直接普选可能会危及两党制的方方面面。变革的反对者们也预言除了破坏两党制，直接普选还将会导致具有干扰性的重新计票及受到质疑的选举结果。

联邦制度

宪法上反对直接普选的最强有力的论据就是它会损害我们政府的联邦性质。

朱迪丝·贝斯特争辩说直接普选会"让我们的宪法变得畸形"并形成一种严重的"对联邦原则的潜在攻击"。[34] 威廉·C.（William C. Kimberling）认为全国性的普选"将会与宪法中设计的联邦架构发生冲突并导致我们中央政府的国有化——对国家不利"。[35]

选举人团制通过保证每个州有具体数目的选举人票，来确保总统候选人必须要面向广泛分布在全国的所有投票人拉票。如果联邦没有这个制度，候选人可能会向地区成群的投票人拉选票，他们的投票会在州和地区范围内集聚。这样可能会造成分裂并导致不合和纷争。对于选举人团持有这种看法很大程度上是凭借这个事实，即各州已经单独采用了单位投票制，统计所有的选举人团票并将其作为一个整体。这就是为什么贝斯特提倡把单位投票制列入宪法而威尔默丁反对这样做的原因。[36]

直接普选的支持者认为联邦制确实是宪法体系一个重要的组成部分，但是选举人团制却不是维持它存在的关键性因素。小州的选举人票数显然不会吸引主要党派的候选人进行积极的竞选活动，他们往往去那些有大批选举人票的地区。更重要的是，只有在大州里存在大量的票可以投给任何一方的适当机会时，候选人才去大州进行角逐。而直接普选的方法，所有的选票对候选人来说都是有价值的，他们更不可能只是因为他们没有赢得这些州的相对多数票而不去重视这些州。直接普选的支持者还认为联邦制受到参众两院议员还有各州的立法机构和州长认真的保驾护航。用宪法历史学家杰克·拉科韦茨（Jack Rakove）的话来说："各州对选举总统不感兴趣，只有公民对此感兴趣，科达伦市民的选票应该同底特律市民的选票同等重要。"[37]

两党体系

为选举人团制辩护的人还认为它是美国两党制的主要保障之一，直接普选总统会导致两党制的分裂及小党派的激增。他们认为小政治贵派将有动机来让候选人参加总统竞选，希望他们能够造成需要进行决胜选举的局面并获得优惠政策来回报他们的支持。朱迪丝·贝斯特认为"正是普选带来的决胜选举的存在，提供了又一次的机会，吸引着更多的候选人来参加竞选，选民投出他们所认为的抗议性投票——'给他们传送信息'的投票"[38]。

这些较小的党派和其他小派别都可能吸引充足的选票来阻止两党总统候选人赢得40％的选票，从而促成决胜选举。例如，贝斯特认为最好的论据是，如果40％的决胜选举规则在1992年就生效的话，罗斯·佩罗（Ross Perot）就不会暂时退出竞选，就能够在决胜竞选中支持其中一名候选人来得到政策上的让步。[39] 小阿瑟·施莱辛格认为直接普选"将会加快两党体系的瓦解。决胜选举的直选将会导致单一议题运动，对主要党派持异议者和自由媒体的投机分子以空前的热情加入到竞选总统的角逐中"。这些党派将会"……以从决胜选举候选人那里获得让步以换取支持的承诺"。[40]

支持直接普选的人认为除我们的政治文化以外,我们两党制真正的结构基础是使用单一席位选区(相对多数票胜出或得票最多者当选)来选取国会代表。如果几乎没有机会选取政府官员,要建立一个切实可行的政党难度是很大的。用于国会选举的比例代表制鼓励较小党派的建立,因为实际上他们能够赢得公职。在总统竞选中,即使和其他的小党派联合,赢得足够的普选票来促成决胜选举的可能性也是很小的。目前的制度不能阻止许多小党派的候选人在许多州获得选票得到参选资格。它也不能阻止一些重要的候选人参加竞选,例如西奥多·罗斯福(Theodore Roosevelt)或者罗斯·佩罗。

在普选体系中,即使一个小党派能够赢得很大份额的票数,并且还要进行决胜选举,那么这个党派的领导人怎么能够迫使他的选民来为和候选人达成交易的那个人投票呢? 而在目前的体系中,选举人是由党派(或候选人)在忠诚的基础上选出的。在选举人团制中如果一名候选人,比如,罗斯·佩罗,能够赢得足够的选举人票来帮助另一位候选人获得大多数选举人票的话,那么罗斯·佩罗在说服他的选举人名单上为数不多的忠诚者把票投给他在选举人团支持的另一位候选人,比起这位候选人在决胜选举上要说服数百万的选民为他投票要有更大的影响力。因而,选举人团制与进行决胜选举的普选相比,更有可能会出现由一个党派迫使其中一个主要党派作出让步的问题。

激烈角逐的选举

直接普选方案的批评者们提出的另一个理由是它会导致无休止的重新计票和质疑。贝斯特认为它将去除"对欺诈和重新计票的隔离检疫"。[41]这个推理就是如果选举的票数非常接近或者是 40％ 的界限存在问题的话,对竞选的质疑和角逐将不会只限定在一个或几个州,而是会遍及全国。"……全国的每个投票箱重新计票可能是必要的"。……[42]在 2000 年的选举中,一些评论家们担心如果你们认为在佛罗里达发生的重新计票的事情是复杂的,那么如果我们采用直接普选的话,这样的事情在整个国家范围内都有可能发生。

但是直接普选的吸引力之一就是重新计票的可能性很小。要着手进行一次重新计票,那么一定存在一种合理的可能性,即发现一些不真实的或伪造的票足以改变选举的结果。涉及的总票数越少,越有可能发生势均力敌的竞选导致少数选票决定选举胜负的情况,这一点凭直觉判断是很明显的。因而,在目前的体系下,一个州里的几张票可能扭转选举人票的多数优势,决定选举结果。这正是在 2000 年的总统选举中佛罗里达州发生的事情。竞选的票数如此接近,实际上几百张票的摇摆本可能改变选举的结果。因而,重新计票改变选举结果似乎是有可能的。

在佛罗里达,阿尔·戈尔为了改变选举结果,不得不再拉几百张的选票。如果是通过普选选举的话,乔治·布什就不得不去多拉五十多万张的选票,这是一项艰巨的任务。其至在 1960 年,当理查德·尼克松的支持者在琢磨着挑战伊利诺伊州的计票结果时,他们也要不得不去拉大约九千张选票来改变选举结果。如果他们最终赢了伊利诺伊州的选举,他们要不得不在得克萨斯州拉到大约四万张票。因为通过重新计票赢得这两个州是不可能的,尼克松的支持者放弃了。如果普选决定竞选结果的话,在全国拉到十万多张选票会更难。因而,支持直接普选选举总统的理由是出现重新计票和质疑几乎不可能,而不是更有可能。因为改变国家选举结果所需的票数要远远多于改变一个拥有大量的或决定性的选举人票的州的选举结果所需的票数。

结论

我们如何选举总统的问题在宪法体系里是一个基本的问题,过去的两个世纪以来,已经有了好多次的辩论。争议至今还没有完全解决,就如同在总统和国会之间、各州与国家政府之间达成良好平衡的这些宪法上的重要问题还没有最后解决一样。2000 年的总统选举,位居第二者成为总统,又一次提出了这个问题。不预先判断结果如何,而就选举总统的最好方式这一问题开展一次全国范围的对话,这是再合适不过的了。

致谢

本文作者向对这篇论文的较早版本作出评论的罗伯特·达德利(Robert Dudley)表示感谢。

尾注

1. Richard J. Ellis, *Founding the American Presidency* (Lanham, MD: Rowman and Littlefield, 1999), p. 114. 联邦党人已安排好隐瞒亚当斯的副总统候选人托马斯·平克尼的一些选票,目的是避免亚当斯和平克尼打成平局。但是最终由于判断错误并且隐瞒了太多的选票,托马斯·杰弗逊获得的选票数位居第二,成为副总统。

2. 参见 Shlomo Slonim, "Designing the Electoral College," in Thomas E. Cronin, ed. *Inventing the American Presidency* (Lawrence, KS: University Press of Kansas, 1989), p. 33. 首次发表时名为"The Electoral College at Philadelphia: The Evolution of an Ad Hoc Congress for Selection of a President," *Journal of American History*, Vol. 73 (June 1986).

3. American Bar Association, *Electing the President: A Report of the Commission on Electoral College Reform* (Chicago: American Bar Association, 1967), p. 3.

4. 随后到来的 1804 年选举也是按照支持宪法第十二修正案的那些人的想法进行的。参见

Lucius Wilmerding, Jr. *The Electoral College* (Boston：Beacon Press，1958)，p. 38.

5. 这些选举中的投票数据来自 Joseph Nathan Kane, *Presidential Fact Book*（NY：Random House，1999）。

6. 这些选举数据参见 Neal R. Peirce and Lawrence D. Longley, *The People's President*（New Haven，CT：Yale University Press，1981），pp. 257 – 258.

7. 选举结果报道参见 *The New York Times*，December 30，2000，p. A11. 其他候选人：拉尔夫·纳德得票 2 864 810 张(2.72%)；帕特·布坎南得票 448 750 张(0.43%)；哈里·布朗得票 386 024 张(0.37%)；*The Washington Post*（December 21，2000），p. A9.

8. 历史上发生的奇怪的事情是每次总统的儿子或孙子成为总统候选人时，他们当选总统所得的普选票数总比他们的对手少。1824 年，约翰·昆西·亚当斯是约翰·亚当斯总统的儿子，最终由众议院投票选出。1888 年，本杰明·哈里森是威廉·亨利·哈里森的孙子，赢得了选举人团票，但普选票次于格里夫·克里夫兰。第三次遇上这种情况的是小布什。

9. 参见 Shlomo Slonim, "Designing the Electoral College," in Thomas E. Cronin, ed. *Inventing the American Presidency* (Lawrence, KS：University Press of Kansas, 1989), pp. 33 – 60. 首次发表时名为 "The Electoral College at Philadelphia：The Evolution of an Ad Hoc Congress for Selection of a President," *Journal of American History*，Vol. 73 (June 1986).

10. Slonim, "Designing the Electoral College," p. 45.

11. Max Farrand, ed. , *The Records of the Federal Convention of 1787* (New Haven, CT：Yale University Press, 1966), Vol. 2, p. 171.

12. Slonim, "Designing the Electoral College," pp. 48 – 49.

13. Max Farrand, *The Records of the Federal Convention of 1787* (New Haven, CT：Yale University Press, 1966), Vol. I, p. 69 (June 1,1787).

14. Max Farrand, *The Records of the Federal Convention of 1787* (New Haven, CT：Yale University Press, 1966), Vol. II, p. 31 (July 17,1787).

15. Richard J. Ellis, ed. *Founding the American Presidency* (Lanham, MD：Rowman and Littlefield, 1999), p. 113.

16. Farrand, *Records of the Federal Convention of 1787*，Vol. 2, pp. 56 – 57.

17. Slonim, "Designing the Electoral College," p. 50.

18. Slonim, "Designing the Electoral College," p. 55.

19. Wilmerding, *The Electoral College*，p. 21.

20. Arthur Schlesinger, Jr. , "Fixing the Electoral College," The Washirngton Post (December 19,2000), p. A39. 安德鲁·杰克逊总统在他的第一次年度讲话中指出："人民的意愿得不到实现，增加行使人民意愿代表的比例……人民表达意愿更有保障……人们不信赖由少数人选出的总统去履行总统职责。"引用见 Arthur Schlesinger, Jr. , *The Cycles of American History* (Boston：Houghton Mifflin, 1986), p. 318.

21. Richard J. Ellis, ed. *Founding the American Presidency* (Lanham, MD：Rowman and Littlefield, 1999), pp. 118 – 119.

22. 威廉·C. 金伯林在《选举人团制》中写道："如果我们坚持由普选选出政府作为唯一考量的话，那么难道我们不应该废除代表各州的参议院制度吗？……如果有任何理由保留我们现存的参众院的州代表制的话，那么就应该有相同的理由应用到我们的总统选举中。那么为什么只在选举人团制中采用普选呢？"参众两院州代表制存在的原因是每个实体都想要代表州或当地的公民。国家选举总统的依据是总统应该代表整个国家而不是代表国家的某一个部分。金柏林的文章见美国国家档案文件管理局网站(www. nara. gov)。

23. 另一种计算选民对选举人团票带来的不同影响的方式是根据每个州为获胜者投票的人数来划分选举人团票的数量(因为每个州投票给落选者的选票对候选人来说毫无意义。)参见 Adam Clymer, "Now What? This Time, Cries For 'Blood' Seem Unthinkable," The New York Times (November 12,2000), p. wk 5. 亦可参加如下分析：Lawrence D. Longley and Neal R. Peirce in *The Electoral College Primer* (New Haven, CT：Yale University Press, 1996), pp. 143 – 144.

24. George F. Will, "A Brief Moment," *The Washington Post* (December 17,2000), p. B7. 如果说提出的关于选举人团制怎样改变可能会改变竞选模式的一些问题具有意义的话，那么一些实证证据可能会产生影响。可以权衡一下近年来竞选活动的一些模式。比如，在 2000 年选举中，8 个较大的州没有候选人到访；这 8 个州拥有很少的选举人票并且都是坚定的共和党阵营。格林湾和大急流城的总统竞选广告数量远远超过纽约市或洛杉矶媒体的广告数量(超过 5 000)。要想赢得候选人的注意，各州必须进入"角色"中，并且要持有相当多数量的选举人票。有关候选人到访各州纪录及媒体广告数据，参见 Alexis Simendinger, James A. Barnes, and Carl M. Cannon, "Pending a Popular Vote," *National Journal* (November 18, 2000), p. 3653.

25. Joseph Nathan Kane, *Presidential Fact Book* (NY：Random House, 1999), p. 374.

26. National Archives and Record Administration, Web site：www. nara. gov.

27. 在这些选举中为了改变选举结果而不得不改变选举的具体票数及细节参见 Lawrence D. Longley and Neal R. Peirce, *The Electoral College Primer* (New Haven, CT：Yale University Press, 1996), pp. 35 – 36.

28. 总统制研究中心赞助的一个研究小组在 1992 年发布了一则报告，提出一种本来要取消选举人的自动计划。这个小组也提出如果在选举人团票中没有多数票，那么就应该进行决胜选举，而不应该再经众议院来决定胜负。参见 Elizabeth P. McCaughey, "Electing the President：Report of the Panel on Presidential Selection," Center for the Study of the Presidency, 1992. 罗纳德·里根在 1977 年 4 月 13 日的一次讲话中也建议自动投票，而不是把决定权给予选举人。参见 William Safire, "Reagan Writes," *The New York Times Magazine* (December 31,2000), p. 38.

29. 参见 Thomas E. Cronin, "The Electoral College Controversy," in Judith A. Best, *The Choice of the People? Debating the Electoral College* (Lanham, MD：Rowman and Littlefield, 1996), pp. xxi-xxiv.

30. 参见"Winner Take All：Report of the Twentieth Century Fund Task Force on Reform of the Presidential Election Process," (NY, 1978). 参见施莱辛格在 *The Cycles of American History* 中对国家补贴方案的分析(Boston：Houghton Mifflin, 1986), pp. 320 – 321.

31. 提议的再版修正案见 Judith A. Best, *The Choice of the People? Debating the Electoral College* (Lanham, MD：Rowman and Littlefield, 1996), pp. 115 – 117. 以少于 50% 选票赢得总统选举的合法性已经不用质疑。17 位总统的选举都是这种情况(格罗弗·克利夫兰和比尔·克林顿都是每人两次)。其中只有林肯得票略微少于 40%。没有获得多数普选票也不会阻止总统再次当选，这些总统包括林肯、克利夫兰、威尔逊、尼克松和克林顿。

32. Judith A. Best, *The Choice of the People? Debating the Electoral College* (Lanham, MD：Rowman and Littlefield, 1996), p. 83.

33. Judith A. Best, *The Choice of the People? Debating the Electoral College* (Lanham, MD：

Rowman and Littlefield，1996），pp. 84 and 14.

34. Judith A. Best, *The Choice of the People? Debating the Electoral College* (Lanham，MD：Rowman and Littlefield，1996），p. 55.

35. William C. Kimberling，"The Electoral College," on the National Archives and Records Administration Web site（www. nara. gov）.金伯林是 2000 年选举管理联邦选举委员会办公室副主任。

36. Best，*The Choice of the People?* p. 14. Wilmerding，*The Electoral College*："州立法机构把对选举人的任命交付给人民时,他们履行了《宪法》;但是他们要求用一种模式来任命选举人,即在选举人团制中把整个州的代表票数给予一个单一政党,这样就没有履行《宪法》。他们把总统制放在联邦层面而不是国家层面上。他们从整个国家的人民那里选举总统,事实上只把这个权力给了大州的人民。"(p. xi).

37. Jack Rakove，"The Accidental Electors," *The New York Times*（December 19，2000），p. A31.

38. Judith A. Best, *The Choice of the People? Debating the Electoral College* (Lanham，MD：Rowman and Littlefield，1996），p. 56. 此异议也适用于"排序复选制"的提议,即选民按照喜好顺序为几个候选人投票。如果在第一轮中没有一位候选人获得 40% 的票,得票最少的候选人会被淘汰,采用迭代的方法直到有候选人达到 40% 的票数要求。

39. Judith A. Best，*The Choice of the People? Debating the Electoral College* (Lanham，MD：Rowman and Littlefield，1996），p. 56.

40. Schlesinger，*The Cycles of American History*，pp. 319 - 320.

41. Judith A. Best，*The Choice of the People? Debating the Electoral College* (Lanham，MD：Rowman and Littlefield，1996），p. 57.

42. Judith A. Best，*The Choice of the People? Debating the Electoral College* (Lanham，MD：Rowman and Littlefield，1996），p. 58.

第二章　从历史视角看总统制

由于《宪法》第二条留下了许多空白之处，需要在历史的发展进程中去不断地填充，所以历届总统的观念看法自然会构成《宪法》重要的扩充部分，甚至还促成了《宪法》文本的修订。首届总统乔治·华盛顿作出的贡献绝不能轻描淡写一笔带过。正如在第一章中指出的，他的个人品质和声望是制宪会议成功召开必不可少的因素，他的聪明才智为总统权力文献的创立构建了典范。

尽管华盛顿两次被选举人团全体一致推选为总统，然而他是出于责任感为人民服务，而不是出于对更高声望的追求。华盛顿"从来没有竞选总统职位"，乔尔·阿肯巴克（Joel Achenbach）在他关于华盛顿在西进运动中的作用的研究中写道。"他远离了它。从制宪者们构想总统制的那一刻起，这项工作就追上了他。"[1] 他给予了这项工作迫切需要的尊严和毅力，他任职期内足以特立一定的先例——在处理外交事务方面，在处理内阁成员和国会方面。而且，在他的两个任期结束之后，他满怀感激地归隐到他所钟爱的弗农山庄（Mount Vernon estate）——为有秩序的权力交替树立了典范。

华盛顿离职时，发表了离职演说，其中包含了他对国家形势的看法及对同胞的建议。每年华盛顿诞辰时这份演说仍然在国会两院中被恭敬地宣读，而这份文献更像是一位 18 世纪受过良好教育的绅士的著作——这种含蓄礼貌的表达方式惠及了，比如说，托马斯·杰弗逊或者是《联邦党人文集》作者们的写作。华盛顿感谢公民授予他的各种荣誉，他高度赞赏了自由和团结的美德，"你们的团结应该被视为你们自由的主要后盾……对一方面的热爱让你们得到了另一方面的保护。[2]（他在文章中预见性地评论到公民应该避免"发展过快的部队编制，在任何政府形式下，这种情形对自由都是有损害的，并且……尤其对共和制的自由不利。"）[3] 他进一步高度赞扬了宪法机制：

　　　　……要切记的是为了有效地管理我们的共同利益，在像我们这样一个地域广大的国家，一个充满活力并一贯坚持极好地保障自由的政府是绝对不可少的。在这样一个正确地分配、调配权力并给予保障的政府里，自由会发现它最可靠的守护者。[4]

最后，华盛顿费尽苦心地告知他的国民注意已经困扰着他的总统任期的两种危险——"党派性所造成的那些常见的、无止境的不和"和"外国势力所带来的那些潜在的阴谋"。尽管华盛顿受到公众的尊重并拥有很高的名望，他也会经常受到反联邦党人的恶意攻击，而反联邦党人团结在托马斯·杰弗逊周围。党派精神在君主制政府里可能是有用的，他写道，但是在采用普选制的政府里不应予以鼓励：

> 从它们的自然趋势来看，可以肯定的是对每一种有益的目标，总不会缺乏这种[党派]精神。但这种精神常有趋于过度的危险，因此应当用舆论的力量使之减轻及缓和。它是一团火，不会熄灭渴望，但要一致警惕，以防它熊熊燃烧，以免不能供人取暖，反而贻害于人。[5]

至于外国势力，华盛顿宣称：

> 我们处理外国事务的最重要原则，就是在与它们发展商务关系时，尽量避免涉及政治。对于我们已经签订的条约，必须忠实履行。但以此为限，不再增加……
>
> 我们真正的政策是避免同任何外国订立永久的同盟……应当时刻保持警惕，适度地建立同盟以保持可观的防御姿态，在处理非常紧急的事件时，我们才可以安全地依靠暂时性的同盟。[6]

本章会按照逻辑顺序而不是时间顺序来提供几篇有关政府权力的著名总统宣言，并会以一位杰出学者对总统们根据工作的政治环境而采取的执政方式所作的分类，作为本章节的结束。

从历史上来看，许多总统已经表达了他们的职责受到约束的一种观点。"我将不会用我自己的方法去干预人民，"尤利西斯·S.格兰特（Ulysses S. Grant）在1868年接受共和党总统候选人提名时宣布。换句话说就是格兰特将会遵从国会——由他自己的党派控制。也许20世纪初期的总统威廉·霍华德·塔夫脱（William Howard Taft）对这个观点作出了最好的描述，他在1909年到1913年任职总统。（塔夫脱的真正的抱负是在1921年实现的，当时沃伦·G.哈定（Warren G. Harding）总统任命他为最高法院首席大法官，他一直任职到1930年去世——他是唯一在两个职位上任过的人。）再次竞选总统落选三年后，塔夫脱在他的名为《我们的行政首脑及其权力》的一系列演讲中仔细反思了总统制。他持有一种狭义上的，或者说是辉格党的执政观点，即他建议严格地遵守《宪法》和由国会通过的具体法律。"对于行政职能真正的看法，"他宣称，就是"总统不能行使无法在《宪法》或某一法案中找到依据，或是仅仅暗含着的权力。"他以"不安全"为由驳回了更加膨胀性的请求，比如西奥多·罗斯福（Theodore Roosevelt）的"管家理论（stewardship theory）"。塔夫脱断定"（总统）不能行使任何未被定义的权力，因为这属于公众利益"。

　　一种对总统制更雄心勃勃的看法——作为仆人或管家直接向人民负责——经常被用来解释或判断总统行为是否合理。安德鲁·杰克逊（Andrew Jackson，1829—1837年在任）以"人民公仆"自诩，调整了他的许多关键性行动来获得大众的支持。而正是西奥多·罗斯福（1901—1909年在任）通过解释他当总统时的行动最清楚地表达了他所称的"管家理论"。作为一名研究历史的学者，罗斯福想要成为一名伟大的总统，并对成为这样一位总统应该怎么做有着清晰的看法。他把一些总统，如华盛顿，尤其是林肯，作为自己的榜样；他看不起那些"高尚、善意的"前任们（后来还发现他的继任者威廉·霍华德·塔夫脱也是如此），他们持有一种"狭隘的墨守成规的观点，就是总统是国会的公仆而不是人民的公仆"。

　　作为总统，罗斯福精力充沛，处事大胆，并能敏锐地领悟到公众的情感及媒体的力量。在国内政策上，他以反对大型企业信托（他称其为"拥有巨大财富的作恶者"）和支持保护公共及私有土地为人民所牢记。他不断地与国会领导人讨价还价，但是当遇到强烈反对时，他会求助于公众的力量并且经常会赢得支持。在外交事务中，虽然他按照法律的规定去征求了国会的意见，但是他极大限度地扩大行政权力。罗斯福利用了当时中美洲的政治动荡局势进入了巴拿马地峡并修建了巴拿马运河，在他任期内解决了阿拉斯加边界纠纷，派遣战舰环球绕行来威慑他国的海军势力，并强力调停了日俄战争（为此他获得了诺贝尔和平奖）。

　　在罗斯福1913年出版的自传中，他解释道："不管在什么时候、以什么方式，都要为所有人民的共同利益服务，除非直接被《宪法》或法律所禁止。"他的行动主义与其在作品中的热情和直率相一致：

　　　　我做了并促使他人去做了以前总统和各部门领导人没有做的许多事情。我没有篡夺权力，但我极大地扩展了行政权力的使用。换句话说，我是为了公众的福祉去行使权力……我关心的不是权力只停留在表面上的形式，我非常关心的是使用权力所产生的效果。

　　另一种对于总统权力的行动主义观点是由伍德罗·威尔逊（Woodrow Wilson，1913—1921年在任）提出的。威尔逊学习过法律、政治、历史、经济等学科，1885年在约翰·霍普金斯大学获得哲学博士学位并成为政治科学方面现代学术规范的创立者之一。他于 1885 年出版的博士论文《议会制政府》(*Congressional Government*)批判性地描述了美国内战后国会主导和总统弱势的"镀金时代(Gilded Age)"——更不用说腐败和以权谋私的问题了。"国会是在联邦体系中占主导地位甚至是不可阻挡的权力机关",而总统是在细致分级、公平管理的行政体系中的首席长官⋯⋯他的职责要求训练有素而不是具备建设性的天赋"。

20 多年以后,当时威尔逊是普林斯顿大学的校长,即将成为新泽西州州长,发表了一系列的演讲,在演讲中他清楚地表达了对总统制完全不同的观点。威尔逊对政府新建立起的兴趣毫无疑问地反映在他对受欢迎的威廉·麦金莱(William McKinley)和西奥多·罗斯福政府的评价中。威尔逊理想中的总统是一个有创造力的、甚至能代表公众意见的英雄式的领导人,不仅仅是罗斯福的管家理论体现和阐释的民意。他至今仍著名的几句话是对现代公众,或"带修辞色彩的"总统制的宣言。"他是一切事务的唯一的国家代表⋯⋯他具有的远见卓识和魄力足以让他的执政成功"。在写下这些语句六年之后,威尔逊本人被推选为总统——他是赢得这一职位的唯一的政治科学家,并且是在这个职位上唯一获得博士学位的人。人们不可避免地要将威尔逊铿锵有力的话语和他此后在椭圆形办公室的表现作出一番比较——他推行的新自由主义国内纲领的成功(1913—1916)和被称为"伟大战争"(1917—1918)的第一次世界大战的胜利,以及随后他所钟爱的维持世界秩序的国际联盟计划以不幸的失败而告终(1919)。

对于总统权力最为膨胀性的观点——总统权力包含维护宪法本身的总统特权,即使这意味着篡改或者是打破具体的成文法律——是由亚伯拉罕·林肯(1861—1865 年在任)表述的。林肯对于总统特权的要求是为了回应国家历史上最为严重的危机:南部邦联脱离,引发分裂国家的非常现实的危胁。

不可否认的是,甚至连一些通常对行政权力持怀疑态度的思想家们也要求给予行政权力这样一种宽泛的理解。比如,大部分支持议会至上的人,会对一些与外交和军事指挥相关的王室特权作出让步。约翰·洛克(John Locke)《政府论》(*Second Treatise on Government*)的读者在读到第十四章"论特权"的时候,很可能会吃惊不已,因为他把特权定义为"根据慎重考虑的公众利益去行动的权力,而不是按照法律指示,有时甚至可能违反法律"[7] 为什么领导者们在执行法律时会有这样的自由裁量权呢?洛克解释道,因为立法者根本不能预见到每一种可能性,因而成文的法律往往不能给出合理的指导。也许是洛克考虑到了一些危及整个社会安全的危机或紧急情况。"法律本身在一些情况下应该给行政权力让位——或给保护所有社会成员的基本自然法则让位"[8]。并不是这种权力不受控制,最终它要顺从人民的意愿,并且它可能在通常方式下遭到反对或抗议。然而,意义重大的是,洛克——立法权力和一部"均衡宪法"的极力拥护者——容忍了对行政权力的这样一种宽泛的理解。

　　林肯在早期职业生涯中是一位正统的辉格党人（任第三十届国会议员，1847—1849 年在任），他公开谴责了安德鲁·杰克逊强有力地行使总统权力。"如果我是总统，"林肯说，"我希望国家的立法权力应取决于国会，不受行政权力的影响……如果不是在很特殊和很明确的情况下，不受否决权的干扰。"然而，在 1861 年春，面临国内纷争的非常形势，林肯采取了大胆的、史无前例的行动。此外，他还在常规部队和志愿军两个方面扩充了武装力量；他花费了国会没有划拨的款项；他宣布封锁南部港口；他宣布戒严并中止了一些选定地区实行的人身保护状，并强制执行了种种战时限制。他的许多行动侵犯了原先只有国会才有的权限。林肯没有急切地去寻求立法机关批准他的行动（虽然国会最终批准了他的大部分行动）。"不管是完全合法还是不合法，"他解释道，"我采取这样的行动是顺应了人民的需求和大众的迫切需要，相信国会会给予批准。"

　　林肯用了洛克大概也能理解的话语解释了他的行动：最终，它们满足了保护国家自身的需求。他的行为是对《宪法》规定的独特解读，《宪法》规定的是总统将"负责法律能够忠实地被执行"，这里的"法律"就是国土的最高法律：宪法本身及它所创建的"更完美联邦"。正如林肯后来所问的那样，"失去了国家还有可能维护《宪法》吗？"又或者"没有《宪法》，其他的法律还能有留吗？"他在 1864 年 4 月 4 日写给艾伯特·G. 霍奇（Albert G. Hodges）的信中，用简单的看似从他的笔头自然流露的话语为他行使的总统权力作了辩护。

　　虽然如此，林肯还是在他个人的道德情感和他的公共职责之间划了一条鲜明的界限。他的职业生涯已经建立在反对奴隶制之上（"如果奴隶制不是错误的，那么就没有什么是错误的了"）。但是他的就职宣言让他与公共道德紧密联系在一起：维护联邦的完整，不管有或没有奴隶制。"……我从来就不知道总统制授予了我一种按照我的判断和情感来正式采取行动的无限制的权力。"他写道。因而，他在废除奴隶制的问题上顺应了时势：他已疏远了蓄奴州，现在又激怒了内战最热烈的支持者，尤其是废奴主义者。他的《解放黑人奴隶宣言》——对于反叛州之外的奴隶来讲，是一种有限的自由的授予——只有在战场上取得胜利之后，他的宣言才变得可信。林肯巧妙而又有力的论述给当今的当选官员提了个醒，他们经常会在个人的道德观点和担任公职的责任之间被迫作出选择——这种责任要求对所谓的公共道德要有确定无疑的忠诚。

　　这一章最后一篇文章是斯蒂芬·斯科夫罗内克（Stephen Skowronek）写的《政治秩序中的总统制》（*The Presideacy in the Political Order*），文中对历史背景下总统的角色所作的分类是一次大胆的尝试。斯科夫罗内克置身于椭圆形办公室当中：政治史，他论述道，要按照围绕联邦体系或党派制度的产生和衰退的"总统驱使"的变化顺序来定义。他描述了总统如何通过不辞辛苦地扩大选区并努力去除阻挡他们最优先计划的障碍来"搞政治"。

总统变化的角色——斯科夫罗内克称其为总统决策的"意外结构"——取决于总统是否质疑或坚持主要的政治秩序，当总统对现有的政治秩序表示质疑时，他们会自行决定新的政策方向（斯科夫罗内克所指的"重建政治"["politics of reconstruction"]）。"在政府已经完全失信时，总统在美国政治中的地位会十分突出，当对总统制的政治抵抗力最弱时，总统往往会大规模地重塑政府"。杰克逊、林肯和富兰克林·罗斯福都属于伟大的重建总统行列。相比之下，那些坚守一种已经失去实用性和可信度（"脱节政治"["politics of disjunction"]）的政治模式的总统，注定要失败，并常被人挑出来作为政治失败的典型。像两个亚当斯（约翰和约翰·昆西）、詹姆斯·布坎南（James Buchanan）、赫伯特·胡佛（Herbert Hoover）和吉米·卡特（Jimmy Carter）等。

继承一套已经制定的、健全的政治体系的总统是幸运的：他们的任务就是清楚地表述主流意识形态的基本主题——扮演"政体的拥护者"的角色——在共识之内进行改革（"衔接政治"）。如詹姆斯·波尔克（James K. Polk）、西奥多·罗斯福、林登·约翰逊（Lyndon Johnson）等总统"是在对主要政党强有力的重新肯定之时上台执政，并且没有不寻常的危机来干扰他们的工作"。但是当这样的总统面临一些意想不到的事件（越南战争，以约翰逊为例）时，这些事件会动摇党派共识，从而使他们处于风险中。

最终，尽管有些总统反对他们时代已有的政治共识（"优先政治"["politics of preemption"]），但是他们仍赢得了职位。他们是政治的"侥幸者"。他们的竞选挑战了主要党派的分裂，他们往往必须要和反对党控制的国会打交道。这些总统包括安德鲁·约翰逊（Andrew Johnson）、伍德罗·威尔逊、理查德·尼克松（Richard Nixon）。尽管这些总统采取了行动（甚至成功的行动），他们也没有改变潜在的政治归属，好多次都被迫屈服于由他们的政敌所控制的国会。

斯科夫罗内克的分析再一次提醒我们对总统职位的描述是宽泛而又多变的。它是总统自己的政治承诺和时代要求的混合体，在这一混合体中，有些总统被认为是伟大的，有些被认为是失败的。

参考文献

Agar, Herbert, *The Price of Union* (Boston, MA: Houghton Mifflin, 1950).

Ford, Henry Jones, *The Rise and Growth of American Politics* (New York: Da Capo Press, 1967). Originally published by Macmillan in 1898.

Greenstein, Fred I., *The Presidential Difference: Leadership Style from FDR to George W. Bush* (New York: Free Press, 2000).

Skowronek, Stephen, *The Politics Presidents Make: Leadership from John Adams to George Bush* (Cambridge, MA: Harvard University Press, 1993).

Skowronek, Stephen, *Presidential Leadership in Political Time*, 2nd ed. (Lawrence, KS: University Press of Kansas, 2011).

Wilson, Woodrow, *Congressional Government* (Baltimore, MD: Johns Hopkins University Press, 1981). Originally published in 1885.

Wilson, Woodrow, *Constitutional Government in the United States* (New York: Columbia University Press, 1961). Originally published in 1908.

尾注

1. Joel Achenbach, *The Grand Idea: George Washington's Potomac and the Race to the West* (New York: Simon & Schuster, 2004), 157.

2. *Washington: Writings*, ed. John Rhodehamel, The Library of America (New York: Penguin Books, 1997), 966. 摘自告别演说中的所有引用文字见本卷, 第 962—977 页。

3. 同上。

4. 同上。

5. 同上, 第 970 页。

6. 同上, 第 974—975 页。

7. John Locke, *The Second Treatise of Government*, ed. Thomas P. Peardon (Indianapolis, IN: The Library of Liberal Arts/Bobbs-Merrill, 1952), p. 93.

8. 同上, 第 91 页。

文献6 狭义解释宪法派眼中的总统制

威廉·霍华德·塔夫脱

虽然划分出政府每个分支——立法、行政和司法机构专门的管辖范围十分重要,其实应该说政府的正确运转需要所有分支的共同合作,各个部门不愿去履行职责的话,随之而来的就会是整个政府的运行受阻。一个分支机构不能强迫另一个机构去采取行动,并且每一个分支机构能够在很大程度上去阻止另一个机构去达到其行动目的及执行其决定。

我认为,行政机构的真正职能是总统不能行使无法公正合理地追溯到依据的具体权力,或者没有充分地暗示并包含在明确的授予中去行使的权力。具体授予的权力要么包含在联邦宪法中,要么包含在国会通过的法案中。他不能行使在他看来符合公众利益的任何未被定义的权力残余物,并且在尼格尔案(Neagle case)和美国法律对它的释义中,或在其他的先例中,都没有授予如此的一种推论。有必要从总体上授予行政机构权力,这样在规定的权限内行动就不会使它处于尴尬的境地,但是它的权限必须由肯定性的宪法或法定的条款认定是合法和正确的,否则它的权限就不会存在。然而,一直以来有这样一些身居要职的著名人物,他们持有不同观点并坚持为了公众的利益去行使一种未被定义的行政权力,这种人并不仅限于当前这一代。我们可以从埃布尔·P.厄普舍(Abel P. Upshur)的抱怨中获得这样的信息,他是弗吉尼亚州的政治家,严谨的守旧派宪法解释者,继丹尼尔·韦伯斯特(Daniel Webster)后担任美国总统泰勒的国务卿。他看到斯托里(Story)所写的对宪法的评论后,专门写下了一篇文章来进行回击和批判,其中对于《宪法》中的行政权力,他评论如下:

> 毋容置疑的是,《宪法》中最有缺陷的地方是其与行政机构相关的部分。阅读这个法律文件时,不对其中有关总统权力和责任的一些含糊而轻率的条款感到吃惊是不可能的。就立法机构而言,《宪法》上对它的约束也许和本来被相对安全制定时的约束一样精确严谨;但是对于行政机构,看来制宪会议刻意地挑选了这样的一些模糊而笼统的表达,似乎让总统通过自己对它的理解和暗含的意思来行动,或者忽略自己的应尽的职责,或者扩大自己的权力范围。我们已经得知国会严肃地宣称任何即非立法权也非司法权的权力当然是行政权,而这些权力按照《宪法》规定属于总统。这么一条可怕的、完全与我们的政府精神发生冲突的声明能支撑多久呢。但至少我们知道,要说它没有受

到支持行政权力特别法案那些人的指责是不可能的。尽管这样，这也是《宪法》不妥当的地方，它对行政权力的定义如此不清楚，甚至为其找党派忠诚的狂热之类的看似合理的借口，造成了美国总统拥有了专制君主的权力，这是在世界上任何君主立宪政体中从未发生过的事情。

厄普舍对行政权力定义含糊不清造成的结果的看法似乎有点言过其实。但是人们一定赞同他说的一点，即在国会中推进行政权力的观点。近年来，一些行政官员也提出了相似的观点并发挥了一定的作用。如果这种观点得到普遍认可的话，即使不是像厄普舍先生一样的狭义的《宪法》解释派也会真正感到担忧。加菲尔德先生，罗斯福执政期间的内务部部长，他在递交给国会的最后汇报中对于公共领域的行政权力这样说道：

> 《宪法》规定的全部权力赋予政府的行政部门，除非《宪法》或立法禁止某些特定的法案，权力行使的程度完全由行政机构管理掌控。

以此为指导，加菲尔德先生按照灌溉开垦旱地的法案，授权他制定灌溉工程合同并承担与存入开垦基金的金额相同的债务，与殖民者协会签订合同并达成一致，如果这些殖民者提供钱和劳动力的话，他们会收到由政府部门提供的劳动和金钱方面工程师的证书，这些证书会在将来免除一些他们对政府的义务，像按规定上交的水费和其他的一些费用。接替的政府继续承认政府授予的这些证书的有效性就变得十分有必要。而司法部长维克沙姆（Wickersham）认为这些证书是不合法的，理由是这些证书的颁发没有官方的正式许可。他的依据是华莱士街 7 号的弗洛伊德承兑汇票，其中规定商业票据以当时的战争部长弗洛伊德先生签署的承兑汇票为依据，向索赔法院寻求恢复有效性，并交付到承包商手中。索赔法院坚持认为这些证书是无效的，因为战时部长没有法定的权力去颁布它们。法官米勒先生在判决这个案子时说道：

> 判决结果立刻会浮现在熟悉我国政府体系的人的脑海中，在我国的政府体系里，所有的权力都是被授予、由法律界定的，符合《宪法》或法令规定，在每种情况下，我们必须诉诸这些权力的来源。我们的政府里的官员，上至总统，下到级别最低的职员，没有不按照法律规定来供职的，他们被赋予了规定的义务和有限的权力。虽然像总统、立法机构和司法机构在行使权力时，某种程度上比《宪法》中规定的基本法拥有更广义的范畴，但是更多的是制定的成文法，其中规定了责任并限定了权力。

　　我的判断是加菲尔德先生和罗斯福先生的观点，给予总统一种不明确的权力的观点是危险的，并且可能会在紧急情况下导致其肆意妄为的性格，对私权做出不可挽救的不公正的行为。这种观点的主要动机是行政机构通常承担着保证全体人民福利的责任，扮演着万能的救世主的角色并让一切事情正常运行，在总统看来，如果没有被明确禁止，任何对人民有益的事情他都应该去做。这样对于行政机构行动的广阔范围几乎没有作出限定。

文献 7　管家总统制

西奥多·罗斯福

　　我的观点是每一位行政官员,尤其是高层的每一位行政官员,都是人民的管家,必须要积极明确地尽其所能为人民服务,而不要抱有深藏自己的聪明才智、使其不受损坏这种负面价值观。我不大愿意接受下面这种观点,即如果总统没有得到特定的授权,他就不能去处理国家所急需解决的问题。我坚信解决国家需要解决的一切问题,这不但是总统的权力,而且是他的义务,除非这种行动被《宪法》或法律禁止。按照对行政权力的这种理解,我做了并且叫人做了以前总统和各部门首脑没有做到的许多事情。我没有篡权,但是我确实极大地扩展了行政权力。换句话说,不管什么时候,不管以什么方式,只要不是违背了直接的《宪法》和法律规定,我都会去维护公众的利益,谋求全体人民的共同福祉……

　　我把行政机构视为只听命于人民的主体并且按照《宪法》的规定积极地为人民服务,只要是在《宪法》没有明确规定禁止提供服务的情况下。我遵循的这个行动方向实质上是安德鲁·杰克逊和亚伯拉罕·林肯所提倡的。其他一些可敬的、本意良好的总统,比如詹姆斯·布坎南采取了相反的行动,在我看来是狭隘地拘泥于法律条文的做法,他们认为总统是国会的公仆,而不是人民的公仆。除非宪法有明确规定,否则不管在事实上多么有必要采取行动,都不能采取任何行动。大多数已过中年的有能力的法学家拥护这样的观点,还有好多出于好意的可敬的市民也表视赞同。我的继任者在任时对总统的权力和义务采取了像布坎南一样的观点。

　　例如,在我任期内,我们发现渴望窃取公有领域利益的那些人最喜欢采用的方法之一就是把内务部长的决议提交法院去办理。我们只有坚决反对这种行为才能够正确贯彻保护公有领域的政策。我的继任者不但采纳了相反的观点,而且还建议国会通过法案,授予法院在这些土地的问题上有直接受理对内政部长提起的上诉的权力……万幸的是,国会最终拒绝通过该法案。如果通过的话,必会是一场真正的灾难。

　　我奉行这样的原则,就是总统在任何时候都能够自行决定收回任何美国的公共土地并保留其用于植树造林、用于建造水利设施、用于灌溉及其他的公共用途。不采取这样的行动,就不可能制止窃取土地的活动。没有人愿意冒险,通过诉讼检验它的合法性。然而,我的继任者自己对此提出了质疑,并且把这个事情提交给国会来处理。国会又一次展示了它的智慧,通过一条法律来赋予总统已经长期执行的权力,而我的继任者则剥夺了自己的这项权力。

　　也许在林肯—杰克逊和布坎南—塔夫脱学派关于总统的权力和义务的观点之间的明显区别可以通过举例来很好地说明，来比较一下我的继任者塔夫脱对于他的内务部长巴林杰先生被指控在职时存在严重渎职行为时的态度和我对于我的部门首脑及其他下属官员的态度。我任职总统时，我手下的官员不只一次受到国会攻击，通常是因为这些官员很好并无畏地尽到了他们的职责。每一次发生这样的事情，我会支持我的官员并拒绝承认国会有权利来干涉我的事务，除非被弹劾或使用其他的《宪法》手段。另一个方面，不管是什么职位，如果我发现这个官员不称职，我就会立刻将他免职，即使是国会中最有影响的人物来为他争取留任。杰克逊—林肯的观点就是能胜任工作的总统应该能够形成自己对于下属的判断，尤其是职位最高并和他保持最密切联系的下属官员。我的部长们和他们的下属都对我负责，并且我为他们所有的行为负责。只要他们的工作让我感到满意，我会站在他们这一边，反对每一个批评者和攻击者，不管批评来自国会内还是来自国会外的其他人。至于让国会来促使我拿定主意，这种想法对我来讲本来就是不可思议的。而我的继任者或者说布坎南却采纳了相反的观点，他作为一名行政官员准许并要求国会给对巴林杰先生作出的指控进行评判。这些指控递交给总统；事实摆在总统面前，并且他能够随时调取事实，如果指控真实，他自己有权力采取行动。然而，他准许并要求国会来调查巴林杰先生。进行调查的委员会里的少数党和多数党里的一名成员宣布指控理由充分并认为巴林杰先生应该被免职。多数党的其他成员宣布指控理由不充分。这位总统最后采纳了多数党的意见。当然信奉杰克逊—林肯总统制理论的人对政府的另一个机构用这种少数服从多数的市政会议的方法来决定此类问题是不满意的，在总统自己的部门内处理他自己部属的事情并自行作出决定似乎是他的特殊职责……

文献8　公共利益的总统制

伍德罗·威尔逊

　　我们联邦《宪法》的制宪者们遵循在孟德斯鸠的书中已翔实诠释的方案,并且是带着真诚而又细致严谨的满腔热情去遵循这个方案。联邦党人极为出色的阐述读起来像是把孟德斯鸠的理论经过深思熟虑后应用到了美国的政治需求和具体的情况当中。其中尽是相互制衡的理论。总统与国会相互制衡,两者又与法院相互制衡……

　　……总统制在一个时期是一种模式,在另一个时期又是另一种模式,它是随着执政的人和他周围的环境而变化的。必须要记述的是1789—1825年期间的政府,这时的政府正处于在国内外取得立足之地的时期,在国家之间争夺地盘,在人民当中树立威信;那时英国的先例和传统影响还很强;那时选出的执政的人都是具有领导才能并肩负着整个国家的期望和信任的。另一个要提到的是杰克逊时期,他是一个专横的人,不是来自议会或是委员会,而是来自乡村边远地区,不管有没有法律正式的许可,都按照他自己的意愿来处理事务,靠自己的问心无愧和人们的爱戴来维持,这些人已不能忍受他前任总统的管理。再就是1836—1861年时期,那时许多有争议的国内事务困扰着国家,国会执行了一些重要的政策抉择,在位的各届总统在议会中缺乏个人力量和主动权无法为自己争取到领导地位。之后内战开始,林肯先生有了自己独特的使命并取得了成绩,那时行政部门受形势所迫在短时间内变成了整个政府,国会仅仅投票提供支持和通过必需的法律,就像都铎王朝时期的议会一样。在1865—1898年时期,国内问题还有关于立法上的事务自然地回归了国会,立法机构的首脑是政策的主要决策者,他再次身处重要地位,除克里兰夫先生以外没有总统在国家平静的政治舞台上起到领导和决定性的作用。但仍有人会说克里兰夫先生在事务中拥有重要的地位不是靠他自己的力量和当时混乱的政治秩序,而是在他之前那么多的总统从属于国会的这个体系给他提供了领导机会。与西班牙的战争又一次改变了各个机构的平衡。对外事务又变成了主要的议题,正如政府形成初期时的那样,总统是被迫切需要的领导者。美国在世界事务中的新角色让总统成为政府的领导者,人们的想法和注意力都集中在他的身上……

　　制宪者们似乎已经把总统视作更恪守教规的辉格派理论家期望国王要成为的样子:只是合法的行政机构,在应用法律和执行政策时有指挥和引导的权力。总统对立法的否决权是他对国会唯一的"制衡",是一种抑制的权力,而不是引导的权力。他有权来避免出现不好的法律,但是他没有机会去制定好的法律。事实上,他已经拥有了更多的权力。他已经成了本党派的领导人，国家政治意图的引领人，因而也是法律诉讼的指引人。政府的《宪法》结构已经在这些重要的角色上限制他的行动，但是并没有避免……虽然总统的实践和影响力已经改变了很多，但是毋庸置疑的是，在我们复杂的体制中我们已经一代接一代地更倾向于把总统作为统一的力量和他所在的党派及整个国家的领导人。

总统作为法定的行政机构，从《宪法》的方面来说，他不能被认作是独自一人。他不能执行法律。他实际的日常执行必须由几个行政部门和全国联邦官员组成的无数机构来完成。在总统职务严格的行政职责方面，总统可以说是与他的内阁成员协力实施总统制，像是一个委员会的主席。在实际执法过程中，他甚至不如他的同僚和顾问们活跃主动。因而更现实的情况是，随着政府的事务变得更复杂广泛，总统也变得越来越像是政治上的官员，而不是行政上的。他的行政权力仍在行使中，而他的政治权力更加集中在他身上并且自然而然地具有私人性和不可剥夺性……

除非无能和缺乏个人影响力，他不能避开作为本党派领导人的职责，因为他同时是这个党派和国家的选择。他是本党派提名的候选人，也是整个国家投票选出的唯一的本党派候选人。参众两院的议员是地区的代表，只是由各选区的选民选出，或者是由州立法机构成员那样的当地选举人主体投票产生。除了总统，没有其他官员是党派全国的选择。没有其他人能代表作为整体的人民来执行国家的抉择；由于事实上他的行政职责是从属性的，就所有的细小之处而言，总统代表的与其说是党派的治理效能，倒不如说是他的管理理念和原则。与其说他是他所在党派的一部分，倒不如说他是他的党派组织与这个理性的国家之间至关重要的纽带。通过为国家重要的见解和目标发言，通过为舆论指明方向，通过及时地发布让国人同样也让各个政党形成自己的判断的政策信息和声明，他能够支配他的政党。

他也是国家政治上的领袖，或者说这也是他选择要成为的角色。国家作为一个整体已经选择了他，并且意识到他是唯一的政治发言人。他是国家事务中的唯一代言人。一旦让他赢得了国家的钦佩和信任，其他任何单一的力量都不能反抗他，也没有联合的力量能够轻易压倒他。他的地位承载着国家的希望。他不是支持者的代表，而是全体人民的代表。当他以他真实的品质发言时，他不代表特殊的利益。如果他恰当地阐释了国家的想法并大胆地坚持的话，他会变得不可抗拒；国家只有在它的总统具有如此的远见和才能时才能感受到行动的热情。它的本性就是寻求统一行动，它渴望的是一个领袖。正是因为这个原因，国家更愿意选一个人而不是一个党派。它所信任的总统不但能领导它，而且能按照他自己的观念构建它。

……如果他领导国家，他的党派几乎不能对抗他。他有智慧和力量来打造他的政府。

　　……我们可以很确切地预测到，随着国家自身事务的不断增长扩展、总统职责的日益加重，在这个重要职位上的任职者们将会更加感受到，他们是尽最大努力按照国家真正的目标在管理国家，越来越不把自己看作是行政长官，而越来越把自己看作是各项事务的负责人和国家的领袖，作为能够提出启迪性的建议和产生重要影响行动的人。

文献 9　享有特权的总统制

亚伯拉罕·林肯

写给 A. G. 霍奇斯的信(1864 年 4 月 4 日)

　　亲爱的先生：您让我把那天我在您面前讲的一席话写下来,交给布拉姆莱特(Bramlette)州长和狄克逊(Dixon)参议员。内容如下：

　　"我从来就反对奴隶制。如果奴隶制不是错误的,那就没有什么是错误的了。我无时无刻不这么想、这么感觉,然而我从来没有理解为总统制授予了我一种不受限制的权力去按照我的判断和感觉采取官方行动。我宣誓的是我会尽我最大的能力去保持、保护和护卫美国《宪法》。没有这个宣誓我是不会就职的。做出宣誓去获得权力,使用权力去摆脱誓词,这绝不是我的意图。我的理解是在普通的民政管理中,这一誓言甚至阻止我过分注重对奴隶制道德问题上最初抽象的判断。我已经在公开场合通过很多方式宣布这件事很多次了。直到今天我还要声明我从来没有凭借我对奴隶制的抽象判断和感觉去采取过任何官方行动。然而我确实明白我许诺的尽最大的能力来保护《宪法》的誓言促使我通过一切必要的手段来维护《宪法》,政府的——国家的根本大法。失去了国家《宪法》还有可能被保护吗？按照一般规律的话,生命和肢体必须受到保护,然而经常发生的事情是为了救命而截掉肢体；但是为了拯救肢体而搭上性命就不明智了。我觉得为了保护国家和《宪法》使另外一些违反《宪法》的措施变得合法,这也是不可避免的事情。不管是正确还是错误,我认定了这个立场,现在公开宣布。我甚至已经尽我最大的能力来保护《宪法》,但我不认为为了拯救奴隶制或任何小的问题,我就能允许政府、国家和《宪法》一起毁灭。在战争初期,弗里蒙特将军(General Frémont)试图武力解放奴隶,我阻止了,因为我认为当时是完全没必要的。过了不久,当时的战争部部长卡梅伦将军(General Cameron)建议把黑人武装起来,我反对,因为我认为也是完全没必要的。再后来,亨特将军(General Hunter)也试图武力解放奴隶,我又阻止了,因为我还是认为武力解放和武装黑人的必要时机还没有到来。在 1862 年的 3 月、5 月和 6 月,我向边界各州连续做了真挚的呼吁来支持有偿解放奴隶,我相信军事解放奴隶和武装黑人的必要时刻将会到来。他们拒绝了这个提议,在我看来,我被迫要在屈从于联邦及《宪法》和不放弃黑人之间作出选择,我选择了后者。选择了后者,我希望利大于弊；但是对于这点,我没有完全的自信。一年多的试验表明,我们在外交关系上没有任何损失,我们在国内的民众情感上也没有任何损失,我们在白人的军事力量上也没有任何损失——在任何情况下都没有任何损失。相反地,我们赢得了 13 万的水兵和工人。这些是明摆着的事实，对此没有任何可以挑剔的地方。我们拥有了人民，如果没有这个举措，我们不会拥有他们。"

"现在让抱怨这项措施的联邦人来考验一下自己，在纸上写下他赞成武力镇压叛乱；在下一行里写下他赞成联邦将这 13 万人赶走，并把他们安置在了应在的地方，而这正是他谴责的行动。如果他不能面对自己叙述的事情，只是因为他不能面对真相。"

这里我要加上一句话，这是在我的发言里没有的。我做出这样的陈述并不是想来恭维自己。我认为不是我已经控制了这些事件，坦诚地说是这些事件已经控制了我。如今，在三年的奋争结束时，国家的局势不是党派或任何人以前所设计或期望的那样。现在只有上帝能够作出公断。事情的走向似乎十分明显。如果上帝现在想要消除这种不公正，并且希望北方的我们和南方的你们要为在这次不公正行为中的所作所为付出代价的话，那么公正的历史终将会在这件事上找到新的证据来证明和敬畏上帝的公平和善良。

您忠实的，

亚伯拉罕·林肯

文献 10　政治秩序中的总统制

斯蒂芬·斯科夫罗内克
总统制研究中的秩序和时期

美国总统制不像性格和环境的特质表现得那么明显。人们和他们所处时期的离散动态性是非常明显的；以时间来界定这种制度的总体动态性也是费解的。这就使得对总统制的主题分析尤其要取决于找到在制度历史中的宽泛模式。我们通过区别对待不同的历史规律，就能够探明问题的不同方面和总统行动的意义。

筛选出总统制历史中这些制度的不同方面是使用的基本概念之一，这些概念往往会迷失在当代学术话语的分支中……尽管如此，在当前文献中发现两种发挥作用的广泛历史构想也是可能的，通过辨别他们引入到总统制研究中的体制秩序和时期的概念，我们能够开始从用于组织研究的其他可能性的角度来分析。

毫无疑问，在当前文献中主要的组成概念是"现代总统制"。作为一种分析工具，现代总统制的构想把国际关系、社会关系和技术能力中的变化与在任官员的管理责任、体制资源和政治地位中的变化联系在一起，这种观念追溯了近年来出现的一种新型的总统制政治，这样会划出过去和在总统制历史中仍旧意义重大的事件之间的一个相当明显的区别……1939 年总统行政办公室的建立似乎已经为学者们提供了总统制政治中现代秩序的最清晰的参照，因为这一事件标志着在政府权限和政府机构体制运作方面的一个永久性变动。正如弗雷德·格林斯坦（Fred Greenstein）所言："政府机构的转型一直以来意义非常深远，与从华盛顿到胡佛的传统总统制的整段历史相比，现在的总统制相互之间在其提供的机会和对在职官员的要求方面有更多的共同之处。"

由现代总统制构想所阐明的这些变革的重要意义再清楚不过了。但是它引入总统制研究的现代/传统二分法仍然是分析视角的问题，像其他任何视角一样，必须要考虑到它的基本假设和局限性。最明显的是，现代总统制构想把已经只占小部分的在职官员的四分之三放在无关紧要的位置上。而且，现代总统制构想通过把富兰克林·德兰诺·罗斯福之后的在职官员与其前任们分离开并将其视为一个一致的团体，很自然地就会注重分析团体成员共有的东西；而在他们的差异性方面往往又会降级为难以理解的品格和境况的特质。最后，因为现代总统制构想根据美国政治中新兴的关系来界定这个机构的重要性，自然它就会忽视一直存在着的那些机构的重要性。

在这一点上，更传统的"宪法总统制"的构想就呈现出特殊的重要意义。这种构想没有大的历史上的脱节，它在这种体制整个的运作进程中保持了延续性和完整性。在《宪法》建构的秩序和时期中，总统制是作为独立的分担权力的分机构组成的一个固定而持续运转的机制。总统们就陷入了对其制度上的特权持久而又无法解决的奋争中。宪法的天平已经进行了这样或那样的倾斜，并且整体的《宪法》秩序已经适应了新政府的需求，但是在最基本的方面，美国《宪法》还没有得到"发展"。基本的《宪法》上的动态变化是没有时间限制的……这种研究方法从新兴的现代总统制里发现了帝国内涵，辨明了制度起源、能力及当代制度危机之间的重要联系。

　　……把"现代总统制"和"宪法总统制"放在一起考虑的话，可以看作是两种不同的启发式的研究手段，它们从独特的分析角度进行描述并对研究的主题提供了相互补充的深刻见解。而且，对总统制历史两个方面的研究成了人们关注的焦点，这种并行研究立刻激发了人们的思考，为一系列互为补充的历史方面/结构方面的研究打开了大门。

政治秩序与政治时期

　　从这个有利的方面，我们能够开始区分总统制历史上具体的政治维度。总统就站在美国政治秩序和变革关键的交叉点上。总统办公室对执政的利益保障是至关重要的。他的行为对先前确立的权力分配永远是一种潜在的威胁。这个视角把一种有点差异的总统制带入视线当中，一种"打破秩序""肯定秩序""创造秩序"的制度，在系统的政治变革的动态发展中占据着关键的位置。[1]

　　按照这些说法，在最适合于手头课题的秩序和时期的分析式构思开始之初，对总统制的研究就要求仔细认真地考虑。当我们从主题上来考虑总统领导的政治时，我们可能根据现代总统制的要求和资源及其与基本《宪法》结构的关系方面去考虑。但是在总统制历史上，不管是现代的还是《宪法》的构思，都没有直接把总统制视为一个在政治秩序中运转的制度或者将总统视为政治时期中的一名参与者……

　　对政治史我将以一种传统的但未必没有争议的构思来进行剖析。这项计划，多以选举顺序和政党体系的动态变化为基础，把美国历史分成了一系列独特的政体阶段——杰弗逊派（1800—1828）、杰克逊派（1826—1860）、共和党派（1860—1932）和新政派（1932—1980）。当详尽阐述我们的政治生活组织中已经用来区分每个政体的主张、利益和制度时，学者们已经指出了在政体建构和瓦解的进行过程中总统制的重要性。我们接受了这条线索，自然地会把注意力放在美国总统制历史上已经定期重复出现的政治关系上。在秩序和时期的建构中终归有数次开端和终结……

那么我现在建议的是……我们要把总统制作为一个通过政治秩序的产生和衰退调节的制度来探讨，把总统作为此过程中在不同政治舞台上积极进行干预的领导来分析。这样可以按照政治变革的序列来仔细分析现代时期，并且现代时期的总统行动在政治上出现的各种问题能够参照过去的序列来理解。与"宪法总统制"对秩序和时期的构思不同，这个视角没有把总统制的历史作为一个小片段处理，而是把它分成了不同的时期，并在每个时期内根据总统行动区分了不同的政治机会结构。也不像"现代总统制"对于秩序和时期的构思，这个视角没有把现代在职官员同其他人分开，而是作为一个连贯的整体去分析，采用政治行动前面出现的问题来区分现代总统，并分别把不同历史阶段的总统与他们所处政治时期的总统联系起来分析。只有把总统制历史分成几个不同的政权部分，根据总统们在政治时期所处的相同地位来一起对他们进行归类分析，过去的历史才不仅仅是总统的一个延伸的序幕，现代总统们也不仅仅是一个独特的团体。

政治发展的动态性及总统领导的结构

每一个政权都是以一个新的政治联盟的崛起开始的，这种政治联盟能够构建并使一套特殊的管理安排合法化，这样就能够明确国家和社会之间的关系并在各个方面对它的成员有利。随后占主导地位的联盟会试图通过修改和补充基本的议题来对整个国家的变化作出反应从而维持它的地位。然而联盟的利益一旦确立，就会对这些政权的管理能力产生一种消极的影响。一个紧迫且持续性的难题是由主导性的联盟内部的利益冲突引起的。那么带来的危害就是阐释联盟政治议题的尝试将关注宗派斗争，通过宗派之间的不满减弱对政权的支持，并为政治反对势力提供可乘之机。一个更长期且更具灾难性的难题是对主导性统治联盟最基本的思想体系和利害关系的承诺未能兑现并在整个国家内产生改变。那么带来的危害就是整个政权作为一个不能胜任的管理机构而引起质疑，在全国范围内引发政治合法性危机从而被全盘否定。

从这个角度来看总统制历史，对于分析领导权政治来说，两对关系尤其重要。第一，在总统上任之前与控制着国家/社会的利益、机构和思想的政治复合体之间的联系。第二，在全国政府工作中目前的地位。当然，这两对关系一直是极为微妙的，但是能够识别出一些基本的变化。为了搞清楚，我们可以参照这些制度来理解领导上出现的问题，而在美国，这些制度，也就是政治党派，总是和政权联系在一起。通过这种快捷的方法，我们就可以提出两个问题来探讨总统制的历史：总统与以前占统治地位的政党有联系吗？面对当时出现的问题所作出的失败的和不恰当的回应，这个党派的政府的承诺受到直接否决的程度多大呢？

根据这些问题的答案，就有可能列举出总统执政中的四种典型的机会结构。

第一种情况,先前执政党提出的基本政府承诺容易被直接否决,总统也对此持反对意见。第二种情况,先前执政政党提出的基本政府承诺再次有失败的风险,但是这一次总统政治上对此表示支持。第三种情况,先前执政政党提出的基本政府承诺仍然看来适时并且政治上适应力强,但是总统对此持反对意见。第四种情况,先前执政政党提出的基本政府承诺再次看来是适时的并且政治上适应力强,总统对此表示支持。这四种机会结构见表格10-1,为了便于查找,用"政权党"代表"先前执政党"。

表 10-1　总统领导的政治结构

全国执政党委员会	先前执政党	总统与隶属部门的关系
脆弱的	政治重建	政治分裂
富有活力的	政治取代	政治衔接

每一种情况都明确了总统制和政治秩序之间不同的体制关系,每一种都使总统参与到一种不同的政治类型中,每一种都界定了一种领导力的不同方式。在下面的讨论中,根据匹配类型将总统们分组,目的是突出一些在这些情况下看似坚持制度的独特的问题及政治行动的动态性,当然不是为了用在职官员实际上处理这些问题或努力解决这些动态性的方式来否认差异。这些类型当中一些交叉的事件也应加以注意。第二点就是这种类型学方法不会对它所使用的历史模式给出独立的解释。这里没有描述实际上当选(或上台执政)的是政权的追随者还是反对者,也没有描述在国家发展进程中什么时候会对政权的政府承诺提出质疑……我的目的是说明政治结构划定总统政治能力和影响总统行动重要性的方式。

托马斯·杰弗逊政府、安德鲁·杰克逊政府、亚伯拉罕·林肯政府、富兰克林·罗斯福政府……这些政府最近似于重建政治(politics of reconstruction)。他们共同的特点是都最有希望实施富有创造性的政治领导。每一个都是紧随着选举政治中一次剧变而上台执政。更具体地说,他们的成功都是由对已确立的秩序的广泛不满所驱使,并强大到足够强大能取代历史悠久的多数党在国会和总统制中的主导地位。这些总统肩负着与过去决裂的政治义务,他们冲出旧的政治制度进入政治过渡期,其间会直接参与到重塑政府对思想和利害关系基本承诺的体系中来。(附带指出的是,根据对旧的政治阵营的影响,已经归类入"至关重要"中的其他选举,在对总统制的政治影响上是相当不同的。1896年的选举也许是最明显的例子,它对共和党继续控制国家政府进行了重申和延续。总统威廉·麦金莱没有参与到政治重建中,而是巩固了共和党的政权。)

那么,当旧的政体已不再可信,当原先的联盟已陷入混乱,当新的利益已重新在政府的机构中显现,总统制在政治上的优势地位看来是最明显的。然而,更重要的是,在此形势下,领导者的表现让我们知道作为一种政治制度,总统职位的不同层次的能力。粉碎秩序的选举自身不会塑造未来,但是它们极大地扩张总统的能力,打破刚卸任政府的承诺并精心策划在国家/社会关系的规则和条件的一次政治上的重新排序。在这方面值得注意的是,已经参与政治重建中的总统们没有一个在解决实际问题时取得很大的成就,而这些问题起初引起了政治合法性方面的全国性危机。杰弗逊试图处理1798年国际危机中有争议的问题,结果证明是完全失败的;杰克逊试图解决导致经济恐慌的不断恶化的国家银行业的问题,最终加剧了这次毁灭性的经济萧条;林肯解决19世纪50年代地区冲突的提议让国家陷入了内战当中;罗斯福的新政也未能把国家从经济大萧条中拯救出来。但这些总统们能做而他们的前任们不能做的就是完全重新定义他们负责的事件的重要性和他们提出的解决方案。这些总统们从维护旧政体完整的负担中解放出来,他们没有仅仅局限于去解决问题。他们超越旧的政体,为了应对前任的一些明显的失误重新制定了国家的政治议题,并从全新的角度为政府权力的释放给予政治上的支持。

由这种政治上的突破所提供的领导机遇恰好和特有的政治上的挑战相互匹配。这些总统在洞察政治体系的核心部分和精心策划国家/社会关系的政治重组时,他们最终发现努力保护能够维持新秩序的政府基础设施势在必行。新政权的塑造将会取决于政党路线的重塑和政府内机构关系重组的方式,可以看出党派建设行动和机构重建行动之间的自然吻合是这种领导情形独有的特征。当然,人们对于总统掌控这些政治重塑的基本原理的主张是存有疑问的,因为新权力配置的精华部分,就其本身而言是一场"官司"、一场"银行战争"或一次军事占领,这样人们就会很明确地表达自己的支持和反对。然而关键是我们在仔细研究重建政治时可以把眼光放远,超越这些伟人的伟大行为。我们可以对前政府承诺最不堪一击的政治过渡期里扩大的总统职权进行剖析。

脱节政治(politics of disjuction)一直最近似于以下这些总统的在任时期,约翰·昆西·亚当斯(John Quincy Adams)、富兰克林·皮尔斯(Franklin Pierce)、詹姆斯·布坎南(James Buchanan)、赫伯特·胡佛(Herbert Hoover)和吉米·卡特(Jimmy Carter)……他们的共同点或许被界定为都处于难以应对的领导境地。这些总统没有在国家/社会关系中精心策划一种政治上的突破,而是被迫去处理这些破裂的关系。当旧政府关于理念和利益的基本承诺逐渐受到质疑时,与旧政权之间的联系使他们的政府成了全国范围内政治合法性危机的焦点。这种局面传达给他们的是全身心投入处理政治上的挑战,这个挑战是真正确立领导地位的前提,是确立他们政治可信度的前提。

在脱节政治中,每一个主要的历史事件,已经在旧的多数党派自身内部的一种长期日益恶化的认同危机中有所预示了。亚当斯、皮尔斯、胡佛和卡特的竞选能够获得成功更多是在默认的情况下，而不是凭借党派传统上给予的热情的支持。缺乏支配权力和控制提名过程的坚决拥护党派的领导人就意味着每一个政权政治正统性的枯竭。同样很明显的是，在占统治地位的联邦政府内部，党派之间的争斗会对刚获得党派领导人地位的候选人的可信度带来越来越不利的影响。但是在政治上这种脱节的独特性……在于国内的这些变化模糊了作为一种统治手段的政权的重要性，破坏了其作为国家利益守护者的合法性。毕竟亚当斯、胡佛和卡特作为总统在通过个人的决断把各自的政权推入新纪元方面和他们在党派建设的政治联系中处于弱势地位方面同样出名。他们每个人成为旧政权破产缩影的事实让我们直面所有领导权两难境地中最为复杂和无能为力的局面。

在这种情况下，在拥护旧秩序的完整和否决其基本承诺之间没有任何选择的余地。一方面，总统很容易地被指责为国家问题的症结所在及整个政权失败的象征；另一方面，他也很容易被他原来的同盟孤立并成为政治上的无能之辈。因而革新的代价就是把政权的完整与政权的效能直接对立起来，总统打破这两者，努力回应政治话语公认的条款和条件中全新的政府环境。总统们在这种局面下会有这种显著的倾向：去尽其所能地解决诸如技术、非政治问题，甚至有时他们提出的在革新上的政治影响必定会强烈违背过去的政府承诺。不能直接解决他所面临的最基本的政治问题——政权的合法性——总统发现他洞察国家政治和争取各方支持的能力大大削弱了，他的领导权仅仅是用来解决问题了。那么我们在仔细研究脱节政治时，会超越个人的失败去看问题。我们能够接受在旧的政治定义被瓦解期间总统能力所受制约的情况，也能够接受作为一个软弱无力的政权的总统所面临的特殊挑战的局面。

优先政治(politics of preemption)已经把很多总统包含在内，他们当中更有闯劲的是约翰·泰勒(John Tyler)、安德鲁·约翰逊(Andrew Johnson)、伍德罗·威尔逊(Woodrow Wilson)和理查德·尼克松(Richard Nixon)。这个类别里的这些总统在美国政治史中作为百搭牌而引人入目。他们的经历表明，这种局面下的领导政治尤其不稳定，也许是最难概括的。泰勒被从选举他的党派里清除出去；威尔逊的尝试冒着从世界领导的位子跌入政治深渊的极大风险；约翰逊和尼克松由于被弹劾而大伤元气。在这个类别里面临这种局面的所有总统中，只有德怀特·艾森豪威尔(Dwight Eisenhower)没有遭受政治命运的急速逆转从而完成了第二个任期，但是这个例外本身所暗示的是，只有艾森豪威尔从来没有流露出他可能要改变国家政治格局的任何意图。

总统作为先前的执政党的反对党，仍旧能够在政治上、思想上和机制上争取到大量的支持，打断了国家政治的工作议程并作为一种外来势力成为当权派。行使这种创造性的政治领导取决于扩大和改变反对派支持的基础,这样领导人很自然地就会获悉政权传统支持者内部的一些潜在的利益差异和党派之间的不满。这些领导机遇不难找到,但是利用他们进行政治层面上的协商是危险的。为了抢先占领既定政权的政治言论,总统将不得不同时去维护来自忠实的反对派的支持,避免对政权正统信仰的直接攻击,给一些不满的利益集团提供其认为更吸引人的对政权议题的修改,这些利益集团通常隶属于占主导地位的联盟。总统在试探反对党的容忍度和利益集团的适应性的过程中,公然受到来自两方的政治上的大范围否定。

与脱节政治中的总统相比,优先政治中的总统有更多的机会去确立和开拓政治独立性。然而与重建政治中的总统相比,他面临着更大的被政治孤立的风险。总统探查政治分裂的替代路线,可能会更期望建立新党派,但是由于缺乏与过去决裂的一套选举体系,反对党的领导地位会对已确立的政权造成破坏性的影响。在这方面,伍德罗·威尔逊的例子应引起特别的关注,因为共和党内部的意外分裂给他带来了执政的机会,并暗示着有进行突破性重建的机遇。威尔逊巧妙地利用了共和党分裂带来的机遇和进步人士对现实的不满实施了一次意义深远的立法规划,但是这次成绩是受民主党操纵,只是对共和党的重新兴起起到了牵制的作用。显而易见的是,即使在威尔逊第一个任期结束前,沿着进步路线进行的民主党的重建也是不可能的,并且它的革新也不会对国家政治的塑造有任何效果。威尔逊与公众探索了新的独立政治行动路线,他的规划打开了重塑民主党政治身份的可能性;但是旧政治分裂的恢复和威尔逊自己对他们所处的重要地位的理解限制和个性化了他的政治成就,导致了他最终的垮台……

最多数的总统包含在衔接政治(politics of articulation)中……这种总统制是政治正统观念和总统忠实的统一体。实施政治领导的机会就是沿着政治议程上未完成的政治承诺推进并促使大的统治集团采取行动来适应时代的潮流。相应的挑战就是要去平息并设法解决传统的政权拥护者内部的派系不合,因为这些拥护者不可避免地会对政权的目标进行具体说明。

在美国的每一个主要政体中,衔接政治一直是突出的一个特殊阶段,不但作为在总统领导方面这种形势所拥有的问题和前景的典型阶段,而且还作为在每一个政体发展进程中的关键阶段。在杰弗逊派时期,出现在詹姆斯·门罗(James Monroe)的第一个任期中;在杰克逊派时期,出现在詹姆斯·波尔克(James Polk)政府中;在共和党派时期,出现在西奥多·罗斯福(Theodore Roosevelt)政府中;在新政时期,出现在林登·约翰逊(Lyndon Johnson)政府中。这些总统都是在非常有利的局面下行使权力的。这些政府在每一届任期一开始,我们发现一个建立已久的多数党掌控着整个国家政府,地位再次得到巩固,并且国家在国内外的地位十分牢固,没有任何理由不去坚持宣布已久的政权承诺。因而每一位总统在可能的时间就会开始考虑去完成国家政治中未完成的事务并实现政体至高的道德境界。但是如果完成了一项领导规划意味着向前的一次大飞跃的话，它也意味着维护了根本的政治承诺。在这些总统制中，处在规划国家权力和目标的重要位置上的政权就会陷入两难的境地中，一方面要协调所作出的承诺和眼前不断扩大的政治可行性之间的关系，另一方面在追求引爆冲突的期望的新举措过程中，要通过总统辛苦的努力去为所有的利益服务。矛盾的是，因为这些总统们要不断推进国家政治中普遍接受的事务，所以在阶级内部就引起了分裂并激发了真正的政治变革，不激化形势，他们就不能公开去处理解决这些事务。在作为一种管理工具接近于最充分的衔接政治时，每一个政体都进入了对正统观念真正意义上的一种加速的派系斗争中。

　　……然而在重建政治中，总统反对旧政权并精心谋划建立新政权的突破，总统努力去维护建立的政权并通过创新和改革来完成可能的目标。最后，就像优先政治的每一个时期都吸引着总统去探寻重建的可能性一样，衔接政治的每一个时期都向总统提出挑战来避免受到脱节政治阴影的笼罩。

　　在这个背景下，不能不去研究的是詹姆斯·波尔克、西奥多·罗斯福和林登·约翰逊，他们每一个人都过早地否认了对政治权力的进一步追求。在衔接政治中，领导能力所带来的创新性和破坏性之间的平衡是如此不稳定，大部分完全由一时冲动而作出的决策最后尽力地逃避由他们的行动所带来的后果。从这个角度上看，政治上的自我牺牲可看作是一种为革新所带来的政治变化的个人责任的免除。在总统实施将会导致他的支持者质疑他的忠诚的政策时，他通过自愿退出政治上的争夺来表明他的诚信。西奥多·罗斯福竭力处理革新和维护政权之间的关系的例子也许最具有暗示性。作为总统，罗斯福发起了最强有力的改革举措，紧接着宣布他将不会竞选连任。为了能够确保让共和党沿着改革的方向走下去，他亲自挑选了他自己的继任者，但是最终只是把自己在共和政体内调和正统观念和革新关系的政治难题传给了塔夫脱。当塔夫脱畏缩不前时，罗斯福装扮成一个决心取缔旧政权的起义的党派建设者重返政坛。尽管他赢得了广泛的支持，但是与他从内部重塑政权的努力相比，他在猛烈攻击已确立的政权方面没有取得更大的成功。事实证明，罗斯福的抗争适得其反，并且在政治上损失惨重……

对总统领导力的创新性批判

　　通过类型学来研究总统领导的政治体系在一定程度上是有用的，它阐明了一个重要的相对未被注意的历史维度，而在这个历史维度各个机构最独特的部分已经发挥了作用。把总统制的概念补充为一个在分摊权力的各个独立机构的宪法秩序中正在运作的机构，是一个在行政能力扩张、高科技、具有世界权力的现代秩序中正在运作的机构。至少这里有一个对总统制暂定的概念，就是作为一个不断变化的党派结盟，联合政府议程和公众话语的政治秩序正在运作的机构。总统，就他的本质而言，作为历史的行动者设法去清楚地表达思想并试图在先前确立的政治秩序中产生及时的改变；但是领导政治的出现是具有偶然性的，很大程度上取决于在职官员、旧政权和整个国家之间的关系结构。

贯穿在这个框架中的一个最重要的主题是，具有创造性的总统的政治能力紧密地与在职官员对前任政府承诺发出挑战的政治权限联系在一起。所有总统努力地对当前作出反应并塑造未来，其中潜在的问题总是过去（想法、制度、利益和先例）可能或必须受到质疑。从这个角度来看，还要再考虑在总统制历史中创新的政治领导政策里周期性出现的成功和失败的极端事例。约翰·昆西·亚当斯和安德鲁·杰克逊、詹姆斯·布坎南和亚伯拉罕·林肯、赫伯特·胡佛和富兰克林·罗斯福、吉米·卡特和罗纳德·里根——这些组合中的每一组不得不努力地来解决美国国家发展中过去和现在尤其严峻的对抗局面，每一组都对总统结构化的政治权威意见不一而否定过去。

总统制领导的创新性和破坏性的两个方面似乎最有效并公开地参与到了政治重建中。但是这两个方面也参与到了其他的情况中。我们通过更密切地去关注行政的创新和行政权力对政治起决定性作用的双面性特点，可以开始把总统制作为政治变革的一个驱动力来进行更清楚地阐述。最终类型学的主题可能会转向直接解释总统制领导的政治动态性是如何反映在更宽泛的政治体系上。这里对政治秩序中总统制的各种分类将会被作为不断变化的选举政治和政党制度的一个必不可少的参照。

尾注

1. 这些术语是我从爱德华·希尔斯对在合理合法、传统的社会中"办公室魅力"的讨论中摘取的。参见 Edward Shils, *The Constitution of Society* (Chicago, IL: University of Chicago Press, 1982), 119 - 142. 我使用了"政治秩序"术语，在这点上需要说明一下，因为这个术语隐含着两个密切相关的理念，需要区分。首先，我们来谈论一下相对长时期以来控制着美国社会关系的政治秩序或政治体制，它对政治利益、构想及机制做出了长久的安排。以前的学者们认为杰弗逊时代和杰克逊时代是具有连贯性、有特色的政治秩序时期，当代学者认可的是现代时期的新政政治秩序。我将使用机制这个术语来指代历史上出现的这些政治秩序。在更为抽象的层面上，有可能谈及政治秩序的是在涉及强调历史上机制的年代顺序及衰退的这些规律性方面。从这个意义上说，历史上的政治机制是能够在现存的一些材料中得出一种重要的政治秩序概念。因而，要更进一步修改希尔斯提出的术语的话，在政治秩序中用"机制"破裂、"机制"确定、"机制"创建制度来谈及总统制可能会更为准确。秩序出现在政权更替的周期性模式中。正是历史上这种对术语政治秩序的抽象分析用法，把"现代秩序"和"宪法秩序"作为从总统制史上得到的启发式概念而平行并列起来。

第三章　选举总统：竞选、选举与任期

　　总统不是天生的，他们是被造就的。他们都是经过了漫长的、令人筋疲力尽的、时常让人颜面尽失的总统选举历程的幸存者。不管是总统还是副总统，椭圆形办公室里所有的主人都是凭借他们自身的实力经选举产生，但只有一个例外。（这个例外就是杰拉尔德·R.福特，他在1973年被理查德·尼克松任命来接替已经辞职的副总统斯皮罗·阿格纽，随后经国会批准在来年尼克松辞职后升任总统。）

　　曲折的提名和选举过程需要个人的耐力、韧性和无限的能力来应对频繁的亮相，甚至是公之于众的难堪事件。只有最努力、脸皮最厚的人才能存活下来。

　　这些困难会压倒许多潜在的总统候选人。实际上许多这个国家的最有才能的人物，甚至是已经有公职的人，都拒绝去参加总统竞选。一些人是因为策略上的原因拒绝竞选。在近年来的一些选举周期内，本来包含在公平的裁决人员制订的有资格的候选人名单里的那些人，实际上取得竞选成功的人寥寥无几。

　　一些其他的潜在候选人可能停滞不前，因为他们惹上了有争议性的个人方面的麻烦。在20世纪60年代，纽约州州长纳尔逊·洛克菲勒（Nelson Rockefeller）就被共和党中担任要职的人和主要选民有意避开，部分是因为他和妻子离婚而与一个更年轻的女人结婚。显然后来离婚不再让候选人失去参选资格（其他的竞选者中，罗纳德·里根和约翰·克里也离过婚）。"年轻不慎重的举止"也不会获得对候选人资格造成阻碍；对于总统比尔·克林顿和乔治·W.布什来说，选民往往会忽略这些问题（虽然克林顿那时候几乎不"年轻"了）。2012年，前众议院议长纽特·金里奇（Newt Gingrich）在他的众多麻烦中有不少于三次的婚姻并且至少有一次婚外情。虽然他对自己的所作所为进行了忏悔，但是可能至少一些美国共和党内的社会保守派认为难以原谅他。

　　仍有其他潜在的候选人没有资格当选，因为尽管他们有才能，但是只是他们不可能当选。在1888年，英国学者、外交家詹姆斯·布莱斯写下了他著名的作品《美利坚共和国》（*The American Commonwealth*），其中第三章的题目是"为什么伟人未被选为总统"。他的主张至少在一个多世纪之后的今天还是正确的。在每一代人里都有一些具有非凡才能或远见的男人和女人，他们或者只是适应不了竞选活动的严酷,或者鄙视现代总统竞争所带来的侮辱,或者由于某种原因他们对大多数的选民没有吸引力。

选举过程有两个虽紧密相连但又不同的阶段:提名和选举。《宪法》中包括一套复杂的体系——经过历史实践多次修改——来选举总统,但是却缺乏经过深思熟虑推选候选人的机制。

几乎从一开始,总统候选人就已经由政治团体提名了:首先是国会派系,然后是通过全国代表大会的现代大众政治党派——他们的代表通过各种方式选出,现在主要通过全州范围内的初选。公平地说,候选人是通过各种力量的相互作用选举产生的:党派领导人和核心选民的优先权通过个体的可选性得到了削弱——如通过民意调查得到的结果、组织上和筹款上的成功及初选结果——目标都是使选出的人成为本党派每四年一次的代表大会代表。在政党往往由核心领导人或忠诚团体控制的情况下,他们选择的候选人并不总是与公众的喜好相符。甚至由公开初选产生候选人的时候(或者有些要求代表承诺支持他们的候选人)也会出现这种情况,因为在提名阶段参与水平通常是相当低的。

有关提名的这种复杂的规则是几种力量作用的产物。联邦法律支配着这个过程的某些方面,尤其是在非歧视原则和竞选资金方面。各党派通过制定规则,各自为选举过程确定标准——例如,选举代表可接受的方法、他们的公正性和代表性等等。但是正是各州——效仿各自的党派组织——制定法律对选举代表作了详细规定。各州也控制着选举时间表——初选、代表大会或党团会议——在总统选举年期间。虽然国家政党已经明确指出了选举代表的特定时间,但是很多州一直不愿意遵守。

这些竞选活动持续将近 6 个月的时间,从 1 月一直到 6 月。为数不多的早期竞选活动——最引人注目的是艾奥瓦州党团会议和新罕布什尔州初选——赢得了媒体的注意,因为它们是候选人在实力上的首次真正较量。以前州竞选活动分散在 6 个月内。然而现在州竞选倾向于集中在竞选季的开始,因为各州的政客要努力将他们在竞选中的影响力最大化。学者们把这个过程描述为"前置",也就是期望获胜者很快浮出水面。2008 年的提名季应该主要在"超级星期二"(2 月 5 日)进行,这时竞选活动在 22 个州举行(包括加利福尼亚、佐治亚、伊利诺伊和纽约)。只有 11 个州安排在 3 月底。[1]4 年以后,"超级星期二"安排在 3 月 6 日——届时包括 22 个州在内的 783 名代表将会由选举产生。

2008 年,共和党人采用了这种快速得出结果的方案,它的代表往往会以赢者通吃的方式被选出——也就是说,赢得多数票或者甚至普选票多数票的候选人往往会在所有的州代表中胜出。然而,民主党人选举候选人的过程是在一种比例代表制下缓慢进行,至少拥有 15% 普选票的候选人才有权利进入州代表的行列。在

2008 年,领先的候选人——希拉里·克林顿和巴拉克·奥巴马——在普选和代表人计票中势均力敌,以至于这场角逐几乎持续到最后。

候选人不但要在这些关键州取胜,而且要巩固他们在党内最忠诚的支持者对他们的支持——例如,支持民主党人的女权主义者、黑人和美籍拉丁美洲人,支持共和党人的小企业家和宗教保守派(这里仅列出几个这类群体)。来自著名党派和利益集团领袖的支持是显示这种支持的一种方式。最后,候选人通过有利的投票结果和成功的筹款来奋力确立和维持其可信度。提名政治的每一个方面都会通过媒体进行监督、公开和诠释,看来媒体在筛选候选人方面已经取代了党派领导人的传统角色。

提名的过程有很多的瑕疵。它是一个漫长、混乱、耗资大、又尽失颜面的过程。这个过程受发生在像艾奥瓦州和新罕布什尔州这些没有代表性的州初期竞选的影响很大。参与竞选,甚至是在初选中,都不会给人留下深刻印象;最可能参与竞选的人往往是那些最激进的坚定支持者或者有组织的利益集团的追随者。许多也许是大多数国家最有能力的领导人都不愿意作出竞选所要求的个人和金钱方面的牺牲。

在阐述提名政治的历史时,詹姆斯·E. 坎贝尔(James E. Campbell)解释了他们是怎样影响大选竞选的行为和结果的。从历史上来看,候选人越容易得到党内提名,越可能在接下来的选举中获胜。存在分歧的提名使得最终获胜者的竞选策略和筹集资金变得复杂化。另一方面,一个统一的政党会得到很多的祝福:初期就决定支持候选人的热情的党派忠诚人士,管理党派间竞选基金的能力,不存在来自前党内竞争对手的批判。

在拉腊·M. 布朗(Lara M. Brown)的文章中,她详细描述了总统提名制的历史及如何发展的历程。《宪法》中没有明确的条款规定各党派如何来确定它们的总统提名人,随着政党的政治发展,几十年来这个过程已经发生了变化。初选是从 20 世纪初期开始,但是直到 20 世纪 70 年代才开始在这个过程中占据重要地位,这时改革使得初选成为有志之士赢得国家党代表大会代表并因而成为他们党提名人的主要通道。布朗分析了领先者享有的许多好处,尤其是在如今的前置提名制中,并认为领先者往往会赢得提名。

美国大选——党派选出的候选人之间相互竞争——是激烈的新闻监督报道及疯狂的筹款阶段。对于博弈(或“角逐”)的新闻报道,虽然在提名阶段尤其盛行,但是在大选阶段还是赶超了整个竞选阶段的实质性报道。另一个问题是新闻报道逐渐由记者本人控制,他们给予候选人代表自己讲话的时间越来越少。在 1968 年,平均原声摘要播出——由候选人做的一段不间断演讲——总共为 42 秒。到 1992 年为止,根据一项研究,只允许候选人作 7.3 秒的不间断演讲。[2] 候选人和他们的智囊团不是无可指责的：他们极力使用简短而引人注目的措辞，而这些与真正的问题或可实现的政策关系不大。政治是一场大角逐，诚然只是把它作为一场博弈去对待或报道的话，就必然会导致选民仅仅成为看客并加剧他们对竞选活动和选举的疏离感。

全国竞选活动需要大量金钱来为候选人和政党活动的各个环节提供资金支持。联邦竞选财政规则一直没有遏制资金的流向。随着有关竞选资金的丑闻出现，国会制定了 1974 年《联邦选举竞选法案》（FECA，在 1976 年修订）。这则法案提供公共基金（来源于纳税人每年纳税申报单上的纳税人集资）并限制总统候选人的支出。在总统初选中，每一个候选人只要符合被选举人资格，要求并同意总的支出限制就可以得到相应的公共基金。在大选中，候选人可以通过公共基金选择全部的竞选经费支持。较小党派或者独立候选人可能会拿到一部分竞选经费。计算方法是以他们过去或当前得到的票数为基础。法案也为会前竞选活动和全国党代表大会提供资金。

《联邦选举竞选法案》的意图受到了最高法院的阻挠（巴克利诉瓦莱奥案，1976年），最高法院支持法案的开支限制但是驳回了捐助限制，因为这项法案剥夺了宪法第一修正案中对自由言论的保障。两党候选人经常违反这些规则。为了"党派建设"的目的提供给政党委员会的无限制的资金——"软钱"——很容易就改道进入候选人的竞选活动中。

2002 年更多的竞选资金丑闻导致了《两党竞选改革法案》（BCRA）的出台。这则法律——基本上由接近分裂的最高法院批准（麦康奈尔诉联邦选举委员会案，2003 年）——禁止了软钱捐助，但是提高了捐助限制也鼓励独立团体参入竞选。直到 2010 年，才禁止大企业、工会和非盈利组织为候选人支付广告费用。在另一个5：4的最高法院裁决公民联合会诉联邦选举委员会案（2010 年）中，这则法律因限制了受到保护的自由言论而宣告无效。人们对法院的这个裁决已经展开了激烈的辩论——反对者对捐款相当于自由言论的想法进行了讽刺。然而，非党派团体正在把钱投入到政治竞选活动中，经常隐瞒他们的捐助人——此举严重违反了透明精神，而这对于竞选财政改革而言是必不可少的。

大多数主要候选人——包括 2008 年和 2012 年的候选人——避开公共大选竞选基金，利用巨大的私人捐助关系网。独立团体为分离但又平行的竞选活动提供了额外的资金、媒体的呼吁，甚至组织人员去动员投票（GOTV）。格雷戈里·弗特尼（Gregory Fortelny）、皮特·弗朗西亚（Peter Francia）和克莱德·威尔科克斯（Clyde Wilcox）所写的文章解释了规章规则，并分析了为什么这些规则已经不断地受到候选人、政党和其他利益集团的痛贬。

詹姆斯·恺撒（James Ceaser）和丹尼尔·迪萨尔沃（Daniel DiSalvo）分析了

2008 年选举中民主党的胜利并把总统选举放入了历史视角。他们坚称奥巴马个人选举的胜利意义重大，但是从历史的标准来看并不是规模巨大或非同寻常。在 2006 年民主党在国会选举中获胜之后，国会选举增强了对民主党的支持。然而，2008 年的选举绝不是一次"重组"选举，民主党持续的优越性将会依靠 2010 年的国会选举和 2012 年的总统竞选来体现。

鉴于这种主要的趋势——竞选活动由机会主义者运作并由愤世嫉俗的人进行报道——候选人的胜败有何意义可能是难以决定的。然而候选人确实试图来阐释得到的结果，并给出最有利的解释。获胜的候选人，尤其是以显著优势获胜的候选人认为他们的胜利是一次公众授权，支持某些政策并排斥其他政策。著名的耶鲁大学政治科学家罗伯特·A. 达尔(Robert A. Dahl)推翻了"总统授权的神话"。达尔在详细解释了总统们所声称的授权的历史之后，质问选举的结果是否能够被理解为确切地反映了选民的政策观点。这个问题对于大约 1940 年以前的总统制来说尤其难以回答，那时民意调查已变得普遍起来。然而自从 1940 年以来，达尔发现在具体议题方面几乎没有人支持总统授权。更谨慎地说是选举授予总统权力来确立他们的议题并努力去达到他们的目的。

罗杰·H. 戴维森(Roger H. Davidson)的文章进一步研究了竞选活动和治理之间的联系，文中讲述了民主党在 2000 年到 2010 年间总统和国会竞选中的兴衰。竞选——治理——在策略上的进退两难体现在你是把注意力集中在你的核心支持者身上(通常是左派或右派的拥护者)，还是去吸引那些温和的中立派、摇摆不定的选民身上。核心支持者积极主动、忠心耿耿，而中立派在投票时往往变化无常、捉摸不定。近年来大部分的候选人——尤其是乔治·W. 布什在 2004 年——已经选择去吸引他们的核心选民，为的是激起他们的热情并确保投票率。中立派选民则受到布什的领导风范及他保护美国不受恐怖主义袭击的宣誓的吸引——即使这些人中的许多人反对他的政策。

在 2004 年投票表决的一年里，布什采取了迎合他的核心支持者的策略——在他总统任职的前五年时间里是很成功的——最后他们转而反对他。虽然他最初已经许诺要做一个人民的"团结者"，但是他变成了一个"分裂者"。[3] 伊拉克战争——起初被描述为反对恐怖行径战争的延伸——拖延了太久，慢慢地失去了公众的支持。布什政府被蒙上的另一道阴影是对灾难性的卡特里娜飓风反应迟缓。

巴拉克·奥巴马总统在选民方面面临的是一个明显不同的问题。他的选民基础在 2008 年就得到了保障：民主党人中主张革新的忠诚支持者，还有黑人和拉丁美洲裔美国人都投票支持他，人数空前。他竞选的主题为"希望"和"改变"，但又含糊其辞，这意味着与乔治·W. 布什的政策大相径庭；并且他的种族背景似乎保证了他以改革派的形象出现。但是加上包括年轻人和预料之外的其他选民在内的无党派人士的支持，他的支持队伍得以扩大。他的中间路线政策主要对准了这个中立派核心群体。两年后，这些中立派逐渐不再支持他，在中期选举中他们往往会这样做。与此同时，共和党的核心群体——包括右翼茶党支持者——受到激励反对他们所认为的一个代价高昂的、社会主义的大政府议事日程。对奥巴马2012年的挑战是把这些中立派重新拉回到支持他的行列当中来，同时激励民主党内的核心选民——因为他没有高举左派旗帜，他们中的许多人已经表达了失望之情。

参考文献

Abramson, Paul R., John H. Aldrich, and David W. Rohde, *Change and Continuity in the 2004 Elections* (Washington, DC: CQ Press, 2006).

Ceaser, James W., *Red over Blue*: *The 2005 Elections and American Politics* (Lanham, MD: Rowman & Littlefield, 2005).

Fiorina, Morris P., with Samuel J. Abrams and Jeremy C. Pope, *Culture War? The Myth of a Polarized America* (New York: Longman, 2005).

Mayer, William G., ed., *The Making of the Presidential Candidates 2004* (Lanham, MD: Rowman & Littlefield, 2003).

Mayer, William G. and Andrew E. Busch, *The Front-Loading Problem in Presidential Nominations* (Washington, DC: Brookings Institution Press, 2003).

Patterson, Thomas E., *The Vanishing Voter*: *Public Involvement in an Age of Uncertainty* (New York: Vintage Books, 2003).

Sabato, Larry J., ed., *The Year of Obama*: *How Barack Obama Won the White House* (New York: Longman, 2010).

Wayne, Stephen J., *Personality and Politics*: *Obama for and Against Himself* (Washington, DC: CQ Press, 2011).

尾注

1. 在一些州，民主党人和共和党人在不同的日期投票。
2. Robert Lichter and Richard Noyes, *Good Intentions Make Bad News* (Lanham, MD: Rowman & Littlefield, 1996).
3. 参见 Gary C. Jacobson, *A Divider, Not a Uniter* (New York: Pearson Longman, 2007).

文献 11　提名政治、党内团结、总统选举

詹姆斯·E.坎贝尔

> "在每一次美国总统选举中，都会有两次选举行动、两个竞选阶段出现。一个是从党派内部选出候选人；另一个是党派之间争夺总统职位。"
>
> ——詹姆斯·布莱斯，出自《美利坚共和国》，1891 年[1]

在布莱斯勋爵作出这个评论之前的一个世纪里，提名过程和竞选活动都发生了许多变化，自从那个世纪以来又发生了更多的变化。总统提名过程起初是由国会里各党派的党团会议控制，后来演变成一个体系，在这个体系里由州党派选出的代表能有效地决定在国家提名大会中的提名。20 世纪 60 年代末，把提名过程改革为一个更公开、更民主的体系促使初选规模不断扩大，分散的党团会议持续几个月的时间。在 20 世纪 80 年代，各州把它们的初选和党团会议放到了一年的早些时候，创建了以压缩或前置初选为主导的、如今仍然存在的后改革体系。基本顺序——党派提名过程，紧跟着大选——仍然在所有的这些变化中保留下来。

政党总统提名的过程在两个方面仍然是重要的这点也没有改变。第一，在我们的两党体系下，许多候选人都可能被选为总统，但最终会被限定到两党提名的两个候选人身上。当选者要么是民主党人，要么是共和党人，自 1852 年以来的每次选举都是如此。

第二，提名过程重要是因为候选人被提名的方式会影响他们在随后大选中的成败。提名带来的影响还没有得到充分的重视。党派是快速而热情饱满地团结起来支持被提名人，还是陷入到充满敌意的党派被提名人的内部争夺中，会极大地影响提名人在大选中的机会。总统提名过程本身在怎样描述政党、谁管理政党、政党代表着什么等方面是重要的。而总统提名过程作为更大规模的选举过程中的一部分及大选竞选活动的序幕也是很重要的。候选人是一开始就位居前列还是排名落后对谁赢得选举意义重大。

改革后的提名过程

获得政党总统提名的竞选活动没有明确的起始日期。在全国政党提名代表大会进行正式提名之前的几年里，潜在的候选人会探索自己被提名的可能性。他们与顾问进行磋商。他们会对可能的对手作出判断，包括自己党内的和可能会在大选中遇到的来自反对党的候选人对手。他们会与支持者和那些可能会在金钱上支

持竞选的人进行商谈。他们会对自己的选择进行权衡：政治和个人方面在目前及未来选举中可能的成本和收益。然后他们会作出决定,如西奥多·罗斯福所绘声绘色描述的那样,是宣布加入战斗还是远远观望。在竞选前一年多的时间各自进行深思熟虑之后,就迎来了提名候选人的竞选活动。[2]

一旦候选人已决定寻求政党提名,至少对这个候选人来说,竞赛从此开始了。然后他或她必须招募一个竞选团队,阐明参加竞选的宣传口号(党派里的选民为什么应该选他或她而非别人),募集数百万美元为竞选提供资金支持从而使宣传口号能够传达到潜在选民,在提名过程的规则内使用策略以便最有效地利用选举资源,并在全国范围内尤其是在那些被认为对赢得提名最重要的州里形成一个支持者和竞选工作人员的网络。为了赢得党派提名,候选人必须设计出一种策略去赢得在各州通过党团会议和初选选出的大多数代表的支持。在 2004 年,民主党人选出了4 353 名代表来参加他们的全国提名代表大会,共和党人则选出了 2 509 名来参加大会。[3] 对大多数的候选人来说,提名策略就意味着在提名竞选初期设计一种取胜的方法,或者至少是超出预期的方法,目的是他们能够赢得额外的捐助,得到更多媒体对他们的竞选活动的关注,吸引更多的支持者,最终把对手逐出竞选。

甚至在党团会议或初选之前,候选人尽力去培养媒体和积极分子对他们的竞选保持热情和期望。他们必须树立一个有望取胜的候选人形象;初选选民应该认真考虑要支持的人,特别是在有很多竞选者的时候尤为重要。竞选的这个阶段已经被称为"看不见的初选",并且在这场看不见的初选中的获胜者(正如在初选前民意调查中看到的一样)是为提名准备的候选人。[4]

官方选举代表的过程开始于艾奥瓦州的党团会议,时间为选举年的 1 月底,一周之后新罕布什尔州开始总统初选。各州选出代表的过程(多数通过初选)持续几个月的时间。2004 年官方选举代表的过程在 6 月初以一系列初选而结束,距艾奥瓦州党团会议已过去大约 5 个半月的时间。通常在 7 月和 8 月举行的政党全国提名代表大会上,代表们提名选出党派的总统候选人,至此官方提名过程宣告结束。

在现实中,提名过程并没有这么长。虽然几个州仍然在春末夏初选出代表,但是大部分的州已经把选出代表的过程放到年初来争取更大的影响力。这种代表选举日程表的压缩或前置是许多州和州政党决定的结果。在这一年迟些时候(在 4月、5 月或 6 月)选出代表的州发现最后的被提名人甚至在本州举行初选和党团会议之前通常已经积累了足够的代表票数来赢得提名。动机已经很清楚:如果人们想让他们州在决定政党的总统被提名人时起重要作用,他们必须在有效确定提名之前的年初选出州代表。截至 2004 年 3 月中旬,举行民主党总统初选的 36 个州中的 24 个州选出了州代表。在新罕布什尔州初选之后,四分之三的代表在七周之内选出。[5]

初选和党团会议时间表的这种前置对竞选领先的候选人来说一直是受益匪浅的。这种压缩的时间表如今要求候选人同时在许多州展开竞选,只有坐拥大规模的全国性组织和有大量金钱作后盾的候选人才能取得佳绩。初选和党团会议的前置阻止碰运气的候选人利用初期的胜利去获得动力。竞选领先者有能力从一次挫折中恢复过来;而鲜为人知的候选人在下一轮初选和党团会议之前没有时间去获得更大的认可、增强组织的实力和财力。正如威廉·梅尔(William Mayer)所评论的,"自从 1976 年吉米·卡特的竞选活动以来,没有一个候选人只凭冲劲取得成功";1976 年卡特从民主党候选人中崭露头角是初选前置开始之前的事。[6]

竞选筹集资金体系也为竞选领先的候选人提供了相当大的优势,尤其是如果能够筹集到足够的钱,他们就可以放弃联邦配备的资金(像乔治·W. 布什、霍华德·迪安和约翰·克里在 2004 年所做的那样),并且不受与所提供资金相随的监管措施的限制。碰运气的候选人接受捐助给他们的联邦配备的资金,他们就必须遵守在不同的州应该支出多少资金的限制。结果,这些候选人被迫在竞选筹集资金体系下去实施不太理想的竞选策略。也就是说,他们必须遵守在不同的州支出多少资金的限制,而不是制定最好的策略去增加他们赢得提名的机会。把前置提名日程表和竞选筹集资金体系结合起来,当前的提名体系看起来对许多候选人(受最初体系明显的开放性诱惑进入了竞选过程中)是开放的体系,但是在现实中它是一个向竞选领先的候选人倾斜的体系,并且在夏季代表大会之前几个月就锁定了被提名人。代表大会除了在一些问题上创建政党平台和批准本政党选出的副总统候选人之外,已经演变成了大选竞选战争的开始,而非提名进程的结束。

所有提名都是不公平的

正如布莱斯勋爵所评论的那样,选举党派总统候选人的提名过程是一次重要的"选择行动"。确实如此,但是它没有很充分地反映提名体系和选举过程的关系。提名体系应该被理解为选举过程的一部分,而不是一个为大选提供候选人的独特过程。对于一位总统候选人来说,问题不只是你能否获得总统提名,而是你如何获得。在大选中总统候选人的前途,很大程度上取决于从提名开始就表现出的政党内部团结的程度。现在是如此——在忙碌的总统初选和党团会议的前几个星期实际上就决定了提名——在过去也是如此,实际上,在政党全国代表大会上就决定了提名。

来自团结党派提名的候选人与来自缺乏团结的党派的候选人相比,从大选竞选活动一开始就有五个实质性的优势:稳操胜券的票数、策略、投票率、财力及掌握的信息。

首先,大多数的选民在大选开始之前已决定好了该如何投票。在 1952 年至

2004 年有代表性的选举中,大约 43% 的选民表示他们在代表大会之前就决定如何投票了,21% 的选民是在代表大会期间决定的。[7] 在 2004 年,超过 70% 的选民表示他们在党代表大会之前或期间作出了决定。政党团结为候选人提供了忠诚选民这个重要的基础,与有较少忠诚选民支持的候选人相比,他们在竞选开始时就会耗费更少的时间去拉拢大多数选民。

在竞选活动的提名阶段,政党团结也为候选人提供了策略上的优势。只靠党派最忠诚的选民不能赢得选举(它的基础),但是没有他们的支持也不能获胜。候选人必须从最有可能支持他们的那些选民那里获得支持,然后必须努力去赢得那些犹豫不决、摇摆不定的选民。已经拥有基础保障的候选人在努力赢得未表态的、犹豫不决的选民支持时就会在开始处于领先的位置。如果政党不团结,候选人必须逐渐燃起他或她的支持者的热情,同时努力去争取摇摆不定的选民。这不是一项容易的工作,尤其是要吸引党派的忠诚支持者,与吸引更多的中立派选民相比,他们一般更侧重思想观念或意识形态。

从一开始就团结起来的政党也表明了对候选人极大的热情,这会使得该党派的支持者在选举日有更高的出席率。另一方面,如果在竞选活动开始时党派支持者就没有给予热情支持,那么候选人可能会费更大的力气去动员他们投票。虽然大多数的支持者会去投票(即使有时极不情愿),但是一些对他们的党派候选人爱恨交织的支持者不可能集中精力去投票。先前的研究表明,赢得总统选举的党派的投票率比原本期望的要高,而失利党派的投票率比原本期望的要低。[8]

党内提名中没有受到严重挑战的候选人也有把竞选经费用于大选竞选活动中的优势。需为提名而奋力竞争的候选人则没有这种奢望。如果不能确保提名,竞选经费就必须用于与党内对手的竞争上。近年来最能清楚地表现出这个差别的事例是 1996 年的竞选。总统克林顿在提名上基本没有遭到民主党的反对,而参议员鲍勃·多尔(Bob Dole)不得不与一组对手展开共和党内提名的争夺。克林顿花费了 3 040 万美元(更不用说大量的"软钱"了),基本上以领先的优势进入大选,而多尔被迫使用竞选经费(3 450 万美元)来获得共和党提名。[9]

从团结的政党内选出的候选人还掌握着各种信息上的优势。在竞争激烈的提名大战中,同一党内的候选人会相互攻击指责,这些内容会在大选中被反对党候选人利用。其中最明显的一个例子是 1980 年竞选。在那年的大选中,民主党人就不断地提醒选民说乔治·布什(里根的竞选搭档及前共和党提名的竞争者)把里根的经济提案叫作"巫毒经济学。"四年后,里根总统也利用了民主党提名之战中提出的言论来攻击他的对手——前副总统沃尔特·蒙代尔(Walter Mondale)。在 1984 年的俄亥俄州竞选时,里根利用提名过程中蒙代尔的对手参议员加里·哈特(Gary Hart)对蒙代尔的指控来攻击蒙代尔。里根告诉公众:"我的对手已经做了一项非常好的工作,下跌,下跌,直到跌离了他的记录。但是在俄亥俄州初选期间,参议员加里·哈特传达的信息提醒你们这个真实的记录,俄亥俄州的选民们。这里我引用一下——他说,'沃尔特·蒙代尔可能发誓保证稳定的物价,但是卡特-蒙代尔政府不能解决 12％的通货膨胀率。''沃尔特·蒙代尔,'他又说,'来到俄亥俄州来讨论就业,但是卡特-蒙代尔政府无奈地看到 1976 年到 1980 年间俄亥俄州失去了 18 万份工作。'这不是我说的。这是加里·哈特的话。"[10]

提名影响选举

虽然由一个更团结的提名过程推选出的候选人具备这些貌似合理的优势,但是这些优势确实能产生影响吗？有什么证据证明大选前分裂的提名竞选和党内不团结确实会损害候选人在大选中吸引选票的机会呢？大量的研究已经对州层面上出现的分裂的初选进行了剖析,尽管在党内不团结是在初选之前出现、还是由初选造成的这一问题上,存在着某种意见分歧,但是普遍得出的结论是,此种分裂的初选确实会对大选中选举人的选票造成影响。[11]马丁·瓦腾伯格(Martin Wattenberg)也仔细研究了党内不团结带来的影响,并附上了一张有趣的(但有点特别的)"提名之战"的索引,他得出结论——"从 1964 年到 1988 年,来自最团结党派的候选人赢得了每一次的选举"。[12]在这一章节中,我们会使用对提名时党派对其总统候选人满意度的两种不同的国家衡量标准来研究 136 年之久的选举历史上总统提名中党内团结对大选结果带来的影响。

团结或分裂的代表大会

政党代表大会大多数代表是否在第一次投票时为最终的候选人投票是对提名过程中政党团结的一种衡量标准。虽然自 1956 年以来,每一次代表大会产生一个最先的投票提名,但是在更早的大会中进行多次投票表决是普遍的。在 1868 年到 1952 年的 22 次总统选举中,主要党派举行了 44 次全国代表大会。其中 26 次大会在第一次投票时确定了提名,但是至少在 18 次大会中要求代表进行二次投票。[13]在这 18 次中,我们排除了首次投票中按照多数票原则否决候选人的提名选举次数(因为民主党的三分之二原则),还有在两党提名中都必须经过多轮投票的选举次数,加上 1912 年在总统威廉·霍华德·塔夫脱(William Howard Taft)获得重新提名之前共和党就分裂的这次选举。这样在 22 次选举中剩下 9 位总统候选人(占41％),他们都是由分裂的代表大会没有在第一次投票中获得多数票进行提名的,而他们的对手是在他们党代表大会第一次投票时就获得提名的。表 11-1 中列出了这 9 名候选人、他们的缺乏党内团结的提名在投票上的反馈及大选中他们的命运。这些是由于提名时党内分裂而在大选中可能处于劣势的候选人。

如表中所示,与其他提名相比,两党在这些提名中表现得更分裂。[14]在这些分裂的代表大会中表现得最团结的可能要数 1948 年的共和党代表大会了。纽约州州长托马斯·E.杜威(Thomas E. Dewey)提前四年就已经赢得了共和党提名,在 1948 年大会的第一轮投票中,得到了 40％代表的支持。[15]然而票数与他最接近的对手,来自俄亥俄州的参议员罗伯特·A.塔夫脱(Robert A. Taft)在第一轮投票中以 20％的票数远居第二,在第二轮的投票中,杜威又获得了 7％代表的支持,等到第三轮势头就不可阻挡了。

表 11-1　1868—1952 年分裂政党总统提名选举大会一览表

年份	总统候选人	政党	候选投票次数	候选人第一轮得票百分比	两党普选所得百分比	大选结果
1868	霍雷肖·西摩尔	民主党	22	0	47.3	落选
1876	拉瑟福德·伯查德·海斯	共和党	7	8(第五次)	48.5	获胜
1888	本杰明·哈里森	共和党	8	10(第四次)	49.6	获胜
1896	威廉·詹宁斯·布莱恩	民主党	5	15(第二次)	47.8	落选
1916	查尔斯·埃文斯·休斯	共和党	3	26(第一次)	48.4	落选
1924	约翰·W.戴维斯	民主党	103	3(第十五次)	34.8	落选
1940	文德尔·威尔基	共和党	6	11(第三次)	45.0	落选
1948	托马斯·E.杜威	共和党	3	40(第一次)	47.7	落选
1952	阿德莱·史蒂文森	民主党	3	22(第二次)	44.6	落选

在谱系的另一端,就是更加分裂的提名结果。在 1868 年,民主党代表绝望地转而支持纽约州州长霍雷肖·西摩尔(Horatio Seymour)之前,他们已经进行了 22 轮投票,西摩尔在第一轮投票中没有得到代表投票,在第 22 轮投票中只得到 7％。但是最为分裂的提名结果是 1924 年来自纽约的约翰·W.戴维斯(John W. Davis),他经过 17 天 103 轮投票才获得民主党党内提名。在党内北方都市派和南方乡村派不能接受对方的被提名人的局面变得明朗之后,大会才转而支持戴维斯。[16]

尽管在提名阶段政党内部在分裂程度上存在差异,但是从中得到提名的候选人(不管是严重分裂还是非常严重的分裂)很明显在随后的大选中都不会表现出色。[17]在没有得到多数票而进入了党内提名代表大会的 9 名候选人中,只有 2 名被选为总统:1876 年的海斯(Hayes)和 1888 年的哈里森(Harrison)。就全国普选票而言,9 名总统候选人都没有得到普选票的多数票。海斯和哈里森是凭借选举人团的多数票而成为总统,但是他们的对手(蒂尔登和克利夫兰)却得到了更多的全国普选票。这个记录再清楚不过地表明:在提名中分裂的政党在大选中会遇到大麻烦。

初期起决定作用的党派支持者的忠诚度

虽然自从 1952 年以来,在全国提名代表大会中党内分裂不是那么明显(1968年民主党代表大会、可能还有 1964 年共和党代表大会及 1972 年民主党代表大会是值得注意的例外),但是大选前政党的团结程度能够通过调查数据更直接、更准确地判断出来。自从 1952 年以来,在每一次选举中,美国国家选举研究会(NES)已经要求对达到选举年龄的美国人进行政党认同的全国性抽样调查,调查他们是否和如何为选举总统投票、何时决定把票投给谁等。利用这些数据,我们能够确定两党中党派认同者的百分比,即他们决定在政党提名代表大会上或在此之前如何投票及为他们的候选人投票的百分比。这就为提名时政党团结的相对衡量尺度提供了基础。在许多方面,这是确定政党是否在提名中真正分裂或选不出党内能激发热情的候选人的最好的衡量方式。[18]起初就下定决心为民主党总统候选人投票的民主党人百分比减去起初就下定决心为共和党总统候选人投票的共和党人百分比即可得出相对指数。[19]如果得出正值,那么表明民主党人比共和党人更团结,得出负值则表明共和党人在选举初期党内更团结。一般情况下,在代表大会之前或期间,至少 85% 的决定将如何投票的那些人最终会为他们党派的候选人投票,并且初期的忠诚率在共和党人中会略高一些。[20]然而,尽管在两党内初期作决定者忠诚度高,但是对党内候选人的热情程度的不断变化会导致这些初期作决定的党派支持者每年在忠诚度上发生变化。

提名时政党团结的程度反映出几种情况。它反映出对候选人的绝对热情和相对热情,这是同参与竞选或本可能得到党内提名的其他候选人和对反对党候选人的反应相比较而言的。它也反映了提名竞选活动的粗暴和持久不散的憎恨。最后它反映了提名最终结局的有效性和代表大会在凝聚领军人物背后的党派的有效性。一般来说,代表大会会为候选人在选举中提高支持率,尤其是对缺乏团结和在选举中落后的政党而言。[21]与党内或党外的其他候选人相比,能够吸引更多的党内忠诚拥护者支持的候选人,未经政治上的血腥争夺就已经赢得了提名,并且通过积极的提名代表大会已经为政党带来了活力,这些都应该得益于初期作决定的支持者在他或她身后给予的有力支持,并站稳脚跟在大选中成为强大的竞选者。

表 11-1 中画出了民主党初期团结程度和民主党候选人实际得到的全国普选票的相对指数。在提名期间党内的相对团结程度与候选人在 11 月大选中的表现的关联十分清晰。进入秋季竞选,政党越团结,候选人预期得到的票数就越多。从历史上来看,在提名过程结束时,一个政党候选人比反对党候选人在政党忠诚度上每多出 10 个百分点,那么 11 月这个政党总统候选人的票数预期会多出两党票数大约 4 个百分点。而且选举结果更多地取决于在提名时就决定了如何投票的那些人所表现出的相对党内团结上,而不是在党派提名大会之后再决定将如何投票的

那些人所表现出的对政党的忠诚程度上。[22]

　　在这个年代里，每个政党会在一次选举中因为在党内提名凝聚力上产生的巨大差别而受益。对于民主党人来说，这次选举发生在 1964 年。那一年 95％ 的民主党忠诚支持者在全国代表大会期间或之前就决定了如何投票，他们为党派候选人林登·约翰逊（Lyndon Johnson）投票。而那年的共和党面临着一场革命，这次革命是由来自亚利桑那州的候选人右翼参议员巴里·戈德华特（Barry Goldwater）发起的。戈德华特丝毫不掩饰他的保守主义，在代表大会演讲中宣布"捍卫自由时表现出的极端主义不是不道德的"，并且他的竞选口号"在你的心里，你知道他是正确的"威胁到了党内的温和派人士。只有 78％ 的在秋季竞选开始之前决定了将如何投票（大约一半的共和党人）的共和党人为戈德华特投票——与在初期忠诚支持者中正常的共和党忠诚率居中到 90％ 的范围相比。这种相对的不团结注定了候选人戈德华特的失败。

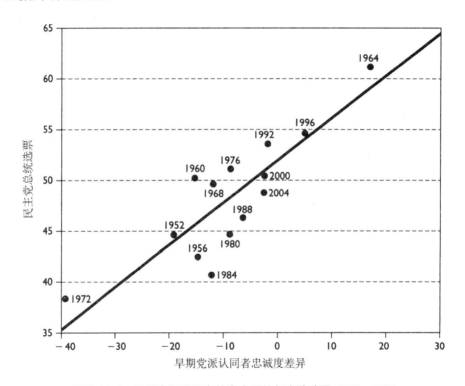

图表 11.1　早期党派认同者的党内团结与大选选票，1952—2000

　　注释：民主党总统候选人选票为两党全国普选票的百分比，早期党派认同者忠诚度差异是由为民主党候选人投票的早期民主党人数减去为共和党候选人投票的早期共和党人数作为百分比来计算的。早期投票者指的是已表明在全国代表大会时或之前就已经决定如何投票的人和不会改变他们初期投票意图的人。本数据来自国家选举研究并经核对，已送达已知国家选举部门。参见坎贝尔，2000，附录 B 及作者计算的 2000 年选举第 98 条目。对早期忠诚差异和大选票数的回归分析有一个常数为 52.15，一个斜率数为 .42（p＜.001），一个调整后的可决系数为 .73（N＝13）。

在初期忠诚度差异谱系内的另一端，共和党人在参与 1972 年竞选活动时也享有很大的政党团结的有利形势。虽然尼克松在重新获得提名时遭到了一些名义上的反对，但是在获得初期作决定的共和党人的支持率方面几乎是完美的（大约98.7％）。相比之下，民主党则陷入混乱之中。与共和党候选人戈德华特已经代表的保守派非常相似的是，1972 年来自南达科他州的候选人参议员乔治·麦戈文（George McGovern）代表了自由派控制的民主党，疏远了党内的温和派。只有59％的初期作决定的民主党人为他投票。即使把 1964 年和 1972 年的极端事例放在一边，那么在提名过程结束时党内团结的相对程度对大选结果也是非常重要的。[23]

正如前面所指出的那样，在这一阶段共和党比民主党从初期的党内团结中获益更多，虽然这种情况似乎是不断变化的。在 14 次选举中，只有两次选举民主党一开始表现得比共和党更团结——1964 年选举和 1996 年的克林顿-多尔竞选，两次都涉及白宫的在任总统。在其他的 3 次选举中，即 1992 年的克林顿-布什-佩罗选举，2000 年的布什-戈尔选举和 2004 年的布什-克里选举，一开始忠诚支持率只是稍微有利于共和党一边。总的说来，民主党总统候选人在 4 次选举中赢得了普选多数票，在这 4 次选举中他们带着党内团结赤字开始了竞选。在 1992 年，克林顿借助佩罗的候选人资格和共和党党内团结的微弱优势（除了佩罗外，也许也由于布坎南的提名竞选），他击败了（老）布什。另外三次没有初期忠诚度优势的民主党都是以微弱的多数票胜出（1960 年、1976 年和 2000 年）。

这一阶段最激烈的提名之战（或许还有其他的）是 1968 年在越南战争反战活动的巅峰时期，民主党提名副总统赫伯特·汉弗莱（Hubert Humphrey）参加竞选。芝加哥代表大会期间示威者与警察在街上发生争斗，并且会场里也充满了愤怒的情绪。当温和自由派和更激进的自由派争夺提名时，党内的南方保守派脱离了民主党去支持亚拉巴马州州长乔治·华莱士作为第三党总统候选人。虽然这种分裂的提名之战毫无疑问会使政党在选民基础和潜在的摇摆选民方面遭受损失，但是初期作决定的民主党人的忠诚率还没有像 20 世纪 50 年代时那么低，当时德怀特·艾森豪威尔（Dwight Eisenhower）获得了民主党选民的支持，他们放弃支持阿德莱·史蒂文森（Adlai Stevenson）。或者说就像在四年之后，当时党内温和派认为乔治·麦戈文看起来太自由主义。然而，1968 年初期作决定的民主党人内支持汉弗莱的人数比共和党内初期支持尼克松的人数少大约 12 个百分点。这次提名之战在其他地方也带来明显的影响。提名冲突让很多民主党人早早作出决定。与1952 年到 2004 年的任何其他选举相比，1968 年民主党人在提名时就确定他们投给谁的百分比更少；在推迟作决定的民主党人中，为民主党总统候选人投票的比率（54％）比其他任何年份更少。最终的结局就是汉弗莱没能把受到严重破坏的民主党多数同盟及时地团结起来迎战 11 月的选举，最终共和党人理查德·尼克松（Richard Nixon）以微弱优势赢得选举。

一般而言，如今竞选前党内和谐程度上的差别已不像以前那么大了。1952 年到 1972 年的六次选举中的每一次，初期民主党人和共和党人对他们各自领袖的忠诚率之间都会有两位数的差别。自 1972 年以来的八次选举中，只有 1984 年共和党人初期支持总统里根的比例高出对手对他们的总统候选人支持率十多个百分点的优势。是两党之间分化的结果促使分歧在党内得到正确地解决，还是政党变得更善于处理内部分裂，又或者是党派的重组使得每个政党在意识形态上变得更单一，反正近年来两党在选举凝聚力方面表现出的差别已经不像过去那么明显了。[24]

初期党内团结的通常受益者

如果初期党内团结（不管是通过第一轮投票提名还是通过初期作决定的党派较高的忠诚率展现出来）对后面的选举成功至关重要，那么什么样的候选人往往会容易获得提名？什么样的候选人往往会经历一段更艰难的时期来把党内团结起来呢？虽然党内的形势每年都有变化，并且在不断变化的提名方法和规则下，形形色色的候选人拥有的抱负和机遇不同，但是通常在任总统们在秋季竞选开始时就拥有更容易获得提名的途径和一个更团结的政党。

在任总统在选举提名阶段就拥有一个团结的政党这种优势，在分裂的代表大会中和初期作决定的党派的忠诚方面尤其明显。在表 11－1 中，在他们提名代表大会的第一轮投票中没有获得多数票的 9 名总统候选人中没有一个是在任总统。事实上，1868 年到 1952 年通过多轮投票被提名的 17 名总统候选人中也没有一个是在任总统。[25]在这个历史时期，只有两个在任总统例外。第一个例外是 1912 年前总统西奥多·罗斯福从共和党分裂出去，留给了在任总统威廉·霍华德·塔夫脱部分共和党成员，塔夫脱在大选中颜面尽失，最终位居第三（只赢得犹他州和佛蒙特州的 8 张选举人票）。另一个例外是 1948 年的民主党内，左派——在前副总统亨利·华莱士领导下——和右派——在南卡罗来纳州州长斯特罗姆·瑟蒙德（Strom Thurmond）领导下——从党内分裂出去。留给总统哈里·杜鲁门的是在竞选的进程中把政党团结在一起的艰巨庞大的任务——这是他能够完成的壮举。不过，塔夫脱和杜鲁门是特例。大多数的在任总统在他们重新获得提名和连任竞选中都会使他们的政党团结起来。

在图表 11－1 中，在任总统背后的党内团结在初期作决定的党派投票忠诚度方面通常也是显而易见的。自 1952 年以来的选举中，在任总统相对的党内团结比他们的竞争对手大约高出 9 个百分点。[26]在这个阶段，9 个在任总统中的 8 个进入了秋季竞选季。[27]对在任总统来说，这种初期团结的优势在 11 月的投票中会转化成大约 3 个百分点的优势。这并不是说在任总统在提名阶段想当然地认为党内是团结的。他们并不是总能轻易地获得提名。1980年民主党总统吉米·卡特(Jimmy Carter)就面临着来自马萨诸塞州参议员爱德华·M.肯尼迪(Edward M. Kennedy)的严峻挑战。那年虽说共和党人经历了一场参与人数众多而又颇有争议的提名之战，但是共和党在初期党内团结方面拥有8个百分点的优势。当时里根受到了来自乔治·W.布什(George H. W. Bush)、霍华德·贝克(Howard Baker)和约翰·安德森(John Anderson)等人的挑战。

在1992年总统(老)布什也没有很容易地获得提名。虽然共和党人初期就以压倒性的多数支持他连任(大约95%)，但是也有许多人对此不是很确定，他们推迟作出决定。尽管有60%多的共和党人在代表大会期间或之前就已经决定了把票投给谁，但只有不到一半投票的共和党人感觉能够轻松地作出初期投票决定。在唯一另一次几乎没有共和党人作出初期投票决定的现代选举，即1964年的选举中，民主党人林登·约翰逊以压倒性的优势击败了共和党人巴里·戈德华特。

从1952年以来，除了卡特和老布什以外，在任总统已经得到了初期他们党内给予的强有力的支持，这也让他们在大选中受益匪浅。[28] 1956年的艾森豪威尔、1964年的约翰逊、1972年的尼克松、1984年的里根、1996年的克林顿和2004年的小布什都是他们在着手开始竞选连任时，政党就成了他们坚实的后盾。

回顾2004年，展望2008年

大选结果在很大程度上依赖于竞选提名阶段党内的团结。一个拥有更团结政党的候选人会更好地站稳脚跟，在大选中吸引选票，并且通常情况下在任总统会拥有更团结的政党以再次参加竞选。尽管在2004年选举中只是略有体现，但情况确实是这样的。两党已经变得分化并在竞选开始之前更牢固地团结在他们各自的领袖周围，但是与民主党人对参议员克里的支持相比，共和党人对总统布什的支持则表现得更热情、更团结。

从共和党这边看，各种情况有利于党内团结。总统布什再次提名没有遭到反对。尽管在对伊拉克战争和国内创造就业机会方面有所担忧，但各种形势还是倾向于支持他竞选连任，在其党内表现得尤其强烈。客观经济形势与1996年克林顿总统连任时没有很大的差别；当发动反恐战争时，绝大多数美国人对布什的支持超过克里。[29]虽然总统布什预选时的公众支持率表现平平(在四五十名左右)，但是在共和党人里的支持率却是固若磐石。在共和党内盖洛普民意测验中，从1月到5月布什总统的支持率平均处在90%的高位上，从来没有跌落至88%以下。共和党人仍然铭记着克林顿时期及2000年竞选以微弱的优势取胜的过往，他们团结起来一致支持布什。四分之三的共和党人在代表大会期间或之前就已决定了把票投给谁，并且97%为总统布什投了票，几乎高出2000年两个百分点。共和党的团结和热情也体现在共和党人初期作出投票决定的数量上。2004 年全部共和党人的四分之三在竞选开始之前就决定了把票投给谁，比 2000 年增加了 16 个百分点。最终，共和党人的热情从他们的投票率上就能明显地表现出来。从美国国家选举研究会在 1952 年开始进行选举年调查以来，在选民中（虽然不是在所有的调查对象中）共和党人从数量上第一次超过了民主党人，并且布什在 9 个获胜州里拿到的选票与 2000 年相比增加得最多。

对于 2004 年的民主党人来说，提名政治要复杂得多，但是当进入秋季竞选时政党也团结起来了。与共和党不一样的是，2004 年民主党争夺党内提名的候选人范围很广，共有 10 名候选人寻求党内的总统提名，同时前佛蒙特州州长霍华德·迪安（Howard Dean）作为"获胜的候选人"出现。然而在艾奥瓦州投票之前的那个星期里，事情发生了戏剧性的变化，民主党人拒绝支持迪安转而支持来自马萨诸塞州的参议员约翰·克里。克里更内敛、更温和的行为举止让许多民主党人坚信他有更好的机会来战胜总统布什。最终克里在艾奥瓦州和新罕布尔州的票数位居第一，在随后的几个州里他的支持率像滚雪球般不断增加。即使有提名体系前置的惯例，克里的势头完全把他推上了民主党总统提名的进程中。

尽管众多候选人以及他们不断变化的运势可能暗示着民主党处在混乱之中，但是事实并非如此。政党只是不能确定它的领导但是并没有分裂。民主党人最关心的就是他们候选人的竞选能力。这促使大批民主党人一夜之间离开迪安转而支持克里。民主党的团结是建立在三个因素的基础上的。第一，民主党人在意识形态上是团结一致的。民主党的候选人和选民会毫无保留地作出保证来支持党的领袖。第二，民主党和共和党是两极分化的，在意识形态上各自为政。民主党很明显是自由党派，而共和党是保守派，各党派看到了对方当选带来的更大的威胁。这种差别也有个人方面的因素。从布什总统当选起，许多民主党人就开始妖魔化他，极度地想要为他们在 2000 年的损失报仇。最后，他们认为布什是可以被打败的，但不是那么容易。这时对于民主党人来说，党内团结就更重要了。虽然他们在克里太自由化方面有一些保留意见，但是 70％的民主党人在大会期间或之前就确定了他们的选择（比共和党少 5％），其中 92％支持他们党的候选人（又比共和党大约少5％）。民主党比起在 2000 年支持阿尔·戈尔时变得更团结了一点，但仍然没有像共和党那么团结。如今随着两党派的人数接近对等，这种初期团结上的略微差别对布什总统的竞选连任至关重要。

我们审视一下 2008 年的总统选举，可以看出有许多地方不同于 2004 年的选举。最显著的是，随着总统布什完成他的第二个任期，竞选中没有在任总统参与。不像 2004 年，至少在离选举没有几年的时间里，共和党阵营没有明显的最有希望获胜的候选人。民主党这边情况也有一点不同。虽然有许多候选人有希望寻求民主党提名,但是许多观察员认为参议员希拉里·克林顿(Hillary Clinton)应该是民主党支持的初期领先者。共和党将会在民主党团结起来支持前第一夫人的提名过程中发生分裂吗? 如果近年来的一些选举能够作为借鉴的话,两党将会完全一致地支持他们各自的候选人,并且参议员希拉里·克林顿的提名可能让民主党团结起来,同时也让共和党团结起来。如今,美国政治如此两极分化以至于民主党和共和党 70% 以上的人在代表大会开始时就确定他们为哪个党投票(如果他们先前没有这么做过),他们中 90% 以上的人将会站在他们自己的党派一边——不管被提名人是谁。唯一真正的问题是对每一个政党来说这两个数字中的"以上"是达到多大的程度,因为这会在又一次势均力敌的竞选中带来变化。

致谢

感谢罗杰·戴维森和比尔·迈尔对本章的早期版本作出的评论。

尾注

1. James Bryce, *The American Commonwealth*, 2 Vols. (New York: Macmillan, 1891) v. 2: 170.

2. Michael G. Hagen and William G. Mayer, "The Modern Politics of Presidential Selection: How Changing the Rules Really Did Change the Game," in William G. Mayer, ed., *In Pursuit of the White House 2000: How We Choose Our Presidential Nominees* (New York: Chatham House, 2000), p. 25.

3. 参考维基百科网址: http://en. wikipedia. org/wiki/U. S. _ presidential _ nominating _ convention (accessed October 1,2005),2004 年 7 月 26 日至 29 日,民主党 4 353 名代表及 611 名替补代表参加了在波士顿举行的全国代表大会。同年 8 月 30 日至 9 月 2 日,共和党 2 509 名代表及 2 344 名替补代表参加了在纽约举行的全国代表大会。

4. Arthur T. Hadley, *The Invisible Primary: The Inside Story of the Other Presidential Race: The Making of the Candidate* (Englewood Cliffs, NJ: PrenticeHall, 1976). 威廉·梅尔也指出"在最后 10 次提名竞选的 7 次中,最终的被提名人至少在艾奥瓦州党团会议之前一年的时间里在民意调查中遥遥领先。"参见 William G. Mayer, "Forecasting Presidential Nominations or, My Model Worked Just Fine, Thank You," *PS: Political Science and Politics*, 36 (April 2003): 155.

5. Michael L. Goldstein, *Guide to the 2004 Presidential Election* (Washington, DC: CQ Press), pp. 35 - 36.

6. Mayer, "Forecasting Presidential Nominations or, My Model Worked Just Fine, Thank You," p. 155. 亦可参见 Thomas E. Patterson, *The Vanishing Voter: Public Involvement in an Age of Uncertainty* (New York, Alfred A. Knopf, 2002): 114 - 115. 2004 年,约翰·克里费尽周折超过霍华德·迪安成为民主的领先候选人,此事表明,至少是在领先候选人在党团会议或初选中确立了诚实可信的地位之前,领先候选人的地位是可以被取代的。

7. James E. Campbell，*The American Campaign*：*U. S. Presidential Campaigns and the National Vote* (College Station，TX：Texas A & M University Press，2000)：8. 1952 年至 2004 年的数据最初来自美国国家选举研究中心。2000 年和 2004 年选民做出决定的时间由作者计算得出。

8. James E. Campbell，*The Presidential Pulse of Congressional Elections*，second edition. (Lexington，KY：University Press of Kentucky，1997)：183.

9. Stephen J. Wayne，*The Road to the white House 2000*：*The Politics of Presidential Elections* (Boston，MA：Bedford/St. Martin's，2000)：54.

10. Ronald Reagan，*Public Papers of the Presidents of the United States*. (Washington，D. C.：U. S. Government Printing Office，1987)：1511.

11. 参见 Richard Born，"The Influence of House Primary Election Divisiveness on General Election Margins，1962–76," *The Journal of Politics*，43（August 1981）：640–655；Patrick J. Kenney and Tom W. Rice，"The Relationship between Divisive Primaries and General Election Outcomes," *American Journal of Political Science*，31（February 1987）：31–44；and James I. Lengle，Diana Owen，and Molly W. Sonner，"Divisive Nominating Mechanisms and Democratic Party Electoral Prospects," *The Journal of Politics*，57（May 1995）：370–383. 亦可参见，Lonna Rae Atkeson，"Divisive Primaries and General Election Outcomes：Another Look at Presidential Campaigns," *American Journal of Political Science*，42（January 1998）：256–271. 阿特金森对分裂初选的结果进行了调查，发现把对经济和总统的评估纳入考量的范畴，分裂的初选不会带来明显的影响。她研究的时间段是从 1936 年到 1996 年。她得出这些结论的问题在于在 1972 年之前的总统提名过程中，因为初选是提名过程中较小的一个组成部分，所以初选时的不团结不能完全断定是提名上的不团结。比如，在 1964 年林登·约翰逊得到了高度团结的政党支持，但初选不利，仅仅获得不到初选总票数的 18% 的票数。（参见 Moore，Preimesberger，and Tarr，*Congressional Quarterly's Guide to U. S. Elections*，fourth edition，v. 1：350). 其他一些学者认为对候选人提名和初选票数带来不良影响的因素也会影响到候选人的大选票数，提名时的不团结是政党不团结的反映，而不是造成政党不团结的原因。参见 Andrew Hacker，"Does a 'Divisive' Primary Harm a Candidate's Election Chances?" *American Political Science Review*，59（March 1965）：105–110；James E. Piereson and Terry B. Smith，"Primary Divisiveness and General Election Success：A Re-Examination," *The Journal of Politics*，37（May 1975）：555–562；and William G. Mayer，*The Divided Democrats*：*Ideological Unity，Party Reform，and Presidential Elections* (Boulder CO：Westview，1996)，pp. 43–71. 虽然这些研究表明在提名阶段党派不团结的表现（通过分裂的初选票数得出）不是布什党派不团结的主要原因，但是这些分析并不能排除提名的分裂导致了或加剧了不团结。无论怎样，关键点在于提名时党内的不团结对被提名人的大选前景带来了极大的不良影响。

12. Martin P. Wattenberg，"The Republican Presidential Advantage in the Age of Party Disunity," In Gary W. Cox and Samuel Kernell，*The Politics of Divided Government* (Boulder，CO：Westview Press，1991)，pp. 39–55. 瓦腾伯格针对提名竞选创建了五点指数制，以是否具备早初选、晚初选、代表大会竞选及副总统选举的大致编码为基础，从中得出四个虚拟变量为依据。五点指数制为 1964 年到 1988 年的七次选举中的 14 名候选人进行了编码。我仔细研究了同年候选人竞选的瓦腾伯格指数的差异，并与初期忠诚度差异指数进行了比较。结果两者关联度相当高（r 5.85)，两种测量方法中都附带说明了可信度。

13. 有关代表大会及代表投票计票数据来自 Moore，Preimesberger，and Tarr，*Congressional Quarterly's Guide to U. S. Elections*，v. 2：441 – 641.

14. 不团结的提名极有可能是在民主党(4)和共和党(5)中，并极有可能是在与现任的竞选中(5)和竞选空缺席位中(4)。

15. 正如 1912 年的选举一样，1948 年的选举也可以单独拿出来说明。原因是民主党在第一次投票提名哈里·杜鲁门之前就分裂了。南部保守派反戈并选出斯特罗姆·瑟蒙德作为美国南部各州候选人，进步派反戈并选出前副总统亨利·华莱士作为总统候选人。即使 1948 年的例子不存在，党派不团结的代表大会曾创下的纪录为出现了 8 个主要派别的候选人，并且没有一次获得普选票数胜出。

16. 欲了解 1924 年民主党代表大会丰富多彩的历史，参见 Robert K. Murray，*The 103rd Ballot：Democrats and the Disaster in Madison Square Garden*（New York：Harper and Row，1976）。

17. 对分裂的代表大会带来的影响的另一种评估，参见 Paul T. David，Ralph M. Goldman，and Richard C. Bain，*The Politics of National Party Conventions*（Washington，DC：The Brookings Institution，1960），pp. 221 – 239.

18. 从概念上讲，分裂的提名和提名阶段党内缺乏团结是有区别的。也就是说，由于分裂的提名过程或其他原因，支持被提名人的政党可能是不团结的。也可能是由于候选人，候选人在一些问题上的立场，或者是候选人选举前景黯淡等原因，提名过程未能激发出支持候选人的巨大热情。重点是无论提名时什么原因造成了党内缺乏团结，大选时对候选人都会造成不好的影响。

19. 美国国家选举研究会数据已经对实际上报的总统选举普选票存在的差异进行了修正。有倾向性的无党派被看作是他们所支持的党派的标识符。用来计算忠诚率的调整数及调整数据见 Campbell，*The American Campaign：U. S. Presidential Campaigns and the National Vote*，pp. 62 – 63，98，appendix B. 因为第三党的支持能够从政党候选人那里拉走选票，所以忠诚度是以所有候选人的选票为基础的。2000 年和 2004 年的数据是由作者从美国国家选举研究会那里计算得出的。2000 年民主党人早期忠诚度为 92. 4%，共和党早期忠诚度为 95. 3%，相差 2. 9 个百分点。2004 年民主党早期忠诚度为 94. 1%，共和党早期忠诚度为 96. 9%，相差 2. 8 个百分点。

20. 瓦滕伯格在《在党派不团结时期共和党的总统优势》（*The Republican Presidential Advantage in the Age of Party Disunity*）中应用了一种不同的衡量方法，发现在这一阶段共和党在支持他们的总统候选人方面要比民主党团结得多。

21. James E. Campbell，Lynna L. Cherry，and Kenneth A. Wink，"The Convention Bump，"*American Politics Quarterly* 20（July 1992）：287 – 307；and Campbell，*The American Campaign：U. S. Presidential Campaigns and the National Vote*，pp. 145 – 151. 稍后研究的最新分析表明领先候选人（更为团结的政党支持）在代表大会后民调中一般会提升 4 个百分点，而落后候选人（不团结政党）一般会下降 7 个百分点。分析发现净下降点数中大约三分之一一直持续到 11 月的投票，三分之二在代表大会后几周内就会消失。

22. 在民主党候选人两党普选票中，对方差进行了回归估算，利用了早期党派认同者中的相对忠诚差和后期党派认同者（那些代表大会后改变他们的投票或从初选投票意向后改变他们投票的人）中的相对忠诚差。早期确定投票者的忠诚度差系数为.34，后期确定投票者为.20（早期确定投票者忠诚标准化系数为.73，后期确定投票者忠诚标准化系数为.35）。两者统计学意义为 p,.02，单侧调整后 R2 为.81（N=14）。再加上民主党和共和党身份认同者投票百分比的差异,调整后 R^2 增加到.98。早期党派忠诚度差又成为最重要的变量,在选民中民主党和共和党身份认同的百分比的差较为重要。早期忠诚度差的标准化系数为.74,后期忠诚度差为.51,所有选民中民主党和共和党身份认同者百分比差为.41。

23. 除了 1964 年和 1972 年选举外,一个等式仍然占据投票变量的 98%,这个等式里包含着早晚期政党忠诚度差和选民中民主党和共和党身份认同的百分比差。早期忠诚度差的标准化系数为.47,后期忠诚度差为.80,选民中党派身份认同差为.52。

24. 我探讨的朝着竞争均衡发展的交错重组见 "Party Systems and Realignments in the United States, 1868 – 2004," *Social Science History*, forthcoming.

25. 这些人包括表 11 – 1 中的 9 名候选人,加上代表大会选举中通过多轮投票提名的 8 位候选人中的 7 人,在这些选举中两党都召开过不团结的代表大会(1880 年、1884 年、1912 年和 1920 年),还包括代表大会经多轮投票提名的两名候选人,尽管他们第一轮获得了多数票(1876 年的梯尔顿和 1932 年的富兰克林·罗斯福)。

26. 对在任总统再参加竞选来说,在早期政党团结方面占有 8.9 个百分点的优势,这个数正是早期政党忠诚度差的中位值,而早期政党忠诚度差取自 1952 年至 2004 年九位在任总统候选人与他们各自的竞争者之间的忠诚度之差。

27. 1980 年民主党总统吉米·卡特是个例外,比起他的共和党竞争对手罗纳德·里根来说,民主党就不是那么团结了。

28. 近些年来另外两个例子可能会说明在任总统竞选连任时遇到的麻烦。1968 年,总统林登·约翰逊如果连任寻求获得提名的话,必定会面临严重的政党分裂。还有 1976 年民主党总统杰拉尔德·福特面临着来自共和党罗纳德·里根的严峻挑战。尽管存在这种挑战,共和党在接近提名时还是比民主党更为团结。而这一年的选举,吉米·卡特从民主党中胜出,让很多民主党人对当时的提名持怀疑态度。

29. 我对竞选前的条件进行了评估,更详细的内容可见 "Why Bush Won the Presidential Election of 2004: Incumbency, Ideology, Terrorism, and Turnout," *Political Science Quarterly* 120 (Summer 2005): 219 – 241.

文献 12 高速角逐：总统候选人和提名过程

拉腊·M.布朗

现代总统提名过程往往既是混乱无序的，又是可以进行预测的。[1] 就像是电视上看警察高速追逐一辆车一样，期望源自知道会发生什么事（是碰撞起火还是发生枪击），而通常不是执行什么公务（一次抓捕行动）。观众被这样的场景吸引，他们往往会想知道领头的车是否能够逃脱，会撞向另一辆车还是驶离公路。同样地，虽然选举观察员们知道领先的候选人几乎不会在党内提名中失利，但是他们大部分仍然对这样一些问题怀有兴趣：谁势头最足；谁有最多的资金支持；谁在民意测验中处于领先；哪一个州的角逐将对哪一个候选人最重要；领先的候选人是否会落后，处于劣势的会反攻，还是会出现黑马？

这种自相矛盾的状态来始于 1968 年麦戈文-弗莱塞委员会的改革尝试，并导致了州初选和党团会议的迅猛发展[2]，但很大程度上可归因于一个必然的趋势：前置（越来越多的州提前安排他们的提名竞选的趋势），这种趋势在不远的将来也没有减弱的迹象。[3] 本文在对前置的影响和 2008 年约翰·麦凯恩和巴拉克·奥巴马的初选进行描述之前，首先回顾了提名过程和改革的历史，这些是从总统候选人的角度为在每四年一次的全国党代表大会中囊括更多普通党派而作出的改革。[4] 尽管国家政党无法控制 2008 年的日程表，并为了拉长 2012 年的提名周期已经作出了新的尝试，但是这种在 1980 年正式开始的高速角逐现在仍然在进行中。因而，虽然提名竞选活动沿着不受控制的路线进行，也可以描述为"反复无常"[5]，但往往会产生没有惊喜的结局：领先的候选人赢得提名。

道路建设：提名过程的发展史

《宪法》中没有任何机制对提名总统候选人作出规定。[6] 但它对选举过程进行了描述，来自每个州的临时选举人（根据州立法机构设计的方法选出）在各州开会，投票选举总统（后来也包括副总统），然后把密封的选票送往华盛顿。[7] 如果没有一个候选人获得选举人票的多数票，那么由众议院（通过州代表投票，而不是单个成员）选举总统，从赢得最多选举人票的 5 个候选人中选出总统（后来减少到三个）。[8]

仔细考虑这些步骤，制宪者们似乎认为配得上这个位置的未来的候选人会是具有国家声望的品德高尚的人（与乔治·华盛顿一样），他们会等待国会来通知他

来源：为本书所写的原创文章。

们选举人团（或如果需要可能是众议院）选举总统的结果。[9] 他们似乎也认为随着这些步骤渐渐为人所知，选举人团会阻止一些道德败坏的阴谋[10]并拒绝接受一些不合适的候选人上台。[11]然而这种临时选举人的联邦体系最终使得那些有志向、有创造力的总统候选人更加注重政治而不是保持沉默。总统候选人为了保证选举人团的多数票，扩展并利用这两个初步形成的政党（联邦党和共和党）。[12]而且，一旦政党形成，才能更可靠地去争夺总统职位。正如约翰·H. 奥尔德里奇（John H. Aldrich）所解释的那样："任何人长大都能成为总统这可能是真的，但是只有他成为主要政党的候选人才能变成现实。"[13]因而，至少自从 1796 年以来（如果不是从 1792 年开始的话），有志向成为总统的人不得不首先赢得总统提名（赢得自己政党的信任成为提名人），如果他们想赢得总统职位（要利用政党这个机构来赢得各州的选举人票的多数票）的话。

虽然目前保障提名来自主要政党的过程是相当复杂的（受联邦法律、州法律和党内规则的控制，并且这些规定经常还会在选举周期之间变化），但是这个过程在开始时相当不正式。属于一个小圈子里的地位显赫的人物有着同样的统治哲学，并且在国家政治中积极活跃，他们聚集在他们认为值得推举为总统的候选人周围。[14]然而在 1796 年选举之后，联邦党内由于缺乏党内协调使得民主共和党候选人托马斯·杰弗逊成了副总统，而联邦党候选人约翰·亚当斯成为总统，这时政党开始规范提名过程。[15]

1800 年，国会成员召开党团会议来推荐党派的总统候选人。这种方法以"君主会议"而著称，持续了几个选举周期，最终在 1824 年停止执行。它可能发挥了作用，因为当时国家规模相对较小，而且国家的政治精英——大部分是"开国先贤"的成员——极受尊重。联邦党在 1816 年选举中最后提名了候选人鲁弗斯·金（Rufus King）。当总统詹姆斯·门罗（James Monroe）在 1820 年竞选连任时，民主共和党没有表示反对（他赢得了除一张票外的所有选举人票）。然而到 1824 年，民主共和党内的派系发展起来并且每一个派系支持不同的总统候选人，而且几乎没有党派再继续支持"君主会议"的竞选过程。[16]后来安德鲁·杰克逊，一位杰出的前将军，曾在 1812 年战争中服役，赢得了选举人票的相对多数票，但最后败给了由众议院选出的国务卿约翰·昆西·亚当斯。亚当斯的总统选举对国会党团会议的合法性给出了最后一击，当时党团会议已经推选出财政部长威廉·克劳福德（William Crawford），他同其他三位更出名的候选人——亚当斯、杰克逊和众议院议长亨利·克莱——一起竞选总统。

在 1828 年选举之前，正式的选举过程还没有确立，决定再次参加竞选的安德鲁·杰克逊争取到几个州的立法机构的决议来支持他提名。对于选派州代表在国家代表大会上选举提名人来说，虽说来自这些州立法机构的有力支持可能会作为一个先例,然而是反共济会党(the Anti-Mason Party)在 1831 年为国家党代表大会的召开提供了范例。[17]第二年,民主党(前身是民主共和党)举行了它的第一次国家代表大会。辉格党(前身是国家共和党)在 1836 年也如法炮制,当共和党在 19 世纪 50 年代形成时,在 1856 年也遵循了这个传统。自此以后,每四年一次的国家党代表大会一直延续下来。即使这些国家代表大会面向来自各州的精英人士打开了各党派的大门,来自基层大众党派的参与还是少之又少,全国代表由州和当地的代表大会选出,这是受党派领袖掌控的。而且,在国家代表大会上大部分政治上的决定是由这些党派领袖们在"烟雾缭绕的幕后"作出的,他们充当他们州的代表并用他们的选票来捞好处,比如联邦的政治分肥和赞助。

1896 年,有志参加总统竞选的共和党人威廉·麦金莱(William McKinley)——意识到了不断增长的支持选举改革的呼声,例如选民登记和无记名投票,围绕政党机构寻求出路等——以"人民反对政党老板"的宣传口号参加竞选。他通过获得南部共和党人的代表投票赢得了党内提名,而这些南部共和党人大部分一直以来没有得到党内重要人物的重视。[18]他乘胜追击赢得了总统职位。麦金莱改变了共和党内的权力基础,进步党引领了国家,向更多的选民开放了总统提名过程。在 1901 年,佛罗里达的立法机构颁布法律,允许来自大众基层的党派为国家代表大会代表投票。15 年之后的 1916 年,总统初选在 26 个州举行。[19]即使这些年来国家代表大会更能够代表大众党派,党内的精英人物仍继续决定着竞选结果。不但初选中选出的这些代表未必会为特定的候选人投票,而且初选本身也没有像改革者们所想的那样得到那么多人的支持(投票率往往较低)。在 20 世纪 30 年代期间,许多州废除了它们的法规。此外,富兰克林·罗斯福——作为一名候选人和总统——在民主党内推行了几项机构上的改革,鼓励用更"专业的"方法来改革政治和竞选。[20]虽然他推行的新结构和人事部门方面的改革削弱了许多党内领袖的势力,但是它也牢固确立了一批新的积极参与竞选的活跃的党内精英的地位,这也意味着来自一般大众的党派人士又一次被排除在外了。最终,初选渐渐地被当成一种工具,有志竞选总统的人通过这个工具会向这些党派精英人士展现他或她的选举优势。例如 1960 年,信奉天主教的约翰·F.肯尼迪(John F. Kennedy),在初选中用他优秀的表现来表明他有资格参选(尤其在新教主导的西弗吉尼亚)。

在 1968 年,副总统休伯特·汉弗莱(Hubert Humphrey)在芝加哥喧闹的国家代表大会上赢得了党派提名,会议上充斥着抗议、暴乱和警察的野蛮暴行。这种混乱局面的发生部分是因为汉弗莱没有进入任何初选。虽然他得到了总统林登·约翰逊和大会代表的支持,但是他没有获得来自基层的活跃分子或者是党内反战(越南战争)派的支持,在大会会场里他们的代表没有出席。[21]参会代表们试图通过组成一个委员会来考虑制定新的提名规则从而解决党内的分裂局面。乔治·麦戈文,这位来自南达科他州的参议员和总统候选人,曾在参议员罗伯特·F.肯尼迪(Robert F. Kennedy)被暗杀后,为获得竞选提名挑战过汉弗莱,他被任命为此委员会主席。

麦戈文-弗雷泽委员会(唐纳德·弗雷泽[Donald Fraser],来自明尼苏达州的众议员,接管了麦戈文的职务,当时麦戈文决定参加 1972 年总统竞选)在 1970年制定出建议书,要求各州：确保代表是在代表大会召开的同一年内选出;对代表的选择给予"适当的公告";让那些传统上一直被歧视的人群作为代表参与进来(平权行动);在初选和党团会议里宣誓代表和候选人的授予比例采用比例代表制。在委员会报告接下来的几年里,几个州采取了总统初选,因为他们确保的是州代表的构成将不会作为违反这个"反映公平的规则"而受到政党的质疑。[22]到 1976 年,超过 70％的代表是在这些类型的竞选中被推选出来的。[23]民主党的选举规则在 1980 年选举之后又进行了修改,为举行提名竞选正式建立"窗口",确立了选出代表投票的百分比界限,创立任何时候都能够改变他们的投票的新代表团体,叫作超级代表或未宣誓代表(PLEOs)——政党领袖和选出的官员。后来出现的这些改革是因为政党感到在 1972 年和 1976 年的一些改革中没有起到他们所希望的作用。[24]

对州法律做出的这些改动操纵着民主党的提名过程,这些往往也会最终影响共和党的提名过程,因为在二十世纪七八十年代,民主党控制了大多数的州立法机构。因而到 2000 年为止,两党都在 40 多个州里通过初选选出了他们超过 85％的国家代表。[25]即使共和党在程序上保持着一些不同(没有平权行动的要求,没有超级代表,直到 2012 年选举周期,大多数州授予代表采用赢者通吃而不是比例代表制[26]),看来两党现在仍在提名前置中挣扎——所有这些改革带来的主要结果。

狂热的进程：前置提名周期

就像一开始提到的那样,前置提名的结果既是可以预见的,又是混乱无序的。在可以预见的方面,前置提名往往会增加选举的费用;拉长选举周期,压缩起决定作用的时间表;减少在提名过程中各州后期选举的投票率。这些倾向放在一起就会导致许多人所说的更不谨慎的提名过程的发生,因为投票往往会快得几乎在开始时就快结束了。[27]前置提名也会有助于那些在初期民意测验中领先的候选人,积累大量的精英人士的支持,获得足够的媒体报道,在这个"隐形的初选"[28]时间范围内提高实质性的支持票数。[29]这些人作为领先的候选人而变得出名,正如安德鲁·E.布施(Andrew E. Busch)和威廉·G.迈尔(William G. Mayer)所指出的那样："自从 1980 年以来,在所有被提名的候选人中,他们中的每一个人似乎都被看作——如果不是领先者——至少是顶层候选人之一。"[30]领先候选人的名单不但包括竞选连任的在任总统(1984 年的里根、1992 年的 G. H. W. 布什、1996 年的 W. J. 克林顿和 2004 年的 G. W. 布什),而且还包括被认为理所当然的继任者(1988 年的 G. H. W. 布什、1996 年的多尔、2000 年的戈尔和 2000 年的 G. W. 布什)。也有失利的领先候选人(1972 年和 1976 年的汉弗莱、2008 年的希拉里·克林顿);也有压倒一切的门外汉(1972 年的里根、1980 年的肯尼迪、2000 年的麦凯恩及 2004 年的迪安);还有后来脱颖而出的黑马(1988 年的杜卡基斯、1992 年的克林顿和 2004 年的克里)。[31]而这些典型事件的发生要么是在大多数选民还没来得及投票时,要么就是还没注意到提名竞选已经在进行中,这些损害了改革的预期目的。史蒂芬·J. 韦恩(Stephen J. Wayne)恰当地总结道:"[在学者中]达成的唯一共识似乎是党团会议和初选体系随着它的不断演变是无计划的、专制的、不公平的——当然进行民主提名是没门的。"[32]

不过,依靠候选人通过初选(或党团会议)在几乎每一个州内获得多数票来得到代表的支持,这种前置的提名过程不是一个死板的产出过程。各州党派(和州立法机构)往往会相互争斗,因为国家政党试图在提名日程表中确保一个初期的位置,这样会为他们提供一个超比例影响提名进程并获得实际好处的机会,比如增加的媒体报道、经济上的增收及从候选人那儿获得特别的政策让步。[33]除了艾奥瓦州的党团会议和新罕布什尔州的初选以外——从传统上说首次举行的竞选活动[34]——每一个选举周期都会产生一个各州不同的排序和聚类,这些往往让候选官员、党派领导和新闻记者困惑不解,而且也让候选人和选民摸不着头脑。由每个州为提名竞选决定选举规则和时间表这个事实更加重了这种困惑(它们是将举行初选还是党团会议、在选票上要求的签名的数量、申请费用的数额、申请期限、未参会者及初期投票程序等等)。这种局面就要求每一位总统候选人要有一个灵活而有能力的竞选团队,这个团队能够掌控每个州不断变化的规则和竞选过程。

在表 12-1 中给出了一个例子,把 2000 年和 2008 年的提名日程表进行了比较。在 2000 年,艾奥瓦州是在 1 月开始的,新罕布什尔州是在 2 月,15 个州的竞选活动是在 3 月 7 日举行的,定名为"超级星期二"[35]。到 2 月底为止,12 个州已经投票。在 2008 年,1 月投票仅仅在 5 个州举行,包括艾奥瓦州和新罕布什尔州,分别在本月的 3 日和 8 日,在 2 月 5 日共有 24 个州举行,称为"海啸星期二"。到 2 月底为止,43 个州开始了提名竞选。拿这些更近的竞选周期与 1976 年相比较的话,就会形成一个鲜明的对照:艾奥瓦州在 1 月底举行了党团会议,新罕布什尔州在 2 月底举行了初选,然后只有 5 个州在 3 月举行竞选,因而大多数的州是在 4 月和 6 月之间举行竞选。

表 12 - 1　2000 年到 2008 年总统候选人提名日程表比较

2000 年	州竞选	2008 年	州竞选
		1 月 3 日	艾奥瓦州(R)
		1 月 5 日	怀俄明州
		1 月 8 日	新罕布什尔
		1 月 15 日	密歇根
		1 月 19 日	内华达
			南卡罗来纳州(R)
1 月 24 日	艾奥瓦州		
	阿拉斯加州(R)		
		1 月 26 日	南卡罗来纳州(D)
		1 月 29 日	佛罗里达州
2 月 1 日	新罕布什尔州	2 月 1 日	缅因州(R)
2 月 5 日	特拉华州(D)	2 月 5 日	亚拉巴马州
			阿拉斯加州
			亚利桑那州
			阿肯色州
			加利福尼亚州
			科罗拉多州
			康涅狄格州
			特拉华州
			佐治亚州
			爱达荷州(D)
			伊利诺伊州
			堪萨斯州(D)
			马萨诸塞州
			明尼苏达州
			密苏里州
			蒙大拿(R)
			新泽西州
			新墨西哥州
			纽约州
			北达科他州
			俄克拉何马州
			田纳西州
			犹他州
			西弗吉尼亚州(R)
2 月 8 日	特拉华州(R)		
		2 月 9 日	堪萨斯州(D)
			路易斯安那州

2000 年	州竞选	2008 年	州竞选
			内布拉斯加州
			华盛顿州*
		2 月 10 日	缅因州（D）
		2 月 12 日	哥伦比亚特区
			马里兰州
			弗吉尼亚州
2 月 19 日	南卡罗来纳州（R）	2 月 19 日	夏威夷（D）
			华盛顿州
			威斯康星州
2 月 22 日	亚利桑那州（R）		
	密歇根州（R）		
2 月 27 日	波多黎各自由邦（R）		
2 月 29 日	北达科他州（R）		
	华盛顿州		
		3 月 4 日	俄亥俄州
			罗德岛州
			得克萨斯州
			佛蒙特州
3 月 7 日	加利福尼亚州		
	康涅狄格州		
	乔治亚州		
	夏威夷（D）		
	爱达荷州（D）		
	缅因州		
	马里兰州		
	马萨诸塞州		
	明尼苏达州		
	密苏里州		
	纽约州		
	北达科他州		
	俄亥俄州		
	罗德岛州		
	佛蒙特州		
		3 月 8 日	怀俄明州（D）
3 月 9 日	南卡罗来纳州（D）		
3 月 10 日	科罗拉多州		
	犹他州		
	怀俄明州		

2000 年	州竞选	2008 年	州竞选
3 月 11 日	亚利桑那州（D） 密歇根州（D） 明尼苏达州（D）	3 月 11 日	密西西比州
3 月 12 日	内华达州（D）		
3 月 14 日	佛罗里达州 路易斯安那州 密西西比州 俄克拉何马州 田纳西州 得克萨斯州		
3 月 21 日	伊利诺伊州		
3 月 25 日	阿拉斯加州（D）		
4 月 4 日	宾夕法尼亚州 威斯康星州		
4 月 15—17 日	弗吉尼亚州（D）		
4 月 22 日	堪萨斯州（D）	4 月 22 日	宾夕法尼亚州
5 月 2 日	哥伦比亚特区 印第安纳州 北卡罗来纳州		
		5 月 6 日	印第安纳州 北卡罗来纳州
5 月 9 日	内布拉斯加州 西弗吉尼亚州		
		5 月 13 日	内布拉斯加州（R） 西弗吉尼亚州
5 月 16 日	俄勒冈州		
		5 月 20 日	肯塔基州 俄勒冈州
5 月 23 日	阿肯色州 爱达荷州（R） 肯塔基州		
		5 月 27 日	爱达荷州（R） 新墨西哥州（R） 蒙大拿州* 南达科塔州
6 月 6 日	亚拉巴马州 蒙大拿州 新泽西州		

续　表

2000 年	州竞选	2008 年	州竞选
新墨西哥州			
南达科塔州			
		6 月 7 日	波多黎各自由邦（D）

　　* 华盛顿州在 2008 年 2 月 9 日举行了党团会议，选出 51％共和党代表和 100％民主党代表，并于 2008 年 2 月 19 日举行了初选。同样，共和党 2008 年 2 月 5 日在蒙大拿州举行党团会议并选举代表，6 月 3 日此州举行初选，但这次竞选结果对共和党无约束力。资料来源：来自国家秘书协会改编的信息，《初选日历》，2008 年 1 月 15 日更新，参见 http://（后面内容请复制完整）

　　既然前置体系往往对领先的候选人有利，总统候选人经常会发现他们处于一种迫不及待的处境中——唯恐候选人很快尘埃落定——急速行动起来参加竞选。实际上来说，许多候选人是在中期选举之后的那天明显地开始竞选活动的，虽然也有人是花费好多年的时间为自己在竞选中赢得立足之地。候选人之间相互竞争以得到资金、媒体关注、专业顾问和竞争团队的支持。同时，他们也寻求赢得党派显要人物（如州长和主要捐助人）、隶属利益集团和来自平民活跃分子的支持。一般来说，候选人在所有的这些有关资源、关注和支持者的竞争中做得越好，他们就越可能在提名竞选中占优势。因而，候选人会努力奋斗、早早开始，努力来赢得和维持领先候选人的位置。

　　在不为人注意的初选阶段，这些竞争是媒体报道的焦点。新闻记者对于这种"赛马"式的竞选进行报道（谁在民意测验中处于领先、支持率不断增加及处于落后的地位——在什么地方，达到多少程度），并且很大程度上依赖被认为是竞选八卦的消息（谁支持谁，谁为谁工作，谁的立场正在赢得党派积极分子的支持）。他们也利用候选人每季度的筹款报告和民意测验来展现候选人在竞选中的情况。然而这些举措带来的问题就是其往往会加强领先候选人的优势。民意测验中最有希望获胜者——领先候选人——会比较容易地获得捐助和媒体关注，这样就能得到更高的民意支持率、更多的资金支持和媒体关注。这种滚雪球效应往往会在整个前置竞选阶段持续发挥作用，直到大量迅速开展的竞选活动断言领先候选人会赢得党内提名。为了扩大这种效应，领先候选人常常比他们的对手能更好地充分利用由竞选获胜（或好于预期）带来的好势头，并能从任何的失利中恢复过来，因为他们在经济和组织上往往占有更大的优势。[36]

　　然而，情况可能更为糟糕。不是这种前置方式可能会进入可预见的未来，而是它导致的结果是可以预见的——著名的、经验丰富的政客们是在战略上有天赋，是战术上有能力的不知疲倦的工作者，他们往往会赢得提名。虽然在某些人看来参议员巴拉克·奥巴马好像横空出世成为 2008 年民主党提名候选人，但是正如霍华德·赖特（Howard Reiter）所指出的，奥巴马在 2007 年一直处于竞选提名的第二名（在民意测验和募集资金方面）。简言之，2008 年即使共和党的竞选是异常的"反复无常"，而"前置"仍为民主党产出了可以预见的结果。[37]

　　更广义地来说，虽然改革措施已经促成了前置并导致了更不谨慎的过程，但是它们也增加了在国家党派代表大会上代表们的代表性和参与到总统提名中党派的数量——改革者所陈述目标中的两个，这么说似乎是公平的。[38]因而，虽然许多人仍然对提名过程不满意，因为他们认为他们不能对党内决策施加足够的影响（参与后来出现在时间表上竞选活动的那些人往往不能影响提名），或者没有足够多的候选人能作出意义重大的决策（几乎没有候选人在艾奥瓦州和新罕布什尔州之后继续参加竞选），但是现在更多的美国人比国家历史上任何时候有更多的机会来对他们党内的候选人和所期望的总统发表意见。而且，正如史蒂芬·J.韦恩所指出的，2008 年选举对于民主来说是标志性的一年，即使在"政治环境方面，不是政党规则方面"，仍是对结果更负责任的选举。[39]

一波三折：2008 年的总统选举

　　虽然 2008 年的提名竞选导致了相对可预测的结果（排名在前的竞选人成了党派的被提名人），但是这些竞选一点也不沉闷。正如前面提出的那样，这个周期出现了两次最激动人心的高速角逐（民主党人中持续不断的竞争和共和党人中"反复无常"的竞争）。提名之战在两党上演——自从 1952 年以来第一次——因为还没有一个接替总统乔治·W.布什的明确的继任者。这种"开放席位"的总统竞选在两党中各吸引了 9 位竞选人参加。这些竞选人——目标都锁定领先候选人的位置——尽早地开始了他们的竞选活动。到 2007 年 1 月底为止，大部分竞选人已经开始启动了他们的官方委员会（这次他们认为试探性委员会已经过时）并宣布了他们的竞选团队。他们也铺开了复杂的互联网，发起了"病毒式"的广告宣传（制作和上传网络视频），开始积极主动地设法获得潜在的捐助人、赞助人和投票人的支持，这些活动早于 2008 年 1 月 3 日艾奥瓦州党团会议一年多的时间。

　　全国两大政党委员会对提名时间表失去了控制，导致了这个选举周期的混乱状态。在以前的选举中，全国两大政党委员会已经说服了各州在设立的窗口期间安排竞选活动，窗口通常是在新罕布什尔州初选后几周开放。然而 2008 年，距离最初计划的艾奥瓦州党团会议的日期（1 月 14 日）仅有 50 天时，初期竞选的顺序和日期仍然在变动。虽然 24 个州遵守了国家政党的规则，但是把它们的初选或党团会议安排在 2 月 5 号，并且让所有的这些州在窗口的第一个星期二开始竞选，使得这一天成为赢得代表支持的最重要的一天（在两党所有宣誓过的代表中将近一半只在这一天出现（3 512 名民主党人中 1 676 名露面，2 454 名共和党人中 1 038 名露面)。[40]这种前置是前所未有的。

各州的又一次竞选——1月期间——在选举周期内开始了，同时也证明了全国两大政党委员会对此已经失控。在 2006 年末，民主党投票决定允许南卡罗来纳州和内华达州——这两个州的选民比艾奥瓦州和新罕布什尔州更加多样化——举行初期选举。[41]这个决定引起了其他几个州的嫉妒和不满，从而导致了在各州和国家政党之间更多的"争夺地盘之战"。佛罗里达的民主党人因为他们的初选日期(1月 29 日)起诉了民主党全国委员会(DNC)，这个初选日期已经由共和党控制的州立法机构作出了安排并经一位共和党州长签署成为法律(在本州民主党人的默许下)，但是这个初选日期却被安排在国家政党确立的 2 月 5 日，也就是提名窗口开放之前的一天。南卡罗来纳州的共和党人对他们佛罗里达同党的行为产生不满，提前了他们的初选(1月 19 日)，并在不同于他们州民主党的投票时间(1月 29 日)投票。艾奥瓦州的共和党人和民主党人对佛罗里达和南卡罗来纳州的这种超越大为恼火，他们把党团会议从 1 月 14 日提前到 1 月 3 日举行。密歇根州一直是以开创更多代议制州(这些州包括拥有大量少数族裔的市中心区)为目标的州之一，提早投票并把初选提前到了 1 月 15 日，这个日期不但在民主党窗口开放之前，也在内华达州确定的党团会议日期(1月 19 日)之前。新罕布什尔州州务卿威廉·加德纳(William Gardner)一直等到密歇根州最高法院裁定允许密歇根州在 1 月 15 日举行初选后，才在 11 月底宣布新罕布什尔州的初选日期(1月 8 日)。使形势变得更加复杂化的是，艾奥瓦州和新罕布什尔州要按照州法律的要求把竞选安排在提名时间表的前面，这就意味着它们被迫把竞选提前。

作为对这些选举策略变动的回应，民主党全国委员会要求总统竞选人不要在密歇根州或佛罗里达州举行竞选活动(但是允许他们募集资金)。然后警告这两个无赖的州如果继续进行他们的初选计划，他们将冒着在民主党全国代表大会上失去代表席位的危险。共和党全国委员会也如法炮制并告知这两个州他们将失去一半的大会代表名额。而这两个州对这些警告和劝诫置之不理。因为他们明白代表们将最终会恢复大会资格，事实上也是这样的。[42]简而言之，这两个州(还有他们的代表)知道他们不会被排除在大会之外，因为不管是民主党还是共和党的候选人都不会在离大选还有仅仅几个月时去惹怒一个州里最活跃的支持者们。

在这些对组织方面的质疑声中，也存在可信的候选人(如参议员约瑟夫·拜登[Joseph Biden]、克里斯·多德[Cris Dodd]、萨姆·布朗巴克[Sam Brownback]和前参议员弗雷德·汤普森[Fred Thompson])。虽然两党各自推出 9 名候选人，但是大多数政治观察家们都密切关注来自每个党派的 3 名候选人。共和党的是参议员约翰·麦凯恩、前马萨诸塞州州长米特·罗姆尼(Mitt Romney)和前纽约市长鲁道夫·朱利安尼(Rudolph Guiliani)。民主党的是参议员希拉里·克林顿、巴拉克·奥巴马和前参议员约翰·爱德华兹(John Edwards)。这些候选人从隐形初选开始在每个党内都处于最前列，随着竞选的不断深入，正是从这些精英阶层里确定领先候选人并挑选出总统候选人。而且需要指出的是这些候选人一开始就排名在前是因为他们先前的政治经验、特定历史背景下的个人感染力和大量的竞选前谋划和定位。[43]再者，无论竞选局面多么混乱，提名过程的结果仍然是不出所料的。

身陷公路交通中：参议员约翰·麦凯恩的共和党提名

在竞选初期，人们普遍认同的看法是共和党走在一条漫长的麦凯恩、罗姆尼和朱利安尼三人之间的竞选道路上，因为没有人能确信共和党内的一个重要派系——在意识形态上温和的(或近来改变信仰的社会保守派)基督教福音派信徒们会选择支持哪一位。[44]直到前阿肯色州州长迈克·哈克比(Mike Huckabee)在艾奥瓦州以超过34％的选票排名第一，人们才意识到他也参与到了竞争中。他在这次党团会议中取得的成功为他的竞选带来了好运，帮助他筹集到了大约1 600万美元并成为南部保守人士最喜欢的人。虽然麦凯恩在艾奥瓦州排名第四，但也几乎没有人期望他能在这个州表现出色。如果哈克比能够募集到更多的资金，能够早早地在更多的州组织竞选活动的话，特别是在他排名第二的南卡罗来纳州和在"超级星期二"的伊利诺伊和密苏里州，他可能就会赢得共和党的提名。但如果那时他能够募集到更多的资金并组织一次更大规模的竞选活动的话，更多的权威人士从一开始可能就会把他视为领先候选人的有力竞争者。最终，哈克比的参选对罗姆尼的影响最大，这意味着对麦凯恩有利，而麦凯恩因为早期的失误，他被迫采纳他的顾问查理·布莱克(Charlie Black)所告诉他的"复杂的战略……成为坚持到最后一刻的人"。[45]

罗姆尼在艾奥瓦州排名第二，但本来他可能会排在最后。他的竞选策略一直走传统的路子。他在艾奥瓦州和新罕布什尔州投入了大量的金钱和时间，估计如果他在这两个州获胜的话，会为他提供足够的势头来赢得提名。仅仅考虑竞选时间表，他在一开始就处在共和党最好的位置上。他的摩门教徒身份和在盐湖城冬奥会中的工作将在西部竞选(怀俄明州和内华达州)中助他一臂之力。他的家庭背景将会在密歇根州竞选中对他有所帮助。他在马萨诸塞州的业务联系和州长工作将让他在新罕布什尔州竞选中受益匪浅。总的来说，只要他赢得第一场竞选，他就会在六次初期竞选中的四次中处于优势地位。然而，他在吸引艾奥瓦州的社会保守派时受阻，原因是早先他在政策上持温和立场，包括对堕胎政策的态度。[46]虽然罗姆尼在怀俄明州、密歇根州和内华达州获胜，但是在新罕布什州只排在第二位，这就意味着他在需要获胜的两个州失利。他花费了1.13亿美元，但只在"超级星期二"21次竞选中的7个州(阿拉斯加州、科罗拉多州、马萨诸塞州、明尼苏达州、北达科他州和犹他州)获胜,2月7日他退出竞选。

朱利安尼的遭遇比罗姆尼更糟。尽管他花费了6 500万美元之多,但在前七场竞选中没有一次是排在前三的位置。他的竞选策略一直是采取观望态度,直到在佛罗里达州的竞选时才把注意力集中在"超级星期二"举行选举的大州上(如加利福尼亚州、纽约州、新泽西州)。他的竞选团队希望能让他在新罕布什尔州表现出色来确保在佛罗里达州的优势,结果在新罕布什尔州他排在了令人失望的第四名——排在哈克比之后——只赢得了8%的选票。更糟糕的是他的竞选活动已经在新罕布什尔州花费了时间和经费,本认为能够击败罗姆尼(他们原认为罗姆尼将会去赢取艾奥瓦州),并且能够帮助他们"把选举延长到下一个月"。最终哈克比在艾奥瓦州击败罗姆尼,朱利安尼在新罕布什尔州牵制了罗姆尼。即使朱利安尼成功"延长选举",在佛罗里达州的计票中,他也排在麦凯恩和哈克比之后,位列第三。第二天,1月30日,他退出选举。[47]

麦凯恩的提名之路是共和党人自1980年里根以来经历的最困难重重的一次。正如所提到的那样,许多观察家认为他是一位劲敌。在早期,民主党人甚至希望麦凯恩将是共和党的提名人,因为他是2007年1月布什所采取的伊拉克增兵策略"最明显的支持者"。后来,当这项策略为减少暴力、带来更稳定的局面时,民主党发现自身处于守势,尽力来解释他们像前参议员约翰·爱德华兹一样,曾经认为"麦凯恩学说……是完全错误的"。为麦凯恩带来荣誉的是,几个月来他推出自己的外交政策并反对民意调查,甚至在一次电视采访中说到他"宁愿失去竞选,也不愿失去战争"。此种言论、其他高调的政策立场(如支持竞选经费改革、反对布什政府使用酷刑)及其作为越南战争囚犯的令人信服的个人经历为他的竞选口号"国家第一"提供了背景支持。虽然后来事情的发展按照他的计划进行,但是在2007年前几个月里,麦凯恩虽是"领头羊,但他又是孤独并且不愉快的"。麦凯恩在第一季度中只募集了大约1 250万美元。其他排在前列的竞选人(罗姆尼、克林顿和奥巴马)在同一时间段每人筹集到2 000多万美元。在春天和初夏,麦凯恩的状况变得更糟糕。到第二季度结束时,报道说他筹到了比第一季度更少的经费(1 120万美元),并且手头只有200万美元现金。简言之,麦凯恩被认为是处在失利的边缘。[48]

从7月开始,在大范围的削减工作人员和重大的重新调整之后,麦凯恩稳定下来开始为竞选活动重新定位。处在劣势地位的他把注意力放在初期最有希望获胜的州:新罕布什尔州。2000年时他在这个州获胜,他相信能再次取胜。他举行了市政厅会议,与新闻报纸编辑部会面,在新罕布什尔州有条不紊地开辟道路前进。在一次9月份的辩论中,罗姆尼对增兵策略成功与否表达了犹豫不决的态度,这时麦凯恩抨击了罗姆尼。此后,麦凯恩的民意支持率开始慢慢上升,到12月中旬为止,他已经消减了罗姆尼接近误差范围两位数的领先优势。在初选之前三天的一次辩论中,麦凯恩又一次抨击了罗姆尼,因为这一次罗姆尼采用了"改变"的宣传口号,而这个口号也是奥巴马采用的。麦凯恩说道:"我们在很多问题上有分歧,但是我赞同你是提倡改变的候选人。"最终统计出的结果是麦凯恩以1.3万多票(5个百分点)的优势击败罗姆尼。[49]

新罕布什尔州之后,麦凯恩在密歇根州的巡回竞选中出现了失误。他没有把这个州让给罗姆尼,也没有把注意力转向南卡罗来纳州,而是奋力竞争,在自己的竞选势头上倾注了太多的信心。结果罗姆尼以超过8万票(总票数的9%)的优势取胜,这时共和党提名竞选是重新开启,而不是结束了。到此为止,前四次竞选的获胜者是三位不同的竞选人。

在这种形势下,南卡罗来纳州的初选就变得至关重要了。麦凯恩2000年在这个州曾败给了布什,许多人质疑他是否能够胜出,或是否会像汤普森强烈表述的那样使形势陷入混乱之中。然而,根据《华盛顿邮报》新闻记者丹·巴尔茨(Dan Balz)和朱丽叶·艾尔珀林(Juliet Eilperin)所述,麦凯恩处于优势地位,他已经"在竞选初期就获得了共和党当权派的支持",并且选举之前几天,他和"南卡罗来纳州众议院议长鲍比·哈瑞尔(Bobby Harrell)以及州检察长亨利·麦克马斯特(Henry McMaster)沿着海边散步,这是这个保守州较为温和的地区"。结果麦凯恩最终以超出哈克比大约1.5万票(3%)胜出。虽然罗姆尼同一天在内华达州取胜,但媒体聚焦在南卡罗来纳州上。[50]

又一次,麦凯恩作为领先候选人登上了舞台,共和党内有希望获得提名的这几个人把注意力转向了佛罗里达州。虽然朱利安尼已经几乎从视线中消失,但是哈克比和罗姆尼全力以赴,他们明白佛罗里达州的初选将会决定"超级星期二"的选举如何开展。麦凯恩清楚"他需要巩固他在南卡罗来纳州的成果——不像新罕布什尔州和南卡罗来纳州的初选,佛罗里达州的初选对无党派人士是关闭的"。他更明白罗姆尼比起哈克比来是一个更严重的长期威胁(因为他的钱),麦凯恩再次抨击了罗姆尼,认为罗姆尼不致力于赢得伊拉克战争。麦凯恩在紧要关头也赢得了来自这个州最受欢迎的两个共和党人的支持:参议员梅尔·马丁内斯(Mel Martinez)和州长查里·克里斯特(Charlie Christ)。1月29日,麦凯恩比罗姆尼多赢得将近10万张选票。

正如所期望的那样,紧跟着佛罗里达州初选而来的"超级星期二"成了麦凯恩重要的一天。他赢得了21场竞选中的9场,包括多数大州的加利福尼亚州和纽约州,获得了超过550名代表的支持。在这种不好的兆头下,罗姆尼退出竞选。竞选又持续进行了一个月的时间,但是没有几个人认为哈克比在此刻还能维持下去。3月4日,麦凯恩赢得了足够的代表支持来确保他的"预定提名人"头衔,9月初,他在全国代表大会上赢得了共和党的正式提名。

正如前面指出的,共和党的提名竞选是"反复无常的",曾经一度,竞选好像是交通堵塞一样,没有一个人看起来进展迅速。到1月底为止,是麦凯恩、罗姆尼和哈克比三方之间的高速竞选之争,并让一些被较多谈及的候选人(如朱利安尼和汤普森)望尘莫及。最终麦凯恩获胜,主要是因为他在南卡罗来纳州的胜利,这次胜利为佛罗里达州和"超级星期二"的竞选作好了准备。因而,这个前置及随后从获胜中得来的好势头让他与没有时间进行组织的哈克比齐头并进,并领先于没有时间从艾奥瓦州和新罕布什尔州的失利中恢复的罗姆尼。

穿越乡间小路：参议员巴拉克·奥巴马的民主党提名[51]

2007年1月,对竞选初期的理解就是这可能是"民主党的一年"。除了总统乔治·W.布什持续走低的支持率和公众认为国家正沿着错误的轨道行进之外,一年多来民主党人在一般性投票问题上的支持率已经平均领先两位数,正如美国广播公司新闻民意调查专家加里·兰格(Gary Langer)所解释的,这是"不同寻常的,在大部分情况下美国一直是一个50对50的国家"。[52]而且,由于正在进行的阿富汗和伊拉克战争,许多人认为选民将可能会更喜欢候选人作为参议员(对国家外交政策享有司法权)的经历而不是作为州长的经历。由于希拉里最有竞争力的两个对手处于比她低的地位(奥巴马处于参议员的第一个任期,爱德华兹也仅仅工作了一个任期,总共在政界工作了6年时间),所以希拉里极有可能赢得提名和总统职位。2007年,希拉里在民意调查中处于领先,直到11月,艾奥瓦州党团会议前仅仅两个月,奥巴马才开始逐渐缩小差距至两位数百分比之内。[53]民主党内希拉里和奥巴马之间的竞争不但最终以奥巴马有点令人惊讶的取胜而告终,而且不像近年来的其他提名竞选那样,这种势头一直持续到了6月,似乎遍及美国的每一条乡间小路。

艾奥瓦州的党团会议存在着大量的不确定性。党内民意调查显示希拉里的支持率略胜奥巴马(32∶31),爱德华兹位居第三(28),而在2004年一直准确的《得梅因纪事报》(Des Moines Register)最终的民意调查显示"奥巴马明显领先并呈现出很高的投票率"。要赢得党团会议的胜利,竞选人需要"打牢基础"或用数字来压倒一切。奥巴马的竞选这样做了,吸引了许多以前没有在民调中投票的人。投票人数达到了将近24万人;而竞选预计只有大约16万人。奥巴马从把日期已提前到1月3日的党团会议中受益,因为来自伊利诺伊州和艾奥瓦州的学生们仍然在家度假,能够帮助他获得投票的支持者。结果公布,希拉里排名第三：奥巴马获得37.6%的选票,爱德华兹29.8%,希拉里29.5%。

虽然希拉里失去了领先候选人的地位,但是她继续有领先候选人的团队为她服务,包括在新罕布什尔州,她的团队已经为她构建了一堵"防火墙"。奥巴马在艾奥瓦州的获胜对爱德华兹的打击更为致命。爱德华兹在这个州的投入为他创造了极高的期望，结果公布后，大多数人认为他很快会退出角逐。在 1 月剩下的时间里他继续参选的决定对希拉里产生了不利的影响。例如，在南卡罗来纳州，希拉里和爱德华兹沿着性别界限分摊了白人选民，一共仅仅占到全体选民的 43％。这促成了奥巴马在这个州看似压倒性的胜利(奥巴马赢得了 55％的支持，希拉里 27％，爱德华兹 18％)，因为奥巴马能够同时吸引男性和女性少数族裔选民。当时到处传播着流言，说爱德华兹有婚外情并且他的妻子正在进行癌症治疗，结果证明这是真实的。这件事的披露使他的竞选陷入了困境之中。因此，如果爱德华兹在艾奥瓦州竞选之后就退出选举的话，奥巴马可能就不会拥有进入"超级星期二"的好势头并且可能不会"存活下来"。爱德华兹对奥巴马的帮助正如哈克比和朱利安尼对麦凯恩的帮助一样——通过拆分竞选("我的敌人的敌人是我的朋友")。

随后希拉里在新罕布什尔州重磅出击，她挨家挨户寻访，举行市政厅大会，组织大型集会。她的对手——奥巴马和爱德华兹(还有其他有望成功的竞选人，新墨西哥州州长比尔·理查森(Bill Richardson)除外，他在艾奥瓦州竞选后已退出)——也过高地估计了他们自己的实力。在新罕布什尔州投票之前星期六的辩论中，他们对她紧追不舍，这使得她赢得了更多的同情，尤其是来自女性同情的声音。然后在星期一，当她的情感——加几滴眼泪——在竞选中爆发并且爱德华兹未表示同情时("总统竞选是一项艰难的工作，而作美国的总统也是一项艰难的工作。")，这个激起了强烈的反应。虽然几乎没有人认为希拉里能够赢得这个州的胜利——没有足够的时间——但是奥巴马的"乘势而来"和爱德华兹的"决定成败"的策略都失败了。在选举的那天，希拉里，像麦凯恩一样，扳回了局势。她赢得了投票数的 39％，奥巴马 37％(爱德华兹 17％)。因而，竞选在这两个获胜者之间一时难以定夺。[54]

摆在希拉里面前的问题是正在进行投票的下一个州——密歇根州——已经受到处罚并被告知本州的代表在国家代表大会上没有代表席位，因为他们在选举窗口开启之前进行了竞选。佛罗里达州也因为日期提前受到惩罚，正因为如此，媒体在南卡罗来纳州设计了下一场重要的竞选活动，实质上跳过了希拉里在 1 月 19 日已获胜的内华达州党团会议。希拉里遭到了负面新闻报道，因为她没有像奥巴马那样从密歇根州投票中抹去她的名字，并且她还允许佛罗里达州的支持者通过当地草根族的努力来促使本州倒向她这一边。甚至在投票开始之前——2007 年 8 月，她的竞选活动也是以策略制胜的。鲍尔茨(Balz)和约翰逊(Johnson)解释道：

　　佛罗里达州和密歇根州把它们的竞选日期提前到 1 月的决定严重地挑战了民主党全国委员会的权威。对普劳夫(Plouffe)[奥巴马的竞选经理]来说，佛罗里达的举措对奥巴马赢得提名来说是一个真正的障碍……普劳夫喜欢在"超级星期二"之前在南卡罗来纳州举行最后一场竞选的提议。他认为奥巴马能够赢得这个州——以微弱优势——并且这样的一次胜利将为奥巴马提供适当的势头向2月5日进发……随着奥巴马竞选活动对民主党全国委员会的声援，民主党全国委员会官员们开始行动起来对佛罗里达州和密歇根州进行制裁……普劳夫也开始在幕后操作……来保证平等而又严肃地对待这两个州……这种政党制裁就意味着在竞选时间表上僵持不下的这两个州的事件对希拉里带来尤为不利的第一步。由初期举行选举的州[爱荷华州]的政客们发起的第二步就是让所有的候选人达成一致不要在佛罗里达州或密歇根州参加竞选活动或广告宣传。

因而，奥巴马团队已操纵了前置时间表，提升了他的候选人地位。[55]
正如前面提到的，南卡罗来纳州的初选大大提高了奥巴马的候选人地位。他和他的竞选团队全力以赴以获得非洲裔美国人的支持，非洲裔美国人占到这个州民主党选民的大多数。希拉里·克林顿的丈夫比尔也不经意间帮助了希拉里的对手奥巴马。当时奥巴马夸张地诬陷希拉里支持总统布什的投票记录，比尔对此提出质疑。比尔认为这是伪造的指控，并且奥巴马缺乏经验，对此他非常愤怒地说："请饶了我吧。整个事情的发生是我所看到的最夸张的童话。"奥巴马的竞选顺势利用了这条评论，评论表明他在暗示奥巴马的候选人资格就是一个"童话"。当希拉里解释说虽然马丁·路德·金的工作对民权起了重要的作用，但是如果没有总统林登·约翰逊，民权法案将不会通过的言论时，局势则变得更加不利了。南卡罗来纳州的代表吉姆·克莱本(Jim Clyburn)是这个州最有影响力的政治人物之一，他碰巧也是非洲裔美国人，公开指责了希拉里。在24小时之内，立刻有人怀疑希拉里具有种族主义思想。当奥巴马赢得了78%的非洲裔美国人的选票时，希拉里开始失去国会黑人民权小组成员的支持，而因为他们是大会的超级代表，所以他们的支持对她的候选人地位至关重要。[56]
尽管"超级星期二"筛选了共和党候选人并确定了麦凯恩的候选人地位，但是在民主党这边辨清谁是获胜者并没有起到很大的作用。希拉里轻而易举地赢得了大多数大州(纽约州、新泽西州、马萨诸塞州和加利福尼亚州)的支持，但总的来说奥巴马赢得了更多的州。普选票几乎平分了代表的人数。奥巴马对党团会议的重视产生了重要的影响。鲍尔茨和约翰逊提供了当时的背景：

　　2月5日的日程是一个巨大的谜团……奥巴马竞选团队判断初期在举行党团会议的州进行投入，竞选活动能够收到很大的回报……用相对少量的钱就能把他们组织起来……民主党的竞选规则刻意变得很复杂。民主党以州选区和国会选区为基础在每个州分配代表……律师杰夫·伯曼（Jeff Berman），他监督了奥巴马代表团的运作……在 2007 年夏天……召集了一个 75 人的律师团来研究所有州管理初选和党团会议的规则……这些规则使得两个平分秋色的候选人之间形成一种实质上的相持局面。

总的来说，奥巴马团队清楚如果他们出牌正确的话，他们就能够把竞选变成对代表的争夺、对超级代表的争夺，这就意味着进行洞察力的比拼。2 月 5 日，他们获胜了。从那时起，这两个候选人在 6 月轮流获胜（她赢得了俄亥俄州，他赢得了北卡罗来纳州，等等）。[57]

奥巴马赢得宣誓代表的支持是因为他在举行党团会议的州赢得了更多的选票。奥巴马在召开党团会议的州比希拉里多获得 30 万张选票，从而多赢得了 143 张宣誓代表票（在这些竞选中他获得了总可用票的大约 66.5%）。尽管在举行初选的州希拉里比奥巴马多赢得了大约 30 万张票，但是因为有更多的投票数，她的胜利仅仅使她比奥巴马多获得约 20 张宣誓代表票（或总可用票的大约 50.4%）。换句话说，因为在投票率上的巨大差异，他在党团会议中获得的 30 万张投票差额比她在初选中获得的 30 万张投票差额意义要重要得多。而且，由国会选区分配的代表在大选中往往会支持那些地区已支持的候选人（也就是说，城市与乡村相对），这样有助于奥巴马维持他代表的领先地位。总的说来，奥巴马的竞选集中在城市、少数族裔占多数地区和举行党团会议的各州，这样就让他在整个竞选中处于优势地位并有助于他延长竞选日程，而不会成为前置竞选的牺牲品。事实上，因为撤销了密歇根州和佛罗里达州的投票资格，前置竞选最终以奥巴马持续的好势头而结束。因为希拉里认为奥巴马可能会出现失误，所以她一直坚持到最后一场提名竞选结束。

更广义地说，数据显示希拉里在竞选中获得了 97% 的总投票数（举行初选的州），而奥巴马则以 3% 的总投票数（举行党团会议的州）赢得了提名。[58]正如霍华德·赖特（Howard Reiter）所解释的那样，如果民主党使用赢者通吃而不是比例代表制，"相比于奥巴马的 2 066 张［代表］票，希拉里本来会获得2 922张［代表票］"[59]。结果奥巴马和他的竞选团队成功逆转，占据了上风。[60]不过，奥巴马一直是一个处于顶层的候选人，而且也是自从他的第一次筹款报告在 2007 年 4 月披露之后不久仅次于希拉里的候选人。当希拉里在艾奥瓦州受挫时，奥巴马赶了上来，接下来的竞选成为一场领先候选人之战。他们中的一位会赢得提名并且从这种意义上来讲，与共和党的提名之战相比，民主党的提名之战不是那么"反复无常"。

另一进程：2012 年选举及未来可能进行的改革

纵观 2012 年的选举周期，与 2008 年的选举周期有一个明显的区别。即使在选举前这一年的大部分时间里，总统奥巴马的支持率显示他只赢得大约 47％选民的支持，并且居高不下的失业率表明经济仍继续处于疲软状态，但是共和党候选人并不急于开始竞选角逐。少数几个甚至决定要等到夏末才宣布参选。换句话说，这是自从总统乔治·H. W. 布什 1992 年试图竞选连任以来，反对党阵营第一次在隐形初选阶段的大部分时间里处于不确定的状态。尽管如此，米特·罗姆尼（Mitt Romney）决定再次参加竞选，他筹集到了最多的经费，在全国民意调查中得到了最多共和党人的支持，被媒体暂定为领先候选人。

与 2008 年相似的一点是：尽管全国两大政党委员会努力延长竞选时间表并把各州放入到一个更有秩序的提名过程中，但是混乱局面还是接踵而来。既然总统奥巴马不会受到提名的挑战，民主党同意共和党制定的日程。他们一起努力把这些初期竞选（艾奥瓦州、新罕布什尔州、内华达州和南卡罗来纳州）推回到 2 月，并且把 2012 年 3 月 6 日定为其他州的首次"开放日"，这意味着这一天将是选举周期的"超级星期二"。佛罗里达州决定他们应考虑一个更显眼的日期并请求批准在 3 月 1 日举行初选。密歇根州也威胁说在 2 月 28 日举行初选。现在时间尚早，还不知道这件事将如何表决，但是如果这两个州这样做的话，初期竞选的州可能会从 2012 年 2 月提前到 1 月。[61] 如果 2 月相对放开的话，那么其他的一些州进行"反叛"并把日期从 3 月提前到 2 月也不是令人惊讶的事情了。在 2012 年的选举周期（希望几个州会选择延后选举）方面，共和党添加到他们竞选规则里的一个刺激措施，为 4 月 1 日之前举行竞选的那些州必须使用比例代表制，来分配全国代表大会的代表名额，而不是采用赢者通吃的规则。因而，共和党可能会分裂成两个相对平等的派别（例如，传统的、企业级别的共和党派与小政府、平民主义党派或"茶叶党"保守派相对抗），并且会出现一个类似 2008 年奥巴马对抗希拉里的提名竞选角逐。[62] 因而，即使领先候选人可能会毫发无损地渡过难关，提名过程似乎还会沿着自身激烈碰撞的方向前行。

尾注

1. 作者衷心地感谢受詹姆斯·P. 菲夫纳和罗杰·H. 戴维森之邀撰写此稿，并感谢他们给予的宝贵建议。

2. 初选是选民为选举团队选出党内被提名人的选举。不同的州会有不同形式的初选，但是大多数州的初选都是"关起门"的选举，只有注册了的党员才能在党内初选中投票。党团会议是选民参加的会议，集体选出候选人，作为选举团队的党派被提名人。初选和党团会议是提名竞选，但是一般情况下，党团会议出席的选民少之又少，原因是不但要花费大量的时间，而且特定时间的安排让很多选民很难参与。1972 年后,各州开始各种竞选形式来指派宣誓代表(他们一定会支持特定的候选人)参加政党的全国代表大会。1972 年之前,许多州举行的初选和党团会议是没有约束力的,在代表大会上选出的代表能够改变他们的投票。1912 年之前,各党派主要举行当地代表大会来选出州代表大会的代表,州代表再选出国家代表大会代表。大部分当地和州代表都是党派领导人或在职官员,很少有选民(或很多党员)能够有机会来选举这些代表。

3. 2008 年,33 个州到 2 月 6 日为止,都举行了竞选(大部分竞选有约束力)。(National Association of Secretaries of State, Primary Calendar, January 15,2008 update,参见 http://nass. org/index. php? option＝com_content&task＝view&id＝120&Itemid＝45). 就在两轮竞选周期前,艾奥瓦州到 2000 年 1 月 24 日才计划召开党团会议,33 州直到 3 月 11 日还没举行竞选活动(参见表 12 - 1)。

4. 参见 Larry Bartels, *Presidential Primaries and the Dynamics of Public Choice* (Princeton, NJ: Princeton University Press, 1988). 亦可参见 William G. Mayer and Andrew E. Busch, *The Front-Loading Problem in Presidential Nominations* (Washington, DC: Brookings Institution Press, 2004). 亦可参见 William G. Mayer, ed., *The Making of the Presidential Candidates 2004* (Landham, MD: Rowman & Littlefield, 2004). 亦可参见 Nelson W. Polsby and Aaron Wildavsky, *Presidential Elections: Strategies and Structures of American Politics*, eleventh edition (Lanham, MD: Rowman & Littlefield, 2004). 亦可参见 Stephen J. Wayne, *The Road to the White House 2004: The Politics of Presidential Elections* (Belmont, CA: Wadsworth/Thomson Learning, 2004). 亦可参见 Michael J. Goff. The Money Primary: *The New Politics of the Early Presidential Nomination Process* (Lanham, MD: Rowman & Littlefield, 2004). 亦可参见 Marty Cohen, David Karol, Hans Noel, and John Zaller, "Beating Reform: The Resurgence of Parties in Presidential Nominations, 1980 - 2000," (Paper presented at the Annual Meeting of the American Political Science Association, 2002). 亦可参见 Marty Cohen, David Karol, Hans Noel, and John Zaller, "Political Parties in Rough Weather," in *The Forum*, Vol. 5, Issue 4, Article 3(2008), available at http://www. bepress. com/forum/vol5/iss4/art3. 亦可参见 William G. Mayer, "Handicapping the 2008 Nomination Races: An Early Winter Prospectus," *The Forum*, Vol. 5, Issue 4, Article 2(2008), available at http://www. bepress. com/forum/vol5/iss4/art2.

5. 参见 Howard Reiter, "The Nominating Process," in *Winning the Presidency 2008*,由 William J. Crotty 编(Boulder, CO: Paradigm Publishers, 2009), pp. 70 - 86. 他如此解析竞选:"被提名人在竞选中要么直线上升,要么一年中跌宕起伏(比如戈德华特),变化无常,而其他提名人保持稳定。"他发现:"从 1960 年到 1980 年,六次竞选中半数是不稳定的;从 1984 年到 2008 年,九次竞选中的五次是不稳定的。(p. 81)"

6. 美国制宪会议期间,一些制宪者认为选举人团制扮演着为地区候选人提供提名过程的角色,众议院(或在早期草案中的参议院)会做出最后的选择。乔治·梅森认为,"二十次中有十九次,总统由参议院选出"。参见 Max Farrand, ed., *The Records of the Federal Convention*, volume II (New Haven, CT: Yale University Press, 1966), p. 500,更多讨论见 pp. 496 - 543. 亦可参见 Forrest McDonald, *The American Presidency: An Intellectual History* (Lawrence, KS: University of Kansas Press, 1994).

7. 总统选举办法是制宪会议上争论最激烈的话题。虽然选举人团制的构成内容是相互妥协的结果(比如,分配给各州选举人的数量;众议院中的州代表投票,由众议院而不是参议院做出最终决定等等），但是这对行政权力和联邦政府意味着什么，制宪者们是经过实质性辩论才达成一致的。因而，虽然一些人认为选举人团制是一种满足了大多数代表的折中办法，但是把它作为一种制度则更为合适，它反映了制宪者们对权力分立中行政权力目的和本性的价值观。参见 Forrest McDonald, *The American Presidency：An Intellectual History* (Lawrence, KS：University of Kansas Press, 1994). 亦可参见 Max Farrand, ed. , *The Records of the Federal Convention*, volume I and II (New Haven, CT：Yale University Press, 1966), especially volume II, pp. 496 – 543. 亦可参见 Gary Glenn, "The Electoral College and the Development of American Democracy," in *Perspectives on Political Science*, vol. 32, no. 1(2003)：pp. 4 – 8.

8. 很多条款（分别投票选举产生总统、副总统；由众议院决定有资格候选人的限额；由参议院选举产生副总统；总统死亡及残疾条款；任期时间限定）都已在第十二修正案、第二十修正案和第二十二修正案中得到补充和完善。关于制宪者设计中缺陷的讨论，参见 Bruce Ackerman, *The Failure of the Founding Fathers：Jefferson, Marshall, and the Rise of Presidential Democracy*, (Cambridge, MA：The Belknap Press of Harvard University Press, 2005).

9. 当然，华盛顿的先例和制宪者的期望约束了很多有总统抱负的有志之士的行为。早期有追求的当选者想尽办法装出漠不关心的样子，而与此同时参与到激烈的政治活动竞争中。参见 Richard P. McCormick, *The Presidential Game：The Origins of American Presidential Politics* (New York, NY：Oxford University Press, 1982), pp. 41 – 75.

10. 根据亚历山大·汉密尔顿所言："唯一希望的是真正能阻止阴谋、密谋及腐败。"参见 Joanne Freeman, *Alexander Hamilton：Writings* (New York, NY：The Library of America, 2001), Federalist 68, p. 364. 弗尼尔·莫里斯在 1787 年 9 月 4 日制宪会议上也指出："［选举人团制的］优势在于消除了密谋的机会。"参见 Max Farrand, ed. , The Records of the Federal Convention, volume II (New Haven, CT：Yale University Press, 1966), p. 501.

11. "选举的过程是完全靠得住、值得信赖的。总统职位永远不会落入那些不优秀、没有资格的人之手。对于那些无计谋、不善交际的人才只能担当国家的初级荣誉岗位，但是对于那些拥有不同优良品质的人才来说，国家会为他们树立其尊严和自信，或者让其成为国家高贵总统职位的成功的候选人。"亚历山大·汉密尔顿如是写道，参见 Joanne Freeman, *Alexander Hamilton：Writings* (New York, NY：The Library of America, 2001), Federalist 68, p. 364. 加里·格伦也解释道："制宪者们创立的选举人团制的意图是更为重视这样的总统候选人，他们对全国具有号召力，包括从小州到大州，从乡村到城市，从农业到商业有利益冲突的所有集团。他们认为选举的总统更多的是能够调和各种利益冲突，或者至少不会激化已存在的各种利益冲突，而不单单是算术等式。"参见 "The Electoral College and the Development of American Democracy," in *Perspectives on Political Science*, vol. 32, no. 1 (2003), p. 6.

12. Richard P. McCormick, *The Presidential Game：The Origins of American Presidential Politics* (New York, NY：Oxford University Press, 1982). 亦可参见 John H. Aldrich, *Why Parties?：The Origin and Transformation of Political Parties in America* (Chicago, IL：The University of Chicago Press, 1995); Lara M. Brown, *Jockeying for the American Presidency：The Political Opportunism of Aspirants* (Amherst, NY：Cambria Press, 2010).

13. John H. Aldrich, *Before the Convention：Strategies and Choices in Presidential Nomination Campaigns* (Chicago, IL：The University of Chicago Press, 1980), p. 5.

14. 杰弗逊在 1795 年至 1796 年间的许多信中写到了即将到来的总统选举,包括写给詹姆斯·麦迪逊、詹姆斯·门罗和爱德华·拉特利奇的信。在这些信中,他提及对总统职位不感兴趣,并且他向麦迪逊建议他应该竞选总统。而最后在 1796 年 5 月杰弗逊被詹姆斯·门罗和他的政党提名为总统候选人。参见 Thomas Jefferson Randolph, *Memoir, Correspondence, and Miscellanies from the Papers of Thomas Jefferson* (Charlottesville, VA: F. Carr, and Co 1829), pp. 337 - 353. 亦可参见 Joseph J. Ellis, *American Sphinx: The Character of Thomas Jefferson* (New York, NY: Vintage Books), p. 194.

15. 虽然起初第十二修正案修改了这一条款,但是仍然是每一个选举人投两票,得票最多的(条件是票数占到多数票)成为总统,得票第二的成为副总统。

16. 1824 年来自 4 个州的代表占到了参加党团会议人数的三分之二。参见 Stephen J. Wayne, *The Road to the White House 2004: The Politics of Presidential Elections* (Belmont, CA: Wadsworth/Thomson Learning, 2004), p. 7.

17. 参见 John H. Aldrich, *Before the Convention: Strategies and Choices in Presidential Nomination Campaigns* (Chicago, IL: The University of Chicago Press, 1980), p. 7. 亦可参见 Stephen J. Wayne, *The Road to the White House 2004: The Politics of Presidential Elections* (Belmont, CA: Wadsworth/Thomson Learning, 2004), p. 8.

18. 由于共和党在南方没有机会赢得选举人票,所以南方代表通常被忽视。南方代表投票让麦金莱在代表大会上赢得了最高票。更多内容见 Wayne H. Morgan, *William McKinley and His America, revised edition*, (Kent, OH: The Kent State University Press, 2003), pp. 146 - 147.

19. John H. Aldrich, *Before the Convention: Strategies and Choices in Presidential Nomination Campaigns* (Chicago, IL: The University of Chicago Press, 1980), p. 8.

20. 1921 年,富兰克林·罗斯福在一封信中提议民主党全国委员会应在一个国家总部雇佣一批全职员工。由他们组织召开全国性会议(独立于全国代表大会之外),让更多的积极分子参与到政党议题中来,形成并发展共同的意识形态。在 1924 年,损失惨重的代表大会及选举之后,他在另一封信中呼吁道:"建立一个永久性政党总部,形成一个更民主、参与性更强的决策进程,在政治议题和公共政策方面取得决定性的地位……[随后他复制了这封信]发给包括近期代表大会代表在内的 3 000 多民主党人。"参见 Sean Savage, *Roosevelt: The Party Leader, 1932 - 1945*, (Louisville: University of Kentucky Press, 1991), p. 6. 总统任期期间罗斯福继续做出这样或那样的尝试(比如,把代表需要赢得提名的票数从三分之二提升到完全占绝大多数)。

21. 在最后一轮投票中,汉弗莱赢得 1 000 多张选票,超出了参议员乔治·麦戈文和参议员尤金·麦卡锡的票数总和(两人都是反战代表)。

22. 改革委员会提出了"一项规定,这项规定要求所有州都要代表这些特殊群体(非洲裔美国人、女性和年轻人),并与州人口有合理的比例……[这项规定]后来经修改……政党在 1980 年提名代表大会上,要求每州代表比例男女平等分配"。参见 Stephen J. Wayne, *The Road to the White House 2004: The Politics of Presidential Elections* (Belmont, CA: Wadsworth/Thomson Learning, 2004), p. 106.

23. Larry Bartels, *Presidential Primaries and the Dynamics of Public Choice* (Princeton, NJ: Princeton University Press, 1988), p. 20.

24. 政党认为早期参与选举的州在选举比例上占有很大的优势,严格的代表比例已经导致了太多的派系存在。政党领袖感觉到他们在选举过程中几乎没有影响力,并且普通党员成为候选人没有得到足够的重视。更多讨论，参见 Stephen J. Wayne, *The Road to the White House 2004：The Politics of Presidential Elections* (Belmont, CA：Wadsworth/Thomson Learning, 2004), p. 108.

25. 参见 Stephen J. Wayne, *The Road to the White House 2004：The Politics of Presidential Elections* (Belmont, CA：Wadsworth/Thomson Learning, 2004), pp. 12, 103 - 117.

26. 2012 年的选举周期中，"赢者通吃"只在 2012 年 4 月 1 日之后举行选举的州中采用。比较图表参见 http://www.centerforpolitics.org/crystalball/articles/frc2011042802/ (accessed July 15, 2011).

27. Andrew E. Busch and William G. Mayer, "The Front-Loading Problem," and William G. Mayer, "The Basic Dynamics of the Contemporary Nomination Process：An Expanded View" in Mayer, ed., *The Making of the Presidential Candidates 2004* (Landham, MD：Rowman & Littlefield, 2004).

28. 记者亚瑟·哈德利杜撰了这个词汇，指的是正式竞选开启前的竞选活动阶段。参见 Arthur T. Hadley, *The Invisible Primary* (Englewood Cliffs, NJ：Prentice Hall, 1976).

29. 参见 William G. Mayer and Andrew E. Busch, *The Front-Loading Problem in Presidential Nominations* (Washington, DC：Brookings Institution Press, 2004). 亦可参见 Andrew E. Busch and William G. Mayer, "The Front-Loading Problem," and William G. Mayer, "The Basic Dynamics of the Contemporary Nomination Process：An Expanded View" in Mayer, ed., *The Making of the Presidential Candidates 2004* (Landham, MD：Rowman & Littlefield, 2004), pp. 1 - 43；83 - 132. 亦可参见 Nelson W. Polsby and Aaron Wildavsky, *Presidential Elections：Strategies and Structures of American Politics*, eleventh edition (Lanham, MD：Rowman & Littlefield, 2004), pp. 89 - 115. 亦可参加 Stephen J. Wayne, *The Road to the White House 2004：The Politics of Presidential Elections* (Belmont, CA：Wadsworth/Thomson Learning, 2004), pp. 103 - 158. 亦可参见 Michael J. Goff. *The Money Primary：The New Politics of the Early Presidential Nomination Process* (Lanham, MD：Rowman & Littlefield, 2004). 亦可参见 Marty Cohen David Karol, Hans Noel, and John Zaller, "Beating Reform：The Resurgence of Parties in Presidential Nominations, 1980 - 2000," (Paper presented at the Annual Meeting of the American Political Science Association, 2002).

30. Andrew E. Busch and William G. Mayer, "The Front-Loading Problem," and William G. Mayer, "The Basic Dynamics of the Contemporary Nomination Process：An Expanded View" in Mayer, ed., *The Making of the Presidential Candidates 2004* (Landham, MD：Rowman & Littlefield, 2004), p. 23.

31. 重要的是，这些"门外汉"和"黑马"都是处于顶层的候选人，一些民调甚至还显示他们是领先候选人。比如，在 2003 年 12 月，约翰·克里处于国家大多数民调的中间位置，但在艾奥瓦州进行的全国性大多数民调中，他处于领先位置。下面将会谈论到，在这个州的胜出使他一跃成为全国第一，除了在这四个州（北卡罗来纳州、俄克拉何马州、南卡罗来纳州和佛蒙特州）失利外，他赢得了其他州。

32. 虽然政党提名竞选的意识和参与性自麦戈文-弗雷泽改革制度之前就已经改善了很多，但是投票数常常不到应投票人数的 35%。Stephen J. Wayne, "When Democracy Works：The 2008 Presidential Nomination" in *Winning the Presidency 2008*, edited by William J. Crotty (Boulder, CO：Paradigm Publishers, 2009, pp. 48 - 69), p. 49.

33. 有几项研究已经跟踪了选举初期举行竞选的州所获得的实实在在的利益。有关研究结果概述，参见 Andrew E. Busch and William G. Mayer, "The Front-Loading Problem," and William G. Mayer, "The Basic Dynamics of the Contemporary Nomination Process: An Expanded View" in Mayer, ed., *The Making of the Presidential Candidates 2004* (Landham, MD: Rowman & Littlefield, 2004), pp. 9 - 15.

34. 虽然自 1920 年来新罕布什尔州一直举行初选，但是直到 20 世纪 50 年代才得以重视起来。新罕布什尔在 1952 年允许选民选出他们支持的总统候选人（不再只是选出代表参加全国代表大会），随后德怀特·D. 艾森豪威尔将军击败党内提名领先者参议员罗伯特·塔夫托。艾奥瓦州党团会议，成立于 1972 年，这是坚持民主党改革而不是举行初选（通常来说更为昂贵）的另一种方式，从而引起了全国的注意。

35. 超级星期二是南方几个州举行初选的日子（通常在 3 月）。正如纳尔逊·波尔斯比和阿伦·威尔达夫斯基所解释的那样："超级星期二初选背后的含义是双重的：(1)在总统竞选提名政治中给予南方各州更大的发言权，(2)通过从召开党团会议改为举行初选及相对提前举行初选（即成定局之前），希望有更多的温和或保守民主党人出现在竞选中，以此来吸引选民参加初选。"参见 Nelson W. Polsby and Aaron Wildavsky, *Presidential Elections: Strategies and Structures of American Politics*, eleventh edition (Lanham, MD: Rowman & Littlefield, 2004), p. 109.

然而，现在这个名称已经逐渐用来指代许多州举行选举的任何一个早期的日子。在 2008 年，很多州在 2 月 5 日就举行了选举，一些学者们将其更名为"海啸星期二"。

36. Nelson W. Polsby and Aaron Wildavsky, *Presidential Elections: Strategies and Structures of American Politics*, eleventh edition (Lanham, MD: Rowman & Littlefield, 2004), pp. 21 - 32.

37. Howard Reiter, "The Nominating Process," in *Winning the Presidency 2008*, edited by William J. Crotty (Boulder, CO: Paradigm Publishers, 2009, pp. 70 - 86), p. 73.

38. 参见 William G. Mayer, ed., *The Making of the Presidential Candidates 2004* (Landham, MD: Rowman & Littlefield, 2004). 亦可参见 Stephen J. Wayne, *The Road to the White House 2004: The Politics of Presidential Elections* (Belmont, CA: Wadsworth/Thomson Learning, 2004).

39. Stephen J. Wayne, "When Democracy Works: The 2008 Presidential Nomination" in *Winning the Presidency 2008*, edited by William J. Crotty (Boulder, CO: Paradigm Publishers, 2009, pp. 48 - 69), p. 68.

40. 数字摘自 *The New York Times* "Election Guide" website at http://politics. nytimes. com/election-guide/2008/calendars/republicanprimaries/index. html, accessed on October 14, 2007.

41. 参见 Associated Press story on August 20, 2006: http://www. foxnews. com/story/0,2933, 209443,00. html, accessed on July 15, 2011.

42. 关于民主党最后决定的评论，参见 CNN's Rebecca Sinderbrand, "Full voting rights restored to Florida and Michigan" on August 24, 2008: http://politicalticker. blogs. cnn. com/2008/ 08/24/full-voting-rights-restored-to-florida-and-michigan/, accessed July 15, 2011. 共和党的决定是允许来自佛罗里达和密歇根州的所有代表参加共和党全国代表大会，但只允许他们中的一半人参加投票，有关评论参见 Associated Pressarticle: http://rawstory. com/news/ 2008/Mich. _Fla. _could_get_full_voting_0816. html, accessed on July 15, 2011.

43. Lara M. Brown, *Jockeying for the American Presidency: The Political Opportunism of*

Aspirants（Amherst，NY：Cambria Press，2010）.

44. Dan Balz and Haynes Johnson，*The Battle for America 2008*：*The Story of an Extraordinary Election*（New York：Viking Press，2009），pp. 235，251 – 252.

45. 同上，pp. 278，261.

46. David Luo，"Romney's 3-Legged Stool Takes the Stage" in *New York Times*，July 27，2007.

47. Dan Balz and Haynes Johnson，*The Battle for America 2008*：*The Story of an Extraordinary Election*（New York：Viking Press，2009），p. 268.

48. 同上，pp. 241 – 242，244，247.

49. 比如，一次拉斯穆森对拟投票选民民调显示，从 8 月 8 日起罗姆尼赢得 32％的选票，朱利安尼赢得 20％，麦凯恩与前参议员弗雷德·汤普森并列第三，仅仅赢得 11％的选票。四个月后，又一次拉斯穆森对拟投票选民民调显示，从 12 月 18 日起罗姆尼赢得 31％的选票，麦凯恩跃居第二赢得 27％的选票。更多整个阶段投票评论，参见 http://www. realclearpolitics. com/epolls/2008/president/nh/new_hampshire_republican_primary-193. html（accessed on August 10，2009）. Dan Balz and Haynes Johnson，*The Battle for America* 2008：*The Story of an Extraordinary Election*（New York：Viking Press，2009），p. 280.

50. Dan Balz and Juliet Eilperin，"The G. O. P. Race is Close in S. C.：Huckabee and McCain Lead；Winner Will Receive Critical Boost" in *Washington Post*，January 19，2008.

51. 2008 年民主党和共和党提名的这些个案研究改编自第七章，参见 Lara M. Brown，*Jockeying for the American Presidency*：*The Political Opportunism of Aspirants*（Amherst，NY：Cambria Press，2010）.

52. 美国广播公司报道："布什的支持率处于历史最低点。"民意调查者们不停地问："如果今天举行选举，在你的国会选区你会投票给哪个政党候选人——民主党还是共和党？"参见 Langer，"Democrats Hold Slightly Narrowed Lead." Dan Balz and Hayes Johnson，*Battle For America 2008*：*The Story of an Extraordinary Election*（New York：Viking，2009），58 – 74.

53. 讨论参见 Howard L. Reiter，"The Nominating Process," in *Winning the Presidency 2008*，edited by William J. Crotty（Boulder，CO：Paradigm Publishers，2009），p. 72.

54. Dan Balz and Haynes Johnson，*The Battle for America 2008*：*The Story of an Extraordinary Election*（New York：Viking Press，2009），p. 138. 出口民调参见 http://www. cnn. com/ELECTION/2008/primaries/results/epolls/index. html♯NHDEM（accessed on August 11，2009）.

55. 同上 pp. 181 – 182.

56. Sean Wilentz，"Race Man：How Barack Obama Played the Race Card and Blamed Hillary Clinton" in *the New Republic*，February 27，2008.

57. Dan Balz and Haynes Johnson，*The Battle for America 2008*：*The Story of an Extraordinary Election*（New York：Viking Press，2009），pp. 182 – 185.

58. Lara M. Brown，*Jockeying for the American Presidency*（Amherst，NY：Cambria Press，2010），p. 315.

59. Howard L. Reiter，"The Nominating Process," in *Winning the Presidency 2008*，edited by William J. Crotty（Boulder，CO：Paradigm Publishers，2009），p. 76.

60. 竞选后，奥巴马的竞选经理大卫·普劳夫谈论了佛罗里达决定的重要性，并解释说如果这个州的投票结果计算在内的话，奥巴马可能会失利。参见 http://thecaucus. blogs. nytimes.

com/2008/12/11/from-obama-camp-a-what-if/? scp=2&sq=%22david%20plouffe%22&st=cse（accessed on December 15,2008）.

61. Jim O'Sullivan，"Gardner Hints New Hampshire Primary Will Move to January,"available at http://hotlineoncall. nationaljournal. com/archives/2011/07/nh-elections-ch. php, accessed July 17,2011.

62. Rhodes Cook, "2012 Presidential Nomination Process：It's Time for the States,"available at http://www. centerforpolitics. org/crystalball/articles/frc2011042802/, accessed on July 17,2011.

文献 13　不断变化的总统竞选筹资：2008 至 2012 年选举初期

格雷戈里·弗特尼，皮特·L.弗朗西亚，克莱德·威尔科克斯

　　2011 年 5 月 16 日，前马萨诸塞州州长、2008 年总统候选人米特·罗姆尼参加了在拉斯维加斯会展中心宴会厅举行的活动。在那里有来自全国各地将近 800 名志愿者支持这位候选人，并带来了他们的私人电话簿来参加一种传统的电话募集活动。在他们喧闹的电话声中，罗姆尼本人找时间亲自感谢他的一些志愿者甚至自己偶尔也打个电话。8 个小时后，他轻松地拿到了 1 000 万美元并抽出足够的时间在一个叫作 In-N-Out 汉堡的快餐店驻足，为在内华达大学拉斯维加斯分校里等候他的大学民主党派团体分发汉堡。[1]

　　尽管那天出现了这种感人场面，但是相对于民主党四年前筹集的总额来说，2012 年共和党总统候选人的初期筹资进行缓慢。2008 年总统候选人中巴拉克·奥巴马筹资是第一名，在 2007 年前六个月就吸入了将近 5 900 万美元并在提名阶段达到了 4.09 亿美元。[2]他成了大选中拒绝接受联邦基金的首位候选人，他能够无限制地筹集经费并安排开支，竞选结束时他共有 7.45 多亿美元进账。[3]虽然奥巴马目前的筹资总数还没有到达四年前那么高，但是分析家推测我们可能会在 2012 年见证首次筹资达 10 亿美元的竞选活动。[4]

　　对奥巴马 2008 年筹资成功的部分解释是网络和通过网络流入的小额捐助可轻易获取。仅仅在 2008 年 1 月，奥巴马就筹集了 3 500 万美元，其中这个月 90% 多的捐助人捐出 100 美元或以下金额，40% 多的捐出 25 美元或以下金额。[5]仅仅几天后，奥巴马的竞选团队宣布在网络上只用了 36 小时就已经筹集到 750 万美元。[6]截止到大选开始时，200 美元或以下的小额捐助就占到了他竞选基金的一半之多。[7]

　　虽然筹集网上小额捐助的候选人并不只有奥巴马一人，但是也没有人能够比上他 2008 年的成功筹资，至少没有人能够自始至终如此成功。罗恩·保罗（Ron Paul）在 2008 年民意调查中只是处于次要位置，在 2007 年 11 月通过网络仅仅一天就募集到 400 万美元。[8]在 2011 年，保罗通过脸谱网（Facebook）页面推广了他在总统日的"金钱炸弹"攻势之后，他又一次在 24 小时内吸收了可观的 70 万美元。[9]保罗也通过他的政治行动委员会（PAC）、"自由政治行动委员会"和他的非盈利组织，"为自由竞选小组"，筹资几百万美元。[10]

　　除了候选人和他们隶属的组织机构以外，一些独立的外部团体也在 2012 年选举中发挥了主要的作用。遵照几个法庭裁决的规定，能够使这些团体更容易地筹资和支出。在 2011 年，一个支持罗姆尼的"超级"政治行动委员会（这个团体能够

无限筹集经费，但是只能作为独立花费，不能作为竞选捐助)，由他的几个前助理创立，收到了来自刚刚建立几个月的一家公司捐助的 100 万美元。[11] 几个星期后，这家公司解散，使得这笔资金的来源难以得到确认。

2008 年奥巴马筹资手段的成功及独立团体在 2012 年可能不断增加的重要性已经对总统竞选产生了深远的影响。要想搞清楚 2008 年的竞选情况及它对目前和未来竞选有什么样的预示，首先要搞清楚监管筹资的基本规则及在这些规则内筹资的惯例。

总统竞选经费体系规则

在美国总统选举中，长久以来经费一直是一个重要而又引发争议的因素。1896 年，俄亥俄州的实业家马克·汉纳(Mark Hanna)捐助给共和党候选人威廉·麦金利(William McKinley)10 万美元——相当于现在的 250 多万美元——另外还通过以资产为基础评估银行和企业筹集到了 350 万到 1 000 万美元的费用。[12]标准石油公司(Standard Oil)和摩根大通(J. P. Morgan)各捐出 25 万美元，其他的公司、银行和实业家也为麦金利竞选捐出大笔资金。[13]虽然民主党候选人威廉·詹宁斯·布莱恩(William Jennings Bryan)把农场主、工人和基督教福音派信徒动员起来，但是共和党解开了美国企业的口袋，远远超出了民主党的竞选经费开支，两者开支大约为 10∶1 的比例。[14]

麦金利竞选经费的滥用致使国会在全国选举中禁止了银行和公司的直接捐助。后来，国会也禁止了来自工会的直接赠与。然而这些禁令通常被规避了。[15]1972 年，总统理查德·尼克松的总统连任选举委员会(CREEP)借鉴了汉纳的做法，不顾禁令，要求公司直接的捐助，并暗示如果公司不遵从，就可能拒绝他们进入政府制定政策的圈子。给予尼克松总统连任选举委员会的非法捐助在开曼群岛进行洗钱并运到美国。最终，为尼克松竞选连任进行公司捐助的领导人被关进监狱。有些大额捐助人即使不够资格，也被任命为大使。这些滥用的事例促使国会进行全面的竞选经费改革。

联邦竞选法案

1974 年，国会修订了《联邦竞选法案》(1971 年首次通过)。1974 年修正案规定了国会和总统选举的监管框架。总统竞选体系包含四个主要因素：

1. 公共基金。1974 年修正案完善了由 1971 年税收法案开创的竞选总统公共经费体系，它确立了总统竞选的联邦筹措资金规则。在这个体系下，总统候选人能够在初选阶段接受部分政府资金和大选阶段的全额公共基金。要接受公共基金，候选人必须：(1)寻求政党提名来竞选总统职位；(2)在至少 20 个州的每个州募集资金超过 5 000 美元；(3)同意支出限额（详见下文）。纳税人为这个体系提供资金支持，他们可以通过在 1 040 项联邦收入纳税申报单上的一个问题"是"的一栏上打钩，这个问题是他们是否愿意把一些联邦税收用于总统竞选基金。在最初的立法中，这个问题问的是纳税人是否愿意把 1 美元用于总统竞选基金，但是为了满足总统竞选不断上升的费用，国会在 1993 年把问题中的金额增加到了 3 美元。在"是"一栏打钩不会增加一个人的税收负担，然而相对来说，公众的参与一直不温不火并且近年来一直呈下降趋势。2007 年，只有 8.3％的纳税申报单继续认定税收可用于总统竞选基金中——与 1980 年的 28.7％相比呈急剧下降趋势。[16]

　　总统竞选基金通过给候选人提供补贴来运作：将初选期间来自个人的任何首次超过 250 美元的捐助，给予候选人 250 美元的补贴，例如，1 000 美元的捐助补贴后价值为 1 250 美元；而对于低于 250 美元的捐助，实行等额联邦配备，例如，25 美元的捐助补帖后价值为 50 美元。对于候选人能收到多少配备基金有一个最大限额。在 2008 年，这个限额是 2 102.5 万美元（或者说是这个体系"基础"开支限额 4 205 万美元的一半）。[17]即使候选人在党内初选中没有对手，他们也能收到这些配备的资金，比如 1984 年的罗纳德·里根（Ronald Reagan）和 1996 年的比尔·克林顿（Bill Clinton）。

　　候选人可以违背配备基金的许诺从银行借钱，在竞选初期就有钱可用。公共基金也为共和党和民主党的党代表大会提供经费（2008 年每党 1 680 多万美元）。[18]最后，公共基金通过提供等值的拨款给两个主要政党的大选提供经费。例如 2008 年共和党候选人约翰·麦凯恩（John McCain）收到最大额为 8 410 万美元的拨款（奥巴马拒绝接受公共拨款）。[19]

　　至少收到 5％普选票的小党派候选人也能在下次选举中收到全部拨款的一部分，罗斯·佩罗（Ross Perot）在 1992 年大选中赢得了 19％的普选票，在 1996 年选举时收到了接近 2 900 万美元的拨款。[20]最近一次小党派候选人收到公共基金拨款是在 2000 年改革派候选人帕特·布坎南（Pat Buchanan）收到的 1 260 万美元。[21]（在 2000 年布坎南在大选中只赢得 0.4％普选票的不佳表现之后，改革党就没有资格来申请公共基金了。）

　　2. 捐助限额。按照 1974 年《联邦竞选法案》的修正案，在初选阶段个人给每一个候选人的捐助限定在 1 000 美元以下，如果候选人接受公共拨款，在大选阶段不允许向总统候选人捐助。（2002 年《两党竞选改革法案》通过后个人捐助限额增加，详见下文。）利益集团可以组成政治行动委员会，委员会最多可以从每个成员那里募集到 5 000 美元并在初选时最多捐助给每个候选人 5 000 美元。党派能够在初选时为候选人提供资金支持，在大选时为候选人支出。候选人最多能够拿出自己财富中的 5 万美元用于竞选，但是后来法院规定不接受配备基金的候选人可以无限制地为自己的竞选支出。

3. 支出限额。在初选阶段,接受公共基金的候选人必须同意一项整体支出限额,这项限额可以按照通货膨胀指数进行调整。在 2011 年,每位候选人的支出限额限定为约 4 422 万美元。[22] 虽说各州人口的数量对选举日程无影响,但是每个州的支出限额会根据人口的多少而发生变化。这就意味着一些关键州,如艾奥瓦州和新罕布什尔州,举行初期党团会议和初选,相对来说人口不多,支出限额就比较低。

然而,几乎所有的候选人已经通过各种各样创造性的记账安排规避了初期竞选中各州的支出限制,比如说虽然在艾奥瓦州竞选,但是在内布拉斯加州安排竞选工作人员住宿和购买必需品等。另外,对个人和团体用来帮助推举特定候选人和政党的开支数额也有限制。虽然国家政党委员会能够为他们的竞选筹集资金及支出经费,但是在大选中接受联邦基金的候选人要同意放弃他们自己的竞选委员会另外的筹款和开支。

4. 信息公开。1974 年的《联邦竞选法案》修正案创立了一个新的联邦机构,联邦选举委员会(FEC),来对总统竞选活动进行审计,支付联邦基金及保持候选人、政党和政治行动委员会的筹资及支出记录。候选人、政党和政治行动委员会必须定期发送报告,详细地列出他们的捐助人的名字、职业和住址及他们提供钱款的方式。联邦选举委员会通过包括网页的各种渠道公开信息,告知公众哪一个特定的企业或有组织的利益集团支持哪个既定的候选人。

《联邦竞选法案》的解体

虽然《联邦竞选法案》修正案为总统竞选提供经费提供了一个全面的框架,但是从来就没有充分执行过。几乎同时,一个由自由派和保守派活跃分子组成的罕见同盟在法庭上向这个新的制度提出了质疑,在 1976 年"巴克利诉瓦莱奥案"(*Buckley v. Valeo*)的裁决中,最高法院对这项法律作出了重要修改。最高法院设法来平衡作为一种自由言论形式的竞选支出的重要性和控制腐败的必要性。最高法院支持实施捐助限额,但是裁定在个人、团体或候选人的花费额度上没有限制。然而任何接受联邦配备基金的候选人都可能受到《联邦竞选法案》全州范围内总支出限额的约束。最高法院解释限额捐助对预防腐败或腐败出现是必要的,但是在支出上的限制是一种违反宪法的对言论自由的剥夺。

这种裁决意味着团体和个人给候选人捐助的数额是有限制的;然而,他们也能够独立地无限制地支出来支持选举或击败候选人。公司或工会从而能够组成政治行动委员会并且在初选时直接捐给候选人 5 000 美元。然而从理论上讲,同一个政治行动委员会也能够支出 1 000 万美元用于宣传来敦促选民支持两个候选人中的一个(或两个)。这种支出不能用于与候选人联合起来一起行动,必须严格地独立于竞选活动之外。

1996 年,最高法院让另外一种形式的支出成了可能,裁定外部的团体能够支出无限的数额来倡导议题——只要他们不使用像"投票"或"竞选连任"等具体的词汇,甚至可以提及候选人的名字及展示他们的照片。个人和政党也能够参与到不要求对联邦选举委员会公开信息的倡导议题的竞选活动中来,但是他们不能与候选人的竞选活动有联系。

虽然法院的裁决已经很大程度上改变了《联邦竞选法案》的监管制度,但是1979 年由国会通过的立法在竞选总统筹资上出现了最大的漏洞。国会允许个人和利益集团为政党捐助无限的金额。这种"软钱"允许被用于党派建设活动中,如基础设施建设、雇佣员工和动员选民等,允许被用于州和当地官员的非联邦选举中。几乎同时,政党发现总统候选人是最佳软钱筹集者。联合起来的两大主要政党在 1996 年筹集软钱达到 2.62 亿美元之多,2000 年筹集到 4.95 亿美元。[23]

到 2001 年为止,很明显的是,《联邦竞选法案》的框架也逐渐受到侵蚀。捐助限额则通过软钱规避,软钱允许个人、公司和工会无限制地捐助钱款。除接受配备基金的候选人以外,法院宣布取消支出限额。配备基金体系仍然有效,但是在2001 年乔治·W. 布什证明了一些候选人能够拒绝配备基金并能够筹集到多于这些配备基金所规定支出限额的钱款。最后,倡导支出信息公开变得问题重重,提供经费的捐助信息也不透明了。

《两党竞选改革法案》

2002 年,国会通过了《两党竞选改革法案》(BCRA),试图来处理一些在《联邦竞选法案》框架中已经形成的问题。这条法律力图消除软钱、规范倡导议题制并加强信息公开。起初它没有关注总统竞选,但是它的条款确实影响了总统候选人的筹资。

这项新法律最初把捐助限额增加了一倍,每次选举任何个体捐助人的限额从1 000 美元增加到 2 000 美元(或初选和大选一共 4 000 美元)。这个限额因通货膨胀在 2011 年—2012 年选举周期时增加到每次选举 2 500 美元。然而这项法律没有增加在总统选举中由联邦政府配备的个人捐助部分。正如前面提到的那样,按照原来的 1974 年《联邦竞选法案》条款,政府给予限定的 1 000 美元的捐助首次补贴 250 美元;现在限定的 2 500 美元的捐助仍然首次补贴 250 美元。

总统公共经费体系也已经跟不上总统竞选费用不断上涨的步伐,《两党竞选改革法案》并没有着手处理这个问题。并且因为接受配备基金的候选人被各个州的支出限额约束,尤其是艾奥瓦州的党团会议和新罕布什尔州的初选,还有应用到整个初选过程中的一个总的支出限制，所以越来越多的候选人已选择不加入这个项目，尤其是在面临更高的捐助限额时。另外，接受配备基金的候选人自己最多只能投入 5 万美元到竞选中，这样就提供了另一个理由——至少对那些富有的候选人来说——拒绝公共基金。

在 1996 年，共和党人史蒂夫·福布斯（Steve Forbes）是首位不寻求配备基金的候选人，花费了 4 260 万美元，大部分是他自己的钱，而那一年的支出上限是 3 730 万美元。[24]乔治·W. 布什在 2000 年仿效了福布斯，拒绝了公共基金并在一年中募集到 9 600 万美元，而这一年的支出限额还不到这个数额的一半。[25]布什成了在初选和党团会议中拒绝公共基金后首位赢得主要政党总统提名的候选人。2004 年他又一次拒绝了配备基金，两位民主党领先候选人霍华德·迪安（Howard Dean）和约翰·克里（John Kerry）也如法炮制。

迪安和克里意识到布什在 2004 年共和党提名中没有竞争对手。布什这样就拥有了一个潜在的意义重大的策略优势。如果迪安和克里接受联邦配备基金，他们将受到联邦法律规定的支出限额的约束，这将大大少于布什能够支出的数额。而且，如果民主党内的提名存在竞争，那么最终的获胜者很可能会花费掉法律规定的全部钱款去赢得初选，可能直到夏末都被禁止进一步的支出，夏末民主党的全国代表大会才能为大选开放基金。在这种情况下，布什会连续数月播放没有回应的广告宣传，确立他无法逾越的领先地位。毫无疑问这种推算影响了迪安和克里去接受配备基金。

克里最终成了首位在初选和党团会议中没有接受公共基金而赢得党内总统提名的民主党人。也许鉴于以上战略考虑和选民并没有因为布什和克里在经费上的决定而惩罚他们的事实，2008 年两党中的许多领先候选人也拒绝了公共配备基金，包括民主党人巴拉克·奥巴马和希拉里·克林顿以及共和党人鲁道夫·朱利安尼（Rudolph Giuliani）、米特·罗姆尼（Mitt Romney）和约翰·麦凯恩（John McCain），这也就不足为奇了。

《两党竞选改革法案》禁止向政党捐助软钱。1996 年，共和党人鲍勃·多尔（Bob Dole）的竞选在很大程度上依赖软钱支出，来维持从初选到大选收到公共基金前这段时间竞选的正常资金周转。多尔已经支出了他的合法限额来赢得了党内提名，而因为总统克林顿在民主党初选中没有遇到对手，他能够使用他的初选基金来作为大选经费。2004 年的布什拥有与 2000 年的克林顿相同的优势。布什的民主党竞选对手约翰·克里，在选举提名阶段没有接受配备基金，他能够募集资金与布什在一个相对平等的水平上展开竞争。

2008 年，约翰·麦凯恩和巴拉克·奥巴马都在选举提名阶段拒绝了配备基金。这个阶段，麦凯恩筹集到 2.04 亿美元，而奥巴马吸收了 4.09 亿美元——超出了四年前同一时期布什和克里两人筹集的数额。[26] 然而与麦凯恩不同的是，奥巴马成了自 1976 年以来首位在大选中拒绝公共基金的主要政党的提名候选人。麦凯恩接受大选基金的限额是 8 410 万美元。与此同时，奥巴马在大选期间能够筹集到 3.37 亿美元，他竞选的最后几个月在几个关键州的争夺中的花费支出大幅度超过了麦凯恩。[27]

近年来的法院裁决也影响了《两党竞选改革法案》。2007 年，最高法院在威斯康星州生命权组织诉联邦选举委员会案(*Wisconsin Right to Life v. FEC*)中，裁决《两党竞选改革法案》在初选前一个月和大选前两个月禁止议题广告的条款是违反《宪法》的，是对言论自由的侵犯。在发布多数裁决时，首席大法官约翰·罗伯茨(John Roberts)对未来的改革采用了一种不乐观的语气并宣布"适可而止"。[28] 在这条裁决几年后，最高法院发布了一项更加意义深远的判决。在 2010 年美国公民联合诉联邦选举委员会案(Citizens United v. FEC)中，分裂的最高法院以 5 比 4 的投票裁决，禁止公司和工会使用它们的一般财政基金为独立开支提供经费是违反《宪法》的。裁决之后，公司和工会可获得更多的钱用于独立开支，独立开支总数从 2008 年的 1.568 亿美元和 2006 年在前中期选举中的 3 740 万美元增加到了 2010 年的 2.109 亿美元，一项报告表明 2010 年 67％的独立开支来自"被这项裁决解放的团体"。[29]

这项裁决后不久，另一项意义重大的法院裁决加强了外部团体的独立地位。在 2010 年现在发言网诉联邦选举委员会案(*SpeechNow. org v. FEC*)中，华盛顿特区巡回上诉法庭(the D. C. Circuit of Appeals)裁决：没有给任何候选人或政党捐助过、只能制定独立开支的联邦政治行动委员会能够无限制募集钱款。这个裁决使得一群新团体"独立开支委员会"纷纷组建，这些团体更常被称作"超级政治行动委员会"。由乔治·W. 布什的前顾问卡尔·罗夫(Karl Rove)领导的一个名为"美国十字路口"的超级政治行动委员会报道在 2011 年的前六个月筹资为 380 万美元，它的目标是在 2012 年选举周期内支出 1.2 亿美元以上来发起大规模的广告宣传活动以击败总统奥巴马，帮助共和党的国会候选人。[30] 同样，倾向于进步和民主的利益集团也已发誓来组织自己的"软钱死亡之星"以保卫总统奥巴马。[31] 一些政治观察家预测总统奥巴马和各种各样拥有共鸣的超级政治行动委员会在 2012 年选举中能够筹集和开支达到 20 亿美元之多[32]——这是一种预测，这种预测表明在《两党竞选改革法案》下被认为已经膨胀的监管制度是如何崩溃的。

金钱追逐：2008 年筹资

在过去的几个选举周期中，总统候选人的筹资和开支急剧增加。2008 年选举中，总统候选人加上来自个人的捐助筹资达到 11 亿之多美元——几乎是 2004 年选举周期筹资总额的两倍。[33]仅仅巴拉克·奥巴马就筹到个人捐款 6 亿多美元,甚至在提名时没有获得真正机会的候选人在个人捐助中也筹到了几百万美元。[34]为竞选提供经费的捐助人有不同的捐助动机,竞选活动已经使用不同的方法来把捐助游说和捐助人的动机结合起来。一些捐助人是理论家,他们深切关注堕胎、医疗保健、阿富汗战争或小政府等议题。[35]一些捐助人是投资者,他们捐助候选人是为了获得一些能强化他们商业利益的政策支持。[36]还有一些是亲密的朋友,他们享受这种大型筹资活动所带来的社会交往。[37]

候选人因各自不同的能力对不同的捐助人产生吸引力。持温和观点的候选人吸引理论家时会遇到困难,不是公职人员的候选人通常吸引投资者的捐助时会遇到困难。小党派的候选人也会遇到困难。2008 年三位最杰出的小党派候选人——无党派人士拉尔夫·纳德(Ralph Nader)、绿党候选人辛西娅·麦金尼(Cynthia McKinney)和自由主义者鲍勃·巴尔(Bob Barr)——都只筹集到极少的钱款。纳德从个人捐助者那里筹集到 300 万美元,巴尔只有 140 万美元,麦金尼不到 20 万美元。[38]

大多数重大的竞选活动是通过构建个人拉选票网络来游说投资人和密友获得大量捐助的。例如 2008 年希拉里·克林顿的高层筹资人,每人都要求其他的几百人向她捐款,在他们捐款之后,会再要求他们帮助筹集更多的钱款。简单地说,巨大的筹资网络就像金字塔一样,其中每一个筹资人都有正在设法帮助他们来为这个候选人筹资的其他筹资人。希拉里的高层筹资人许诺每人筹资 100 万美元,然后一些高层筹资人会找到许诺筹资 10 万美元的其他一些人来帮忙。[39]

高层游说人经常会被冠以头衔:乔治·W. 布什 2000 年称他的高层游说人为"拓荒者";约翰·克里 2004 年称他的高层筹资人为"主席";约翰·麦凯恩有他的"开拓者"而希拉里·克林顿的是"希尔筹资人"。[40]这些游说网络经常是以个人之间的关系为基础而不是以意识形态为基础。捐助人为候选人捐款可能不是因为他们支持他或她,而是因为他们不想拒绝要求他们捐款的人。在 2007 年,希拉里、罗姆尼和其他领先候选人花费了大量的时间举行大型的筹资活动,到场的所有人都支付了巨额款项。2004 年,布什仅仅在 2003 年 6 月 17 日一次活动中就筹集到 350 万美元,一份包含热狗、汉堡和玉米片的晚餐要价 2 000 美元。[41]

另外,候选人还通过非个人的方式去联系潜在捐助人——通常通过邮件、电话,近来更多通过网络。在过去的选举中,候选人通过去"租用"像全国步枪协会(NRA)或赛拉俱乐部(Sierra Club)这样的拥有共鸣的组织的邮寄名单来找出有思想动机的捐助人的名字,然后给这些人邮寄游说信件来"勘探"名单。那些给出反馈的人会被加到候选人的"主要名单"中并被要求再次捐助,而那些对第一封邮件没有反馈的人就不会再得到什么联系了。

　　在早期的选举中，对那些思想激进的候选人来说，直接通过邮件筹款经常会募集到大量的钱款。1988年，在竞选活动的前几个月，主要是通过邮件募集一些小额捐助，电视福音布道者帕特·罗伯逊（Pat Robertson）比在职的副总统乔治·H. W. 布什募集到了更多款项。[42]罗伯逊的捐助人反复捐助，他的竞选活动通过邮件回应以寻求获得更多钱款。[43]

　　观点鲜明的候选人主要是使用直接的信件来进行强烈的感情呼吁，这样能让那些中等收入的美国人考虑给他们捐助。筹资信件通常使用极端的语言，瞄准那些会对这些信件做出回应的个人。通过直接信件募资时，寄出每份信件要花钱，并且寄给温和人士信件一般是赔钱的事。[44]

　　互联网为候选人提供了崭新的非个人游说的小额捐款方式。约翰·麦凯恩2000年成功地利用了互联网，但是霍华德·迪安（Howard Dean）在2004年首先洞悉了这种媒介的潜能所在。迪安2004年竞选总统期间，通过网络筹集到2 000万美元。[45]他扩展了电子邮件游说名单并为大型而引人关注的网站进行投资，在这些网站上人们能够浏览网页，最终未经游说就能够给出捐款。他还通过在虚拟空间召开"见面"会进行互动来吸引捐助人和志愿者，这种虚拟空间给更年轻的、懂科技的公民带来了极大的刺激。

　　从迪安这里可以看出互联网能够传递思想上更复杂的信息，原因是网站与一封五页纸的信件相比能表达出更深刻而微妙的立场。从他的竞选还可以看出通过让活跃分子在网上相聚能带来社会效益，以后可以安排集会为竞选做工作。2008年，巴拉克·奥巴马把网络组织和筹资带到了一个完全崭新的舞台上。

2008 年的筹资

　　在2008年的竞选中，人们预计大多数的领先候选人放弃配备基金，依赖有大量捐助人的网络并通过针对性很强的直接信件作为补充。这种方法已经为乔治·布什和约翰·克里募集到创纪录的竞选资金。在竞选开始时，传统观念认为希拉里和罗姆尼占据筹资优势。希拉里可以利用历史悠久的民主党筹资者网络，这些筹资人曾经为她丈夫和她的参议院竞选效力过，也是女性组织的筹资专家。希拉里让筹资人早早对她作出承诺，这样她的对手只能有更少的选择，并告诉筹资团队要求捐助人只给她捐助，不要给任何其他的民主党候选人捐助。希拉里试图为她的竞选营造一种必然的气氛，是为了达到潜在的捐助人不必费心去为没有获胜机会的对手捐助的目的。她预计自己最大的对手是约翰·爱德华兹（John Edwards），他在2004年作为副总统参加了竞选并且从上次竞选中得到游说人的支持和捐助人名单。

　　罗姆尼拥有约2亿美元可自己支配的资本净值，并且众多筹资人对他的商业背景及他担任马萨诸塞州州长印象深刻。[46]但是罗姆尼面对的是能够筹集到巨大款项的强劲对手——包括曾经参加 2000 年共和党提名竞选的参议员约翰·麦凯恩、前纽约市市长和初期领先候选人鲁道夫·朱利安尼(Rudolph Giuliani)，还有前参议员弗雷德·汤普森(Fred Thompson)，他的电视明星身份使得很多共和党人希望他可能成为下一位罗纳德·里根(Ronald Reagan)。

在民主党方面，希拉里在 2007 年前两个季度后以 6 310 万美元处于领先地位，但是让她吃惊的是，巴拉克·奥巴马的募资和她几乎一样多。[47]事实上，希拉里占有优势是因为她能够转移来自她参议员竞选委员会未使用的钱款。到 2007 年第三季度结束为止，奥巴马在筹资上领先。更重要的是，希拉里在竞选初期花费铺张，随着竞选进程的加速，她手头没有更多的钱款用于开支。而早期的初选和党团会议期间，奥巴马的确拥有更多的现金和更少的债务并且开支能够远远超过希拉里，更重要的是，能够随着民意测验数据显示的民情变化来支出巨额款项。希拉里在 2007—2008 年募集到了比过去选举中任何候选人都要多的钱款，比任何民主党候选人曾经的筹资要多得多，但是奥巴马在个人捐助方面的筹资是她总数的两倍多。[48]

奥巴马成功的筹资很大程度上取决于创造性地使用互联网。奥巴马通过与硅谷的"科技阶层"接触来将这些优势最大化——这是希拉里竞选活动中没有像奥巴马那样给予同等热情的地方。[49]奥巴马的硅谷支持者不但以竞选捐助的形式捐钱，而且更重要的是提供了如何最有效地使用最新的交流技术方面的知识。[50]这个网站(My. Barack Obama. com)提供了一系列社交网络工具让访客参与到竞选活动中来，包括如何注册指南、做志愿者和与别人联系的各种方法。其中也包含关于奥巴马个人简介的信息；允许用户下载一个奥巴马新闻的小程序；提供时时更新的短信及由奥巴马签名的竞选歌词"是的，我能"的彩铃。

奥巴马的筹资活动包括寻求小额捐助的反复电子邮件游说。而竞选也鼓励小额捐助人成为游说者。访问奥巴马网站的支持者能够创立他们自己的筹资网站并确立自己的筹资目标。这个网站上有一个温度计，当游说者向着目标前进时温度随之上升。[51]被要求以这种方式捐助的许多人自己也创立筹资网页。他们继续通过脸谱网站(Facebook)来建立链接，许多人在上面张贴个人录像或将其发布到视频网站(YouTube)上。

希拉里在一些现场所有人都捐助了巨额款项的小型筹资活动中花费了时间，而奥巴马经常会出现在体育场集会中，在那里成千的民众不会被收取任何费用，奥巴马不但会拉票，而且到场的人会给出小额捐助。那些给奥巴马竞选团队发送特定短信的人会被联系捐助。[52]那些捐款的人后来会被要求为竞选筹款。许多人反复收到电子邮件，这里面的一些信息包括视频附件，比任何直邮信件提供了更多的令人兴奋的内容。

与这种简洁的金字塔形的大型捐助人筹资网络相比,奥巴马的竞选网络像病毒一样蔓延开来,个人捐助者联系他们在脸谱网站上的朋友或者是给他们手机名单里的每个人发短信。最终奥巴马名单上的任何人不只被要求捐助,而且要为竞选效力。在竞选的最后几天,竞选活动要求小额捐助人和特定的邻居联系或者是下载一个程序,自动地给他们手机名单上居住在竞选角逐激烈的州的每个人发短信。[53]在竞选后期,希拉里团队发现了网络筹资并有效地利用了它;然而奥巴马在一年中重新改写了纪录,最终 2004 年筹资竞选活动圆满结束。

在共和党方面,朱利安尼在初期筹资中处于领先地位,部分原因是罗姆尼直到后来才拿出自己的基金捐助。2007 年麦凯恩的初期筹资蹒跚不前,他 2007 年向联邦选举委员会递交的年终报告上显示竞选活动处于亏损状态,手边有 300 万美元,还有 450 万的债务。第四季度的筹资领先候选人竟然是得克萨斯州的众议员罗恩·保罗(Ron Paul),他筹到了令人吃惊的 1 980 万美元,其中大部分是通过与奥巴马竞选方法相似的互联网捐助,通过激励人心的网络视频和社交网络技术。[54]保罗的竞选虽然没有赢得共和党的党团会议或初选,没有对共和党的提名造成威胁,然而他的事例确实证明:对奥巴马的竞选发挥了作用的技巧与方法至少对某些类型的共和党候选人也会发挥作用。

在 2007 年 8 月竞选的前几个月里,罗姆尼从他自己的个人财富里借用了 4 500 万美元,这是有记录以来的最高数额。罗姆尼在艾奥瓦州和新罕布什尔州支出的款项大大超出他的对手们,包括单单在艾奥瓦州电视广告上就创造了花费 700 万美元的记录,结果却输给了在支出上明显更少的前州长、浸礼会牧师迈克·哈克比(Mike Huckabee)。[55]哈克比在 2008 年党团会议中利用了由电视传道者和 1988 年总统候选人帕特·罗伯逊创立的福音派教会网络。几天后,尽管罗姆尼的支出大幅度地超出约翰·麦凯恩,但是麦凯恩还是在新罕布什尔州初选中获胜。共和党内的角逐清楚地表明选举结果并不仅仅由金钱决定。

麦凯恩在新罕布什尔州取得胜利之后,他又一路拿下南卡罗来纳州和佛罗里达州,他的这些胜利支援了他的筹资。他提前赢得了提名并通过竞选活动继续筹资,最终筹到大约 2 亿美元。[56]而在相同时间段内,奥巴马的初选筹资几乎是麦凯恩的两倍。[57]

2008 年大选：奥巴马的 8 400 万美元赌注

经过些许的犹豫之后,巴拉克·奥巴马成了 2008 年大选中首位拒绝公共基金的主要政党提名人。虽然较早时候奥巴马已经许诺接受 8 410 万美元的公共基金补贴,这一补贴麦凯恩也已接受。奥巴马打赌通过回报初选时支持他的捐助人,他在大选期间能够募集到多于这个数额的钱款。按照竞选经费规定，即使在提名阶段已经捐出最大额钱款(2008 年 2 300 美元)的那些初选时的捐助人在大选中也可以再进行捐助。奥巴马期望的不仅是能够募集到比麦凯恩更多的款项，而且期望选民们不会因为他没有遵守较早期的承诺而惩罚他。

奥巴马在大选竞选期间募集到了 3.37 亿美元，几乎是麦凯恩接受的公共基金的四倍之多。[58]麦凯恩受益于共和党委员会数额相当大的支出，而奥巴马数额巨大的预算允许他在电视广告中创造花费 2.4 亿美元的纪录。[59]他能够做到把钱投在像印第安纳州、弗吉尼亚州和北卡罗来纳州这些传统上支持共和党的州——奥巴马的竞选活动本可以忽视这三个州，并且也没有从这三个州筹资。

对于更多地受到预算限制的麦凯恩来说，奥巴马的这种转向需要麦凯恩做出战略上的思考。随着民意测验显示出印第安纳州、弗吉尼亚州和北卡罗来纳州的激烈角逐，麦凯恩被迫要在下面的两者之间作出选择，是把竞选资金移到这些州？还是继续在像俄亥俄州、佛罗里达州和宾夕法尼亚州这些关键州支出大量钱款用在广告上？奥巴马通过扩大战场，在资金上占据了最大的优势。这样他的竞选就能够在布什 2004 年获胜的那些州采取攻势，并迫使麦凯恩花费大部分时间保卫这些州，而不是去争夺那些竞争激烈的州。

在竞争不断升级的弗吉尼亚州，奥巴马支出 2 400 万美元用于电视广告，是麦凯恩支出的 740 万美元的三倍之多。[60] 2008 年奥巴马拿下弗吉尼亚州——是自 1964 年林登·约翰逊(Lyndon Johnson)以来的第一位赢得该州的民主党人。他还在另外七个 2004 年支持共和党的州获胜，这七个州分别是：印第安纳州、北卡罗来纳州、佛罗里达州、艾奥瓦州、科罗拉多州、新墨西哥州和内华达州。

麦凯恩的经费劣势部分上由共和党全国委员会(RNC)咄咄逼人的筹资努力所抵消。大部分的民主党捐助直接注入了奥巴马竞选中，而共和党捐助人捐助给政党委员会，它能够进行合法地开支来帮助麦凯恩。共和党全国委员会与民主党全国委员会相比拥有大量的现金优势。[61]

独立团体在竞选最后几个月里花费支出很大。共和党团体主要通过不需要公开收入和支出的 501(c)委员会组织起来。[62]美国商会领导着这个共和党团体，声称支出了 3 600 多万美元。[63]民主党的 527 委员会也很活跃，尤其是工会：美国州县和市政工人联合会(AFSCME，支出 3 290 万美元)和服务业雇员工会(SEIU，支出 2 700 万美元)。[64]排在第三位的高支出团体美国投票人工会(America Voters，1 760 万美元)是由多个进步团体组成的同盟，而隶属工会的工人又一次发挥了重要的作用。[65]许多团体从事拉选票活动而没有花费很多钱，把广告放在他们的网站上并把链接通过电子邮件发给成员和媒体等。继续行动网站(MoveOn. Org)赞助了一次大学生竞赛来为奥巴马设计富有创意的广告，并制作了一封通过会员发送给朋友的病毒式传播的电子邮件,这封电子邮件在一则虚假新闻里插入了接收邮件的朋友的名字,这则虚假新闻的内容为由于这位朋友没有参与投票,麦凯恩才以一票之多赢得选举。[66]在 2008 年选举中由这些外部团体作出的努力增加了巨大的资金开支。

2012 年选举的初期阶段

正如在本章开头指出的那样,2012 年共和党候选人初期筹资全面战场的展开进展缓慢。仅仅在 2011 年 5 月 16 日一天,米特·罗姆尼募集到的 1 000 万美元就比他的任何一位共和党竞争对手前半年来的筹资总数还要多(见表 13‑1)。来自明尼苏达州的国会女议员米歇尔·巴克曼(Michele Bachmann)为她的 2010 年美国众议院议员连任选举筹资 1 350 万美元(位居第一),她在 2011 年的前半年里为参加总统竞选筹资 360 万美元,大部分钱款是从她的国会竞选委员会里面转移而来。[67]

表 13‑1　2011 年 1 月至 6 月初选总统候选人筹备钱款数额(以百万美元计数)

个体捐助以数额大小分类

	总钱款	来自个体钱款	200 美元或更少		201—2 499 美元		2 500 美元	
			($)	(%)	($)	(%)	($)	(%)
巴拉克·奥巴马	42.3	41.9	24.0	57.3	11.0	26.3	6.9	16.4
米特·罗姆尼	18.4	18.2	1.3	6.9	3.8	20.6	13.2	72.5
罗恩·保罗	4.5	4.5	2.4	54.2	1.6	34.8	0.5	11.0
蒂姆·波伦蒂	3.9	3.8	0.5	13.0	1.0	26.7	2.3	60.3
米歇尔·巴赫曼	3.6	1.6	1.1	67.7	0.4	25.8	0.1	6.5
纽特·金里奇	2.1	2.1	1.0	49.6	0.4	21.6	0.6	28.8

资料来源:作者的计算数据来自联邦选举委员会。
注释:超过 2 500 美元的捐款,待定再分派或再分配的,划入 2 500 美元一类中。
因有些捐款没有逐项逐笔登记,在"200 美元或更少"一类中包括初选和大选的捐款。
巴拉克·奥巴马的筹款总数包括他本人的联合筹款委员会——奥巴马 2012 胜利基金会的捐款。
巴拉克·奥巴马筹资中的五百二十万美元及蒂姆·波伦蒂筹资中的六十万美元,专门指定用于大选资金。

以微弱优势领先于巴克曼的是来自得克萨斯州的国会议员罗恩·保罗(Ron Paul)和明尼苏达州前州长蒂姆·帕伦蒂(Tim Pawlenty),他们分别筹到 450 万美元和 390 万美元。[68]前众议院议长纽特·金里奇(Newt Gingrich)的总统竞选起步尤其缓慢。他前半年负债 100 万美元,手头只有略多于 30 万美元的现金,[69]后面接连发生的是将近 20 多名工作人员辞职,其中包括他的两名顶级筹资人。

　　然而在共和党阵营里，当得克萨斯州州长里克·佩里（Rick Perry）在 2011 年 8 月中旬加入总统竞选时发生了重大的改组。大部分的民意测验表明就在佩里宣布参加竞选以来的这几周里，在统计数字上他以巨大的优势领先。[70] 佩里延迟加入 2012 年总统竞选，看来不可能阻碍他的筹资能力。事实上一些专家期望他的竞选能够吸引大量的筹资人，超过以前成功的总统候选人拥有的筹资人的总数。正如有人描述的那样："布什总共拥有 900 个被叫作护林者或拓荒者的筹资人……如果里克·佩里在开始的几个月里政治上不犯错的话，将会拥有一个远远超过 900 人的筹资网络。"[71] 佩里还有至少 7 个超级政治行动委员会的支持，它们在 2012 年选举中能够筹集和开支无限制的钱款。[72] 这些超级政治行动委员会中的一个，叫做"让我们再次强大"，由佩里的前办公室主任迈克·图米（Mike Toomey）创立，他宣布要花费 5 500 万美元来帮助佩里赢得共和党提名的早期计划。[73]

　　"重塑未来"，一个支持罗姆尼的超级政治行动委员会也不甘落后，宣布 2011 年前六个月里已经筹资 1 230 万美元。[74] 同样，总统巴拉克·奥巴马的前白宫助理们也已组建了超级政治行动委员会——"优先美国行动"。超级政治行动委员会的兴起，还有 2008 年形成的筹资方法的进步，有望使 2012 年选举成为有史以来最昂贵的选举。

总统筹资的未来

　　直到近年来，总统选举的公共经费项目一直卓有成效，自从 1976 年开始实施以来已经支付了将近 15 亿美元。[75] 然而在 2000 年，这个体系受到了首次重创，当时布什决定在初选阶段不接受公共基金支持，转而去筹集比接受公共基金应该遵守的支出限额更多的资金。布什随后的获胜和再次避开 2004 年初选阶段公共基金的意愿甚至使两位自由民主党人——霍华德·迪安和约翰·克里——4 年后也不再接受初选阶段的公共基金。到 2008 年为止，大部分领先候选人在初选时都拒绝公共基金支持。自从 1976 年政府开始配备捐助以来，在初选期间分配 2 170 万美元的公共基金是最低数额。[76] 巴拉克·奥巴马大选时复制了布什的神话，筹集到了比公共基金更多的钱款，同时也没有因为拒绝公共基金而受到选民的惩罚。这个先例使得公共经费体系处在了一种非常危险的境地。进入 2012 年选举中，重要的总统候选人似乎不会加入到公共基金项目中。

　　一些奥巴马的拥护者声称他的筹资尝试是"一种平行的公共经费体系"，因为他的许多捐助人捐助的是小额款项。[77] 他们还声称竞选活动是由中等收入的人们提供经费，因而是一个不同的公共基金形式。然而许多人的小额捐助总计会捐出数额很大的款项。[78] 事实上，虽然奥巴马收到的大多数捐助都是小额捐助，但是他的很大一部分资金是来自竞选期间捐助大额款项的那些人。

一些学者对联邦基金体系提出了种种的改革建议，包括在初选期间增加支出限额甚至取消支出限额。这样就能够吸引一些候选人来接受配给基金并以此接触到不太富裕的捐助人。其他的一些建议包括给小额捐助的第一个 100 美元或 200 美元提供更高配备比例，如 3 倍甚至 4 倍。[79]

然而，这些改革不可能在不久的将来成为法律。事实上，近年来的势头是朝着相反的方向发展。2011 年 1 月，美国众议院以 239 票比 160 票要求废除公共基金体系。最高法院一直在撤销部分的监管框架，竞选经费基本规则如果不进行新的变革，看来将会陷入一团糟的境地。

在这种几乎是完全放开的由法院造就的新环境下，极其富有的利益集团似乎占据了来控制 2012 年选举总统筹资最有利的位置。例如，"美国十字路口"在 2011 年的前六个月筹到的捐助中 90％ 多是来自仅仅三位亿万富翁的捐助。[80]同样地，支持民主党的团体在 2012 年选举的初期阶段也一直依赖少数亿万富翁和富有捐助人的捐助。[81]

虽然写这篇文章时 2012 年选举总统筹资的全过程还没有完全呈现出来，但是初步统计显示，比以往更多的资金将会被投入到选举中来。法院已经为富有的捐助人、公司、工会及刚刚组建的超级政治行动委员会开辟了新的捐助通道，此时已不同于自水门事件以来的任何时期。这种事态的进展，不断改进的筹资模式及公共经费体系事实上的消亡，表明目前和将来的总统筹资似乎将向着一个前所未有的时代迈进。

尾注

1. Delen Goldberg, "Mitt Romney Visits Las Vegas to Campaign, Fundraise," *Las Vegas Sun*, May 16, 2011, http://www. lasvegassun. com/news/2011/may/16/mitt-romney-visits-nevada-campaign-fundraise (accessed August 7, 2011).

2. Susan Page, "Obama, with Money on His Side, Still Seeks Traction," *USA Today*, October 2, 2007, http://www. usatoday. com/news/politics/election2008/2007-10-01-obama_cover_ N. htm (accessed August 19, 2011). 亦可参见 Michael J. Malbin, "Small Donors, Large Donors and the Internet: The Case for Public Financing after Obama," Campaign Finance Institute, April 2009, http://www. cfinst. org/president/pdf/Presidential Working Paper_April09. pdf (accessed August 19, 2011).

3. "2008 Presidential Campaign Activity Summarized: Receipts Nearly Double 2004 Total," Federal Election Commission, June 8, 2009, http://www. fec. gov/press/press2009/20090608PresStat. shtml (accessed August 19, 2011).

4. Patricia Zengerle, "Analysis: Billion-Dollar Obama to Run Moneyed Campaign," Reuters, April 4, 2011, http://www. reuters. com/article/2011/04/04/us-usa-election-obama-analysis-idUSTRE7330NY20110404 (accessed August 19, 2011).

5. Clyde Wilcox, "Internet Fundraising in 2008: A New Model?" *The Forum* 6 (2008): Article 6.

6. Wilcox, "Internet Fundraising in 2008: A New Model?"

7. Malbin, "Small Donors, Large Donors and Internet: The Case for Public Financing after Obama."

8. Katharine Q. Seelye and Leslie Wayne, "The Web Takes Ron Paul for a Ride," *The New York Times*, November 11, 2007, http://www. nytimes. com/2007/11/11/us/politics/11paul. html (accessed August 19, 2011).

9. Andy Barr, "'Money Bomb Blows Up Ron Paul's Coffers," *Politico*, February 22, 2011, http://www. politico. com/news/stories/0211/49956. html (accessed August 19, 2011).

10. Andy Barr, "Exclusive: Ron Paul's $3M Pot of Gold," *Politico*, March 31, http://www. politico. com/news/stories/0311/52317. html (accessed August 19, 2011).

11. Michael Isikoff, "Firm Gives $1 Million to Pro-Romney Group, Then Dissolves," MSNBC, August 4, 2011, http://www. msnbc. msn. com/id/44011308/ns/politics-decision_2012/t/firm-gives-million-pro-romney-group-then-dissolves (accessed August 19, 2011).

12. Peter Baida, "The Legacy of Dollar Mark Hanna," in *The Quest for National Office: Readings on Elections*, ed. Stephen J. Wayne and Clyde Wilcox (New York: St. Martin's Press, 1992).

13. Nathan Miller, *Theodore Roosevelt: A Life* (New York: William Morrow and Company, 1992), 245.

14. Robert K. Goidel, Donald A. Gross, and Todd G. Shields, *Money Matters: Consequences of Campaign Finance Reform in U. S. House Elections* (Lanham, Md: Rowman & Littlefield, 1999), 21.

15. Anthony Corrado, "Money and Politics: A History of Federal Campaign Finance Law," in *The New Campaign Finance Sourcebook*, ed. Anthony Corrado, Thomas E. Mann, Daniel Ortiz, Trevor Potter (Washington, DC: Brookings Institution, 2005).

16. "Presidential Fund Income Tax Check-Off Status," Federal Election Commission, January 2011, http://www. fec. gov/press/bkgnd/pres_cf/PresidentialFundStatus_Jan2011. pdf (accessed August 19, 2011).

17. "Presidential Election Campaign Fund," Federal Election Commission, http://www. fec. gov/press/bkgnd/fund. shtml (accessed August 19, 2011).

18. "Presidential Election Campaign Fund."

19. "Presidential Election Campaign Fund."

20. Anthony Corrado, "Public Funding of Presidential Campaigns," in *The New Campaign Finance Sourcebook*, ed. Anthony Corrado, Thomas E. Mann, Daniel Ortiz, Trevor Potter (Washington, DC: Brookings Institution, 2005), 194.

21. Corrado, "Public Funding of Presidential Campaigns."

22. "Presidential Spending Limits: If the Election Were Held in 2011," Federal Election Commission, http://www. fec. gov/pages/brochures/pubfund_limits_2011. shtml (accessed August 19, 2011).

23. "FEC Reports Increase in Party Fundraising for 2000," Federal Election Commission, May 15, 2001, http://www. fec. gov/press/press2001/051501partyfund/051501partyfund. html

(accessed August 19,2011).

24. Michael J. Malbin, "A Public Funding System in Jeopardy: Lessons from the Presidential Nomination Contest of 2004," in *The Election After Reform: Money, Politics, and the Bipartisan Campaign Reform Act*, ed. Michael J. Malbin (Lanham, Md: Rowman & Littlefield, 2006), 222.

25. Michael J. Malbin, "A Public Funding System in Jeopardy: Lessons from the Presidential Nomination Contest of 2004," in *The Election After Reform: Money, Politics, and the Bipartisan Campaign Reform Act*, ed. Michael J. Malbin (Lanham, Md: Rowman & Littlefield, 2006),222.

26. Malbin, "Small Donors, Large Donors and Internet: The Case for Public Financing after Obama."

27. Malbin, "Small Donors, Large Donors and Internet: The Case for Public Financing after Obama."

28. Linda Greenhouse and David D. Kirkpatrick, "Justices Loosen Ad Restrictions in Campaign Finance Law," *The New York Times*, June 26,2007, http://www.nytimes.com/2007/06/26/washington/26scotus.html (accessed August 19,2011).

29. Spencer MacColl, "Citizens United Decision Profoundly Affects Political Landscape," Center for Responsive Politics, http://www.opensecrets.org/news/2011/05/citizens-united-decision-profoundly-affects-political-landscape.html (accessed June 30,2011).

30. Michael Isikoff, "Billionaires Give Big to New 'Super PACs'" MSNBC, June 26,2011, http://www.msnbc.msn.com/id/43541131/ns/politics-decision_2012/t/billionaires-give-big-new-super-pacs/? ns = politics-decision_2012&t = billionaires-give-big-new-super-pacs (accessed June 30, 2011).

31. Matt Bai, "This Donation Cycle Catches G. O. P. in the Upswing," *The New York Times*, October 20,2010, http://www.nytimes.com/2010/10/21/us/politics/21bai.html (accessed August 19,2011).

32. Isikoff, "Billionaires Give Big to New 'Super PACs.'"

33. Malbin, "Small Donors, Large Donors and the Internet: The Case for Public Financing after Obama."

34. "Data Available for Barack Obama," Center for Responsive Politics, http://www.opensecrets.org/pres08/summary.php? id=n00009638 (accessed August 19,2011).

35. Peter L. Francia, John C. Green, Paul S. Herrnson, Lynda W. Powell, and Clyde Wilcox, *The Financiers of Congressional Elections: Investors, Ideologues, and Intimates* (New York: Columbia University Press, 2003).

36. Francia et al. *The Financiers of Congressional Elections.*

37. Francia et al. *The Financiers of Congressional Elections.*

38. "Data Available for Ralph Nader," Center for Responsive Politics, http://www.opensecrets.org/pres08/summary.php? cycle = 2008&cid = N00000086 (accessed August 19, 2011); "Data Available for Bob Barr," Center for Responsive Politics, http://www.opensecrets.org/pres08/summary.php? cycle=2008&cid = N00002526 (accessed August 19,2011); "Data Available for Cynthia McKinney," Center for Responsive Politics, http://www.opensecrets.org/pres08/summary.php? cycle=2008&cid=N00002511 (accessed August 19,2011).

39. Beth Fouhy, "Clinton Aims to Raise $75M Before 2008," *The Washington Post*, February 7, 2007, http://www. washingtonpost. com/wp-dyn/content/article/2007/02/07/AR2007020700968. html (accessed August 29, 2011). See also Michael Luo and Christopher Drew, "Obama and McCain Lag in Naming 'Bundlers' Who Rake in Campaign Cash," *The New York Times*, July 11, 2008, http://www. nytimes. com/2008/07/11/us/politics/11bundlers. html (accessed August 29, 2011).

40. Luo and Drew, "Obama and McCain Lag in Naming 'Bundlers' Who Rake in Campaign Cash."

41. Richard W. Stevenson, "Bush Raises $3.5 Million for His Re-Election Campaign," *The New York Times*, June 18, 2003, http://www. nytimes. com/2003/06/18/us/bush-raises-3. 5-million-for-his-re-election-campaign. html (accessed August 29, 2011).

42. Clifford W. Brown, Jr. , Lynda W. Powell, Clyde Wilcox, *Serious Money: Fundraising and Contributing in Presidential Nomination Campaigns* (New York: Cambridge University Press, 1995).

43. Brown, Powell, Wilcox, *Serious Money*.

44. Brown, Powell, Wilcox, *Serious Money*. 亦可参见 Francia et al. *The Financiers of Congressional Elections*.

45. Lee Rainie, John Horrigan, and Michael Cornfield, "The Internet and Campaign 2004," Pew Internet, May 6, 2005, http://www. pewinternet. org/Reports/2005/The-Internet-and-Campaign-2004/3-The-political-and-media-landscape-in-2004. aspx? view=all (accessed August 19, 2011).

46. David L. Miller, "Money, Money Everywhere — And Not a Dime for Coffee," CBS News, October 17, 2007, http://www. cbsnews. com/8301-502163 _ 162-3378568-502163. html (accessed August 19, 2011).

47. Page, "Obama, with Money on His Side, Still Seeks Traction."

48. Michael Malbin, "All CFI Funding Statistics Revised and Updates for the 2008 Presidential Primary and General Election Candidates," Campaign Finance Institute, January 8, 2010, http://www. cfinst. org/Press/Releases_tags/10-01-08/Revised_and_Updated_2008_Presidential_Statistics. aspx (accessed August 19, 2011).

49. Joshua Green, "The Amazing Money Machine," *The Atlantic*, June 2008, http://www. theatlantic. com/doc/200806/obama-finance (accessed September 7, 2009).

50. Green, "The Amazing Money Machine."

51. Green, "The Amazing Money Machine."

52. Green, "The Amazing Money Machine."

53. Richard S. Dunham and Dwight Silverman, "Favored Obama Address Begins with http, Not 1600," *Houston Chronicle*, November 8, 2008, http://www. chron. com/disp/story. mpl/nation/6102843. html (accessed September 7, 2009).

54. "Data Available for Ron Paul," Center for Responsive Politics, http://www. opensecrets. org/pres08/summary. php? cid=N00005906&cycle=2008 (accessed August 19, 2011).

55. Philip Elliot, "Romney's Strategy Hopes to Reverse 2008 outcome," Real Clear Politics, April 2, 2011 (accessed August 19, 2011).

56. "Data Available for John McCain," Center for Responsive Politics, http://www. opensecrets. org/pres08/summary. php? cycle=2008&cid=N00006424 (accessed August 19, 2011).

57. "Data Available for Barack Obama. "

58. Malbin, "Small Donors, Large Donors and Internet：The Case for Public Financing after Obama. "

59. Fredreka Schouten, "Obama's Fundraising Obliterates Records," *USA Today*，December 2，2008，http://www. usatoday. com/news/politics/election2008/2008-12-02-obama-money_N. htm（accessed August 19,2011）.

60. Schouten, "Obama's Fundraising Obliterates Records. "

61. 举例参见 David B. Magleby, ed. , *The Change Election：Money, Mobilization, and Persuasion* (Philadelphia：Temple University Press, 2011).

62. Stephen R. Weissman, "Soft Money Political Spending by 501(c) Nonprofits Tripled in 2008 Election," Campaign Finance Institute, February 25,2009，http://www. cfinst. org/press/preleases/09-02-25/Soft_Money_Political_Spending_by_Nonprofits_Tripled_in_2008. aspx (accessed August 19,2011).

63. Weissman, "Soft Money Political Spending by 501(c) Nonprofits Tripled in 2008 Election," http://www. cfinst. org/interest_groups/pdf/np527/527_08_24M_Table1. pdf

64. Weissman, "Soft Money Political Spending by 501(c) Nonprofits Tripled in 2008 Election," http://www. cfinst. org/interest_groups/pdf/np527/527_08_24M_Table2. pdf

65. Weissman, "Soft Money Political Spending by 501(c) Nonprofits Tripled in 2008 Election," http://www. cfinst. org/interest_groups/pdf/np527/527_08_24M_Table2. pdf

66. Karlene Lukovitz and Nina Lentini, "Moveon. org Shows Viral's Power with Obama Vid," *Marketing Daily*，October 30,2008，http://www. mediapost. com/publications/? fa＝Articles. showArticle&art_aid＝93643 (accessed September 7,2009).

67. "Bachmann for President" Disclosure Report (＃736307). http://query. nictusa. com/pres/2011/Q2/C00497511. html (accessed September 9,2011). 巴赫曼也通过她的国会竞选委员会筹集到额外资金。亦可参见 Brian Bakst, "Small Checks Drive Michelle Bachmann's Big Bucks," Real Clear Politics, June 24, 2011, http://www. realclearpolitics. com/articles/2011/06/24/small_checks_drive_michele_bachmanns_big_bucks_110352. html (accessed August 19,2011). 亦可参见"Bachmann for President Announces $4. 2 Million at End of 2nd Quarter," July 15,2011, http://www. michelebachmann. com/2011/07/bachmann-for-president-announces-4-2-million-at-end-of-2nd-quarter (accessed August 19,2011).

68. "Ron Paul 2012 Presidential Campaign Committee Campaign" Disclosure Report (＃736407). http://query. nictusa. com/pres/2011/Q2/C00495820. html (accessed September 9,2011). "Pawlenty for President" Disclosure Report (＃735917). http://query. nictusa. com/pres/2011/Q2/C00494393. html (accessed September 9,2011). 款项仅用于初选。普兰提也筹集到了 60 万美元用于大选。亦可参见 Nicholas Confessore, "Pawlenty Raises $4. 5 Million for Race," *The New York Times*，July 14,2011, http://www. nytimes. com/2011/07/15/us/politics/15donate. html (accessed August 19,2011).

69. "Newt 2012" Disclosure Report (＃736038). http://query. nictusa. com/pres/2011/Q2/C00496497. html (accessed September 9,2011). See also Kendra Marr, "Newt's Fundraising Approach is No Fundraisers," Politico, August 18,2011, http://www. politico. com/news/stories/0811/61593. html (accessed August 19,2011).

70. Jeffrey M. Jones, "Perry Zooms to Front of Pack for 2012 GOP Nomination," Gallup,

August 24，2011，http://www. gallup. com/poll/149180/perry-zooms-front-pack-2012-gop-nomination. aspx (accessed September 10,2011).

71. Ben Philpott，"New Fundraising Calculus Unlikely to Hinder Perry," *The Texas Tribune*，August 24，2011，http://www. texastribune. org/texas-politics/2012-presidential-election/rick perry-hits-fundraising-trail (accessed September 10,2011).

72. Philpott，"New Fundraising Calculus Unlikely to Hinder Perry. "

73. Paul Blumenthal，"Super PAC for Rick Perry Plans to Raise，Spend ＄55 Million," *Huffington Post*，September 6,2011，http://www. huffingtonpost. com/2011/09/06/rick-perry-super-pac-55-million_n_951206. html (accessed September 10,2011).

74. "'Restore Our Future' Pro-Romney Super PAC Rakes in ＄12. 3 Million," Mitt Romney Central，August 1，2011，http://mittromneycentral. com/2011/08/01/restore-our-future-pro-romney-super-pac-rakes-in-12-3-million/ (accessed September 10,2011).

75. "2008 Presidential Campaign Activity Summarized：Receipts Nearly Double 2004 Total. "

76. "2008 Presidential Campaign Activity Summarized：Receipts Nearly Double 2004 Total. "

77. Brian Montopoli，"Obama Poised to Turn Down Public Financing," CBS News，February 11，2009，http://www. cbsnews. com/stories/2008/04/09/politics/main4004908. shtml.

78. Michael Malbin，"Reality Check：Obama Received About the Same Percentage from Small Donors in 2008 as Bush in 2004," Campaign Finance Institute，November 24,2008，http://www. cfinst. org/Press/PReleases/08-11-24/Realty_Check_-_Obama_Small_Donors. aspx (accessed August 19,2011).

79. Jeffrey Bell，J. Kenneth Blackwell，Anthony Corrado，Carol Darr，Richard H. Davis，Donald J. Foley，Ruth S. Jones，Michael J. Malbin，Charles T. Manatt，Ross Clayton Mulford，and Phil Noble，"So the Voters May Choose. . . Reviving the Presidential Matching Fund System," Campaign Finance Institute，2005，http://www. cfinst. org/president/pdf/VotersChoose. pdf. See also Michael J. Malbin，"The One Percent Solution," The Campaign Finance Institute，July 25，2011，http://www. cfinst. org/Press/PReleases/11-07-26/One_Percent_Solution_Michael_Malbin_s_CFI_response_to_Buddy_Roemer_in_Boston_Review_forum. aspx (accessed August 1,2011).

80. Isikoff，"Billionaires Give Big to New 'Super PACs. '"

81. Isikoff，"Billionaires Give Big to New 'Super PACs. '"

文献 14　从数字上来考量 2008 年民主党竞选获胜的重要性

詹姆斯·W. 凯撒，丹尼尔·迪萨尔沃

　　或许是为了显示出他们自己所处的生活和时代的重要性，人们通常会夸大发生在他们年代的一些事件的重要性。记者们往往会急切地满足公众的需求，他们对这种夸大的行为作出了极大的贡献。这种趋势非常生动地表现在对 2008 年民主党选举获胜的许多演绎上，这种演绎从宣布其是"前所未有的"和"具有历史意义的"到断言它是"一场真正重组的选举"。《时代》杂志甚至表示其与 1932 年富兰克林·罗斯福的选举获胜有相似性，封面上把变形的巴拉克·奥巴马的头像放到了罗斯福的一张标志性的照片上，照片上罗斯福把玩着他的具有 20 世纪 30 年代风格的帽子，开着一辆敞篷车。[1]

　　2008 年民主党选举胜利无疑给人留下了深刻印象——印象有多深不久就会看到——但是以历史标准来衡量当时的竞选远远算不上规模宏大甚至不同寻常。通过浏览记载数据，虽然冗长乏味，但可以提供给我们某种视角。自从 1896 年以来一共有 29 届总统选举，许多学者把这一年作为"现代政治"的起点。巴拉克·奥巴马以只是不到 53% 的普选票赢得了总统职位，排名第 14 位，或者说处于中间位置（见表14-1）。他战胜对手的优势（6.9%）排在第 19 位，或中间略偏下的位置。最后，他选举人票的百分比（相对于普选票来说，几乎是一个夸张的数字）是 67.8，或者说在 29 场竞选中排在第 17 位。

表 14-1　总统竞选获胜的不同类别

差数	选举年	获胜候选人	落选候选人	获胜百分比	选举人团百分比	参议院中期	众议院中期	参议院-4 年	众议院-4 年
近似于平局									
−0.5	2000	G. W. 布什	戈尔	47.9	50.4	−5	−2	−5	−7
0.2	1960	肯尼迪	尼克松	49.7	56.4	−1	−20	13	29
0.7	1968	尼克松	汉弗莱	43.4	55.9	7	4	11	52
2.1	1976	卡特	福特(R)*	50.1	55.2	1	1	5	50
险胜									
2.5	2004	G. W. 布什	克里	50.7	53.2	4	3	5	11
3.1	1916	威尔逊	休斯	49.2	52.2	−2	−16	3	−77
4.3	1896	麦金莱	布莱恩	51	60.6	5	−48	9	*
4.5	1948	杜鲁门	杜威	49.6	57.1	9	75	−3	21

差数	选举年	获胜候选人	落选候选人	获胜百分比	选举人团百分比	参议院中期	众议院中期	参议院-4年	众议院-4年
具有适度竞争力的胜出									
5.6	1992	克林顿	布什	43	68.8	1	−9	2	−2
6.1	1900	麦金莱	布莱恩	51.7	65.3	0	13	7	−6
6.9	2008	奥巴马	麦凯恩	52.9	67.8	8	23	12	54
7.5	1944	F·罗斯福·D	杜威	53.4	81.4	0	20	*	−25
7.7	1988	G.布什	杜卡基斯	53.4	79.2	1	−2	−8	−7
8.5	1908	塔夫脱	布莱恩	51.6	66.5	−1	−4	2	−32
8.5	1996	克林顿	多尔	49.2	70.4	−3	2	−12	−52
大胜									
9.7	1980	里根	卡特	50.8	90.9	12	34	15	49
10	1940	F·罗斯福·D	威尔基	54.7	84.6	−3	5	−10	*
10.8	1952	艾森豪威尔	史蒂文森	55.2	83.2	1	22	6	50
压倒性胜利									
14.4	1912	威尔逊	塔夫脱**	41.8	82.0	7	61	19	119
15.4	1956	艾森豪威尔	史蒂文森	57.4	86.1	0	−2	−1	−20
17.5	1928	胡佛	史密斯	58.2	83.6	8	32	2	23
17.7	1984	里根	蒙代尔	58.8	97.6	−1	16	0	−.0
17.8	1932	F·罗斯福·D	胡佛	57.4	88.9	12	97	20	149
18.8	1904	T·罗斯福	帕克	56.4	70.6	1	44	2	51
22.6	1964	约翰逊	戈德华特	61.1	90.3	2	36	4	32
23.2	1972	尼克松	麦戈文	60.7	96.7	−2	12	−1	0
24.3	1936	F·罗斯福·D	兰德勒	60.8	98.5	7	12	17	21
25.2	1924	柯立芝	戴维斯	54	71.9	1	22	−5	"55
26.2	1920	哈丁	考克斯	60.3	76.1	10	62	17	88

　　* 当时在任者用粗体。

　　** 1912年,虽然塔夫脱是在任总统,但是伍德罗·威尔逊在竞选中获胜,西奥多·罗斯福位列第二。故威尔逊的获胜差数是从他和罗斯福的得票中计算得出。

　　资料来源:美国总统选举戴夫·莱普地图集,http://www.uselectionatlas.org/;参议院党派势力变化从美国官方参议院网址计算得出,http://www.senate.gov/pagelavout/historv/one_item_and_teasers/partvdiv.htm;众议院党派势力变化来自以下渠道:http://www.emailthecongress.com/partv-strength-house.html; *Biographical Directory of the U. S. Contress*;Congressional Research Service; Office of the Clerk of the U. S. House of Representatives,http://clerk.house.gov/arthistory/househistorv/partvDiv.html.

　　最能体现总统获胜重要性的数字取决于普选票的差额,原因是它"控制着"第三党是否有候选人资格。以这个数字为基础,总统选举能被分成五个不同的类别:(1)近似于平局(差距小于2%),其中必然要包括乔治·W.布什2000年的选举,当时他在全国的普选票中失利;(2)险胜(差距是3%到5%),乔治·W.布什2004年选举获胜是险胜；(3)具有适度竞争力的胜出(6％到9％)；(4)大胜(10％到12％)，最近的一次是罗纳德·里根的1980年战胜吉米·卡特；(5)压倒性胜利(多于13％)，差距最大同时也是最难忘的是1920年沃伦·G.哈定以多出26个点压倒性地战胜詹姆斯·M.考克斯。[2]

奥巴马的胜利毫无疑问归入具有适度竞争力的胜出这一类别中，这正好与美国公众所经历的角逐的"感觉"相符。随着选举的临近，所有重要的民测都是奥巴马领先，但是有几个处于或接近误差幅度。在合适的地点最后一分钟仅仅两到三个百分点的摇摆本来可能爆冷门。[3]这种外部环境带来的可能性把2008年选举的最后几周带入了一种期待的氛围之中，它让许多人痴迷于新闻报道和博客。一些人至今似乎仍处在选举症状的后遗症之中。

实际的选举结果一点也不让人感到吃惊。当时电视网络在竞选前夕开始报道奥巴马赢得了宾夕法尼亚州，而约翰·麦凯恩需要这个州来成功实现他的逆转，显而易见，这场角逐到此结束了。不像2004年(或2000年)要等到凌晨才得知选举结果。更不错的是，没有人提出重新计票或法律诉讼；一队队的律师严阵以待，诉讼摘要如箭在弦，最终被遣散并回到各自的地方。自从进入1996年的政治时代以来，美国人从来没见过的是：这次总统选举没有受到背弃信义和操纵选票的指控。

要想更详细地来衡量一下巴拉克·奥巴马选举的胜利，来了解一下首个任期总统选举胜利这一阶段是有帮助的(见表14-2)。不足为奇的是，较大的获胜优势往往是出现在受欢迎的在职总统竞选连任的情况下，比如1984年的罗纳德·里根或1936年的富兰克林·罗斯福，而更多的以较微弱优势获胜的选举，包括所有"难分胜负"的选举，通常出现在首次执政的候选人参加的选举中。在这个更多限定的分组里，奥巴马的进展更加顺利一些，在16位首届总统中排名第10位。他的获胜优势不像1980年的罗纳德·里根或1988年的乔治·H. W. 布什那么大，但是比1976年的吉米·卡特、1992年的比尔·克林顿，当然还有2000年的乔治·W. 布什的优势都要大。实际上，奥巴马的获胜优势比1932年富兰克林·罗斯福以来的任何一位民主党新当选总统都要大。

表14-2 首个任期总统选举获胜数据表(以获胜差数为序)

排行	选举年	获胜人	落选人	获胜百分比	获胜差数	选举人团百分比
1	1920	哈丁	考克斯	60.3	26.2	76.1
2	1924	柯立芝	戴维斯	54	25.2	73.8
3	1932	F·罗斯福·D	胡佛	57.4	17.8	88.9
4	1928	胡佛	史密斯	58.2	17.7	83.6
5	1912	威尔逊	塔夫脱	41.8	14.5	82.0

续　表

排行	选举年	获胜人	落选人	获胜百分比	获胜差数	选举人团百分比
6	1952	艾森豪威尔	史蒂文森	55.2	10.8	83.2
7	1980	里根	卡特	50.8	9.7	90.9
8	1908	塔夫脱	布莱恩	51.6	8.5	66.5
9	1988	G.布什	杜卡基斯	53.4	7.7	79.2
10	2008	奥巴马	麦凯恩	52.9	6.9	67.8
11	1992	克林顿	布什	43	5.6	68.8
12	1896	麦金莱	布莱恩	51	4.3	60.6
13	1976	卡特	福特(R)	50.1	2.1	55.2
14	1968	尼克松	汉弗莱	43.4	0.7	55.9
15	1960	肯尼迪	尼克松	49.7	0.2	56.4
16	2000	G.W.布什	戈尔	47.8	－0.5	50.5

从历史的视角来分析国会中选举获胜则更加复杂,因为很多胜利都取决于政党的出发点:[4]一个已经拥有许多席位的政党比从很低的起点起步的政党更难获得席位。另外,随着时间的推移,国会选举体系已经发生了更多的变化,包括在1914年开始的参议员直选和制定众议院席位选举区域划分的规则和惯例。然而,相对于2006年中期选举,2008年民主党在国会中的胜利属于选举年国会选举胜利中优势较大的一次(见表14-1)。在参议院中新获得的席位票数(8票,包括投票后6个月裁决的一张明尼苏达州的票)自1896年以来排名第六(虽然与其他5次选举并列),众议院中排名第十(21票,1张票仍在裁决中)。[5]同时考察参议院和众议院的投票结果,得出的结论是只有6个总统选举年中一个党派同时在参议院和众议院投票中保住了原有的席位或赢得了更多的席位(1948年、1980年、1912年、1928年、1932年和1920年)。

背后的故事

仅从提供的统计数据描述上来看,2008年的总统选举是民主党的一次重大胜利。然而要想了解这次选举的全部意义,还需要考虑到从上一次总统竞选以来出现的局面。2008年选举以及2006年的中期选举所带来的共同影响极大地改变了美国的政治局势。然而由于2004年选举对共和党来说意义非凡,所以这次政党运势的逆转就显得更为重要了。2004年的那次选举标志着自1952年德怀特·艾森豪威尔当选总统以来,共和党到达了巅峰(存在争议的说法是从1928年赫伯特·胡佛当选上总统以来)。

诚然,自1952年以来,共和党都以较大优势赢得了总统职位,其中包括三次压倒性胜利(1956 年的艾森豪威尔、1972 的尼克松和 1984 年的里根)。但是 2000 年算是例外,当时共和党勉强控制了全部三个机构,但在总统选举的普选中失利,参议院中也只是打成平手。2004 年是自 1952 年以来唯一一次共和党在全部三个机构中占据了大多数席位的选举。(相比之下,民主党在所有机构中占到多数席位的选举包括：1960 年、1964 年、1976 年、1992 年和 2008 年。)2004 年是从 1952 年以来共和党唯一一次在每一个机构中获胜并获得发展的选举年。2004 年共和党获得了 55个参议员席位,这与自 1929 年以来在参议院中获得的最多席位持平(共和党已经有其他三次达到了这个席位数,1987 年到 1989 年、1997 年到 1999 年、1999 年到 2001年),并且他们确保了共和党自 1929 年以来在众议院中占到最多数的席位。

2004 年共和党竞选的胜利终于完成了"新"共和党的一个愿望,这一"新"共和党是在 1980 年罗纳德·里根执政时期诞生的。共和党从 1980 年开始就取得了一些引人注目的胜利：里根自己当选时,共和党人掌控参议院(但是仍然是民主党掌控众议院),令人震惊的是,在比尔·克林顿的第一个总统任期内,1994 年共和党在两院都取得了胜利。他们从来没有在全线范围内获得过多数席位。许多共和党人,不仅仅是共和党人,把 2004 年看作是一个共和党巩固并开始登上绝对多数地位的平稳时期。这次选举后出版的一些图书的标题,包括《一党制国家及建立红色美国》,都反映出了这种评价。[6] 许多人猜测共和党能够赢得美国政治中最梦寐以求、最难以实现的奖赏(如果这种奖赏确实存在的话)：令人满意的党派重组这一遥不可及的梦想。

到 2006 年为止,共和党的这些愿望已破灭,步入 2008 年的共和党只是努力为了保住地位而战斗。对于短暂的共和党帝国的衰亡的解释很大程度上在巴格达和新奥尔良的街道上将会找到答案。乔治·W. 布什在 2005 年和 2006 年之间的某段时间失去了天命,国会中的共和党人从来没有掌握成为一个负责的执政党的艺术。国会中党派权重的变化发生在 2006 年连续的选举中,2008 年局面发生了变化。民主党获得了 12 个参议员席位和 49 个众议员席位,2006 年就开始了从两院少数派转变为多数派的进程。2008 年选举之后,民主党在国会中获得的多数席位以很大的优势远远超过了 2004 年后共和党占多数时的席位数(见表 14－3)。自1932 年以来,共和党几乎没有大出风头的时刻。

表 14－3　国会党派势力变化表：2000—2008 共和党—民主党—无党派

年代	参议院		众议院	
2000	50R－50D		221R－212D	2I
2002	51R－48D	1I	229R－204D	1I

续　表

年代	参议院		众议院	
2004	55R-44D	1I	232R-201D	1I
2006	49R-50D	1I	198R-234D	
2008	41R-59D	1I	178R-257D	

自从上次总统选举以来，有许多方法可以评估国会中获得的席位(见表14-1或表格14-3的最后两栏)。但是无论你怎样评判，2008年民主党连续选举中的这种"浪潮"(在两院选举中均有收获)都是引人注目的，排在大约第五的位置上，与共和党在里根1980年获胜时的情况大致相当，但是要少于1932年或1936年富兰克林·罗斯福、1920年哈定和1912年威尔逊获胜时拿到的席位。

众所周知，美国国内制定政策的过程通常的特点是行动迟缓，这是经过三大权力中心(总统、参议院、众议院)同意的体制带来的结果。偶尔也有例外的情况，比如威尔逊的"新自由"、富兰克林·罗斯福的"新政"和林登·贝恩斯·约翰逊的"伟大社会"，这些政策的制定过程暂时相似于议会制政府的过程，大型的新立法项目被制定成法律。这些阶段的出现与前面提到的一些突如其来的选举有关系。当然，即将就任的总统一定想要寻求一种积极主动的议事日程，其中不包括哈定和艾森豪威尔，并且也想在两院中能占到固定的大多数席位，这也是在1980年使得里根政策进展缓慢的一个因素。如果遇到(或至少谈及)危机，促成重要政策改变的条件就会得到进一步的加强。奥巴马将进入白宫上任，已经具备这样的一些条件，但是还没有达到上述这些总统在个人成就方面的尺度和规模。

值得深思的教训是，对于一些经历了两院席位激增的总统来说，他们会发觉他们可能被如此之快地削弱或推翻。1952年选举产生的艾森豪威尔政府通过在参议院中获得1个席位、在众议院中获得22个席位成功地控制了全部的三个国家选举机构。两年后，共和党失去了众议院中的18个席位、参议院中的1个席位，在两院中成为少数。1982年，在里根入主白宫、共和党获得参议院12个席位(占多数)和众议院34个席位的两年后，共和党在参议院中获得1个席位，但是失去了众议院中的26个席位。1920年，哈定在选举中以压倒性的胜利赢得了10名新的共和党参议员和62名众议员，结果两年后在参议院中失去了6个席位，在众议院中失去了77个席位(虽然仍保持在占多数的位置)。

在类似的情况下，民主党就幸运得多，或者是表现出了更好的能力。1912年，威尔逊的政治影响力赢得了7名新参议员和61名众议员。1914年的选举出现了喜忧参半的结果，当时民主党在参议院中又获得了4个席位，但是众议员方面又回到了1912年前时的情况，失去了61个席位但仍然控制着国会。20世纪30年代的选举对民主党来说是非常有利的，所以要把这个阶段和其他阶段分开来讨论。在1934年，民主党继续击败共和党，赢得了众议院中的9个席位和参议院中的10个席位。民主党似乎不能再获得更多的席位了，但是1936年罗斯福的第二次压倒性胜利使民主党在众议院中又获得12个席位，把共和党的席位减少到了微不足道的88席，民主党在参议院中又获得7个席位，把共和党大会的人数缩减到了较小晚宴的规模（16名成员）。[7]

难怪媒体上一些拥护当选总统奥巴马的狂热支持者让他坐进了富兰克林·罗斯福的敞篷车。民主党应该会在2010年的国会选举中走下坡路，他们将会遭受失去两院中一院的巨大逆转。目前最有可能发生的情况是民主党将可能失去一些众议院席位，但是会维持或提升他们在参议院中的地位。众议院中共和党的席位只有上升这一条路可走，原因是有相当大份额的民主党人在投票支持布什和麦凯恩的地区持有席位。要想看到共和党在众议院中的席位怎样变得更少也是很难的，因为在投票给克里和奥巴马的地区共和党只赢得了5个席位。2010年参议院的选举看来对民主党更为有利，因为一些上年纪的共和党人可能要退出，并且几乎没有寻求连任的民主党人（至少现在是这样）显示出不堪一击。[8] 从这个方面来看，虽然奥巴马的获胜不如威尔逊给人留下的印象深刻，但是在民主党的国会多数席位，作为能够承受一些损失并且仍然是可行的管理实体方面，从结构上来看，2008年的情况与1912年最为接近。

2008年选举是一次政党选民重组选举吗？

政党重组是目前政治科学中最有争议的概念之一，有些人主张应该完全消除这种想法，有些人坚持认为如果抛除一些夸大的内涵意义，重新结盟仍是有利的。[9] 无论学术界如何辩论，记者和专家还没有从把政治科学理论植入政治舞台的政治学所带来的恩惠中退出。所以不足为奇的是，许多自由时事评论员迅速地声称奥巴马的竞选获胜是一次政治重组。根据《华盛顿邮报》的专栏作家哈罗德·梅尔森（Harold Meyerson）所言，奥巴马的获胜优势"从这些坚决的不断增加的支持者群体中表明这是一次真正的政党选民重组选举"。[10]《新共和》杂志的约翰·朱迪斯（John Judis）认为这次选举"是民主党重组的顶点，它于20世纪90年代开始，由于9·11事件而延迟，随着2006年选举又重新开始"。[11]

一些提出重组这个概念的发起人没有使用更奇特的字眼来描述它，重新结盟可以被视为在选举上政党相对实力（因此可能会持续一段时间）的一个主要转变，同时还伴随着在确定政府议事日程的重组政治思想的转变和在公共政策方向上的重要变革。按照这个定义，很清楚的是一次"政党选民重组选举"只有具备了以上这些事实之后才能得以确立，这就是要有像1932年选举之后，根据评估政府的表现而呈现出来的情况。

然而即使有诸如重组这类事情，对选举结果来说其重要性可能会被极度夸大，但这些只不过是选举的部分内容而已。重组并不能保证有利的政党将会赢得未来的选举。美国总统选举会受到两方面的影响，一方面是结盟（意味着党派支持者为政党推荐人投票的倾向），另一方面是许多选民在每次选举中对在职官员和执政党表现的一个相对独立的评估，权衡另一政党的优点。在美国历史中除去一个或两个时期结盟本可以成为一个政党真正遥遥领先于另一个政党外，结盟相对于评估方面来说，选民的结盟因占比太小而不能决定选举结果。

因而如果所有的这些条件是平等的话，结盟能给一个政党提供的是一种优势。但是在政治上，所有的条件几乎从来就不平等。并且由于结盟本身受到正在进行中的评估的影响，结盟可能不会持续很长时间。这种优势甚至会受到政治规律的影响，执政经过一段时间后，就意味着遭受的不满多于赢得的赞誉。如果有人要过早地用政党重组所应具备的条件来考察 2008 年民主党的获胜选举的话，那么表达支持和反对观点的情况都会出现。

人们赞同的是奥巴马 7% 的优势差距比以往具有更加重要的意义，因为这种优势出现在自 1952 年以来首次真正的"开放的"总统选举（是一次没有现任总统和副总统参加的选举）中；因为这种优势出现的同时民主党在国会中的多数席位得到了扩充；因为这种优势出现时，是处于调查显示对共和党的认同呈下降趋势的情况下；因为帮助奥巴马选举的联盟预示着民主党占有更长时期的优势，组成联盟的支持者数量在不断上升。这些支持者是美籍拉美人、年轻人群体和专业人士。根据投票后民意调查，奥巴马赢得了美籍拉美人票数的 66%，这是一个支持率不断上升的群体，是他在如新墨西哥州、科罗拉多州和佛罗里达州等州获胜的关键。奥巴马赢得了 66% 的年龄在 18 岁至 29 岁之间选民的支持，有些人认为这预示着他们对民主党会有更长期的支持。奥巴马也在受过高等教育的选民中表现非常出色，吸引了大量的高学历人群的支持。[12]

另一方面，据说奥巴马在一个"开放"选举中获胜的同时，在职官员的不得人心事实上成为牵制约翰·麦凯恩的一个重要因素；正如所指出的那样，普选票 7% 的胜出几乎不算是大败对方，但 9 月中旬的（偶发性的）金融危机使麦凯恩的竞选受到很大影响；而奥巴马在竞选基金上享有巨大的优势；选举地图也没有决定性地改变所有这些情况。虽然奥巴马 2000 年和 2004 年在这三个没有竞争力的州（弗吉尼亚州、北卡罗来纳州和印第安纳州）取得了引人注目的胜利，但是在前面两次选举中大多数具有竞争力的州（佛罗里达州、俄亥俄州、新罕布什尔州和新墨西哥州）今年竞争仍然激烈。

在新的治国理念方面，民主党似乎更有自信去维护自身传统的自由主义的议程,而不是产生任何特定的新想法。奥巴马竞选中的一个引人注目的地方就是他没有提出一个新的纲领性目标,比如自称是一个"新民主党"。他的呼吁大部分建立在价值观方面的议题(如改革方面、超党派关系)基础上,而不是一些立场鲜明的议题。这样就留下了很多要填补的内容,写这篇文章时正是处于这种情况下。在这一点上我们不能说已经有证据表明美国人的思维意识形态发生了决定性的改变。投票后民意调查显示 51% 的美国人认为政府"应该做得更多"——而这是里根时代大多数人认为政府应该做得更少的一个大逆转。但是选民中把自己描述为自由、温和与保守的人所占的比例同四年前相比大致保持相当。皮尤研究中心(Pew Research Center)的安德鲁·科胡特(Andrew Kohut)认为:"这是一场中产阶级维护自己利益的选举",并且没有显现出"左翼运动"的"迹象"。[13]

一旦总统上台执政,所发生的一些事件与选举相比会对总统策略的形成产生更重要的影响。目前经济危机已经为活跃分子的议事议程打开了更为宽广的大门。奥巴马最近任命的参谋长拉姆·伊曼纽尔(Rahm Emanuel)声称:"你绝不会让一次严重的危机白白地浪费掉。"为了避免误解,他解释道,"我的意思是说,做你认为你以前不能做的一些事情的机会来了。"[14]随着一场延续的蜜月期即将开始,巴拉克·奥巴马和美国民众之间的联姻将会带来什么,所有人都将拭目以待。

尾注

1. Time Magazine，Vol. 172，No. 24，November 24,2008；Ryan Lizza,"How Obama Won," *The New Yorker*，November 17,2008.

2. 类似总统选举的分类,参见 Lee Sigelman and Emmet Buell，*Attack Politics：Negative Campaigning in Presidential Elections Since 1960*（Lawrence：University Press of Kansas, 2007）.

3. 没有一次重要民调显示麦凯恩领先,但有几次显示他处于或刚刚超出误差幅度。对于那些对民调产业感兴趣的人来说,可能会在真实政治网进行的民调那儿得到一些安慰,因为它采取的民调平均值几乎反映出了选举结果,但是个体民调传播的范围很广。

4. 在有些时间段,尤其是 19 世纪末 20 世纪初除了民主党人和共和党人外,相当多的候选人进入了政党的候选人名单。这一事实使得测定变得更为复杂。为了避免方法上的复杂化,我们的算法以共和党人和民主党人的获胜或失利为基础进行计算。

5. 2006 年和 2008 年之间进行比较的数字来自 CNN 选举中心。http://www. cnn. com/ ELECTION/2006/and http://www. cnn. com/ELECTION/2008/results/main. results/ tfvaHH.

6. Tom Hamburger and Peter Wallsten，*One Party Country：The Republican Plan for Dominance in the 21st Century*（New York：Wiley，2007）；Thomas Edsall，*Building Red America：The New Conservative Coalition and the Drive for Permanent Power*（New York：BasicBooks，2006）.

7. 如图表 14 - 1 中所示,参议院政党势力的变化根据美国官方参议院网站的数据计算得出 http://www. senate. gov/pagelavout/history/oneitemandteasers/partvdiv. htm. Changes in House party strength were calculated from http://www. emailthecongress. com/partv-strength-house. html; http://www. emailthecongress. com/partv-strength-house. html; *Biographical Directory of the U. S. Congress*; Congressional Research Service; Office of the Clerk of the U. S. House of Representatives, http://clerk. house. gov/art_history/house_history/partyDiv. html. Candidates who ran under other labels than Republican or Democrats were left out of the calculations.

8. Thomas Schaller, "The Republican Comeback of 2010," *Salon. com*, December 8, 2008. Accessed at http://www. salon. eom/news/feature/2008/12/08/2010/print. html; Amy Walter, "Is the Democrats' Momentum Already Sagging?" *National Journal. com*, December 9, 2008.

9. David Mayhew, *Electoral Realignments : A Critique of An American Genre* (New Haven: Yale University Press, 2004); James W. Ceaser and Andrew Busch, *Red Over Blue : The 2008 Elections in American Politics* (Lanham: Roman &. Littlefield Publishers, 2005).

10. Harold Meyerson, "A Real Realignment," *The Washington Post*, November 7, 2008, A19.

11. John B. Judis, "America the Liberal," *The New Republic*, November 5, 2008.

12. 出口民调见网址 http://www. cnn. com/ELECTION/2008/results/polls/tfUSP00p1.

13. Remarks on The News Hour with Jim Lehrer, November 5, 2008. 亦可参见 Andrew Kohut, "Post-Election Perspectives," 2nd Annual Warren J. Mitofsky Award Dinner on Behalf of the Roper Center Newseum, Washington DC, November 13, 2008.

14. 引用见 Gerald F. Seib, "In Crisis, Opportunity for Obama," *The Wall Street Journal*, November 21, 2008. 采访伊曼纽尔的视频见网址 http://www. realclearpolitics. com/video_log/2008/ll/emanuel_says_crisis_is_an_oppo. html.

文献 15 总统授权的神话

罗伯特·A.达尔

在 1980 年的大选之夜，当选的副总统热情高昂地向国家宣告罗纳德·里根的竞选胜利是：

> ……不但是对改革的授权，也是对和平和自由的授权；是对繁荣昌盛的授权；是对不论种族、性别、宗教信仰的全体美国人提供机遇的授权；是对强有力和富有同情心的领导的授权……是对政府成为我们的开国元勋期待的人民公仆的授权；是对希望的授权；是对当选总统里根完成终生奋斗的伟大梦想的希望的授权。[1]

我猜想在这种胜利的欢欣鼓舞中对一些夸张的言语可能没有限制，尤其是当选副总统发表的言论。我想他可能因为没有注意到里根的崇高的使命是由50.9％的选民所给予并且得到了谅解，就像在接下来的几个星期和几个月里其他的许多人用同样的语气作出的评论那样。10 年后变得更加明显的是，支持者和反对者都把里根的使命广泛地理解为神话而不是现实，这在当时本应该是很明显的事。

这位副总统声称竞选的结果从美国人民的手中给总统提供了授权，带来在政策、项目、工作重点和发展方向上的变化，而这些都是在竞选期间由获胜候选人和他的支持者们提出的，他与其他的评论人士一样正在重复着一种为人所熟知的推测。

起源与发展

总统授权的理论还没有被写入历史，我在这里也没打算来补充。然而，如果要说有人创造了总统授权的神话的话，非安德鲁·杰克逊（Andrew Jackson）总统莫属。虽然他从未使用过授权这个字眼，但据我所知，他是美国首位声明总统是人民的唯一代表的总统，还声称他的选举获胜授予了他一种权力，这种权力来自支持他政策的人民。杰克逊的这个声明是美国宪法体系民主化进程中决定性的一步——或者我更愿意称之为总统制的伪民主化。

正如伦纳德·怀特（Leonard White）所评论的那样，"总统是人民的直接代表"

来源：*Political Science Quarterly*，105(Fall 1990)：355 - 372. 允许转载。

是杰克逊"坚定的信念"。也许是由于在 1824 年选举中,杰克逊在选举人团和众议院中都没有获胜,所以在他首次向国会发布的国情咨文中,为了"尽可能少地阻碍对公共意愿的自由操作",他提议修订宪法,为直接选举总统作准备。[2]

> 他说,"选举最高行政长官的权利属于人民:在任何情况下他们的选择都不能因选举人团或……众议院的干涉而宣告无效。"[3]

杰克逊政策上最重要的议题是美国的银行业,他毫不动摇地认为它损害了大众的利益。1832 年,他否决了重续银行的特许状。像他的前任们那样,他认为否决案是防止出现违宪的情况,但是与相对不经常使用否决权的前任们不同的是,他认为为了维护他或他的政党的政策,实行否决权是正确的。

随着杰克逊对银行特许状的否决,银行成了 1832 年总统选举的主要议题。结果,人们普遍认为,甚至他的对手们(至少私下里)也认为,杰克逊的总统连任是对他银行政策的"正式批准"。[4] 当时为了加快摧毁银行,杰克逊发现有必要让财政部长卸任,除了其他的理由之外,他还为他的行为辩解:"总统是美国人民的直接代表,但部长不是。"[5]

虽然这个解释颇有创意,但是约翰逊的总统授权理论还比不上他的继任者们的总统授权理论稳固。1848 年,詹姆斯·波尔克为了维护他在政策方面的否决权,对此作出了明确的阐述,作为人民的代表,如果总统不比国会更能代表人民,但至少应处于同等地位。

> 人民通过《宪法》已经命令总统,就像已经命令政府的立法机构一样,来执行他们的意愿……总统在行政机构代表着美国全体人民,就像立法机构的每个成员代表着其中的某部分一样……总统不仅要对开明的公众舆论负责,也要对选举他为总统的全体人民负责,就像在立法机构中的代表们……要对特定的州或地区的人民负责一样……[6]

请注意,在杰克逊和波尔克看来,总统不管是在《宪法》上还是作为人民的代表,都和国会的地位平等。他们没有提出在这两个方面的任一方面的地位高于国会。伍德罗·威尔逊在这个理论的发展中跨进了一步,他主张总统在代表人民方面不仅仅与国会地位平等,而且实际上地位高于国会。

较早期的观点

由杰克逊和波尔克所拥护的总统授权理论已经成了目前总统制概念中一个不可或缺的部分,对我们来讲可能难以去领悟到早期总统们观念转变的强烈程度。

正如詹姆斯·恺撒(James Ceaser)所说明的那样,制宪者们通过增加推举拥有大多数人支持的国家人物的机会来设计总统选举过程。他们希望他们的这种设计不但会避免因总统由人民选举产生而可能出现的候选人依靠"受欢迎的技巧"展开平民化竞争的现象,而且也会避免总统由国会,尤其由众议院选举产生必然成为派系选择的现象。

然而制宪者们在采用选举人团这种解决方案时,大大低估了在美国人中已表现明显的对民主化进程的渴望的强烈程度——尤其是在他们的反对者,反联邦党人中——想要推翻和修改他们认真设计的宪法体系。因为这个主题我将要在后面提及,所以这里提及的只是与总统授权理论密切相关的两个失败之处。第一,制宪者们没有预见到政党的发展,也没有理解两党制如何来达到确保选举国家级而不只是地方出名的人物的目标。第二,像恺撒所言,虽然制宪者们意识到"对在职官员的表现进行广泛评价的需求"并设计了一种他们认为能提供机会的选举总统的方法,但是他们"没有把选举看作会对广泛需求作出反应并在决定性的政策改革方面发挥作用的手段"。简而言之,总统授权的理论不但不能在制宪者的宪法构想中找到,而且几乎可以肯定的是它还违背了这个构想。

在杰克逊以前,没有总统对国会是人民的合法代表这种看法发起挑战。甚至托马斯·杰弗逊也只是巧妙地利用了政党领袖这个新兴的角色来赢得国会对他政策和决策上的支持:

> 杰弗逊在使[行政权力]从属于"至高无上的立法权力"方面比英国辉格党本身表现得更像辉格党……他传达信息的语气一律都顺从国会。他的第一条信息是这样结尾的:"在我的权力范围内,我本人不想去告知立法方面的判决,也不想去推进判决进入如实执行中。"[7]

詹姆斯·麦迪逊证明了一个伟大的宪法理论家和国会中一个娴熟的领导人可能绝对比不上一个伟大的总统,但是他在与国会的交流中极度服从于国会,他的这种谨小慎微让他变得"几乎让人不能理解"[8]——曾是在制宪会议上人们无法想像这清晰地表达自己想法的那个人。他的继任者詹姆斯·门罗确信国会决定国内事务应该不受总统的影响,结果在国会中辩论"他任职时最重要的政治问题……许可密苏里州加入联邦和路易斯安那领地的奴隶制问题"时,他完全保持了沉默。[9]

在此,麦迪逊和门罗不是作为总统们应该如何表现的例子出现,而是作为体现早期总统认为他们应该怎样去表现的例子来呈现的。如果考虑到宪法上的观点及杰克逊前任们的行为的话,就不难理解为什么约翰逊的反对者把他们自己叫作辉格党了,他们的目的是为了强调杰克逊背弃了较早在《宪法》上对总统制的正确观点。

伍德罗·威尔逊

在波尔克和威尔逊之间接任了总统职位的这些平凡之辈,他们长期的、几乎未间断的政策很大程度上是拥护了辉格党的执政观点,在他们制定政策时,他们似乎从来没有要求人民授权来支持他们的政策。甚至亚伯拉罕·林肯为了应对分裂和内战,促使所需的史无前例的总统权力范围变得合法化,依靠的也是《宪法》上的依据而不是将其视为来自人民的授权。事实上,因为他在 1860 年选举中确实没有赢得多数票,所以索取人民授权本来也是无把握的事情。像林肯一样,西奥多·罗斯福也相当自由地来看待总统权力;他表达了当时进步党中出现的首席行政长官也是人民的代表的观点。然而,他把总统职位定义为人民管家是依据《宪法》,而不是从授权中得来的——我要说的是,这种说法相当随意。

比起总统来,伍德罗·威尔逊更像是政治科学家,引入了现在看来是标准型的授权理论。他的构想受到他崇尚的英国内阁制政体的影响。1879 年,当威尔逊仍然是一名普林斯顿大学的毕业班学生时,他发表了一篇论文推荐美国采用内阁制政府的形式。但是他几乎没有提供促成这种改革的方案,不久后由于没有找到替代的解决办法而放弃了这种想法。不过他继续把美国的国会政体和英国的内阁制政体进行对比,在国会政体里国会无所不能但缺乏行政领导,而英国议会虽然无所不能,但是受首相和他的内阁的强有力的领导。然而,因为美国人不可能采用英国的议会体系,所以他开始考虑更有力的总统领导。在他 1885 年出版的《国会政府》(*Congressional Government*)中,他承认"代表人民是政府所有事务中至高无上的权力,管理只属于政府的文职部分"。国会是"毫无疑问的占主导地位的支配力量,是所有动机和所有管理权力的中心和来源"。然而对超越了"对特权有特殊诉求"的政策的讨论,在"分裂而存在不和谐因素"的众议院中是不可能有结果的,而参议院只不过是一个"缩小的、精选出来的、悠闲的众议院而已"。

到 1908 年,威尔逊的《美国宪制政府》(*Constitutional Government in the United States*)一书出版之时,他已把强有力的总统领导作为一个可行的解决方案。他指责了早期采用宪法中辉格党理论的总统们。

> ……制宪者没有制定辉格党理论……总统要成为影响力大的人是不受限制的,无论是在法律上还是良知上。他的能力将会决定他的局限性;如果他压倒国会,这将不是制宪者的过失——不是宪法权力自身的缺乏,只是因为总统身后有国家的支持,而国会没有。除了通过民意支持以外他没有任何办法向国会施压……政治动态学中早期的辉格党理论……远远不是作为一种民主的理论出现的……它的目的尤在于阻止全体人民的意愿畅通无阻的传播和占据

优势地位。

他使用了一种包括政治科学家在内的后世评论家都习以为常的说法,对总统和国会进行了比较：

> 众议院和参议院中的成员是地区的代表,由选区的选民选举产生,或是像州立法机构的成员一样由当地的选举人选出。只有总统是国家政党选举产生⋯⋯整个国家已经选中了他,并意识到没有其他的政治代言人。他是国家事务唯一的全国性声音⋯⋯他不是选区的代表,而是全体人民的代表。他以他真正的身份发言时,不代表任何特殊利益⋯⋯在这个国家只有一个国家声音,那就是总统的声音。[10]

自威尔逊以来,对于总统和评论家来说,总统凭借选举已从美国人民那里获得实现他的目标和政策的授权,这已经不足为奇了。这种授权的神话现在已经是所有总统利用的大量有说服力的论证中的一种标准性武器。例如,1973 年中期出现水门事件时,当时尼克松的白宫助理帕特里克·布坎南(Patrick Buchanan)就建议总统以"试图破坏 1972 年民主授权"为名起诉指控他的人。三周后尼克松在一次国家演说中说道：

> 去年 11 月,给予了美国人民这个世纪最清楚不过的选择。我认为你们的投票是对我的一种授权,来完成我第一个任期中开始的倡议并履行我为第二个任期作出的承诺。[11]

如果说尼克松声明的欺骗性现在看来是不言而喻的话,也许几乎为所有此类声明提供的这种靠不住的理由只是没有表现得那么明显而已。

对此理论的评论

总统要求授权意味着什么？这个术语本身的意思不是十分清晰。所幸在斯坦利·凯利(Stanley Kelley)撰写的这本《诠释选举》(*Interpreting Elections*)书中,"对这个理论形成了一段连贯的陈述"。

> 它的第一要素是选举能够传达关于问题、政策和项目的信念——这些信息所有人都清楚明白,并且它的指令足够具体⋯⋯第二,这个理论认为某些信息必须作为权威性的命令去对待⋯⋯不管是对获胜的候选人还是对候选人和

他的政党来说……要称其为授权，关于政策和项目的信息必须要反映个体选民和全体选民的稳固不变的观点……在全体选民中，支持或反对一项政策或计划项目的数量是重要的。要想获得一项特定政策的授权就要有超过微弱多数的选民同意。人们普遍认为压倒性的胜利比起微弱优势获胜更可能获得授权……这个理论最后的要素是一种被动的责任：除了在紧急情况下，政府不应该在政策上或程序上采取重大变革，除非全体选民已经有机会在选举中考虑这些变革并表达他们的观点。

为了能更清楚地提出核心问题，请允许我对所谓的公众总统授权的原始的理论进行提炼说明。根据这个理论，总统选举能完成四件事情。第一，它把《宪法》和法定权力授予选举获胜者。第二，与此同时它也传达信息，至少它显示出对获得多数选票的总统最为推崇。第三，根据这个原始理论，选举（至少是在凯利所描述的这种情况下）传达了更进一步的信息：大多数选民更喜欢获胜者，因为他们更喜欢他的政策并希望他能继续坚持他的政策。最后，因为总统的政策反映了大多数选民的愿望，所以当在政策问题上总统和国会之间发生冲突时，总统的政策应该能占上风。

虽然我们能够欣然接受前两点，但是这个理论的关键部分第三点可能是错误的。如果第三点是错误的，那么第四点也是错误的。这样问题就出现了：总统选举除了显示了多数选民最为推崇的总统之外，它也能显示出这种额外的信息，即多数选民更喜欢获胜者提出的政策并希望他继续坚持这些政策吗？

在对这个理论的评价中，我想来区分一下两种不同的批判观点。第一种，一些批评家主张即使能够获知选民的愿望，无论如何也不能将其视为对立法者的一种约束。例如，我想起了埃德蒙·伯克（Edmund Burke）所持的著名论点：立法者不会牺牲他对一项政策能在多大程度上为选民利益服务这一问题的独立判断向舆论献祭。汉娜·皮特金（Hanna Pitkin）的论点指出：受到指示命令约束的代表们将受阻止而难以作出妥协，而这种妥协通常是立法需要的。

第二种，一些批评家可能认为当清楚了选民在政策问题上的意愿时，应该让这些意愿起到重要的甚至决定性的作用。但是，这些批评家认为像总统选举中当选区规模大而且又迥异不同时，通常是难以知晓选民的愿望的。1913 年 A. 劳伦斯·洛威尔（A. Lawrence Lowell）引用了亨利·梅因爵士（Sir Henry Maine）的话表达了他的疑问："民主政治的热衷者和持有神谕的希腊人很大程度上处于相同的位置上，所有人都赞同来自神谕的声音是上帝的声音，但是每个人都承认他的讲话不如人们所希望的那样明白易懂。"

现在专门来斟酌一下第二种批评观点。我再次感谢斯坦利·凯利对这些主要批评观点进行的简洁概括：

> 批评家们声称：(1)某些特定的授权要求没有足够的证据支持；(2)大部分的授权要求没有足够的证据支持；(3)大部分的授权要求是政治上的自私自利；(4)既然不能辨别出选民的意图，在原则上作出有效的授权要求是不可能的。

凯利继续评论道：前三种批评可能有效，但是通过抽样调查显示第四种已经过时了，这样就"让我们能够再去弄清楚选民选举总统的依据是什么"。实际上，凯利反对这种原始理论，提倡一种更复杂的授权理论。根据这种理论，有关政策的信息不是通过选举结果而是通过民意调查来传达的。这样两种职能完全分开：总统选举就是为了选举总统，民意调查则提供有关解释选举结果的舆论、态度和判断方面的信息。

不过我想提出第五点，我认为这个观点也隐含在凯利的分析中：

> (5) 尽管在原则上作出一个理由充分的授权要求或许并不是完全不可能的，但是在实践中要进行非常复杂的分析，最终可能不会对总统的要求给予太多的支持。

如果我们不接受原始的授权理论而采用这个更复杂的理论的话，那么由此可以得出在引入科学的抽样调查之前，没有一位总统能合情合理地为他的授权要求辩护。大家需要知道的是，直到1940年才第一次在总统选举中进行了系统性分析基础上的科学调查。[12]

我的意思不是说1940年之前的任何一次选举都不能让我们得出总统的主要政策得到了相当多数选民支持的这种结论。但是我确实想表明的是对1940年前大多数的总统选举来说，即使借助于综合数据和其他对选民观点的间接判断指标，那么对选民政策观点的有效重构是不可能或者说难度相当大的。鉴于总统们一般会在竞选获胜后不久就要求授权，随后历史学家和社会科学家才可能筛查出大量的间接证据，那么我们一定会得出的结论是：1940年之前没有一次当时总统授权的要求能找到证据上的支持。

虽然调查的缺乏对1940年之前总统的授权要求造成了影响，但是那时有调查也未必能够为授权要求提供支持。如果忽略掉早期对选举研究的所有其他缺陷的话，对刚提到的1940年选举的分析直到1948年才发布。虽然在这次选举和分析之间的间隔本来可能会创下纪录，但是往往是在总统和评论家没有足够证据就已经告知世界选举意味着什么之后，这种系统性的分析才出现，而对证据调查的这种系统性分析是解释总统选举意味着什么的必要依据。[13] 也许迄今为止对选举研究最著名的是《美国选民》(*The American Voter*)这本书，该书主要选用了 1952 年和 1956 年进行的一些访谈，于 1960 年出版。[14] 而我文中引用的斯坦利·凯利那本书诠释了 1964 年、1972 年和 1980 年的选举，于 1983 年出版。

快速地回顾一下，就可以发现近年来总统选举中对总统授权的要求是多么空洞乏力。以 1960 年为例，如果超出微弱的多数票是授权必不可少的条件的话，那么可以确定的是，肯尼迪本不能得到授权，因为根据官方数据他获得了不到 50％ 的普选票——而非官方的统计会少多少则因各计票处的情况而异。然而，"在选举后的第二天，并且之后每天，"西奥多·索伦森(Theodore Sorenson)告诉我们，"肯尼迪都在反对国家不给他授权的主张。他说每次选举都会有获胜者和失败者。虽然要国会授权可能会有难处，但是仅仅一票的差距仍然应给予授权。

相比之下，1964 年选举和 1972 年一样都是以压倒性的票数取胜。然而根据凯利的分析，得出的结论是"约翰逊和尼克松具体的有意义的授权要求在证据面前都没有站住脚"。可以确定的是，在这两次选举中获胜者的一些主要政策得到了大多数人的支持，在支持者看来，这些议题是重要的。然而，"这些政策没有一个被以超出 21％ 的受访对象作为喜欢约翰逊、尼克松或他们政党的理由"。

1968 年，尼克松只获得 43％ 的普选票上台执政。没有获得授权。同样，1976 年卡特赢得了微弱的 50.1％ 的普选票，再一次没有获得授权。

里根在 1980 年竞选获胜时，多亏媒体进行了更高质量的调查，这些调查让我们更加成熟地认识到这次选举意味着什么，这样就不必再依赖几年后才跟进的学术分析。尽管许多评论家经常对选举人团提出的算术上的问题感到迷惑不解，但是他们立刻就宣布里根以压倒性的优势获胜并要求为里根的政策授权。而他们忽略的是，里根仅仅赢得了不到 51％ 的普选票。尽管当选副总统也要求给予授权，但可以确定的是我们没有发现任何授权。我们更为疑惑的是，在众议院的选举中，民主党候选人获得了仅超过 50％ 的普选票并占到多数席位。但是因为他们没有在参议院占到多数席位，所以民主党也没有得到授权。

然而，1980 年选举没有给总统或者他的民主党对手授权的这种清楚而直接的事实被极大地忽视了。因为当时人们广泛认为里根的选举反映了从新政到新保守主义观念上的深刻转变。根据凯利对调查证据的分析，得出的结论是：选民对候选人的忠诚是不牢固的；里根选民中相当一部分的人更感兴趣的是反对卡特而不是支持里根；尽管新闻记者及其他人如此宣称，但是新政联盟没有真正崩溃，也没有向着保守主义转变。"来自媒体调查的证据……与所宣称的相矛盾，人们宣称选民向着保守主义转变，并且这种意识形态的转变使得里根当选了总统"。不管怎样，意识形态的定位对政策偏好的影响是"相对温和的"。

1984 年里根在普选票上以压倒性的优势赢得普选的胜利，从而获得了授权的前提条件。然而在众议院相同的选举中，民主党候选人在众议院中赢得了 52% 的普选票。两年前，他们赢得了 55% 的普选票。在这种局面下，确定无疑的是，1984 年的选举也没有给予里根授权。

1986 年结束之前，民主党又一次赢得了众议院选举的多数票并且在参议院中也重新得到了多数席位，本来应该明确并且现在更明确的是，里根和他的支持者对重要的社会和经济政策授权的要求的确一直没有得到大多数的支持。实际上，在里根参与选举应开创的宏大的政策革命过程中，在他之前 30 年期间白宫建立的重要的国内政策和计划从来就没有被推翻过。八年来，通过采用我们美国人所拥有的唯一合法及符合宪法的过程来决定美国政府应该选取什么政策的这种方法，里根和他的支持者们要求改变这些政策的授权不断地遭到拒绝。

我们应如何来理解这段不受支持的总统授权要求的悠久历史呢？如果总统授权要求不属于总统制伪民主化进程中的一个构成要素的话，授权的神话就不会那么重要——我认为，首席行政长官的创立在民主共和制中应该没有合适的位置。

然而，即使我们把这个授权神话视作脱离了总统制的更为新兴的事物，它也会对美国政治生活造成危害。通过把总统描述成是全体人民的唯一代表，而国会只是代表着有限的特殊的地方性利益，这种授权的神话通过损害国会的利益把总统提升到了我们《宪法》体制中一个非常显赫的位置。这种授权的神话让人产生的想法是：在我们这个面积辽阔、复杂多样的多元化国家里，组成公民主体的不同人民之间的特殊利益不会成为大众利益里一个合法的因素。这个神话让得益于总统政策的团体的目的笼罩上了国家利益和大众利益的光环，而大众和那些利益体现在国会大多数支持的政策中的团体一样，没有资格来享受国家和大众的利益。因为这个神话几乎总是用于来支持一些欺骗性、误导性并工于心计的解释，所以会对公民的政治理解产生危害。

我想，这个神话现在已经在美国的政治生活中根深蒂固，并且成为总统政治中非常有用的部分，而且很难放弃。也许我们可以把最大的希望寄托在媒体和学术界公共事务方面的评论人士身上，希望他们将以他们固有的嗤之以鼻的态度对总统授权的要求不予理睬。

但是如果总统选举不给竞选获胜者授权，总统选举又意味着什么呢？虽然总统选举无法使总统获得公众赋予的权力——在这点上国会中占多数的党派也无法获得授权——但是它给予总统合法的权力、权利和机会通过符合《宪法》的方式使总统支持的政策得到采纳。同样地，国会成员选举也会给予成员权力、权利和机会来通过符合《宪法》的方式去采取他们支持的政策。每个公民都可以合理地争取符合公众利益的特定政策，而且来获得大多数公民的支持。

　　我不能说在经过讨论、辩论及宪法上的过程后最终采用的任何政策必定会反映大多数公民所推崇的，或者是符合他们利益的，或者是在任何其他意义上符合公众利益的政策。但是我确实要说的是任何一位选举产生的领袖，包括总统，都没有特权说选举意味着什么——也没有特权声明选举已授权总统去制定总统支持的特定政策……

尾注

1. Stanley Kelley, Jr., *Interpreting Elections* (Princeton, NJ: Princeton University Press, 1983), p. 217.

2. 引用见 Leonard D. White, *The Jacksonians: A Study in Administrative History, 1829 - 1861* (New York: Free Press, 1954), p. 23.

3. 引用见 James W. Ceaser, *Presidential Selection: Theory and Development* (Princeton, NJ: Princeton University Press, 1979), p. 160, fn. 58.

4. White, *Jacksonians*, p. 23.

5. 同上 p. 23.

6. 同上 p. 24.

7. Edward S. Corwin, *The President: Offices and Powers, 1789 - 1948*, 3rd ed. (New York: New York University Press, 1948), p. 20.

8. Wilfred E. Binkley, *President and Congress* (New York: Alfred A. Knopf, 1947), p. 56.

9. Leonard D. White, *The Jeffersonians: A Study in Administrative History, 1801 - 1829* (New York: Free Press, 1951), p. 31.

10. Woodrow Wilson, *Constitutional Government in the United States* (New York: Columbia University Press, 1908), pp. 67 - 68, 70, 202 - 203.

11. Kelley, *Interpreting Elections*, p. 99.

12. Paul F. Lazarsfeld, Bernard Berelson, and Hazel Gaudet, *The People's Choice* (New York: Columbia University Press, 1948).

13. 早期选举研究概述见 Bernard R. Berelson and Paul F. Lazarsfeld. *Voting* (Chicago, IL: University of Chicago Press, 1954), p. 331ff.

14. Angus Campbell et al., *The American Voter* (New York: Wiley, 1960).

文献 16 变化的潮流：民意、竞选活动、执政方式，2004—2012 年

罗杰·H.戴维森

> 人生的旅程总会有潮汐，随着升涨的潮水，带领我们通向成功；但被忽略的是，旅程中浅滩和苦恼总是形影不离。在浩瀚的大海中，我们正在漂泊。而我们必须把握住潮涨的时刻，否则眼前的幸运将随波远离。
>
> ——威廉·莎士比亚《裘力斯·恺撒》

"在美国，民意作为权力的重要源头非常引人注目，权力是在民意面前如同面对主人般战战兢兢的仆人。"[1]詹姆斯·布莱斯(James Bryce)或许是研究我们政治生活最敏锐的外国观察家，他在 1888 年写下了这些话语。布莱斯指出，受民意控制的这些"仆人"是总统、国会和政治党派庞大的国家机构。

选举上的竞争证明了布莱斯的观点。新闻记者、专家和细心的公民都明白民意所处的权威地位并努力地去领会甚至去塑造它，更不用说候选人和他们的智囊团了。人民的态度和习惯为总统和国会的选举提供框架，并引发了策略和执政方式之间的核心困境。事实上，通过提出两个美国民意中最持久的问题，就能最好地理解许多我们关心的当代决策问题：第一，公众的态度是如何在政治精英和热心民众中分配的？第二，每个分组多大程度上抱有这些态度？

国家每四年一次的总统选举过程是漫长而又曲折的——尤其是与世界上大多数民主国家的更简洁而紧凑的选举方式相比来说。选举过程要求无休止的媒体报道。与总统竞选相对照的是，上千次的其他选举竞选在各州和地区层面上进行。对国家政策来说最为重要的是对参众两院代表席位的角逐。每两年，所有的众议员和三分之一的参议员要面对选民投票。这些选举竞争和总统选举一样复杂和耗时。但是对多数选民来说，这些选举仍是充满神秘感的。通常这些竞选活动会通过国家媒体的雷达屏幕下方传达；甚至在已决出选举胜负的地区，对它们的报道也是不足的。

总统和国会选举应该放在一起考虑。它们都反映了公众的看法——在党派选择和政策偏好上。这些选举——国会的和总统的——同样影响到随后的执政方式。通过对 21 世纪初期的两次选举进行剖析，阐明了发生在公众态度上的像潮汐一样的变化并是如何反映在选举的运势中的。最初，这种潮流对民主党有利，最终使共和党陷入困境。2000 年选举之后，共和党控制了白宫和国会山。然而六年后，选民投票的变化结束了共和党对众议院和参议院的控制。又一个两年后民主

党迎来了高潮时期：在总统提名候选人和参众两院的选举中获胜——甚至在边缘的或倾向共和党的选区。但是有潮起就有潮落。到 2009 年中期为止，民主党的这种浪涌趋势停止，原因是公众变得不满、担心和疑虑起来。因此 2010 年的中期选举共和党重新控制了众议院并在参议院中缩小了与民主党的差距。

2000 年和 2004 年选举

最好将把乔治·W. 布什带入白宫的 2000 年总统竞选描述为是由司法掷硬币游戏决出的打成平局的政治上的产物。虽然民主党人，副总统阿尔·戈尔（Al Gore）的普选票领先了 50 万票，但是布什在佛罗里达州经过激烈角逐，计票后赢得了选举人团票。双方的律师团在投票问题上展开斗争——许多票被粗心大意地设计和记录，也有报道称少数选民被阻止投票。最终，美国最高法院以 5 票对 4 票作出了对布什有利的裁决。虽然这个裁决让共和党人舒了一口气（从而控制了联邦政府的所有的三个机构），但是这个裁决受到了来自法律学者的很多负面评论，因为似乎它强化了司法中不断加剧的政治分化。正如一名司法专家所解释的那样："那五张票本不应该那么重要，尤其是当我们知道太多的法官不能抵抗住进入无原则的派系决策的诱惑之中时。"[2]

2004 年的总统选举——在现任总统乔治·W. 布什和马萨诸塞州参议员约翰·F. 克里之间展开竞争——一直被看作是"难分伯仲"。胜利掌握在两个候选人中任何一个的手中。实际票数统计出来，布什获得的普选票占到 50.7％，克里占到 48.3％。选举人团票差距稍微大一些：布什获得 286 张（53％），克里获得 252 张（47％）。对现任总统来说，这是一次无争议而又以微弱优势险胜的选举——是在最近的记忆中连任总统获得的最微弱的优势。

党派忠诚及议题偏好

2004 年潜在选民的分配很接近，然而他们对政党的忠诚度比越战以来任何时候的差距更大。皮尤研究中心报道称对政党的认同基本上平均分成三部分：民主党获得 33％，共和党获得 31％，无党派获得 36％。这样的一种党派的平等分配被评价为美国政治中"一个相对较新的现象"。从 20 世纪 30 年代到 2001 年，民主党在政党认同上一直领先于共和党（有几次短暂的例外）。但是 2001 年 9 月的恐怖主义袭击导致了对共和党认同的激增；"这个转变体现在大部分主要年龄段上的群体和社会团体，并且规模基本稳定"。因而 2004 年的总统竞选基本上是水平相当的竞争。

而且，皮尤研究中心对政治、经济和社会价值的纵向观测（始于 1987 年）显示：

现在政治多极化和结束了民主党 40 年统治国会的 1994 年中期选举之前的情况是一样重要的。但是现在不同于那时的是，共和党人和民主党人在政治信仰上已变得更加强烈。[3]

因此人们一致认为 2004 年竞选活动和选举的剧情是美国公众中存在着严重的分歧，在一些紧急的国家重大问题上存在着分歧——伊拉克战争和经济形势，更不要说像堕胎、同性恋婚姻和干细胞研究等这些社会热点问题了。如此强烈的意见分歧主要出现在政治上活跃的公民当中：这些人最有可能给政党和候选人贡献时间和金钱——当然也最有可能在选举日出席投票。

更广泛的公众——包括对选举漠不关心的或偶尔投票的选民——向着意识形态谱系的中心靠拢。国家选举研究报道称，像往年一样，2004 年被调查对象的答案基本上符合正常的正态分布钟形曲线，这就意味着民众里有很多温和派人士——至少每 10 名中有 4 名。[4] 网络上对选民的投票后民意测验也显示 45％的选民把自己归入温和派，而 34％的选民称自己是保守派，21％的认为自己是自由派。

所谓的"社会议题"——例如堕胎、干细胞研究和同性恋婚姻——在 2004 年选举中也多有提及，然而都没有带来全面的影响。但是具有讽刺意义的是，同性恋婚姻议题可能在最后的选举人团计票中起了决定性作用。那时公民以 57％对 32％拒绝接受同性婚姻观念；但是这个议题对于反对者来说——尤其是共和党的忠实拥护者、宗教保守人士和年纪较大的选民——是最重要的。受到白宫战略家的鼓动，11 个州的反同性恋团体发起了宪法公民投票，把婚姻定义为仅仅由一个男性和一个女性结合的行为。在这些州里反同性恋婚姻的情绪使得选民的队伍不断扩大，尤其是在密歇根州、俄勒冈州和俄亥俄州这些关键州里。克里以微弱的优势赢得了前两个州，但是布什在一次势均力敌的竞选中拿下了俄亥俄州，而这次竞选受到有争议的投票程序和计票的影响。因此俄亥俄州的这次竞选打破了僵局，如同四年前佛罗里达州的竞选一样。一位"赞成传统家庭构成"游说团的带头人夸口如是说道："这一次竞选可能是整个竞选中的决定性因素。"——他很有可能是对的。

候选人的个人品质

在选举综合因素里一个最后的变量是候选人他们自己：他们对议题的立场、他们的个性、他们的品质、他们的领导才能和他们与全体选民保持联络的方式。在 2004 年投票时布什的支持率已经在下滑：《华盛顿邮报》和美国广播公司新闻网在 2004 年 1 月的民意调查中发现，很明显的是，除了反对恐怖主义和伊拉克战争方面之外，民众认为民主党能在各种国内问题上做得更好——比如经济、卫生保健、医疗保险、预算赤字、移民和税收等方面。在回答谁能得到最大的信任来处理国家最重要的问题时，从统计数字上看布什获得了一个点的优势——与一年前的18个点相比有所下滑。

2004年的选民可能在这两位候选人的身上看到了不同的品质：克里的支持者看重的是他在一些问题上的立场，而布什的追随者则清楚他的品质和领导才能。很多潜在的选民在处理重要的国内问题、甚至是一些有争议的社会问题上支持克里而不是布什。尽管布什时期就业率疲软，但布什还是在形象上赢得了选举：他"维护了国家安全，免受恐怖主义袭击"，并且他给人一种更讨人喜欢、更和蔼可亲的印象——以平均超出对手20％的优势获得选举胜利。

竞选拉票：核心选民与摇摆选民

总统竞选活动必须动员党派最忠诚的追随者——"核心选民"。这些人对政党的目标更加熟悉并最可能遵照他们的信仰行动起来——提供志愿服务、捐助资金、出席选举日的投票活动等。许多竞选专业人士和政治科学家因而建议竞选工作的主要任务是提高这些忠诚拥护者的热情和投票率。

然而在总统选举中，竞选组织者不能忽视意识形态谱系中那些尚未作出承诺的中间选民。2004年6月皮尤研究中心报道称"特定选民"中大约五分之一还没有确定他们的选择，这部分选民足够影响到选举结果。但是赢得这些选民的支持面临着双重挑战：比起政党和其规划项目来，他们更有可能受到候选人的影响；当然比起忠诚的拥护者来，他们更不可能在选举日露面投票。

总统布什的智囊团2004年选择将目标锁定他的核心选民而不是摇摆选民，甚至在一些两个阵营都要考虑的州也是如此。因此总统布什在许多倾向于共和党的团体中的表现胜过了2000年——包括男人、白人、年龄较大的选民、已婚人士、白人新教徒、天主教徒、郊区居民、富有的选民以及那些没有接受过更多正式教育的人。他甚至削弱了克里在传统的共和党团体中所占的份额：例如，黑人、西班牙裔美国人、犹太人和城市居民。《洛杉矶时报》分析家罗纳德·布朗斯坦（Ronald Brownstein）得出的结论是布什"获胜更多是通过巩固而不是扩大他的同盟——更多地通过加深而不是拓宽对他的支持……民意调查上的这种保守主义的激增巩固了共和党的地位并占领了政党本就最强有力的组成部分"[5]。投票后民意调查发现在2000年到2004年之间总统在无党派选民中实际上已失去了地盘。

民主党竞选团努力地通过吸引成千上万的新选民注册，其中主要是年轻人，来进行反击。毫无疑问这种做法见了成效。新选民和那些18岁到29岁年龄段的人成了克里最强有力的支持者群体之一。在民主党的基础方面也有一些亮点：克里在自由派和温和派、小城镇、乡村民主党人、受过高等教育的选民以及经济上处于社会底层的那些人当中提高了先前戈尔的表现业绩。然而在大部分其他倾向民主党的团体中,克里的领先优势落后于 2000 年时戈尔的领先优势。

总统布什作为战时领袖的形象使他赢得了足够多的中间派选民的支持——虽然其中许多人不同意他的政策。但是他的连任在弥合政治活跃分子当中的这种严重分裂方面无济于事。72%的选民在投票后表示在一些重要问题上国家陷入了更大的分裂之中——四年前只有 64%的选民感觉如此。因此在布什的第二个任期里,他和他的政党处于连任也不能解决的两难境地中：如何重新赢得政治中间派的支持并同时留住政党意识形态的核心支持者。

布什的首席策略师卡尔・罗夫(Karl Rove)宣布一个持久的共和党获得多数票的时刻已经到来。但是对于总统布什来说,他的命运在 2001 年 9 月恐怖袭击后一直是漂浮不定的,他竞选连任出现的不相上下的局面很有可能预示着在他的第二个四年中问题会加剧。

2004 年国会角逐

与大部分国会选举一样,2004 年总体结果在实际投票之前几个月甚至几年,多半就已确定了。对一个政党或另一个政党来说,大多数的众议院席位和很多参议院席位都是稳操胜券的;如果寻求连任者保住了这些席位就更加保险了。不到十分之一的众议院选区和仅仅三分之一的参议院席位真正参与改选(也就是说,大约占所有参议院席位的九分之一)。在第 108 届(2003—2005)国会选举中共和党在参议院席位中有 3 票的优势,在众议院中有 24 票的优势,在统计数据上以领先优势开场,进入 2004 年竞选季。

四个国会山党派团体(众议院和参议院中民主党和共和党各自的竞选委员会)如今在招募、提供支持甚至为众议院和参议院候选人提供资金方面发挥着积极的作用。[6] 首先,政党在招募时期——开始于上次选举一开始计票并延续到下次州和地区的初选——的成功和失败决定了是把高素质的候选人(大部分是现任的)还是把希望不大的候选人列入竞选名单中。现任议员在开始就具有很多的优势——在关注度、筹资和他们服务选民的履历上。很多情况下,他们会巧妙地通过设计众议院选区来保护他们的职业生涯。现任议员(尤其是刚上任的)会遇到一些势均力敌的竞争,这时他们所在的党派会提供额外的资源：比如,重要委员会的委派,在通过受欢迎法案中发挥作用,或者是提供额外的竞选基金。为了维持在两院中的席位,共和党(由布什的白宫提供帮助)和民主党首先努力来说服他们的议员不要退休。

政党竞选委员会直接把矛头对准了那些开放的席位或者是即将退休或身体有恙的议员所占的席位上：招募有前途的候选人,通过把对手推到一边"清除场地",从而在产生分歧的初选中抢占先机,将资源专门用于竞选中。民主党也追求类似的效果。对 2004 年来说，两个政党在少数的国会席位上展开争夺。

政党领袖都是实用主义者，首先会确认和支持获胜者。因而民主党在摇摆州或地区极力拉拢反堕胎或赞成持枪的选民；共和党在这种角逐中则倾向于寻求温和派而不是极端主义者的支持。两个政党在 2004 年都能够招募到大名鼎鼎的角逐者和其他高素质的候选人。人们有时会刻意避开有争议的人物——例如，共和党人凯瑟琳·哈里斯（Katherine Harris），据称是佛罗里达州开放参议员席位的共和党领先候选人，人们曾说服他推迟参加竞选，原因是作为佛罗里达州的州务卿她一直处于 2000 年总统选举争议的漩涡之中。极右成长俱乐部（The ultra-right Club for Growth）在几次竞选中都支持保守派候选人——支持一名最终失利的科罗拉多州的参议院候选人，开支 200 多万美元与温和派参议员阿伦·斯佩克特（Arlen Specter）展开争夺，阿伦·斯佩克特在白宫和政党机构的帮助下以微弱优势赢得提名。（6 年后，斯佩克特加入民主党以避开在这个州共和党初选中来自右翼的强烈反对。）

并不是所有国家资助的候选人都能赢得提名。虽然 2004 年对共和党而言是有利的一年，但是他们在伊利诺伊州开放的参议院席位上遭遇了很大的尴尬。他们脆弱的现任议员已经退休，他们富有的领先竞选人因为婚姻丑闻而退出；还有几个杰出的接替人（尤其是芝加哥熊队的传奇后卫迪克·巴特库斯［Dick Butkus］）也刻意避开角逐。共和党缺乏一名可靠的候选人，最终不得已让一位自我推荐的候选人参选，这是一位对本州来讲太极端的从外州上来的空想家。最后这位年轻的民主党竞选人取得了胜利，赢得了总选票的十分之七。他就是巴拉克·奥巴马，是 100 年来第三位当选的黑人参议员。

就像在总统选举中一样，政党认同是国会投票中最强有力的因素——甚至在国会选举中更是这样，因为大部分的国会竞选人比起总统候选人来说更不为人知。对非现职的竞选人来说更是这样，他们通常缺少任期中众议员和参议员的关注度。选民缺乏有关竞选人详细的信息，他们就会利用党派归属这条捷径作出决定。对议题的偏好也发挥着一定的作用：竞选人和所在党派的支持者强调这些议题，而公众也往往会把他们的偏好纳入到党派关系中。

2004 年的国会选举中，共和党增加了 4 个参议院席位和 3 个众议院席位，以 55 比 45 的优势占领参议院多数席位（一个无党派席位被计入民主党席位），以 232 比 202 在众议院中领先。这可能是在共和党阵营里各州高投票率的结果。最为壮观的一次争夺是南达科他州共和党人约翰·图恩（John Thune）险胜（以 1.2 个百分点差额）参议院多数党领袖汤姆·达施勒（Tom Daschle）——这次角逐吸引了全国的注意并花费了来自多个利益集团的资金。在这个通常属于共和党的州，图恩掀起了这场针对达施勒的全民公投竞选，达施勒在阻挠总统布什推行的项目中发挥着作用。

从地区上来说，南部、大平原和落基山脉各州——除一个州外都选了布什——组成了国会里共和党的中坚力量。在 11 个南部州里，共和党声称拥有将近三分之二的众议院席位和除了 5 名参议员以外所有的参议员席位。在平原和山区各州里，共和党夸口说拥有三分之二的众议员和将近四分之三的参议员。上中西部地区——从俄亥俄州到威斯康星州——仍处于竞争状态。民主党在全国版图的边缘地区势力最强——沿着上中西部的两岸地带。东部"美铁走廊"（Amtrak Corridor）的 11 个州里，从波士顿到国家首都，民主党的数量在不断增加。在这些州（都倾向于支持克里）里民主党声称拥有三分之二的众议院席位和九个参议员席位的领先优势。同样地，左岸——四个环太平洋州（不包括阿拉斯加州），也都支持 2000 年和 2004 年民主党总统选举阵营——拥有领先 20 个众议院席位和 8 个参议院席位中 7 个席位的优势。在这些地区民主党已经不能够再获得更多的选票；为了扩大地盘，民主党需要在中西部、山区和南部州找到新的领地。

2006 年的选举转向

两年后，两党面临着发生了巨大改变的政治形势，此时正值中期选举，选举过程中总统并没有得到最多的选票。从历史上来看，总统所在的政党一般会处于不利的地位，因为会对政府政策作一种全民公投方式的投票调查（1998 年和 2002 年是鲜有的例外）。总统布什的公众支持率在选举后出现短时间的激增后，开始一路下滑：到 2005 年 4 月为止，公民对他的工作表现对等分成褒贬两派，但是到秋天为止，大多数的接受调查者给予他否定的评价。到 2006 年中期选举为止，只有 38％的公众支持布什政府，而 53％公众表示不支持。[7] 总统不断下降的支持率削弱了他在国会中的影响力，并且他的全面"加强［共和党］根基"的策略限制了他政策选择的自由。他最热切而旷日持久的改革运动——社会保障改革——毫无进展；甚至移民改革这个他扩大联盟（针对美籍拉美人）的行动也受到阻挠，原因是这个议案太过于向保守派更严格的边界防守的目标倾斜。罗恩·布朗斯坦（Ron Brownstein）得出结论："布什的第二个任期的大部分时间是在退让中度过的。"[8]

相反，民主党的前景明显变得光明起来。政党上升到了一个两位数的优势，在注册的选民中以 49 比 38 的百分比领先，在可能投票的选民中以 50 比 39 的百分比领先。民主党的公众形象也在不断攀升（53％的人表示满意，而共和党只有 41％）；并且民主党获得更多的信任来处理大部分议题（除了恐怖主义和可能的移民议题）。民主党的优势延伸到展开竞争的众议院选区甚至波及共和党的大本营。[9] 并不是说人民对国会两个政党中的任何一个执政感到兴奋，而是作为执政党，共和党成了不满情绪的众矢之的。

两个政党都努力想在招募候选人上占据优势。鉴于当下的民意，民主党毫不费力地找到了高素质的候选人。有成就的参议员竞选人包括宾夕法尼亚州的州财务部长（鲍勃·凯西[Bob Casey]，他是一位反堕胎的温和派人士，而且是备受尊敬的已故前州长的儿子）；蒙大拿州的乔恩·特斯特（Jon Tester）是一位农场主、州参议院主席；还有弗吉尼亚州的吉姆·韦伯（Jim Webb）是一名海军陆战队老兵、里根政府时期的前海军部长，因为伊拉克战争，他抛弃了共和党身份。有成就的众议院竞选人包括两名前众议员、8名州参议员、6名市或县的官员，还有至少10名竞选州或联邦办公室的前候选人。

共和党身处困境，要寻求合适的人选来替代几个在最后时刻退出的丑闻缠身的众议员。他们也不能找到一流的挑战者来与民主党的在职参议员抗衡——尤其是纽约州参议员希拉里·罗德姆·克林顿，她赢得了150万张选票。在佛罗里达州，众议员哈里斯——两年前被搁置一边——这次人们不能否认他的提名了；但是她以100多万张的选票败给了民主党现任参议员比尔·尼尔森（Bill Nelson）。

两党各种各样的竞选委员会筹款大约8.48亿美元来承担他们一系列的竞选活动并分别资助给候选人。共和党的委员会，通常是成功的筹资机构，筹到了这笔款项的大约55％。不过令人惊讶的是，民主党参议院竞选委员会由纽约的查尔斯·E.舒默（Charles E. Schumer）担任主席，花费远远超出了共和党参议院竞选委员会花费的大约3 200万美元。然而考虑到已记录的几次参议院竞选中极微弱的差距，人们一定认为共和党竞选委员会出现的少有的资金亏空是一次计算失误。

这些竞选活动以民主党控制两院而告终：在众议院中是233比202的优势，在参议院中是名义上的51比49的优势（实际上是49比49打成平局，但是和民主党一起召开会议的两名无党派授权让他们组建参议院）。加利福尼亚州的民主党众议员南希·佩洛西（Nancy Pelosi）成了历史上首位女性众议院议长，而内华达州的参议员哈里·里德（Harry Reid）也从参议院中的民主党少数党领袖成了多数党领袖。

选举结果通过地方和国家两股势力体现出来。这种趋势在2006年自上而下蔓延开来，这是由伊拉克战争引起的（25％的公民认为它是"最重要的问题"），还有随之而来的恐怖主义、经济危机和能源消耗。反现任的情绪是又一个因素：被调查者中将近一半说他们不想让"大部分的现任官员"连任。伦理问题（共和党内的丑闻似乎更加引人注目）引发了公众的不安情绪。

民主党在地理上的势力范围超出了本党通常的地盘，把一些传统上支持共和党的地区收拢过来——比如弗吉尼亚州和蒙大拿州参议院的胜利。虽然政党的两个国会委员会继续把注意力放在开放的或者有竞争的席位上，但是共和党国家委员会主席霍华德·迪安（Howard Dean）发起了"50个州策略"运动——目标是超越

18 到 20 个"蓝色[民主党的]州"在全国范围内增强政党的势力——不只是为了总统和国会的角逐,也是为了争取获得地方和各州政府部门的职位,这些地方潜在的候选人能够为日后获得联邦职务赢得经验和关注度。迪安的广泛战略与国会委员会更狭隘的焦点相冲突;但是他证明了自己是"一位务实的有远见的政治领域的领军人物",他的倡议在两年之后终于实现了。[10]

2008 年总统选举:"最好的竞选"

2008 年的总统选举激起了公众的兴趣和参与,使其达到了接近历史记录的水平。那么多的美国人在将近半个世纪里——从 1960 年的肯尼迪—尼克松角逐以来——从来没意识到竞选的重要性、全神贯注地关注选举过程、主动参与并投出他们的选票。这次竞选也吸引了欧洲、南太平洋、非洲和世界其他地方旁观者的关注——偶尔是肃然起敬的,更多的是稀里糊涂的。它拥有了耐力性运动竞争的所有的戏剧性和不确定性。"这真是一场表演啊!"戴维·S. 布罗德(David S. Broder)这位让人敬重的政治分析家表达了他的热情,他宣称"这是我曾经报道过的最好的竞选"。[11]

然而到 2008 年投票时,公民的情绪甚至比两年前更加消极。大多数人认为国家走向了"错误的轨道":对全国调查的汇总发现,在 2008 年初期大约 70％的人是这样认为的,到选举日为止这个数字已经几乎暴增到了 90％。[12] 2008 年秋季的经济危机——自从大萧条以来最严重的经济衰退——进一步削弱了民众对国家福利的信心。就在竞选前,美国咨商局的消费者信心指数跌落至史上最低。[13]

总统和共和党容易因为国家所处的困境而受到公民的指责:布什保持乐观的就业率在竞选前跌到了 29％。[14]并且共和党在政党认同上的赤字——在 2004 年仅仅为 2％——上升到了 12％。根据皮尤研究中心的调查,对民主党的认同人数 10 个选民中占到 4 个(38％)。[15]无党派人士(他们可能是不可靠的)预计至少以 60 比 40 的比例支持民主党候选人。

民主党得到了来自各个年龄阶段选民的支持;他们在较年轻的选民中收益最多。民主党中年龄在 18 岁—29 岁的选民人数大大超过共和党,接近 2 比 1 的比例(61％比 32％)。[16]民主党的势力超出了传统的民主党各州,并进入了倾向于共和党的关键州。他们声称在如下这些州有领先优势:科罗拉多州,佛罗里达州,印第安纳州,艾奥瓦州,密苏里州,北卡罗来纳州及弗吉尼亚州(在这些州里,只有密苏里州投票——以微弱的优势——投给了共和党的总统候选人)。

此外,公众对政策的态度和价值观似乎也朝着存在已久的民主党的立场靠拢。皮尤研究中心 1987 年发起对美国人政治价值观调查的 20 年后,他们发现政策上的形势对民主党更加有利:"公众对社会安全保障体系不断增加的支持,公众对收入不平等不断增加的关注，对坚决主张的国家安全政策不断减弱的渴望。"[17]调查发现公众对如下一些政府项目给予更多的支持，比如：弱势群体、较少的社会保守主义、更宽松的宗教信仰、对种族、文化和性取向上的少数群体更多的包容的项目。看来年轻的一代人正在引领着更自由的社会和政治价值观。

在选举拉开序幕前，由政党和它们的同盟团体驱动的大规模的选举注册扩大了潜在选民的数量。民主党仍然保持领先：传统的"蓝色"民主党各州更是如此，许多"红色"共和党州变成了粉色或紫色。更接近于实际投票决定的一种对态度的衡量就是对这个"一般性投票问题"的调查：如果今天举行选举，你会选择哪个党派的候选人？在选举前夕，参加盖洛普民意调查的注册选民支持民主党候选人与共和党候选人的比例达到了 54％比 30％。[18]

候选人和他们的竞选活动

总统选举的提名阶段——比起大选阶段更为漫长——相当复杂并且受制于四年一度的变化。基本的模式由国家政党制定，但是确切的规则——例如，谁能参加竞选，如何选出代表——州和州之间、每个州内不同政党之间都会有所不同。从 2007 年 1 月到 2008 年 6 月，是这个过程中最有吸引力的部分。虽然这些提名竞争与我们叙述的核心部分有点不太相关，但是应该提到几个共有的因素——尤其是因为这些因素为参议员奥巴马的最终获胜打下了很好的基础。

全国提名代表大会的代表由党团会议、代表大会或初选，或这三种形式的结合一个州接一个州地选举出来。一般来说，共和党的州竞选按照赢者通吃（或至少赢者掌握大部分）的原则进行。但是民主党的规则，至少是自从 1970 年麦戈文—弗雷泽委员会改革（McGovern-Fraser Commission reforms）以来，明确地向比例代表制倾斜，也鼓励各州通过初选来选出他们的代表。[19]严肃认真的总统竞选人（或者是他们的竞选经理）因而会很明智地去研究各州和各地区采用的程序，并组织相应的尝试。例如加利福尼亚州的民主党在 2007 年 7 月出版了一本 30 页的手册，详细地描述了挑选本州的 503 名代表和候补人员的步骤，并列出了一系列平权行动目标。[20]这些代表中的 133 名将在州初选之外选出——自动成为民主党的联邦官员和州政党官员。

近年来，总统提名人往往是领先的候选人，他们是"在选举开始前通过获得支持和捐助或者是在初期竞选中表现出色而脱颖而出的"。[21]这些优势为他们获得提名提供了足够的"动力"。采用这种模式的不但有共和党的罗伯特·多尔（Robert Dole，1996）和乔治·W. 布什（George W. Bush，2000），而且还有民主党的吉米·卡特（Jimmy Carter，1976）、沃尔特·蒙代尔（Walter Mondale，1984）、比尔·克林顿（Bill Clinton，1992）和约翰·克里（John Kerry，2004）。

争取党内提名的角逐

被视为 2008 年共和党领先候选人的亚利桑那州参议员约翰·麦凯恩继续赢得了党内提名——战胜了几个强劲对手，克服了 2007 年夏天竞选内部的财政危机。他获得的代表票不断增加，这是在州竞选中连续不断获胜的结果。事实上，到麦凯恩的最后一位强劲对手（前阿肯色州州长迈克·哈克比）在 3 月初退出为止，他已有足够的把握获得提名了——在艾奥瓦州首次全国党团会议召开后一个月并且 11 个州尚未投票之时。

相比之下，民主党的角逐成了在纽约州参议员希拉里·克林顿和新人伊利诺伊州参议员巴拉克·奥巴马之间的一场势均力敌的持续 5 个月的激烈竞争。希拉里通过媒体的关注度、民意支持率和来自民主党的显要人物获得支持（他们中许多是比尔·克林顿总统任期时的政场老手）。然而奥巴马以"改革"为主题激励着他的拥护者们，引领了历史上最有执行力的竞选之一。最主要的是他能洞察到：按照党内的比例代表制规则，提名将取决于是否赢得代表的支持，不仅仅是在州范围内的输和赢。赢一个州的"选美比赛"能引起媒体的关注并确保获得大多数代表的支持；但即使一次失利仍然能够获得相当多代表的支持。比如新闻媒体报道参议员希拉里在加利福尼亚州民主党初选中获胜并成了"最大的赢家"。事实上，她的领先优势——51％比 48％——只让她获得了 370 名关键代表中 55％的支持（在全州及国会选区内按比例分配）。因此奥巴马在全州范围内的"失利"实际上让他赢得了加利福尼州 45％代表的支持。[22] 对于通过党团会议选举代表的 12 个州（一些与初选相结合），奥巴马收获颇丰——总计将近达到他宣誓代表的 20％。"在这些竞选中，他平均获胜优势达到 34％。在党团会议选举中他几乎赢得了比希拉里多一倍的代表支持"[23]。

参议员希拉里的竞选活动——由她丈夫竞选时期的许多拥护者引领——耗资巨大，驾轻就熟。她的竞选开支用于在州范围的竞选中取胜，而不是集中在实际的代表选择程序上，这参照了领先者势头模式。（也许竞选经理得到的以下信息有误：她的首席军师在一次竞选会晤中宣布加利福尼亚州的竞选获胜将让她赢得所有代表的支持。[24]）

奥巴马为 2008 年的竞选筹集到了 7.5 亿美元——其中三分之二来自网上捐助。奥巴马拨出 4.14 亿美元用于提名竞选。（参议员希拉里筹集的资金总数为 2.24 亿美元，参议员麦凯恩为 2.21 亿美元。）自从总统竞选公共财政体系实施以来，奥巴马选择依靠个人捐助并在提名（他筹集到的金额比联邦开支限额多八倍）和大选阶段不接受公共基金，这种情况首次出现。充足的经费储备让他能够比任何其他的参选者进入更多的当地政府部门，并派送更多工作人员深入到全国的社区——甚至包括一些向共和党倾斜的州。

奥巴马对决麦凯恩

与激动人心的民主党提名竞争相比，大选中的竞争就让人失望了。有一个例外，那就是麦凯恩对副总统的选择。麦凯恩没有接受他可以考虑的几个候选人，而是选择了处于第一个任期内的阿拉斯加州州长萨拉·佩林(Sarah Palin)。这个让人意外的选择让共和党的忠实拥护者感到兴奋，但是民主党和无党派人士(64％认为她是不能胜任的)认为她缺乏经验并对国家主要议题缺乏强有力的掌控力。尽管在民意测验初期出现了反弹，但是选择佩林最终影响麦凯恩的选举。"她本可以帮助加固共和党的根基，但是这又让麦凯恩更难于扩大他的吸引力。"两位经验丰富的记者得出这样的结论。[25]奥巴马选择的副总统是特拉华州有六个任期的参议员约瑟夫·E.拜登(Joseph E. Biden)，受到了普遍的欢迎(三分之二选民认为拜登能够胜任这个职位，而60％认为佩林不能胜任)。

对麦凯恩致命的打击是国家不断恶化的经济形势在9月15日开始的华尔街危机中一触即发，证券交易公司莱曼兄弟破产。那天在佛罗里达州的集会上，麦凯恩重复了他经常表达的观点："我们的经济基础是雄厚的。"很快奥巴马把这作为讽刺他的对手的证据，认为麦凯恩、布什和其他的共和党人对经济一窍不通。麦凯恩试图通过使用一些策略来恢复他的地位——他暂停竞选活动返回华盛顿来推动策划一项金融救援计划，然后把一位支持他的工人阶级英雄人物"管道工乔"介绍给国人。但是这些都没有起作用。奥巴马在民意测验上的数字不断攀升：在投票之前三周，一次《洛杉矶时报》/彭博资讯集团民意调查发现奥巴马已经把他的领先优势从4个点扩大到了9个点。

奥巴马11月4号的胜利尽管不是压倒性的胜利，却是一次有广泛基础的、非常明显的胜利。[26]奥巴马以6.3个百分点的优势获得了普选票的多数票(52.5％相比于麦凯恩的46.2％)。他也获得了超过三分之二的选举人团票(365比173)——远远低于富兰克林·罗斯福、艾森豪威尔和里根的压倒性胜利，但是又遥遥领先于杜鲁门、肯尼迪和卡特——更不用提乔治·W.布什的两次选举了。

奥巴马的影响超越了可靠的支持民主党的州，完成了竞选目标：他在如下这些竞争激烈的州，像科罗拉多州、佛罗里达州、印第安纳州、艾奥瓦州、内华达州、新罕布什尔州、北卡罗来纳州、俄亥俄州和弗吉尼亚州，占有优势，这意味着这次选举不只取决于一个或两个关键性的州。他还在年轻人、妇女、黑人和拉美裔美国人、城市和郊区居民、政治温和派人士和无党派人士(更不用说自由派人士了)中增加了政党的票数。然而鉴于这次选举的背景——政治、社会和决定性的经济上——结果是完全在预料之中的。两个资深的观察家这样解释道：

在许多方面，实际的结果……是正如所料的；如果人们明白整个2008年的政治环境是多么有利于民主党的话，那么这个选举结果是没有什么特别之处的。对一个普通的民主党人与一个普通的共和党人之间竞选来说，奥巴马所获得的优势是本来应该出现的结果。[27]

国会角逐

民主党全国委员会主席霍华德·迪安（Howard Dean）的50州策略在2008年不但和参议员奥巴马向传统共和党阵地的延伸协调一致，而且（不像2006年）和国会竞选委员会加速招募和筹措资金的尝试一致。

从2008年国会选举周期开始（也就是说，从2006年投票的计票一开始），共和党似乎就前景暗淡。共和党在12年之后失去了多数席位的地位——在众议院中表现尤其明显。当然共和党不是没有防御武器：参议院60票阻挠议案通过和总统布什的否决权。鉴于对政党和总统不断下降的支持率，共和党的未来前景严峻。

因而许多共和党人断定2008年是退休的好时机。6名参议院退休者都是共和党人，26名众议院退休者中除了3名以外都是共和党人。参议院中共和党退休者中的3名被民主党代替，众议院中11名众议员被民主党代替。一些新近连任的共和党议员——包括前众议院议长丹尼斯·哈斯特尔特（Dennis Hastert，伊利诺伊州）和前参议院多数党领袖特伦特·罗特（Trent Lott，密西西比州）——不到任职期满直接辞职。

即使选举结果算不上压倒性胜利，民主党扩大国会多数席位的水平也超过了2006年。在众议院，民主党又赢得了24个席位，以257比178占多数席位——比共和党1995年占领国会前持有的259个席位仅差两票。十多个众议院共和党人竞选失利，包括共和党仅存的新英格兰议员——来自康涅狄格州的温和派人士克里斯托弗·谢斯（Christopher Shays）。在纽约州，只剩下一名共和党人。

在参议院方面，民主党仅仅获得了所谓的防阻挠议案通过的60个席位——包括了和民主党一起参加党团会议的两名无党派人士（佛蒙特州的伯纳德·桑德斯[Bernard Sanders]和康涅狄格州的约瑟夫·I.利伯曼[Joseph I. Lieberman]）、一名转党人士（来自宾夕法尼亚州的参议员阿伦·斯佩克特[Arlen Specter]），还有很迟才确定下来的明尼苏达州参议员阿尔·弗兰肯（Al Franken）。这一年晚些时候参议员爱德华·M.肯尼迪（Edward M. Kennedy）的去世（温和的共和党州参议员斯科特·布朗[Scott Brown]赢得了这个空席位）不但推迟了民主党领导人来阻止议会辩论所需要的60张选票的诉求，而且也失去了肯尼迪传奇的战略的谈判技巧，带来了不可估量的损失。

民主党的衰退

总统奥巴马和他的政党从一开始就面临着一场国内和国际政策危机上的"完美风暴"——包括自 20 世纪 30 年代以来最为严峻的经济衰退；华尔街公司的岌岌可危的状况；长期存在的房屋抵押泡沫的内爆；国家汽车制造企业的接近崩溃状态；大量未能满足的国内需求（比如在教育、研究和基础设施方面）；相对于滞后的健康状况而不断上涨的医疗保健费用；伊拉克和阿富汗长期持续的战争；非洲的自然和人为灾难；还有中东和其他地方的问题。无论怎样总统奥巴马从布什政府那儿接管了大部分存在的问题——尤其是这两场战争和昂贵的医疗保险药物计划，加上拿出不足的税收来为以上这些尝试支付费用的减税问题。奥巴马为了击败布什上台执政，他许诺带来"希望"和"改革"。具有讽刺意味的是，奥巴马和他的民主党一上台就面临着种种问题，并要为这些难以解决的问题而担负责任。

通过立法解决这些引起争议的议题，民主党的多数派地位——尤其是阻止参议院议案通过所需的 60 张票——根本得不到保障。对民主党在参众两院获胜的讽刺是，它们的成员构成更加多样化，这样就给政党传统的具有革新意义的目标带来了更大的阻力。民主党在 2006 年和 2008 年的获胜很大程度上通过征服一些温和的甚至保守的州和地区的共和党人来实现的。因此这些新加入到民主党的人士很自然地对保留他们的席位表示担心。（众议院中的"蓝狗"联盟由温和到保守的民主党人士组成，在第 111 届国会中有 52 名成员。）在两院中，这些成员反对活跃分子提出的政策倡议，比如大型的金融救助计划及革新的医疗保健计划。

选民——他们对"改革"的呼吁把民主党推上了执政的位置——似乎对民主党能够取得的立法成果不以为然——包括一系列经济刺激计划、新金融监管政策、对重点行业的财政援助计划、对购车者和抵押人的临时补贴及 2010 年的《平价医疗法案》。奥巴马政府执政 7 个月来，调查显示出对民主党雄心勃勃的政策议程快节奏的疑惑和担忧，还有对"改革"广泛的支持。只有 27% 的公民认为奥巴马的政策已经改善了经济状况（大约三分之一的公民认为他的政策使情况变得更糟；另三分之一认为没有任何效果）。正如 2010 年春皮尤研究中心所报道的那样，公众对政府行为的信任和信心骤然下降至低点。[28]

在 2010 年选举前夕，皮尤研究中心报道说人们对于美国的经济持悲观态度——这几乎不是一个令人惊讶的调查结果。足足 92% 的被采访者认为国家的经济只是还说得过去或者是糟糕的。[29]10 个美国人中超过 4 人认为自己面临着严重的经济问题。

经济上的担忧引起了人们对政府处理这些问题的能力方面不断上升的悲观情绪。接受采访的人 77% 认为他们对联邦政府是失望甚至是愤怒的。奥巴马总统的支持率跌到了 50% 以下，甚至低于布什 2004 年的支持率。对国会的评价则更差：接受调查的人中只有 25％的人对其工作表示认可。没有一个政党受到人们信任：民主党的支持率是 38％,共和党的支持率是 37％。[30]

因而 2010 年的中期选举向多数党发起了挑战。"民主党不再拥有他们曾经拥有的好势头。"独立选情分析家斯图尔特·罗滕伯格(Stuart Rothenberg)宣称。"形势又一次发生改变,这次对共和党非常有利。"[31]另一位无党派评论员查理·库克(Charlie Cook)认为民主党的运势已经"完全失去控制地下滑",并推测其在 2010 年会有失去 20 个或更多众议院席位的风险。[32]

与此同时,共和党的内部动态正在发生改变。政党不断朝着意识形态的右翼发展;以往的共和党温和派几乎没有人再留在众议院或参议院中——现在被嘲笑为"RINOs"(名义上的共和党)。如今的草根运动中,新近兴起的"茶党"追求一种缩小政府的规模和成本的更为激进的议事议程。茶党成员补充了共和党的政策。但是他们的立场比起共和党普通立法者的立场来说表现得更加极端。

民主党 2010 年的"惨败"

民主党不断增加的担忧在现任众议员的退休决定中就能窥见一斑。2008 年是共和党议员争相退休的一年,如今是民主党议员出现这样的状况,尤其是来自摇摆选区的议员。11 名众议院民主党议员选择退休而不是直面困难——包括来自威斯康星州已有 21 个任期的拨款委员会主席戴夫·奥贝(Dave Obey),还有这些摇摆选区的议员,比如堪萨斯州的丹尼斯·摩尔(Dennis Moore)、密歇根州的巴特·斯图帕克(Bart Stupak)和华盛顿州的布莱恩·贝尔德(Brian Baird)。所有这些地区宣布 2010 年 10 月共和党获胜。

这次共和党的国会委员会准备好招募和帮助他们的候选人参选。来自得克萨斯州的共和党众议院竞选委员会主席杰夫·赛辛斯(Jeff Sessions)发起了一项"爱国者"项目,来援助大约 30 到 50 名在 2010 年选举周期中被认为处于弱势的共和党人。很明显这个项目模仿了民主党 2004 年选举周期开始时的"前线"项目。[33]全国范围内高质量的候选人也得到认同,其中最有前途的候选人被称为"年轻精英"。这些招募投入了大量资金和竞选援助。

鉴于这种严峻的经济形势和对总统雄心勃勃的计划的疑虑,共和党在招募高质量的候选人上迎来了辉煌的一年。印第安纳州参议员候选人丹·科茨(Dan Coats)在决定 1998 年退休而不与民主党人埃文·贝赫(Evan Bayh)竞争之前已经做了十年州参议员。具有讽刺意味的是,2010 年贝赫决定退休时这个职位空缺——在他开始准备参选总统后。在相邻的俄亥俄州,争夺另一个开放席位的共和党候选人是罗布·波特曼(Rob Portman),一位财政保守派,身为 12 年老众议员的他赢得了两党的尊重,然后领导了乔治·W. 布什任内的行政管理和预算局两年的时间。

虽然当地的共和党组织对 2010 年大多数的候选人进行了审查，但是他们中的大部分人尽力地让他们的信息符合茶党的需求。在某些情况下，茶党的效忠分子是能战胜当地政党的最佳人选。一个最为引人注目的例子出现在肯塔基州，无党派效忠分子兰德·保罗（Rand Paul）——受他的父亲，自由主义众议院议员罗恩·保罗（Ron Paul）的影响——赢得了参议院提名，打败了肯塔基州的州务卿特雷·格雷森（Trey Grayson），此人得到了参议院少数党领袖明奇·麦康奈尔（Mitch McConnell）和州内其他共和党当权派的支持。

2010 年的选举结果意味着共和党的一次高潮——赢得了 64 名众议院议员。共和党的 242 名议员构成了自第 80 届国会以来（1947—1949）本政党最大规模的众议院党团会议。它也是罗斯福时代以来（总统所在的政党中期选举平均损失是 27.8 个众议院席位和 3.6 个参议院席位）对总统所在的政党在众议院遭受的最严重的挫折。[34] 与此同时，"蓝狗"民主党的数量也减少了一半。在参议院，共和党赢得了 7 个席位，形成了 53 比 47 的格局（包括两名无党派人士与民主党一起参加党团会议）。这样就改变了 60 张票结束辩论的优势地位，削弱了民主党的控制。长时间的辩论或者阻挠议案通过——曾经只被用于重要议题上——现在被用在了最常规或者琐碎的问题上。奥巴马总统承认他的政党已经遭受了"惨败"。

政坛上的运势就像是莎士比亚在《裘力斯·恺撒》中描述的大海的潮汐一样，潮起而又潮落。2004 年到 2008 年，民主党被巨大的"把握涨潮，则万事无阻"的潮汐高高抛起。但是退潮常常会随之而来，陷入其中就会"困于浅滩和苦楚"。如今公众的态度，比起 2010 年促成共和党获胜时的态度更加充满敌意，更加悲观。持续的经济低迷对任何一个总统来说都不是好兆头——例如，乔治·H. W. 布什在海湾战争后支持率飙升到了 90%，却因为经济受到指责而未能获得连任，但那时的经济状况远远好于 2008 年后的水平。

与较平静的时代相比，政治上的这种不稳定性使得对未来选举的预测变得更加冒险。对 2012 年来说，共和党人必须把奥巴马政府作为靶子。然而有望获胜的共和党总统候选人激烈地相互争夺，暴露出了党内的分裂问题。总统作为最显而易见的被指责目标，面临着重新召集 2008 年支持他的党派忠实拥护者和摇摆选民的极其艰巨的任务。也许他最好的做法是去攻击两个实体：国会和共和党。这种形势下的竞选历史上出现过典型案例：哈里·S. 杜鲁门（Harry S. Truman）在 1948 年的时候——同共和党和他们"可怕的第 80 届国会"竞选——赢得了连任，为他自己及民主党在参众两院中赢得多数席位。害怕的、迷惑的、易受影响的选民可能会转而反对一个甚至两个政党。这种形势集中体现了普遍的看法：没有人能够自信地预言未来政治趋势，将把国家候选人和他们的政党引向何方。

尾注

1. James Bryce, *The American Commonwealth* (New York: Capricorn Books, 1959), Vol. 1, p. 296.

2. Howard Gillman, *The Votes that Counted: How the Court Decided the 2000 Presidential Election* (Chicago: University of Chicago Press, 2001), p. 206.

3. Pew Research Center for the People and the Press, "Survey Report: The 2004 Political Landscape: Evenly Divided and Increasingly Polarized" (November 5, 2003), p. 1.

4. 国家选举调查(NES)是一个调查和传播组织——附属于密歇根大学调查研究中心，美国国家科学基金会资助——该组织自 1952 年以来已经进行了每两年一次的选举年调查。自 1972 年以来，它加入了一个项目，询问被调查者自己处在七点意识形态中的什么位置，这七点意识形态的划分从最左边的"极端自由主义"到最右边的"极端保守主义"。

5. Ronald Brownstein, *The Second Civil War: How Extreme Partisanship Has Paralyzed Washington and Polarized America* (New York: Penguin Books, 2007), p. 295.

6. 根据记录，这两个众议院委员会为民主党众议院国会竞选委员会和共和党国家竞选委员会。参议院里分别是民主党参议院竞选委员会和共和党参议院国家委员会。他们都得到政党组织——民主党和共和党国家委员会的援助。

7. Pew Center for the People & the Press, *Democrats Hold Double-Digit Lead in Competitive Districts* (October 26, 2006), p. 5.

8. Brownstein, p. 298

9. Pew Center, pp. 1 - 2.

10. Ben Benenson, "Muscling Up the Majorities," *CQ Weekly 66* (October 27, 2008), pp. 2866 - 2885.

11. David S. Broder, "The Amazing Race," *Washington Post* (November 2, 2008), p. B1.

12. Polling Report, *Direction of the Country*, (November 2, 2008). Polling Report. com.

13. The Conference Board, "The Conference Board Consumer Confidence Index Plummets to an All-Time Low," Press release (October 28, 2008). Conferenceboard. org.

14. Gallup Poll, "Bush Approval Rating Doldrums Continue," Press release (October 30, 2008). Gallup. com.

15. Pew Research Center, "Democrats Hold Party ID Edge Across Political Battleground" Press release (October 30, 2008). Pewresearch. org/pubs/1018.

16. Pew Research Center, "Democrats Post Gains in Affiliation across Age Cohorts," Press release (October 31, 2008). Pewresearch. org/pubs/1018.

17. Pew Research Center for the People and the Press, *Trends in Political Values and Core Attitudes: 1987 - 2007* (March 22, 2007). People-press. org/report/? reportid=312.

18. Chris Cillizza, "Democrats Carry Big Generic Ballot Lead," *Washington Post* (November 2, 2008), p. A1.

19. 政党官员初次遵循了麦戈文-弗雷泽委员会制定的规则后抱怨，如果他们不保证为特定的候选人投票，他们就不能选举代表；因此这些规则的改变是为了撇开正式的选举过程而营造出"超级代表"阶层。

20. 确定的行动目标包括："拉丁美洲人"占 26%，非洲美国人占 16%，非异性恋者占 12%，年轻人（30 岁以下）和残疾人各占 10%，印第安人占 1%。California Democratic Party, *California Delegate Selection Plan for the 2008 Democratic National Convention* (Sacramento, Calif., July 2007).

21. Alexander George Theodoridis, "The Nominating Process in 2008: A Look Inside the Rube Goldberg. Did the Rules Decide?" in Larry J. Sabado, ed., *The Year of Obama* (New York: Longman, 2010), p. 231. 大量的后续研究来自西奥多里蒂斯的深刻见解。

22. 来自初选投票的代表排除了 133 名超级代表和地方官员，他们有的宣誓投出既定选票，有的没有宣誓。

23. Theodoridis，p. 239.

24. Karen Tumulty, "Five Mistakes Clinton Made," *Time* (May 8,2008), cited in Theodoridis, p. 238.

25. Chuck Todd and Sheldon Gawiser, *How Barack Obama Won* (New York: Vintage Books, 2009), p. 23.

26. Michael Cooper, "A Blowout? No, But a Clear-Cut Win, for a Change," *New York Times* (November 7,2008), p. A22.

27. Todd and Gawiser, p. 25.

28. Pew Research Center, "Distrust, Discontent, Anger and Partisan Rancor: The People and their Government," (April 18,2010).

29. Pew Research Center, "Pessimism about National Economy Rises, Personal Financial Views Hold Steady," (June 23,2011).

30. 同上。

31. Stuart Rothenberg, "Sizing Up the 2010 Senate Contests in the Summer of 2009," *Roll Call* (August 3,2009), p. 5.

32. Cited in David Brooks, "The Obama Slide," *New York Times* (September 1,2009), p. A29.

33. John McArdle, "GOP Retools with 'Patriots'" *Roll Call* (February 24,2009), p. 1.

34. 数据见 Roger H. Davidson, Walter J. Oleszek, and Frances E. Lee, *Congress and its Members*, 13th ed. (Washington: CQ Press, 2012), Tables 43 and 44, Figure 43, and Appendix A.

第四章　公众眼中的总统制：新闻、媒体和公众支持率

　　无论是好是坏，西奥多·罗斯福和伍德罗·威尔逊所设想和体现的公众总统制的理念已经变成了现代总统制中一个必不可少的部分——可以说已经被移植到了制宪者们定义的符合宪法的总统制中。罗斯福把总统这个职位称为"天字第一号讲坛"。[1] 他的侄子富兰克林·D. 罗斯福（1933 年至 1945 年任总统）用不同的说辞表达了相同的思想。"总统不仅仅是一个行政职位。这只是它最小的一部分而已，"他说，"在很大程度上处在道德领导的位置上。"[2] 作为这项工作中持续而具有挑战性的一部分，白宫继任者们有责任处理好新闻报道和公众的关系。

　　对总统来说，"公之于众"是不可避免的。人们期望他们尊重国家的传统，唤起希望和信心，并促进国家团结意识和使命感。正如两位罗斯福总统引语中所暗示的那样，他们可以把特有的知名度作为总统领导的一项策略。"公之于众"被政治科学家塞缪尔·科奈尔（Samuel Kernell）定义为"一种策略，凭借这种策略总统吸引美国公众的支持在华盛顿推出他本人和他的政策"。[3] 科奈尔认为现代总统更广泛地使用这种策略，因为他们与在《宪法》上具有同等地位的人（尤其是国会成员）进行直接协商时面临的困难不断增加，同时传播媒介让他们能够更容易地越过反对派得到大众的支持。

　　总统和大众之间一个重要的纽带就是通过政党的领导能力来维系。可以确定的是相当多的公民声称独立于两大主要政党之外，并且总统自身也经常希望摆脱他们自己的政党。比如总统巴拉克·奥巴马把自己塑造成一位"后党派"人物来吸引两党成员的支持。但是他的举措揭示了很深的党派分裂。毕竟这两大主要政党仍然是国家最大、最广泛的政治团体。从总统的角度来讲，同样重要的是政党已经和许多有影响力的利益集团和大众组织结成了坚定的互利同盟。对于民主党来说，这些组织包括那些声明代表非裔美国人、妇女、环保人士、文化进步分子和大部分工会的组织。相比之下，共和党和那些声明代表大小企业、国防机构和文化保守派的团体保持合作。

　　公民眼中的总统制并不是开始于现代时期，其中一个重要因素应为记者和新闻报道所发挥的作用。在共和制早期的几十年里，很多报纸在语气上有很强的党

派性。第一位总统乔治·华盛顿曾经强烈抱怨反对党报纸对他政府的恶意攻击。联邦党人对这些攻击非常头疼，所以在 1798 年，他们制定了臭名昭著的（几乎完全违反宪法的）《惩治煽动叛乱法》，这项法律把任何批判或试图组织对政府或领袖进行批判的行为认定为诽谤罪。

杰克逊时代大致上是新闻报道大规模兴起的时期：新型高速的新闻媒体向不断增加的识字民众提供廉价的报纸。将近一个世纪以来，日报是公共信息的主要传递媒介。（1920 年纽约市有 14 家发行量很大的日报，如今只有 3 家。）西奥多·罗斯福，现代总统的典范，晓得报社渴望从权威渠道获得新闻，所以他开始邀请三五成群的记者到白宫就他政策的有关信息进行非正式的交流。正式的记者招待会是由伍德罗·威尔逊发起的。自威尔逊以来，每一位总统都尽力和新闻媒体保持良好的关系。如今总统的能力经常会通过总统对电子媒体的掌控程度来衡量。比如，在 20 世纪 30 年代富兰克林·罗斯福通过无线电广播强有力地传递信息，20 世纪 60 年代约翰·F. 肯尼迪，80 年代的罗纳德·里根和 90 年代的比尔·克林顿都有效地利用了电视这个传播工具。

现在的观察家们意识到总统竞选不限定在每四年一次的选举之前的几个月的时间里。实际上总统还有其他联邦民选官员的竞选活动从没停止过。休·赫克洛（Hugh Heclo）在他简洁而又思想严密的文章《永久性竞选》中通过描述这种具有竞争性的政治的持久状态是如何产生的来开始这一章节的论述，这种状况似乎不可避免地受到了美国公众生活无常性的影响：党派的衰退，特殊利益集团的兴起，媒体技术的革新，政治专业人士的出现（公共关系、民意调查等类似的手段），为企业提供资金的需求以及国家政策中持续的高风险等。

加里·C. 雅各布森（Gary C. Jacobson）的文章《立法上的成功和政治上的失败》的主题是总统纲领性的成就与总统及他所在的政党的地位之间的差距。他提出的挑战是解释为什么总统奥巴马——2008 年赢得了多数票支持并且成功地通过了主要的立法——似乎在 2010 年遭到排斥，在中期选举中他所在的政党失去的席位几乎是创纪录的。共和党赢得 64 个众议院席位并掌控了国会，而且将会在 2012 年获得战略性的 6 个参议院席位控制参议院。首先，2010 年的选举主要在一些国家议题和关注点上展开：大衰退及持续影响，尤其是低水平的就业机会；还有奥巴马在动员起来的关键选民群体中的负面形象。许多积极性很高的保守派选民妖魔化了总统，认为总统不称职并且带来了联邦政府的巨大膨胀。因而 2010 年选举反映了中期选举具有历史意义的方面：是对总统和政党的形象和表现的一次全民投票。此外，奥巴马和民主党由于中期选举选民的结构属性而失利。在 2008 年，奥巴马和民主党受到包括少数族裔（黑人和美籍拉美人）在内的广泛的选民支持。这些选民往往不参与这些较小的竞选，包括中期选举。换句话说，不管奥巴马采取什么样的策略或公众演讲技能,他和他的政党在中期选举中一定会失利。

杰里米·D.迈耶(Jeremy D. Mayer)(在他的文章《总统制和形象管理》中)把"总统的形象"——定义为"美国人对他们的领袖作为一个人和一名领导人而产生的印象"——称为所有白宫主人的一个核心属性。这种形象部分是正确的,部分是错误的;部分是现实的,部分又是幻想的。它由四个因素组成:(1)总统实际的外表、性格和行为;(2)由白宫工作人员打造的形象;(3)由总统对手所提出的反面形象;(4)媒体报道的总统真正的面目和他所代表的内容。

迈耶把乔治·W.布什作为个案研究用于他对总统形象和形象塑造概念的研究。布什和他的顾问们在塑造总统形象和安排他出现在能提升形象的公共场合方面受到了特别的训练。虽然布什在一些开放式的场合(比如总统辩论)中表现相当不错,但是他在一些未精心组织的场合中表现得很不自在,尤其是包括面对一些好奇或充满敌意的观众在内的场合(比如记者招待会)。因而,他更喜欢出席一些有稿子读的、精心策划的场合:人们通常会看到他在有简单标语的背景板前和挑选出来的观众——经常在军队里——进行交谈或互动。

布什常见的形象是"普通人"和"战时领导人"。虽然他是来自显要上流社会家庭享有特权待遇的后代,但是他在2000年同呆板的阿尔·戈尔和2004年同优雅但唠叨的约翰·克里的竞选中赢得了支持。2001年9月11日恐怖主义袭击后,布什重塑他的公众形象,成为一位战争领导人。虽然他在灾难当天发表的言论并不令人难忘,但是接下来的几个星期发表的有准备的演说是总统演说历史上最值得回忆、最精彩的部分。他采用军事行动的坚定态度改善了他的领导形象并把他和美国公众高度重视的机构联系起来。但是美国公众最终厌倦了战争,对布什的支持率降到了低点。他把一场伊拉克战争移植到打击恐怖主义的尝试上,这将如何影响他长期以来的历史地位当然仍是未知的。

乔治·C.爱德华兹三世(George C. Edwards Ⅲ)在他的文章《总统的讲坛:是天字第一号还是胡说八道?》中,通过指出总统说服公众和国会来达成他们的政策目标这个我们普遍持有的假设来进行他的分析。据说西奥多·罗斯福的"天字第一号讲坛"能够让总统带领民意向着他认为最好的方向发展。爱德华兹通过采用罗纳德·里根的例子对罗斯福的格言和我们的传统观念提出了质疑,里根以他令人印象深刻的说服力而被视为"伟大的沟通者"。他认为实际上里根在改变公众对他所支持的政策的态度方面不是很有效。爱德华兹还认为尽管比尔·克林顿在国会中取得了很多提名的胜利,但是他在说服国会通过重要的立法动议方面不是很成功。他接着分析了会对总统影响民意和国会造成影响的因素,并且得出结论:希望改变公众态度的总统总是会碰壁的。他断言就像总统主导国会一样,总统只能"在很小程度上"主导大众。

对公众眼中总统制的最终的评价当然是要看公众本身的反应和看法。而我们怎样才能搞清楚人们对总统有什么想法呢？选举只是对公众情绪的一种粗略的估量：正如我们在第三章所看到的那样，选举投票不是频繁举行，但它们经常传递出人民真正期望从总统那里得到什么的模糊画面。然而在过去的 50 年或更多年以来，民意调查已经不断地探查到总统的受欢迎程度。在这些调查中，人民通常被要求为总统做的工作评级——优秀、好、还可以或者糟糕。然后这些反馈被分成"满意"或"不满意"两个级别。因此，我们现在对总统的公众支持进行持续而频繁的全民投票。通过把相关事件(比如战争、危机、经济状况、当前凸显的议题)和这一持续性的一连串数据进行比较，我们会获得关于人民如何评价总统和他们的表现的一幅更清晰的画面。

总统自己非常关注他们在民意调查中的地位。不管他们可能多么不重视民意调查结果，他们都会急切地利用满意度把不满意的评价搪塞过去(种种舆论导向)。据说高支持率可以迫使其他的政客遵从总统的领导或者至少是压制他们的批判之声；相反，低支持率会带来更多的批判并鼓励政客寻求他们自己的行动方针。这样的一些主张凭经验很难去证明对错，但毫无疑问的是在政治共同体中它们得到了广泛的认同。

尾注

1. "Bully"是一个最喜爱的罗斯福式的术语，表达了"极大热情"的意思。学生们使用"awesome"或"rad"来表达同样的意思。

2. 引用见 Edward S. Corwin, *The President: Office and Powers 1787 - 1957* (New York: New York University Press, 1957), p. 273. 罗斯福关于总统制评论见 *The New York Times* (November 13, 1932), Sect. 8, p. 1.

3. Samuel Kernell, *Going Public. New Strategies of Presidential Leadership*, 4th ed. (Washington, DC: CQ Press, 2006), p. 2.

文献 17　"永久性竞选"

休·赫克洛

　　"永久性竞选"这个术语首先是由西德尼·布卢门撒尔（Sidney Blumenthal）在里根任总统初期进行广泛报道的，布卢门撒尔是一名新闻记者，在克林顿任总统时的白宫继续工作——后来被卷入了弹劾总统的运动中。布卢门撒尔把"永久性竞选"称为"我们年代的政治意识形态"，并把它描述为塑造形象和战略考量的结合，而这种战略上的考量把执政转变成一场永久性竞选并"把政府改造成一个维持当选官员支持率的机构"。

竞选和执政应该有区别吗？

　　似乎很清楚的是，从某种意义上讲，竞选和执政应该有很多共同点。任何一个民主的政治体系都是以政府决策与人民选择相联系为基础。在引导对上次选举的回应和预测下次选举的反应方面，选举和他们出席的竞选活动不是与民主政府更重要的策略规划相分离，而是其不可分割的一部分。从长远来看，如果在选举中不作出真诚的承诺，在政府中不信守承诺，那么代议制民主就是不负责任并且最终会无法维持下去。

　　虽然这两者必然相互联系，但是也有充足的理由认为竞选和执政不应该归入一类。按照常识来说，两个不同的术语是必要的，因为我们明白作出承诺不等于信守承诺，正如求爱成功不一定代表良好的婚姻一样。

　　尽管美国《宪法》的制定者们几乎不会对各党派及竞选活动产生影响，但是由于人民的呼吁必须受制于制宪者们创建的《宪法》体系，所以对十九世纪的竞选进行比较，结果并不会产生很大的不同。一方面，它是一个充满选举的体系——最终几百人参加众议员竞选，州议会的几十人参加参议员的竞选，还有几十人参加总统竞选（通过州选举人投票），更不用说联邦体系中州政府的几千次选举了。另一方面，没有一次选举或几次选举是决定性的。没有一次选举能够作为人民真正的呼声而更胜一筹。由于选举要符合多元的《宪法》结构，人民被排斥在一定的距离之外。执政是包括在精心制定的《宪法》结构之内的。这个结构的每一部分从人民那

来源：摘自 *The Permanent Campaign and Its Future*，ed. Norman Ornstein and Thomas Mann（Washington：American Enterprise Institute for Public Policy Research and the Brookings Institution，2000），1—37. 经布鲁金斯学会授权使用。

里获得权力,并且最终依赖人民。但是人民从来没有同时发言,并且他们从来没有出现在政府部门的任何一部分里。在这些政府部门里,机构是分离的,权力是共享的,所以在里面就会发生很多的事情——丰富多彩的执政内部生活,一个互相谅解和商榷的地方——虽然每个人能够护卫自己的地盘,但是没有人能够单独做任何事。人民是在外面的——在空旷的乡村,他们的管理者们将不得不来到这里汇报他们的管理工作……

竞选和执政至少在三个重要方面指向不同的方向,也就是说,并不总是处在对立的方向上,而是处在非常不同的方向上。

首先,竞选在时间上有一个明确的判定点。换句话说,竞选必须要聚焦在影响一个本身是结果的决定上,这个事件决定着谁输谁赢。相比之下,执政在一段时间内会有很多相互联系的结果,也就是"持续经营"的一系列决定。已在某一次政治竞选中工作过的任何人可能会回忆起发起竞选初始的热情、不断加快的节奏和激烈程度、在选举日达到的巅峰、在接下来的时间里清扫竞选办公室的那种可怕的寂静。执政是不同的。它是长期的没有开始或没有最后判定点的持续的存在,有点像在硬地上挖一座花园或西西弗斯①的劳作。对竞选来说,时间尺度在历史上一直是短暂和不连续的,而对执政来说,时间尺度是持续不断延伸的。

其次,在固定的时间范围内,竞选必定是对抗性的。19世纪的政治作家借用了军事隐喻,恰恰是因为它抓住了一场击败敌人的比赛的最本质的思想。竞赛是为了不能被分享的奖金,是一场零和比赛。同竞选相比,执政主要是合作而不是对抗。竞选会主动地压过对手极度扩大自己的说服力,而真正的执政希望有秩序地听取多方的意见,唯恐舵手错过重要的东西。在这个意义上,竞选是以自我为中心的,而执政是以团体为中心的。

第三,竞选本质上就是使用说服手段。它的关键就是制造一种获得满意回应的印象。相比之下,执政最重视深思熟虑的价值观。好的竞选活动经常会通过保证和声明去说服,而好的执政通常会依赖更深刻更成熟的思考。之所以会这样是因为不管执政得出什么样的结论,都会得到令人生畏的权力的支持。在做什么和如何去做上征求意见是执政过程的核心。当然不得不承认的是,对经常发生的与执政有关的械斗行为而言,尤其是波托马克河沿岸发生的争斗,"深思熟虑"可能听起来是一个太文雅的用词。然而,当管理公共政策的男男女女在《宪法》架构内努力协商并寻求说服对方时,他们确实组成了一个保持持续经营的团体。所以这里提到的深思熟虑一点也不深奥,一点也不过分。

---

① 西西弗斯,古希腊神话中一位邪恶的国王,死后得到的惩罚是把一块巨石滚上陡峭的山坡。每次快要滚到山顶,巨石都会滚落回山脚,他又重新开始,如此永远反复下去。

永久性竞选的产生

正如在开头指出的那样，"永久性选举"是对国家没有进行计划、辩论或正式采用的新兴政治管理模式的简称。它是从 20 世纪中期不经意间的杂乱无章中发展而来的，与 19 世纪时政党成为美国不成文宪法的一部分相似。永久性竞选是由政治上富有经验的人们、沟通技巧和盈利、非盈利的组织组成的一个复杂的混合体。把这几部分结合在一起的是对公众支持率持续不断的追求。选举本身只是其中一部分而已，主要集中在名人和大众身上。不太明显的是为了一个或另一个政策目标精心策划的上千次募捐活动，目的是持续不断地建立和维持特定的群体和目标精英人士的支持。

如果能够公平公正地来看待永久性竞选这个论题的话，能够确定和讨论的内容就是政治手段方面了，而政治手段能够反映出更为深刻的政治文化发展进程。在永久性竞选的形成过程中，以下这些特征是至关重要的，并且人们能够很容易把它们分为六个类别。要点不是对每一个类别进行详细描述，而是要展示出已把过去 50 年左右的时间里这些凸显的属性连接成一个连贯模式的逻辑关系——这种竞选以便执政甚至执政以便竞选的模式。

政党的衰落

政党已变得更缺乏影响力的地方是在政治基础层面上——促使候选人参加竞选并能够预测性地动员人民为它们投票。自 19 世纪晚期以来，许多变化带来的日积月累的影响——结束了在公职、选举改革和政党初选、郊区化和电视等方面的政党分肥制——会大大地摧毁政党对参选候选人的招募和提名。同时，自 20 世纪中期以来，总的趋势一直是选民对两大主要政党认同度上的逐步下降。在一种"每一个人为自己"的氛围下，20 世纪在美国政党中的变化代表着从以党派为中心向以候选人为中心选举上的总体转向。因为政客不能指望来自政党组织、新政联盟的投票集团和个体选民的忠诚支持，在 20 世纪 50 年代之后，政客已有充分的理由来努力成为他们自己的永久竞选组织的核心。

虽然政党在招募方面变得更加没有影响力，然而在加强永久性选举的其他方面则变得更加强有力。在 20 世纪最后的 25 年里，政党联盟在意识形态和社交方面变得更加独特。同时，国家政党组织募集和分发资金的能力大大增强。每个政党的中央总部也更擅长于构建国家的选举策略和竞选信息来攻击另一个政党。与此同时，国会中两党冲突在意识形态上变得更加紧张，私底下变得更加敌对。在这种趋势下国会领导人不断利用立法竞选委员会来募集资金、确定议程和明确政党形象。所有这些已为更持久、更分化的政治斗争提供了资金支持和人才储备。简而言之，不管是在政党已变得更加没影响力方面，还是在已变得更加强有力的方面，其影响是促进了无休止的竞选活动。

开放的利益集团政治

永久性竞选产生的第二个特征是更开放、更广泛的利益团体政治体系的兴起。在艾森豪威尔时代之后，"开放体系"变成了美国政治的主旋律。一方面，开放体系意味着先前被排除在外的美国人——比如少数族裔、妇女、年轻人、消费者和环保主义者——要求有发言权和一席之地。民权运动打头阵，还有许多其他运动跟随而来。由于政治的包容性，更多游说团体和良好环境为美国人中的少数群体成为政治积极分子提供了条件。另一方面，开放体系也意味着把执政过程的各个方面暴露在公众视野下。凭借着良好的治理和参与民主制，决策者和人民之间的障碍被排除了。开放的委员会会议、信息自由法、公开记录表决、电视辩论、信息披露和报告要求等都体现了这种新的开放体系。公众隐私的披露具有一个很大的优势。在越南战争、水门事件和其他对政府权力的滥用之后，一味地听从官员的领导已成为过去。取而代之的是调查性的新闻报道和对最新事件披露激烈的媒体竞赛。参与公共事务的人民把自己变成了一个对新型政治制度的道德规范进行严格监督和揭发的群体——因而成了永久竞选中具有诱惑力的群体。

新型的通信技术。第三个特征是现代政治拥有的新型通信技术。20 世纪 40 年代之后电视的兴起在从政客、利益团体到人民大众的直接交流上是一个重要的突破。参与竞选的候选人能够从经过政党组织转移到直接向选民兜售他们的呼吁。同样，团体能通过使用抗议和其他吸引媒体注意力的事件来把他们的理由直接传达给大众。对政客和游说团体来说，和公众的直接交流越过了在传统的政党和利益集团组织的三级"联邦"结构中的中间机构，其中当地、州和国家委员会之间相互补充。取代这种传统结构的是一种类似于千足虫的模式——一个身体和众多腿之间的直接交流。当然这种模式不会只驻足于广播电视，还包括有线电视、电台访谈、24 小时新闻循环播放、针对特定观众的"小范围播放"和网络等手段。美国人生活中电子媒体的这种迅猛增长为想要成为竞选人和州长的人提供了大量宣传的渠道……

正如沃尔特·李普曼（Walter Lippmann）在分析 20 世纪初风靡一时的印刷媒体时所理解的那样，通信一定是一种转化成收视率和广告收入的手段。这样就意味着它要渲染具有戏剧冲突、人情味、紧迫性和强烈情感价值的故事剧情。媒体迎合这些需求最容易的方式就是根据政治斗争来构建现实的执政剧情。这种关于执政的政治斗争的剧情让复杂的政策问题变得更加合理，即使这种"理解"是错误的。它运用人际冲突的简洁有力的戏剧性情节抓住了人们的注意力。它拥有赛马比赛的紧迫感及通过宣布赢者和输者的这种令人满意的解决办法。此外，当然它也使得竞选和执政之间的区别变得更加模糊难辨……

新型的政治手段。引发永久性竞选产生的第四个特征我们可以称为新型的政治手段。同时，随着在政党、利益集团和电子媒体上发生的变化及在公共场合中不断出现的专业技能、公关和民意调查两种孪生手段得以创造和应用，并催生了一个进行研究、生产、组织和操纵公众发言权的巨大行业。这种日积月累给整个政治过程带来的是比 20 世纪 50 年代更多的计划性和人为性。

渐渐地，顾问和民意调查人进入了政治决策人的队伍中。20 世纪 60 年代之后，专业的政治咨询服务机构不断发展，并通过覆盖了管理下的政客、利益集团和人民中每一个可能的联络点进行的专业民意调查而得以进一步加强。这种政治市场形势的基本特点包括以下服务：民意调查和焦点小组研究、策略规划、形象管理、直接邮递推销、活动营销、媒体材料生产、"媒体购买"、对手研究和"草根"公民竞选的流程……

对政治资金的需求。 永久性竞选产生的第五个因素是对正在发生的其他任何事情的一个符合逻辑的推论，那就是对政治资金日益增长的需求。事实证明，大部分的政治推销都可归结为要在自身上花费资金。因此，20 世纪 60 年代之后，对政客和利益团体一个巨大的新要求就是要参加无休止的筹款活动。即使那些设法应付新型手段——媒体、民意调查和公关——的人们不是以盈利为目的商家，然而这些精心设计的政治的新形式也将会花费巨大的资金来制造和传播信息。事实上，获取的巨大利润会带来更多的政治账单。例如在 1994 年美国 15 次最为昂贵的参议院竞选几乎把它们资金的四分之三都用于支付顾问服务上。

参与到行动主义政府中的风险与收益。 为了便于对永久性竞选背后的各种势力进行闭环研究，我们有必要再认识一下这个显而易见的事实：即便对政治资金存在着持续而大量的需求，但是为什么每个个体都应该进行捐助呢？很明显而又极易被忽略的是，由于通过捐助才能奋力获得一些重要而持久的利益，从而永久性竞选活动才会一直存在。从最简单的层面去理解的话，有人将其称为微软效应。比尔·盖茨在弄清楚联邦政府确实有一个反垄断机构之后，才开始对两党进行捐助并用于公民教育及公民参与活动中。

如果联邦政府像 20 世纪的前半叶那样在人民的生活和经济中占很小的一部分的话，我们能够确信的是，人们对影响政府政策的制定、管理和修订方面的持续斗争的兴趣就会更少。因为执政现在已经变得强大和持久，所有竞选也变得重要和持久了。有人在此提到从影响开支和征税中得到的不只是这种明显的益处……它甚至不是联邦政府对社会和经济不断增加的管理权力的问题。更深刻的意义是对公众政策的期待无处不在……

换种说法，作为一个民族，我们是谁的概念逐渐转化成对华盛顿应该做什么或不应该做什么的争论。

＊　＊　＊

这种没有尽头的竞选不是邪恶的人们在我们中的其余人身上规划和执行的恶意的设计。它更像是考虑到激励机制和如何才能在变化的状况下获胜，考虑到我们所有人将要去做的事情。永久性竞选主要叙述的是华盛顿内部说服权力和华盛顿外部民意操纵权力的联合体。执政和竞选无论在内部还是外部都变得几乎难以辨别——因为它们现在都受到华盛顿的游说或咨询公司的支配。矛盾之处在于耗资巨大的政治让我们感觉到我们的政治生活是那么的渺小而又不值钱了。

以非科学性的附言作为结尾

……不是永久性竞选带给美国人操作政治的方式，而是操作政治的方式带给美国人的持久性竞选。换个说法就是大部分美国人操作政治的方式不是去考虑什么是"政治的"，而是参与数不尽的当地志愿者活动——尤其是政治方面的活动。这种方式是有好处的并且值得记住。然而，同样也可以说，通过顾问精心设计的政治的最终作品现在可能是普通美国人曾经历的非局部政治的唯一版本了。

政治推销的无处不在意味着国家政治都是在以下背景下发生的，那就是持久的、专业化管理的、对抗性的竞选中赢得公众支持，而正是公众决定了政客的存亡。历史学家丹尼尔·布尔斯廷(Daniel Boorstin)注意到1960年电视政治的产生并称其为假新闻。这些新闻不是自发的真实的事件而是经过精心策划的，这些事件的发生是由于有人已经计划、鼓动并为了便于观察和左右意见而促使其出现的。泄密、采访、试探舆情、反应情况及登台露面和对峙等都是一些明显的例子，而大部分人不再认为这些是"假的"。很难知晓的是，在政治管理或媒体中有关国家事务的哪个方面没有受到内行人士不可告人的动机的支配。

把政治和公共事务转化成一个24小时提供假新闻供公民消费的竞选周期会带来什么结果呢？第一，呈现在公众面前的是存在着更深分歧和对政策议题普遍进行争论的景象，这或许也是摄像机和麦克风关闭后的真实景象。第二，更大地激励了人类已有的这种倾向，就是高估一些短期的突如其来的冒险行为，低估一些长期存在的问题带来的最终后果。第三，公众的注意力集中在已产生问题的抓人眼球的表演上，而别人因这些问题受到指责。因而，讨论政策的任何尝试都会继续加剧抱怨和欺骗文化的产生，这些戏剧性的冲突似乎永远不会真正地解决任何问题……

也许描述永久性竞选最恰当的词语是"发挥作用的反馈"。它是一种促使公众改变观点并为自己的目的服务的亲力亲为的方法。竞选人不会让公众知晓真实世界发生的事情并消除他们虚幻的希望或鼓励他们忍耐残酷的现实。相反，永久性竞选将会用推广一个人的主张、反对其他人的方法来告知人们想要听到的。虽然模仿性的反馈——按照人们的意愿去做——是它的一种忏悔方式，但是这种能发挥作用的反馈看来是这个体系中很实用的方法。

我们为什么要担忧呢？原因是我们的政策将会变得更加具有敌对性，在漠视长远中变得更加不明智，在错误地把说服当成现实中变得更加愚昧无知。抵御进一步滑入永久性竞选的深渊需要依靠这样一种观念，就是一个自治的民族不应该希望变得更卑鄙，更目光短浅，更愚蠢无知。除此之外，可能无需多言了。

文献 18　立法上的成功和政治上的失败：公众对巴拉克·奥巴马初期执政的反应

加里·C. 雅各布森

　　总统在立法上和政治上取得的成功是密切相关的观点在巴拉克·奥巴马总统上任的前两年被完全否决了。借助于民主党在众议院和参议院的多数席位，奥巴马推行了一套宏大的经济刺激一揽子计划，着力瞄准他继承下来的严重的经济不景气，发起了全面的国家医疗保障体系改革，并签署了一项重要的对金融监管制度重新设计的方案，目的是为了避免已经使得经济很不景气的金融危机重演。这些立法上取得的业绩使得第 111 届国会成了多年来最富有成效的国会之一，并且这些成绩和奥巴马在成功竞选总统期间许下的诺言完全一致。奥巴马还遵守了他的另一个竞选承诺，就是逐步停止美国在伊拉克的战争并重新分配美国军事力量来应对阿富汗复燃的塔利班势力。

　　简言之，奥巴马已经做到了他可能认为的选举时承诺的事情。而作为回报，他目睹了民主党在 2010 年中期选举时遭受的惨败，共和党在众议院中赢得了 64 个席位，是自 1946 年以来赢得的最大多数优势（242：193），并且在参议院赢得了 6 个席位，这样就让他们离 2012 年在参议院中获得多数席位更近了一步。[1] 总统和他的政党不但没有从立法的成就中获益，反而明显因为立法受到了惩罚。在国会中，共和党在奥巴马上台执政之后不久就采用了全面反对的策略，结果异常成功，而就在两年前取得全面胜利的多数党民主党受到了重创。

　　学者们会对如何来解释这种形势的迅速变化进行辩论。奥巴马政府优先考虑的事情、立法上的策略和政治敏感度一定会经受批判性的审视。在此我所关注的有点不同。我关注奥巴马和他的政党在成功竞选期间的民意状况以及执政的前两年中民意的发展状态，为的是找到线索，尤其是在什么地方、为什么、以什么方式，奥巴马在立法上甚至政策上的成功最终转变成所在政党的政治失败。

背景：2008 年选举

　　在奥巴马执政的前两年中，民意调查显示的主要特点为：严重的党派分裂；他的批评者表现出的异常强烈的敌对态度；对奥巴马、所在政党及他实行的政策的公

来源：*Presidential Studies Quarterly*，Volume 41，Issus 2（June 2011）：220 - 243 © 2011 Center for the Study of the Presidency. 由 John Wiley and Sons 授权使用。

众意见与 2010 年中期选举最终投票公决之间存在着极其牢固的联系。本文中提出的证据暗示着奥巴马已经成了政治态度瞄准的靶心，不管是正面还是负面的，甚至比他的前任乔治·W.布什更甚。布什一直是一个高度两极分化的人物，并且引发了自现代民意调查出现以来总统评估中最严重的党派分歧。然而到 2008 年，甚至连共和党人也对他热情大减，民主党人和无党派人士也给了他极低的评价（Jacobson 2011a）。布什的不受欢迎主要是由于伊拉克战争带来的遗留问题，同时他任期接近尾声时金融危机和严重的经济衰退更加剧了这个局面，最终破坏了共和党的形象，促使无党派选民走向民主党并对奥巴马的竞选获胜起到了至关重要的作用（Jacobson 2010a）。

　　奥巴马当选没有发出任何党派分裂缩小的信号。根据美国国家选举研究[2]2008 年的数据，政党按派系投票占到 89.1%，在美国国家选举研究自 1952 年以来的系列数据中仅次于 2004 年的 89.9%。[3] 自我认同的共和党人只占到了投票给奥巴马的选民的 4.4%，是自从 1960 年约翰·F.肯尼迪以来获胜总统候选人中跨党投票率最少的。而且，支持奥巴马的竞争对手约翰·麦凯恩的选民往往接受了麦凯恩竞选中把奥巴马描述为激进左派人物的观点（Conroy 2008；Drogan, and Barabak 2008；Kenski, Hardy, and Jamieson 2010）。如图表 18－1 中所示，在美国国家选举研究中，从自由到保守 7 个点的划分中，麦凯恩的选民中 41% 认为奥巴马是一位"极端自由主义者"，34% 认为他是"自由主义者"；只有 23% 把他归入中

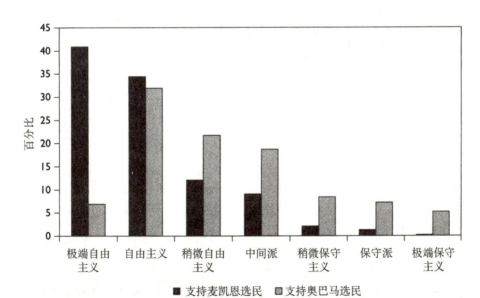

图表 18－1　选民对奥巴马在自由与保守度上的意见分布图

资料来源：2008 年美国国家选举研究

间三类中(轻微自由主义、中间派、轻微保守主义)。相比之下,奥巴马的选民认为他要温和得多,49%的选民把他归入中间三类中,32%认为他是自由主义者,只有7%认为他是一名极端自由主义者。

平均来说,麦凯恩的选民把奥巴马放在共7个点等级的2.0上,这是共和党选民给予包括1972年的乔治·麦戈文在内的民主党候选人最靠左的点数,当时共和党选民把乔治·麦戈文放在距他们自己的意识形态位置向左3.1点的位置,比以前任何民主党候选人更靠左(从候选人麦戈文到约翰·克里这一差距平均是2.1个点)。而且,麦凯恩的选民本身越保守,他们就认为奥巴马越是自由主义(图表18-2),而奥巴马的选民越保守,他们就认为奥巴马越保守。很明显,排斥(麦凯恩的选民中)和相吸(奥巴马的选民中)这种心理过程发挥了很强大的作用(谢里夫和霍夫兰1961)。平均起来奥巴马的选民把他放在中心点稍微偏左的位置(在3.3上,4是中心点),对于不同的民主党中间偏左联盟的领导人来讲是一个合适的位置。

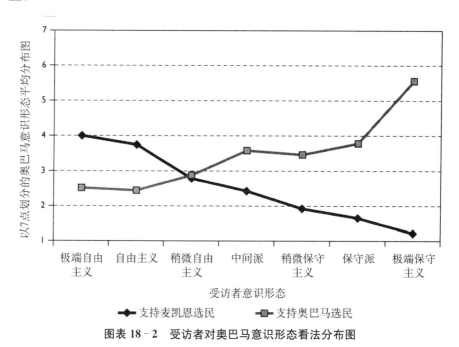

图表 18-2 受访者对奥巴马意识形态看法分布图

资料来源:2008 年美国国家选举研究

麦凯恩阵营(尤其是他的竞选伙伴萨拉·佩林)把奥巴马认定为激进的左派分子,而仅仅这一点并不能击败奥巴马,许多保守派对此表示赞同。因为奥巴马的种族、背景、个性和政治风格必定会与政治上的右翼派别产生对抗。奥巴马作为一名非裔美国人,他的中间名"侯赛因(Hussein)",接受了常青藤联盟的教育,处事冷静,对政治有着微妙而又理智的态度。他在穆斯林占据主导地位的印度尼西亚度过了一段童年时光。后来在芝加哥南区作为社区组织者进入政界,并且和当地的黑人活跃分子和领袖保持联系,他们中的一些人持有相当激进的观点,包括他的长期牧师耶利米·赖特(Jeremiah Wright)。因而奥巴马必定会让种族主义者、排外的、反智的、反精英的和反自由主义的人们感到不安并加入到右翼民粹主义的队伍中来。其中有些人赞同这种思想倾向,有些人只是承认麦凯恩竞选把奥巴马描述为是一位顽固不化的、20 世纪 60 年代风格的带有社会主义倾向的激进派。这样一来,奥巴马的竞选就必定会引起恐慌,他的每次行动都会被仔细地审查真正的"意图"。所以 2008 年竞选埋下了强烈反对奥巴马和他的政策的种子,后来在茶党运动中这种种子开花结果。

2008 年选举也重点描述了 40 多年里在众议院和参议院选民中政党忠诚的最高水平及总统和参众两院候选人之间平分票数的最低水平特征。[5] 结果,意见不合地区的数量也相当少,并且相对来说,为数不多的国会共和党人和奥巴马共同拥有他们大部分选民的支持。这个从 2008 年合作国会选举研究的数据中可以很清楚地看出。这项研究调查了 3.28 万受访者,为众议院区域水平上的党派投票提供了足够的统计数字。[6] 图表 18-3 展示了根据在本区域支持获胜众议员的选民的百分比,奥巴马 2008 年跨 5 个等级的得票率在同一个众议院区域的频率分配。在第 111 届众议院中,代表着本区域的共和党人的支持者几乎不会给予奥巴马有效的支持;在 87%的共和党区域,不到 20%的共和党选民为奥巴马投票。相比之下,

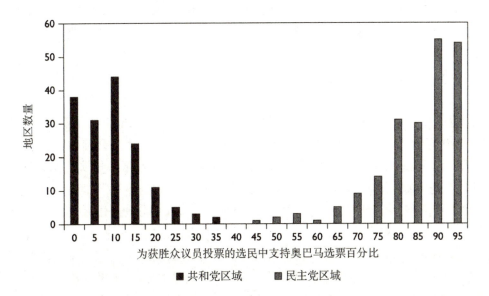

图表 18-3　众议院共享选区分布

资料来源：2008 年合作国会选举研究

在绝大部分选民支持获胜的民主党的区域中有较多支持麦凯恩；不过，在82％的民主党区域，80％多的民主党选民仍然支持奥巴马。因而对大多数国会中的共和党人来说，他们几乎没有任何的积极性来支持总统的议题，并且采取全力反对的策略也几乎不会失去什么。同时这也为国会中党派高度两极分化的持续提供了条件。

总之，精英与大众对于奥巴马任职前两年期间他本人及他的政策议程作出如此之反应，不得不说是2008年的选举为这一反应奠定了基础。下一部分将会剖析在议题上成功的行动以及为何没有得到政治上的回报。

解决经济问题

不良资产救助计划(TARP)

奥巴马一上任，他的第一要务就是要应对2007年12月已经开始的将要持续18个月的严重的经济萧条。金融危机在2008年夏天随着房产价格的崩盘达到高潮并加剧了经济的衰退。发放数量巨大的房产抵押债券的大型金融机构面临着破产的危险，美国和国际经济正常运转必不可少的信贷市场可能会受到冻结的威胁。布什政府采用不良资产救助计划(TARP)来应对，在2008年9月经两党支持通过了向银行业和其他的金融机构拨款7 000亿美元的一揽子救助计划。奥巴马当时作为参议员和候选人对此救助计划给予支持，后来他的政府也采纳了这个计划，并且扩大了包括为防止通用汽车(GM)和克莱斯勒汽车公司倒闭而设计的贷款计划。

不良资产救助计划从一开始就不受欢迎，因为它的直接效果是救助银行和保险公司，而银行和保险公司的贪婪和不计后果才最终造成了这样的问题。最终这项计划实际发挥的作用没有让它变得更受欢迎。不良资产救助计划稳定了金融领域，复苏了信贷市场，使克莱斯勒和通用汽车公司免于破产，并且划拨的7 000亿美元中预计仅仅花费了纳税人250亿美元，如果这项计划对避免大萧条重新上演产生帮助的话，这确实是一个适中的价格(Rooney 2010)。股票市场重新反弹，到2010年12月初为止，标准普尔500指数从2009年3月的低点上升到79％。然而随着衰退的进一步加深，不良资产救助计划没有避免在失业、抵押贷款没收和企业倒闭数量方面的急剧增加。因而尽管经济学家中已达成广泛共识，那就是允许大型银行和汽车公司倒闭会让经济衰退更加恶化，然而大部分的美国人还是不相信不良资产救助计划会发挥作用。对于不良资产救助计划贷款带来好处的看法，在2010年8月的美国国家广播公司新闻网/《华尔街日报》上发表的调查是很典型的(表格18-1)；更多的人认为贷款的害处多于其对国家的益处，尤其对银行业的救助持怀疑态度。只有在对汽车公司的贷款方面和在民主党人中对不良资产救助计划的评价更积极。不良资产救助计划在政治上存在的问题是没有帮助到数百万已失去工作、房屋和企业的美国人，而由于经济紧缩还没有达到更严重的程度，那些仍然有工作、房屋或企业的人几乎也不会把他们的好运归结于这项救助计划上。虽然不良资产救助计划是由布什政府发起的，但是到 2010 年夏天为止，更多的人认为这是奥巴马的项目，而不记得这是布什的想法。[7]

表 18－1　奥巴马政策对国家的影响民意调查表

	全部		民主党		无党派		共和党	
	有益	有害	有益	有害	有益	有害	有益	有害
银行贷款政策	18	45	27	27	16	51	10	58
汽车公司贷款政策	34	37	44	24	33	39	23	51
经济刺激政策	30	30	50	7	27	33	12	52
金融监管政策	29	14	40	6	30	14	15	24

资料来源：美国国家广播公司新闻网/华尔街日报调查，2010 年 8 月 26—30 日。

经济刺激法案

奥巴马自己应对经济衰退的举措是签署了 2009 年《美国复兴与再投资法案》，一项 7 870 亿美元的一揽子计划（后增加到 8 140 亿美元），结合了减税和激励政策，创造就业机会和其他社会福利，涉及在基础设施、能源、教育和医疗保健方面的开支等。这项法案在 2009 年 2 月通过，在众议院中没有共和党人投票，在参议院中他们只投了三票。和对银行救助一样，对普通美国人来讲，经济刺激计划的好处充其量只是模棱两可的。按照国会预算办公室（CBO）得出的结论，这项计划使经济增长了 4.5％并保留住 330 万个工作岗位[8]，但是在 2010 年 12 月，失业率（9.8％）比法案通过时（8.2％）还要高。在对经济刺激法案有效性的看法上出现的分歧反映出他们来自不同的党派（表格 18－1），但是只有一半的民主党人认为这项计划发挥了作用，大多数的无党派人士认为它更有害而不是有益，并加入到共和党中。

奥巴马政府不但没有让大多数的美国人相信，在他任期内经济刺激法案已发挥了作用，而且也没有解释清楚它已经给 94％有工作的美国人进行了减税并且联邦税收也因而减少——大约 2 400 亿美元——而不是增加了（Przybyla and McCormick 2010）。2010 年 9 月哥伦比亚广播公司/《纽约时报》的一次调查发现三分之一的公众错误地认为税收增加了，而只有 8％的人认识到税收事实上减少了，其他人认为没有什么改变。[9]

金融监管制度

奥巴马政府应对经济危机的另一个重要回应体现在《多德-弗兰克华尔街改革与消费者保护法案》里，这项法案在 2010 年 7 月 21 日正式生效。此法案对金融业的监管制度进行了广泛修改，为了阻止银行业危机的再次发生，避免进一步的救助,保护消费者不受银行和其他信贷行为的掠夺。这项法案得到了大多数美国人的强力支持,包括相当多的共和党人(虽然仍占少数)。[10]然而大多数美国人对它所起的作用仍然不能确定(表格 18 - 1)[11],这是一个合乎情理的立场,因为要实现这项新的监管制度还需要制定很多的规则。而且尽管受到了欢迎,这项法案在 2010年实际上对民主党候选人产生了不良的影响,因为它在金融界和其他的企业界助长了一种观念,就是奥巴马和民主党的国会领导人不体恤企业的利益,这种观念助长了金融领域大力发起自主运动,目标是结束民主党对国会的控制(Jacobson 2011c)。

结合在一起考虑的话,在表格 18 - 1 中的数据强调了奥巴马政府对经济危机的回应在政治上是无效的。大多数的美国人认为奥巴马不应为经济衰退承担责任;在奥巴马执政前两年期间所作的每次调查都显示更多的民众把目前出现的经济状况怪罪于布什,而不是奥巴马,通常是多于 2∶1 的比例。当把"华尔街"和"国会"放入到可能导致经济衰退的名单中时,把奥巴马归入承担主要责任的被调查者所占的百分比一直是个位数。[12]但是大多数的美国人也认为奥巴马政府未能有效地应对危机,因为在 2009 年夏天开始的经济复苏几乎没有创造工作岗位、降低失业率。虽然奥巴马在公众中广受欢迎的地位一定会受到除失业以外其他问题的影响,但是值得仔细研究的是,在他执政第一年期间,随着失业率的上升对他的支持率不断地下降[13],并且后来 15 个月中,当失业率差不多保持在稳定状态时(9.5％到10.1％),对他的支持率也保持平稳(见图表 18 - 4)。

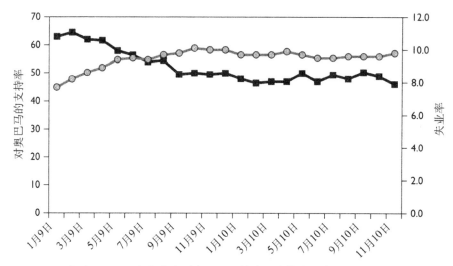

图表 18 - 4 失业率和对奥巴马工作表现支持率图表(月平均值)

医疗保健

虽然奥巴马应对经济衰退的政策很重要，但是比不上他重构医疗保健体系的尝试在政治上带来的重要影响。《患者保护与平价医疗法案》在 2010 年 3 月 22 日通过并生效，兑现了奥巴马 2008 年竞选时的一个主要承诺，然而其过程和结果都是存在争议和分歧的。这项复杂的法案直到 2014 年才完成实施，它对医疗保健费用和质量的影响短时间内不会为人知晓，然而它在政治上带来的影响却是即刻显现，意义深远。

茶党运动

首先，受麦凯恩-佩林竞选把奥巴马描述成激进左翼分子影响的民众在奥巴马采取的医疗保健改革行动中确认了这种说法，从而点燃了茶党运动，成为反奥巴马情绪中最核心、最强烈的传播者。一些茶党党员受到广播讲话、福克斯新闻和网络上保守人士呼声的怂恿，渐渐地，他们不仅把奥巴马看作是一个让人反感的自由派民主党人，而且还认为他是一个专制统治者（根据不同的批判家各种各样的叫法：纳粹党人、法西斯主义者、共产主义者、社会主义者、君主制主义者或种族主义者[14]），他想要美国人民受制于各种社会主义、共产主义、法西斯主义、集中营，或者受控于联合国、国际刑警组织、国际银行家、外交关系委员会或三边委员会（Barstow 2010）。并不是所有茶党的支持者（公众的 12％—18％）或同情者（公众的大约三分之一[15]）都怀有这样一些奇怪的想法，但是他们几乎一致反感奥巴马并认为他的政策正在把国家引向社会主义。[16]他们绝大多数都是白人、保守派、共和党人或倾向共和党的无党派人士（根据调查，83％—88％）；为数不多的人——大约10％——在 2008 年把票投给了奥巴马。虽然一些茶党党员鄙视共和党的体制，但是茶党运动的同情者很快融入到共和党保守的核心中，表达典型的普通共和党人的观点，并拥有更彻底的保守派的正统观念（Jacobson 2011b）。他们往往把自己定位在高度种族仇恨的位置上（Parker and Barreto 2010）。

此外，茶党支持者和其他共和党人还通过否认他的美国籍出身（因而参选总统资格存疑）和基督教信仰表达他们对奥巴马的鄙视。2010 年 4 月的一次哥伦比亚广播公司/《纽约时报》的民意调查发现 32％的共和党人和 30％的茶党活跃分子认为奥巴马是在国外出生的，只有 41％认为他出生在美国；其他民意调查也报道了相似的结果。[17]大约相同比例的共和党人——31％，在 2010 年 8 月的一次皮尤研究中心的调查中——也认为奥巴马是穆斯林，多于认为他是基督教徒的比例（27％）。[18]同样是 8 月的一次《时代周刊》的调查中显示甚至多达 46％的共和党人表达了这种错误的看法；在称自己为保守派的 60％的共和党人中，57％认为奥巴马是穆斯林，只有14％认为他是基督教徒；认为奥巴马是穆斯林的 95％的共和党人否定他的工作表现。[19]

　　通过对两次皮尤研究中心的调查进行仔细研究后可以得出，民众对奥巴马的看法和关于他的宗教信仰之间存在一种因果关系，因为随着对奥巴马支持率的下降，认为他是穆斯林的比例就上升。比较皮尤研究中心 2009 年 3 月和 2010 年 8 月的民意调查，奥巴马的支持率从 59％下跌到 47％，认为他是穆斯林的比例从 11％上升到 18％，而认为他不是穆斯林的比例保持稳定状态（第一次调查是 21％，第二次是 23％）。这些有助于来解释为什么 2010 年 8 月《新闻周刊》中 52％接受民意调查的共和党人认为"巴拉克·奥巴马支持想要在世界上强制实施伊斯兰法律的宗教极端主义者"的说法完全（14％）或可能（38％）是真实的。[20] 这么多奥巴马的诋毁者表达出如此怪诞的想法显示出他们已经彻底疏远了这位总统。

　　共和党的策略

　　医疗改革辩论的另一个主要的影响是让共和党国会领导人相信全面反对奥巴马的策略是夺取国会大多数的席位的通行证。茶党运动所表现出的愤怒和激情，并且更重要的是在 2010 年 1 月的马萨诸塞州共和党人斯科特·布朗（Scott Brown）以反对奥巴马的医疗改革计划而获得已故的爱德华·肯尼迪（Edward Kennedy）的参议员席位，推动了共和党一致反对医疗保健制度改革的步伐。正如民主党拥护者指出的那样，此次医疗改革方案同共和党总统候选人米特·罗姆尼（Mitt Romney）作为马萨诸塞州州长时已通过的方案非常相似，并且共和党已经提议把它作为替代比尔·克林顿（Bill Clinton）1993 年计划的备选方案。共和党领导人甚至采用了茶党世界末日的言辞来谴责这项立法：众议院少数派领导人约翰·博纳（John Boehner）把这次关于最后投票的争斗称为"世界末日的善恶大决战"，因为这项法案将会"让我们的国家毁灭"[21]。他的共和党同事，加利福尼亚州的德温·努涅斯（Devin Nunes）宣称由于这项受"苏维埃"影响的法案，民主党"最终将在美国人民背上打下他们社会主义乌托邦的基石"。[22]

　　对医疗改革和奥巴马的公众舆论

　　公众对这项极其复杂的医疗保健改革一揽子计划的看法仍相当均匀地分成两派；比起提供满意评论的来说，更多的人提供了不满意的评论（大约平均 5％），但是一些人这样做是因为这项计划几乎没有承诺太多的政府参与。这项立法的有些组成部分是相当受欢迎的，有些不受欢迎；可以预见的是，大多数人往往希望从中受益而不喜欢承担改革所需的费用。[23]但是从在华盛顿两党的斗争来看，对这整个一揽子计划的看法沿着政党路线很明显地被分割开来，导致在对奥巴马工作表现的评估上产生了更大的分歧（图表 18-5）。[24]虽然政党分裂还没有达到由布什在第二任期时的最严重程度，但是比起布什之前的任何一位总统来说是最严重的。

　　医保改革对于奥巴马的总统任职评估的影响达到何种程度，很明显地体现在对奥巴马工作表现的看法和对他的医疗改革看法极具代表性的关系上。平均来看，

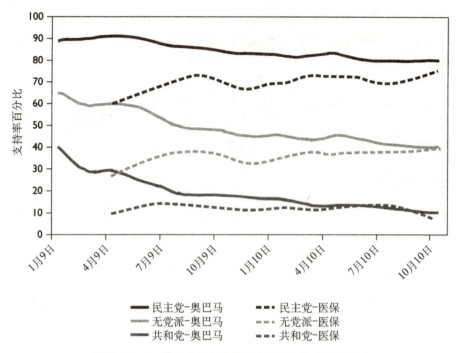

图表 18 - 5　党派对医疗改革和奥巴马工作表现民调表

资料来源：参见脚注 24.

2010 年期间，89％的受访者对奥巴马和他的医改立法给出了一致的看法，对两者都持赞成态度或都持反对态度。[25]要更准确地理解这些数字的话，就是公众认为奥巴马和他的医改方案之间的关系甚至比布什和伊拉克战争之间的关系更加紧密（平均一致率为 83％；参见 Jacobson 2008，80）。比起公众对奥巴马处理其他任何问题的评价来，对奥巴马处理医保问题的看法会更紧密地关系到对他全部工作表现的评价。[26]

　　与其他对奥巴马评估的主要来源相比较，医改议题所处的关键地位通过表格 18 - 2 中的等式可以得到证实。2010 年 5 月，美国全国广播公司/《华尔街日报》民意调查要求调查对象对不同公众人物和机构，包括巴拉克·奥巴马和茶党运动进行评价，选项分成很支持、有点支持、中立、有点反对、很反对 5 个等级。同时也问到对医疗改革法案和经济刺激法案的看法、被调查者在 2008 年总统选举中如何投票、一般政党认同、意识形态和人口学统计等问题。在奥巴马的这些变量中（等式 1）对他医疗改革法案的看法是最强烈的。这一点也不让人惊讶，因为对奥巴马和对他的医疗改革看法之间联系的指数.79 明显高于任何其他的配对，包括党派认同（.65）和两次 2008 年投票变量（每一次.66）。当支持奥巴马的工作表现是（如今的二分法）因变量，并且使用逻辑回归分析来判断时（等式 2），就会出现相同的结果；对医疗改革法案的看法到目前为止对受访者表示支持的可能性产生最大的影响。等式也显示 2010 年对奥巴马的看法与所报道的 2008 年选举总统投票[27]、对茶党运动的看法和对奥巴马经济刺激法案效果的评估都有紧密的联系。

表 18 - 2　对巴拉克·奥巴马的民意调查分析表

	1. 最小二乘法回归分析		2. 对数成败比率分析	
	系数	结果	系数	结果
政党身份认同（七分制）	.06** (.02)	.36	.21** (.08)	.29
意识形态（五分制）	.05 (.03)	0.20	.21 (.14)	.20
投票给奥巴马	.39*** (.09)	.87	.70* (.29)	.41
投票给麦凯恩	−.48*** (.09)		−1.08** (.36)	
是否白人	−.28*** (.06)	.28	−.63* (.27)	.15
对茶党的民意（五分制）	−.15*** (.03)	.60	−.48*** (.11)	.43
对医保法案的民意（五分制）	.33*** (.06)	1.32	.79*** (.10)	.64
刺激法案的效果（四分制）	.22*** (.03)	.66	.67*** (.13)	.44
常数	.38*** (.07)		−.92 (.56)	
Adjusted R^2/Pseudo R^2	.74		.67	
对数似然值			−220.4	
观测次数	1,033		971	

注释：最小二乘法等式中的因变量是五分制，从 2（对奥巴马很积极的看法）到−2（对奥巴马很消极的看法）之间变化；在对数成败比率等式（此名称与原文翻译中不同，采用此种）中，调查对象同意奥巴马的工作表现取值为 1，不同意取值为 0；政党身份认同以民主党选项计分；意识形态计分自由；给总统投票变量和是否白人计分，是为 1，不是为 0；对茶党运动的民意调查为分制从 2（很积极）到−2（很消极）不等；对医改法案的民意调查为五分制（2 为好主意，强烈支持；1 为好主意，不是那么强烈支持；0 为不确定或没意见；−1 为坏主意，不是那么强烈反对；−2 为坏主意，强烈反对）；刺激法案效果为四分制，（2 为对经济有益，1 为将会对经济有益，0 为不确定，−1 为不会对经济有益）。稳健标准误差在括号中显示。

对最小二乘法等式而言，得出的结果是在自变量最高和最低值之间因变量中的估算差；对对数成败比率等式而言，在赞成奥巴马表现的概率中，得出的结果是因变量及其他取为均值变量中的最高值与最低值之间的差。

资料来源：美国国家广播公司新闻网/华尔街日报调查，2010 年 5 月 6—10 日，由康涅狄格大学罗普中心提供。

这些等式是用来评定关系之间相对强度的而不是用来提供一个因果过程的结构性评估的。然而这些等式确实表明对奥巴马的态度不仅仅反映了党派偏见和意识形态的问题，同时它们也表明了对奥巴马总统任职高度两极分化的一些深层根源。比如，支持医改立法和反对茶党运动的接近四分之一的受访者中，98％赞同奥巴马的工作表现，96％支持他。表示不支持医改和支持茶党的同样数量的受访者中，96％的人不赞同奥巴马的工作表现，90％的人不支持他。

失去无党派的支持

医疗改革政治带来的第三个重要方面是大多数无党派人士宁愿坚决地站在共和党支持者这边，以这项法案太唐突且费用昂贵而进行反对。[28] 在2010年进行的调查中，平均37％的无党派人士支持这项法案，52％的表示反对。总的来说，无党派人士对医疗改革和奥巴马的看法趋于一致（见图表18-5），对奥巴马和他的政党不利。在保守的无党派人士中，对奥巴马的支持下降尤其明显，他们中的许多人接受了茶党把奥巴马视为极端自由主义者的观点。如图表18-6所示，在奥巴马就职典礼之前，接受全国广播公司/《华尔街日报》调查的无党派人士，不考虑他们自己的意识形态立场，把他放在了从自由派到保守派5个等级类别（1代表很自由，2有点自由，3温和，4有点保守，5很保守）量尺的平均2—3之间的位置。总统任职一年后，保守的无党派人士把奥巴马放在这个量尺的最左端。因此，他们对奥巴马的

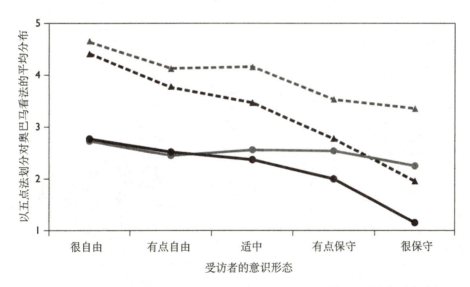

图表 18-6　无党派意识形态分布及对奥巴马民调表，2009，2010

资料来源：美国国家广播公司新闻网/华尔街日报调查，2009年1月9—12日及2010年1月10—14日，由康涅狄格大学罗普中心提供。

看法变得更加消极（通过一个量尺来衡量，5 代表很积极，4 有点积极，3 中立，2 有点消极，1 很消极）。奥巴马执政前两年期间失去无党派支持是他在公众舆论中发生的政治上最重要的变化，在讨论 2010 年选举时我会回到这一点上来。

奥巴马时期的战争

奥巴马继承了两场正在进行中的战争，所以他不可能把全部的精力用来处理经济和其他国内政策议题。公众对伊拉克战争的不满对巴拉克·奥巴马获得提名和赢得 2008 年选举起了至关重要的作用（Jacobson 2009a；2010a）。奥巴马一上任，就着手履行他的竞选诺言，逐步结束伊拉克战争并重新布置军事力量同阿富汗复燃的塔利班作战。这两项举措得到了广泛的支持。对奥巴马战争指挥上的党派分歧一直比在国内政策上的要小得多（图表 18 - 7），毫无疑问这是因为他对这两场战争采取的政策已经同时取悦了共和党和民主党（伊拉克），或者比起民主党来更取悦了共和党（阿富汗）。在伊拉克，美国军队的撤回遵循了由布什政府商议的时间表，并与共和党把 2007 年至 2008 年对布什的支持率"激增"评价为一次巨大成功相一致，所以他们反对的声音一直是微弱的，虽然民主党倾向于更迅速地退出战争（这解释了民主党人在这方面对奥巴马的表现不热情的支持），但是他们至少看到了最终会把美国从战争的泥潭中摆脱出来的行动方案（Jacobson 2010b）。

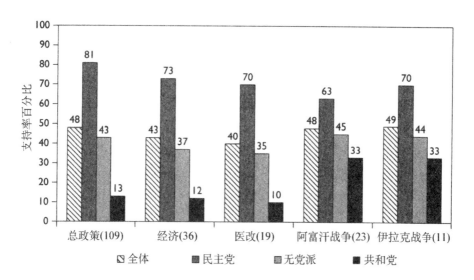

图表 18 - 7　2010 年党派性及对巴拉克·奥巴马表现支持率表

注释：调查平均数见括号。

资料来源：美国广播公司新闻网/华盛顿邮报，哥伦比亚广播公司新闻网/纽约时报，美国国家广播公司新闻网/华尔街日报，盖洛普公司，昆尼皮亚克，美国有线电视新闻网，皮尤，益普索，新闻周刊，马瑞斯特及富兰克林与马歇尔民调。

　　奥巴马的阿富汗政策已经从内部分裂了两个党派。例如，在 2009 年 12 月作出的另派 3 万美国军队进入阿富汗作战的决议之后，几个月内进行的民意调查显示，平均 70％的共和党人表示支持这项决议，比支持奥巴马处理阿富汗战争方案的共和党人高出 33 个百分点，而平均 49％的民主党人支持这项决议，比起他们支持奥巴马的着手处理阿富汗问题方案时低 14 个百分点(Jacobson 2010b)。因而许多共和党人支持奥巴马的这项决议而不是他处理阿富汗战争的方案，而许多民主党人支持他处理战争的方案而不是这项决议。然而无论哪种情况，对奥巴马在此领域(或伊拉克战争上)中表现的看法都没有对他总体上的支持率产生显著的影响。

　　正如图表 18-7 的数据所示，共和党对奥巴马总体工作表现的支持率比对他处理战争方案的支持率平均低 20 个百分点，而民主党对奥巴马的总体支持率比他在阿富汗和伊拉克问题上的支持率分别平均高 18 个和 11 个百分点。与对他前任的评价形成明显对比的是，迄今对奥巴马工作表现的反馈更多的是来自对他国内政策而不是国外政策的评价，这是他的立法议程和严重经济衰退两者共同导致的一个自然结果。因而，在对奥巴马总统任职的评价中，几乎没有引起党派之争的战争政策还不足以显著地消除党派分歧。

奥巴马和民主党

　　奥巴马在立法上和其他政策上的成绩在政治上未获得任何切实的政治红利，加上持续的经济不景气，不但影响了他自己广受欢迎的地位，也对民主党造成了影响。总统会使得公众对他所在的政党的态度产生强有力的影响(Jacobson 2009b)；在布什第二任期时，民主党 2006 年和 2008 年取得选举胜利使得共和党的公众支持率受到损失。到奥巴马上任为止，他所在的民主党在政党受欢迎度上遥遥领先(图表 18-8)。[29]自此之后，共和党的受欢迎度从 2009 年初的低点经历了一个温和的反弹阶段，而对民主党的支持率已大幅度地下降。在 2009 年第一季度民主党持有平均 23 个百分点的优势，到 2010 年第四季度已下降到只有 2 个百分点的优势。

　　与布什一样，这个数据展示了在对奥巴马和他的政党总体支持率之间的一个很明显的线性关系。图表 18-9 标示了这两届政府中政党的受欢迎度和总统支持率的对比，并且展示了这两个变量之间线性关系的等式。值得注意的是奥巴马政府时期的直线的倾斜程度一直是更陡峭的；从统计上来看，存在的差异是显著的($p < .001$)，另一个独特之处是奥巴马总统任职期间民意排列的集中性。[30]而且与布什也一样的是(Jacobson 2009b)，奥巴马的支持率对反对党的受欢迎程度带来了更小的影响。通过回归方法比较共和党的受欢迎程度和奥巴马的支持率得出一个 .24 的系数(标准差是 .12)，并且匹配度也相当低(调整过的可决系数等于 .05)。不再受欢迎的总统损害了他们自己所在政党的支持率，但是他们无法相同程度地

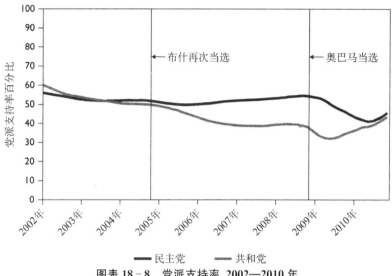

图表 18 – 8　党派支持率, 2002—2010 年

资料来源：局部加权散点光滑（Lowess）技术走向的得出来自 187 个哥伦比亚广播公司新闻网/纽约时报、盖洛普公司、昆尼皮亚克、美国广播公司新闻网/华盛顿邮报、彭博及美国有线电视新闻网的民调。

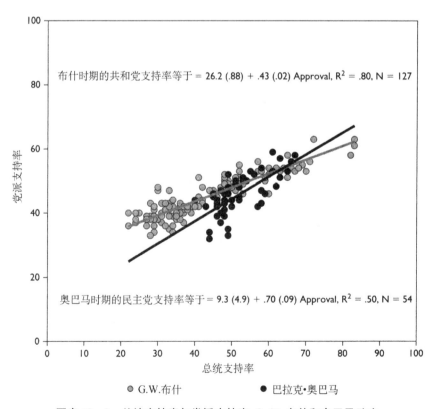

图表 18 – 9　总统支持率与党派支持率, G. W. 布什和奥巴马政府

控制反对党的支持率。

宏观党派意识上的趋势（拥护者支持政党的总比例）也是同整体的总统支持率保持一致的（Erikson，MacKuen，and Stimson 1998；Green，Palmquist，and Schickler 1998；Jacobson 2009b；MacKuen，Erikson，and Stimson 1989），对奥巴马政府来讲也是如此。哥伦比亚广播公司/《纽约时报》和盖洛普公司进行的党派认同系列调查显示：支持民主党选民人数的不断上升反映了布什在第二任期的支持率不断下降。在奥巴马总统任职初期这种趋势开始发生了转向并且到他执政第二年结束为止，民主党在盖洛普系列民调中所有的涨势和在哥伦比亚广播公司/《纽约时报》系列调查中大多数的涨势已经都消失了。虽然无党派的支持往往会夸大这种改变的程度，但是他们也改变不了这种格局。和政党的受欢迎度一样，在奥巴马和布什两届政府期间宏观党派意识直接和总统的支持率相关（图表 18 - 11）。同样，对奥巴马支持率的直线仍然是陡峭的，虽然从统计上看其中存在的差异不是那么明显。

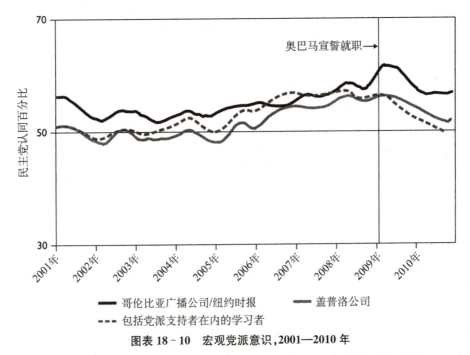

图表 18 - 10　宏观党派意识，2001—2010 年

资料来源：局部加权散点光滑（Lowess）技术走向的得出来自 167 个哥伦比亚广播公司新闻网/纽约时报的民调和 299 个盖洛普公司的民调。

2010 年中期选举

持续不下的高失业率和奥巴马在立法上和政策上取得的成绩未能带来政治上

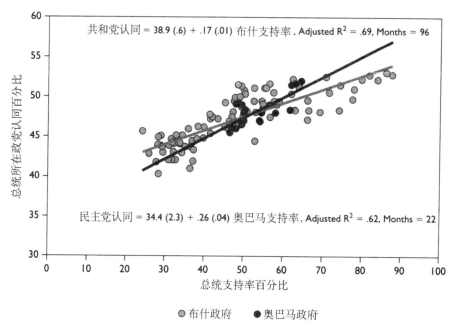

共和党认同 = 38.9 (.6) + .17 (.01) 布什支持率 , Adjusted R^2 = .69, Months = 96

民主党认同 = 34.4 (2.3) + .26 (.04) 奥巴马支持率 , Adjusted R^2 = .62, Months = 22

○ 布什政府　● 奥巴马政府

图表 18-11　总统支持率和宏观党派意识, 乔治·W·布什和巴拉克·奥巴马政府(月平均值)。

的收益, 这些不断积累的后果在 2010 年中期选举中使民主党遭受了严重的损失。中期选举中全民公决的一般要素在 2010 年由于持有鲜明有力政治观点的奥巴马的出现而得到进一步巩固。认为将会投出国会选票支持或反对总统奥巴马的受访者所占比例达到 56%, 这是能查到数据的九次中期选举中占比例最高的一次 (Jacobson 2011c)。[31]表示支持的选民(27%)和表示反对的选民(29%)基本上势均力敌, 但是奥巴马的反对者更加急切地希望参与选举：平均 63% 的共和党人说他们比平常更热衷于投票(这是追溯到 1994 年以来中期选举数据中记录的这类选民占到的最高比例), 民主党中这个比例为 44%(Jacobson 2011c)。并且奥巴马的茶党反对者是所有参与者中最狂热的人群。

　　对整体的选举数据进行分析可以得出, 2010 年中期选举极大程度地波及全国范围, 并且总统奥巴马是主要的焦点。例如, 这次中期选举对众议院投票数和上次选举对总统奥巴马在地区层面的投票数之间的关系是记录中最为接近的。这种关系几十年来变得愈加紧密(图表 18-12), 但是相比于两次相关系数最高的中期选举(1954 年和 2006 年)的 .85 和 .84 来说, 2010 年的这种关系拉开了相当大的差距, 达到了最高的相关性 .92。对于来自州层面核算的 2010 年参议院选举统计中相同的一项数据达到了 .84, 这也是追溯到德怀特·E. 艾森豪威尔第一任期以来中期选举中得分最高的。民主党候选人在 2010 年表现得多么出色，极大程度上取决于奥巴马 2008 年在他们的选民中已表现得多么出色。选举间的众议院票数在 2008 和 2010 年之间地区范围内的变化比往常更一致，对现任优势的估算也是自 20 世纪 60 年代以来最小的一次（Jacobson 2011c）。那么所有的证据都表明 2010 年至少是 60 年来全国涉及范围最广的中期选举。

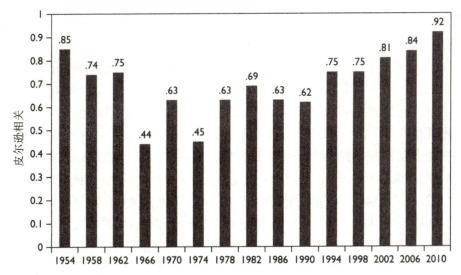

图表 18 - 12　上次总统所得选票与众议院中期选举所得选票相关性图表，1954—2010 年

资料来源：由作者汇编。

　　由于高失业率和公众对国家发展方向普遍的不满情绪[32]，很明显全国范围的选举对共和党有利。2008 年至 2010 年在选民结构上的变化也让共和党占有优势。2008 年奥巴马吸引了非常多年轻选民和少数族裔选民参与投票，中期选举时往往这些人群类别很少参与投票，形成了一种典型的"上涨和下降"的情况（Campbell 1966）。正如前面提到的，自从奥巴马宣誓就职以来，共和党也开始处在有利的形势下（图表 18 - 10），并且 2006 年和 2008 年对民主党获胜起到必不可少作用的无党派选民已经转而反对总统（图表 18 - 5 和 18 - 7）。这两种变化明显会伤害到民主党。根据投票后民意调查，2010 年政党按派系投票比例很高（94％支持共和党，92％支持民主党），凸显了大规模党派转向的重要意义。更重要的是，曾经在 2006 年以 57 票中的 39 票、2008 年以 51 票中的 43 票支持民主党的无党派选民在 2010 年众议院选举中以 56 票中的 37 票投票支持共和党（Jacobson 2011c）。类似的转变也出现在参议院选举中。根据 2008 年投票后民意调查，从共和党手中取得参议员席位的 8 个民主党人中的 7 人获得无党派人士的投票数超过他们的对手；在 2010 年，所有从民主党手中获得参议员席位的共和党得到了多数无党派人士的支持。[33]奥巴马和他所在的政党未能维持住无党派选民的支持是民主党在2010年失利的最重要的根源。

结论

奥巴马上台执政的前两年期间，为了履行竞选时引人注目的承诺，通过了应对经济衰退的重要立法，发起了医疗保健体系内的全面改革，实现了美国军事力量从伊拉克到阿富汗的转移。公众对此的反应是在2010年中期选举中让他所在的政党遭受惨败，并让他在任期后两年中面对众议院中占到多数的充满敌意的共和党以及参议院中民主党占多数锐减的局面。奥巴马在立法和政策上取得成功而导致了政治上的失败有多重原因。最重要的原因是经济的反弹没有足以明显降低失业率。不良资产救助法案和经济刺激立法带来的主要益处在于阻止经济变得更加恶化，但是反事实的情况（如果没有采取这些行动的话，经济衰退会更严重到什么程度）对经济缓慢恢复的现实没有带来很大的积极影响，并且大多数美国人逐渐认识到这些政策是无效果甚至是有害的。受调查者他们认同的是在"自2002年开始经济衰退以来政府经济政策"的受益者当中，大型银行、金融机构（74%）和大型公司（70%）远远排在穷人（31%）、中产阶级（27%）和小型企业（23%）之前，他们的这种观点无可厚非[34]；股价和公司利润有所反弹（可以说，是迈向更普遍繁荣的必要一步），但是这些要惠及中产和工人阶层的美国人是非常缓慢的。同样地，医疗改革可能某一天会像新政类型的其他一些计划一样，比如说社会保障和医疗保险制度，受到赞誉，但是它带来直接的政治上的后果是使公众两极分化，激起了茶党运动中表现出的平民保守主义和对奥巴马持强烈敌对态度的高潮。他的外交政策没有引起很大的争议和分歧，但是这些又不是公众对奥巴马评估的核心部分。

奥巴马和他的同盟本来能够采取一些措施来获得公众对他的举措更为积极的反应吗？也许在很小程度上可以，但是超出控制的现实严重地限制了任何一位总统改变公众想法的能力（Edwards 2009），奥巴马也不例外。不是因为他缺乏"公开露面"的机会，他的医疗改革才得不到更多的支持。除了限制开支的经济不景气的现状，还有一个问题是，纵然大多数美国人关心未参保人并担心不断上涨的医疗费用，他们还是满足于他们自己目前的医保状况并对改革是否能够改善他们的现状持怀疑态度。考虑到在奥巴马竞选中这个问题的突出地位，他就职后必须要应对这个问题；如果他竭尽全力去应对的话，他自己的党派成员就会感到被背叛了。奥巴马政府本来可以更有效地处理国会在这项立法上的行动，但是没有办法避免参议院中有茶党参与的难以和解的来自共和党的坚决反对。

奥巴马从前任那里接过的经济衰退可能比他和他的顾问团预期的要严重得多，所以更大规模、目标更明确的经济刺激法案可能会更加有效。但是当时能够促使国会通过法案是存在疑问的，并且公众对不断爬升的赤字的担忧遏制了后来增加消费者需求和创造工作机会的选择。不管怎样，很难想象的是，在奥巴马前两年执政期间，任何可行的政府行为会极大地加速经济复苏，况且崩溃的房产市场不会快速修复，并且世界经济也处在银行和房地产危机的困扰之中。

对奥巴马的看法甚至在他上台执政之前就按照党派和意识形态界限很明显地分割开来，这种看法加强了国会中共和党反对和阻挠的本能。茶党对奥巴马的看法也是在他上任之前形成的，因此作为一位温和自由派的民主党总统，几乎任何与他的职位一致的国内行动都可能激怒支持麦凯恩的选民和其他认为他是极端左派分子的平民保守派。福克斯新闻（Fox News）、著名的极端保守派广播脱口秀主持人拉什·林博（Rush Limbaugh）一伙人的所作所为正好证明了这一点。

简而言之，即使奥巴马是一位更加精明的政治领袖及政策的有效倡导者，他在总统任职初期存在的状况表明他仍然会面临着无就业复苏和难以对付的对手等问题，并且他乃至他的政党仍然会面对失去公众支持的困境。对奥巴马来说，在他任职的剩余时间里的现状可能或不可能得到改善（即使经济渐渐复苏，阿富汗问题仍阴魂不散），但是他重新获得公众的支持并振兴他所在的政党的能力将会继续受到他无法掌控的局面的约束和限制。

参考文献

Ansolabehere, Stephen. 2009a. *Cooperative Congressional Elections Survey*, *2008*: *Common Content*. [Computer File] Release 1: February 2, 2009. Cambridge, MA: M. I. T. [producer].

——. 2009b. "Guide to the 2008 Cooperative Congressional Elections Survey," February 9 draft. Harvard University, Cambridge, MA.

Barstow, David. 2010. "Tea Party Lights Fuse for Rebellion on Right." *New York Times*, February 16.

Campbell, Angus. 1966. "Surge and Decline: A Study of Electoral Change." In *Elections and the Political Order*, eds. Angus Campbell, Philip E. Converse, Warren E. Miller, and Donald E. Stokes. New York: John Wiley and Sons, 42 - 60.

Conroy, Scott. 2008. "Palin: Obama's Plan Is 'Experiment with Socialism.'" *CBS News*, October 19. http://www.cbsnews.com/8301-503443_162-4532388.html.

Congressional Budget Office (CBO). 2010. "Estimated Impact of the American Recovery and Reinvestment Act on Employment and Economic Output from April 2010 through June 2010," August Report. http://www.cbo.gov/publications/collections/collections.cfm? collect=12.

Drogan, Bob, and Mark Barabak. 2008. "McCain Says Obama Wants Socialism." *Los Angeles Times*, October 19.

Edwards, George C. III. 2009. *The Strategic President: Persuasion and Opportunity in Presidential Leadership*. Princeton, NJ: Princeton University Press.

Erikson, Robert S., Michael MacKuen, and James A. Stimson. 1998. "What Moves Macropartisanship? A Response to Green, Palmquist, and Schickler." *American Political Science Review* 92 (December): 901 – 921.

Green, Donald, Bradley Palmquist, and Eric Schickler. 1998. "Macropartisanship: A Replication and Critique." *American Political Science Review* 92 (December): 883 – 899.

Jacobson, Gary C. 2008. "George W. Bush, Polarization, and the War in Iraq." In *The George W. Bush Legacy*, eds. Colin Campbell, Bert A. Rockman, and Andrew Rudalevige. Washington, DC: CQ Press, 62 – 91.

——. 2009a. "The 2008 Presidential and Congressional Elections: Anti-Bush Referendum and Prospects for the Democratic Majority." *Political Science Quarterly* 124 (Spring 2009): 130.

——. 2009b. "The Effects of the George W. Bush Presidency on Partisan Attitudes," *Presidential Studies Quarterly* 39 (June 2009): 172 – 209.

——. 2010a. "George W. Bush, the Iraq War, and the Election of Barack Obama," *Presidential Studies Quarterly* 40 (June 2010): 207 – 224.

——. 2010b. "A Tale of Two Wars: Public Opinion on the U. S. Military Interventions in Afghanistan and Iraq," *Presidential Studies Quarterly* 40 (December 2010): 585 – 610.

——. 2011a. *A Divider, Not a Uniter: George W. Bush and the American People*, 2nd ed. New York: Pearson Longman.

——. 2011b. "The Obama and Anti-Obama Coalitions." In *The Barack Obama Presidency: First Appraisals*, eds. Bert A. Rockman and Andrew Rudalevige. Washington, DC: Congressional Quarterly Press, forthcoming.

——. 2011c. "The Third Wave: The Republican Resurgence in 2010," *Political Science Quarterly* 126 (Spring), forthcoming.

Kenski, Kate, Bruce W. Hardy, and Kathleen Hall Jamieson. 2010. *The Obama Victory: How Media, Money, and Message Shaped the 2008 Election*. New York: Oxford University Press.

MacKuen, Michael, Robert S. Erikson, and James A. Stimson. 1989. "Macropartisanship." *American Political Science Review* 83 (December): 1125 – 1142.

Parker, Christopher S., and Matt A. Barreto. 2010. "Exploring the Sources and Consequences of Tea Party Support." Paper presented at the conference on Fractures, Alliances and Mobilizations in the Age of Obama: Emerging Analyses of the 'Tea Party Movement, Center for the Comparative Study of Right Wing Movements, U. C. Berkeley, October 22.

Przybyla, Heidi, and John McCormick. 2010. "Poll Shows Voters Don't Know GDP Grew With Tax Cuts," *Bloomberg Businessweek*, October 29. http://www. businessweek. com/news/2010-10-29/poll-shows-voters-don-t-know-gdp-grew-with-tax-cuts. html.

Rooney, Ben. 2010. "TARP Cost Estimate Cut to $ 25 Billion, Says CBO," CNN, November30, 2010. http://money. cnn. com/2010/11/30/news/economy/GAO_TARP_report.

Sherif, Muzafer, and Carl I. Hovland. 1961. *Social Judgment: Assimilation and Contrast Effects in Communication and Attitude Change*. New Haven, CT: Yale University Press.

尾注

1. 民主党人将必须保持 23 个席位,而 2012 年共和党人只需保持 10 个席位。

2. The American National Election Studies（ANES；http://www. electionstudies. org）. The ANES 2008 Time Series Study［dataset］. Stanford University and the University of Michigan ［producers］.

3. 在同样冗长的盖洛普民意测验系列中政党界限内投票也是今次于 2004 年达到最高。参见 http://www. gallup. com/poll/139880/Election-Polls-Presidential-Vote-Groups. aspx（accessed December 6，2010）.

4. 当人们把他们不喜欢的人看作是观念和他们相差很大的人，而事实并非差别那么大时，"排斥"产生；当人们把他们喜欢的人看作是观念和他们很接近的人，而事实并非那么接近时，"相吸"产生。

5. 根据美国国家选举研究数据，自 1962 年以来，2008 年众议院选举的忠诚度是最高的；参议院选举的忠诚度是自 1958 年以来最高的；总统众议院选票分散率是自 1964 年来第二低（略高于 2004 年）；总统参议院选票分散率是自 1952 年来最低的。

6. 此分析只限于至少 10 位投票人为当选者投票的区域；符合以上条件的包括 158 个共和党区域和 199 个民主党区域。在数据集中共和党区域内共和党人投票的平均数为 27.7，标准差为 7.9；民主党区域内民主党人投票的平均数为 25.6，标准差为 8.8。对于 2008 年合作国会选举研究的说明，参见 Ansolabehere（2009a；2009b）.

7. 2010 年 7 月 15 日皮尤调查中提问这个问题，47％的受访者回答这一直是布什政府的计划，47％回答这是奥巴马政府的计划。受访者在党派上没有显著的不同。http://pewresearch. org/databank/dailynumber/？NumberID＝1057（accessed December 7，2010）.

8. 国会预算办公室估算刺激法案增加了同等的全日制工作岗位，在 170 万个到 330 万个之间，国内生产总值同如果不实施经济刺激法案可能出现的结果相比较，从 1.7 增长到 4.5（CBO 2010）。"Estimated Impact of the American Recovery and Reinvestment Act on Employment and Economic Output From April 2010 Through June 2010，" August 2010，http://www. cbo. gov/publications/collections/collections. cfm? collect＝12.

9. 在这个问题（税收上升与下降问题）上的结果是共和党人 55 比 3，无党派人士 31 比 7，民主党人 19 比 13 认为税收是上升而不是下降了；因而民主党人甚至更可能会搞错。参见 the CBS News/New York Times Poll，September 1024，2010，http://www. cbsnews. com/8301-503544_162-20016602503544. html? tag＝contentMain；contentBody.

10. 比如，在 8 月 27 至 30 日的盖洛普民意调查中，61％的美国人同意这项立法，包括 76％的民主党人士，62％的无党派人士及 42％的共和党人（来自我对康涅狄格大学罗普中心提供的调查进行的二次分析）。

11. 在表 18－1 中所报道的调查中，20％的人认为他们不知道立法是否给国家带来益处或损失，37％的人认为做出判断还为时尚早。

12. 在 2009 年 3 月至 2010 年 8 月进行的 11 项调查中，调查的问题是奥巴马还是布什更应为目前的经济担责。平均 25％的人选奥巴马，54％的人选布什。在把华尔街和国会作为潜在的罪魁祸首的 6 项调查中，平均 5％的人选奥巴马，33％选布什，24％选华尔街，13％选国会。只有在第一轮民调中，对奥巴马的指责数据呈温和增长。第一轮民调来自美国广播公司/《华盛顿邮报》、国家广播公司/《华尔街日报》、福克斯新闻、昆尼皮亚克民调、《新闻周刊》、民主政治公司、国家公共广播电台、《时代杂志》；第二轮民调来自哥伦比亚广播公司/《纽约时报》和福克斯；数据报告见 http://www. pollingreport. com and the sponsors' Web sites.

13. 奥巴马上任的首个 12 月中，月失业率与对奥巴马平均支持率相关数为.92.

14. 谷歌搜索这些标签中任何一个含有"奥巴马"的标签，查看在网络中是如何使用的。

15. 2010 年 1 月至 10 月间进行的 19 项民调中，18％至 41％认为他们对茶党运动持支持态度（平均数 32％），12％至 50％不支持（平均数也是 32％）；其余的不确定或对此没有足够的了解；来自 NBC News/*Wall Street Journal*，CBS News/New York Times，Quinnipiac，Fox News，AP-GfK，and ABC News/*Washington Post* polls，见 http://www. pollingreport. com/politics. htm（accessed November 7,2010）。

16. 在 4 月 5 日至 12 日哥伦比亚广播公司/《纽约时报民调》中只有 7％的茶党支持者赞同奥巴马的表现；88％不赞同，92％认为奥巴马的政策正在走向社会主义；参见 "Tea Party Movement：What They Think," http://www. cbsnews. com/htdocs/pdf/poll＿tea＿party＿ 041410. pdf（accessed April 15,2010）。

17. "Polls：'Birther' Myth Persists Among Tea Partiers，All Americans. " http://www. cbsnews. com/8301-503544＿162-20002539-503544. html? tag＝contentMain；contentBody（accessed April 15,2010）；2 月的美国广播公司/《华盛顿邮报》民调显示 31％的共和党人及相同比例的茶党支持者认为奥巴马不是美国出生；参见 http://abcnews. go. com/ PollingUnit/poll-half-birthers-call-suspicion-approve-obama/story? id＝10576748 ＆. page＝2；在 2010 年 7 月的一次美国有线电视新闻网调查中当被问及奥巴马是否出生在美国，只有 23％的共和党受访者回答"确定无疑"，34％回答"可能"，2％回答"可能不"，14％回答"绝对不是"。民主党受访者的比例分别是 64％、21％、7％和 8％；结果见 http://i2. cdn. turner. com/cnn/2010/images/08/04/rel10k1a. pdf（accessed August 4,2010）。

18. "Growing Number of Americans Say Obama Is Muslim," Pew Survey Report，August 19，2010，http://people-press. org/report/645/.

19. 11％的民主党和 17％的无党派人士也认为他是穆斯林；*Time Magazine*/Abt SRBI Poll：Religion，August 1617,2010，获取自康涅狄格大学罗格中心作者的二次分析。

20. *Newsweek* Poll，August 2526,2010，http://nw-assets. s3. amazonaws. com/pdf/1004-ftop. pdf.

21. "Boehner：It's "Armageddon," Health Care Bill Will "Ruin Our Country," The Speaker's Lobby，Fox News，March 20，2010，http://congress. blogs. foxnews. com/2010/03/20/boehner-its-armageddon-health-care-bill-will-ruin-our-country/comment-page-3/? action＝late-new.

22. Speech on the House floor，March 21,2010，http://vodpod. com/watch/3280104-devin-nunes-health-care-the-ghost-of-communism-a-socialist-utopia.

23. 一般来说，大多数人赞成要求保险公司为先存情况保险并继续为生病的人保险，赞成为贫困家庭提供补贴购买保险，赞成要求雇主为雇员提供医疗保险。这种全民覆盖的理念也赢得了大多数人的支持。但是大多数人也往往会反对必须要支付的如下方面：对大多数医疗政策征税，对一些医疗保险补偿进行限制，要求每个人购买医疗保险（导致风险分摊极大），通过罚款强制执行这个规定等。对于调查的问题及反馈，大量汇编参见 http://www. pollingreport. com/health. htm（accessed November 10,2010）。

24. 对于图表 18 - 3 的工作支持率呈现局部加权回归趋势，来自 224 份民调，取自 ABC News/ *Washington Post*，CBS News/*New York Times*，CNN，Gallup，USA Today，Ipsos，NBC News/*Wall Street Journal*，*Newsweek*，Pew，and *Time*. 对于医疗改革局部加权回归趋势，74 份民调来自 ABC News/*Washington Post*，CNN，Gallup，*USA Today*，Ipsos，NBC News/*Wall Street Journal*，Pew，Quinnipiac，Kaiser Family Forum，and *Newsweek* polls. 数据获取自 http://www. pollster. com，http://www. pollingreport. com，and the polling organizations' Web sites.

25. 平均 90％的共和党、88％的民主党和 82％的无党派人士做出了一致评估；分析以 2 月至 8 月间由 Gallup，NBC News/*Wall Street Journal* 和 CNN 提供的 10 份民调为基础，二次分析可见康涅狄格大学罗格中心。

26. 在 2010 年 6 月皮尤民调中，88％的受访者对奥巴马的医改和总体工作表现给出了一致评估；在其他 8 个议题上，包括经济、财政赤字、伊拉克和阿富汗战争等，一致性从 69％到 85％不等。

27. 可能由于错误的记录这个相互关系数被抬高了，但是所报道的两党投票分布（奥巴马54.9％，麦凯恩45.1％）与 2008 年实际投票数（53.7％比 46.9％）非常接近。

28. "Obama Gets Small Bounce from Health Care Win, Quinnipiac University National Poll Finds; Net Disapproval Drops 9 Points," http://www. quinnipiac. edu/x1295. xmi? ReleaseID＝1437，(accessed March 27, 2010).

29. 政党支持率是通过受访者回答"是的"的比例来计算的，要求回答的问题是"你对共和党[民主党]是支持还是不支持"？

30. 对于克林顿政府的数据比较分析斜率为.49（标准差.12，调整后 $R2$ 为.35，N 为 29），因此不能归因于是共和党和民主党总统差别引起的。

31. 位于第二的是乔治·W. 布什，2006 年的比例为 54％；其他总统可以追溯到 1982 年的罗纳德·里根，比例从 34％到 47％不等。

32. 2010 年期间，美国人认为国家在错误的发展方向上与认为在正确发展方向上的比例多达 2：1. 参见 http://www. huffingtonpost. com/2009/01/07/issue-rdwt_n_725763. html (accessed December 4, 2010).

33. 2008 年的结果见 http://www. cnn. com/ELECTION/2008/results/polls. main (accessed November 26, 2010); the 2010 results are at http://www. cnn. com/ELECTION/2010/results/polls. main (accessed November 26, 2010). 虽然没有出口民调涉及共和党实力上升的情况（北达科他州），但是北达科他州约翰·胡芬获得了全部选票的 76％，所以可以说他获得了大多数无党派人士的支持。

34. "Gov't Economic Policies Seen as Boon for Banks and Big Business, Not Middle Class or Poor," Pew Survey Report，July 19, 2010，http://people-press. org/report/637.

文献 19　总统制和形象管理：追求幻象的约束性

杰里米·D.迈耶

　　　　"总统制政府是一种幻象……"——赫克洛和撒拉蒙(1981,1)。

　　场景一：一位欢欣鼓舞的总统登上航空母舰上的喷气机和他忠诚的部队一起庆祝推翻专制暴君的惊人胜利。水兵们用雷鸣般的欢呼声向他致敬,他在甲板上发表演说,阳光正好洒落在太平洋上,落日的余晖映照在爱国主义的条幅上,上面写着"使命完成"。

　　场景二：在和佛罗里达二年级的学生谈论阅读的媒体拍照时间,总统的一位参谋长低声告诉他世贸中心的第二座大楼受到了恐怖主义袭击,另两架被劫持的飞机正加速向华盛顿飞去,这位迷惑的总统捡起《宠物山羊》这本书在自动照相机前又待了七分钟,谈论山羊和读写能力(Paltrow 2004)。

　　同一位总统乔治·W.布什的这两种形象说明了在这个 24 小时视频时代对总统的形象管理提出的挑战。第一个场景展现的是布什总统身处在一个被精心策划的充满着爱国主义、胜利的喜悦、具有男子气概和勇敢无畏的环境之下。第二个场景展现了随着关键时刻一分一秒地逝去,总统没有采取任何行动,没有做出任何决定。布什政府在形象管理上的成功通过以下事实得到了很好的证明,即大多数美国人目睹了前所未有的舰载机着陆,而几乎没有人收看双塔被撞燃烧时,布什正在称赞丹尼尔斯夫人教的孩子们的阅读能力的完整片段。

　　总统形象——美国人对作为一个人和一位领袖的行政长官的印象——对任何一位现代总统的成功都起着至关重要的作用。自从伯里克利所处的雅典时代以来,公众对领袖个人特点的看法一直是成功执政的一部分并且贯穿于美国总统制悠久的历史之中。在电视成为政治传播的主要模式以来的几十年中,形象变得更加重要起来。形象既是权力的来源,又是人们评价总统和他们的工作人员的一种衡量方式。本文简要探讨如何创造总统形象并对布什的形象管理者如何工作进行评估,最后以对未来总统的形象管理提出问题作为结尾。

总统形象的组成要素

形象是什么？它既是事实又是谎言,既是准确的感知又是现实和感知之间存在的差距。它既不是政策也不是物质。然而它又和这两者相互联系。形象是一天天打造起来的,慢慢地积累沉淀于公众舆论的湖底。形象有惊人的可塑性,部分是因为媒体的趋势就是来强化任何一种公众形象。正是因为这个原因,在总统任期的某个阶段,有时改变政策比改变形象变得更为容易。作为伟大的总统形象管理者之一的里根助理迈克尔·迪弗(Michael Deaver)曾经评论道："在电视时代,形象有时和物质一样有用"(Waterman, Wright, and St. Clair 1999,53)。"

总统的公众形象产生于四个因素复杂的相互作用之中。这四个因素为：总统的性格、行为和政策的"现实"；总统工作人员的形象管理；来自政治对手试图进行的再定义；媒体对总统各种各样的评价之声。它们一起在美国人的集体意识中创造了这种早期的、不断变化的总统形象。

总统形象所谓的根源"现实性"始于总统的性格、才能、世界观和风格。在这个没有私密性的现代社会,它还包括像家庭生活和性行为等这些事情。与总统的政策和政治背景也是相关的,在一定程度上使得公众对总统作为一个人的感知带上了某种色彩。一些被看作是自私、轻率或危险的政策会影响到总统的个人形象。它也包括总统本人的外表、措辞和口音等方面。

思考一下,形象政治的迫切性是如何限定谁能真正成为总统的。虽然美国人口的肥胖率也许是世界上最高的,但是最近一位真正超重的总统是 1912 年的威廉·霍华德·塔夫脱。[1] 最近一位秃头的总统是德怀特·艾森豪威尔。鉴于对大众中年龄 35 岁以上秃顶或几乎秃顶男士的估计数量大约占到 40% 到 70% 不等,而在 2000 年和 2004 年竞选两大政党提名候选人的 16 名男士都是生来外表不错的,这让我们震惊。[2] 他们中没有一个人超重,2000 年最终获胜者相当苗条。正如一句俏皮话所说,华盛顿可能是丑人的好莱坞,但是现在它由相当有魅力的人管理,或至少不是没有魅力的人。如果我们认为肯尼迪是电视时代的第一位总统的话,注重外表的倾向就变得很清楚了。最近五任总统(里根、老布什、克林顿、小布什、奥巴马)比前四任(约翰逊、尼克松、福特、卡特)要有魅力得多。个人外表的现实可能是政治形象的力量最为明显的表现了。[3]

形象管理者的任务首先是决定总统的哪个方面需要强调,哪个方面需要隐瞒。有时候真实的情况可能被直接否认。和自己的孩子存在缺陷关系、已离婚的总统被描述为慈爱的父亲形象(里根)。不忠诚的丈夫给美国的青少年做关于性规矩的

来源：*Presidential Studies Quarterly*, Volume 34, Issue 3(September 2004)：620–631. © 2004 John Wiley and Sons. 经 John Wiley and Sons 许可使用。

演讲（克林顿）。在富有而有特权的家庭中长大的总统让人们知道他最喜欢的食物是猪皮，最喜欢的音乐是乡村音乐组合橡树岭男孩（Oak Ridge Boys）的歌曲（老布什）。采取这些策略存在的危险是完全与真实情况相矛盾的形象操纵，可能让公众感觉弄虚作假——这是一种有损于未来一切形象修复和操纵尝试的做法（Waterman et al. 1999,186）。最佳的形象管理不留任何痕迹，看不到任何公关工作的蛛丝马迹。因而，经常会听到"让里根做真正的里根"这样的呼声。来自形象管理者的典型声明就是他们的工作是让公众了解"真正的"总统。事实上，他们的工作是让公众相信他们了解这个真实的人。

总统政治上的对手知道如果他们能够增加对总统个人有不好印象的美国人的数量，他们将会更有把握地去阻挠总统的政策。许多观察家对国家不断增加的辱骂性的政治语调进行评论，主要理由是强调个人形象。因为如今个体比以往更加强势，所以政治变得更加个人化。因而，形象政治已产生了具体的影响。因为两党中很多人认为反对党领袖不但在政策上是错误的，而且实际上还是坏人，对领导者来说，在不疏远核心支持者的情况下很难跨越两党间的这条鸿沟。竞选经费改革可能要为此承担责任，它是通过让党派和候选人依赖于成千上万的中上层阶级的捐助者，而不是依赖极其富有的少数人，竞选经费改革已迫使筹款人把他们的对手妖魔化了。比如，一封强调巴拉克·奥巴马纲领积极方面的假定的政党信件比不上一封对约翰·麦凯恩或萨拉·佩林进行人身攻击的信件筹集到的钱款多。人身攻击的政治手段和政治角逐一样有效。

由于那些不断增加的为反对者攻击总统本人而提供的激励措施的存在，白宫能够为总统维持一个相对中立或正面个人形象的局面已经发生了改变。这可以通过许多不同的场所来实现。首先，媒体上的变化允许向党派团体"小范围传播"信息，当美国人观看三个有广阔市场的电视网络节目时，对总统表现出客观的甚至尊敬的这种需求，就会限制对总统的恶劣行为和偏袒的描述及宣传。而那些散布总统负面形象信息的人将会在网络上，如果不是在有线电视的某个频道的话，找到很多愿意倾听的观众。

媒体充当着为总统形象而战的介绍人的角色，评判可信度并对播放何种信息作出决定。媒体也改变了关于什么是新闻、什么是个人隐私的衡量标准。在1962年，一位妇女在白宫外抗议，手持约翰·肯尼迪是通奸者和她有照片为证的标语。当时没有一家媒体播放她的指控，甚至没有人去进行调查，即使许多记者和编辑知道这些传言，他们中的一些甚至还确切知道其中的情况（Reeves 1997,242-243）。而如今一条不完整的、几乎没有出处的通奸指控出现几个小时内就会传到网上，正如2004年发生在约翰·克里身上的一样。总统婚姻状况在部分媒体中广为谈论，甚至具体到谈论丈夫和妻子接吻的真诚度上（比如，2000年蒂珀和阿尔·戈尔，媒体对公共场合比尔和希拉里·克林顿之间身体动作的过分解读等）。尽管共和政体初期的党派媒体时代确实描写了一些有关总统性行为和品行的丑闻，但是如今针对个人的报道则更具有侵犯性。

一些最强有力的总统形象的媒体塑造者甚至不是新闻记者。当涉及领导人形象时，在"莱诺、莱特曼和周六夜现场的长篇独白和素描画至少和晚间新闻联播一样起着重要的作用。这些节目聚焦总统公众形象最简洁明了的方面，既能对总统的形象造成影响，又是公众评价总统最好的晴雨表。

这些媒体对总统和他们的对手的描述很快就成了几乎不容辩驳的现实：乔治·W. 布什——愚蠢的；比尔·克林顿——好色的；阿尔·戈尔——呆板，谎话连篇；鲍勃·多尔——又老又不近人情。通过有选择性的报道，媒体本身的做法把这些总统形象具体化了。也许最好的例子是老布什和杂货店扫描仪的偶遇。很多人认为老布什是一位冷漠的贵族，当1990年至1992年经济很糟糕时，布什发现这种形象尤其具有破坏性。媒体声称老布什用惊奇的眼光看到了结账使用的激光扫描仪，与和普通美国人的日常生活隔绝的大富翁的身份相符合——当时经济处于衰退时期。虽然写下老布什困惑表情的第一位记者甚至没在现场，但是很快就变成了一个无休止重复的"事实"，甚至被学者们认同（Waterman et al. 1999,61-62）。然而，此事件的一段录像带显示布什一点也没有对扫描仪表现出惊讶，最后此事以《纽约时报》出版商的道歉而结束（Kurtz 1992）。

在复杂而又不断变化的相互作用中，这四种力量（现实性、形象管理、来自对手的形象攻击和媒体）塑造着每一位总统的形象。那么小布什时期的白宫使用了什么方法让美国人相信并把小布什看作为正面的总统形象呢？

小布什的形象团队：纪律和场景设计

小布什第一个任期时，白宫在形象管理上取得了极大成功。其中两个因素尤为突出：白宫的信息规定和为总统充当衬托的场景设计的质量。

虽然布什很少声明从他的高层次教育中获益，但毫无疑问的是，他是美国第一位获得工商管理学硕士（MBA）的总统。布什就像一名 CEO 一样管理政府。"这是历史上最井井有条的白宫。"迈克尔·迪弗（Michael Deaver）赞赏地说（Auletta 2004）。尤其在白宫工作人员的行为和意识上反映了布什总统的价值观念和工作的重点。克林顿，以开放式的辩论出名，使得白宫不断泄露秘密。相比之下，布什是严格执行忠诚和纪律的人。白宫里几乎每一份内部活动的记录都会包含防泄密声明（Millbank 2002）。

布什如何设法做到了每一位总统都试图做的呢？除了他获得的工商管理学硕士学位和突出的管理才能之外，布什是唯一一位了解白宫底层工作人员各项活动的总统。在他父亲老布什执政期间,布什就是一名非正式的执行纪律者和一名忠诚审查者(York 2001a)。他在工作人员中极力鼓励树立个人忠诚感,甚至带有某种程度的恐吓,如此一来就制止了抬高自己的地位或政策泄密。布什任内的白宫也明智地限制与媒体接触的人数。在以前的白宫政府里,高层官员会不断地出现在采访中或者至少对一些报道作出评论。而在布什任内的白宫里,高层官员以不接近媒体为荣。布什总统以某种方式激励了无私的白宫工作人员把总统形象放在他们自己喜爱的名人之前(Auletta 2004)。实际上,布什任内的白宫里的工作人员无论男女都比任何近年来的总统的工作人员更进一步达到了"乐于隐姓埋名"的目标。[4]

布什任内的白宫也相当成功地说服了其他行政部门同白宫一起合作加强形象管理。在过去,华盛顿官僚体系的离心力和内阁部长们的个人野心经常会使这些努力落空(Maltese 1992)。布什政府为了防止这些倾向,它任命的忠诚者遍及各个机构和部门的通讯处(Kumar 2003a,384)。加强对总统布什和他所实施政策的正面描述的一致性,就意味着共和党对国会山的领导及与相关利益集团方面的信息协调和控制达到了一个新的高度。

所有这些在形象管理上的纪律约束使得白宫有非凡的力量迫使媒体报道它提供的图片和文章。如果白宫里没有一个人提供总统的负面形象信息的话,那么媒体就不得不报道由布什形象管理者所设计的对布什总统的描述了。

总统的场景设计

应该如何把总统展示在公众面前是总统形象管理的核心。布什的工作人员相信大多数美国人不会在哪一天去阅读报纸上的文章,或者去观看完整的新闻报道,所以他们精心设计了适合个人变换频道的总统形象展示(Kumar 2003a,387)。因而对细节的关注备受期待,甚至成了传奇;如果美国人每天只看他们总统的一张照片,最好是一张好照片。在一些情况下,镜头中总统身后的富有的共和党拥护者受到先遣队指示摘下领带,这样将传递出普通民众支持布什的形象(Shella 2003)。背景经常由重复的标语组成,现场的观众不会看清楚,但正好适合电视播放。是否对看到这些标语的观众把布什和就业、安全和强大的家庭联系起来有任何细微的"潜意识"的影响是未知的,但是这样就又帮助了那些频繁变换频道的美国人获得白宫当天的信息。正如白宫联络办公室负责人丹·巴特利特(Dan Bartlett)所说:

> 美国人过着非常忙碌的生活,所以有时他们没有机会阅读报道或听完整的报道。但是如果他们通过看60秒电视就能立刻了解总统在谈论什么的话,你就完成了作为通信员的任务(Bumiller 2003)。

为了追求完美的上镜效果，一些活动会像拍摄好莱坞电影那样去安排，抓住设定在阳光明媚背景下备受珍惜的导演的"黄金时光"。如果时机和天气不允许，工作人员会花费成千上万美元租赁摇滚音乐会的灯光设备用于电视节目的拍摄（Bumiller 2003）。

也许如今任何一届白宫政府都会采取这种策略。调查显示在热闹的互联网和多种有线电视节目的选择中，几乎没有美国人观看总统演讲，即使当他们观看的时候，也几乎没有人能从一个 30 分钟的演讲中记住很多信息（Welch 2003,353）。如果公众偏向于通过图片来获得信息的话，那么白宫会努力地满足这种需求。但是就布什来说，这也掩饰了他不善于展现自我的劣势。不像里根和克林顿，布什是一位糟糕的演说家。他很少让整个房间充满激情，也难以用他的远见和勇气激励民众，就像他在 2001 年 9 月 20 号对国会发表的重要演讲那样。如果有精彩的演讲词，有支持他的观众和鼓舞人心的事，通常情况下布什是能够胜任的。然而，他表现最差的是没有支持者的脱稿互动。因而在布什第一个任期里最为重要的形象应对决策就是尽可能地让他远离问题和冲突（Suskind 2004,147 - 148）。布什执政初期在韦科（Waco）举行经济会议，他"自然地"在一个个专家组中走动，同时为每一组准备好了自己的意见。这次会议是一项形象工程。不是实际谈论当前的经济议题——虽然总统们在类似的会议上做得各有不同，就像福特和克林顿在相似场合下表现不同一样——而是表达的观点事先经过审查，在政策上的决议已经在讨论开始之前就达成了（Suskind 2004,269 - 273）。在这样的"会议"上怎么会有什么辩论呢？几乎所有的参会者都是布什热诚的支持者。

意识到布什的局限所在就能够解释为什么布什比任何近年来的总统组织召开的个人记者招待会更少了（Kumar 2003b）。但是这样并不能控制记者提出尖锐的问题。布什在所有的公众露面场合都把自己包裹在安全的泡沫里。那些带有反布什标语或喊反布什口号的人们被限制在奥威尔式的经过严格控制的"自由言论区"，这些区域都远离电视镜头。虽然声称是为了安全的需要，但是持有相同大小标语的布什支持者却被允许待在车队沿线，或在总统出席活动的外围（Lindorff 2003）。如果要实施暗杀，那些希望总统受到伤害的人会很聪明地举起"布什—切尼"的标语站在支持者的队伍中。"9·11 事件"后安保环境要求对这种情况实行控制的声明也是苍白无力的：布什以使用任何前任总统都没有采取的方法来禁止抗议者在他的官邸外出现，这是出了名的（Baldauf 1999）。布什面对充满敌意的示威者或被愤怒的人群追赶的画面在美国电视上是几乎没有的。这种形象管理无声、微妙又强有力地传达，与布什意见不合的那些人带来的影响是无关紧要的、微弱的。他们是次要的因素，他们每一次都处在总统活动的外围区域。

布什的两个主要形象：总统的媒体角色

白宫传递的美国总统布什的形象是什么样的呢？虽然尝试了几种形象——比如首位基督教徒、种族凝聚者和CEO总统——但主要的两个形象是：普通美国人和战时领袖。

拥有共同价值观的普通美国人形象

布什总统是最有精英背景的总统之一，并且是总统的儿子又成为总统的仅有的两例之一。截至2004年11月，布什这个家族姓氏已在前面7次总统投票中出现过6次。布什也拥有远远高于美国人标准的教育记录，甚至远远高出总统受教育的平均值：安多弗菲利普斯学院、耶鲁大学和哈佛大学的工商管理硕士。然而这样一个有着高贵背景的人却成功地把自己推销给了公众，并成为人民中的一员，成为一个具有典型价值观及简单的小都市信仰的人。

从某种程度上说，布什的现实性使得他的形象得以传播。甚至在相对严厉地评述他的总统任职时，他为秘书、厨师和其他人腾出时间来的事实也无法否认。[5] 为了取得选民的支持，他没有假装嫌恶知识分子。布什对知识分子持鄙视的态度，尤其是美国东海岸的知识分子，这在他的传记里是最经常出现的主题之一，时间可以追溯到他在耶鲁大学上学期间，也许更早。不像他的父亲老布什，竞选前一直隐藏着他说法语的事实不让媒体知晓，小布什在需要隐瞒时几乎没有表现出他在学术上的天赋。面对着没有在伊拉克发现大规模杀伤性武器的各种质疑，布什置之不理，认为这只是在"精英圈"里的那些人会关注而已——好像他没有在这样的圈子里待过一样。

布什表现他普通人身份的手段之一就是通过他对体育的极大的热情和真诚来展现的，尤其是对棒球的热爱。在他前九个月总统任期里，塑造形象的主要行动之一是在白宫举办软式垒球运动会。布什邀请年龄比较小的孩子们来白宫的草坪上玩标志性的美国体育运动，他是在传达一种简单的信息，正如一名高层政府官员所说：

> ……软式垒球不是公众喜欢他的原因，但是像这样的一些……举措有益于身心健康并将会让他成为更为成功的总统之一（York 2001b）。

根据盖洛普民意调查，在布什第一个任期时美国人认为布什在"共享你们的价值观"这个问题上的百分比从未低于50%，并且经常更高。原因不但在于他的工作人员对他形象的精明设计，而且还在于他的对手未能坚持不懈地传播他的反面形象。反对布什的那些人从来没能判断出他是一个假装精明老练的傻瓜，还是一个由于政治原因假装傻瓜的精明老练之人。看来很可能的是，布什不能按照主谓一致来表达一些相对简单的句子，并且没有能力去处理一些细微差异，这样让他免受享有特权的指控，同时也支持了他缺乏思想深度的指控，而这一点恰恰是一些人认为作为总统必不可少的部分。对一个总统来说最好的形象要与他的个性和政治上的需求相符合。布什明确地表示他在很多重要的方面是一名典型的美国人，并且不管正确与否，都给予了真诚的描述。

战时领导人

《宪法》规定的总统的主要职责之一是领导武装力量。近年来每一位美国总统必须要完成美国军事力量在敌对地区的部署。然而，布什发起冲突的范围和强度成为他总统形象中一个更为重要的部分，也许是自罗斯福以来这方面表现更为突出的总统。作为自珍珠港偷袭以来美国遭受到最严重攻击的在位总统，布什的形象不可避免地会掺杂对他军事领导能力的看法。

布什投身到许多积极的军事场景中，包括高调登临航空母舰。当 2003 年 4 月在伊拉克的"主要敌对活动"结束时，布什总统联络办公室的工作人员想要策划一场引人注目的活动来庆祝伊拉克战争迅速胜利的好消息。他们选择让总统登上站满了从中东归来的水兵的航空母舰。在这一史无前例的时刻，总司令身着飞行员制服登上了航母甲板；换上便装后，布什在写着"使命完成"的条幅前发表了演讲。整个活动都充满了胜利的喜悦。一些民主党人起初抱怨这是侵略主义战争并且是出于党派分裂的目的使用了军事力量，还断言这次活动没有必要拖延水兵返回港口的时间，并且布什乘坐飞机登临航母是在炫耀。然而，人们普遍认为这次活动是一次极好的政治活动，并表现出了白宫形象管理团队的技艺。正如电视评论员克里斯·马修斯(Chris Matthews)提问的："为什么民主党如此愚蠢，以至于攻击多年来出现的最好的总统照片呢？"(Whitney 2003)。

布什作为战时总统的另一标志性形象出现在 2003 年的感恩节。布什秘密访问伊拉克和部队官兵一起度过了这个传统的美国节日，鉴于当时巴格达的安全局势，这是一次需要个人勇气的行动。这次伊拉克之行布什留下了给部队带去装在大浅盘里的火鸡的完美照片。这次激动人心的形象展示体现了布什形象管理团队的大部分策略。几乎没有一届白宫会如此井井有条并毫不泄密地实施这次令人惊讶的冒险行动。正如布什召开的经济会议或者在公共场合在他身后张贴的标语一样，大浅盘中的火鸡实际上并没有滋养在场的任何一个人——它只是一只供展示的火鸡而已，只是滋养了总统在国内的形象。[6]部队最后筛选出所有不支持布什的官兵，不让他们参加这次活动，因而一致支持布什的局面甚至延伸到海外(Sealey 2004)。如果当时出现一个士兵就大规模杀伤性武器、扩张军队部署对布什提出质疑或只是说"总统先生，送我回家吧"之类的话，布什总统所有的正面形象都会成为

泡影。上述情况并未出现，在这次伊拉克之行后民意调查显示布什支持率得以极
大提高(Jacobson 2003)。

布什作为战时领导人的形象是其支持率中一个必不可少的方面。在前八个月
的总统任期里，民意调查显示他的支持率刚刚超过 50%。随着"9·11"恐怖袭击
的发生，对他的支持率飙升到了前所未有的高度，并且由于他成功而又极其迅速的
反应和低伤亡入侵阿富汗，他连续几个月都保持了很高的支持率。在除掉塔利班
之后几个月，支持率慢慢降了下来。就在支持率降到"9·11"之前的水平时，和伊
拉克的敌对状态显现出来。伊拉克战争一开始，布什的支持率又开始飙升，虽然没
有到达 2001 年 9 月到 2002 年 2 月的高度。在战争之后，对布什的支持率又一次
开始慢慢地下降(Jacobson 2003)。虽然美国人"聚集'在旗帜下'"和发生任何军事
冲突期间的在位总统周围，但是军事冲突似乎对布什的支持率起到了至关重要的
作用。[7]

总统形象管理的未来

美国总统形象的核心作用可能会不断地增强。我们现在只是处在"短暂的注
意力集中总统制"时代的开始阶段，在这个阶段实质性的政策提案都成为追求有效
形象表达的后盾。很难在政治上、技术上或文化上找到一种抵消的势力来制止美
国民众不断突显的对形象的偏好。从这种意义上说，自公开这种现象有害的预言
以来，尼尔·波兹曼(Neil Postman，1985)和其他的传播学者们的忧虑似乎在这几
十年里得到了证实。

有些人可能赞同波兹曼的观点，认为美国人因而会"娱乐至死"，这是波兹曼最
重要的作品的书名。现在的总统将会牺牲长期记入史册的成就而追求虚无缥缈、
瞬息短暂的形象吗？先来看看总统形象在政治传播中处于支配地位之前的最后两
位总统杜鲁门和艾森豪威尔吧。任何一位总统都没有比杜鲁门在 1953 年任期结
束时的民意调查中支持率更低。[8] 然而尽管杜鲁门带着这种自惭形秽的乡巴佬形象
卸任回到了密苏里州独立城的家中，但是自 1953 年以来在关于最伟大总统的每次
民意调查中他都得到了历史学家的尊重，他的地位也随之得以提升。艾森豪威尔
为了达到温和保守主义派实质性的政策目标，明显愿意让民众认为他没有实际上
那么敏锐。人们可以注意到的是杜鲁门和艾森豪威尔把他们的时间和精力正确地
用于解决实质性的问题中。然而乔治·W.布什在 2001 年 1 月 20 日宣誓就职时
的局势已不再是他们就职总统时的局势。现在总统形象非常直接地和取得实质性
政策目标的能力联系在一起，所以像艾森豪威尔采取的策略那样可能不再可行。
甚至作出取得实质性目标承诺的总统也不得不遵循形象管理的思维方式了。

然而有另一种可能性，不可避免地，形象比实质性目标承诺更让人充满期待。

批判理论家瓦尔特·本雅明（Walter Benjamin）在 20 世纪 30 年代的文章里对机械性重现形象的优点作出了两个主要断言：由于形象传播的即时性，它们将从精英过滤器中解救大众；形象会暴露出早先隐藏的生活的方方面面。在乔治·W. 布什这个标志性形象里——航空母舰镜头——我们能看出本雅明的先见之明。虽然人们普遍认为这次极好地体现了布什战胜萨达姆的形象，但是到 2006 年 6 月为止，更多的美国人牺牲在占领伊拉克而不是解放它的战斗中，不像在伊拉克战争初期所公布的积极图景，在费卢杰市被活活烧死的、在拉马迪市被炸死的、在摩苏尔市受重伤的年轻的美国士兵的影像让布什任内的白宫很难去杜撰了；正如本雅明曾经预言的那样，形象的即时性更少地受到精英过滤器的约束。

同样地，在民族国家时代一直不太为大多数民众所知的总统生活呈现的是战争和占领的真实面目。不管斯蒂芬·克莱恩（Stephen Crane）、列夫·托尔斯泰（Leo Tolstoy）或欧内斯特·海明威（Ernest Hemingway）的文字多么生动，印刷的东西从来不会像影像那样把一个国家带到前线。以前的总统能够占领菲律宾或海地并发起长时间血腥的游击战，可以确信的是公众永远都不会看到占领所带来的不可避免的人员伤亡。在"解放的"伊拉克所造成的死亡和动乱的画面迫使布什任内白宫宣称的"使命完成"慢慢淡出人们的视野。形象管理的巅峰之作后来似乎变成了一种失策。[9] 起初，布什暗示是海军而不是他的团队选择了这个条幅（Conason 2003a）。最后白宫承认是他们计划并制作了条幅，海军把它挂在了航空母舰上（Conason 2003b）。主要负责布什形象的卡尔·罗夫（Karl Rove），在一次采访中承认"使命完成"不是一个明智的做法。主要是由于人们对伊拉克战争的不满，布什的支持率最终降到了除三位战后总统外的最低点。在实质性政策之上的形象的胜利，在现实之上的倾向性报道的胜利，可能都远远偏离了它起初看起来要走的轨道。

尾注

1. 虽然我们的厌食症媒体（尤其是大卫·莱特曼）经常给克林顿贴上"肥胖"的标签，但是克林顿是很上镜的总统之一。事实上，他的形象设计者可能并没有在意这个标签，因为这个标签反而让他与数百万的美国人有了相似之处，就像布什的口才不好一样。克林顿获得了两全其美的效果——他在电视上看起来不胖，并且还博得了肥胖人群的支持。
2. 显然，我们并没有考虑到两名女候选人，而且我们也没有对两位头发稀疏的候选人挑剔。
3. 从关于约翰·克里整形手术的谣言中可看出，现实也要顺应改变。
4. 此短语来自政治科学家路易斯·布朗洛在 1937 年关于管理行政机构的委员会报告中。引用见 Allen Felzenberg, "The Transition: Guide for the President-Elect." *Policy Review* 103 (October/November 2000).
5. 比如，前白宫职员约翰·迪路里奥的信中清楚地提到了布什的平易近人，还有保罗·奥尼尔的描述，参见 Ron Suskind，*The Price of Loyalty*（New York：Simon and Schuster，2004）。

6. 白宫否认他们知道用于装饰的火鸡放置在那里，或布什拿起火鸡照相是计划好的。Mike Allen，"The Bird Was Perfect but Not for Dinner：In Iraq Picture，Bush Is Holding the Centerpiece," *Washington Post*，December 4,2003，p. A33.

7. 布什政府通过积极地推行不让媒体获悉来自伊拉克和阿富汗军队伤亡人数到达多佛空军基地的策略，也会巧妙地控制着战争中总统的形象。这些覆盖着国旗的棺材一直是以前军事冲突代价的标志。

8. 这里面不包括尼克松，他在结束任期前辞职。James Pfiffner，*The Modern Presidency*（New York：St. Martins，1994），221.

9. 这个甚至与迈克尔·杜卡基斯的头在 M-1 坦克上不断摇晃的形象进行了比较，而迈克尔·杜卡基斯的形象是以往自我塑造的最差形象。

参考文献

Auletta，Ken，2004. "Fortress Bush," *The New Yorker*，January 19.

Baldauf，Scott，1999. Lawsuit May Test Bush's Free-Speech Views," *Christian Science Monitor*，August 31,1999.

Bumiller，Elizabeth，"'Top Gun' and His Image-Makers," *The New York Times*，May 16，p. A1.

Conason，Joe，2003a. "The Enlisted and the Entitled," *Salon*，October 23.

Conason，Joe，2003b. "The Banner Stops Here," *Salon*，October 28.

Felzenberg，Allen，2000. "The Transition：Guide for the President-Elect," *Policy Review* 见网址 www. policyreview. org/oct00/felzenberg. htm/.

Heclo，Hugh，and Lester M. Salamon，1981. *The Illusion of Presidential Government*，Boulder：Westview.

Jacobson，Gary C，2003. "The Bush Presidency and the American Electorate," *Presidential Studies Quarterly* 33(4)：701 - 729.

Kumar，Martha Joynt，2003a. "Communications Operations in the White House of President George W. Bush：Making News on His Terms," *Presidential Studies Quarterly* 33(2)：366 - 393.

Kumar，Martha Joynt，2003b. "Does This Constitute a Press Conference? Defining and Tabulating Modern Presidential Press Conferences," *Presidential Studies Quarterly* 33(1)：221 - 237.

Kurtz，Howard，1999. The Story That Just Won't Check Out," *The Washington Post*，February 19，p. C1.

Lindorff，Dave，2003. "Keeping Dissent Invisible：How the Secret Service and the White House Keep Protesters Safely out of Bush's Sight — and off TV," *Salon*，October 16.

Maltese，John A，1992. *Spin Control：The White House Office of Communication and the Management of Presidential News*，Chapel Hill：University of North Carolina Press.

Millbank，Dana，2002. "Bush Loses Closest Political Aide," *The Washington Post*，April 24.

Paltrow，Scot J. ，2004. "Government Accounts of 9/11 Reveal Gaps，Inconsistencies," *Wall Street Journal*，March 22，p. A1.

Pfiffner, James, 1994. *The Modern Presidency*, New York: St. Martins.

Postman, Neil, 1985. *Amusing Ourselves to Death*, New York: Vintage.

Reeves, Thomas C., 1997. *A Question of Character*, New York: Prima.

Sealey, Geraldine, 2004. "Look Who Couldn't Come to Dinner," *Salon*, March 10.

Shella, Jim, 2003. "Some Audience Members Told Not to Wear Ties for Bush Speech," WISH TV (Indianapolis), June 2. Available from http://www. wishtv. com/Global/story. asp? s% 20%201278487.

Suskind, Ron, 2004. *The Price of Loyalty*, New York: Simon and Schuster.

Waterman, Richard W., Robert Wright, and Gilbert St. Clair, 1999. *The Image-Is-Everything Presidency*, Boulder: Westview.

Welch, Reed L., 2003. Presidential Success in Communicating with the Public through Televised Addresses," *Presidential Studies Quarterly* 33 (2).

Whitney, Gleaves, 2003. "George W. in the Flight Suit," *National Review Online*, May 8.

York, Byron, 2001a. "Leakproof? At the Bush White House, Mum's the Word," *National Review*, October 21.

York, Byron, 2001b. "Bush to a 'Tee': The President's Most Heartfelt Values Initiative," *National Review*, September 3.

文献 20　总统的讲坛：是天字第一号还是胡说八道？

乔治·C.爱德华兹三世

我们认为总统们不会被动地去接受舆论的现状。西奥多·罗斯福明确表示："人们过去常常说起我……揣度人民会怎么想。我不是去'揣测'……我只是拿定主意他们应该想什么,然后尽我最大的努力让他们去想应该想的事情。"[1]

但是当乔治·H.W.布什被问及他"作为总统最失望的事情"时,他回答道,"我不是一个很好的沟通者"[2]。在谈论执政遇到的问题时,克林顿总统宣布他需要在交流工作上做得更好。"被误解总是让人感到沮丧……你不能完全被人理解"[3]。

这是什么原因呢？也许引领公众是政治领袖解决问题的最终渠道。对执掌权力的其他人来讲,很难去否决已得到公众支持的总统的合法要求。西奥多·罗斯福声称白宫是"天字第一号讲坛",然而当代总统通常会发现公众对处在白宫议题首要位置的很多问题漠不关心,更不会对一些政治问题产生多大影响。

总统讲坛作为总统政策顺利在国会通过的一种手段,我们应该如何进行评估呢？我们应该接受许多新闻记者和学者的这种设想吗？这种设想就是只要总统能够娴熟地使用"天字第一号讲坛",白宫就能够说服甚至动员公众。或者这些评论人士已经错误地把总统领导的失败归咎于总统言辞上的缺陷而忽视了美国社会中可能影响民意的更广泛的势力呢？从更大的范围来看,我们在寻找执政上出现的问题的解决办法时,我们的方向正确吗？

在另一部作品中,我概述了两种截然不同的关于总统领导的观点。[4]第一个观点为总统是改革的领导者,负责确定目标并领导其他人走向他们可能不会去的地方。第二个观点就没有那么充满英雄主义了。这种观点认为总统是改革的推动者,主要负责表达,也许强化一些被广泛接受的观点并利用时机来帮助其他人走向他们想去的地方。

领导者会创建一个支持者群体来跟随他的领导,而推动者会通过解释支持者群体的观点让其以立法的形式出现,从而赋予他的支持者这种观点。领导者会重建政治景观的轮廓为改革铺平道路,而推动者只能利用由政治势力所提供的有利局势带来的机遇进行改革。

本文探讨了总统讲坛引领公众的可能性——并从而增加总统政策在国会中通过的机会。我们还将试图确定总统讲坛是否能让总统成为改革的领导者而不是推动者。

两位总统的经历

为了能够更好地了解总统在利用讲坛引领公众时面临的各种挑战，我们先来探讨一下近年来的两位总统，罗纳德·里根和比尔·克林顿，他们试图引领公众的经历。

罗纳德·里根

罗纳德·里根通常被称为"伟大的沟通者"。如果不是已经倾向于这样做的话，他能够把公众动员起来支持他的政策吗？像他之前的总统一样，里根是一位改革的推动者而不是领导者。里根在 1980 年拥护的基本主题是他许多年来一直清楚表达的：政府太大；国家的防御太弱，易受到苏联的威胁；以国家为荣本身是一个终点，公共道德慢慢丧失。在 1976 年，采纳他这些提议的时机还不够成熟。创造机会获得胜利花费了卡特政府几年的时间——当时出现了石油输送、通货膨胀、高利率、苏联入侵阿富汗及在伊朗的人质等问题。到 1980 年为止，国家准备好来听取这些提议了。

但是没有持续很长时间。在他的回忆录中，里根回忆了他努力引起美国人民对中美洲共产主义威胁的关注，并动员他们行动起来支持他关于尼加拉瓜叛乱（尼加拉瓜反政府者同左翼分子政府的争斗）的计划：

八年来媒体称我为"伟大的沟通者"。在这八年期间让我感到最为沮丧的事情之一就是我没有能力与美国人民和国会在我们面临的中美洲威胁的严重性上进行沟通。

我在电视上一次又一次地就中美洲问题向国会联席会议或其他观众发表演讲，并希望获得美国人民的广泛支持，像通过经济恢复计划一样让其在国会中获得通过并起到相同的作用。[5]

但是通过民意调查发现大多数的美国人几乎甚至完全不关心在中美洲发生的事情——事实上，令人惊讶的是，大部分的人甚至不知道尼加拉瓜和萨尔瓦多在什么地方——而在确实表示关心的那些人当中，几乎没有人关心共产主义对美洲渗透的问题，所以这样就不能造成我所需要的对国会的压力。[6]

里根不只在尼加拉瓜叛乱问题上寻求公众支持时遭受了挫折[7]；而且在他的领导方面遇到了更多的问题。在其他国家安全问题上，包括军费开支、军备控制、军事援助、武器销售和同苏联的合作等，到 20 世纪 80 年代初民意已经转向支持左翼——领先于对里根的支持。[8]

很多全国性的民意调查已经发现在里根任职期间对管理项目和对医疗保健、福利、城市问题、教育、环境保护及对少数群体的帮助等方面的开支上，民众给予的支持不断增加——与总统的观点相反。[9] 另一方面，对于不断增加的国防开支的支持在里根政府结束时比一上台时毫无疑问要低得多。[10]（这可能是由于扩军造成的,但是问题在于里根想要继续增加军事开支,公众对此反应冷淡。)

美国人民没有拥护总统并把他们普遍的意识形态偏好向右转。[11]实际上,不是里根一进入白宫,对保守派的支持就增加了,而是几乎他一上台就出现了远离保守派的趋势。[12]根据迈耶所言:"不管罗纳德·里根有多少沟通的技巧,他显然不具备的一种能力是劝诱美国人在政策偏好上发生持久的转变。"[13]

因而,与其说罗纳德·里根体现的是一种公众关系现象,不如说是代表了公众的意见。里根非常幸运地在民意支持率很高的巅峰时刻上台执政,并有效地利用了选民已传递给他的机遇。然而当要改变公众意见或者为代表他的利益进行动员的时候,他通常会遭遇失败。马林·菲茨沃特(Marlin Fitzwater),作为里根的新闻秘书,这样说道:"里根出去做巡回演说,吸引了大批的人群,没有改变任何人。"[14]

比尔·克林顿

罗纳德·里根在改变公众意见上遭遇的困难持续了八年时间。然而即使从短期来看,总统也面临一个很大的挑战。克林顿总统在引领公众方面作出的努力证明了这个事实。

当克林顿第一个重要的经济提案——财政刺激计划推出时,遭受到了共和党的强烈反对。在1993年4月国会休会期间,克林顿加快了这项法案的宣传工作;他期待着越来越高的民众呼声来给温和共和党人施压,结束对法案的阻挠。(与此同时,共和党人源源不断地播放讲话片段,把总统的一揽子计划和浪费的开支及克林顿提议的增税联系在一起。)高涨的呼声没有出现,并且共和党人发现在他们家乡所在州几乎没有人支持任何新的开支。他们的选民反对新的税收和开支。这项法案在参议院未获通过。[15]

总统克林顿的下一个重要立法之争是预算提案。在1993年8月3日,他为他的预算提案做了全国电视演讲,参议院共和党领袖罗伯特·多尔(Robert Dole)声明反对这项计划。紧随总统演讲的一次美国有线电视新闻网夜间民意调查显示:对总统预算计划的支持率下降。[16]几百万的电话打到国会来回应克林顿和多尔,打入电话的人们一边倒地反对总统的这项计划。[17]

当关于1994年打击犯罪法案经过对关键条文的辩论在众议院被投票否决时,总统克林顿立刻公之于众。他以国旗为背景向警察讲话时,以"程序上的阴谋"指责了特殊利益集团(美国步枪协会)和共和党,但是他的呼吁没有得到太多响应。同时,共和党大肆宣传政治分肥开支并充分发动公众的不满情绪。克林顿在公众中的呼吁仅仅收获了国会黑人议员团中的三票,于是他不得不再寻求温和共和党人的支持并削减私下交易。

对克林顿总统来说,最为痛苦的是尽管做了大量的工作,还是不能持续得到公众对医疗保健改革的支持。尽管如此,白宫还是顶住压力,不与共和党和保守民主党人达成妥协,希望得到越来越多民众的支持。结果希望又一次落空。[18]事实上,到 1994 年 8 月中旬为止,只有 39％的民众支持民主党的医疗改革提案,而 48％的人反对。[19]

非同寻常的胜利

总统获得公众支持的尝试并不总是遭受挫败。在极少的情况下,白宫能够促使公众把对总统政策的支持直接传达给国会。动员公众是影响国会的强有力的武器。当人民发言时,尤其是当他们很明确地表达他们的意愿时,国会会很认真地倾听。

也许近年来最引人注目的总统动员民众来给国会施压的例子非 1981 年里根的减税法案莫属了。在众议院进行关键性投票前不久,里根总统在电视上呼吁公众支持他的减税提案,并且他请求公众让他们国会中的代表知道他们的感受。很明显这一招发挥了作用,成千的电话、信件、电报涌入国会办公室。其中有多少代表了白宫和合作同盟的努力而不是个人意见的表达将永远无从知晓。即使如此,在投票的当天早上,众议院议长托马斯·P. 奥尼尔(Thomas P. O'Neill)还是宣布:"我们正在经历一场这个国家从未见过的大规模的电话袭击。它已经产生了毁灭性的效果。"[20]由于这种反馈,里根很轻松地获胜了。

当然,白宫不会只满足于单纯依靠总统的呼吁寻求支持。它还会采取另外的措施来发动民众对国会施压。例如,塞缪尔·科奈尔(Samuel Kernell)描述了 1981 年里根任内白宫在进行动员时的辅助工作:

> 几个周的准备工作在里根总统国会关键性预算投票前夕、每个主要电视台进行呼吁之前就展开了。进行民意调查;起草演讲稿;不管是直接的还是通过泄露的方式向媒体简要介绍情况。与此同时,总统会亲临总统信息的最终接收者——国会议员们——所在的州和地区并举行草根游说活动来"软化"他们,这些活动是由白宫包括共和党全国委员会和表示支持的商业组织发起和精心策划的。[21]

里根任内的白宫充分利用了广泛的选民群体网络。通过政党渠道、它的政治事务办公室和它的公共联络办公室进行运作,行政机构从国会议员的选民、竞选捐助人、政治活跃分子、商界领导人、州官员、利益群体和政党官员那里聚集来自各方的压力。电视宣传、信件和当地新闻媒体的关注有助于把注意力集中在关键选票上。虽然这些压力都指向了共和党,但是南方民主党也得到了相当多的关注,从而增加了他们投票的可能性。

为了 1981 年的减税，行政机构在动员民众上所作的努力是意义重大的，不但因为取得了总统领导上的胜利，而且因为这似乎是一个异常的个例——即使对罗纳德·里根来说。里根的下一场重要立法之战是关于向沙特阿拉伯销售机载空中警报控制系统的计划。白宫决定在这个议题上不能动员民众，而是采用了一种"内部的"策略来避免立法被否决。[22]

在里根总统任期剩余的时间内，他在范围广泛的政策上不断地求助于人民，包括预算、对尼加拉瓜叛乱的援助和国防开支等。尽管长时间以来拥有高支持率，但是他没能再激发很多的民众来支持他的政策给国会施压。大部分的议题同大幅减税相比对公众缺乏吸引力。

为什么难以引领公众

为什么两位杰出的美国政治家罗纳德·里根和比尔·克林顿在影响公众支持他们的政策时遇到那么大的麻烦呢？答案有很多，但要想了解总统的领导能力，我们必须先了解总统潜在支持者的本性。

赢得公众的关注

为了直接影响公众，总统必须先获得公众的关注。这通常是一个相当大的挑战。在 1995 年 4 月 18 日，克林顿总统召开了第四次黄金时段播出的记者招待会。当时只有哥伦比亚广播公司进行了直播，而美国广播公司和全国广播公司重播了受大众欢迎的情景喜剧。这样就只有小部分的民众看见了总统。

即使在电视覆盖范围更广时，获得观众也有难度。在 1993 年 8 月 3 日，克林顿总统作了全国范围的关于预算提案的电视演说。只有 35％ 的民众看了演讲的"某些内容"。[23]一月之后，他又做了关于他政府中的关键议题——医疗保健——的重要演讲。43％ 的民众几乎没看或一点也没看。[24]总的来说，随着时间推移，观众看总统电视演讲的数量已经下降了。

即使总统赢得了公众的关注，如果他们期望改变民意并使得国会做出相应行动的话，他们必须紧紧抓住公众给予的关注。然而要集中公众的注意力是非常困难的。集中注意力要求将注意力限定在几个优先考虑的项目上，在这个努力过程中成功与否很大程度上取决于哪些议题被强加在总统日程表上，包括国际危机，以及其从总统的优先事项上转移注意力的程度。

1994 年夏天，白宫进入关于犯罪和医疗改革高优先级法案的最后磋商阶段，但白宫不得不先来处理白水案听证会，然后是大量涌入的古巴难民问题。当白宫尽力敷衍人们对福利的关注时，为了不对它大规模的医疗保健改革法案造成影响，参议员丹尼尔·帕特里克·莫伊尼汉（Daniel Patrick Moynihan），当时的参议院财政委员会主席不得不负责很多的医疗改革工作，威胁说要把医保作为抵押直到白宫对福利改革给予关注。[25]

在类似的情况下，白宫几乎无能为力。正如克林顿顾问乔治·斯蒂凡诺普洛斯（George Stephanopoulos）所言：

> 在竞选活动中，你只能改变你的主题，但是作为总统你不能只是改变主题。你不能希望波斯尼亚（Bosnia）走开。你也不能希望大卫·考雷什（David Koresh）走开。你不能只是对他们置之不理并改变主题。[26]

公众的接受能力

不管总统作为演讲者可能多么让人印象深刻，或者他们的演讲稿写得多么精彩，他们仍然必须面对观众的接受能力的问题。对白宫来说，遗憾的是美国人中很少有专心的倾听者，大部分人对政治不是很感兴趣。

电视是一个展现视觉效果、动作和矛盾冲突最有效的媒介，总统的演讲不可能具有这些特点。虽然有些全国性演讲出现了极富戏剧性的场面，比如约翰逊总统在 1965 年国会联席会议之前通过电视对投票权利法案的呼吁，但这不具有代表性。由于客观环境的原因，形式有时会给内容让位，但通常是一场艰难的较量。

通常人们对总统演讲给予关注的相对重要性是通过总统工作人员关注总统年度国情咨文演讲日期的确定来表明的。他们必须小心避开晚上当季最火爆节目抢先占有的黄金时段，同时又要最大限度地扩大全国观众的收视率。

让白宫颇感失望的是公众对政治问题缺乏兴趣。把信息传达出去是很困难的事情；公众可能会误解或不理会总统政策方面的一些最基本的事实。尽管几乎所有的新闻媒体对总统政策及国会辩论进行了大面积、持续的新闻报道，到 1986 年时 62％的美国人还不知道美国支持尼加拉瓜的哪一方。[27]同样，在 1986 年 6 月只有 40％的公众在法案提交参议院前已经听到过或读过里根的国内最高优先级事项——税制改革法案。[28]

美国人很难被说服和动员起来，不只是因为他们的漠不关心，而且还在于他们的倾向和禀性方面。通常大部分人的观念和价值观扎根于志趣相投的家人、朋友和同事组成的社会群体中。他们对于连贯性和始终如一（及保护性）的环境的认知需求给政治领袖带来了难以攻克的挑战。在没有国家危机的情况下——幸运的是危机极少发生——大部分人不容易接受政治呼吁。[29]

相反地，公民具有心理防线，甄别总统信息并强化他们的倾向。对观看罗纳德·里根电视演讲的人群进行的研究发现，早先支持他的那些人对演讲有积极的反应，而以前不支持他的那些人变得很恼火。[30]

总之，虽然强有力的领导人能够引起美国人的关注，但是人民似乎没有感觉到他们有相应的义务去拥护总统的领导。文化方面的倾向继续给总统的领导带来困扰。

演讲展示

一个可能影响总统获得公众支持的因素是他们向人民演讲展示的质量。并不是所有的总统都是令人印象深刻的演说家，并不是所有的总统在强烈的灯光和电视摄像机的聚集下都能看上去表现不错。自从杜鲁门以来，所有的总统都已采纳专家的建议，包括在灯光、化妆、舞台背景、摄像机角度、服装、演说的节奏和其他演讲方面的建议。尽管有这些辅助手段，尽管总统们在演讲方面具备了一些经验，但是目的在于直接引领民意的总统演讲通常不会给人留下深刻印象。只有肯尼迪、里根和克林顿已经精通了在摄像机面前的这种演讲艺术。

总统不但必须要应对媒体，而且也必须要注意自己所传达的信息。最为有效的演讲似乎是这样的一些演讲：演讲的目标是获得总体上的支持和塑造形象，而不是去获得具体方面的支持。演讲要集中在一些简明的主题上，而不是一些复杂的细节上。卡尔文·柯立芝（Calvin Coolidge）在他的电台演讲中成功地使用了这种方法，正如富兰克林·罗斯福在他著名的"炉边谈话"中所做的那样。当然这种方法的局限性是总体上的支持并不能总是转变成公众对具体政策的支持。

当围绕在政策主题周围的政治气候足以来强化总统作为国家领导人和问题解决者的形象的时候，演讲似乎也会更加成功。当总统被认定是不称职的或颇有争议的人物时，演讲的结果往往对总统是不利的。[31]在大多数立法问题上总统寻求公众支持会进入"存在争议"这一类中。

总统可能因不能规划明确的公共政策的前景目标而受阻。在传达公共政策信息时，不管是政府目标方面还是完成目标的方法方面，对简洁性的需求尤其重视信息的一致性和连贯性。总统经常感到难以在言辞上达到这种需求。除罗纳德·里根外，近年来的大多数总统因缺乏主题的一致性和计划的连贯性及未能以使命感来激励公众而备受批评。民主党总统通常会拥有大范围、多样化的议题，而共和党总统，比如尼克松和老布什，可能会同时兼顾传统价值观和温和政策立场，从而难以为他们的政府确立有条理的核心主题。

结论

对于通过漫长竞选活动和不断沟通上台执政的总统们来说，对于在总统竞选期间巧妙利用沟通技巧的白宫政治顾问们来说，他们坚信的是获得公众支持对立法意义重大，这一点是毫不奇怪的。然而竞选和执政两者之间的差别很大，如果总统要取得成功的话必须进行调整。

从竞选到执政的过渡几乎都不是一帆风顺。正如查尔斯·O. 琼斯（Charles

O. Jones)所说,在总统竞选活动中"领导了一个临时性的、高度团结一致的组织之后",获胜者入主白宫,成为"持久性的、有分歧的分散体系中的核心人物"。[32]当总统失去对他议题的控制,当人们确信总统并不比他的对手(们)更厉害——一个相对简单的比较判断——而总统对具体政策的呼吁应该得到支持的时候,沟通会变得更加困难。

对总统来说,公众的支持不是可靠的资源,也不是需要用来影响国会时总统能够轻松得到的。大多数时候白宫能做的只能发动一小部分的公众从反对或中立转向支持的立场,或者从被动地妥协转向积极地支持。然而,在民意上看似是不大的变化对总统而言也是非常有用的。例如,在民意上 6 个百分点的变化就能够让总统获得 56％对 44％的优势改变局势。总统领导在美国政治基本格局的边缘处发挥作用,但就是这些边缘地带对总统的成功可能是至关重要的。

总统可能愿意在一些情况下保持低调。白宫为了在一些相对关注度低的议题上吸引国会中骑墙派的支持,可能会选择"私下"解决。这样做的话,总统可能会避免引起对他的一些提案的反对。一旦没获得通过,失败也不会公之于众。总之,私下解决缩短了和国会达成协议的路程,因为避开公开表态为相互让步提供了操作空间并且在达成妥协时避免出现前后矛盾。[33]

看来形势对设法影响民意的总统不利。约翰·肯尼迪曾经讽刺性地从《亨利四世：第一部》(King Henry Ⅳ, Part Ⅰ)中摘录下一则对话,作为一部关于总统制著作的题词：

> 格伦道尔：我能召唤遥远的灵魂。
>
> 霍茨波：我也能,或者任何人都能。但是当你召唤他们时,他们来吗?[34]

尾注

1. 引用见 Emmet John Hughes, "Presidency vs. Jimmy Carter," *Fortune*, December 4,1978, pp. 62,64.

2. Victor Gold, "George Bush Speaks Out," *The Washingtonian*, February 1994, p. 41.

3. 引用见 Jack Nelson and Robert J. Donovan, "The Education of a President," Los Angeles Times Magazine, August 1, 1993, p. 14. See also "The President at Midterm," USA Weekend, November 4 - 6,1994, p. 4.

4. George C. Edwards III, *At the Margins: Presidential Leadership of Congress* (New Haven, CT: Yale University Press, 1989).

5. Ronald Reagan, *An American Life* (New York: Simon and Schuster, 1990), p. 471.

6. Reagan, *An American Life*, p. 479.

7. Reagan, *An American Life*, pp. 471,479; Page and Shapiro, *The Rational Public*, p. 276. 亦可参见 *CBS News/The New York Times Poll* (News release, December 1,1986), Table 5; *CBS News/The New York Times Poll* (News release, October 27,1987), Table 17; and "Americans on Contra Aid: Broad Opposition," *The New York Times*, January 31,1988, sec. 4, p. 1.

8. Benjamin I. Page and Robert Y. Shapiro, *The Rational Public* (Chicago, IL: University of Chicago Press, 1992), pp. 271 – 281; John E. Reilly, ed., *American Public Opinion and U. S. Foreign Policy 1987* (Chicago, IL: Chicago Council on Foreign Relations, 1987), Chapters 5 – 6; and William G. Mayer, *The Changing American Mind* (Ann Arbor, MI: University of Michigan Press., 1992), Chapters 4 and 6.

9. Seymour Martin Lipset, "Beyond 1984: The Anomalies of American Politics," *PS* 19(1986), pp. 228 – 229; Mayer, *The Changing American Mind*, Chapters 5 – 6; Page and Shapiro, *The Rational Public*, pp. 133 – 136,159; and William Schneider, "The Voters' Mood 1986: The Six-Year Itch," *National Journal*, December 7,1985, p. 2758. See also "Supporting a Greater Federal Role," *National Journal*, April 18, 1987, p. 924; "Opinion Outlook," *National Journal*, April 18,1987, p. 964; "Federal Budget Deficit," *Gallup Report*, August 1987, pp. 25 – 27; and "Changeable Weather in a Cooling Climate," pp. 261 – 306. 亦可参见 *CBS News/The New York Times Poll* (News release, October 27,1987), tables 16,20.

10. Lipset, "Beyond 1984," p. 229; Mayer, *The Changing American Mind*, pp. 51,62,133. 亦可参见 "Defense," *Gallup Report*, May 1987, pp. 2 – 3; "Opinion Outlook," *National Journal*, June 13,1987, p. 1550; and *CBS News/The New Yok Times Poll* (News release, October 27,1987), Table 15.

11. 参见例子 John A. Fleishman, "Trends in Self-Identified Ideology from 1972 to 1982: No Support for the Salience Hypothesis," *American Journal of Political Science* 30 (1986), pp. 517 – 541; Martin P. Wattenberg, "From a Partisan to a Candidate-centered Electorate," in Anthony King, ed., *The New American Political System* (Washington, DC: American Enterprise Institute, 1990), pp. 169 – 171; and Martin P. Wattenberg, *The Rise of Candidate-Centered Politics* (Cambridge, MA: Harvard University Press, 1991), pp. 95 – 101.

12. James A. Stimson, *Public Opinion in America: Moods, Cycles, and Swings* (Boulder, CO: Westview, 1991), pp. 64 – 127.

13. Mayer, *The Changing American Mind*, p. 127.

14. R. W. Apple, "Bush Sure-Footed on Trail of Money," *New York Times*, September 29, 1990, p. 8.

15. "Democrats Look to Salvage Part of Stimulus Plan," *Congressional Quarterly Weekly Report*, April 24,1993, pp. 1002 – 1003.

16. Bob Woodward, *The Agenda: Inside the Clinton White House* (New York: Simon and Schuster, 1994), p. 285. 在 8 月 2 日和 3 日前后抽样及哥伦比亚广播公司/《纽约时报》的一次民调显示支持总统预算的人数在总统演讲后保持不变,但是反对人数下降。

17. "Switchboards Swamped with Calls Over Tax Plan," *The New York Times*, August 5,1993, p. A18.

18. "Health Care Reform: The Lost Chance," *Newsweek* September 19,1994, p. 32.

19. Gallup poll of August 15 – 16,1994.

20. 引用见"Tax Cut Passed by Solid Margin in House, Senate," *Congressional Quarterly Weekly Report*, August 1,1981, p. 1374. See also Samuel Kernell, *Going Public* (Washington, DC: Congressional Quarterly Press, 1986), pp. 120 – 121.

21. Samuel Kernell, *Going Public*, p. 137. 亦可参见 p. 116.

22. 参见"Reagan's Legislative Strategy Team Keeps His Record of Victories Intact," *National Journal*, June 26,1982, p. 1130.

23. Gallup poll of August 3,1993.

24. Gallup poll of September 3,1993.

25. Jason DeParle, "Moynihan Says Clinton Isn't Serious About Welfare Reform," *The New York Times*, January 8,1993, p. 8.

26. 参见 Thomas L. Friedman and Maureen Dowd, "Amid Setbacks, Clinton Team Seeks to Shake Off the Blues," *The New York Times*, April 25,1993, Sec 1, p. 12.

27. *CBS News/The New York Times Poll* (News release, April 15,1986), Table 15.

28. *CBS News/The New York Times Poll* (News release, June 24,1986), Table 9.

29. 有关社会信息流动的讨论,参见 Robert Huckfeldt and John Sprague, "Networks in Context: The Social Flow of Political Information," *American Political Science Review* 81 (December 1987): 1197 – 1216.

30. Roberta Glaros and Bruce Miroff, "Watching Ronald Reagan: Viewers' Reactions to the President on Television," *Congress and the Presidency* 10 (Spring 1983): 25 – 46.

31. Lyn Ragsdale, "Presidential Speechmaking and the Public Audience: Individual Presidents and Group Attitudes," *Journal of Politics* 49 (August 1987): 704 – 736.

32. Charles O. Jones, *The Presidency in a Separated System* (Washington, DC: Brookings Institution, 1994), p. 294.

33. Cary R. Covington, "'Staying Private:' Gaining Congressional Support for Unpublicized Presidential Preferences on Roll-Call Votes," *Journal of Politics* 49 (August 1987): 737 – 755.

34. Theodore C. Sorensen, *Kennedy* (New York: Bantam, 1966), p. 440.

第五章　制度上的总统制

　　总统制体制是属于现代的一种理念。在 19 世纪,总统在日常国家决策中受到限制,这正符合制宪者们的期望,即国会在新建美国政府中作为主要决策的主体。虽然《宪法》没有为总统提供任何正式的咨询体系,但是它确实规定了总统能够从行政机构官员那里要求得到报告。乔治·华盛顿开始从各部部长那儿寻求建议,由各部长组成的团体开始被称为“内阁”。直到 1857 年国会才为总统配备了一名由政府支付薪水的秘书,到胡佛总统任期(1929—1933)时,为总统工作的人仅仅限定在几个由政府支付薪水的专业人员上。然而所有这些随着富兰克林·D. 罗斯福在位时创建的现代总统制而发生了变化。

　　政府为了作好准备应对经济大萧条增加了很多国内机构,富兰克林·D. 罗斯福感到他需要掌控更多的行政权力并领导他第一任期内创建的许多新的机构。1936 年,他要求 3 位公共行政学者——由路易斯·布朗娄(Louis Brownlow)领衔,称为布朗娄委员会——提供一份报告,表明扩大的总统机构是必要的,同时应有必要的合法权力来更直接地掌控行政机构。虽然最初的报告被国会驳回,但最终在 1939 年总统的尝试成为现实,当时国会给予总统 6 个新的专业白宫工作人员职位及重新组织行政机构各部分的权力(受制于国会的否决权)。罗斯福利用这项新赋予的权力创建了总统行政办公室(EOP),这成为下半个世纪白宫工作人员规模扩大的基础。

　　这一章节中第一部分是《布朗娄委员会报告》的部分内容,其中列出了扩大专业白宫工作人员的理论依据。无论多少总统助理一直对布朗娄提出的理念置之不理,它如今仍是对白宫工作人员所扮演的合适角色的经典陈述。

　　随着国会创建总统经济顾问委员会,杜鲁门总统政府也目睹了总统制机构的扩大。然而产生更为深远影响的是 1947 年《国家安全法案》的颁布,创建了国防部、中央情报局和国家安全委员会(NSC)。在 20 世纪 40 年代国家安全委员会及其为数不多的工作人员没有得到杜鲁门的重视,但是在 1950 年朝鲜战争开始时,他开始依靠国家安全委员会召开会议来为战争制定策略。艾森豪威尔总统通过制定正式的委员会体系,利用国家安全委员会来完善国家安全政策并配合决策的执行。艾森豪威尔还创立了一个上层机构来管理白宫各个部门并通过一名工作秘书和白宫参谋长监督它的运作。

在这个基础上,到20世纪70年代为止,白宫办公厅的人数达到了500多人,同时又是规模更大的总统行政部门的一部分。到20世纪80年代人数达到大约2 000人并保持这个规模进入21世纪。这一章节将论述制度上的总统制并尤其着重讨论总统如何能够确保所有的这些机构真正按照总统所想的去开展工作。总统行政部门更宽泛的意义就是能让总统成功管理一个庞大的行政机构,而这个行政机构已经发展成为拥有180万名雇员的机构。

在共和政体的前一个半世纪里,总统首要的正式咨询机制是总统内阁,由行政机构主要部门的头领(部长)组成。但是在20世纪中期随着部门数量的不断增加和政府职能的扩大,内阁作为总统主要咨询机制的功能已经退化了。内阁会议仍然起着重要作用,但是更多地用作情报性和团队建设机制方面,而不是用作政策审议方面。为总统提供咨询的功能已经转向了与总统关系更密切的白宫工作人员身上。白宫的工作人员按照个人的专长挑选;他们的办公室驻扎在白宫内;他们的注意力不需要因管理庞大的官僚机构的需要而分散。内阁部长们在作为政策实施者和其各部门的管理者方面发挥着重要作用,但是只能作为个体而不能作为集体成员向总统提供建议。

乔治梅森大学的教授休·赫克洛(Hugh Heclo)主张新上任的总统有能力按照他们个人的愿望重组总统办公室——但只是停留在表面上。在文章《不断变化的总统办公室》中,赫克洛解释说办公室的"深层结构"不是根据个人的喜好来塑造的,而是根据其他人对每一个总统的期望来形成的。因而总统不能轻易地决定在国会山(国会联络办公室)不安排他自己的游说人员,不让他的代表去协调国家和国防部的政策(国家安全委员会工作人员),或者不向媒体发布关于总统计划的信息(新闻秘书)。随着总统权力的不断扩大,权力也已扩散开来并被许多总统助手分享。因而问题在于如何确保所有的助手都为总统的需要服务并避免他们利用总统为自己谋利益。赫克洛总结道,总统在安排他的工作人员承担任务时必须要做到严格筛选,否则管理整个政府的需求会让他难以承受。

在下一篇文章中,布拉德利·帕特森(Bradley Patterson,一名经验丰富的曾在艾森豪威尔、尼克松和福特政府中任职的白宫工作人员)和詹姆斯·菲夫纳(James Pfiffner)列出了现有的总统政治任命的范围。他们认为任命的人数非常多,总数达到6 000多人,所以招募准备工作在选举之前必须开始。他们对在总统人事办公室里白宫掌控任命工作能力的发展状况及应该如何为总统管理安排人力资源进行了概述。最后他们解释了在总统决定应该任命谁来领导行政机构时每一届新政府面临矛盾的原因。

　　小布什总统和他的律师团提出了一种管理行政权力的方法,被称为"行政一体"理论。理查德·沃特曼(Richard Waterman)在他的文章中指出这种方法让国会远离了公共政策的主要领域,而这通常是国会和总统共同分担的。这一理论的支持者认为因为只有总统被赋予了完全掌管行政的权力,国会在行政机构的任何问题上没有发言权。这似乎与麦迪逊在《联邦党人文集》第47卷中的评论背道而驰;在评论《宪法》中阐述的执政权力时,他引用了孟德斯鸠的观点:"他[孟德斯鸠]意思不是说这些机构不应该具有部分的相互约束或控制的权力(在原文里强调)。"正如《宪法》中所阐明的一样,制宪者们打算让三个机构共同分享战争权和消费开支权。

　　总统制机构在规模和范围上已经不断地扩大,同时国家政府也在不断壮大。这就需要一套白宫的官僚体系来密切关注并领导行政机构的所有部门。总统往往倾向于采用集中化控制,但是他们这样做对他们的管理能力是很大的挑战。给予内阁层面部门更多的授权和采取更多选择性的中央控制将可能会改善对行政机构的管理。

参考文献

Arnold, Peri, *Making the Managerial Presidency: Comprehensive Reorganization Planning, 1905-1989* (Knoxville, TN: University of Tennessee Press, 1989).

Burke, John P. , *The Institutional Presidency* (Baltimore, MD: Johns Hopkins University Press, 1992).

Campbell, Colin, *Managing the Presidency* (Pittsburgh, PA: University of Pittsburgh Press, 1986).

Fenno, Richard, Jr. , *The President's Cabinet* (New York: Vintage Books, 1959).

Fisher, Louis, *The Constitution Between Friends: Congress, the President, and the Law* (New York: St. Martin's Press, 1978).

Hart, John, *The Presidential Branch* (Chatham, NJ: Chatham House, 1995).

Hess, Stephen, with James Pfiffner, *Organizing the Presidency*, 3rd ed. (Washington, DC: Brookings Institution Press, 2002).

Kumar, Martha J. , and Terry Sullivan, *The White House World: Transitions, Organizations, and Office Operations* (College Station, TX: Texas A & M University Press, 2003).

Nathan, Richard P. , *The Administrative Presidency* (New York: John Wiley and Sons, 1983).

Pfiffner, James P. , *The Managerial Presidency*, 2nd ed. (College Station TX: Texas A & M University Press, 1999).

Pfiffner, James P. , *The Modern Presidency*, 6th ed, (Boston, MA: Wadsworth, 2011).

Pfiffner, James P. , *The Strategic Presidency*, 2nd ed. (Lawrence, KS: University Press of Kansas, 1996).

Seidman, Harold, and Robert Gilmour, *Politics, Position and Power*, 4th ed. (New York:

Oxford University Press, 1986).

Szanton, Peter, ed. , *Federal Reorganization*: *What Have We Learned?* (Chatham, NJ: Chatham House, 1981).

Walcott, Charles E. , and Karen M. Hult, *Governing the White House*: *From Hoover Through LBJ* (Lawrence, KS: University Press of Kansas, 1995).

文献 21 白宫工作人员

总统行政管理委员会(布朗娄委员会)

在这个行政重组的宏大计划中，白宫自身也参与其中。总统需要帮助。他直属的助理人数是完全不够的。应该给予他少数的行政助理作为他的直接助手，帮助他和管理机构以及政府的行政部门打交道。除了总统现在与公众、国会、新闻报道和广播打交道的秘书外，大概在数量上增加不超过六名助理。这些助理将没有权利擅自作决定或发布指示。他们将不会对总统和各部部长进行干预。在任何意义上他们都不是助理总统。在总统和政府行政部门之间呈报或传达任何问题时，他们的职能将是帮助总统迅速并毫无拖延地拿到由任何一个行政部门掌握的所有相关信息，以便指导总统作出负责任的决定；当决定作出后，要帮助总统确保每一个相关的行政部门和机构被立刻通知到。我们认为他们辅助总统的有效性将与他们克制地履行职能的能力成正比。他们将待在幕后，不发布任何命令，不作出任何决定，不发表任何公众言论。这些职位上的人选应该由总统从政府内外谨慎地进行挑选。他们应该是总统本人信赖的人并且他们的性格和态度也是那种不为自己的利益而试图行使权力的人。他们应该具有很强的能力、充沛的身体活力，甘当默默无闻者。他们应该在白宫被任命，和总统直接联系。在挑选这些助手时，总统应该不受限制地随时要求各部给予人员的安排，在完成辅助总统的工作后，可以重新回到以前的岗位上。

这种推荐意见起因于总统办公室工作中不断增加的复杂性和重要性。需要通过特别的辅助，来确保引起总统关注的所有问题，从全面管理的角度及与政策和运行相关的所有立场得以认真地审查。这样做还会加快把信息上呈给总统，总统以此为基础作出决策，同时加快把总统的决策向下传达到相关的部门去执行。因而这些工作人员不但能够辅助总统，而且也会在精简行政上的联络、批准和咨询方面为几个行政部门和管理机构提供很大的帮助。

总统也应该拥有可自由支配的一笔应急资金，以便能够随时引进因特殊目的拥有特殊才能的特殊人员，并在短时间内雇佣他们。

总统应该被给予更多数量的普通办公室工作人员职位，这样他就不必被迫像过去那样为了他自己必要的工作来使用其他部门支付薪水的人员了。

来源：Report of The President's Committee on Administrative Management in the Government of the United States，January 1937(Washington：Government Printing Office，1937)，5 - 6.

如果给予总统这样的人员配备的话,他只是得到了一般的辅助,而通常任何一个大型机构的主管都能得到这样的辅助。

除了给予总统办公室的这些辅助以外,必须给予总统直接的控制权,并承担起对影响所有行政部门的政府重大管理职能的直接责任……这些职能为人事管理、财政和组织管理、规划管理。商业管理中所有必不可少的要素都可以包含在这三个职能当中。

联邦政府中行政管理的发展要求对这些管理活动进一步进行完善,不但要通过负责的中央机构,还要通过各部门各局来完成。中央机构需要增强并成为最高行政长官管理上的左膀右臂,使它们能够更好地履行它们的中心职能并在整个政府范围内起到必要的示范作用。

这三个管理机构,国家行政管理局、预算局和国家资源委员会是白宫办事机构必不可少的一部分。因而总统将直接得到这三个管理机构的报告,它们的工作和活动将影响所有的行政部门。

这些管理机构的预算开支应该由总统呈交给国会作为白宫办事机构开支的一部分。这样就把这些机构和执行行政部门区分开来,执行部门是通过共同组成内阁的各部部长呈报给总统。这样一种安排将会极大地帮助总统监督行政机构,并且能让国会和人民监督总统为他们的行为担责。

文献 22　不断变化的总统办公室

休·赫克洛

总统办公室已经变得如此之复杂，并且由它自身内部动态变化的官僚作风所驱动，以至于现在每一位新上任的总统都面临着内部管理的严重问题。如果总统不作出有意识的努力，他甚至可能不会意识到他的助手们已在他周围建起了牢笼。

总统要想顺利地解决这个问题，他必须意识到"他的"办公室如何对他进行约束，并且必须至少做到像工作人员有效地利用他一样有效地利用"他的"工作人员。他必须意识到他做的每一件事情给管理上带来的影响。他必须仔细认真地选出他的优先事项并坚持不懈地贯彻他们，以免依赖他周围的其他人列出的优先考虑的工作重点。他必须对他的工作人员如何行动和互动具备较强的判断力。他必须维持行政办公室和他在各部门和机构里委派的人员之间微妙的平衡。最重要的是，他必须把自己放在最终为他的目标服务的充满了压力和反压力的网络中心。

总统制内部管理上的问题

我们对总统最为熟悉的形象是他独自坐在灯光昏暗的椭圆形办公室里的身影。在这种朦胧背景的映衬下，这个熟悉的面庞思索着一个总统的决定，这是对权力的最终表达。

这是一幅很有吸引力而又颇具误导性的画面。总统的决定显然是重要的。但是一个更为准确的形象应显示为总统制相关人员至少由 1 000 人组成——一群私人的效忠者、专业的技术专家和各局的工作人员聚集在一起，同时总统努力地，经常是徒劳地，关注事情的进展。在椭圆形办公室里，这张熟悉的面孔思索的可能是和顾问团的一系列对话或者是包含着几个选项的几页纸。而这些代表着来自源头的大量信息所总结出的最为经典的部分——通过各种方式进行精简过的——总统对这些可能知之甚少。最大的讽刺是随着越来越多的力量组织起来为总统制订计划，而他唯一看见的是正在竭尽全力帮助他的人们按照他所想的去做。

在 1980 年，总统行政部门（EOP）是由 10 个不同的主要部门组成，包括 1 个白宫办公厅和它自己的 24 个非常基本的分支。参与的人数因各种各样创造性的核算方法而有所差别，但是一种合理的粗略估计是 500 人左右在白宫工作，还有大约 1 500 人在总统办事机构的其他部门工作。[1] 一个更精简、更合理的人员配置将帮助总统满足国家的需求并且能够大量地简化总统管理办公室的工作，这几乎是毋庸置疑的。

　　然而,无论给总统配备怎样的工作人员及工作流程,总统在个人管理上存在的问题仍然存在。他的选择是去进行管理还是受办公室的管理。没有一种人员配置安排会满足总统的全部需求,但每一种安排可能都会把总统的利益渗入到他们的机构之中。所有这些倾向都表明总统对这些出于好意的机构的控制可能会不断加强,正像过去20多年来已经不断加强的那样。总统的巨大危险在于认为通过作决定,他就能够实际地管理。总统的内部管理问题就是要利用那些为他服务的人而又不依赖于他们,这也是总统制的阴暗面。他必须避免由于相互效忠而受到伤害。最为直接地说就是鉴于当前对办公室的需求,我不能想象总统如果不在办公室内部进行暗中操作的话,如何才能够实施他的领导。

内部管理的制约因素

　　乍一看,总统自己办公室的内部安排似乎只是总统的喜好问题。因此这些也属于一些最不重要的方面。除了风格问题之外,总统慎重考虑的主要方面是在办公室的每日运作中选择将和什么样的人直接打交道。即使这种选择可能也会受到对熟知的助手作出的个人承诺的约束,尤其是现代的每一位候选人如果没有众多忠实助手的支持,是没有希望度过漫长的竞选过程的。竞选政治的成功者不可避免地对白宫有所要求。

　　然而就办公室的深层结构而言,一个既定的事实是就算真的能改变,总统也只能慢慢地改变它。这个结构是一张其他人的期望和需求构建的网。从表面上看,新上任的总统看似是接过了一座空房子。事实上,他跨入的是一间已经成形的由其他人的愿望塞满了的办公室。看来在晚间新闻中即将成为总统的人伸手够到的仅仅是在最终竞选中的最高奖项而已。获胜者要掌控的是一个强大的、暴露在外的政府力量中心,在此巨大的各派势力以任何个人不能控制的各种方式聚集在一起。整体效果就是为现代总统制订计划。

法律和政治上的压力

　　一系列制约因素起因于不断增加的法定要求。总统的核心顾问机构(经济顾问委员会、国家安全委员会、国内事务委员会)是由国会通过立法建立,并且只能通过说服国会改变这些法律才能进行调整。当然总统能够利用或越过这些正式的机构,但事实是多年来这些机构已经被视为总统制中的重要组成部分,并且已经产生的期望是总统将不会仗势干扰他们的行动。例如,当选总统里根准备上台执政时,所讨论的一个重要议题是谁将他带入到来自国家安全和国内事务委员会工作人员

来源: Arnold Meltsner, *Politics and the Oval Office* (San Francisco: Institute for Contemporary Studies, 1981). 经 Hugh Heclo 许可使用。

的工作中,而不是从一开始就讨论是否拥有和利用这些机构的议题。

法律上的约束也产生于告知总统必须做什么的法定要求。据最新统计,对每年重复出现的总统报告(环境的影响、对外兜售武器,等等)有 43 项独立的规定。除了极稀少的情况之外,没有一项报告是让总统本人担忧的事情。这些报告要求的更多的是工作人员工作、更多的专家和更多的日常事务。每一个过程都会给予某人相关的利益——换句话说,除总统外的某人提出的必须在总统任期内完成什么的要求。

使总统不能按自己意愿设计办公室的又一个因素是外部人员的政治利益。结果表明许多人在总统制的内部安排中都存在利害关系,甚至总统工作人员的稍微增加都会招致国会立刻的强烈批评。比如总统卡特在他上任后的前几个月里,为了避免将来他的重组计划遇到麻烦,不得不非正式地向一位重要的国会委员会主席作出这样的许诺:即使重要的非政治性总统机构的人员出现严重不足,他也不会扩大总统行政部门的规模。

国会委员会掌管着总统行政部门中每一个主要机构的财政大权;他们能够并且已经让像总统行政管理和预算局(OMB)这样机构的领导人过得很痛苦了,这些领导人被要求提供详尽无遗的证明材料,削减不良项目资金,增加与总统利益无关的职能部门的工作人员。而且自尼克松政府以来,国会已经更不愿意为特殊的紧急事件或"改善管理"账单提供补助资金了,而以前总统可以自行决定使用大部分资金。甚至总统的文件也不再属于他。按照近年来国会的法规,里根总统将会成为美国历史上第一位离任时不能把他的文件带走的行政首脑。

国会只是对总统制中总统管理进行约束表现得明显的部门而已。各个专门团体都有兴趣坚持声称在行政部门中占有一席之地。比如近年来的科学技术政策办公室(1973 年解体,应科学界的要求于 1976 年恢复),环保组织(环境质量委员会)和最近的很多其他团体。更微妙的是,经济顾问委员会为经济学界服务,同样国家安全委员会为外交和军事事务专业的学者服务。即使总统能够从每个专门团体持有的不同观点中进行挑选,他也不能随意地否认这些专门团体中的人员在他的政府最高委员会中所起到的主要的顾问作用。[2]

虽然在过去 20 多年来,对总统制法律上的约束不断加强,政治上的支持不断增加,但是总统总能在遵循这些程序的同时设法"对付"他们。无论这些法定的要求是什么,总统真正的管理体系是由他咨询的人员、他给予信任的机构及管理他所信任的人员和机构的方式组成的。近年来法律和政治上的这两种约束力量发展起来并进入了实质性管理体系的最核心部分。因为起源于根深蒂固的社会、政治趋势,所以这两种势力不能够设法对付过去。事实上,总统不得不顺从这两种势力带来的压力而成为计划安排的代理人。近年来总统越想在办公室和各种活动上贴上自己的标签,他们越肯定他们无法控制和几乎不能理解的更大的设计在等待着他们。

总统政党的必要条件

根据历史记录,自艾森豪威尔以来的五位总统未能有意识地制订计划来创建他们自己的政党。然而这件事一直在酝酿中并开始渐渐在白宫中出现。细想一下,在 1980 年总统竞选开始之前的卡特任内的白宫中就有了一些专门的分支机构:

■ 总统助理(妇女事务)

■ 总统助理(组织联络)

■ 西班牙事务特别助理

■ 民族事务特别助理

■ 公民权利特别助理

■ 老龄化问题总统顾问[我们的老龄化问题,不是总统的]

■ 消费者事务特别助理

■ 政府间事务助理

■ 国会联络助理

■ 总统特别助理(媒体与公关工作)

总体来看,这份列表显示了比特定群体希望在总统身边拥有他们自己的代表更为重要的东西。就是这些及相似的为总统服务的政治运营者所暗示的是从白宫向外延伸为总统获得一些可靠的政治上的支持。如果有人正在创建一个政党的话,这些正是要在分支总部建立的各种办事机构类型,缺乏的正是给予政党支持的基层组织。正如卡特总统所发现的那样,炉边谈话、城镇会议和当地出版商和编辑的会议都不能取代它。

事实是在过去 20 年期间每一位总统已经逐渐感觉到必须动员白宫打造总统执政政党的对应政党。对一些总统而言(比如约翰逊或尼克松)自然而然有这种意向,但是不管总统的个性多么变幻无常,每一位当代总统已处在压力之下并朝着相同的方向行动。原因是显而易见的:政治上更易变的公众,更不好对付的国会,正在消失的政党等级制度,不断激增的专一的活跃分子群体,他们与后面要讨论的政策专家网络联合在一起。所有这些意味着支持总统的政治基础在不断改变。这不是原子化——把我们的政治生活分解成极小的基本的微粒,这是不断蔓延的多元化,各个群体把政治形势分割为各种不连贯的模式。原子化将会产生混乱无序,不断蔓延的多元化产生了我们现在事实上出现的情况:无法协商的诉求、政治停滞和僵局。

白宫的人除了通过加强总统自身的支持基础来努力应对这种趋势之外几乎没

有其他选择。鉴于自肯尼迪被暗杀以来连续几任总统任期一届的接替状况，没有总统宣布这些工作取得了很大的成就，但这不是问题所在。问题是期待着现代总统怎样才能合理地放弃试图利用白宫来建立总统政党呢？

一旦承认这个事实，我们可以开始了解一下最为忠实的助理和总统本人是如何在现代总统制的规划中进行合作的。当市长和州长有问题时，只是打电话向一些部门的被委任人或官员咨询是不足够的。这样也不能建立起总统需要的密切关系。因而要安排白宫里的某些人密切关注"府际关系"。这样就有了一小部分的工作人员。市长和州长的电话会从白宫得到反馈，他们与官僚机构打交道就顺畅了一点。通过给他们提供帮助，总统也从中受益。然而从长远来看，总统通过任用工作人员在继续处理此类问题中获得既得利益，同时他被寄予了更大的期待，他要设法负责的是保证极其复杂的联邦体系的工作让相关各方满意。

在这一点上无需再作陈述。相同的范式在总统活动领域接二连三地被采用。总统的工作会专门通过不能控制立法机构行为的上层国会领导们进行吗？或者总统会努力地把自行经营的国会的许多部分串联起来吗？当前所有这些压力控制着后面的进程。于是总统获得全面广泛的国会联络工作人员，给予帮助并吸引更多的需求。卡特总统在第一年任期时，对他被安排作为国会中自己政党的创建者极不情愿，他为此付出了沉重的代价。总统能够满足于通过他所在政党的国家委员会或一个联邦部门，在我们这个流动社会中形成的他所需要的和所有利益集团的关系吗？这个问题的答案早在 1940 年富兰克林·德拉诺·罗斯福寻求第三任期时开始变得清晰起来。一位助理兼职处理和民族、工会的关系并且准备了关于新政的为了"黑人的利益"所做的工作的材料。[3]从那时起，这样一些人组成的名副其实的技术专家政治集团已经形成，让总统办公室进入了广泛的对各种各样议题感兴趣的活跃分子的网络中。

有——或似乎有——一条出路，一条总统们需要为他们自己创建一个准政党所产生的所有的这些复杂关系的出路。在 1979 年末理查德·诺伊施塔特（Richard Neustadt）对此进行了描述：

> 虽然国家政党组织势力逐渐减弱，虽然国会对党纪的要求逐渐放宽，虽然利益集团不断激增，议题网络的范围不断扩大，但是在制定政策和形成联盟时，希望争取领导地位的总统必须要充分利用他广泛的人际关系。预期国内的反应，华盛顿人……易受到总统的言语和视野引起的任何一件小事的影响……具备电视表演才能的总统在上台执政时，可能会把他的这种才能放置在他所有希望的中心位置。

过去四位总统的电视观众能够证明的是,甚至明显不具备电视表演才能的总统也可能会利用视频来施展他们的领导能力。但是遗憾的是,即使总统尽力地在电视上规划包装自己,他们也不能避开自己的个人管理问题,并且可能会错把成功的银幕形象当成实际的领导(尤其是有这方面天赋的总统),使问题变得更加复杂化。

电视是一种直截了当的手段。它可以让总统解释自己的意图,激发情绪,树立形象。这些都是重要的,但是总统不能通过这些来避开围绕着他的领导地位所要做的安排和设计。对总统来说,电视广义的效用是媒体自身对总统类型的需求中存在一个相对应的角色。不断发展的强有力的新闻媒体需要新闻报道,最好是以白宫作为背景。它们需要总统的声明来创作新闻报道,需要来自白宫工作人员提供的背景信息获得抢占新闻报道的优势。如果其他渠道都行不通,媒体需要由白宫新闻办公室提供给不能找到新闻的那些人源源不断的宣传材料。这种总统制的通信行业情节与早期总统为了给"新闻界男孩"提供思想和活动的大致情况所使用的非公开性闲谈有很大的差别。媒体的期望与总统对私下商谈、披露新闻的时机和对看似团结统一的政府等管理上的需求相违背。电视语言能准确地捕捉用于总统管理目的这种媒介的负效用。电视追踪新闻报道,但是总统必须首先对他想选择走的方向安排一个进程。电视从总体上报道事件,但是总统办公室需要对具体的、经常是技术上的、从来没有清晰新闻情节的情况给予持续的关注。

总统政党的必要条件,包括电视在内,可能和白宫并存。对总统来说,技术专家政治集团的成员将是一种制约或是一种机遇——通常两者都有,这要看总统在他们当中如何操作。但是如果他们不是纯粹的制约的话,那么暗含的一定是总统积极地进行了操纵,不会依赖或相信他的助理对职业毫无疑问的忠诚。然而这一部分只是谈及了总统办公室的政治基础。比起不断增加的政治上的分裂和动荡来说,另一种趋势更加深入到总统制的内部。这是决策权力的一次大规模的社会扩散。

总统权力的大出血

对总统办公室提出的典型的问题是它的权力发生了怎样的变化。这是一个需要投支持或反对票的问题:权力是在不断加强还是不断减弱?是变得更至高无上了还是更像水门事件后的情况了?经过过去 20 年的发展,这个问题的答案变得更为复杂化。总统的权力通过变得更广泛、分散和共享而不断加强;通过变得具有更少的特权、更少的单方决定、更少地受总统本人控制而不断减弱。用于描写总统办公室权力现状的合适的词语是扩散,不是损耗。出现这种局面基本上不是因为国会或其他团体已经设法夺得了总统的权力,而是因为现代决策的本质和联邦政府活动的发展。

细想一下反官僚主义的里根的过渡机构。这次尝试是一个缩影，是对总统权力状况的大致了解。宣誓就职前的当选总统以一笔纳税人出资的 200 万美元的预算、一栋建筑物、一个车辆调配场、至少七打的顾问委员会、一套通信系统以及为"当选总统办公室"提供的办公用品拉开了上任的序幕。

有人可能会问，到底发生了什么？当然这些配备中的一部分只是用于公共消费，还有一部分用于与总统政党在政治上的联络工作方面建立必要关系。但是远非如此，还会用于在各种政策团体和"议题群"的大量工作中。当选总统可能思考几个广泛性的议题，同时为了对复杂的现代政策产生影响，他还需要拥有具体的、高技术性的提案。而且，不管他可能想要做什么来增加或者减少联邦政府的活动，他都会自然而然地陷入到与对相同议题能产生决定性影响的其他人的关系网中——不只包括国会议员，还包括一个数量超过 13 000 名专业人士的国会的工作人员机构；不只包括市长和州长，还包括代表华盛顿这些当选官员的分析人士和说客；不只包括贪婪的利益集团，还包括国家资本雇佣的 15 000 人或更多全职专业人士的一个微型产业。

这些确切的统计数字不如一个事实重要，那就是联邦政府已经承担起了把各种各样的公开、半公开和私人团体成功联系起来的责任。这种情形不但应用到了过去 20 多年获得的职能中——消费者保护、医疗和学校经费、公共交通，等等——而且还应用到了有更高目标要求的较早的任务中：职业安全、自然资源利用与保护、经济管理以及工业振兴，等等。拥有几个议题和少数助理的总统能够成功地让他的想法在这些机构通过并越过许多其他和总统所作所为有利害关系的知识渊博的参与者吗？不可能。因此众多的助理、办公室和各类简报会聚集在当选总统面前，数量毫不逊色于上任后的总统。

美国没有设立一个（像欧洲国家设有的）高层面的、政府范围的行政部门，这个部门可以帮助新上任的最高行政长官和他的团队把他们的想法变成管理上的现实；白宫甚至几乎没有一个低级别的行政部门来帮助处理文书工作。这种越来越多地诉诸过渡机构的现象是对这种事实情况的顺应，因此总统背负了更多的把议题变成可操作行动的责任。但是不管有没有一个有能力的行政机构，联邦政府活动的本质迫使总统制成为一个可以预见的机制，这样其他的参与者能够各司其职。

试想一下，比如一位致力于利用市场竞争和各个政策领域的激励措施来代替政府管理制度的总统会遇到什么状况。国会、各部门、利益集团和地方政府中的人员都已经习惯了旧的管理制度并拥有制定或打破任何影响到他们的提议的"市场解决办法"的权力，他们需要知道总统提议的详细情况。开拓一个市场，市场本身不会对一些情况有深谋远虑的考虑，比如它将会扩展到多大范围，对受到影响的团体将做出什么样的过渡安排，它将如何影响到相关领域的规划，将执行什么样的竞争规则,由谁来执行等问题的考虑。由于市场通常会带来一些很多人认为不公平的费用和影响,所以也要做出一些补偿、补贴和提供其他各种保护(更多的制度)的措施考虑。所有这些都暗示着由总统助理来完成,他们能够颇有见解地和规划者、分析人士、经济学家、管理人士、巡视人员和律师等各类人员进行合作,当然也会开展所有的外出搜集情况的工作。为了在这种环境中生存,总统需要政策上的技术专家,数量应不少于他自己在准政党中的政治上的技术专家。但是总统怎样才能知道所有这些聪明的、忠诚的和(像我们大家一样)以自我为本位的人们在做他所需要的事情呢?

作为管理者的总统

不管总统是谁,不管他的风格是什么,政治和政策机构都会簇拥在他周围。它们随时准备提供帮助,但是它们的需求未必是他的需求。授权是不可避免的,然而没有任何一个助理或助理团能承担总统的责任或者替他宣誓就职。不管总统给予他的私人朋友、政治效忠者或者技术专家多少信任,他将是那个对普通民众和历史负责的人。

如果总统办公室的诊断接近事实,那么就会有一个重要的处方。总统必须为抛弃自己的旧思想负责。既然总统办公室的深层结构不受总统控制,而是随着潮流而形成,那么总统必须努力在其结构内保持他的可操作性——这个可操作性不只体现在个人风格形象方面,而且也体现在所做的工作内容方面。只信任参谋长和几个高级助理是不够的。在幕后,总统如果没有受到华盛顿的政治和它的政策技术专家的扼制的话,总统必须要进行管理和巧妙的控制。

管理是处于细节管理和宏观掌控之间的某种模式。总统最多能够直接管理一或两个重要议题和六个左右的高级助理。宏观掌控是对他周围各种力量势头的一种危险的放弃行为。很难在把总统管理上的琐事付诸文字时不显得愤世嫉俗或阴险邪恶。提起总统对他办公室人员的操控不应该唤起的是对尼克松的记忆,因为如果有一位总统确实与他的办公室所进行的事情(虽对此负有刑事责任)隔绝开的话,那应该就是理查德·尼克松了。当之无愧的导师仍然是现代总统制的第一人富兰克林·罗斯福。对一位截瘫总统来说,他对于内部管理首要任务的理解几乎是出于本能:利用那些服侍他的人而不依赖于他们。

罗斯福有他自己的策略,其他总统也将有他们自己的策略。但是总统个人管理的基本需要保持下来并作为现代总统不断发展,逐渐被局限在更小的范围内。进行计划安排而不是使其瘫痪,如今的总统需要很多不同的耳目来提供给他应该知道的事务,很多不同的跑腿的人来为他跑他应该去的地方,设计一些避免让他受到攻击的保护性手段。

怎样才能做到所有这些事呢？具体的体系和个性特点不如有时的想法重要。鉴于对近年来政府的记录，从各种历年的经验中摘取出一些有用的参考如下：

1. 首先要有自我意识。总统通过他的行为，甚至更多是通过他的行为对其他人产生预期，形成一种事实上的管理体系。他越愿意去做，要求他去做的就越多，他越要回答更多的问题而不是让其他人去回答，他越会被问及更多。工作人员给予他的无条件支持看上去越多，越不能激励他们有良好的表现。他信任的范围越广，信任体现的价值越少。任何一位总统都熟悉这些很明显的问题，但是在每日出现的紧急事件和各项决定的压力下，这些问题就显得尤为重要并且更易于被忽略。

2. 选择性需要成为自我意识的一部分。因为总统本人只能管理几个议题和少数几个助理，所以他需要知道对他来说最重要的一到两件事即可，服从变化的情况。不具备这种选择性，就会失去工作目标并且迷失方向，带来的影响很快就会波及他的办公室和政府。这样的话，直言不讳地说在历史书上出现的就是他任期的大部分时间都用在了设法对付损害控制上。

3. 必须要把自我意识和选择性连接起来，在总统办公室范围内形成一种机构意识，总统通过这种意识来采取行动。一个总统机构——更确切地说，是各个机构的集合体——看似要和我们一起共存的机构，它的运行方式给总统带来了一些特别的危害。下文列举了可能最常见的危害：

■ 总统工作人员往往会陷入到各部门、国会各委员会和利益集团激烈的冲突和辩论中。在复杂政策问题（尝试性的发现是这样的，而临时的决定又是那样的）的辩论中，起起伏伏的状况不可避免，这就意味着总统可能会和这些事情紧密联系在一起，除非他有意识地往相反的方向努力。甚至意志最为坚定的总统在这种情形下也会表现得犹豫不决。也许对总统来说最好的防御手段是与政策的大量"预先筹划"工作保持一定的距离，同时为了保护自己的利益，工作人员也要低调参与。对不属于总统优先考虑的大部分议题来说，这种手段看似最合适不过了。

■ 每一位总统工作人员为了在办公室内部和局外人面前显示出影响，设法去捏造各种方式声称"奉总统之命"行动。这样的行为每次都使得总统更加受困于一些不熟悉的助手的工作。因为形成的总统决定与所有这些人都有利害关系，所以在比总统可能想到的更多的地方，他的影响力和在公众中的地位处于危险的边缘。总统能做的是要确信摆在他面前的议题一定是由他本人而不是别人来作出正式的决定。总统选择某种特别体系——一个行政秘书，一个参谋长，一个秘书处，一套决策备忘录的正式程序——的需求比建立确切的机构更加重要，这个特别体系能够规范总统形成决定的方式并能密切注意他而不是任何其他人想要做的事情。只有总统通过他自己的行为能够实施和维持这样的体系。

■ 总统机构有一种自我保护的本能欲望。通过公开争斗解决问题并能给总统传递更多信息的内部冲突,往往被淹没在白宫和总统行政部门的内部政治中。总统工作人员中存在的不是一种自由争斗的模式,典型的模式是一种休战状态,每一位工作人员通过这种状态勉强去接受总统部分的关注和决策。这种状态几乎无法让总统去了解正在发生什么。要想克服这种倾向,总统通过自己的行为、需要明确地表明他期待机构内部的分歧,对相反观点的压制应受到惩罚,并且所有人都能够东山再起——一旦总统下定决心,只要争斗停止。工作人员运用的避免总统作出不必要决定的步骤或许同样能被用来召开公平的听证会和通过正当的法律程序来解决这样的内部冲突。

　　■ 由于这种较早确定的发展趋势,总统办公室往往被分成两大部分:技术专家政治集团和技术专家政策集团。在几乎每一个可想到的议题上,总统都需要听取来自双方的确凿的证据。总的来说,因为媒体的关注不断增加和政治上的分裂不断扩大,这两大部分之间在获得总统更多关注上的竞争已变得不平等。政治工作人员的工作倾向于忽略在政策和管理上更长期的、制度上的利益。如果总统表明他只对摆在他面前议题中的短期个人利益给予高度关注的话,这种趋势会被扩大化。

　　4. 矛盾的是,对总统管理他自己的办公室来说最为有效的方法之一是利用他在各部门各机构任命的官员。如果人们知道这些部门的首脑非常熟悉总统的想法,因而在他们和白宫工作人员发生争论时似乎可能得到总统支持的话,白宫助理将可能作为总统助理而不是助理总统被放置在他们合适的位置上。

　　遗憾的是,每一届新政府似乎都通过宣布总统打算利用内阁成员进行管理或诸如此类的话来提出一些错误的期望。事实上,个人的参考框架太狭隘而不能提供给总统所需要的所有的视角,没有总统积极主动地提供支持和帮助,他们的集体利益只是一个幻想而已。因而总统必须通过他自己的办公室机构和他任命的各部门各机构的首脑进行管理。总体来说,内阁是一个交流而不是一个决策机构。它把信息传递给总统或从总统那里传送出信息。在最好的状态下,内阁成员能够通过告知总统本来不能听到的事情、替总统传达团结统一政府的观念、管束总统的工作人员来辅助总统。总统的管理工作要确保当各部门和机构的首脑发生相互争斗时——他们不可避免会这样——要在总统面前进行并告知总统那些值得知道的事情。

　　5. 除了总统政治上的工作人员、政策办公室和内阁成员以外,总统通常会利用他最为亲密的私人朋友:厨房内阁。经验表明最为安全的方式是让这些顾问不要进入到他的办公室或各部门当中。其中的原因是既简单又实际。如果总统进行管理时自我保护,任何其他人一定是不重要的。因为并不是每一个人都希望总统走运,所以把密友安排在公职上会让密友和总统都受到影响。非正式顾问不会引起更多的注意，更容易进行替换，并且因为他们不会陷入到政府机构的日常工作中，所以能够精确地最大限度地完成他们的任务。当然也出现了一些例外，艾森豪威尔总统和肯尼迪总统有效利用了他们担任公职的兄弟，就像总统杜鲁门任用了他的朋友约翰·斯奈德(John Snyder)一样。但对每一个斯奈德来说，都有一个伯特·兰斯(Bert Lance)①，明智的是从开始就应该认识到存在的风险。唯有总统能够决定是否值得任用如此亲密的人，而他的总统职位可能因为这些人的丑闻而受到严重的伤害，甚至政策的终结。

对这五种风险的警告提出了总统管理的一种途径，这种途径就是尽力利用工作中固有的各种分歧和反压力。这种在总统自己办公室工作人员内、他们和内阁成员之间、所有这些人和总统最亲密的忠诚拥护者之间出现的反压力既是机遇也是约束。有一定自我意识的总统能够利用出现的分歧来确保他根据需要游刃有余地处于事件的中心和"置身事外"。因而总统管理的目标不能只是建立一个统一的团队；必须要产生对总统有益的反压力，以免被自己的助手坑害。

其他人很可能会有不同的看法，但是有一点似乎很清楚：不能控制自己办公室的总统也不可能会去控制任何其他事情。

尾注

1. 简述见 National Academy of Public Administration，*A Presidency for the 1980s*（Washington，DC：NAPA，1980），Chapter 2.
2. 已有的现存总统咨询机制的研究见 Richard Pious，*The American Presidency*（New York：Basic Books，1979），Chapters 7 - 10.
3. 来自 the Wayne Coy Paper，"Memorandum of October 26，1940，" in the Franklin D. Roosevelt Presidential Library，Hyde Park.

———————————

① 伯特·兰斯，卡特总统时期管理和预算局局长，在上任第一年因丑闻而引咎辞职。——译者注

文献 23　总统任命和总统人事办公室

布拉德利・H. 帕特森，詹姆斯・菲夫纳

　　新上任的总统为了有效地掌控政府，他或她必须任命领导行政机构的首脑。因此，当选总统必须考虑的首要事务之一是展开有效的人事招募工作。即使这项工作的消息传入媒体可能看起来有点自作主张的风险，这项职能仍很重要，为此必须在选举前开始计划。正如总统里根在 1980 年—1981 年的人事招募人员彭德尔顿・詹姆斯(Pendleton James)所言："参加竞选的候选人只是担心一件事：选举之夜。我也只是在担心一件事：选举后的早上。"[1]"总统人事部门不能等待选举结果再筹备，因为总统人事部门必须要在第一天第一个小时的第一分钟发挥作用。"但是"它必须要在幕后，不属于竞选的一部分并且一定不为公众所知"[2]。

　　本文将对总统人事办公室(OPP)及在过渡期和新任总统政府最初几个月如何运作进行概述。首先我们将通过详细说明总统人事办公室政治任命的数量和类型来阐述这项工作的范围。然后将对近年来办公室发展的背景和它所任首脑的责任进行介绍。每一届政府的总统人事办公室都会面临着可预知的挑战，在如何任命上面临来自国会、竞选活动和内阁部长的各种压力；对这些涉及的具有代表性的方面将会进行仔细地研究。我们得出的结论是总统人事办公室的职责对每一位总统取得成就至关重要，并且它新上任的首脑准备得越充分，他或她将会越好地为总统提供服务。

总统任命的范围

　　政治任命的是哪一类职位？每一个类别中有多少个职位？下面的表格列出了不同类型的总统任命和在每一类别中的职位数量。

表 23 - 1　总统任命和总统人事办公室

Ⅰ. 全职总统任命	
A. PAS 总统任命需经参议院确认（比如内阁部长、机构首脑、大使）	1 177 人
B. "PA"总统任命不必经参议院确认	21 人
Ⅱ. 全职政治任命（由各机构首脑任命但只需白宫同意）	
A. "C 计划"职位，中级管理及以下(GS1 - 15)	1 428 人
B. 非职业高级行政官服务，高级管理	796 人

来源：*Presidential Studies Quarterly*，Volume 31，Issue 3(September 2001)：415 - 438. © 2001 John Wiley and Sons. 经 James Pfiffner 授权使用。

	续　表
Ⅲ. 兼职由总统任命者（顾问团和委员会）	
A. "PAS"——需参议院确认	579 人
B. "PA"——不需参议院确认	2 509 人
Ⅳ. 白宫工作人员职位（不由总统人事办公室负责）	
A. 收到总统正式的签字委任	
（总统助理和代理总统助理）	154 人
B. 以总统的职权任命（总统及以下职位的特别助理）	790 人
在一个典型任期内能够由白宫来填补的总职位数	7 454 人

来源：改编自 Bradley Patterson, To Serve the President (Washington, D. C. Brookings, 2008)，pp. 93 - 94.

　　在类别Ⅰ的"PAS"和"PA"职位中，大部分的联邦法官职位（类别Ⅰ）和兼职的顾问团和委员会成员（类别Ⅲ）是按照法规产生的。（大使的职位和一些法官职位不是由法规授权而是由《宪法》自身的授权。）法定职位的数量只能通过国会行动增加或减少。总统本人批准这些任命。

　　高级行政官员（SES）是处于助理部长级别之下的联邦专业经理人团体。根据法律，只有10％的高级行政官员职位可以由非职业人士填补。部门或机构首脑可以推荐一个这类职位的政治候选人，但是每一个非职业高级行政官员的任命经过总统人事办公室的批准也是惯例。一旦白宫通过，人事管理办公室（OPM）会授予其所在机构"非职业任命权力"。

　　C计划职位是由各部门、各机构确定，但是每一个职位必须首先由人事管理办公室核实为"决策"或"机密"。一旦这个职位被授权，这个部门或机构的首脑可以任命这个职位上的人员。然而自1981年以来，白宫——通常是总统人事办公室的主任——批准对每一个C计划职位的任命已经成了一种惯例。这种惯例可能会保持下去。

　　虽然C计划和非职业高级行政官员的被任命人是各机构的雇员，在机构里他们按照各自机构首脑的意愿行事，然而白宫不能忽视的是这些非职业人员品质的好坏和忠诚度。

总统人事办公室的发展

　　自乔治·华盛顿政府以来，总统就已经对政府行政机构的官员进行任命。在整个19世纪的大部分时间，"政党分肥制"（the spoils system）主导了行政机构，只要另一个党派的总统一上任，很多联邦工作人员就会发生变动。在1883年《彭德尔顿法案》创造了这种文官录用制度之后，行政机构逐步改变，由文官委员会雇佣公务员并且只有政府的高级别官员通过政治任命。

　　但是在 19 世纪《彭德尔顿法案》颁布后的大部分时间里,白宫在体制上没有能力来招募政务官员。内阁和高级别官员当然是由总统来决定,但是较低级别的官员经常深受政党和国会对任免需求的影响。随着政府工作范围的不断扩大及政府职能在技术上的复杂程度不断增加,对被任命官员的资格条件也开始发生变化,不但政治上要忠诚,还要在技术上和政策上具备专业知识,然而白宫积极进行招募的能力发展缓慢。

　　第二次世界大战后,白宫控制总统任命的能力逐步形成。杜鲁门总统是首位委任一个人负责处理所有总统任命的总统,艾森豪威尔总统任用了一位特别助理来进行人事管理。肯尼迪总统指派三个人来开展他的"人才搜索"计划,为的是发现"最优秀、最聪明"的人为他的政府服务。肯尼迪没有预料到政治任命是一项很大的挑战,但是在就职之后他的观点发生了改变。"我原以为我认识每一个人,结果是我只认识几个政客而已"[3]。

　　当 1970 年弗雷德·马利克(Fred Malek)成为尼克松总统的白宫人事办公室主任并建立了一个为他服务的大约 30 人的管理人员搜索团时,总统招募政治任命官员的能力在专业化上取得了很大的飞跃。[4] 马利克的工作会处理所有的总统任命但不包括"C 计划"中的职位。

　　卡特总统是首位在选举前开始计划人事招募的总统,但是在竞选运作(由汉密尔顿·乔丹[Hamilton Jordan]领导)和过渡准备(由杰克·沃森[Jack Watson]领导)之间发生的冲突预示了他一上台就会出现一个不协调的人事招募过程。另外,像尼克松开始做的那样,卡特打算授权给他的内阁部长广泛的权力去招募他们自己的管理团队。

　　彭德尔顿·詹姆斯(Pendleton James)被委任来负责新上任里根政府的人事招募运作,并于 1980 年夏天着手系统的准备工作。新上任的政府断定尼克松和卡特授给他们的内阁部长太多的招募权力,放弃了白宫对此的控制。因而他们在选举后立刻确定总统人事办公室将控制所有的白宫任命(PAS)。但是另外,他们决定确立对非职业高级行政官员(SES)和 C 计划任命的控制,严格来说这些职位是由内阁部长和机构首脑进行任命的。彭德尔顿·詹姆斯被授予了总统助理的头衔(白宫工作人员的最高任命)并在白宫西厢设有一个办公室。詹姆斯坚持认为这两个身份的标志对很好地完成总统招募工作至关重要。[5] 在里根领导下的总统人事办公室把与总统在意识形态上保持一致作为挑选被任命官员的重要标准。在初期,詹姆斯拥有包括志愿者在内的 100 多人与他共事。

　　布什总统继续掌控白宫的任命工作并让蔡斯·昂特迈耶(Chase Untermeyer)来领导总统人事办公室。布什政府任命工作的主要标准是对乔治·布什的个人忠诚,并成立了两个特别团体来确保表现出的忠诚能得到回报。总统的侄子,斯科特·布什(Scott Bush)被委任来负责拟定为布什竞选活动工作的那些人的名单,这些人的名字会被送至各部门并被委任到 C 计划的职位上。总统的儿子乔治·W. 布什被委任来负责管理被称为"沉默委员会"的团体,它拟定出在乔治·布什的职业生涯中一直对其忠心耿耿的那些人的名单并确保他们在任命过程中得到"照顾"。[6]

克林顿总统继续对白宫的总统任命进行掌控,但是总统人事办公室的工作进展缓慢,当时它的首位负责人理查德·赖利(Richard Riley)在工作几个星期后被克林顿任命为教育部长。然后总统人事办公室由布鲁斯·林赛(Bruce Lindsey)领导,同时他也负责克林顿的许多其他工作,因而不能把所有必要的时间都用于这项工作。最后办公室由罗伯特·纳什(Robert Nash)负责,他在政府的大部分时间都留任在这个职位上。克林顿人事招募工作的特点是"多样化",与任何其他政府相比,他们成功地任命了更多的女性和少数族裔。

制定基本原则

总统就职典礼到来。幸运的是,人事负责人甚至会有时间亲眼看到总统就职游行,原因是另一支游行队伍——恳求者的——进入了负责人的白宫接待室。通常情况下,在过渡期间,负责人的 100 人助理团队也会搬入白宫。所有制订的计划现在要变成行动。几个月前的慎重考虑现在必须转化成决定。

在新一届白宫,总统人事办公室主任需要重申几项传统规则:

1. 白宫里任何其他人和办公室都不能作出人事承诺。新一届总统的人事专家们可能会在候选人挑选方面向白宫的国内或经济或国家安全办公室寻求建议。政治上和立法上的联络工作人员将会汇集大量他们各自选区的额外的履历。刚刚从竞选中成为新一届白宫工作人员的其他成员会感到有责任帮助他们的昔日伙伴在新政府中找到工作。第一夫人将会向主任提交给她写信的谋求官职者的邮件。但是当达成决定时,只能从一个地方递交给总统最终的推荐:总统人事办公室主任这里。

2. 内阁首脑将会被告知:白宫将会对各部门被任命政治官员的挑选实行"一路到底"的管理。一些新上任的内阁和机构首脑可能会夸口说总统已经让他们全权负责挑选部门下属的工作,但是这不是真的;显然为了总统人事办公室主任的利益要确认这一点。"一路到底"意味着什么? 它意味着不但白宫要对每个部门内的任命作出最终决定,而且意味着部门和机构首脑作出的所有政治任命通常都要得到总统人事办公室主任的同意,即对 C 计划和非职业高级行政官员职位的任命也是如此。这意味着对每一个人的任命都要如此吗?

布什总统的第二任总统人事负责人康斯坦斯·霍纳(Constance Horner)警告说:

确实是——每一个人。我对这件事相当严厉，因为我把它看作确立未来领导地位的一个必经过程。因此对我来说重要的是被任命人的品质、他们的决策水平、他们的忠诚度和智力。[7]

在实践中，这条原则意味着负责人将同内阁或机构首脑进行协商并对所选人员达成一致友好的意见（几乎总是这样）。

一位新上任总统人事负责人任期的前几个周和几个月将会是一个持续的增压阶段，一个艰难纠结的商谈阶段，一个让很多人失望或疯狂、让一个人感激或高兴的阶段——总体上是有点混乱的状态。总统人事办公室的工作人员必须具备足够的能力和足够的精力来向前推进错综复杂的商谈和准备工作，这样才能让负责人向总统作出最终的推荐。在每种情况下，先前描述的所有八套基本原则必须被采用。白宫政治事务办公室将会帮助从党总部弄清候选人在竞选中的积极程度及给予多少回报是合适的。立法事务办公室将协助对国会进行非正式的检查。（如果推荐联邦法官，是法律顾问，而不是总统人事办公室负责人将对司法候选人必要的审查承担首要的责任。）

在许多情况下，总统人事办公室负责人将会坚持亲自面试一些候选人：为了让他或她确认推荐给总统的这些人是最高素质的人才。主任将会问到最后的问题：

你有**任何**见不得人的事吗？我想要知晓，如果你现在**不**把它们透露出来，那么就让我作出一个不了解它们的主观判断，找到某种方式处理，我**仍旧**将会把它们搞得水落石出，然后你就出局了，是**真正的出局**。[8]

人事负责人必须从总统那里得到三个程序性问题的答案：（1）总统是否只是想要每个职位上推荐的人名，还是一组可供选择的候选人（其中有一名是负责人推荐的）；（2）总统想要在人事推荐方面向副总统的咨询达到什么程度；及（3）白宫参谋长在人事问题上担任什么样的角色。关于第三点，昂特迈耶（Untermeyer）的总统备忘录中会以"参谋长和我推荐……"开始。

总统在人事备忘录上的首字母签名只是这个过程中的中间步骤。接下来是正式的清算程序：正是此刻联邦调查局开始了安全性和适用性的调查（可能花费几周的时间），候选人出示他或她的极其详尽的财政和纳税记录。法律顾问，而不是人事主任，将会仔细检查这些结果报告，如果发现有影响候选人适用性的任何负面报告将会告知总统人事办公室主任。比如，如果一位候选人财产持有量和他或她从事的工作存在可能的矛盾，法律顾问或独立的政府道德办公室将要求这位候选人做出剥夺资产或与有关部门的道德官员做出类似的"隔离"安排。

在进行调查的这个阶段内，这个职位似乎仍未被填补，因而可能会吸引新的求职者（和他们的支持者）。要告诉他们这个工作实际上已不再空缺是件困难的事情。一份最终的备忘录呈报给总统并建议他在提名文件上签字。然后文件快速派送给参议院，白宫新闻机构发布消息。这些行动标志着需经参议院确认的总统任命的招募阶段结束。

总统人事办公室主任所面临的挑战和压力

总统人事办公室所遇到的最初的挑战之一是处理竞选后立刻大量涌入白宫的要求任命的简历和申请。在近年来的政府中，每天收到的此类信件数量达到 1 500 份。[9] 布什政府在宣誓就职前已收到 16 000 份，截至 1989 年 5 月底，它已收到 70 000 多份申请和推荐信（虽然可能 25 000 件是复印件）。[10]

根据彭德尔顿·詹姆斯所言，总统人事办公室主任的压力是巨大的"没有足够的时间来完成……我的工作像是从消防栓里喝水。大量的事情向你涌来……只是没有足够的时间。"[11]他继续说道："总统人事办公室主任就像是站在四车道高速公路上的交通警察。你让这些马克卡车以一小时 60 英里的速度向你疾驶而来。他们可能是有权势的国会议员、参议员、州委员会主席、特殊利益集团及说客的领导人、总统的朋友，都说'我想要比利·史密斯得到那项工作'。"[12]

来自国会的压力是相当大的。彭德尔顿·詹姆斯说他得到了来自传奇人物布赖斯·哈洛（Bryce Harlow）的建议，哈洛在里根政府过渡期间为艾森豪威尔总统管理过国会关系。哈洛告诉他说："运转良好的政府的秘诀是永远不要任命国会工作人员到管理岗位上。国会工作人员永远不要成为总统的被任命人。他或她一直会是为那项工作游说你的那个国会议员或参议员的被任命人。他们会对那个参议员或国会议员负有义务。"在詹姆斯和哈洛谈话后，一位参议员来与詹姆斯商谈，他在提及里根提名中的 64 人必须要经过他的委员会同意后，要求他的几名工作人员被任命到管理职位上。詹姆斯记起哈洛的建议，他回到白宫并咨询参谋长詹姆斯·贝克（James Baker）如何来处理这种情况，贝克说道："把职位给他。"不能对来自国会的一些压力置之不理。[13]

总统的一些朋友可能基于他们在政治上给予的支持而有强烈的职位要求，但是可能没有能力胜任高层次管理职位。这给总统人事办公室主任提出了挑战。拒绝这些要求获得新政府职位的人们需要一种技巧。据康斯坦斯·霍纳所言，一种可能是任命这些人到兼职或名誉岗位上。"……你每选择一个人，就要拒绝十个、十五个、二十个想要这些工作的人……让每个人都高兴是不可能的……有为数众多对环境问题提供建议的兼职委员会，委员会成员会一年来华盛顿四次讨论这些议题并给出建议。"¹⁴所以如果一个人不能胜任拥有重要权力的职位,蔡斯·昂特迈耶建议道:"除了任命这个人负责联邦政府的工作外,他也能通过其他方式得到回报,进入顾问委员会或被邀请参加国宴或去做其他在总统馈赠范围之内的事情。"¹⁵

虽然所有的PAS(总统任命需经参议院确认的)任命按照《宪法》应该是总统作出决定,但是对内阁以下级别官员任命(副职和助理部长)的可行审慎的办法不是相当清晰。在20世纪五六十年代,白宫没有具备现在拥有的招募能力时,大多数时候是内阁部长向总统建议首选的被任命人,总统大多数情况下表示赞同。在白宫工作人员和内阁部长的争斗中,大多数时候是内阁部长占上风。¹⁶

从内阁部长的角度看,关键的问题之一是为各部门建立一个管理团队。每一位成员必须经过认真的挑选,要对这个人适合这个团队的程度和他与其他成员的相处程度进行全面的考量。内阁成员怀疑的是白宫总统人事办公室将非常看重被任命人在政治上的服务,忽视他们的专业水平、管理能力及与部门其他成员的相容性。里根政府时期的国防部长,弗兰克·卡鲁奇(Frank Carlucci)为新内阁成员提供建议:"在开始时要花费大部分时间把注意力放在人事体系上。让你的被任命人就位,拥有你自己的政治人事人员,原因是你将会遇到的首次冲突是和白宫人事办公室的冲突。我不在乎是共和党人还是民主党人。如果你没有让你自己的人就位,你最终将以成为一个独臂的裱褙工人。"¹⁷

白宫工作人员有截然不同的看法。他们害怕的是内阁部长可能招募一些对内阁部长忠诚但未必对总统忠诚的人员。因为这个原因,里根政府决定把政治上的任命工作紧紧控制在白宫手中。彭德尔顿·詹姆斯解释说,较早期的总统们未能确定内阁以下成员的任命受白宫掌控。"像卡特一样,尼克松失去了任命的过程"¹⁸。存在的风险是刚挑选出的内阁被任命人将向总统要求任命他或她自己团队的权力。然而同意这种要求的话就犯了一个严重的错误。因此据詹姆斯所言,

> 我们没有犯那样的错误。当我们任命内阁成员时,他还没有从我们这里得到确认。我们带他来到椭圆形办公室;我们和总统坐在一起……我们说,"好了……我们想要让你成为内阁的一员,但是在你接受任命之前需要知道一件事,白宫将要掌控任命工作,你需要知道这一点。"¹⁹

每一届新政府必须就向总统推荐提名方面在总统人事办公室和内阁部长之间达成一种平衡。重要的是应该明确地达成这种和解并且是奉总统之命而非无意间达成。

在招募被任命政治官员时,首要的标准是忠诚,但是对忠诚的定义不是固定不

变的。一些人把忠诚理解为多年来对政党的服务；一些人认为它和总统在意识形态上有相容性；一些人认为它是在过去或最近的竞选中给候选人提供的个人服务。也有些人主张才能、专业知识和管理能力应该是进行任命的首要标准。

根据蔡斯·昂特迈耶所言，"……人事办公室的首要责任是任命那些忠于总统的人"，而不是任命忠诚于"雇佣他的那个人，比如坚持让他得到工作的一位内阁部长或者一位重要的参议员的人"。这意味着要辞退来自以前政府里的忠诚拥护者。昂特迈耶非常同情"这些看起来危险的来自尼克松和福特政府里的经验丰富的人，甚至还有一人来自艾森豪威尔政府，他觉得因为这些人一直是非常优秀的公务员并且是乔治·布什的仰慕者，他们当然应成为我们政府的首要候选人"[20]。但是政治现实是"我们的工作是为那些在 1988 年竞选中工作过的人找到职位。"[21]同一政党过渡到新一届政府产生的紧张局面引起了人们的注意。新任总统可能想安排自己的人因而不得不把同一政党忠诚的在职官员"赶下台"。[22]

蔡斯·昂特迈耶警告说一些新任命的内阁部长在政治上精明老练，来找总统人事办公室主任商谈，"提前准备好了在各种职位上他们想要的那些人的名单"并且将把这些人称为"我的任命"。[23]所以在内阁部长来谈论任命问题时要拥有一份在竞选中提供过帮助的那些人的"名字清单"对总统人事办公室来说是重要的。这时这位部长可以被告知："……虽然在新罕布什尔州初选期间你待在棕榈滩的公寓里，但是这些人帮助［总统］选举获胜，因而你才能成为内阁部长。"[24]

弗雷德·马利克，尼克松总统的白宫人事办公室主任，对忠诚持有略微不同的看法。他的主张是在作出政治任命时忠诚一定是核心的要素，但把忠诚理解得太过于狭隘可能过早地限制了有才能的候选人的备选数量。"……不要想当然地认为在过去从来没有为你工作的某个人对你就不忠诚。也许他们不知道他们能为你工作。也许他们还没有参与到政治中来但是能被发展成忠于你的人；这样就不必证明他们的忠诚。"[25]

> "太多的政府，实在是太多的政府通过竞选中的表现来配备它们的工作人员。在竞选中为了追求卓越所表现出的品质未必与追求卓越执政的品质相同……我认为为了执政，你需要的是那些比竞选中更具有战略性和决心的人才。竞选活动更注重策略性……在执政过程中，你需要有更好的战略意识和更好的管理意识。"[26]

因而许多艰难的人事抉择将不得不由总统人事办公室主任作出决定，他们中的很多人将会根据忠诚度来进行权衡考虑。但应该记住的是，总统所领导的政府的长期成就将大大依赖于被任命来管理行政分支各部门、各机构人员的实质性的能力。

结论

总统候选人和总统人事办公室即将上任的负责人必须要考虑的是他们面临着一项艰巨的职责。在上台执政后短短几个月内,赢得选举的一方必须挑选、说服、全面评估并任命大约 2 000 名具备非凡能力的人员,这些人突然间不得不承担起地球上最为复杂的而要求极高的管理工作:管理美国。在这一尝试的过程中,有几个人可能是经验丰富的,但是大部分人都是未受过训练的。许多人将在金钱上作出牺牲并放弃平静舒适的生活,他们将很快发现自己陷入了一种竞争、嘈杂和争夺的混乱状态中——公众生活的环境下。他们将受到来自各方面的审查和批评;给予他们的压力和需求将是无情的,并且得不到赞誉和认可。一些人将会犯错;一些人将会闻名于世。他们所有的人,不管是落后者还是无名英雄,将一起看到他们自己被贬低为"贪求权力的华盛顿官僚",但是他们必须继续前行,忠实地执行法律并给最少数的同胞"提高公共福利"。他们需要——几乎他们所有的人将赢得——来自总统的忠诚和支持。最终,他们将有机会——荣幸地——为他们的国家和世界带来希望和福祉。还能有比这更为崇高的挑战吗?

尾注

所有引用,除非特别说明,都来自白宫访谈节目抄本,由玛莎·库马尔在 1999 年和 2000 年所做采访。

1. James interview, p. 6.
2. Pendleton James interview, p. 21.
3. 引用见 Calvin Mackenzie, *The Politics of Presidential Appointments* (NY: The Free Press, 1981), p. 83.
4. Malek interview, p. 3.
5. James interview, p. 10.
6. Untermeyer interview, pp. 25 – 26, 41.
7. Author's interview with Constance Horner, September 29, 1997.
8. 引用了弗雷德里克·W. 瓦克勒的话,一位有着 31 年经验的高管招聘人,见"Are There ANY Skeletons in Your Closet," *The Washington Post*, May 2, 1995, p. D – 1.
9. James P. Pfiffner, *The Strategic Presidency*, 2nd ed. (Lawrence, KS: University Press of Kansas, 1996), p. 57.
10. 参见 Pfiffner, *The Strategic Presidency*, p. 138.
11. James interview, p. 38.
12. James interview, p. 7.
13. James interview, p. 12.
14. Horner interview, pp. 12 – 13.
15. Untermeyer interview, p. 12.
16. Pfiffner, *The Strategic Presidency*, p. 66.

17. Pfiffner，*The Strategic Presidency*，p. 66.

18. Pfiffner，*The Strategic Presidency*，p. 67.

19. James interview，p. 6.

20. Untermeyer interview，p. 11.

21. Untermeyer interview，p. 37.

22. Pfiffner，*The Strategic Presidency*，p. 138.

23. Untermeyer interview，p. 9.

24. Untermeyer interview，p. 10.

25. Malek interview，p. 14.

26. Malek interview，p. 13.

文献24　行政型总统制、单边权力、单一行政理论

理查德·W.沃特曼

　　行政型总统制策略起先是由理查德·M.尼克松政府发起的,作为从行政上完成立法上所不能做到的事情的一种尝试(Nathan 1983;Waterman 1989)。虽然行政型总统制的想法在政治上一直存在争议,但是它的大部分内容是以确凿的《宪法》原则为基础的。最强有力的《宪法》基础是总统在官僚机构内任命忠诚者的能力。虽然关于总统是否应该提倡把忠诚而不是能力作为任命的主要标准的辩论一定存在争议,但即使当总统使用休会权力来做出后期任命时,对于这种做法也有一种合情合理的《宪法》上的依据。

　　总统在罢免官员方面也一直存在确凿的法律依据,只要判定官员对总统或总统的政策不够忠诚就可罢免。如果这些官员接受任命未对总统负责,未按照总统的意愿行事,在法律上随时都可能被免职。然而当尼克松政府试图罢免公务员或安排官员到偏远地方去的时候,滥用权力的情况发生了。后来,罗纳德·里根能够利用产生于吉米·卡特时代公务员体制改革立法中新确定的权力,即调动职业雇员到缺乏控制的地区,如果他们不愿意接受调动,就可以迫使他们辞职。在里根政府期间采用的这些步骤,虽然政治上存有争议,不过是合法的,其结果经常会推动总统的政策利益。虽然有争议甚至可能不受欢迎,但是这些人事行动是符合法律并属于由《文官改革法案》授予的行政权力范畴之内的。

　　然而一种不同的观点——单一行政理论出现了。这个理论认为总统对掌控和维持行政机构具有唯一的责任,进一步扩大了对总统罢免权范畴的辩论(Calabresi and Yoo 1997,2003;Fitts 1996)。这个理论的支持者已力图否决最高法院对"汉弗莱遗嘱执行人诉美国案"(1935)的判决,这项判决禁止总统罢免官员,比如因为政治上的原因罢免独立管理委员会的委员。单一行政理论宣布总统为行政机构内唯一负责的官员。因此,行政机构的所有人必须对最高行政长官负责。这种总统领导的新理论,在有点保守的法律圈子中(联邦主义者协会)被提出,并经常被乔治·W.布什在签署声明时引用,为更加扩大的总统权力提供了一种法律依据。尤其是这个理论加强了自尼克松的行政总统策略以来总统已经使用的权力。这个理论提出了一些严肃的立法问题,如关于总统权力和国会限制总统自由裁量权的能

来源:*Presidential Studies Quarterly*,Volume 39,Issue 1(March 2009):5-9. © 2009 Center for the Study of the Presidency. 经 John Wiley and Sons 许可使用。

力问题。通过坚决主张国会没有权力制定法律来限制总统作为最高行政长官或总司令的权力，单一总统制为总统在人事任免领域提供了宽泛的、不受约束的权力。单一行政理论只是改变的一种方式，迄今为止它已经变成了以公认的《宪法》前提为基础的一种惯例了。

行政型总统制方式的另一个组成部分是利用预算来控制各个机构。总统与国会共同赞成国会颁布的立法中新的消费开支，总统之所以这样做是有确凿的《宪法》依据的。总统能够并已经积极利用了 1974 年《预算和控制截留法案》中的条款来推迟或撤消开支。虽然 1974 年法案宣布截留是不合法的——根据规定总统拒绝花费没有经过国会许可的在国会上划拨的资金——但是它也产生了延期和撤消的做法，这样就在控制机构开支上为总统提供了很大的灵活性，尤其是总统和国会属于同一个政党时。里根政府就连续不断地向国会提出这样的请求。它也利用了同一条法律的和解程序来迫使国会接受政府支持的预算缩减，因而总统在《宪法》和法律上拥有一系列规定的方法来控制各机构的开支。

单一行政理论和其他单边权力手段进一步扩大了总统的权力范围。比如，乔治·W.布什在过度使用签署声明中，单边制造了单项否决权。这样就允许总统签署一项特别法案，然后通常是在签署接受更少公众监督的声明中暗中主张总统驳回他不同意的法案条款。这种途径提供出另一种回避《宪法》制度的方式并避免在分权社会中执政带来的极大风险。如果总统不喜欢一项法案的条款，而不用去撤消拨款支持，总统仅仅可以声明他们将不会实施这项法律，鉴于宣誓就职时的授权和"照顾到"忠诚地执行法律的义务，这是一种含糊其辞的声明。虽然很多的时间和精力已经放在了由总统任意支配的《宪法》机制的研究上，然而迄今为止，对于这项扩大的新总统权力理论的影响还没有得到更多的关注。那么行政总统制更多地运用单边权力和单一行政理论所产生的影响是什么呢？

单边权力和行政管理现状

总统一贯使用他们的单边权力来支配各机构。总统能够通过行政命令来设立机构。根据豪威尔，刘易斯（Howell and Lewis 2002）和刘易斯（Lewis 2003）的理论，当总统这样做时，他们建立了更服从于总统控制的体系。另一方面，当各机构是由国会设立时，机构往往更不容易受到总统权力的控制。

总统还使用行政命令，直接在管理层面上左右政策的制定。里根使用行政命令设计了一个体系，通过行政管理和预算局进行管理，所有重要的规章条例在能够实施之前必须通过这个体系进行成本收益测试。不足为奇的是，大部分提议的规章因为成本问题而遭到驳回，特别是在不受里根政府支持的政策领域（比如环境领域）。里根也使用行政命令为所有新的规章条例建立起更为有效的中央批准程序，由行政管理和预算局进行监督并且通常对新的政策动议进行遏制。里根的革新经过一些修正之后,已经被他的继任者们制定成法律并付诸实施,从而为总统使用行政命令控制各机构的行为确立了清晰的先例。

自从里根政府以来,各届总统也已经更多地使用签署总统声明的方式。新闻记者查利·萨维奇(Charlie Savage)开始在一系列获得普利策奖的文章及后来的一本书(Savage 2007)中指出,总统利用签署声明来直接通知行政机构期望它们如何执行国会通过的法律。在很多情况下明确地建议相关机构不要执行法律。这就远远超出了使用行政命令来指定机构里的某个人为政策实施负责这种长期存在的做法。签署声明的使用本质上是以总统的权力来命令各机构不要执行法律。

签署声明的方式为控制行政机构提供了一种大胆新颖的机制,《宪法》里对此的描述模棱两可。萨维奇写道:

> 在被驳斥的法律条文中包括着以下类似的要求。政府向国会提供信息、行政机构中对重要职位的最低要求、用于军队的规章制度、影响国家外交政策的制约因素及用于雇佣的反歧视行动条例等。在布什签署的声明中,他指示下属,这些法律是对他自己作为总司令和"单一"行政机构领袖固有权力的约束,是违反《宪法》的。因而没有必要去遵守。(2007,237)

布什还表示他"能够绕开一些法律规定,这些规定要求他在从一个已授权项目转移资金启动秘密行动之前告知国会,比如为新的'黑链'提供基金的秘密行动等,'黑链'是恐怖嫌疑分子在全世界被秘密关押的地方"。

尽管学者们把注意力集中在传统的总统行政管理机制上,然而在没有给予很多的关注或评论的情况下,一场变革已经悄然发生,即利用单边权力经常以不受公众监督的方式去影响机构的行为。法律通过及划拨款项之后,大多数的决策者把注意力转向其他议题,而没有注意到总统签署声明的重要性。

对于这种宽泛的总统行为主要的理论基础是单一行政模式。这个理论假定的是:通过任命唯一的总统,开国元勋们意图是让总统对行政机构的方方面面拥有完全的自由的控制。这个推理忽视了国会对行政机构具有的明确的《宪法》权力,比如立法和拨款的权力,还有《宪法》第一条"必要和适当"条款中暗含的那些权力等。因为总统能够命令官员拒绝服从国会提出的提供信息的要求,所以它也威胁到了立法机构履行重要的监督能力。尤其有趣的是,这个理论的核心假设为任何由国会通过的力图来限制总统控制行政机构能力的法律都是违反宪法的,因而不必去执行实施。这个理论还认为总统有和法院相同的权力,可以对与行政机构相关的法律进行诠释。因而总统能够解释法律并可单边决定驳回而不必受到法律的制裁或给予任何赔偿。

在这个进程中，由司法部法律顾问办公室撰写的法律备忘录为总统和他的行政机构下属提供了免受起诉的法律盾牌。任何被国会质疑的官员都能够坚称他或她在按照总统的直接指示行事并且法律顾问办公室认为这样做是合法的。

这种新的总统权力扩大化的使用代表着总统行政权力的巨大膨胀，远远超出了《宪法》规定的最初行政型总统制掌控各机构的范围。最初行政总统制的模式为总统提供了机构层面上更强的响应能力。正如莫（Moe 1985）指出的那样，总统寻求更多地去掌控各机构，这是既合情又合理的。许多实证研究已经表明行政总统制的手段实际上增加了总统的权力和影响力（参见 Wood and Waterman 1991）。

但是如果行政型总统制的观点和扩大固有的总统权力的声明（以单边行政理论为代表）结合在一起的话，那么总统问责制将会被舍弃。就未来关于行政机构的实证研究而言，学者们需要更多地去关注总统签署声明和行政命令方面，还有为总统管控提供正当理由的单一行政理论的引用数量方面。他们还需要去仔细审查司法部法律顾问办公室的观点——更确切地说，当这些观点可以接受公众监督的时候。单边权力和单一行政理论代表着总统力图去掌控行政机构的新领域。在这个领域，乔治·W.布什政府极大地扩展了总统权力，然而他的继任者们（来自两党）将会在政治上便利时借助这些先例进一步扩大他们的权力——除非法院坚决反对单一行政这个假设。致力于总统和行政机构关系的那些人应该把重点更多地放在关注总统行政机构关系中出现的重大变化上。

参考文献

Calabresi, Steven G., and Christopher S. Yoo. 1997. "The Unitary Executive during the First Half-Century." *Case Western Reserve Law Review* 47: 145 – 161.

2003. "The Unitary Executive during the Second Half-Century." *Harvard Journal of Law and Public Policy* 26: 668 – 801.

Fitts, Michael A. 1996. "The Paradox of Power in the Modern State: Why a Unitary, Centralized Presidency May Not Exhibit Effective or Legitimate Leadership." *University of Pennsylvania Law Review* 144: 827 – 902.

Howell, William G., and David E. Lewis. 2002. "Agencies by Presidential Design." *Journal of Politics* 64: 1095 – 1114.

Lewis, David E. 2003. *Presidents and the Politics of Agency Design: Political Insulation in the United States Government Bureaucracy, 1946 – 1997*. Stanford, CA: Stanford University Press.

Moe, Terry M. 1985. "The Politicized Presidency. In *The New Direction in American Politics*, edited by John E. Chubb and Paul E. Peterson. Washington, DC: Brookings Institution, 235 – 71.

Nathan, Richard P. 1983. *The Administrative Presidency.* New York: Wiley.

Savage, Charlie. 2007. *Takeover: The Return of the Imperial Presidency and the Subversion of American Democracy.* Boston: Little, Brown.

Waterman, Richard W. 1989. *Presidential Influence and the Administrative State.* Knoxville: University of Tennessee Press.

Wood, B. Dan, and Richard W. Waterman. 1991. The Dynamics of Political Control of the Bureaucracy. *American Political Science Review* 85: 801 – 828.

第六章　权力分立

　　虽然本书研讨的主题是总统制,但是从目前的内容来看,美国总统不能独自运作政府,这是显而易见的。制宪者们在制定《宪法》时,明确表示要创建一个阻止权力集中的体系。詹姆斯·麦迪逊在《联邦党人文集》第 51 篇中指出:"野心必须用来抵消野心。"事实上,他们期望国会能主导政府。而在构建这个体系时,他们创立了一个行政机构,这个行政机构独立于立法机构之外并可能对立法权力起到抗衡作用。

　　然而由于历史形势的不断变化,工业革命和 20 世纪中期的各种危机——第一次世界大战,大萧条,第二次世界大战,冷战——这些给美国带来的转变促使权力集中在行政机构中。尽管这是总趋势,但对国家政府权力的掌控还是处在紧张的形势下,是国会掌控还是总统掌控取决于特殊的历史形势。这一章节中挑选出的内容集中在美国权力相互制衡体系里不断变化的平衡方面。对于制度的辩论通常围绕以下两个方面展开:一是在某一特定的时间里是总统还是国会略胜一筹,二是这个制度中结构上的改变是否会带来更好的政策。

　　在《总统与国会的关系》中,罗杰·H. 戴维森(Roger H. Davidson)对总统在努力实现他们的政策时所使用的一些战略战术进行了仔细的研究。他把总统的法律职责看成是对设定议题和商谈取得纲领性目标的需求。他指出这种商谈必须至少包括四个层面:与党派领袖,与国会工作团体,与来自基层的立法者们,与广大公众。总统拥有的最大资本是自己所在的党派在国会中占到大多数;然而他告诫说掌控着这两个机构的同一个政党并不能保证毫无悬念地在国会中获得总统自己政党的支持,巴拉克·奥巴马在总统任期第一年这样的事情就发生了。

　　在 20 世纪后几十年和 21 世纪前几年中,国会里的政治局面一直处于分裂状态,不断两极分化并陷入僵持状态。国会和总统在着手解决重要的公众政策议题时遭遇的障碍通常是由政府的这种分裂局面造成的,即一个政党掌控众议院、参议院或总统,但并不是全部掌控这三者。因为这三者中任何一个都对难以通过的公共政策持有有效的否决权,这样就形成了这种分裂局面。政治科学家萨拉·宾德(Sarah Binder)仔细研究了这种分裂的政府造成的各种后果,发现两党之间意识形态上的差异及上下两院之间意识形态上的差异,甚至比两党之间的权力分裂更加严峻。在这种情况下不能为此停止制定政策,结果只能变得更加存有争议,变得更加艰难。

总统和法院之间的关系一直是微妙的。联邦法官清楚地意识到司法机构在执行一项行政机构抗拒的决议时,几乎不会产生任何的影响力。行政机构拥有执行权,立法机构拥有财权去遏制行政机构,而司法机构只有裁决权和判断是否合法的权力。最高法院的权力可扩展至对法律和《宪法》有解释权,并且它已经开始着手处理了很多存有争议的公众政策问题,其中一些已经改变了国家的政策方向。

因而当总统在提名最高法院的终身职位时,风险系数是很高的。由约翰·安东尼·马尔蒂斯(John Anthony Maltese)所撰写的文章阐明了这些独立机构在最高法院法官的提名上进行争夺时的动态性,这些独立机构的争夺,即总统有提名的主动权,但参议院有权确认或否认总统的提名。

马尔蒂斯分析了最高法院的提名政治并指出虽然大多数的总统提名会得到参议院的确认,但由于政治上的冲突也有相当多的提名被驳回。自从参议院驳回了总统乔治·华盛顿对约翰·拉特利奇(John Rutledge)的提名以来,在提名上发生的冲突一直持续不断。马尔蒂斯详细记录了在 20 世纪最高法院提名方面更为普遍的政治化现象。他得出的结论是总统能够通过提名温和派人士来避免主要的政治冲突;但是美国政治的两极化现象对此带来了一定的难度,这从总统奥巴马对法官索尼娅·索托马约尔(Sonia Sotomayor)和埃琳娜·卡根(Elena Kagan)提名时发生的政治争夺中能很明显地感觉到。

茶党运动的成功更加强化了美国政治权力分立的重要性。茶党运动是对开始于 2008 年的大萧条导致的不断恶化的经济形势做出的反应,此运动兴起于 2009 年。在最后一节中,扎克里·考瑟尔(Zachary Courser)分析了茶党的性质及茶党对 2010 年国会选举带来的影响。这次选举对总统奥巴马和民主党人来说是一场灾难,共和党人增加了 63 个众议员席位并控制了众议院,参议院共 47 个席位,共和党增加了 6 席。考瑟尔解释说虽然茶党在 2010 年选举中是一个非常重要的因素,但它只是一场草根运动,没有形成一个有组织的政党。最后他得出结论:茶党运动主要会对共和党产生影响,给共和党提供选票并在政治上拉动共和党向右倾斜。

参考文献

Binder, Sarah, *Stalemate: Causes and Consequences of Legislative Gridlock* (Washington: Brookings, 2003).

Corwin，Edward S.，*The President：Office and Powers*（New York：New York University Press，1957）.

Davidson，Roger H.，ed.，*The Postreform Congress*（New York：St. Martin's Press，1992）.

Edwards，George C.，*At the Margins*（New Haven，CT：Yale University Press，1989）.

Fiorina，Morris，*Congress：Keystone of the Washington Establishment*（New Haven，CT：Yale University Press，1989）.

Fisher，Louis，*Constitutional Conflicts Between Congress and the President*（Lawrence，KS：University Press of Kansas，1991）.

Jones，Charles O.，*The Presidency in a Separated System*，2nd ed.（Washington，DC：Brookings，2005）.

Maltese，John Anthony，*The Selling of Supreme Court Nominees*（Baltimore：Johns Hopkins University Press，1998）.

Matheson，Scott，Jr.，*Presidential Constitutionalism in Perilous Times*（Cambridge，MA：Harvard University Press，2009）.

Mayhew，David R.，*Divided We Govern*（New Haven，CT：Yale University Press，1991）.

Mezey，Michael，*Congress，the President and Public Policy*（Boulder，CO：Westview Press，1989）.

Peterson，Mark A.，*Legislating Together*（Cambridge，MA：Harvard University Press，1990）.

Pfiffner，James P.，*Power Play：The Bush Presidency and the Constitution*（Washington，D. C.：Brookings，2008）.

Pfiffner，James P.，*The President，the Budget，and Congress：Impoundment and the 1974 Budget Act*（Boulder，CO：Westview Press，1979）.

Shull，Steven A.，ed.，*The Two Presidencies*（Chicago，IL：Nelson Hall，1991）.

Spitzer，Robert J.，*President and Congress*（New York：McGraw-Hill，1993）.

Sundquist，James，*The Decline and Resurgence of Congress*（Washington，DC：Brookings，1981）.

Thurber，James A.，ed. *Rivals for Power*，3rd ed.（Washington，DC：CQ Press，2005）.

Yalov，David A.，*Pursuit of Justices*（University of Chicago Press，1999）.

文献 25　总统与国会的关系

罗杰·H.戴维森

国家首都的设计师皮埃尔·朗方(Pierre L'Enfant)按照逻辑和建议,选取了总统和国会的办公地点,把它们放置在相对的城市两端。国会山为一座独立的大楼,坐落在城市最高点詹金斯山上,而距西南大约一英里左右的一块平地上,坐落着行政机构大楼,一条宽阔的林荫大道用来象征礼仪性的信息交流通道;但规划中跨越太伯河口连接两座大楼的一座桥梁约四十年了都没有建成。国会山面向东方,行政大楼面向北方,它们相背而立。[1]

这两个选举机构之间的联结占据着我们政府政策成功——和失败——的中心地位。这种联结有时是温和的,但更经常处于不断的冲突中。虽然需要两方的合作来通过和执行政策,但是这两个机构具有不同的职责并为不同选区的选民服务。宪法学者爱德华·S.科温(Edward S. Corwin)把《宪法》描述为是这两个选举机构之间"引起争斗的诱因",而这种说法在国内政策中更是如此。

宪法准则

遵循历史和哲学原理,制宪者们把《宪法》第一章用于撰写立法机构。国会获得了大量令人敬畏的权力,囊括了 18 世纪思想家们所熟知的大多数政府职能。国会的特权反映了开国元勋们认为立法至高无上的辉格派传统——且不说开国元勋们自己的立法经历——除对货币、州际及国外贸易、公共建设工程和改造项目的全面监督之外,还包括具有历史影响的议会对财权的掌控等特权。它还在国防和外交政策,传统的王室特权上发挥着积极的作用。它承担着宣战,缔结条约,建立和维持海陆两军,并为管理军队制定规则——包括管理"海陆俘获物"的规则(第一条,第八款)。最后,国会还拥有一项富有弹性的权力,即为有限的立法权制定"所有必要的、适当的法律"。

与第一章列出的各项精确的权力相比,第二章——行政部分——描写得就相当粗略。(无论开国元勋们在立法上多么富有经验,他们对于所设想的行政长官却没有任何清晰的模型。)然而在制定立法和行政政策时,宪法在这两个选举机构中进行了权力的分配。

尽管国会被赋予了"在此准许的所有立法权力"(宪法第一条,第一款),但是其他条款明确规定这些权力必须与行政机构共同享有。总统能够召集国会参众两院或之一的特别会议。虽然总统不能私自立法,但是他们"将不时地向国会提供国家状况信息，并推荐他们将认为必要和有利的措施"。换句话说，总统能够决定立法议程，虽然他们不能确保提议将会得到严肃对待，更不能保证最后制定成法律。自20世纪30年代富兰克林·D. 罗斯福以来，所有总统都发挥了确定议程的积极作用。虽然总统们汇编了各种不同的立法成功记录，但现在期望的是，总统们呈交立法计划并争取获得通过。

面对国会山和利益集团努力拉拢行政机构各部门的状况，现代的总统们已加紧了对行政机构的控制。在乔治·W. 布什政府期间，总统权力的支持者们制定出了"单一行政"学说：总统应该对行政机构内的所有机构拥有完全的控制权。然而《宪法》原文及含义几乎没有对此理论给予支持。虽然总统被授予了"行政权力"（第二条，第一款），但《宪法》从来没有对这种权力做出界定。爱德华·S. 科温（Edward S. Corwin）的表达非常谨慎，总统政府"差不多是一个由行政官员组成的完整综合团体，总统能够通过这个团体采取行动"[2]。

总统也有权力否决国会制定的法律法规。一旦一项议案或决议经参众两院通过并呈报给总统，总统须在十天之内签署或驳回，星期日除外。参众两院中三分之二投票通过才能推翻总统的否决。

否决权使得总统在立法政治中担任着重要的角色。从乔治·华盛顿总统到乔治·W. 布什总统以来所实行的2 500多次否决权中，只有大约4%被国会推翻。（然而许多被否决的议案最终以其他形式再次出现。）总统一般会以下面几种方式之一来解释他们实行否决权的缘由：（1）这项措施被认为是违宪的；（2）它侵犯了总统权力；（3）它是不明智的公共政策；（4）它不能被有效地执行；（5）它花费太多或者花费不足（即达不到总统要求的数额）。

最有影响力的否决权通常是那些具有威胁性但又没有被采用的否决。立法者们会不断地寄望于白宫来确定总统是否能够签署法案。因而制定的法规通常会在总统的期望和国会山起草者所支持的事项之间做出权衡。这也是为什么相对来说否决权不经常使用的主要原因：纵观历史，总统们只是对呈送给他们的所有法案中的3%做出了否决。乔治·W. 布什执政的前六年没有行使否决权，但是当反对党民主党在2007年接管国会时，他开始行使否决权。

然而在布什执政期间，他发布了800多条"签署声明"来阐释他对所签署法律的理解——经常是颇有争议的，有时会与法律的意图甚至文本产生分歧。（这些声明虽不具有法律效力，但是声明会被登载在《联邦公报》上，目的是来引导执行法律的行政机构，更不用说解释这些法律的法官了。）最为著名的例证之一是参议员约翰·麦凯恩（John McCain）提议的2006年国防拨款法案的反酷刑修正案。条款写道：

任何在押或在美国政府控制下的个人,无论是何国国籍或身在何处,都不会受到残忍、不人道或侮辱性的对待或惩罚。

麦凯恩这份修正案在国会山和媒体中引起了广泛的讨论并在两院中以压倒性多数获得通过。总统布什已经同意签署,他的确签署了。[3]然而,白宫随后公布了两份签署声明。第一份——面向大众——赞扬了这份议案。后来当天晚上,第二份声明公布——时间是新年假期前的星期五,当时几乎没有记者值班——是关于审讯人员将如何来解释新反酷刑法修正案的。根据这份声明,

行政机构将对反酷刑法做出解释,要与总统监督单一行政机构的宪法权力保持一致,同时作为总司令要与宪法上对司法权力的限制保持一致,只有这样才能有助于取得国会和总统的共同目标……使美国人民免受恐怖主义的进一步袭击。

换句话说,如果总司令觉得这样做合适的话,可以忽略这项法律。参议员麦凯恩发布了一条声明,对白宫的解释提出异议并希望"[国会]对政府实施这条新颁布的法律进行严格监督"[4]。因此,跨机构的争论冲突交织在一起。

虽然总统巴拉克·奥巴马宣誓在签署声明上不会仿效布什的做法,但是在一些情况下他也发布了自己的声明——有时让国会山的领导人感到惶恐不安。他声明对 2009 年 1132 页的拨款法案提出的异议是"有充分的《宪法》上的根据的"。后来对一项国务院基金法案追加的声明坚持认为它可能会"干预总统行使外交政策"。作为反馈,2009 年 7 月众议院通过了一条补充修正案——以 429 票比 2 票——告诫总统,如果他忽视这些条款,他将冒着国会停止提供资金的风险。"我们这样做不单单代表这个机构,而且还代表民主,"众议员贝尔纳·弗兰克(Barner Frank)宣称,"这些签署的声明具有片面性,是非民主的,无法实现的。"

尽管如此,国会还是在很多方面对行政机构产生重大影响。在世界各国议会中,事实上,只有国会有能力去撰写、审阅及改进所制定的法规,很大程度上是依赖本机构的工作人员去扩充行政倡议和接收外部的信息来源。行政机构通过国会的批准获得它们的授权、使命、计划项目甚至机构安排(当然这些会受到总统的影响并获得总统签署)。重要的行政官员和联邦法官需经总统提名,但只有"经过参议院的建议和同意",才能获得批准(第二条,第二款)。通过国会的拨款法案,国会可以扩大或缩小行政机构的项目和人事部门的规模。

简而言之,即使每个机构被赋予了特殊的职责,但宪法把行政和立法权力融合交织在一起,最终形成了众所周知的权力分立体系。然而理论与具体历史实践会

产生相当大的不同：独立机构在分享权力的分配上。正如詹姆斯·麦迪逊在《联邦党人文集》第 48 篇中所解释的那样，设计这种关系的目的是"使这些部门建立关系并融合在一起，遵照《宪法》相互制约。"[5]机构之间的关系是相互妥协及调和的产物，不是隔离或划分出明晰界限的产物。

"立法总统制"的发展过程

历史证明，麦迪逊所解释的总统与国会之间的这种关系是切实可行的。白宫和国会山之间刻板的分界已经被不断地打破。首位财政部长亚历山大·汉密尔顿竭力寻求控制国会，十年后托马斯·杰弗逊作为总统也是这样做的。对国会而言，它会不失时机地进入到行政部门运作的各个环节中——是一直持续到今天的一种习惯，经常被行政机构的领导人谴责为"微管理"。

然而行政和立法上的联系在数量和强度上已经不断扩大。虽然在 19 世纪像杰弗逊、安德鲁·杰克逊和亚伯拉罕·林肯等强有力的总统们在立法方面发挥着积极的作用，但总统和国会的工作往往保持着一定距离。在 1865 年林肯被暗杀后，经历了持续一代之久的总统沉寂期：政治科学家伍德罗·威尔逊在 1885年——早在他在白宫任职前——把这段时间称为"国会政府"。然而内战后潜在的发展趋势——其中工业的发展，经济及社会的错综复杂，不断扩大的公共部门——为总统后来在立法领域的角色奠定了基础。

总统的现代立法角色是 20 世纪的一个主要现象。威尔逊和两个罗斯福——西奥多和富兰克林·德拉诺——都向国会山呈报长篇的立法议程。威尔逊亲自重新发表国情咨文来获取公众关注和媒体报道。自第二次世界大战结束以来，每个部分——国会、媒体和公众——都期待白宫的有力领导。媒体和其他地方评判总统的标准是根据总统在国会山的输赢。那些忽略了去呈现和推广他们在立法上具有优先权的总统，或者看来只去遵从国会提议的总统，最终会招致软弱无力或无力胜任的批判——总统奥巴马和 2010 年后充满敌意的国会之间进行的谈判招来了抱怨之声。

拟定政治议题是总统的全部工作。在白宫之内，优先考虑事项必须要利用总统宝贵的时间、精力和影响力来确立。确立一项国家的政策议题会面临一个相同的、显而易见的问题：如何去带领或掌控重要的参与者而不是被其他人牵着鼻子走。对所有拥有雄心勃勃目标的总统们来说，这是对他们领导能力的挑战——他们当中有威尔逊、两个罗斯福、林登·约翰逊、罗纳德·里根和巴拉克·奥巴马。

比如里根在白宫（1981）的第一年是进行严格议题控制的现代领导典范。这位新上任的总统行动迅速并且沟通巧妙，把他的优先事项强加在宾夕法尼亚大道两端的白宫和国会身上——他把注意力集中在经济措施上，而把由他的保守派同盟主张的引起争议的社会问题搁置一边(比如堕胎和学校祷告)。[6]里根的议题传遍了国家首都,不是因为它一定是正确的想法,而是因为它是最令人信服的想法。

尽管乔治·W.布什 2000 年选举获胜遭受质疑,但是他很快发起了一套大胆的议题项目——大多数议题是为了吸引共和党的核心支持者,主要是经济和文化方面的保守派。像里根一样,布什使他的立法议题范围保持小而集中。由于他积极地推销并拒绝做出让步,布什在 2001 年 6 月签署了一项持续 10 年的 1.35 亿美元的减税项目,这成了评价他总统业绩的检验标准之一——这是几项此类税收措施的第一项。成功签署的其他法案还有:一项由两党支持通过的学校改革重要法案;"以宗教为主的倡议"——把联邦资金专门用于宗教团体——目标是吸引宗教团体的支持,主要通过拨款法案及修订的机构规章制度来实现。

在 2001 年 9 月 11 日恐怖主义袭击之后,惶恐不安的国会很快通过了一系列由政府支持的议案。袭击发生后三天,在两院以压倒性多数通过了 S.J. Res. 23 法案,授权总统"利用一切必要的合适的力量"反对行凶者。(这项授权后来被白宫利用,为没有经过国会同意的行为做辩护,包括未经法院同意的国内窃听行为。)接着又通过了《爱国者法案》——一项前所未有的国内反恐怖主义法——目的是为了加强政府在辨认及抓获潜在嫌疑恐怖分子上的影响力。

同年秋天,随着 2002 年国会选举迫在眉睫,白宫推出了两项更重要的举措。首先,参众两院以相当多数的赞成票通过了一项全面授权总统对伊拉克进行军事干预的法案(H.J. Res. 114),同意白宫把对恐怖行为宣战和推翻萨达姆·侯赛因(Saddam Hussein)独裁政权相提并论的论点。然而国会中出现了一些持怀疑态度的观点,军事干预的一个必要条件即总统首先必须要与同盟国及联合国商讨,并证明在采取军事行动之前无法和平解决。另一白宫优先考虑事项——一个新成立的部门,拥有 18 万雇员的美国国土安全部(DHS)——由于民主党人对这个机构联邦雇员身份的担忧而被拖延。布什在共和党国会候选人做宣传时,严厉斥责了民主党人在国土安全部上的故意拖延——最终在国会选举后不久获得通过。然而在这些议案中授予了行政机构这些重要权力,两党的议员们有理由为他们的草率决定而感到抱歉。

布什提出的咄咄逼人的议题是他的顾问团支持下的产物,他们认为以往总统们做出的"不明智的妥协"在很大程度上导致了总统制的削弱。"我已经看到持续不断被削弱的总统能力和权力,"副总统迪克·切尼(Dick Cheney)宣布道,"历届政府已经一次次地失去了总统行使职责的权力。在这届政府中我们将不会这样做。"[7]毫无疑问,切尼的观点奠定了白宫采取行动的基调,除其他事情之外,拒绝与国会共享文件,不允许行政官员在国会委员会上作证,或者去配合调查性质或监督性质的工作。

遗憾的是,切尼的观点是对行政和立法关系的严重误读。它既不符合制宪者们的最初设想,也不符合近年来的历史潮流。尽管在 20 世纪 70 年代时国会的主动性出现了短暂的复苏——随后的水门事件和越南战争——但是当代总统立法权力的整体趋势是潮起,而不是潮落。[8]路易斯·费希尔(Louis Fisher)仔细研究了有关战争权力的历史记载,得出的结论是总统的傲慢自大及国会的放权已经造成了一种"明显的……驶离国会山的结果"。[9]

总统通过各种方式传达他们的政治议题——不但通过发表国情咨文,而且还通过发表特别咨文、报告,提交比如年度预算等所需文件以及各种各样的公共演讲等手段来传达议题。通过这些手段,总统能够凸显他们的优先政治议题,激发公众辩论,促使国会审议、获取关注及支持。

总统联盟的建立

如果说现代总统们不得不担任领导立法的角色,尽管这样,他们还是创造了相当不同的成功记录。重要的是,立法的成功或失败取决于总统所在的政党是否掌控参众两院,以及政党及其组成的派别能争取到多少选票。与一个分裂政党相比,一个掌控着两院的统一政党几乎总会达成更高水平的一致。虽然总统的才能及在民众中的受欢迎度确实会"轻微地"[10]增加或减少总统的立法记录,但是产生的影响较小。

近年来,国会发现一个多世纪以来党派支持者在意识形态上变得更加分裂。因而参众两院的党派领导人在引领意识形态相同的支持者方面占据优势地位——因为他们在意识形态和政策上能达成一致——在很多政策问题上,支持者们愿意接受他们的指引。[11]政治科学家称其为"有条件的政党政府"——"有条件的"往往意味着期望领导人遵循严格的政党路线。

然而,尽管准党派政府盛行,我们千万不能忘记的是国会议员仍然是独立的。大多数时候他们对政党的忠诚是反射性的,通过坚定的信念及政治的社会化体现出来。然而立法者的核心目标是扩大他们的选区范围及追求利益。只要议员们的目标与政党的优先议题一致,他们将遵循政党路线。但是当两种价值观出现偏离时,议员们会变得焦躁不安并对政党领导人的需求进行推诿。

此外,从近年来的选举结果看,明显的是政党政府在民主党内比共和党内的影响力要弱——采用学术上的说法,就是变得更加"有条件的"。从历史上看,甚至直到近年来,共和党欣然接纳了一个小而活跃的由温和派立法者组成的团体——大多数来自东北部,也散布在其他地方——他们在如社会、环境和人权等议题上与政党存在分歧。然而,由于退休或选举失利等原因,共和党温和派的人数已经逐渐减少。在民主党中,保守派"蓝狗"成员人数在 21 世纪初不断增加;但是在 2010 年选

举中许多成员被保守派共和党人取代。同时，许多郊区选区——它们的选民既对
财政持谨慎态度，又崇尚社会上的自由主义——选择了民主党而不是共和党来代
表它们。因而当前国会中的政党向着严格的意识形态发展。比如白宫和国会在
2011年中期债务上限议题上相互妥协并获得通过，但是遭到了两党中少数派的反
对，他们有意回避这次妥协并分别指责他们的领导人——自由派民主党人指责奥
巴马的做法，而茶党共和党人指责他们的领导人做出了让步。

起初，总统奥巴马挥舞着两党合作的旗帜，邀请共和党人到白宫并承诺重视他
们所关注的问题。但是共和党的团结一致阻挠了跨党结盟。少数几个共和党人支
持奥巴马的首项经济刺激一揽子计划和他的第一个最高法院提名人，索尼娅·索
托马约尔（Sonia Sotomayor）大法官。然而，在总统奥巴马重要的立法目标——医
疗和能源改革——以及后来的许多提名上，共和党趋向于团结起来一致对外。

从白宫的角度来看，这些现实情况意味着为了取得立法上的胜利必须要反复
建立起同盟。在说服国会及与国会商讨中，总统至少要在四个层面上展开工作：
国会领导人（尤其是多数党的领导人）；诸多的委员会、出版物及国会山的各派系工
作组；个别议员，有时是逐个地；整个国会，通过媒体呼吁和草根支持。

与国会领导人打交道

国会由两个主要政党组成，国会领导人对立法安排进行监督并力求通过委员
会和议员席来指导立法。众议院的领导地位在国家历史早期显现；众议院议长不
但是国会议员，而且是政党成员，拥有强有力的组织和安排的权力。参议院政党议
员席的领导地位在威尔逊时代（1913—1921）形成——这是学者们已得出的结论，
它的形成主要为了协调参议院的行动和白宫的提议。

为了取得立法上的成果，党派领导人往往违反议员们和学者们认为的"合乎规
定的制度"——用来维持党派之间团结传统的规则及礼节。因而众议院领导人能
够预先阻止委员会的评议，精心制作议案新版本，并安排议会席辩论和修订等来确
保取得满意的结果。在争夺众议院议会席选票时，投票表决时间有时超出正常的
15分钟，目的是说服议员并使其转变观点。在众议院对2003年医疗保险处方药
法案会议报告审议期间——在总统乔治·W.布什竞选连任策略中的一项奖赏项
目——共和党的众议院领导人让投票表决保持开放将近3个小时。最后来自每个
政党的3名议员改变投票方向以220比215获得胜利。领导人使用的这些手段引
起了两党议员的抱怨之声。民主党许诺在立法上共同合作之后，在第110届和111
届国会里（2007—2011）有时会使用规则阻止共和党提供备选方案——引发共和党
认为什么都没有改变的抱怨。然而在第112届国会里（2011—2013），共和党领导
人在众议院扭转了这种局面。

在参议院中，跨党团结更为普遍些。但是过去十年来，委员会和议会席票数经

常与众议院的情况一样具有党派性。从少数党派参议员——到民主党（1995—2006），然后是共和党（2007— ）——采取拖延战术——包括经常性地发表长篇演说来阻挠议案通过，按照参议院规则通常需要 60 票来制止这种情况的发生。结果经常陷入僵局——有时众议院多数党领导人对此感到愤怒，因为他们的议案能够更轻松地获得通过。

白宫经常物色一些精通特殊专业技能或谈判技巧的领导人。参议员爱德华·M. 肯尼迪（Edward M. Kennedy）就是其中的一位，47 年的职业生涯使他成为现代最杰出的参议员之一。虽然身为民主自由派代表人物（经常成为共和党负面宣传的目标），但是他在两党中被认为是"公正的调解人"：善于找到妥协的途径并遵守诺言。在奥巴马政府第一年期间，肯尼迪脑癌发作迫使他离开了国会山并辞去了担任的参议院健康、教育、劳工和养老金委员会（HELP）主席职务。他的离职给参众委员会正在进行的关于医疗改革（经肯尼迪签字的议题）的多个议案的棘手谈判带来了极大的影响。来自共和党的同事，艾奥瓦州参议员查尔斯·格拉斯利（Charles E. Grassley），坦白地说道："如果肯尼迪在场的话，会使财政委员会议案和健康、教育、劳工和养老金委员会议案更容易地结合起来。"[12]

总统经常与来自两党的参众两院领导人会晤。然而，获得这些领导人的支持只是会晤的一个目的。党派领导人会对总统的提议可能出现的后果进行报告和警告。同样，他们也会带回有关总统计划和意图方面的有价值的信息，这样向同事传达时能产生积极的影响。当国会由总统所在的政党领导时这些关系会更加亲密——比如，乔治·W. 布什的共和党占多数的前六年的国会和奥巴马的民主党占多数的前两年的国会。巴拉克·奥巴马在 2008 年的选举胜利回到了单一政党统治，总统主要依赖国会领导人给予的支持。然而 2010 年国会选举让共和党控制了众议院并在参议院中处于准控制状态（需要来停止辩论的 60 张票超出了民主党领导人控制的正常范围）。然而正式会晤——不管是否友好——只是冰山一角。白宫工作人员和国会工作人员每天——有时甚至每小时——在立法问题上都在进行广泛的接触。

总统从与国会领导人的接触中能够得到什么？充其量能赢得忠诚和支持。通常能仔细收集到关于国会意图的及时情报，还有在何处寻求选票的建议。来自国会山的信息并不全是总统喜欢的内容。比如，2005 年 10 月，布什任内的白宫正是在与共和党关键人物，当时参议院多数党领导人比尔·弗里斯特（Bill Frist）召开的开诚布公的会议上，才得知总统对法律顾问哈里特·梅尔斯（Harriet Miers）的最高法院提名注定要失败——主要原因是共和党内部的反对。

国会山工作组

与几位有影响的领导人进行商谈再也不能确保总统议案的通过。议案的具体条款通常在国会委员会或小组委员会中反复商谈才能通过。如今的国会包含着大量的工作组——委员会、小组委员会、政党实体、政党工作组和非正式团体。在第112届国会中（2011—2013），大约有 200 个常设（差不多是永久性的）工作组——参众院委员会及它们的下属小组委员会，还有 4 个联合委员会。

　　这些实体之间的管辖界限错综复杂，经常又重叠在一起。目前 11 个众议院委员会处理环境政策的各个方面；参议院拥有 1 个环境和公共工程委员会，但至少 9 个其他专门小组在相关话题上共享管辖权。2002 年成立的国土安全部在管辖权上面临着危险的处境。独立的 9·11 委员会声称至少有 88 个委员会和小组委员会对国土安全部拥有某种管辖权，9·11 委员会督促两院为这个机构创立单独的授权委员会。[13]众议院决定这样去做，但是参议院提出异议；其领头的授权委员会是政府事务委员会——它的前任主席，参议员苏珊·柯林斯（Susan Collins）抱怨说，这个专家小组只控制着国土安全部预算的 38％ 和人事的 8％。

　　总统奥巴马提出的一些跨度大的议题会涉及诸多委员会管辖界限的问题，为此，众议院民主党委员会主席们设法协调他们的工作。为了实现医疗改革，三个委员会——能源商务委员会、教育劳工委员会和国会赋税委员会共同制订出一份综合法案。气候变化法案——美国清洁能源与安全法案——被提交给众议员亨利·沃克斯曼（Henry Waxman）的能源与商务委员会及多达八个的其他专家小组（考虑到标准的不同最终解散了这些专家小组）。最后，维克斯曼和来自明尼苏达州的农业委员会主席科林·C. 彼得森（Collin C. Peterson）达成协议并使其体现在一项替代法案中，这项法案经规则委员会通过并报告至议会席。6 小时后，这项法案以 219 比 212 票的微弱优势获得通过。前规则委员会主席亨利·沃克斯曼称这个结果为“一个运作良好的高能效政治机器的一次印象深刻的表现，整个排除的过程充分利用了多数人的优势并避开了少数人的抵抗”[14]。

　　常务委员会体系外的政党工作组和非正式投票团体允许成员参与到他们感兴趣的政策中。1970 年以前只有为数不多的非正式团体，如今已发展到 100 多个。

对单个立法者的说服工作

　　尽管党派路线盛行，但是参议员和众议员基本上还是独立自主的。当然他们也会受到外部的影响。来自党派的影响尤其强烈：近年来国会山中党派投票已剧增到现代的最高值，党派领导人施加影响来劝阻经常游离于阵营外的那些人。但是选民会把他们关心的事情放在首位并期望他们的代表来护卫这些利益，即使这样做偏离了政党路线。事实上，鉴于对政策有兴趣的公民和团体的多样性，还有他们前所未有地涌入到选举政治中，“特殊利益”可能要比以前更强有力、更有说服力才行。因此议员们不断变换鼓点，标新立异。这是前参议员约翰·布鲁（John Breaux）曾使用过的一个引发共鸣的比喻。他作为代表和其他南方人一起支持总统里根的 1981 年预算拨款一揽子计划，以获取对支持食糖价格的重新考虑——此前政府因通货膨胀已表示反对。当被问及是否能买到他的选票时，布鲁回答道："不能，但可以出租。"[15]

总有一天，总统和他们的助手们必须"兜售"他们的呼吁，吸引国会的个体议员，其目的是推销白宫立场，争取选票并提供激励措施、寻求支持。总统必须要放下架子，表现出自己的友好姿态。华盛顿派遣财政部长汉密尔顿去和议员商讨，杰弗逊在白宫与国会的同盟交流。现代总统们承受着在立法业绩上的压力，他们已委派白宫工作人员与国会山建立日常联系。为获取立法上的支持，富兰克林·罗斯福和哈里·杜鲁门都派遣亲密的助手去和议员联络。德怀特·艾森豪威尔建立了首个独立国会联络办公室。由于他的立法目标不高，所以联络人员的工作风格保持低调并且主要是为了获得两党的支持。[16]

1961 年，肯尼迪总统扩大了国会联络办公室（重新改名为国会关系办公室）来推行他的新边疆（New Frontier）立法计划。办公室主任，劳伦斯·奥布莱恩（Lawrence F. O'Brien），被公认为现代立法联络之父，派遣工作助手进入国会山，同来自每个地理区域的议员热络起来，获悉他们的利益并计划如何去为总统的这项计划赢得选票。此外，还协调各部门及机构的联络活动来完善白宫的工作。

自肯尼迪以来的总统们增加了与议员们的单独联系，但仍然继续着他们联络机构的工作。尼克松提拔他的首位联络负责人布莱斯·哈洛（Bryce Harlow）进入内阁；福特扩大了工作人员的规模；卡特增添电脑设备来分析国会选票及需要说服的目标议员，而在其他方面，卡特的联络工作没有得到更多的好评。虽然卡特最初联络人员方面缺乏经验导致愚笨行为的发生，但是卡特本人对国会的冷淡也许更应该受到指责。如果总统对他的一项职责只给予零星的关注的话，工作人员的工作效率一定会更糟。

为了获得国会山的支持，总统可以向国会提供一些有用的资源或服务，与其保持有效的联络。这些资源或服务不但包括任免权方面——行政和司法职位——而且包括建筑工程、政府设施、提供竞选支持、战略信息的使用、搭乘空军一号、出席白宫宴会和社交活动、签名的照片及无数大大小小的方面，以此来交换所需的选票。一些服务可能看似微不足道甚至华而不实；但常常是通过满足类似的呼求才能在立法上获得多数人的支持。

一些总统擅长说服性的工作。林登·约翰逊以"论述"闻名，进行面对面的抨击，这种抨击的范围广泛到涉及人类的所有感情，经常会使抨击目标在感情上垮掉。众所周知的是，罗纳德·里根经常分发礼品链扣和戏票，随着戏票发放的是由索引卡提示的有关近期议题的简短的解释。两个乔治·布什忙于各种非正式的联络活动，从白宫的社交活动到移动电话谈话。还有几位总统，像理查德·尼克松和吉米·卡特,他们不喜欢自己拉票,更愿意把这个任务留给其他人去做。

克林顿竭力使用各种手段来促使他的主要立法提案获得通过。有时他指定某个人去担任特别议题的"游说大使";白宫助手紧张地忙碌着来配合游说工作。克林顿 1993 年的预算开支——提高了燃油税和高收入所得税,削减了国防预算,并为一些社会和反贫困计划增加了资金投入——也许这是他最伟大的胜利。克林顿和他的同盟亲自参与开展宣传活动来设法控制保守民主党人的倒戈。这项计划在众议院(218 票比 216 票)和参议院(51 票比 50 票,副总统阿尔·戈尔投出了决定性的一票)勉强获得通过。这是他的一项重要业绩:尤其在高收入人群中通过了提高税收的提案,到 20 世纪 90 年代晚期这项措施带来了大量的预算盈余。

克林顿在第一个任期期间出现了立法上的一个高潮——1993 年末国会批准通过了北美自由贸易协定(NAFTA)——这是两党共同努力的结果。很多民主党人,包括有组织的劳工领袖和众议院民主党党鞭等重要人物反对这项协定。克林顿发起了备受瞩目的公关运动,大力宣传这项协议增加就业的好处,欣然接受来自共和党领导人的支持,达成协议来迎合个体立法者提出的反对意见。北美自由贸易协定的实施由大量调和不同利益的条款组成。它包括着一项重新培训美国工人的计划,而这些美国工人是由于外国公司以低工资进行竞争而失业的。最终只有40% 的众议院民主党人对总统表示支持,但是加上众议院 132 名共和党人中给予支持的 102 张选票足以获得众议院的批准通过。随后北美自由贸易协定在参议院迅速获得通过。

北美自由贸易协定的胜利在赢得国会山投票方面积累了宝贵的经验。总统并不总是能够从政党同盟那里获取支持,因此在寻求投票支持时绝不要忽视反对党立法者。当寻求超多数票通过时,这条经验变得更为重要——比如要获得 60 张支持票来结束参议院里进行阻挠的冗长辩论。正如一位记者解释的那样:

> 白宫已经从预算协商中得出经验,协商中的每一次让步都会带来另一次让步要求,因此需要坚定立场。但是因为需要再吸引两位共和党人投票来打破阻挠,所以也不能太好斗。[17]

克林顿作为一位少数党派的总统,首先要与难以掌控的国会山多数党派(1993—1994)合作,然后应对时而灰心(1995—1996)、时而复兴(1997)、时而戒备警惕(1998)、时而信心十足(1999—2000)的少数党的各种状况,他和他的助手们不得不在任何能找到选票的地方奔波。有时需要总统对国会的措施行使否决权,这样能促使国会议员从总统的角度看问题。克林顿任职的前两年没有行使否决权,成为自 19 世纪 50 年代米勒德·菲尔莫尔(Millard Fillmore)以来在一届国会期间没有行使否决权的总统（乔治·W.布什成为第二位这样的总统）。

克林顿面对 1994 年后占大多数的咄咄逼人的共和党，他积极主动地使用否决权这张牌作为最后的商谈筹码。克林顿不屈不挠的讨价还价迫使共和党进行反击，并在 1995 年底至 1996 年初的冬季两次关闭政府，形成一种僵局状态，公众把陷入僵局的状态主要归咎于国会中的共和党。共和党领导人决定避免这种局面再次发生，此后更加谨慎地和白宫处理有关支出法案的问题。1998 年 10 月共和党领导人急于结束第 105 届国会的这种分裂而又毫无建树的局面，他们选择去解决任何拨款上出现的分歧。

乔治·W.布什的总统竞选存在争议并且他面对的是国会中两党平分秋色的形势，所以他除了在国会投票时建立获胜联盟以外别无选择。虽然他的立法计划在 2001 年中期看似顺畅起来，但是有一项颇受欢迎的"患者权力"议案——建立联邦条例支持患者对他们的卫生维护组织（HMOs）提出诉讼——布什面临着这项议案通不过的风险。众议院准备扩大患者的权利去起诉卫生维护组织，而这不是布什的支持者们想要支持的事情；然而布什又不能对这样一项受欢迎的议案行使否决权。因而白宫与众议员查利·诺伍德（Charlie Norwood）进行接触，诺伍德从前是一名牙医，为了这个议题，他把他的职业生涯都押上了，甚至还和包括民主党参议员约翰·D.丁格尔（John D. Dingell）在内的其他人共同提出一项两党的卫生维护组织法案，以此来抗拒他所在政党共和党的领导人。

布什总统在椭圆形办公室会见查利·诺伍德时，开始几分钟，布什对诺伍德的管理才能不吝赞美之词。随后布什问道："既然我已经恭维了你，那么我怎样做才能达成协议呢？"[18]他们探讨了两个未解决的问题，最终达成协议；整个会见时间不足 15 分钟。"诺伍德告诉布什他想把协议带回国会山和同盟进行讨论。这时布什的一位助手说，'如果没有通过媒体发布消息，总统是不会放他走的。'"来自两党的诺伍德同盟对他背地里独自做出决定表示失望或者愤怒。"这项协议必须有人来达成。"诺伍德如是说道。他的这句话是为他去面见总统并且问"我们需要做什么来得到您的签名？"的决定所做出的辩护。

这项布什和诺伍德达成的协议是在立法上的一次典型的交易：一位关键的立法者为了确保总统不对这项提案行使否决权做出了让步，总统也改变了他的要求来保证议案的通过。"诺伍德认可了你'好管家'的称号。"一位助手对当时的众议院议长 J.丹尼斯·哈斯特（J. Dennis Hastert）说道。"他将带动许多犹豫不决的议员。"[19]作为这个议题的成功捍卫者，诺伍德为许多温和派共和党人支持总统和他们党派领导人提供了"政治上的掩护"。这项决定性的修正案——详细解释了在卫生维护组织损失赔偿诉讼案中患者的权利——以 218 票比 213 票通过，只有 6 位共和党人投了反对票。

发动公众的力量

在努力促使国会议员达成协议的同时，总统们还要竭力发动公众。[20]白宫的工作人员把大量时间用于获取广泛的媒体关注和支持上。总统比国会更擅长利用媒体，他们认为媒体的报道将提升他们的影响力。可能是一次"炉边谈话"，一次全国范围内电视播放的演讲，一场精心计划的活动或者一场全国巡回演说都可能在"华盛顿特区外围"获得大量的支持，而国会议员对此不敢公然反对。

为了通过一项议题而"公之于众"的行为是存在风险的。如果总统在国会山已经得到了全面的支持，那么这种较极端的做法是不需要的。有时总统可能会提出不能完成的预期目标，做出一些不恰当的呼吁，失去对这个议题的控制，疏远那些能够提供支持的立法者或者仓促地提出一些提案。说服公众可以是一种强有力的手段，但过度使用会降低它的影响力。虽然总统拥有专门的进入媒体和得到公众关注的机会，但是他们不是政治舞台上唯一努力推销自己立场和计划的演员。很多国会议员试图通过吸引公众注意力的方式明确提出议题或表明观点，使公共辩论向他们倾斜。财大气粗的游说团体发起媒体运动，不但能够动员他们自己的成员，而且还能发动人民大众。

克林顿 1994 年医疗改革提议的失败暴露出对公众呼吁的局限性。总统克林顿未能使公众对他的提案进行持续关注。由于白宫花费了几个月的时间来撰写庞杂的提案，这次时间的拖延为持怀疑态度的立法者和感受到威胁的游说团体提供了充足的时间去发现这项计划的缺陷并提出质疑。而且卫生保健的提供人和保险人组成了国家规模最大、财富最多的行业之一，比起白宫，他们能够花费更多的财力用于联络公众。一个大型保险公司财团，美国健康保险协会（HIAA），发起了简单而富有成效的以"哈里和路易斯"为主要内容的系列广告和媒体宣传，宣传中的人物哈里和路易斯是一对普通的夫妇，他们对克林顿复杂的医改计划表示忧虑。

在呼吁公众方面，乔治·W.布什有成功也有失败。由于 2001 年 9 月 11 日发生的恐怖袭击事件，他的还算成功的任期从而变得更加丰富起来——当时他领导并宣布"对恐怖主义宣战"，此后发动了众人皆知的对恐怖主义行动基地阿富汗的袭击。但是对伊拉克萨达姆·侯赛因政权的战争因持续时间过长而最终招致不断高涨的反对之声——正如在朝鲜（20 世纪 50 年代初）和越南（20 世纪 60 年代末）战争时发生的一样。先是不断地发表演讲、举行活动——最初唤起了爱国主义的回应——最后落到众人漠不关心的境地。布什的一项重要的国内优先议题——通过个人账户私有化来改善社会保障制度——完全没有发动起来，尽管做了大量的演讲、发表声明及组织会见民众等活动。

巴拉克·奥巴马一上任就拥有 60％左右的公众支持率。虽然公众对他具体的政策提议表示了担忧，但是他们仍然希望他能够在诸如经济、医疗和财政赤字等重大议题上采取行动。[21]

奥巴马任内的白宫通过组织公开露面、演讲和公众论坛来着重宣传总统内容广泛的议题。由奥巴马竞选机构发展而来的一个民主党草根团体发起了一场电视广告运动，重塑了 1994 年破坏了克林顿医疗改革的"哈里和路易斯"广告。而这一次，哈里和路易斯是帮助奥巴马来获得医疗改革计划通过的。电视广告把目标对准了由温和派民主党人及一些共和党人为代表的州。[22]

受到影响的行业团体向总统发起挑战并发表了他们自己的观点。美国最重要的商业游说团体美国商会发起了一场称之为"由政府控制的医疗"的反对运动。商会发起的"负责的医疗改革"运动发行了印刷品，在网上进行了广告宣传，大量的信件和电话涌入立法者办公室。与此同时，目标性更强的运动来自一个生物技术及医药业团体——许多是当年坚决反对克林顿健康计划的公司——他们到处游说要求给予药品生产商更长时间的独家产品专利权并延迟发布更低价非专利产品。（反对同盟由老年群体、消费群体、制药业受益经理人及健康保险公司组成，希望通过缩短生产商拥有专利权来的时间降低药品价格。）[23]诸如此类的一些冲突——由拥有雄厚财力的多个群体发起——是奥巴马任职期间面临的一个主要挑战。

白宫要在立法与行政斗争中获胜，获得公众的支持将继续占据显要位置。新当选的总统得到的建议是：要利用初期得到的高支持率快速行动使其议题获得通过。

现代的总统，不管多么受欢迎，都面临着他们最初的"蜜月期"——这时公众的希望和支持率很高——很快消逝的可能。随着政府开展工作，做出的决定不断地疏远一个接一个的团体，支持率通常会出现下滑现象。对一些总统来说，像艾森豪威尔和里根，支持率的下降是最小的；对其他的一些总统来说——杜鲁门、约翰逊、尼克松、福特、卡特和布什父子——支持率是急剧下降的。克林顿的蜜月期几乎没有熬过新婚之夜。小布什任期前九个月支持率表现暗淡，但 9·11 之后，公众支持率上升到一个持续的"团结"状态，为他很多的立法提案增添了光彩；直到他第二任期时支持率才持续下降。当奥巴马许多提案面临费用和拨款问题时，他也再次遭遇了类似的支持率持续下降的状况。

跨机构控制模式

在影响机构间相互关系的所有因素中，拥有党派控制权是最强有力的因素。两个机构可能会被同一个政党控制，这种局面通常被称为政党政府。而分治政府是国会和白宫分别处在两个政党的控制之下——比如乔治·W. 布什任职最后两年出现的情况。第三种模式，截开的多数党政府，是总统政党只控制着国会的一院而不是两院。从历史上来看这种模式极为罕见。而里根任职总统的 6 年期间

(1981 年—1987 年)只控制着参议院而没有控制众议院。乔治·W.布什上任不到6 个月,参议院经历了从共和党到民主党控制的转变,直到 2002 年选举才重新获得对参议院的完全控制。奥巴马在 2010 年中期选举后,事实上面对的是分治政府:共和党以相当多数控制众议院;参议院中的民主党人——53 名议员席位只是在名义上的控制——由于需要达到 60 张票才能避免共和党阻挠议案通过的困境。

政党政府

在美国历史上,很多时候都是同一个政党控制着白宫和国会。在整个 20 世纪里,国会所有届数中大约三分之二都是如此。但是这种状态已经不如以前那么普遍:在 1945—2013 年间的 34 届国会中 13 届(占 38%)是由一党控制。而在这个时期的很多时候,白宫和国会山之间关系紧张。

相对来说,美国在立法上真正的和谐时期是罕见的。20 个世纪以来只出现了四次:伍德罗·威尔逊的第一届政府(1913—1917);富兰克林·罗斯福著名的"新政"时期(1933—1936);林登·约翰逊"伟大社会"的最温暖舒适的日子(1963—1966)及乔治·W.布什的第一任期(2001—2005)。这些时期的出现源于强有力的行政长官的独特凝聚力,一项受欢迎而又有待去完成的政策议题及国会对总统领导的积极响应。不管是好事还是坏事,这些时期都是产生了里程碑式立法及革新性政府项目的积极立法时期。

当然,富有成效的政党政府时期及以上提到的四个时期都会存在一些问题。立法行动节奏快,立法范围涉及广,这就需要各个政治机构花费多年时间来理解这些新项目并承担其费用。继任者可能会重新考虑这些项目,收紧开支,甚至推翻一些过于宏大或毫无成效的项目。

即使政党控制了两个机构,也不能保证获得立法上的成功。虽然国会从 20 世纪 30 年代晚期直到 20 世纪 60 年代中期除四年以外都是民主党占到多数,但实际上它的事务是由南方民主党人和共和党人组成的一个保守同盟控制。这个同盟在国内政策的支配地位持续了几位总统的任期,这些总统有着不同的目标和手腕。它成功地阻挠了由罗斯福、杜鲁门和后来的肯尼迪所推动的民权和社会方面的立法。后来吉米·卡特的情况则更为复杂,尽管在两院中民主党占多数,但是他在立法上的经历也是喜忧参半。乔治·W.布什任职时多数党席位占据更好的优势,在他第一个四年任职期间立法相当成功;但他的第二个跛脚鸭总统任期时,他所在的共和党在公共政策问题上出现分歧。奥巴马政府在民主党占多数时(2009—2011)的立法是成功的;但是之后共和党占领了众议院并几乎控制了参议院(2011—2013),宣誓要让他成为任期一届的总统。

分治政府

在现代,分治政府更加普遍。分治政府是尼克松、福特、里根和乔治·H.W.

布什总统任职时期的典型特点,艾森豪威尔、克林顿和乔治·W.布什两年以外的其他任职时期、杜鲁门和奥巴马总统任职时期中的两年都属于分治政府。在分治政府局面下,机构之间的关系从冷淡到敌对变化。在艾森豪威尔政府期间,民主党控制的国会倾向于不去攻击这位受欢迎的总统,不去阐释还过得去的立法并且不在选举年对他施加压力。敌对关系是杜鲁门和共和党控制的国会在1947—1948年间的状态,杜鲁门在1948年竞选连任巡回演说时把这届国会称为"糟糕的第80届国会"。这种敌对关系还出现在以下几位总统任期期间:尼克松和民主党国会(1969—1974)、克林顿和共和党国会(1995—2001)、乔治·W.布什和民主党第110届国会(2007—2009)、奥巴马和共和党国会(2011—2013)。

近期的分治统治突显出的是挫折及僵持状态。民主党领导人认为民主党2006年国会选举获得胜利的原因是:公众厌倦了伊拉克战争;民主党在一系列为撤军和继续拨款提供其他条件而设定时间表的提案上提出了不同意见。而这些都受到了总统否决权的阻挠,参议院中的共和党也通过长篇大论的演说来阻止议案通过。民主党的成绩虽寥寥无几,但意义重大:他们制定了一项新的道德规范一揽子计划,提高了早该增加的最低工资,通过了一项重要的能源法案。然而,国会的公众形象继续下跌,据一项美国国家广播公司新闻/《华尔街日报》在2008年1月的民意调查显示,只有18%的受访者认可国会的表现。[24]

即使国会在分治统治的形势下不能占据优势,它还拥有能使政府陷入困境并推迟其提案的武器。武器之一是立法监督——能召开公众听证会和发布有关所谓的联邦项目管理不善问题的报告。托马斯·E.曼(Thomas E. Mann)和他的同事对2007年新一届民主党国会进行评估,评论道:"经过几年的监管不力后,国会对行政部门的监督已经得到了加强,尤其是对伊拉克战争的监督上。"[25]党派间政治上的指控造成了几位美国律师被罢免的结果,比如党派的指控给乔治·W.布什政府带来了不良影响,导致几位重要司法部官员包括司法部长阿尔韦托·冈萨雷斯(Alberto Gonzales)在内的人员辞职。

国会使用的另一个武器是阻止总统的任命提名。在布什任期最后两年和奥巴马2010年任期后两年中,参议院各委员会拒绝执行对许多被提名人的任命,尤其是对联邦法官的任命。希望实现白宫的政党转换的参议员——民主党期待着2008年选举,而共和党希望2012奥巴马竞选连任失败——应负主要责任。知名学者保罗·C.拉艾特(Paul C. Light)指出:"这个任命过程完全失控了。"[26]虽然在奥巴马任期之初国会确认了两名最高法院法官的提名,但是对很多下级法院及行政机构的提名置之不理,损害了政府的功能。

2010年国会选举后,国会山中的共和党队伍壮大,对奥巴马政府采取了铤而走险的行动:用受最后期限约束的国会决议作为筹码。这种行动首次出现是在跛

脚鸭会议中（2010 年 11—12 月），共和党领导人渴望保留布什时期的减税政策（12
月 31 日到期），于是他们以奥巴马希望延长的经济衰退项目的最后期限为筹码进
行讨价还价。结果布什时期的减税政策得以延长两年（到 2013 年），而失业救济金
和一项社会保障的工资税减免也得以延长。

　　更为不同寻常的是在 2011 年中期债务上限方面的妥协。增加联邦债务上限
被认为是国会的一项日常职责。[27] 然而许多共和党人受茶党对联邦开支的愤怒情
绪驱动，威胁说要投票反对增加债务上限。奥巴马不想承担国家"完全信用担保"
的风险，他又一次选择了和政党领导人进行协商的方式，达成了一系列削减开支协
议用以交换增加债务上限。尽管两党中许多不妥协者投了否决票，但这项协议最
后经两院通过——财政上保守的共和党认为对任何债务表示支持都是不道德的，
自由民主党声称奥巴马是位无能的谈判者，他本来应该坚持更高的税收及应对经
济衰退和创造就业机会的政府开支。而提案里面没有实质性内容。正如前众议员
李·H. 汉密尔顿（Lee H. Hamilton）的评论："民主党和共和党推出提案，提案中
不去详细地列出削减预算或增加财政收入……政客喜欢另辟新径不去解决政策上
出现的难题。"[28]

　　有时，分治政府状态阻碍不了机构之间的合作或立法上的产出。尽管处在不
同政党分治的控制下，立法活动在尼克松和福特总统任职期间及里根任期第一年
还是比较频繁的。一些学者主张的所谓同一政党统治所带来的好处已经被夸大。
戴维·R. 梅林（David R. Mayhew）发现，同一个政党或分治政党统治在有些方面
的做法差别不大，比如重要立法的执行或国会对行政机构违法行为进行调查发布
等。他对克林顿和乔治·W.布什总统的追踪调查似乎证实了这个结论。"显而易
见，"他写道，"同一个政党政府控制并不能产出更多的立法。"[29] 我自己对立法成果
的调查也表明：不管是同一个政党统治还是分治政党统治，立法成果并不是与其
完全成正比关系。[30]

　　然而分治政府在政策僵持方面会产生长期不利的影响。需要有杰出的领导和
机构之间有技巧的协商来克服不同的政治利益及其带来的惰性。在争取政策目标
时遇到的挫折从精神上消磨了总统、立法者及他们的工作人员的斗志。政策可能
被严重拖延或达成妥协，以至于最后解决的结果几乎不会产生什么影响。选民发
现很难对总统和立法者实行问责，原因是对于国家未解决的迫在眉睫的问题或未
连贯执行的政策，他们也在相互推诿、指责。

评定总统的影响力

　　白宫和国会山之间影响力的更迭在美国政治中呈现周期性的特点。学者们想
要把某些时期称为"国会政府"和"总统统治"时期。这两个机构之间权力更迭，对
其进行归纳时必须要小心谨慎。

总统的提议获得通过是一个起点。事实上这些提议通过的速度是体现总统成就的一个常用指标。而其对立法造成的影响力却难以进行确切地衡量。是谁真正发起了立法？总统能够通过发表一项提案并使其广为传播，但其提案真正的开端可能是源于政治上的鼓动、国会的听证会或学术讨论中。

确切地说，"总统的项目"是什么呢？重要的提案由总统采纳并进行大力宣传，但是一些不重要的提案呢？富兰克林·罗斯福20世纪30年代推行新政的成功被认为是达到了总统领导的一个最高点；但是除了他上任一百天期间获得快速通过的紧急议题外，他的立法议题大多取自于已经在国会山提出并酝酿的提案。林登·约翰逊为了提高成功立法记录，喜欢对已经确定通过的提议表示支持。比尔·克林顿任职第一年(1993)声称达到了约翰逊之后最成功的立法记录；而颁布的许多法律是里根至布什时期被白宫否决了的存在已久的民主党议题——比如家庭医疗休假法案、"机动车选民"登记计划和布雷迪控枪法案等。[31]乔治·W.布什许多最广为宣传的立法成绩——比如，9·11委员会和国土安全部的创建，还有政府情报网络改革——是在国会山发起的，而其中一些起初曾遭到白宫的坚决反对。换句话说，并不是所有白宫支持的提案都真正"属于"总统；并不是所有的议题在总统那里都齐头并进。

最后，在制定法律时是谁施加了决定性的影响？总统的游说可能占据优势地位，但是如果没有来自许多方面的支持，任何一条法律都不会经国会通过。劳伦斯·H.张伯伦(Lawrence H. Chamberlain)对90条法律的开创性研究(1873—1940)发现总统的影响力在这些法律中只占到大约五分之一的比重；其中一半多出现在20世纪30年代的新政时期。[32]国会的影响力在这些法律中占到40%，总统和国会共同的影响占到大约三分之一。在主要是关税法方面的一些法律中，利益集团起着主导作用。张伯伦的调查结果显示出"美国立法过程中这个共同的特点"。[33]

现代时期，总统制的这种看似势不可挡的影响也几乎不能改变这些调查结果。根据对12类法律进行的研究，罗纳德·C.莫(Ronald C. Moe)和史蒂文·C.蒂尔(Steven C. Teel)得出结论："国会继续成为积极的革新者并在立法中发挥着很大的作用。"[34]更近的调查也已得出相同的结论。[35]因为立法工作在我们的体系中是一项共同合作的工作，所以白宫对立法的影响不应该被夸大。

立法机构和行政机构之间的权力制衡处在不断的变化中。两者中任何一方的影响力都可能会受到议题、环境或性格的影响。克林顿与国会及美国人民之间的关系忽好忽坏——在行政和立法机构的关系中出现了几个明显的阶段。克林顿继任者也经历了至少三个阶段：一个比较多产的前9·11阶段，一个极有成效的后9·11阶段及冲突不断的第二任期阶段。奥巴马2010年之前和之后的状况截然不同。甚至在单一政府中，对权力的控制也是来回摇摆的。

　　立法机构和行政机构的权力争夺未必是一场零和博弈。如果一方赢得权力，未必意味着另一方失去了权力。即使一方失去权力，它也可以发挥强有力的作用。当克林顿设定议题的影响力减弱时，他仍然能够巧妙地施展否决权和制定规则的权力。他的继任者布什对恐怖主义宣战，然后自主决定入侵伊拉克；在这个过程中，国会放弃了许多《宪法》赋予的军事权力。然而当公众厌倦了伊拉克战争及其带来的不良影响时，国会开始坚持它的权力，为结束战争设定条件甚至规定时间表。

　　自第二次世界大战以来，随着政府权力的扩大，立法机构和行政机构的权力都得到了加强，然而信仰代议制民主的人们如今惶恐不安。"总统和国会中的默认立场已经向着总统这一边倾斜——并且是不可逆转的，"安德鲁·路德勒维奇（Andrew Rudalevige）如是评价道，"总统已在很多领域重拾单边行动的自由，从行政特权到战争权力到秘密行动再到竞选开支。"[36]国会的特权受到批评，这种批评不但来自咄咄逼人的行政官员，而且还来自活跃的联邦法官和最优秀的舆论专家——他们不断贬低国会的能力并努力避开它的监督。

　　然而立法者自身也应该承担责任，因为他们时常对行政机构的提案做出让步——没有提出很难的问题，也没有要求得到直截了当的回答。国会往往避开它作为国家政策发起人和政府行动监督人的身份。国会已经把太多的领地让给了行政官僚机构、法庭，甚至私人实体。结果国会已远远达不到——但仍然存在希望，不是不可逆转——开国元勋们所展望的它应成为"政府首要机构"的愿景了。

尾注：

1. James Sterling Young, *The Washington Community*, *1800 - 1828* (New York: Columbia University Press, 1966), pp. 75 - 76.

2. Edward S. Corwin, *The President: Office and Powers*, *1787 -1957* (New York: New York University Press, 1957), p. 69.

3. Charlie Savage, *Takeover: The Return of the Imperial Presidency and the Subversion of American Democracy* (New York: Little, Brown & Co, 2007), pp. 224 - 227. Savage, a national legal reporter for the *Boston Globe*, won a 2007 Pulitzer Prize for his exposure of White House signing statements.

4. Savage, "Three GOP Senators Blast Bush Bid to Bypass Torture Ban," *Boston Globe*, (January 5,2006).

5. Alexander Hamilton, James Madison, and John Jay, *The Federalist Papers*, Clinton Rossiter, ed. , (New York: Mentor, 1961), p. 308.

6. 很明显，白宫顾问从开始就知道这些矛盾。参见 David Stockman, *The Triumph of Politics* (New York: Harper & Row, 1986).

7. Susan Page, "GAO Chief, Cheney Barreling toward Showdown," *USA Today* (February 18,

2002），p. 6A.

8. 关于机构间关系的近代史，参见 James L. Sundquist's 出色的考察，*The Decline and Resurgence of Congress* (Washington, DC: The Brookings Institution, 1981).

9. Louis Fisher, *Presidential War Power*, 2nd rev. ed. (Lawrence: University Press of Kansas, 2004), p. 261.

10. George C. Edwards, *At the Margins* (New Haven: Yale University Press, 1989).

11. John H. Aldrich, *Why Parties? The Origin and Transformation of Party Politics in America* (Chicago: University of Chicago Press, 1995); Aldrich and David W. Rohde, "The Consequences of Party Organization in the House: The Role of the Majority and Minority Parties in Conditional Party Government," in Jon R. Bond and Richard Fleisher, eds, *Polarized Politics: Congress and the President in a Partisan Era* (Washington, DC: CQ Press, 2000), pp. 31 – 72.

12. Mark Liebovich, "Absent Voice on Health Bill Is Resonating," *New York Times* (July 17, 2009), p. A.

13. National Commission on Terrorist Attacks upon the United States, *The 9/11 Report* (New York: St. Martin's Paperbacks, 2004), pp. 596 – 599.

14. Don Wolfensberger, "Climate Change Bill Wins on Political Energy Boost," *Roll Call*, (July 7, 2009), p. 6.

15. 引用见 *Congressional Quarterly Weekly Report* 39 (July 4, 1981): 1169.

16. Stephen J. Wayne, *The Legislative Presidency* (New York: Harper & Row, 1978), p. 142.

17. Steven Waldman, *The Bill* (New York: Viking Books, 1995), p. 213.

18. Dana Milbank and Juliet Eilperin, "On Patients' Rights Deal, Bush Scored with a Full-Court Press," *Washington Post* (August 3, 2001) p. A9.

19. Robert Pear, "Bush Strikes Deal on a Bill Defining Rights of Patients," *New York Times* (August 2, 2001), p. A16.

20. Samuel Kernell, *Going Public: New Strategies of Presidential Leadership*, 3rd ed. (Washington, DC: CQ Press, 1997).

21. Dan Balz and Jon Cohen, "Poll Shows Obama Slipping on Key Issues," *Washington Post* (July 20, 2009), p. A1.

22. Christi Parsons and Noam N. Levey, "Obama Takes Health Care Debate and Runs with It," *Los Angeles Times* (July 21, 2009), p. A1; Christi Parsons, "Amid Criticism, Obama Kicks Health Care Drive Up a Gear," *Los Angeles Times* (July 22, 2009), p. A18.

23. Kate Ackley, "An Ad Blitz That Really Worked?" *Roll Call* (July 15, 2009), p. 9.

24. "Current Opinion," *Roll Call* (January 31, 2008), p. 4.

25. Thomas E. Mann, Molly Reynolds, and Peter Hoey, "Is Congress on the Mend?" *New York Times* (April 28, 2007), p. A27.

26. Quoted in James Gerstenzang, "Prospects Are Dim for Bush Nominees," *Los Angeles Times* (February 7, 2008), p. A12.

27. Stephen J. Wayne, *The Legislative Presidency* (New York: Harper & Row, 1978), p. 142.

28. Lee H. Hamilton, "Congress Doesn't Like Making Hard Choices," Center on Congress, Indiana University (August 16, 2011), p. 1.

29. David R. Mayhew, *Divided We Govern: Party Control, Lawmaking and Investigations*,

1946 - 2002, 2nd ed. (New Haven: Yale University Press, 2005), p. 215.

30. Roger H. Davidson, "The Presidency and Congressional Time," in James A. Thurber, ed. , *Rivals for Power: Cooperation and Conflict between the President and Congress*, 2nd ed. (Lanham, MD: Rowman & Littlefield, 2006), pp. 125 - 149.

31. Phil Duncan and Steve Langdon, "When Congress Had to Choose, It Voted to Back Clinton," *Congressional Quarterly Weekly Report* (December 18,1992), pp. 3427 - 3431.

32. Lawrence H. Chamberlain, *The President, Congress and Legislation* (New York: Columbia University Press, 1946), pp. 460 - 462.

33. Chamberlain, p. 453.

34. Ronald C. Moe and Steven C. Teel, "Congress as Policy-Maker: A Necessary Reappraisal," *Political Science Quarterly* 85 (September 1970): 469.

35. Mark A. Peterson, *Legislating Together: The White House and Capitol Hill from Eisenhower to Reagan* (Cambridge: Harvard University Press, 1990); Mayhew, *Divided We Govern.*

36. Andrew Rudalevige, *The New Imperial Presidency* (Ann Arbor: University of Michigan Press, 2005), p. 261.

文献 26　正在消失的政治中立派

萨拉·A.宾德

迄今为止,近年来对国会选举进行大篇报道的一项内容不是谁在参加竞选,而是谁在退出。尤其是这种退职的现象正在政治中立派中加速发生,"中立派数量上的减少难以置信。"一名参议员如此说道。

在共和党内部,温和派是政治中立派——也就是说,在意识形态上它更接近于两党间的中心点。出现的退职现象可能会导致共和党温和派从国会山中消失⋯⋯在民主党中,政党的保守派最接近于政治中立派。它的数量也正在减少。

许多人担心,这种结果会导致中立派前所未有地消失。在一个需要妥协与和解来实现变革的政治体系里,对于美国公众通常喜欢的两党温和地制定公共政策的方式来说,中立派被认为在其中起着至关重要的作用。若没有中立派,不断增长的党派偏见及意识形态的两极分化是不可避免的——会加重公众对政客和政治手段的不信任和厌恶感。

中立派去哪里了?

国会里的政治中立派在过去的 15 年中数量已经明显地减少(见图表 26-1)。20 世纪六七十年代中立派在参众两院中大约占到 30%,20 世纪 80 年代其在两院中的百分比开始下降,到今天大约降到了 10%。中立派宣称现在只占到众议院的 11.3%,而在 20 世纪 80 年代时能占到 20% 或更多。中立派在 1969—1970 年间,尼克松政府的第一个任期时,在参议院占比达到峰值 32.3%,而如今在参议院中占不到 10%。

参众两院中中立派大致相似的比例下降掩盖了两院与两党之间存在的显著差异。在众议院中,自 20 世纪 70 年代以来,民主党保守派和共和党温和派已经目睹了地位的逐步下降。但是自 20 世纪 50 年代末以来,民主党保守派一直超过共和党温和派的人数。现在众议院中民主党保守派仍然以 3∶1 的比例超过共和党温和派。

在参议院,20 世纪 70 年代末两党中的中立派人数开始下降之前,实际上从 20 世纪 60 年代中期到 20 世纪 70 年代中期人数是时断时续地增加的。然而,参议院中最为引人注目的是民主党保守派的持续减少,从数量在 20 世纪 80 年代末占到参议院民主党人数的四分之一,到近年来只剩下几个人。

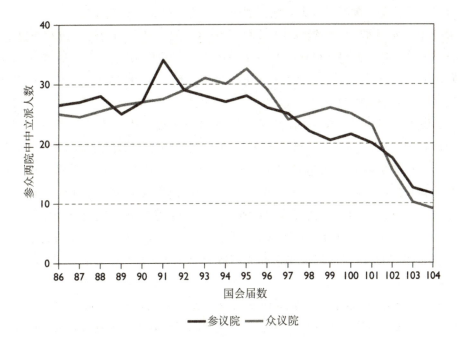

图表 26‐1　政治中心的规模,(86—104 届)即(1959—1996 年)

注释：中立派是指这样的一些参众议员：他们在自由、保守方面的意识形态立场更接近于两党之间意识形态的中间点,而不是他们自己所属党派的中立成员。意识形态得分来自 D 提名和 W 提名得分的首个坐标,D 提名和 W 提名得分是由基思·普尔(Keith Poole)和霍华德·罗森塔尔(Howard Rosenthal)从国会登记表数据中计算得出。第 104 届国会(1995—1996)提名得分是以 1995 年 12 月的登记票数为基础的。参见基思·普尔和霍华德·罗森塔尔 1991 年 2 月发表在《美国政治学杂志》上的论文"国会投票模式"。

退职应该受到指责吗?

人们普遍认为自愿退职正在造成中立派的垮台,原因是参议院的中立派发觉他们已远离他们的政党,不能寻求到连任。

结果证明,在众议院中民主党保守派的退职一点也不稀奇。在每次选举中民主党保守派一直是众议院民主党中离职最多的,在 1968 年到 1978 年期间只保留了两个名额。虽然民主党保守派在 20 世纪 70 年代期间退职率极高,但是他们代表团的人数只是在逐步地缩小,这说明退职的民主党保守派往往被志趣相投的人代替。而后面出现的新形势是处于退职趋势的民主党保守派——尤其在 1994 年选举和即将到来的秋季选举中——不再被志趣相同的人代替。相反的是,南方选民投票支持共和党保守派。民主党右翼总数正在持续不断地减少。

众议院的民主党保守派不但与思想更为自由的同僚出现意见分歧,而且还经

来源：*The Brookings Review* 15(Fall 1996)：pp. 36‐39. 曾布鲁金斯学会许可后使用。

常不理解共和党多数派的政策主张。如今面对更支持共和党保守派而不支持他们的选民，民主党保守派（跳槽并转入共和党中）几乎没有任何动力继续留在众议院。将要退休的皮特·彼得森（Pete Peterson）评论道："我作为一位搭桥人，努力来为我们国家存在的问题找到两党的解决办法。但遗憾的是，目前的政治气候已经不能让这条途径发挥作用了。"

和民主党不一样的是，众议院中共和党温和派现在或过去几乎没有出现退职的现象……自 20 世纪 70 年代初以来，共和党温和派人数持续减少的原因是选举失败和被更多的共和党保守派所取代，而不是退职造成的。虽然众议院中共和党温和派占共和党人数的不到 10%，但是他们没有通过退职来表现他们的灰心与沮丧……共和党在众议院中占到微弱多数显然提高了他们温和派的影响力。温和派舍伍德·贝勒特（Sherwood Boehlert）回忆道，在过去，共和党温和派"从民主党多数派那里得到了比共和党多数派更多的关注，而现在情况已经发生改变了"。

参议院中，大多数中立派的退职来自共和党人方面，而不是来自民主党人方面。事实上民主党保守派队伍的缩小不是主动退职造成的……近年来参议院民主党保守派数量上的突然下降更多是由于南方选民转而开始支持共和党保守派。确定无疑的是，随着时间的推移，这两种势力可能会相互补充：当民主党保守派中的一些人被共和党或在某种情况下被民主党自由派取代后，他们中政治志向相同的其他人可能会感到更加孤立，他们就更有可能会退职。

近年来，在参议院共和党中，温和派的退职现象才开始造成影响。过去参议院共和党人变得逐渐右倾主要是由于选举结果而不是主动退职导致。1996 年是一次特例，因为共和党温和派未进入选举阶段就退出了。共和党温和派目睹近年来选举压力带来的人数上的不断减少，并发觉他们本身被更多保守和同类的共和党人孤立，倾向于放弃他们的参议院席位。路易斯安那州的民主党参议员约翰·布鲁（John Breaux）极好地描述了他们的艰难处境："……中立派不得不遭遇某些人。在公用电话亭里你不可能只遇到你自己。"

一个没有政治中立派的国会

不断缩小的政治中立派已让国会变得越来越两极分化（见图表 26 - 2）。在参众两院中，随着两党意识形态上的中立派已明显分离，民主党聚集在左边，共和党在右边。自 20 世纪 80 年代末以来这种变化对参议院来说到达了最极端的程度，对两院来说都引人注目。从 20 世纪 50 年代末直到 80 年代，两党中立派在意识形态上更趋同。自 20 世纪 80 年代两党中立派在意识形态上的距离基本上达到了两倍。

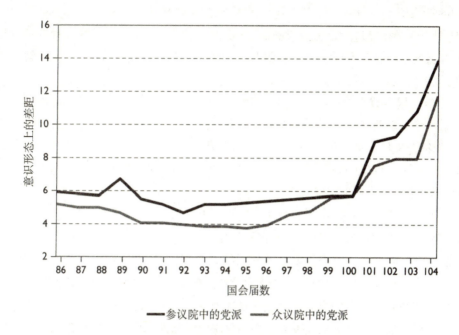

图表 26-2　国会党派之间的意识形态差距表,(86—104 届)即(1959—1996 年)

注释:意识形态上的差距是参议院或众议院中民主党和共和党中间派之间的绝对差,是以普尔和罗森塔尔的提名分数为基础的(参见图表 26.1 的注释)。

　　一些评论员如果不把两党在意识形态上向着两端发展看作积极发展的话,也应看作一种温和的发展。比如,更支持强大政治党派的人曾经对两党逐渐倾向中立派的体系抱怨不已。从某种程度上来讲,不断消失的中立派反映出更团结统一的政党的出现。随着两党距离的不断加大,在联邦政府恰当的角色和管辖范围这类问题上,两党不同的哲学观变得更加明显,这样反而使选民能够在不同的政治议题之间做出真正的选择。

　　但是伴随着两党远离中立走向两极化的是政治的粗俗化及尖锐的政党关系——选民对华盛顿政治不再抱有幻想。政治上的不和已经出现,国会中的礼仪风尚方面体现出了明显的衰退。去年参议员罗伯特·伯德(Robert Byrd)尖刻地指出:"这届参议院中一直有伟人,我也见到了他们中的一些人。而当我来到这里时,真没想到会见到小人。"

　　这种两极分化的状况已经使得两党难以达成妥协。正如前多数党领袖鲍勃·杜尔在从参议院退休时悲叹的那样:"我们没有一个人能拿出完美的解决方案。但是有某种方法能发现我们在何处聚集,那就是分成共和党人和民主党人的地方。"两党分离得越远,达成妥协就越艰难,部分是因为能够保持中立的议员更少了,部分上是因为几乎没有任何激励措施让其他议员走向中立。比如在参议院,共和党

1996 年采用了一项新的规定，要求在每届国会开始时共和党领导人和委员会主席（他们现在必须经过无记名投票确认）对立法议题宣誓忠诚。在这样一种党派气候下跨越政党路线是不可能的——在 1994 年就医疗辩论没有成功达成两党解决方案后，参议员约翰·查菲（John Chafee）有了如此的发现。在众议院，当共和党 1994 年占据多数时，几位共和党温和派在晋升委员会主席职位时被排除在外。卡洛斯·穆尔黑德（Carlos Moorhead），来自加利福尼亚的保守共和党人，以调解出名，他符合担任商务委员会和司法委员会主席的条件，但是最后没有成功获任——议长约特·金里奇（Newt Gingrich）的首席助手声称，因为议长已经明确表示穆尔黑德"只是不够出色"。

不断加剧的两极分化可能会在参议院产生更为深远的影响。因为在众议院党派多数战胜少数就可通过议案，而在参议院两党达成一致几乎是通过议案必不可少的条件。除非参议院中占多数的党派拥有 60 名一致愿意终止辩论的参议员名单来防止阻挠议案通过，但仍然会继续受到少数反对派的阻挠。尽管源自 1995 年众议院共和党所签署的协议中有很多法案得到了大多数的支持，但在参议院中却没有获得通过——这极好地说明了在参议院中两党意识形态分离带来的后果。

当然，两党意识形态中立派的这种状况也不会是一成不变的。事实上，随着国会选举的临近，许多选民似乎对过多的共和党多数派表示忧虑，并且国会中的民主党似乎决定要把它们的纲领和形象变得温和一些。可能选民将会推动两党回到中立的立场——把政治中立派从消亡的边缘解救回来。

文献 27　总统与司法任命程序

约翰·安东尼·马尔蒂斯

巴拉克·奥巴马对索尼亚·索托马约尔（Sonia Sotomayor）和埃琳娜·卡根（Elena Kagan）的提名提醒了我们，最高法院法官是总统报送到参议院最为重要的（引起争议的）提名之一。作为一种影响司法方面政策制定的手段，对最高法院的任命是总统行使的一项重要权力。既然参议院拥有提供"建议和同意"（确认或拒绝）被任命人的宪法权力，这也是对总统实力的一次考验。

最终，由民主党控制的参议院通过了对索托马约尔和卡根的任命：索托马约尔在 2009 年 8 月以 68 票比 31 票通过，卡根在 2010 年 8 月以 63 票比 37 票通过。乔治·W. 布什提名的被任命人也曾引起争议并获得相当多的反对票（小塞缪尔·A. 阿里托以 58 票比 42 票、小约翰·G. 罗伯茨以 78 票比 22 票通过）。形成鲜明对比的是，更早对安东宁·斯卡利亚（Antonin Scalia）和约翰·保罗·史蒂文斯（John Paul Stevens）的提名（如果不得不面对现在的确认程序的话，他们的提名一定会引发争议）在参议院以 98 票比 0 票顺利通过。

在过去相差如此悬殊的投票是很普遍的，直到罗纳德·里根在 1987 年对罗伯特·博克（Robert Bork）的提名引发争议。博克获得提名来取代 9 名法官组成的最高法院里的一位"摇摆"法官，这位法官的投票会决定每组四名的两组法官之间的输赢。博克的前任倾向于支持思想更为自由的那组法官，博克没有这种倾向。因而他担负了一种可能产生"改变的"任命：能够对倾向于自由主义的 5 比 4 的投票结果产生逆转。利益集团愤怒地四处发起动员，参议院以 58 票比 42 票不支持对博克的提名，原因不是他不能胜任而只是因为如果他进入最高法院将如何投票的问题。许多法官在博克之前已经被否决过，但在一旦确认他们的提名将如何投票的这个问题上，从来没有如此公开过。参议院现在认为以此为基础来判定是否通过提名是合法的，这样就改变了任命程序并导致了近年来许多被提名人获得相近票数的结果。

最近，哈丽雅特·迈尔斯（Harriet Miers，在 2005 获得乔治·W. 布什的提名）在参议院对她举行听证会之前撤回了提名。像 1987 年的博克一样，提名迈尔斯是为了取代最高法院的一位"摇摆"法官，从而成为可能"改变"的任命并促成高院向右翼倾斜。总统布什的保守派阵营已等待这个机会多年，而让他们倍感吃惊的是，布什没有提名一位可靠的经受过考验的保守党人，而是转而推出了名不见经传的迈尔斯——他多年的好朋友。

对于迈尔斯的提名,保守党的一位领军人物威廉·克里斯托尔(William Kristol)写道,"感到失望,沮丧,失去信心。不得不得出的结论是总统布什回避与《宪法》发生冲突",并且这次提名似乎反映了"在总统方面兼顾任人唯亲和作出妥协"。"确实是这样,"他总结道,"这是懦弱的最佳选择。"[1] 乔治·威尔(George Will)进一步提出迈尔斯不能胜任最高法院的职位。"重要的是,对她的提名没有得到确认通过,"他写道,"因为没有证据表明她是美国法律界的重要人物之一,或者她拥有与最高法院的工作相称的才能。总统提名的论据只是:相信我。没有理由去……"[2]

接下来的时间,白宫无法提高迈尔斯的支持率。总统布什在试图赢得保守党支持时缺乏策略,把她的宗教信仰作为对她提名的一个正当理由。[3] 与此同时,前印第安纳州参议员丹·科茨(Dan Coats)引领白宫努力使迈尔斯的提名在参议院获得通过,试图把对迈尔斯是平凡之辈的指责变成一种美德:"如果一个智力非凡之人是成为法院法官的一个必要条件,只有这样才能来代表美国人民和美国人民的愿望并能来解释《宪法》的话,那么我认为我们的法院太注重智力因素,反而不可能代表整个美国的利益。"[4] 最后参议院司法委员会共和党和民主党的领导人都公开谴责了迈尔斯,因为她对委员会详细的调查问卷给出了"不完全""不充分"的答案。[5] 一周后,她退出,随后布什提名了一位可靠的经受过考验的保守党人:塞缪尔·阿利托(Samuel Alito)。

迈尔斯和博科只是在很长的最高法院提名名单中未获通过的最近的两位。如果按照同一位总统对最高法院同一个席位连续提名同一个人的次数来算的话[6],到2010年总统奥巴马对卡根的提名为止,总统已经提名大法官152次。在这152次提名中,7个被提名者本人拒绝任职[7],一个在上任前去世[8],还有一个预期空缺没有出现[9]。而另一个提名(布什提名约翰·罗伯特来填补桑德拉·戴·奥康纳的陪审法官的席位)在参议院批准之前被撤回,然后重新提交填补另一个不同的席位。在剩下的142次提名机会中,116次获得参议院的确认通过。其余的26次因为参议院的反对可以归类为"未获通过"的提名:通过点名投票的方式拒绝了12次[10],投票拖延或搁置了5次[11],以不采取行动的方式被动拒绝了5次[12]。总统们在遭到强烈反对的情况下撤回4次[13]。如果把对道格拉斯·金斯伯格的提名包括在内的话,"未获通过的"提名次数升到27次(对他的提名由罗纳德·里根宣布,但在正式送达参议院之前被撤回)[14]。

最高法院被提名人的未通过率在须经参议院通过的职位中是最高的。[15] 这表明了对最高法院的任命能够对公共政策产生深刻的影响。最高法院通过界定隐私权,解释《宪法》第一修正案,为刑事被告的处理制定准则并且在许多其他领域执行司法复审的权力,从而制定出公共政策。800多名在下级联邦法院供职的法官也参与到制定公共政策中来(这些法官也要由总统提名并听取参议院的建议和经参议院同意)。

在理论上,公正无私的法官根据固定的解释标准客观地运用法律,应该对摆在他们面前的案件都能得出相同的"正确的"结论。但是在实践中,法官对于如何解释法律文本存在着非常不同的观点,至少部分是由于他们不同的背景、个人的偏好和司法见解。不同的法官能够——确实——在处理同一个案件时得出不同的结论。因而,参与联邦司法任命过程的各方经常把它作为影响政策的一种手段。

在 1969 年总统理查德·尼克松的备忘录中,白宫助理汤姆·查尔斯·赫斯顿(Tom Charles Huston)指出司法提名"也许是总统权力方面最没有经过深思熟虑的……在处理法官职位的问题上,有必要记住的是,决定谁将做出决定的决定会影响到做出什么样的决定。就是在不同历史时期司法将要扮演的角色取决于成为法官的人的类型,这与指导他们的《宪法》规则一样重要。"因而赫斯顿敦促尼克松为被提名的法官的类型确定标准,以此来对司法政策制定产生影响。如果总统"确立了自己的法官类型标准并建立机构来确保达到这些标准的话,那么事实上被任命的法官就是为他服务"[16]。作为回应,尼克松写道:"我同意。在做出司法任命时会考虑这一点。"[17]

尽管尼克松对此表示认可,但是直到罗纳德·里根时期,总统们才开始创立正式的政府机构对联邦司法的被提名人进行筛选,以确保这些人反映出政府的思想体系。里根建立了联邦司法筛选总统委员会,由白宫和司法部的代表组成,来进行筛选工作。政治科学家谢尔登·戈尔德曼(Sheldon Goldman)把这种革新称为"在国家历史司法方面对候选人最为冷静系统的筛选"[18]。批评家把这种筛选看成是一次对候选人意识形态的检测,政府成员们似乎对这样做表示赞成。白宫法律顾问弗雷德·菲尔丁(Fred Fielding)说这个体系是用于来挑选"具有一定司法哲学的人",司法部长埃德文·米斯三世(Edwin Meese Ⅲ)说这是一种"把里根的变革制度化的方式,不管未来选举中发生什么都不能放弃它"[19]。因此面对思想观念保守的共和党人选出的司法被提名人,参议院中的民主党基于意识形态的不同,开始努力阻止提名通过。最终导致了 1987 年对罗伯特·博科的提名未获通过。

这次对罗伯特·博科提名出现的局面,不管是在利益集团参与的广泛性方面,在这些组织获得草根支持的程度方面,在提名争斗中广泛使用的推销技巧方面,在博科递交给参议院司法委员会公开证词的长度和细节方面,还是出现在电视听证会现场的人数方面,在最高法院的政治历史上是前所未有的。这个过程甚至还产生了一个新的动词:进行阻挠(to bork),意思是发起游说和公关运动,目的是击败被提名人。

博科的提名未获通过是一系列因素聚集在一起进行了一场轰轰烈烈的争斗所

产生的结果。这不是第一次引发争议的争斗。[20]甚至也不是第一次遭到阻挠的提名(乔治·华盛顿1795年对约翰·拉特利奇的提名也受到了阻挠)[21]，博科也不是遭受利益集团强烈反对的第一位被提名人(至少利益集团积极参与反对被提名人出现在1881对斯坦利·马修斯的提名上[22]，这对博科之前的几位被提名人未获通过产生了很大的影响，其中包括1930年的约翰·J.帕克和1969年的克莱门特·海恩斯沃思)。[23]当然，一些早期的提名争斗与对博科的提名过程在很多方面有相似之处，但是也存在一个重要的区别：在整个19世纪，参议院对最高法院被提名人的商议通常是关起门来进行的。在1881年，《纽约时报》报道说："参议院司法委员会是参议院中最为神秘的委员会，在有关活动的保密方面做得最好。"[24]甚至对被提名人的议员席辩论也是秘密举行的。按照参议院规定，对所有提名的议员席辩论保持秘密进行，除非参议院三分之二的人投票同意公开——罕有发生。另外，参议院通常对提名反应迅速，委员会行动和议员席辩论几乎不进行讨论和无记名投票。这样就意味着外部因素，比如利益集团，很少有时间或机会来影响参议院的提名确认过程。保密工作及参议员不经普选而是由州立法机构选举产生这个事实意味着结果产生之后再对选上的参议员进行反击是困难的：利益集团甚至可能不知道选举参议员该怎样投票，什么时候投票，选举参议员的方式削弱了利益集团的反击能力。

阻碍利益集团参与选举过程的这两种因素在20世纪时得以消除。1913年通过的宪法第十七条修正案规定直接选举参议员，并且1929年的参议院规则改革规定定期公开议会席提名辩论。相应地，参议院司法委员会向公众开放听证会。到博科被提名时，听证会通常是通过电视播放。所有这些给予了利益集团更多的权力。现在他们不但能够获得信息，而且还能够通过派代表在电视听证会上做出声明来引起对他们立场的关注。到20世纪80年代，利益集团的数量剧增，他们在被提名人方面发表的言论不断增加，从过去只是零星地参与最高法院的任命过程到现在成为一项常规工作。

现代总统通过制定自己的策略来应对确认过程中出现的变化，从而确保他们的提名人员获得通过。总统如今——虽然并不总是取得成功——能够直接与美国人民交流，去动员利益集团、游说参议院。对于其中各个方面的工作，白宫专门的工作人员已逐步组建而成，为总统提供建议并实施一些重要倡议。现代体制中的总统制是以白宫为中心的政府体系，在这个体系里总统和他们的工作人员监督政策的制定和实施。不断增加的存有争议的提名争斗使得总统更加依赖这些集中的资源去动员公众，获取利益集团的支持，游说参议员去同反对他们提名的人做斗争。当然也出现了利用这些资源失败的例子。比如，许多人认为在2005年由布什政府对哈丽雅特·迈尔斯提名的初步尝试就被搞砸了，由里根自由支配的资源力量在 1987 年也没有拯救对博科的提名。

对博科提名产生影响的另一个意义重大的变革是被提名人证词的出现。直到 1925 年,没有任何一个最高法院的被提名人提供过证词。大部分人不接受任何公开的评论。(同样地,当时大多数总统也拒绝公开谈论他们的被提名人。)到 1955 年每一位最高法院的被提名人才开始提供证词。[25] 在"布朗诉教育委员会案"(1954)中最高法院做出了学校种族隔离为非法的具有重要意义的裁决,这个裁决成了这次变革的促成因素。在布朗之后,许多南方的民主党人坚决主张对被提名人进行司法观方面的问询。这样的问询为自由主义人士质询博科的司法观开创了先例。

一个政党控制白宫、另一个政党控制参议院的这种走向分治政府的趋势在博科提名未获通过中也发挥着重要的作用(当时共和党控制着白宫,民主党控制着参议院)。第二次世界大战前分治政府的局面是少之又少的,但是自 1969 年以来成了普遍现象。1969—2011 年,同一个政党控制着白宫和参议院的时间只占 43 年中的 19 年,同一个政党控制着白宫和参众两院的时间只占 43 年中的 12 年。一旦反对党控制参议院,对司法被提名人的反对概率就会大大增加。[26] 在最高法院层面上,这个统计数字是引人注目的:在统一政府里对被提名人的支持率接近 90%,但是白宫和参议院分别由两个政党控制时仅仅达到大约 55% 的支持率。可以说,分治政府与总统和国会两方在被提名人上的失利是休戚相关的。

近年来伴随着分治政府而来的是在党派性方面出现了明显增强的趋势。国会中的两党已经变得更加两极分化,在党派投票方面出现了急剧地增长。自从 20 世纪 90 年代中期以来,通过党派投票来衡量的话,参议院甚至比众议院党派性更强。[27] 同时党派意识在选民中也呈上升趋势:对政党的忠诚度不断增强,分裂选票(投不同党派候选人的票)不断减少,两党成员在意识形态上的差距不断加大。[28]

民主党人和共和党人对奥巴马支持的差距表明两极化政治已造成了持续的"认可困境",并且形成了一种明显的党派关系。盖洛普民意调查发现 88% 的民主党人支持奥巴马上任第一年的表现,而共和党人中只有 23% 表示支持。这个相差 65 个百分点的结果是自有民调以来总统任职第一年认可度差距最大的一次(比尔·克林顿保持了以前的记录:52 个百分点;乔治·W. 布什是 45 个百分点)。[29] 奥巴马的党派支持差距在他第二年任期时增加到了 68 个百分点(民主党的支持率为 81%,而共和党仅仅为 13%)。[30]

伴随着两极分化政治局面而来的是:不愿意给予总统明确的授权。乔治·W. 布什在 2000 年和比尔·克林顿在 1992 年或 1996 年的选举中普选票都未达到 50%。虽然布什在 2004 年声称得到了授权,但他只是获得了 50.7% 的普选票和 53.3% 的选举人团票(甚至罗纳德·里根在 1980 年的"压倒性胜利"中,普选票也只是达到 50.7%——和 2004 年布什的相同——虽然里根获得了 90.9% 的选举人团票）。此外，对总统上任之初的支持率也在下降。根据盖洛普民意调查，德怀特·艾森豪威尔和林登·约翰逊上任时都获得了 78% 的支持率。甚至在 1960 年只赢得了 49.7% 的普选票的约翰·F. 肯尼迪最初的支持率也达到了 72%。相比之下，巴拉克·奥巴马是自吉米·卡特以来第一位最初支持率超过 58% 的总统（乔治·W. 布什获得 57%），并且也是自盖洛普民调以来不支持率达到最高的总统，为 25%；根据盖洛普民调，奥巴马入主白宫时支持率达到 68%，但是到 2009 年 7 月时下降到 56%，2010 年 7 月下降到 44%，2011 年 7 月稍微反弹到 47%。[31]

利益集团的参与、分治政府的状况、两极分化政治的存在以及选举授权的缺乏，这些因素结合在一起导致了在现代提名确认上出现的争斗。这些争斗也波及对下级联邦法院的任命。比尔·克林顿总统任期间共和党反对派和乔治·W. 布什任职期间的民主党反对派使用了各种各样的策略来阻止对下级联邦法院被提名人的通过。[32]这种做法在克林顿 1996 年竞选连任后就轰轰烈烈地展开了。

当比尔·克林顿在 1992 年第一次竞选总统时，他强烈谴责了他认为受意识形态影响的罗纳德·里根和乔治·H. W. 布什的司法提名。他写道，如此意识形态上狭隘的提名"已经导致了不能很好地反映我们这个多元社会的一种司法制度的出现。我坚信这种司法制度在很多美国人心目中将会有失去立法地位的风险"。相比之下，克林顿许诺被提名人将会得到参议院"普遍的支持"。他补充道这样将有助于避免对通过提名的拖延。[33]虽然他确实做出许诺提名法官时"要对受《宪法》保护的包括隐私权在内的个人权利表示关切和负责"[34]，当他着手政府工作时，似乎是努力真诚地把一致赞同的被提名人报送给参议院。在最高法院层面，1993 年克林顿向最高法院提名鲁斯·巴德·金斯伯格之前就赢得了来自犹他州参议员奥林·哈奇（Orrin Hatch）的支持，哈奇是参议院司法委员会最资深的共和党人。[35]金斯伯格是美国哥伦比亚特区上诉法院的法官，保持中立路线。她很容易地通过了提名确认，第二年对斯蒂芬·布雷耶的提名也获通过。之后克林顿的提名又获得一致同意并赢得了主要共和党人的支持，比如，对哈奇和共和党参议员斯特罗姆·瑟蒙德的提名。[36]具有讽刺意味的是，对杰拉德的提名，一些自由派人士似乎比保守派人士更加不满。

提名下级联邦法官时，克林顿也同包括共和党在内的各州参议员密切合作。[37]当 2002 年中期选举进入分治政府状态时，据报道，克林顿"表示愿意做出更大的让步"，尽力避免向参议院提名存在争议的人，并与新上任的共和党参议院司法委员会主席奥林·哈奇密切合作。[38]然而这种一致的状态在克林顿第二任期时并没有得以持续。1996 年共和党已经把"激进主义的自由派法官"变成了一项竞选议题。共和党总统候选人鲍勃·多尔把克林顿的被提名人称为是一个"过度自由主义的团体"。谋求共和党提名的帕特·布坎南甚至还将其抨击为"司法独裁"并且还指责自由派联邦法官保护"罪犯,无神论者,同性恋者,焚旗者,非法移民(包括恐怖主义者),囚犯和色情作品作者等"[39]。一旦重新选举,保守的司法选举监督项目委员会就会因共和党人投票通过克林顿的被提名人而对共和党人进行批评,他们认为这些被提名人是极端的"司法激进分子"。在一封筹集款项的信中,罗伯特·博科说克林顿的被提名人"几乎都是专门从自由派精英阶层中抽取的",并且他们"开辟了一条新的激进主义的道路,创立了失去控制的司法制度"[40]。众议院多数党组织秘书汤姆·迪莱(Tom Delay)也加入进来,说共和党应该开始在弹劾自由派联邦法官方面做出努力。[41]

这些慷慨陈词激励着共和党发起了一场前所未有的遏制克林顿被提名人批准进程的运动。奥林·哈奇对参议院的通常做法做出了解释,即允许共和党的州籍参议员对民主党总统召开的有关被提名人的听证会进行阻挠。到 1997 年底为止,在联邦司法部门 10 个席位中有 1 个是空缺的,这些席位中有 26 个席位持续空缺至少 18 个月的时间。总统克林顿宣布了"空缺危机"[42]——首席大法官威廉·伦奎斯特(William Rehnquist)在 1997 年年终呈送给国会的关于联邦司法部门的报告中重申:继续拖延已危及国家"司法制度的质量"[43]。

共和党在 1998 年放弃了这种拖延的做法,但是在 1999 年,伴随着 2000 年总统选举中共和党获胜的希望隐约显现,又开始重拾这种拖延的做法。在里根卸任后十年,克林顿处在对联邦法院的大多数法官进行任命的时刻。共和党想要对此进行阻挠。司法委员会主席哈奇允许共和党州籍参议员又一次对克林顿的司法提名人进行阻挠。当 2001 年 1 月克林顿卸任时,他的司法被提名人中的 42 名仍然未被批准通过。他们中的 38 人从来没有得到发表意见的机会。在克林顿任职的 8 年中,参议院已经阻挠了他提名的下级法院的 114 位人选,批准通过了 366 位。相比之下,参议院没有对理查德·尼克松对下级法院的提名进行阻挠,批准通过了 224 位(参议院确实阻挠了他对最高法院的两项提名)。甚至在里根政府期间,参议院也只阻挠了 43 位法院被提名人,并确认通过了 368 位。[44]

2000 年总统选举后,共和党短暂地控制了参议院,参议院司法委员会主席奥林·哈奇宣布了一条对参议院程序的重新解释。虽然他在克林顿任职总统时允许参议院共和党人对被提名人的听证会进行阻挠,但是如今他表示参议院的民主党人不能阻挠布什上任后的听证会。这种态度上的彻底转变完全是一种政治把戏,参议院民主党人愤怒地进行反击,所有的 50 名议员签署了抗议信。[45]当时来自佛蒙特州的参议员詹姆斯·杰福兹(James Jeffords)脱离了共和党加入独立党派,从而导致参议院回到民主党的手中,哈奇的计划暂时被终止。但是当共和党在 2002 年中期选举之后重新控制参议院时,哈奇强制实施了他对参议院程序的重新解释。

这种做法引发了民主党通过利用阻挠议事活动的手段来反对共和党被提名人，而按照旧规划，此共和党提名人本应被本州民主党参议员阻止。虽然共和党 1968 年已经发起过一场阻挠林登·约翰逊提名亚伯·福塔斯(Abe Fortas)为最高法院首席大法官的议事活动，但是现在来自田纳西州的参议院多数党领袖比尔·弗里斯特(Bill Frist)扬言要使用所谓的"核子选项"——一种旨在结束参议员利用阻挠议事的方式反对司法被提名人的程序上的变革。在进行到第十一个小时的时候，14名温和派参议员(每个党派 7 名)出面协调达成妥协，至少暂时避开了"核子选项"。当 2007 年参议院被民主党再次控制时，共和党又抱怨批准提名过程进展太慢。

奥巴马总统上台时拖延战术仍然存在。在他执政的前两年，司法职位空缺的数量从 55 上升到 97，而"司法意外事件"[46]的数量从 20 上升到 46。像以前由两党控制的政府那样，奥巴马抱怨空缺"危机"，而参与其中的那些人却指责是其他人造成了这种局面。[47]

政治上的权宜之计能够解释在联邦司法任命过程中参与者的很多行为。在不同时期，自由派和保守派都对司法被提名人的严格监督表示支持并公开反对司法激进主义。21 世纪初期保守派反对司法激进主义的战斗口号正好与 20 世纪二三十年代自由派使用的口号相同，当时自由派公开反对的是保守派法官把经济权利加入到宪法里的司法激进主义。当里根在任时，民主党支持对被提名人进行阻挠，但当克林顿在任时，民主党敦促以更温柔的态度对待被提名人，但布什上任后，民主党又对此进行谴责。当布什 2005 年提名约翰·罗伯特(John Kobert)时，保守派宣布每一位被提名人有权获得"同意或不同意的投票"，但是仅仅几周后却赞成哈丽雅特·迈尔斯的退出。共和党控制参议院时谴责使用阻挠议事的方式，却在 2011 年 5 月凭借这种方式来阻挠奥巴马提名古德温·刘(Goodwin Liu)填补第九巡回上诉法庭上的席位。[48]

司法任命过程从根本上讲是政治上的问题：通过不断变化的政治动态和权力均衡体现出来。只要权力均衡处于分割状态，提名过程就可能引发争议。

尾注：

1. William Kristol, "Disappointed, Depressed, Demoralized: A Reaction to the Harriet Miers Nomination," *The Daily Standard* (October 4, 2005), online edition.
2. George Will, Editorial, *Chicago Sun-Times* (October 6, 2005), p. 45.
3. Charlie Savage, "Bush, Promoting Miers, Invokes Her Faith," *Boston Globe* (October 13, 2005), p. A1.
4. 引用见 "A Case of Foot-in-Mouth," *Hartford (Connecticut) Courant* (October 14, 2005), p. A12.

5. Kathy Kiely, "Senators Criticize Miers for 'Inadequate' Answers," USA Today (October 20, 2005), p. 4A.

6. 美国参议院管网列出八次由同一个总统为同一个席位对同一个人连续重新提名(通常是技术上的原因),如:1793 年威廉·帕特森,1844 年爱德华·金,1844 年约翰·斯宾塞(虽然重新提名在提交的当日就被撤回)。斯坦利·马修斯在 1881 年被两位总统连续提名,根据我们的需要被计算了两次。所有提名名单的完整版(包括由同一个总统重新提名的八次),见美国参议院网站 http://www.senate.gov/pagelayout/reference/nominations/Nominations.shtml. 152 次提名里没有包括 1987 年对道格拉斯·金斯伯格的提名。虽然罗纳德·里根公开宣布了对金斯伯格的提名,但是金斯伯格在他的名字在正式被递交给参议院之前,撤回了提名。

7. 1789 年罗伯特·哈里森,1796 年威廉·卡辛,1800 年约翰·杰依,1811 年莱维·林肯,1811 年约翰·昆西·亚当斯,1837 年威廉·史密斯,1882 年罗斯科·康克林。

8. 1869 年艾德温·斯坦通。

9. 1968 年,当约翰逊提名福塔斯为首席大法官时,同时提名荷马·索恩伯利来填补阿贝·福塔斯 1968 年陪审大法官的席位。后来,约翰逊撤回对福塔斯的提名。既然福塔斯仍待在大法官的位置上,所以参议院未实施对索恩伯利的提名。

10. John Rutledge in 1795(10 - 14), Alexander Wolcott in 1811(9 - 24), John Spencer in 1844 (21 - 26), George Woodward in 1845(20 - 29), Jeremiah Black in 1861(25 - 26), Ebenezer Hoar in 1869(24 - 33), William Hornblower in 1893(24 - 30), Wheeler Peckham in 1894 (32 - 41), John J. Parker in 1930(39 - 41), Clement Haynsworth, Jr. in 1969(45 - 55), G. Harrold Carswell in 1970(45 - 51), and Robert Bork in 1987(42 - 58).

11. John Crittendon in 1828, Roger Taney in 1835, Ruben Walworth and Edward King in 1844, and George Badger in 1853.

12. John Read in 1845, Edward Bradford in 1852, William Micou in 1853, Henry Stanbery in 1866, and Stanley Matthews in 1881.

13. George H. Williams in 1873, Caleb Cushing in 1874, Abe Fortas in 1968, and Harriet Miers in 2005.

14. 如果算上已被参议院阻挠的个人未获通过的重新提名,未获通过的提名次数还会更多:约翰·斯宾塞(在参议院反对他的提名后又重新被提名),爱德华·金(提名被延期阻挠后又被重新提名),鲁宾·沃尔沃思(得到两次重新提名:一次是参议院投票延期之后,再一次是参议院未采取行动之后)。

15. P. S. Ruckman, Jr., "The Supreme Court, Critical Nominations, and the Senate Confirmation Process," 55 *Journal of Politics* (August 1993), p. 794.

16. Tom Charles Huston to President Richard Nixon, March 25,1969, pp. 1 and 2, in WHCF ExFG 50, the Judicial Branch (1969 - 1970), Box 1, White House Central Files, FG 50, Nixon Presidential Materials Project, College Park, Maryland [hereafter "NPMP"].

17. John D. Ehrlichman to Staff Secretary, March 27,1969, in News Summaries, March 1969, Box 30, President's Office Files, NPMP.

18. Sheldon Goldman, "Reagan's Judicial Legacy: Completing the Puzzle and Summing Up," 72 *Judicature* (April-May 1989), pp. 319 - 320.

19. 引用见 David M. O'Brien, *Judicial Roulette* (New York: Priority Press, 1988), pp. 61 - 62 and 21 - 24.

20. 1835—1885 年间,15 位最高法院的被提名人被参议院否决——这一数字是以后来的任何 50

年周期都无法匹敌的。

21. 参见 John Anthony Maltese, *The Selling of Supreme Court Nominees* (Baltimore: Johns Hopkins University Press, 1995), pp. 26 – 31 for an account of Rutledge's defeat.

22. 参见 Scott H. Ainsworth and John Anthony Maltese, "National Grange Influence on the Supreme Court Confirmation of Stanley Matthews," 20 *Social Science History* (1996), pp. 41 – 62.

23. 帕克和海恩斯沃思两人的详细陈述,参见 Maltese, *The Selling of Supreme Court Nominees*, chapters 4 and 5.

24. "The Electoral Count," *New York Times* (January 30, 1881).

25. 道格拉斯·金斯伯格并非没有提供证词,而是在提名正式送达参议院前撤回了证词。

26. Jeffrey Segal, Charles Cameron, and Albert Cover, "A Spatial Model of Roll Call Voting: Senators, Constituents, Presidents, and Interest Groups in Supreme Court Nominations," 36 *American Political Science Review* (1992), p. 111.

27. Richard Fleisher and Jon R. Bond, "Congress and the President in a Partisan Era," in Polarized Politics: Congress and the President in a Partisan Era, ed. Jon R. Bond and Richard Fleisher (Washington, D. C. : CQ Press, 2000), pp. 3 – 4.

28. Gary C. Jacobson, "Party Polarization in National Politics: The Electoral Connection," in *Polarized Politics*, ed. Bond and Fleisher, pp. 19 – 23.

29. Jeffrey M. Jones, "Obama's Approval Most Polarized for First-Year President," *Gallup. com*, January 25, 2010, http://www. gallup. com/poll/125345/Obama-Approval-Polarized-First-Year-President. aspx.

30. Jeffrey M. Jones, "Obama's Approval Ratings More Polarized in Year 2 Than Year 1," *Gallup. com*, February 4, 2011, http://www. gallup. com/poll/145937/obama-approval-ratings-polarized-year-year. aspx.

31. Gallup polls of July 5 – 7, 2009, July 5 – 7, 2010, and July 5 – 7, 2011,所有其他每日跟踪盖洛普民调见网址 http://www. pollingreport. com/obama_job1. htm.

32. 对过程的全面论述,参见: John Anthony Maltese, "Confirmation Gridlock: The Federal Judicial Appointments Process Under Bill Clinton and George W. Bush," 5 *Journal of Appellate Practice and Process* (Spring 2003), pp. 1 – 28.

33. "The Candidates on Legal Issues," 78 *American Bar Association Journal* (October 1992), p. 2 of online LexisNexis version.

34. "The Candidates on Legal Issues," p. 1 of online LexisNexis version.

35. Carl Tobias, "Choosing Judges at the Close of the Clinton Administration," 52 *Rutgers Law Review* (Spring 2000), p. 831.

36. Tobias, "Choosing Judges," p. 835.

37. 联邦司法分区都归属于每个州的范围之内。按照传统,为联邦地区法院配备职员的法官应该为该地区法院所在州的居民,并且是来自该州的参议员(所谓的家乡参议员)会在确认程序中发挥很大的能量。

38. Tobias, "Choosing Judges," p. 837.

39. 引用见: James Bennet, "'Judicial Dictatorship' Spurns People's Will, Buchanan Says," *New York Times* (January 30, 1996), p. A9.

40. 引用见 Henry Weinstein, "Drive Seeks to Block Judicial Nominees," *Los Angeles Times*

(October 26,1997)，p. A3.

41. Michael Kelly，"Judge Dread," *New Republic* (March 31,1997)，p. 6.

42. Ronald Brownstein，"GOP Stall Tactics Damage Judiciary, President Charges," *Los Angeles Times* (September 28,1997)，p. A1.

43. William H. Rehnquist，*1997 Year-End Report on the Federal Judiciary*，p. 7 [copy available at http://www. supremecourtus. gov].

44. 从富兰克林·罗斯福到乔治·W. 布什的有关数据见图表见 Neil A. Lewis，"Bitter Senators Divided Anew on Judgeships," *New York Times* (November 15,2003)，p. A1.

45. Thomas B. Edsall，"Democrats Push Bush for Input on Judges," *Washington Post* (April 28, 2001)，p. A4.

46. "司法意外事件"意指联邦地区法院的职位空缺,它的人均办案数超过 600 宗,还有联邦上诉法院的职位空缺,它的人均办案数超过 700 宗。

47. Jennifer Bendery，"White House Poised to Take on Judicial Vacancy 'Crisis,'" *Huffington Post*，June 13,2011，http://www. huffingtonpost. com/2011/06/13/white-house-poised-to-take-on-judicial-crisis_n_876185. html.

48. Meredith Shiner，"Senate GOP Filibusters Goodwin Liu," *Politico*，May 19,2011，http://www. politico. com/news/stories/0511/55320. html.

文献 28　选举中的茶党

扎克里·考瑟尔

2010 年围绕在大多数美国政治观察员脑海中的问题是："茶党是什么?"被记者、政治家和活跃分子如此看重的一个术语，在它究竟是一种什么现象上几乎没有达成一种共识，更不用去预测它对中期选举能产生多大影响了。选举后，事实证明茶党运动是一次草根运动，起初由于经济危机引起并逐步在共和党内壮大。把茶党叫作一场"运动"更加合适，而不是表明它具有政治党派的特征。很多团体和个人试图去组织、动员或界定这场运动并赋予它政治党派的特征（正如它的名字表明的），但是它从未超出无组织的抗议运动的范畴。

没有一个参与者或组织能够声称已经把全国茶党的看法指引到一个单一的目标中。这种各自为政的局面使得茶党的要旨和目的变得难以掌控，于是候选人和各个组织就会打着"茶党"的幌子，而不必去完全界定他们的信仰或为一项明确的纲领担责。加入茶党运动没有正规的程序，人们也不能为一个全国的茶党捐赠款项或义务服务。人们可以与把自己称作茶党的组织或候选人取得联系，去参加这些自我认同的组织召集的游行或聚会，或努力去独立组成一个团体。正规体系的缺乏使得开始于 2009 年初期的茶党运动虽然混乱但发展很快。这样也导致了它长期以来不能成为一个具有清楚政治利益的组织。

中期选举共和党在众议院全胜时就已经把更多的注意力集中在茶党运动上。在共和党占有的 63 个席位中，42 个席位上的获胜候选人被认为和茶党有某种联系（见表 28-1）。通过茶党运动进入政界或在 2010 年中期选举期间得到茶党巨大

表 28-1　2010 年中期选举中茶党的成功率

	竞选类别	获胜		落选		总数
参议院	共和党/倾向	4	80%	1	20%	5
	机会相等	1	33%	2	66%	3
	民主党/倾向	0	0%	1	100%	1
	总计	5	55%	4	45%	9
众议院	共和党/倾向	19	100%	0	0%	19
	机会相等	15	63%	9	37%	24
	民主党/倾向	8	9%	78	91%	86
	总计	42	33%	87	67%	129

Sources：CNN/*New York Times*.

来源：*The Forum*，Volume 8，Issue 4（Dec. 2010）：1-18. 经 De Gruyter 许可使用。

支持的众议院候选人都作为共和党的候选人参加竞选,他们的成功在倾向共和党的地区表现明显。在被认为难分胜负机会相等的地区,他们的成绩也很明显。从初期的迹象来看,在参众两院的自愿拨款禁令之类的事情上,茶党运动已经给共和党立法者留下了很深的印象。

来自明尼苏达州的众议员米歇尔·巴克曼(Michele Bachmann)和来自南卡罗来纳州的参议员吉姆·德明特(Jim DeMint)把他们自己和茶党运动联系在一起,而且巴克曼现在在众议院领导着她自己的茶党党团组织(Tea Party Caucus)。在许多的茶党组织和隶属的候选人中存有一种期望,就是茶党运动能够在2010年中期选举后继续影响国家政治。美国有线电视新闻网和2010年支持各种候选人的茶党快车组织(Tea Party Express)将共同主持一个共和党总统候选人参加的2011年劳动节辩论会,但是茶党运动在2010年中期选举后能维持多久仍然是不确定的。

考虑到参众两院在拨款方面没有改变正式规则的计划,并且重要的委员会任命和委员会主席职位将任命传统的非茶党共和党人,所以很可能的是,这些设法当选的茶党候选人新生代对政策产生的影响将会在下一届国会中受限。国会中共和党人承诺进行茶党改革的议题仍然不能兑现。比如,茶党党团由众议员巴克曼在2010年6月建立,在跛脚鸭会议中没有大显身手:52个成员中38人在2011年的联邦预算中要求为他们的地区提供拨款,总额达到10亿多美元。如果巴克曼在具有历史影响的共和党众议院刚刚获胜后都不能把她的党团成员聚拢在一起达成禁止拨款的一致意见的话,那么茶党成员有效组织起来对立法产生影响的能力似乎还是不能确定的。

虽然对茶党运动的未来下结论还为时尚早,但是长期的分散及组织性的缺乏表明它不会在中期选举后持续很久。在选举季,在选区的大部分地区茶党的无政府状态妨碍了强烈而又不十分明确的情绪并发展成一个有能力的竞选活动组织。运作的大部分筹款和竞选活动是由挑选出的政治专业组织,像自由工程(Freedom Works)、茶党快车或共和党自身来完成的。全国各地形成的地方茶党组织在筹款和为候选人义务服务方面所做的工作微乎其微。而且,在选区被认为是支持者的选民对竞选或候选人当选不是很感兴趣。他们主要关心的是保持独立并增强对政治问题的意识。只要大多数的茶党支持者继续反对组成一个统一的组织团体,那么要想把他们对政治的关注有效地转变成政策上的变革似乎是不太可能的事情。

茶党运动继续保持无组织状态的主要原因是对内部的无党派人士与政党建立联系的抗拒。此外,它的成员在政治动员方面有限的策略和经验对组建成一个统一的组织也是一大挑战。茶党不去为努力成立一个名副其实的茶党而做一些耗资耗时并具有挑战性的准备工作,比如召开大会、撰写政治纲领、选举领导层、提名候选人等,而是继续保持孤立无援、独立自主,不愿意完全成为政治进程中的一分子。

而实际上的结果是共和党已经在拉拢茶党运动。这样的话,作为国家政治中一种与众不同的声音,它的长期前景是很不确定的。本文探讨了茶党运动对2010年中期选举带来的影响。同时根据近年来茶党的经历对美国参与政治方面的状况进行了推测,比如,在流动基础设施方面的不足,以及越来越多无经验公民参与到选举政治中的初始愿望等。

茶党运动的出现

当共和党在 2006 年失去对众议院的控制时,无党派和保守派选民认为共和党已经不作为,并且不再坚持 1994 年中期选举时所宣传的财政责任。不断增加的联邦赤字以及联邦政府规模的不断扩大疏远了保守派和 12 年前共和党拉拢过来的佩罗无党派人士。由于 2008 年的房屋抵押贷款泡沫破裂和突然发生的全球金融危机,共和党不作为及不承担财政责任的观念进一步被强化。

回顾这一阶段时,前众议院多数党共和党领导人迪克·阿米(Dick Armey)和马特·基布(Matt Kibbe)都来自茶党自由工程组织,他们在的茶党声明中写道:"对于目前的艰难处境,我们发现不去指责共和党是很难做到的。布什政府受参众两院中很多共和党人的怂恿,几乎抹去了两党之间在实践上或哲学上的差别(Armey and Kibbe,2010)。"

由于没有再出现像佩罗这样的无党派或第三党人物作为反当权派抗议的代表,在 2008 年绝大多数选民们转向了民主党,把共和党赶出了白宫并使他们在国会的人数大大减少。对共和党候选人的否定态度带来了严重的后果:国会中的民主党人打入了 2008 年支持麦凯恩和 2004 年支持布什的地区。当新一届国会在2009 年召开会议时,民主党在众议院拥有 68 个席位,在众议院共和党库克党派投票指数(Republic Cook Partisan Voting Index)呈现正值。[1]

2009 年 1 月,随着共和党名誉扫地并在华盛顿完全失去对权力的控制,民主党面临的艰难任务是为持续的经济危机找到出路。一年前,布什政府已经推行了问题资产救助计划,从政府基金中授权多达 7 000 亿美元用于购买银行坏账并在危机发生之初参与了对美国国际集团(AIG)、贝尔斯登公司(Bear Stearns)和其他私人公司几十亿美元的各种紧急援助。刚刚掌握大权的民主党 2 月经参众两院投票通过推出了价值 7 870 万美元的经济刺激一揽子计划,紧接着用在刺激消费和增加就业、稳定信贷市场、抑制大量的房屋抵押赎回等很多项目上花费巨大。

到 2009 年初为止,用在所有这些恢复计划上的费用估计达到了 2 万亿美元。

2009 年 2 月全国广播公司财经频道记者里克·桑塔利(Rick Santelli)对奥巴马政府经济复苏计划做出了这样的评论。他陈述道,"政府正在提倡不好的行为",民主党的计划是存在缺陷的,原因是"你不能通过收购去取得经济繁荣"。桑德利的愤怒和沮丧在很多美国人中产生了共鸣,并且他呼吁为很快展开的全国性抗议运动起名为"茶党"。仅仅 2 个月后,2009 年 4 月 15 日的纳税日,750 多名"茶党"成员在全国举行活动抗议政府开支。

这些草根团体对于政府过度开支的愤怒情绪很快就指向了奥巴马政府在 2009 年夏天提出的医疗改革法案。民主党和共和党的国会议员们在此年 8 月休会期间走访选区,发现他们举行的市政厅会议挤满了很多对医改法案不满的选民。众议员布莱恩·贝尔德(Brian Baird)对市民的愤怒程度深感震惊,他不得不取消了市政厅会议并谴责参与者中的"暴民心态"和抗议者的"纳粹手段"。贝尔德的办公室在市政厅会议之前收到了死亡威胁,他转而选择电话会议,选民可以通过这种方式来发表他们的意见。

8 月 10 日,众议院议长南希·佩洛西(Nancy Pelosi)和多数派领导人斯滕尼·霍耶(Steny Hoyer)在《今日美国》上发表社论,把这些抗议活动称为是"反美国的",这些爆发的愤怒情绪还引起了"一场丑恶的运动……干扰了公共会议并妨碍了国会议员和选民进行对话"。4 月早些时候佩洛西遣散了茶党运动,称其为"人造草皮",即假草根展览,它是由"美国一些最富有阶层的人带头组织,其目的是把注意力集中在对富人的减税问题上而不是集中在对广大中产阶级的减税上"。到 8 月为止,以"人造草皮"作为理由来遣散反对医改的抗议活动变得艰难起来,民主党党团成员对此开始变得谨慎。12 月,众议员贝尔德宣布他不再寻求连任,同时很多重要的民主党人也面临着艰难的连任之争,包括印第安纳州参议员埃文·贝赫(Evan Bayh),北达科他州参议员拜伦·多根(Byron Dorgan)及来自威斯康星州众议院拨款委员会主席戴维·奥贝(David Obey)。[2]

9 月,茶党运动举行了首次全国范围内的有组织运动,"纳税人在华盛顿的游行"这次抗议活动吸引了来自全国各地的民众。在参加这次游行的人数方面引发了极大的争议,估计数字从美国广播公司新闻播报的 7 万人到组织者自由工程发布的 100 多万人不等。这次运动以福克斯新闻网的风云人物格伦·贝克(Glenn Beck)发起的"9—12 工程"作为开端,到逐步囊括所有把自身描述为属于茶党的主要组织。自由工程、茶党爱国者(Tea Party Patriots)和爱国者行动网络(Patriot Action Newwork)充当全国的协调者。据自由工程所言,加入茶党的唯一限制条件就是要承担"个人自由、财政紧缩和尊重宪法"的责任和义务。而且,任何支持问题资产救助计划或布什和奥巴马政府提出的任何救助计划的当选官员都不允许加入到这次游行活动中。

马特·基布(Matt Kibbe)，茶党自由工程组织的会长及首席执行官写道：这次活动中几乎没有正式的组织，原因是组织者"希望这次运动反映茶党的呼声，体现自发秩序的无领袖的本性"。这种描写看起来是贴切的。将近3个小时的游行几乎没有演说者及条理性的内容。当时提出的大多数政治诉求是通过参与者展示的大量手写标语来体现的，其中包括爱国主义的口号、公开反对政府超支或者攻击医改法案。这次游行中集权领导层的缺乏反映了茶党运动迈向2010年时，茶党将继续不把自身限定到具体的细节上或统一在一个领袖的领导之下的局面。

2009年11月，共和党在弗吉尼亚和新泽西州赢得州长职位，许多评论员把这次转变看成是对民主党在医疗保健和开支提案上的全民公决。最具有颠覆性的事件发生在2010年1月，当时共和党人斯科特·布朗(Scott Brown)击败了民主党人玛莎·科克里(Martha Coakley)，获得了马萨诸塞州的参议院空缺席位。实际上，不能认定茶党运动和2009年末2010年初这些共和党人的成功有关系，因为这些与茶党有联系的组织和重要人物只是处于这些竞选活动的边缘位置上。

例如，布朗没有把自己描述为茶党成员，也没有从茶党重要人物和组织那里寻求支持。[3]实际上，当茶党快车2010年4月到达波士顿公园时，连参议员布朗的影子都没有见到。虽然如此，但是这个夏天茶党的不满情绪确实产生了影响：这个夏天和秋天的反对浪潮摧垮了很多民主党人并促使共和党候选人把他们攻击的焦点放在医改法案和政府开支上。到2010年春天为止，许多关键性的组织和候选人声称成为茶党的组织和成员，并在共和党2010年中期选举初选中直接参与了竞选活动。

谁是茶党成员？

茶党作为一场与众不同的政治运动，它开始崭露头角时被民主党领导人嘲笑为"人造草皮"，是由传统保守派团体组织的假冒草根运动。而大型的抗议集会，像2009年9月的"纳税人在华盛顿的游行"，或者2010年8月格伦·贝克(Glenn Beck)组织的"重塑荣誉"集会，表明其是合法的草根运动。真理介于两者之间。组织像自由工程和茶党快车这样的背后有经验的专业团体给予运动最初的信心和方向。自由工程把重点放在组织社区工作上，鼓励市民通过培训成为活跃分子并在社区为政治改革而举行抗议活动。茶党快车，由加利福尼亚州萨克拉曼多的萨拉·拉索及合伙人团体(Sal Russo & Associates of Sacramento, California)组织娱乐界名人、演艺人员和活跃分子参加全国巴士之旅，重点放在增强意识和提高参加竞选的茶党成员候选人的支持率。

这两个组织试图保留茶党运动的无组织性并鼓励即将加入的支持者以小型地方分会的方式联合起来。"大型"茶党团体对分散性和草根合法性的强调，导致产生了很多对他们的目标不明确、不踊跃的"活跃分子"。茶党运动的政治纲领强调以建立在独立性和原子说基础上的行动主义来推动运动的发展,它已经产生了某种政治上的幻想：没有领袖,没有重点,没有方向的民众运动。

茶党自由工程的工作重点是促使市民积极行动起来并组织抗议活动。在他们的《茶党宣言》中,几处内容积极参考了索尔·阿林斯基(Saul Alinsky)的《激进分子守则：现实主义激进分子实用入门》(*Rules for Radicals：A Pragmatic Primer for Realistic Radicals*,1971)。总统奥巴马本人在芝加哥的早期职业生涯是一位阿林斯基风格的社区组织者,而茶党自由工程使用的方法看来是罕见的。他们在组织方式上确实极其反感建立领导层和正式体系,更推崇给想成为激进分子的人提供方法来成立自治分会举行抗议活动。因而自由工程宣言接近一半的内容是讲授茶党激进分子需要用来组建分会以及举行抗议活动的方法和技巧的"草根激进主义工具包"。自由工程坚持认为："对社会变革来说,一种非集权模式最能够与独立自主、自力更生及体现美国个人自由的价值观保持一致(Armey & Kibbe,2010)。"

茶党快车最初是作为巴士之旅开始的,由"我们县应更好"为口号的政治行动委员会负责买单。政治行动委员会在 2008 年最初由拉索及合伙人团体(Russo & Associates)组建来反对巴拉克·奥巴马竞选总统,拉索及合伙人团体是总部设在加利福尼亚的一家共和党政治咨询公司。巴士之旅是萨尔·拉索的创意,他是罗纳德·里根的前助理,加利福尼亚共和党政治长期以来的支持者。拉索的巴士之旅充分利用"茶党"标签的力量来激发公众兴趣,由歌手、演艺人员及萨拉·佩林(Sarah Palin)等主讲人组成的随行人员陪同游历全国。

茶党快车集会是由保守派演艺人员带头吟唱爱国歌曲,表达对美国军队的支持,在一种狂欢气氛下推荐茶党候选人。旅途中提出的议题在纲领性方面模糊不清。比如,在 2010 年 4 月茶党快车的波士顿站,萨拉·佩林演讲的大部分内容是她 2008 年与约翰·麦凯恩竞选角逐时美国不断增加的石油钻井之类的议题。在集会上很多演讲者歌颂国家及它的文化和历史,而不去明确地谈论议题内容。

但是茶党快车不仅仅举行集会和歌颂美国。拉索把目标对准了像阿拉斯加州、特拉华州和内华达州等小州的竞选,这些州的共和党人在全州具有竞争力,通过选出支持茶党议题的保守派来影响共和党的初选。作为参议院共和党提名的重要候选人,内华达州的沙龙·安格尔(Sharron Angle)的地位不断提高,她在 2010 年 4 月开始时就得到了茶党快车的支持。特拉华州的克里斯蒂娜·奥唐纳(Christine O'Donnell)在茶党快车的支持下同样也成为重要的政治力量,并在参议院初选中成功地击败了共和党首选候选人。乔·米勒(Joe Miller)在加入茶党前几乎是无人知晓的人物,由于得到茶党快车的支持在阿拉斯加州的一次存在争议的初选中以微弱票数领先在职参议员莉萨·穆尔科斯基（Lisa Murkowski），拉索政治行动委员会花费了将近 60 万美元用以击败穆尔科斯基。

在全国茶党中，自由工程和茶党快车不断激励着草根阶层。同时地方茶党组织本着非集权、独立抗议的精神开始组建。在这些草根团体将如何影响中期选举或共和党的选举运势上存在很多的猜测。虽然茶党快车在传统的专业竞选中正在逐步削弱传统共和党候选人的势力从而提名保守派候选人，但是当涉及如何参与到政治进程中时，小型团体在很大程度上表现迟钝，感到困惑。互联网网站"茶党爱国者"逐渐成为 2009 年期间兴起的各种各样小型团体的交流中心，为他们提供网络联系并和全国的茶党建立工作关系网。茶党爱国者声称代表着全国 2 800 个地方团体，尽管《华盛顿邮报》的一次调查显示这个数字被夸大了。

《华盛顿邮报》只能确定 1 400 个单独的茶党团体，虽经过多次尝试，但仅仅成功地联系到了 647 个。通过这些团体的回应而显示的图景为：一个分裂的、无经验的、无领导的、对政府存在矛盾心理的组织（见表 28－2）。多数茶党团体不隶属于任何更大的组织，大多数团体希望保持独立自主。只有 4％的茶党组织希望组建第三党。86％的组织说他们的成员不熟悉政治。茶党爱国者组织主要是个附属组织，可能发挥的作用不大，它采取了不公开支持候选人的政策，主要促进独立组织间互享主要原则的工作关系网的发展。

表 28－2　茶党团体之特点

茶党团体联盟机构		茶党运动全国性代表人物	
非附属机构	42％	没有	34％
茶党爱国者	32	萨拉·佩林	14
繁荣美国组织	4	格林·贝克	7
自由工程	4	吉姆·德敏特	6
共和党	3	罗恩·保罗	6
9－12 工程	3	米歇尔·巴克曼	4
茶党快车	2	其他/DK/NA	29
茶党国	1		
其他/DK/NA	9		
获得团体支持的重要因素		**团体最重要议题**	
对经济的担忧	99％	政府开支/赤字	24％
对政府的不信任	92	有限政府/政府规模	20
反对奥巴马/民主党	92	维护宪法	11
对主流共和党领导层的不满	87	选民教育	8
		其他	37

续 表

团体目标		团体规模	
作为独立政治团体网络运作	57%	不多于 50 人	51%
接管共和党的领导地位	24	50 至 1 000 人	43
不清楚	15	1 000 人以上	6
形成一个独立政党	4		

Source：*The Washington Post*，Tea Party Canvass，October 6 - 13. 2010. N=649.

调查资料显示：支持茶党运动的茶党组织和个体选民团结在一套模糊不清的有关政府规模和财政政策方面的行为准则周围(见表 28 - 2 和 28 - 3)。大多数人把减少联邦政府规模和降低财政赤字结合起来作为他们最重要的优先考虑事项。对政府不信任或缺乏信心也是一个共同的主题,很多组织和候选人强调把自由主义加入到受宪法约束的政府和个人自由中。[4]茶党支持者对政府的不信任和对宪法的关注也与民意测验专家斯科特·拉斯穆森(Scott Rasmussen)称作的"主流阶层"和"政治阶层"之间的脱节现象相关。

表 28 - 3 佩罗支持者与茶党成员之比较

佩罗选民—1992		茶党支持者—2010	
政党认同		*政党认同*	
民主党	20%	民主党	5%
无党派	53	无党派	41
共和党	28	共和党	54
意识形态		*意识形态*	
自由派	30%	自由派	4%
温和派	9	温和派	20
保守派	60	保守派	73
联邦赤字是		*哪一个更重要?*	
重要	60%	降低联邦赤字	76%
不重要	40	政府开支创造就业机会	17
政府浪费税收款项		*茶党主要目标*	
很多	78%	缩减联邦政府规模	45%
一些	22	创造就业机会	9
不很多	0.3	选举自己的候选人	7
		其他方面	7
		削减预算	6
		降低税收	6
		以上所有方面	18

Sources：CBS News/*New York Times* Poll，April 5 - 12,2010 and 1992 Pre/Post National Election Study.

拉斯穆森研究了 2010 年在选举季期间选区中政治精英和普通公民之间的意见分歧。他写道："主流阶层"不信任政治领导,认为政府已经成为一个特殊利益集团,并且商业集团以损害消费者和工人的利益与政府相互勾结(Rasmussen & Schoen, 2010)。"政治阶层"认为事实正好相反,但是相比于"主流阶层"占选区的 55％而言,"政治阶层"只占到选区的 7％。茶党提出的很多议题,比如降低税收和反对政府的紧急援助等,都得到了拉斯穆森所称的"主流阶层"的赞同,但都遭到"政治阶层"的反对。

由茶党组织和支持者所写的为数不多的书中表明了一种反对政治精英统治并试图让普通公民回到美国政治前沿上来的态度。波士顿大学名誉教授恩格罗·寇迪维拉(Angelo Codevilla)的《统治阶级》(*The Ruling Class*, 2010)一书中,精英和普通民众之间的这种明显差异成了该书的核心命题。他写道："作为选民,我们变得越来越无关紧要。法律文本和宪法本身变得从属于当权者的任意解读(Codevilla, 2010)。"寇迪维拉书中表达了对政治精英强行实施恭顺政治阴谋的不满,在这种政治中,专家和政府主导者会把他们的意愿强加在普通选民身上。

除了非常厌恶规模庞大的政府、过多的联邦开支及对《宪法》的颂扬之外,茶党组织和候选人在 2010 年选举季期间几乎没有提出具体的提案或议题。可以肯定的是,在茶党运动中,经济而非社会议题是最为重要的。根据哥伦比亚广播公司新闻/《纽约时报》在 2010 年 4 月的民调,茶党支持者中的 78％认为在中期选举季中经济议题是对他们最为重要的议题。绝大多数的茶党支持者认为自己属于保守派,并且大多数也认同共和党。然而,41％的茶党支持者认为自己是无党派人士,并且许多人表达了对两党的反感。虽然茶党成员可能会由于对民主党和总统奥巴马的不满而被动员起来,但是他们也对共和党不满:92％的茶党组织表达了对两党的不满,43％的个体茶党选民对共和党表示不满。[5]对共和党的反感也体现在24％的茶党组织希望接管共和党的领导地位并将其作为他们的主要目标上。

阁楼中的无党派人士

绝大多数茶党组织分散、无领导、独立的本性使得它们对中期选举结果带来的影响是不确定的。几个像自由工程和茶党快车(更不用说共和党本身)这样的有组织的专业团体有时做了很多茶党运动的基础性工作。只有 29％的茶党组织报告说在选举季会参加候选人竞选,这些茶党组织通过个体候选人所属团体来辅助计票工作。候选人如果不把茶党快车所做的工作考虑在内,仅仅把自己和茶党运动联系在一起并且在一个传统的、以候选人为中心的竞选模式中运作,那么他们从无党派、草根阶层、茶党组织那里得到的帮助是极少的。

茶党运动真正的优势在于它能够激发少部分被疏远的无党派人士的兴趣,这部分无党派人士在中期选举中给共和党提供了决定性的有利条件。投票后民调表明当共和党和民主党选民在选票上几乎不相上下时,茶党的主张尤其能与无党派产生共鸣。56％的无党派人士把票投给了共和党候选人,所有中期选民中的41％反馈说他们支持茶党运动。茶党的独立性、反党派性表明它将像以前的独立运动,比如 H. 罗斯·佩罗建立的改革党一样易分裂,易消失。如此带来的影响将会促使共和党在经济议题上略微右倾。事实上,佩罗 1992 年的总统竞选与茶党运动、非党派政治不平坦的命运有很多相似之处。

全球陷入经济危机时,里克·桑塔利(Rick Santelli)充满激情地呼吁建立"芝加哥茶党"来抵制政府的一系列紧急救助及刺激方案。在此事件之前,茶党的起源确实有个好的开始。至少可以追溯到 1992 年罗斯·佩罗的总统竞选运动,一直保持着一种持续的、松散无组织的、对政府不信任和反当权派的潜在力量。佩罗,一位打破传统习俗的得克萨斯州亿万富翁,试图通过作为一名务实的独立竞选人参加 1992 年和 1996 年的总统竞选来改变两党体系格局。虽然在他的首次竞选中显现出第三党运动的模样,但是几乎没有什么能够表明他的"坚定团结美利坚"组织是一个正式的政党。

佩罗的组织由他领导并且几乎完全通过他的个人财产来运作。佩罗没有举行提名代表大会,没有民众广泛支持的纲领,也没有推举其他的候选人。尽管缺乏民众投入,佩罗的竞选的确得到了广泛的支持。佩罗表达了对不断增加的联邦债务的担忧,谴责腐败及两大主要政党的不作为,并承诺运用他的经商才能解决美国当前的问题。1992 年 6 月他过早地退出竞选,在此之前的民调中显示,他曾短暂地领先于比尔·克林顿和乔治·H. W. 布什。

在佩罗不切实际的退出及 1992 年末又作为候选人重返竞选之后,他本人就没有希望成为一位国家政治上的重要人物了。尽管他的竞选之路出现波折,但是他的组织成功地让他在所有的 50 个州里成为候选人之一。佩罗赢得了将近20％的普选票,这是自 1912 年泰迪·罗斯福(Teddy Roosevelt)作为进步党候选人参加竞选以来得票最多的一次。在一项关于 1990 年至 1992 年国家选举研究的专门小组调查中,对佩罗支持者的一项分析表明,他们的特点为独立的政治态度、对经济形势的恐惧及对政府的不信任(Koch, 1998)。佩罗 1992 年参加的总统竞选促进了反政治当权派态度上的两极分化,吸引了一批心怀不满的无党派选民。

1992 年佩罗的动员作用和产生的两极分化现象在政治上带来影响的持续时间超出了他首次参加总统竞选的时间。比如,同年由佩罗发起、取得较大成功的一场运动是设立州立法机关任期年限的运动:1992 年 14 个州的选民同意设立立法机关任期年限制度。1994 年,另外的 6 个州以多数通过相似的倡议。同年,共和党 46 年来第一次在众议院获得统治地位，并重新掌控参议院。在 1992 年很多投票支持佩罗（25％至 30％）的地区在 1994 年以压倒性的多数投票支持共和党候选人（Stone & Rapoport，2001）。1992 年佩罗的支持率也与 1996 年和 2000 年共和党总统候选人较高的支持率接近。

1995 年佩罗和他的支持者创建改革党，把不间断而又混乱无序的抗议活动转变为由第三党组织领导。他们起初选择的名字为"独立党"。在改革党的旗帜下，一次重要的成功选举是 1998 年杰西·文图拉（Jesse Ventura）作为候选人竞选明尼苏达州州长一职。在政党创立之初，关于领导和议题方面的内部争斗困扰着改革党，并且在接下来佩罗 1996 年竞选总统的几年内逐渐分裂、解体。文图拉自己的改革党组织也是昙花一现：内部的争吵及分歧导致明尼苏达州的改革党从美国改革党中脱离，于 2000 年分裂成明尼苏达州的独立党。

改革党为那些对两党轮流执政不满的人提供了一个短暂的栖息地，而它自身更大程度上是一场反政党运动。改革党对领导、纲领、组织不信任的这种反党派的性质最终导致了它的失败。从共和党候选人 20 世纪 90 年代在多数投票支持佩罗的州和地区成功赢得了竞选来判断的话，很多支持佩罗的选民最终似乎决定转而支持共和党。在佩罗失去支持及改革党不能进行有效组织的情况下，他的很多支持者在共和党那里找到了归宿。如果没有佩罗和他的反党权派声明带来的两极分化和进行动员产生的影响的话，共和党在国会取得胜利或者在 20 世纪 90 年代任期限制运动的开展或许是不可能发生的事情。

茶党推出的很多议题重复了佩罗运动时的议题：财政紧缩、对政府不信任、政治独立及偏向于支持已确定候选人中政治上的局外人。一个重要区别在于茶党运动中缺乏像佩罗这样的中心人物来发出运动唯一的呼声或缺乏协调一致的组织。佩罗参加总统竞选的行动推动了人们去发表不同的意见和呼声，并且他成了改革党的最初缔造者。

促使茶党运动形成的因素是 2008 年的金融危机以及共和党和无党派逐渐认定的国家政治正在向着错误的方向行进的信念。虽然很多候选人和政治人物试图去主导茶党运动，但是茶党坚决抵制被操纵。这些共性的存在可能与每次加入到运动中的大量无党派人士有关。无党派占到支持佩罗选民的 53％，茶党支持者的 41％（见表 28 - 3）。无党派选民的参与带来的巨大影响也可能导致两次运动在有效组织方面出现不足。

看重个人自由和政治自治的支持者尤其想通过茶党运动来表达自己思想的个人主义，这与形成一股独特的政治力量所要求的妥协让步及团结合作是背道而驰的。有人可能会说成为一名茶党的支持者有一种"失重"感。几乎没有或没有任何对项目或纲领负责的义务存在，只有与反感大政府相关的一种共同的情感。有趣的是,当被问及茶党运动的主要目标时,只有微不足道的 7% 的支持者回答"选举他们自己的候选人"(见表 28 - 3)。茶党运动更多是为了发出抗议的声音,而不是参与到选举政治中来。

政治科学家南希·罗森布拉姆(Nancy Rosenblum)对无党派选民抵制组织的描述尤其贴切,同时也描述了普通茶党成员的心态:"对政治组织几乎无法抑制的反感造成了他们保持独立的这种失重状态。在独立选举人及他们的投票之间不会存在'第三方'(Rosenblum,2008)。"茶党运动的模糊性及不断改变的关注议题可能是因为队伍内部无党派对党派议题的抵制引起的。

虽然茶党成员对共和党的认同和保守的观点上有一个明显的倾向性特征,但是还没有达到去接受政党领导的程度。比如,自由工程的《茶党宣言》宣布:"政党……在智力和道德水准上总是比不上基本准则和好的想法……[它们]是空洞无物的轮船并随着政治意见的不同风向随波逐流。"自由工程接下来赞扬了茶党运动中缺乏的协调性和目的性:"茶党运动的权力是分散的。它是无领袖的。没有特定的候选人,没有执行理事,没有国家领袖负责管理这个政党(Armey and Kibbe,2010)。"因此,茶党支持者在中期选举中表现的行为正如罗森布拉姆所描述的无党派选民在选举中的典型活动一样:"无组织民众的原子中弹出了一个政党所组成的结构体(Rosenblum,2008)。"

茶党以独立为核心的理念导致了运动的起伏不定,使其不能形成一股独特的政治力量。当然,茶党成员有一致的想法——像支持佩罗的选民一样——有一种财政危机感和对联邦政府共同的反感。但是除了这些以外,几乎没有任何详细的细节上的内容,几乎没有显示出任何迹象去积极地为候选人展开竞选活动。改革党所遗留的——不能有效地组织,在广泛接受的纲领上未达成一致,不断地被共和党瓦解和同化——看来也是茶党最终可能的结局。如果这样的话,茶党运动最大的受益者非共和党莫属。

结论

对美国政治进程的最初误解导致了草根茶党运动。大多数茶党积极分子讨厌政党政治并拒绝联合起来形成步调一致的选举力量。像茶党快车和自由工程这些专业组织进行了筹款和组织的工作,而大多数茶党组织更愿意远离选举政治,发出抗议的声音。其结局为共和党带来了意外的收获,共和党现在反而主导着茶党的政治命运。

要想把广泛持有的政治信仰变成政府行动,需要去组织和团结成一个政治党派。共和党人深知美国政治的规律,十有八九将会利用他们的经验、党员身份、筹款的权力以及他们最重要的政党来约束分散的茶党运动。为了避免遭到茶党的反对,经济危机的现实可能会促使共和党候选人去了解茶党运动所关注的事情。然而,经济一开始复苏,对茶党成员来说寻求到共同目标并在政治中保持主动几乎就成了不可能的事情,共和党人将会完成他们对茶党运动的接管。

对于许多抱着很高期望加入茶党运动的业余民主党人来说,对在共和党掌控下茶党运动政策上的失望可能会使他们对政治的兴趣和信任受挫。就未来的美国政治而言,这将是一个可悲的、也许是危险的结局。茶党运动在选举中产生的能量是很明显的:共和党初选中的投票率是自 1970 年来最高的,并且共和党自 20 世纪 30 年代以来首次在初选投票中人数超过民主党。

茶党运动所表达的愤怒和忧虑情绪,虽缺乏组织,但也是真实而又明显的。通过我所做的研究和我的经验,我认为这是在普通公民参与政治进程机会逐渐减少的情况下,相当多的人所表现出的一种不满情绪。寇迪维拉教授作出的"作为选民,我们变得越来越无关紧要了"的评论正是反映了这种情绪,即茶党运动不但与经济有关,而且也与很多公民去影响他们政府行动方向时所体会到的那种无奈的情感有关。

如果 2010 年把选票投给共和党的茶党支持者对出现的结果倍感失望的话,那么他们应该考虑的是,接受结成政治组织并放弃把独立作为政治纲领。不用去解读索尔·阿林斯基(Saul Alinsky)的思想,亚历克西·德·托克维尔(Alexis de Tocqueville)对政治的评论更为有用。托克维尔评论道:"在民主国家中,如何联合起来的学问是其他所有学问的源泉;其他所有方面都依赖于它的进步。"他还评论了 19 世纪 30 年代美国人多么擅长联合起来实现政治变革的:

> 几个美国人一开始构思出想要展示给世人的观点或想法,他们就相互寻找彼此,找到后他们团结起来。从此他们不再是分开的个体,而是一个引人注目的作为榜样的权力组织;它说,人们听。

茶党运动支持无组织的抗议,支持无政党政治的独立。然而,在民主政治中要想成为一股目的明确的持久政治力量,个体必须联合并组织起来赢得选举,最终制定法律。茶党如果在尝试组成第三党方面吸取教训的话,它可能会成为美国政治进程中的一分子。茶党运动作为明显的政治运动可能会拥有未来,但是相比 2010 年的表现,要付出更多的努力并吸取更多的经验。毕竟,1775 年发生在波士顿的茶党事件只是首次自发的革命力量的爆发。联合起来的民众经过 8 年紧张而又渺茫的军事和政治上的斗争最终实现了波士顿港那些茶党成员所设想的政治变革。

尾注

1. 库克党派投票指数是取上两届总统选举总统候选人的州和国会选区投票差数的平均值计算得来。对于 2010 年中期选举而言,库克党派投票指数是取 2004 和 2008 年总统选举差数的平均值。分数 R+1 表示选区或州的共和党总统候选人是＋1％的平均差数。

2. 后来,众议员贝尔德在 2010 年 10 月接受《华尔街日报》采访时批评了众议院中的"独裁,排外"。他还进一步强调民主党人已经失去与选民的联系:"早在 9 月,本党的民意测验专家及策略家告知议员大多数人不关心赤字。那些给我们提供所谓建议的人不注重实际的程度令人震惊。"

3. 马萨诸塞州显然属于蓝色阵营(民主党),但是值得注意的一个有趣现象是虽然这个海湾州的选民通常把选票投给民主党候选人,但是州注册数据显示的却是"未注册"选民——那些不愿意说出党派倾向的人——的数量超出民主派的数量,从 51.6％到 36.5％不等。布朗竞选团队非常清楚这个事实,利用这些无党派对医保法案及政府开支的不安情绪让他们不再抵触把选票投给共和党。

4. 众议员罗恩·保罗(R-TX)的影响可能造成了茶党的这种思想,这种思想强调受宪法限制的政府的首要地位。保罗的 2008 年总统竞选让最终拥护茶党运动的人产生了兴趣。例如,保罗的儿子兰德在肯塔基州竞选并成了茶党的参议员候选人,6％的茶党组织认定他为代表运动的国家人物。参见 Ron Paul, *The Revolution：A Manifesto*（New York：Grand Central Publishing, 2008）。

参考文献

R. Michael Alvarez and Jonathan Nagler, "Economics, Issues and the Perot Candidacy：Voter Choice in the 1992 Presidential Election," *American Journal of Political Science*, Vol. 39, No. 3（Aug., 1995）, pp. 714 – 744.

Dick Armey and Matt Kibbe, *Give Us Liberty：A Tea Party Manifesto*（New York：William Morrow, 2010）.

Angelo M. Codevilla, *The Ruling Class：How They Corrupted America and What We Can Do About It*（New York：Beaufort Books, 2010）.

John Fund, "Requiem for the Pelosi Democrats," *Wall Street Journal*, October 30, 2010.

Amy Gardner, "Gauging the Scope of the Tea Party Movement In America," *Washington Post*, October 24, 2010.

Jeffrey Koch, "The Perot Candidacy and Attitudes toward Government and Politics," *Political Research Quarterly*, Vol. 51, No. 1（Mar., 1998）, pp. 141 – 153.

Ron Paul, *The Revolution：A Manifesto*（New York：Grand Central Publishing, 2008）.

Scott Rasmussen and Doug Schoen, *Mad as Hell：How the Tea Party Movement Is Fundamentally Remaking Our Two-Party System*（New York：Harper, 2010）.

Nancy L. Rosenblum, *On the Side of Angels：An Appreciation of Parties and Partisanship*（Princeton, NJ：Princeton University Press, 2008）.

Walter J. Stone and Ronald B. Rapoport. "It's Perot Stupid! The Legacy of the 1992 Perot Movement in the Major Party System, 1994 – 2000," *PS：Political Science and Politics*, Vol.

34，No. 1 (Mar. , 2001)，pp. 49 - 58.

Alexis de Tocqueville, *Democracy in America* , George Lawrence，trans. ，J. P. Mayer，ed. (New York：Anchor Books，1969).

Peter Wallsten and Danny Yadron，"At Group's Helm，a Seasoned Hand," *Wall Street Journal* , September 17,2010.

Kate Zernike，"Tea Party Set to Win Enough Races for Wide Influence," *New York Times* , October 14,2010.

第七章　政策领导力

20 世纪末,历届总统积极忙于制定国内政策议程,对此美国人已习以为常——无论是在扩展还是收缩政府项目方面。大型政府项目的制定直到进入 20 世纪才出现,而在 19 世纪政府项目涉的范围比较小,并且很少有总统对国会或在国内政策方面采取独断行动。

19 世纪末期,随着进步运动的崛起及联邦政府开始在国家生活中扮演更多的角色,情况开始发生变化。而巨变发生在富兰克林·罗斯福总统任职期间。正如第二次世界大战永久性地改变了美国在世界的位置,应对大萧条改变了联邦政府在经济中的角色及总统对国会的立场一样。

政府和总统行动主义革命的最初爆发是在总统富兰克林·罗斯福第一任期著名的"百日新政"中。从目睹周围银行系统崩溃的金融机构的首脑到失业率达 25％的工薪阶层,深处于大萧条谷底的整个国家被虚无的恐惧支配。在这种形势下,富兰克林·罗斯福的几次"炉边谈话"中所传达的乐观精神和幽默感为其就职之后首个 100 天内要通过的一系列立法做了很好的铺垫,公众对此给予了足够的信任和支持。国会通过了 15 部重要的立法,改变了联邦政府在经济中的角色,最终国家从大萧条恢复到正常的轨道上来。

理查德·诺伊施塔特(Richard Neustadt)节选的材料中提到了富兰克林·罗斯福立法的成功给新闻界创造的期望。自富兰克林·罗斯福以来,绝大部分新当选的总统在他们就职之后的首个 100 天都接受打分。诺伊施塔特认为富兰克林·罗斯福的 100 天打分不适合随后的总统们。原因之一是富兰克林·罗斯福 1933 年 3 月 4 日宣誓就职,后来的宪法第 20 修正案将总统就职时间改到了 1 月 20 日。另外,大萧条的紧急情况在其之后任何总统任期开始的时候都没有再出现过。即便是针对美国的 9 · 11 恐怖袭击所形成的政治上的共识仅仅是就国家安全达成一致,并且只是一段短暂的时间。2008—2009 年的金融危机导致了政府对于经济的决定性干预,政府采取的改善措施阻止了经济的恶化,从而没有形成与大萧条一样的灾难。然而美国公众并没有看到干预措施预期的效果:美国立即回到昔日的繁荣。对于奥巴马的政治支持也没有给予他类似富兰克林·罗斯福从大萧条中得到的影响力。

理查德·诺伊施塔特的经典著作《总统权力》(*Presidential Power*)在1960年首次出版,这本书改变了我们看待现代总统们的方式。传统上讲,对于总统制的学术研究强调总统的正式权力及总统办公室的法律及《宪法》方面。在诺伊施塔特另辟蹊径的分析中,他把注意力转移到了单个总统的个人影响力上面。当然他也没有忽视总统正式的权力方面,他把这些方面作为既定的常量,来分析各位总统如何使用这些正式的权力。

约翰·伯克(John Burke)的文章研究了奥巴马总统就职后的前6个月。他强调了在选举之前和过渡时期所做准备之间的重要联系及一个新当选的总统如何成功投入工作。伯克高度评价了奥巴马入职过渡的详细规划及他早期的政策倡议。但伯克同时指出了奥巴马及其充满雄心的政策议程所面临的巨大挑战,包括医保法案改革、金融救助和能源独立。伯克的预言成为现实,奥巴马在寻求他的政策优先事项时,面对的是来自国会中共和党的反对,而这种反对之声一致又难以和解。

在接下来的文献中,威廉·豪威尔(William Howell)主张,我们强调总统需要说服国会议员及拥有政治权力的其他人来支持自己,但通常忽视了总统拥有可以单方面执行的很多直接的权力。总统拥有供其支配的一系列单方面工具,可以用它们来达到自己的政策目标。其中就包括行政命令、行政协议、备忘录、公告及重组计划。豪威尔呼吁注意这些重要的权力,因为这些权力在国会不乐意支持而总统为此受挫时可能会被更频繁地使用。

随后,理查德·皮尔斯(Richard Pious)研究了总统乔治·W. 布什在"反恐战争"中的政策领导力。在面对9·11恐怖袭击的政策选择中,布什总统有两种选择,一是把恐怖主义嫌疑人作为罪犯,二是把恐怖主义嫌疑人当作情报来源。皮尔斯认为布什政府选择采用情报来源路径,对嫌疑人开展审讯,以获取将来可能的恐怖主义袭击的信息。拒绝采用罪犯路径,布什政府忽视了被告人的一系列合理诉讼权利,并因此制造了诸多先例,这些先例为法庭所质疑。在其文章中,皮尔斯仔细研究了布什总统所做选择的后果并指出了存在的一些缺陷,包括对公民自由的一些侵蚀及最高法院撤销当局的一些政策。

在最后一节,詹姆斯·菲夫纳(James Pfiffner)通过奥巴马三个关键的决策来分析奥巴马的白宫是如何决策的:应对"大衰退"的经济政策,如何处置反恐战争中的囚犯及升级阿富汗的战争的决定。菲夫纳认为奥巴马的决策风格跟布什总统形成强烈对比。布什总统依靠他的直觉并快速行动,奥巴马的路径则更为理智,更为审慎,更为全面。据此,菲夫纳得出结论,奥巴马对于他的主要政策都追根究底,他的绝大部分决策都采用更为温和的政策立场。

参考文献

Cooper, Philip, *By Order of the President* (Lawrence, KS: University Press of Kansas, 2002).

Fishel, Jeff, *Presidents and Promises* (Washington, DC: CQ Press, 1985).

Hargrove, Erwin C., and Michael Nelson, *Presidents, Politics, and Policy* (New York: Knopf, 1984).

Howell, William. *Power Without Persuasion* (Princeton, NJ: Princeton University Press, 2003).

Kellerman, Barbara, *The Political Presidency* (Oxford: Oxford University Press, 1984).

Kingdon, John, *Agendas, Alternatives, and Public Policies*, 2nd ed. (New York: HarperCollins, 1995).

Lewis, David, *Presidents and the Politics of Agency Design* (Stanford, CA: Stanford University Press, 2003).

Light, Paul, *The President's Agenda* (Baltimore, MD: Johns Hopkins University Press, 1982).

Light, Paul, *A Government Ill Executed* (Cambridge, MA: Harvard University Press, 2009).

McKay, David, *Domestic Policy and Ideology* (New York: Cambridge University Press, 1989).

Milkis, Sidney, and Michael Nelson, *The American Presidency* (Washington, DC: CQ Press, 1990).

Polsby, Nelson, *Congress and the Presidency* (Englewood Cliffs, NJ: Prentice Hall, 1986).

Shull, Steven, *Domestic Policy Formation: Presidential-Congressional Partnership* (Westport, CT: Greenwood Press, 1983).

Spitzer, Robert J., *The Presidency and Public Policy* (University, AL: University of Alabama Press, 1983).

Sundquist, James, *Politics and Policy* (Washington, DC: Brookings, 1968).

Wildavsky, Aaron, *The New Politics of the Budgetary Process* (Glenview, IL: Scott, Foresman, 1988).

文献 29　总统的"100 天"

理查德•E.诺伊施塔特

1933 年的"100 天"，美国媒体从法国历史中舶来的一个术语，是用来表示在 1933 年银行危机及之后的时间里富兰克林•罗斯福从国会取得的巨大胜利。自此之后，这个术语就被记者们用作类比，来衡量新当选的总统在他们的首个议会会期中的效力，也被有些当选总统用来为他们就职典礼后的战略做规划。

然而，这个类比并不恰当。罗斯福当政时的国会，是在众所周知的紧急情况之下，应他的要求召开的特别会议。而随后的总统们是在正常的会期同国会打交道，面对的是较次要的问题。100 天仅仅是到了现代国会在复活节的休会期，而不是要完成绝大部分议案的日期。即便是在 1964 年，林登•贝恩斯•约翰逊当时不是总统(肯尼迪总统的副手)，之后当选，面临的仅仅是由他的前任被谋杀而造成的心理上的紧急情况。由于受制于他自己初始的誓言"让我们继续吧!"，他以后来越南战争的升级为代价换来了自己早期的立法胜利。第二年，约翰逊重新当选总统，利用自己的燕尾提升力取得了自罗斯福鼎盛期以来民主党在参众两院最为重大的多数党的胜利。利用这些，在两个正常的会期过程中，约翰逊启动并实施了他伟大社会的诸多措施。

最原始的"100 天"跟美国没有任何关系。1814 年拿破仑一世退位后被流放到厄尔巴岛。1815 年春天，拿破仑一世逃离厄尔巴岛，回到法国。他重整军队，夺回巴黎，恢复了自己的统治。他准备与在欧洲联合起来反对他的人继续作战，但在比利时滑铁卢之战中，被彻底打败。此后，他不得不再次退位。这一次，他被放逐到更远的南大西洋的圣赫勒拿岛。拿破仑在法国统治历时 100 天，自此历史学家如此称谓。

1933 年，当美国人借用这个称谓时，富兰克林•罗斯福已经在 3 月 4 日宣誓就职(在宪法第 20 修正案之前，按照宪法条款规定的就职时间是 3 月 4 日)。而国会"跛脚鸭"会期在前一天已经休会，新国会只有到 12 月才开始开会。但就在 3 月，国家却被金融危机挟持，使历时三年不断恶化的萧条状况达到顶峰。银行业全面溃败，绝望无助的储户正在失去他们终生的积蓄。绝望无助的企业现金短缺。罗斯福立即采取行政措施，但他需要立法授权从而采取更多措施，因此他呼吁新国会召开特别会议。让罗斯福有些料想不到的是，面对紧急情况，他发现国会如此顺从以至于他让国会持续了 3 个月的特别会期，讨价还价通过了 16 项重大的议案，其中很多都是临时提出的，诸如《国家工业复兴法》;有些是先前踢皮球很多年，诸如田纳西流域管理局。总体来说,这些法案构成了著名的"第一次新政"。

当罗斯福即将用尽他的措施并发现国会成员变得精疲力竭时,他聪明的做法是让其解散。从 6 月到 12 月,他主政而国会却在休会。从他发出呼吁到国会休会,国会特别会期持续了 100 天。新闻界把这 100 天贴上了拿破仑的 100 天标签。

自此之后,记者们提前推测并在新总统的首个 100 天任期后作出总结——在此期间,国会处于正常的会议之中(这要归功于宪法第二十修正案)——新总统在立法方面的成功,同罗斯福的成功比较,通常就成为他们报道的核心。并且不单单是记者们,刚入职的总统们及更多他的雇员们通常接受了这个衡量标准,在总统们就职之前,前瞻性地评论他们要做的事情。比尔·克林顿在 1992 年的选举之后,在这方面臭名昭著。而且,有些总统们把他们规划的核心聚焦在执政后的前三个月。罗纳德·里根的雇员就是一个显著的例子。学者们也倾向于做出概括:把新任期的前几个月作为总统们最为有利的时间,来给国会留下他们的烙印。无论是明确地还是含蓄地,罗斯福和里根经常被引用作为例子。

记者和学者们相互借鉴,而当选总统或者至少是他的助手们借鉴以上两方。因此,按照罗斯福的方式,而不是拿破仑式的术语,这个"100 天"标签,就如相似的机遇和措施一样,现在看来牢固地确立在我们政治的传统智慧之中。

如果进行分析的话,至少有三个方面的原因造成这种现象。第一个原因跟第 20 修正案本身产生的条件有关系。第二个原因跟国会同新当选总统的"蜜月期"中的角色和时间有关系。第三个原因跟他们对于"华盛顿环城路内部"一些(或者全部)机构的方式和方法的无知有关。我会依次对这三个原因展开分析。

宪法第 20 修正案的目的就是保证富兰克林·罗斯福的选举之后不会再次发生赫伯特·胡佛在国会坡脚鸭时期 4 个月内发生的事情。当时金融危机处于迅速发展时期。因此,新国会在 11 月选举之后至次年的 1 月 3 日处于正常的会期,而新总统在 1 月 20 日宣誓就职。这可能对于 1932—1933 年银行业出现的紧急情况有所帮助。同时也结束了即将卸任的国会所带来的坡脚鸭会期长久以来令人不满意的问题。但在其他方面,新的时间规定对于将要入职的总统们来说是极为不利的。

以前,当选总统在宣誓就职前有 4 个月的时间来挑选他的内阁成员及私人助理,评估国家的境况。然后,入职后有 9 个月的时间来使彼此适应,了解行政机构(及跟新闻媒体的关系)的规定,审查政策,考量预算——所有这些都是在国会及它的委员会在现场监督之前进行。如果国会提前到达,也是应总统的召集,仅仅通过特殊的会议来进行,为的是解决总统自己的特定目标。即便是亚布拉罕·林肯,在联盟解散而敌对开始的时候,召集国会进入特别会议时期之前,也给自己及他的副手留下从 3 月到 6 月几个月的时间。

现在对于将要入职的政府来说,这看起来是多么美好而又不可触及的事情!取而代之的是,新国会在总统就职前 3 周就进入会期,它的委员会也已经组织好,不耐烦地等待着新总统的首创建议。更为重要的是,半个世纪以来,国会的一个或两个议院通常是由总统在政治上的反对党来组成,不耐烦意味着否定。

这种现象引入了我的第二点。国会在机制上就对"市中心"持怀疑态度,同白宫就联邦机构的控制权、机构的项目和机构的预算展开竞争,这种竞争是由宪法授权的。国会确实这样做了。在现代,尤其是通过它的广泛的二级委员会及它的党派领导力来实现。在国家政治中,国会反对白宫是常有的事情,两者的竞争以加强的政党机制为动因,不可避免地被强化。选民因素使其竞争更进一步强化。正如近来一位演讲者所说:"所有的政治都具有地方性。"因为所有国会的选民不同,不但是个体不同,同总统的选民也不相同。

因此,在立法方面,新政府的第一个 100 天所预想的优势不可能依靠任何特别的机制、政党或者选民的喜好来约束参众议员及新任命的总统。与此相反,国会同总统进行竞争的这些基本动机从总统制开始到现在都好像是一个因素。那么,是什么解释了广泛报道并极易观察到的"蜜月"——以彬彬有礼的态度和程序上接纳的方式——绝大部分入职的总统看起来从国会得到的? 答案好像存在于民意,或更精确地讲,存在于国会议员自身及他们的政党领袖所定格的公众情绪,这种情绪从民调和新闻给予"市中心"新政权的评论中得来。

依据长久以来的经验,对于国会山的评判好像集中在总统就职之后的前几个周内。绝大部分美国人希望他们的新总统走运,想要他成功。此时党派关联性较低,对于总统的兴趣较高,由好奇心驱动的对于总统作为国家文职官员而不是作为党派候选人,一种之前从未见识过的能力的兴趣。因此,此时国会的本能就是跨越党派界限,尽量压制大多数明显的激烈竞斗,直到公众的兴趣开始衰退。这种衰退可以从媒体的反应、选民的表达及民调中判断出来。然后,作为一个机构,国会反弹到它习惯的立场:同总统在语言上、程序上展开实质性的竞争。

在现代,国会对公众"蜜月期"的忍耐期不会超过 6 个月。在空调时代,国会的首次会议远远超过了这个期限,对大多数争议性议案采取最终行动是在其之后。因此,在决定一位总统在立法上所取得的成功方面,"蜜月"期只不过是微不足道的一个时段。至于通常被作为例外来阐述的里根案例,即便把他对于预谋刺杀的勇敢反击、对于表面上看起来单一的目标的关注、预算及丢掉参议院之后民主党的震惊程度叠加在一起考量的话,也只是暂时改变了公众及国会的参量,并不像它看起来那样与众不同。

让新当选总统首个 100 天效力打折扣的第三个原因就是总统自身及总统助手们的无知。如果总统没有担任过联邦层次的高级行政职位——实际上自富兰克林·罗斯福以来只有德怀特·艾森豪威尔、理查德·M.尼克松和乔治·H.W.布什曾经担任过这样的职位——那他对于很多事情将会知之甚少。他急切地需要知道，但只有通过开始的 100 天及随后的几个月的经验来习得。因此，最初的这几个月特别危险并且几乎没有任何优势可言。这些危险凌驾于法律之外，隐藏在行政运作中，即便是副总统的经验也不能确保为总统提供有用的知识。

由于无知而导致危险的一个经典案例就是约翰·F.肯尼迪筹划秘密侵略古巴的猪湾事件。他在任职的第 87 天，在中央情报局的指挥下发生了古巴流亡者事件。当中央情报局长催促肯尼迪做出批示时，肯尼迪并不知悉这位局长所汇报的仅仅是计划中秘密行动的一部分。情报局的分析人士本应嘲笑这种状况的发生，但因为他们不需要知道而未被告知此事。而且，肯尼迪坚持把该计划送交参谋长联席会议，而联席会议告诉肯尼迪，他有"相当的"机会取得成功。而肯尼迪把"相当的"理解为仅次于很大的希望；然而，很明显，参谋长联席会议真正的意思是仅次于渺茫的希望。当肯尼迪冒险开始此计划，把发射场地转移以便降低"噪声水平"时（从而无意地把发射场错误地放到了离开山体的一个沼泽一边，而这个场地本是入侵者打算用作逃生的出口）。肯尼迪所预想的是，参谋长联席会议自然将会对发射场地的变更发表评论。但是因为这不是参谋长联席会议发起的行动，所以他们不会也确实没有对此发表评论。最后，肯尼迪原以为当他下令禁止使用美国军队时，中央情报局及参谋长联席会议就会相信他的禁令。在这之前，中央情报局及参谋长联席会议已经同艾森豪威尔打过多年交道，所以他们认定肯尼迪会和艾森豪威尔的做法一样，如果必要，会收回已下达的命令。从而他们默许了事件的进一步发展，导致了美国不得不公然进行必要的干预。此后，令他们震惊的是，肯尼迪竟然极大程度上履行了诺言并任凭入侵失败。

从发生的所有的这些事情里面，肯尼迪学到了很多，这对过去和现在都起到了重要的修正作用。

个人不知情导致的无知和机构中无经验导致的无知相互共存。在猪湾事件中，中央情报局从未尝试过如此规模的秘密行动，参谋长联席会议也从没有被召集就别人的战争计划做出匆忙的评价。机构中无经验导致的无知，就是不遵守行政机构与立法机构之间的界限划分。1977 年 6 月，当卡特总统允许白宫预算管理局局长伯特·兰斯前往参议院预算委员会寻求对他确认的条款的修改稿时，无论是总统、伯特·兰斯，还是委员会主席好像都不清楚这样的一个要求是多么地不同寻常，并因此在索然无味的夏季中，多么地可能激发至少某些记者的兴趣！

1981 年 2 月，里根对预算及征税进行历届新任政府以来最大范围的修改并发给国会，他的修改以经济方案为借口，被他的助手们定义为"乐观的"，一揽子计划的修改被匆忙拼凑在一起导致修改计划受挫。在几周之内，里根的预算管理局长就承认这是完全错误的。面临着经济方案可能被否决并因此导致自己的建议被修改的局面，里根选择继续坚持这两项改革。这为随后几年严重的预算赤字埋下了伏笔。之后，里根发现了改革的成效，但这不是他预先有意识进行的规划。实际上，这些成效是除了经济窘迫的公务员们之外，他的新任助手们仓促追求、做出巨大而异常的努力之后无意中带来的结果。

既然对于诸多或者说绝大多数的总统们来说，个人不知情导致的无知是不可避免的，那么对于机构中无经验导致的无知，新政府无论何时都要尽可能避免就显得格外重要了。当然，新政府在前几个月会渴望创新并可能做出创新，但是如果需要政府相关部门以完全不熟悉的方式去采取创新的行动的话，也许应该先推迟或至少延迟到主要参与者对此不再无知时。对于里根白宫预算管理局局长的缺点，又有什么其他的办法呢？

新当选总统有当副总统的经验，诸如尼克松是很罕见的例子。他担任副总统与后来担任总统之间间隔时间很长，那么过去的经验并不能保证他能够理解总统职位的方方面面。如果当选总统前，他恰恰是副总统，中间的间隔只是他的选举活动时间的话，那么除了还没有体会到入职总统职位的感觉以外，他对新工作可能已经了如指掌了。毫无疑问，他已经设想过这样的情景，坐在一边，审视出现的错误。然而也许他的设想是错误的，当真正成为总统后，需要当场如何去做又是另一番情景。因而新当选总统的前几个月不会"学习"从而调整观念或愿景——最好能有意识地去做。

对于从副总统职位当选总统的人，除以上的情况之外，在其任期的前100天甚或之后，还存在一个特别危险的事情。我们现代总统中唯一一个从副总统直接当选总统的是乔治·H. W. 布什（里根总统时的副总统），基于他的助手们所讲述的故事，我做出了以上的判断。在1988年末到1989年初，里根政府的所有人，受他们政党再次获胜的鼓舞，仍然依据各种各样的观点和计划来规划他们各自所在部门的下一步工作。但同时他们失望了，不得不安静地离任或离职，以便新当选总统利用他自己的人选，推行他的观点和计划。对于其他新当选的总统们来说，这只是一个公开更换保镖的事情，对布什而言，是秘密的更换，要通过更机智、更柔和的手段进行，更换一直延续到了来年春天。对于任何处于相似境况中的继任者，如何处理布什遇到的问题，想必也是面临的一个挑战。

文献 30　奥巴马当选总统：政策演变及领导力

约翰·P. 伯克

总统从竞选到入职的过渡,越来越清晰地被认为会给新总统所带领的政府的表现及效力带来影响。[1]吉米·卡特和比尔·克林顿的过渡都削弱了他们早期所做的政策尝试的影响;相比之下,罗纳德·里根和乔治·W. 布什更为有效地利用了这段时间。

现在,对于可能的过渡计划所做的尝试,在选举日之前就已经开始。有时,甚至是在总统候选人有把握成为他自己政党的提名人之前就开始了。至少,候选人及他的过渡顾问们必须开始考虑如何组织过渡、过渡的领导阶层及人员、预算的限制、法律问题、财务披露要求以及对于政府潜在提名人的其他事关道德规范方面的事务。同时还要收集选举日后,有关他们将要面对的一系列问题的信息。有些总统的过渡期,在他们大选前所做的努力中就已经充满活力:对于关键内阁和白宫岗位可能任命的考虑及对于新政府政策议程开始进行规划。但这也意味着因此而受挫:过渡期的工作做得越多,有时越会引起这样的担忧,即一个新的团体利用这些工作所创造的竞选空间,可能因此而影响到手头最为紧急的工作:赢得总统选举。一场更为充满雄心的付出,也可能引起新闻媒体的关注并导致关于过早"测量白宫窗帘"的负面新闻报道。

但退一步说,大选日后,工作步伐就加快了。人们的期望很高——而揣测四处蔓延——事关关键内阁及白宫岗位人选的公布。这不仅牵扯内阁岗位候选人的选择,而且需要参议院确认的大约 500 个次内阁岗位人选的填补也应该开始了(这个过程在新政府任期内会持续几个月,有时更长)。需要得到总统任命,填补大约 2 500 个工作职位的工作也必须着手了。白宫职员也必须要召集起来——大约 2 000 个职位需要填补。更为重要的是,雇员的内部核心层必须组织并明确出来。事实上,"西翼"如何架构或运行并没有成文或法律的约束,这通常是被候任参谋长的主要任务之一。需要参议院确认的职位占极少数,因此在任命方面的自由度就较大(特别是两个最为重要的——白宫办公室主任和国家安全委员会顾问)。关键是幕僚长的任命要早(在政策领域,国家安全顾问的任命也是如此),以便到宣誓就职的时候,其他职员安排到位,白宫内部组织确定。

对于记者和政治评论员来说,过渡标志着对于新队伍进行密集审查的时期,因为这支队伍进行着从大选到管理的转变。所犯的错误,被作为缺少准备及没有经验的标志,但更为重要并造成潜在破坏的是,会被作为"总统管理"新政府可能出现问题的信号。任何对于总统不胜任的初始印象在日后会很难矫正。对于公众来说，过渡期就是一个同他们的新任国家领导人而不再是一个政党候选人逐渐熟悉的时间。反过来，公众的看法越来越成为过渡期团队聚焦的目标；转向管理已经开始，但"选举"还没有完全结束。实际上，它永远不会真正地结束，因为需要广泛的沟通机构来"销售"总统的项目，这变成了机构总统制正在进行的一部分。

政策演变是其中的另一面，对我们来说也是重要的一面。在过渡期间，建立政策团队，以便把一系列的竞选承诺锤炼成为一个交给新任国会的更为紧凑的议程。在此期间所犯的错误确实会给新上任的总统带来伤害：卡特就职时的一长串提议；克林顿对军队同性恋问题上的漫不经心及让希拉里·克林顿秘密带领人员去设计提交给国会的全面医保改革议题的失误。政府每一个部、局及委员会都创建了对应的团队，目的就是为政府打下基石，同时处理政策上的需求。什么立法需要再次授权？什么政策需要做出变化？

简而言之，总统入职的过渡是一个令人生畏的任务。他们最为关心之事，就是尽其所能，在就职第一天就使政府正常运转。然而，政策演变及成功是终极目标，他们做出所有的这些努力，服务于他们的最终目标。总统决策制定过程的创建，包括了内阁及白宫职员的任命，这种决策进程的创建是受到政策审查和政策选择的指引的。除此之外，对于人员任命的公布，现在通常"排除"在以政策为主题的公共事件之外，人员的任命强调的是议程的考虑并开始列明政策建议。塑造公众及媒体对于过渡期的看法，目的就是创建更为广泛的支持，避免削弱即将到来的总统权力地位。那些针对不同选民团体的活动，目的也是相同的。而在过渡期，努力争取国会的支持——"搭建桥梁"——就是一个为保证政策成功的更为直接的工具。

在所有这些领域，过渡期的尝试也受到一个总统"内部时间"的框定。预算及税收优先事项必须在2月就确定，能及时为总统对国会的经济演讲做准备，为10月联邦政府新预算财年的预算进程做准备。成功的政策研定过程，也可以利用同国会"蜜月"时期的早期阶段。国会的接受性虽然没有保证，但比起接下来的时间，总统处于更为有利的位置来取得成功：在总统任期的第二年，国会中期选举在即，可能使国会关注的对象转移到连任及议员家乡的同乡们；接下来，总统选举再次迫近，特别是总统需要得到两党的共同支持时，可能会再次削弱总统的权力地位。

外部的制约因素也至关重要。正因如此，奥巴马的过渡面临自富兰克林·D.罗斯福1933年入职以来最为困难的、不确定的环境。经济景况黯淡：金融机构及国内汽车产业处于崩溃边缘，股票市场处于20世纪30年代以来最为糟糕的跌宕中，预算赤字增长，经济走向自二战以来最深最长的衰退期。外交政策也不是一帆风顺。虽然伊拉克战争缓和，但阿富汗战场显然却需要加大付出。伊朗及朝鲜的核野心仍然存在。所有的问题显著存在，奥巴马和他的团队是如何操作的呢？

奥巴马选举前过渡及政策演变

奥巴马何时开始计划可能的总统过渡，并不完全清楚。有些报告显示在 2008 年春季就开始了初步的尝试。但在约翰·波德斯塔（John Podesta）指挥下正式的努力，至少在 2008 年夏季就开始了。波德斯塔是克林顿在任时的第四任及最后一任白宫办公室主任，并领导了 2000 年克林顿即将离任时期的过渡；因此，他就是熟知白宫及其人事工作和总统过渡的不二人选。他熟悉民主党内情，他明了国会及华盛顿的做事方式。除此之外，作为智库——美国进步中心——的发起者及领导人，波德斯塔能够利用政策研究相关材料的这种财富及由熟知政策的同事所形成的基础架构。后者中的很多人，为过渡时期服务并最终在新政府任职。总统候选人奥巴马意识到提前计划过渡时期的重要性，为波德斯塔的工作提供了支持。据波德斯塔所言，奥巴马"理解，为取得胜利，他必须做好准备。并且，他必须快速作好准备"（Tumulty，2008，27）。

值得注意的是，很少有媒体报道过渡工作团队与奥巴马选举工作人员之间出现的紧张关系。而后者早已形成一种声誉：选举期间内部秩序良好，人际和谐强大及对媒体保持相当的谨慎，"守口如瓶"的关系。那么，在过渡工作团队这边也是如此：波德斯塔"管理严格"，他"通过保证人们不匿名引用为报纸自由撰稿的方式"来平复"仇恨"（Crowley，2008，27）。因而泄露给媒体的消息没有显示两个团体之间存在任何摩擦，任何一个团体可能同总统候选人奥巴马都相处融洽。奥巴马在竞选中获得绰号"淡定奥巴马"，享有对人际间竞争、诽谤或者利己等消息泄露低容忍的声誉。

与波德斯塔和他的团队在选举前所做的相当富有活力的尝试相比，两个团体间没有冲突显得更为突出。在里根、乔治·H.W.布什和乔治·W.布什所做的过渡尝试中——他们通常被认为是最近过渡尝试中最为成功的——选举前的时间绝大部分被用在了为选举后的过渡做准备上；政策演变及人事任命在选举日前绝大部分时间不再被提及[2]。实际上，波德斯塔的工作，在范围上更接近于 1976 年为卡特竞选及 1992 年为克林顿竞选所开展的更为广泛的行动。但一个至关重要的不同是：他们的工作没有同选举团队造成摩擦及暗战，而摩擦和暗战会对早期的过渡、选举日之前和之后都带来负面的影响。

虽然是秘密进行，但也开始考虑关键岗位潜在的被提名人（Rucker，2008）。选举前团队同时审视他们的前任们在早期所取得的成功及所犯的错误，奥巴马执政前 100 天的初步计划也已经启动。为此，事实证明，波德斯塔能够迅速使用自己的智库是很重要的："智库的绝大部分职员一拥而上为奥巴马就职后的前 100 天做计划"，这包括一份长达 26 页的报告，详细描述奥巴马总统职位早期的日常活动（Connolly and Smith，2008）。在过去的选举前规划中，从没有任何一个主管能够如此简单而直接地了解如此的政策及计划所需的资源。

尝试尤其对一系列竞选承诺精简为一份简洁的总统议程的必要性进行了探究。具体地说，在内容和时间节点方面，提出通过一揽子经济刺激计划来应对衰退的经济。在选举日之后不久的一项报告指出，这些辩论"使奥巴马过渡期时的顾问们几个月甚至在他竞选之前的讨论变得有滋有味"。政策应该绝大部分聚焦于经济还是应该包含其他议程事项？这个问题也被探讨过："顾问们说，这些战略之间的紧张形势，在为他就不同问题准备的备忘录中重复出现（Baker，2008，强调部分）。"

同时还对布什总统的行政命令、其他规则和条例进行了回顾："奥巴马过渡团队，已经把奥巴马就职后起初几小时及几天可以签署的行政命令列明，即便是需要花费更多时间去完成的更为雄心勃勃的承诺，以此来展示行动力。在诸多的事项中，他可以逆转布什在任时的一系列政策，例如针对堕胎咨询的限制（在国外的对外援助项目）和干细胞研究（Baker，2008）。"依据另一项报告，一个大约50人的绝大部分为律师的团队，通过"几个月与世隔绝的工作"编辑了一份清单，列明了可以废止的大约200项管制性行为及行政命令，就此把"未来的总统"放置在可以"就优先事项快速行动而不用等待国会批准"的位置（Connolly and Smith，2008）。

其中，特别重要的一步就是及早选取一位白宫办公室主任。奥巴马开始考虑众议员拉姆·伊曼纽尔（Rahm Emanuel）来担当此职位一段时间。正如竞选顾问戴维·艾克斯罗德（David Axelrod）后来回忆的，"大选前几个月，奥巴马告诉我，'你知道，拉姆可能是一个出色的办公室主任。'"伊曼纽尔"在白宫待过6年，对他的职位理解得彻头彻尾；在国会又待了4或5年，并在短时间内成为一名领导人。他真正清楚立法过程，具有芝加哥人的思维，是总统在芝加哥已经认识很久的朋友，他的忠诚毋庸置疑（Lizza，2009，28）"。在大选后两天，伊曼纽尔的任命就被公布。与此对照，克林顿对于白宫办公室主任的任命直到1992年12月12日才公布，这也延误了白宫其他职位的任命，并因此延误了白宫职员在新政府政策议程演变过程中的角色。

选举后：过渡及政策演变

选举前的工作使奥巴马的过渡迅速展开。波德斯塔仍然扮演核心角色，但现在他有了两个主管的协助，这两人都来自奥巴马的阵营：一个是奥巴马的参议院办公室主任彼得·劳斯（Peter Rouse），另一个是瓦莱丽·贾勒特（Valerie Jarrett），来自芝加哥的奥巴马的知心朋友。到11月12日，奥巴马宣布过渡团队继续为其总统任期的早期政策动议进行工作[3]。有些小组还被任命，进入政府部局，但受一个11人审查小组的监管。

奥巴马表现良好

奥巴马的过渡工作,得益于与负责布什总统过渡事务团队的紧密合作。两个(党派)总统候选人的选前团队的接触,在夏天就已经开始。所有的部局都被要求准备简短的报告材料。大选后,将要入职和去职的关键岗位的官员有定期的碰头会。

很明显,经济政策是需要特殊考虑的。财政部给奥巴马助手们留出空间,以便他们能跟财政部的官员保持紧密接触,应对银行业危机及经济衰退。虽然这样,但是来自最高层的努力也是至关重要的。布什总统准备采取某些总统措施,以使他的继任者工作稍微容易一点,诸如要求国会释放 7 000 亿美元银行紧急救助基金的第二半部分,要求国会同意用于避免通用汽车和克莱斯勒倒闭的 174 亿美元的紧急基金。报告还指出,奥巴马及他的经济顾问们同"布什总统紧密"合作"以便给动荡的金融市场注入信心……奥巴马与布什之间的协调合作也在他们的助理之间开展起来,双方同时还协调了直接会谈,商讨援助花旗集团计划及财政部紧急救助计划悬而未决的细节问题。"布什总统还告诉记者,他会将每一个"重大决定"告知奥巴马;"至关重要的是要让美国人民知道(我们之间)有紧密的合作。"(Zeleny,2008b)

虽然经济困境加剧,但奥巴马表现良好。他和他的助理们不希望遵循富兰克林·D. 罗斯福在 1932 年大萧条时的路径:罗斯福所做的就是,使他们自己远离正在进行的危机。同时,奥巴马团队意识到他们不想把自己紧密地束缚在布什政府的政策里。在选举后的整段时间内,奥巴马再三强调"在一个时期"我们"只有一位总统",所以他婉言谢绝了参加 11 月 15 日布什总统的全球经济高峰论坛的邀请(Zeleny and Calmes,2008;Balz and Murray,2008)。然而,对于一揽子经济刺激计划,汽车工业的援助或者能源、环境和医保政策,奥巴马谈及自己的建议时,并不回避。有时,他也批评布什政府没有成功地应对房屋市场的衰退及抵押贷款止赎危机(Kornblut,2008)。

实际上,在同布什召开的会议上,有些经济问题成了奥巴马催促解决的事情。经济遭受创伤,正在变得越来越明显:选举仅仅几天之后,披露的数据表明失业率从 9 月的 6.1% 提高到了 10 月的 6.5%。这就是经济进一步衰退的早期信号:等到 2009 年秋天的时候,失业率进一步达到了 10.2%。

人事任命、政策及公开宣传

从 11 月 15 日起——在其后的大约 1 个周——奥巴马过渡时期开始宣布白宫关键岗位的任命。伊曼纽尔(波德斯塔的早期)的尝试获得回报:在奥巴马的政策议程中,白宫职员的任命没有任何延误。在这些任命中,特别需要指明的是,跟奥巴马有紧密关系的三个人的新岗位任命,即奥巴马的高级顾问们:艾克斯罗德、劳斯和贾勒特。奥巴马主持的任命宣布会，不仅仅给被任命者提供了简短的发言机会，也使新当选总统利用这个机会强调他的政策议程，抓住"第一讲坛"来使"一个时代只有一位总统"最大化。

当奥巴马转向他的内阁及其他岗位的任命时，任命、政策及公开宣传之间交织的关系就变得特别明显。在接下来的几个周，任命高潮迭起。每一个高潮，都被用来强调事关某一特别领域的政策问题。这并不是第一次发生（里根和克林顿都这样做过），但可能这次是最为持久、最为专注的。在当时，看起来也是成功的。

对经济团队的任命首先开始，从 11 月 24 日开始持续至接下来的两天。奥巴马从负责人开始：蒂莫西·F. 盖特纳（Timothy F. Geithner），前纽约联邦储备银行主席，任财政部长；劳伦斯·萨默斯（Lawrence Summers），前克林顿政府财政部长及哈佛大学校长，任白宫国家经济委员会主席；伯克利经济学家克里斯提·D. 罗默（Christina D. Romer）任白宫经济顾问委员会主席。

奥巴马在大选后第二次记者招待会上揭晓了另一个小组的任命，包括白宫国内政策委员会的新任主席梅洛迪·巴尔内斯（Melody Barnes）。当选总统奥巴马也利用这个机会宣布，他和他的经济团队将立即开展工作，以便形成一揽子的刺激计划，使经济"颠簸"前行，走出影响华尔街和普通民众的"恶性循环"；报告显示，建议的一揽子计划将会在 7 000 亿美金的范围之内。通过对包括巴尔内斯在内的人员的任命，奥巴马寻求将经济问题同国内政策联系起来："我们知道，重建我们的经济需要就一系列广泛的政策事项开展行动——从教育和医疗保险到能源和社会安全。在这些方面没有合理的政策，我们既不会享受可持续的经济增长，也不会发挥出我们作为一个民族的全部潜力（Fletcher，2008）。"这些国内领域事务，预示了奥巴马在 2 月末所做的第一次预算建议中的一些事项。它们也显示奥巴马将寻求一个充满雄心的政策议程，而不仅仅局限于经济议题。

人事任命在第二天继续进行：彼得·R. 奥斯扎格（Peter R. Orszag），国会预算办公室主任，被任命为管理和预算办公室（OMB）主任；罗布·内伯斯（Rob Nabors）成为他的副手。第三天，侧重经济方面，集中在对于新的总统经济复苏顾问委员会的任命上（简写为 PERAB，这是继承 1956 年艾森豪威尔总统创建的总统外国情报顾问委员会的模式而建立的），前联邦储备委员会主席保罗·沃尔克（Paul Volcker）被任命为主席。

接下来的一周，侧重的是外交政策方面：参议员希拉里·克林顿（纽约州民主党议员）被任命为国务卿；国防部长罗伯特·盖茨（Robert Gates）继续留任，主持五角大楼的工作；詹姆斯·L. 琼斯将军（James L. Jones）任国家安全委员会顾问；亚利桑那州州长珍妮特·纳波利塔诺（Janet Napolitano）任国土安全部部长；埃里克·霍尔德（Eric Holder）任司法部长；奥巴马长久以来的外交政策顾问苏珊·赖斯(Susan Rice)任驻联合国大使。这个团体包括三位女性及两位非洲裔美国人：强调多样性的一个好时机。

其他内阁成员的任命也很快完成[4]。到 12 月 19 日，内阁成员的挑选，至少看起来是完成了。自尼克松 1968 年的过渡时期以来，没有任何一个过渡时期在组建内阁时取得如此之快的速度。依据特里·苏利文(Terry Sullivan)教授所汇集的数据，15 个内阁的任命中有 5 个是自 1976 年卡特总统过渡时期以来任命最早的(White House Transition Project，2009a)。但许多内阁被任命者在确认的过程中出现了问题[5]。替代人选最终找到，但次内阁成员的任命就被稍许延误，所以导致注意力时不时地从奥巴马早期的政策议程上偏离。

白宫职员的任命，也创造了纪录。白宫过渡项目发现，13 个高级职位中，7 个职位的任命是自 1976 年卡特总统的过渡时期以来最早的(White House Transition Project，2009a)。白宫职员的任命，快速到位的重要性不容低估。仅有一小部分职位的任命需要得到参议院的确认(在总统诸机构的行政办公室中，有 26 个职位是依据法律创立的——但不是我们通常认为的"西翼"，诸如国家安全委员会顾问、白宫办公室主任或者白宫办公室的其他成员)。即便在完成次内阁层次的职位任命上有所延误，白宫职员通常是早期政策倡议的孵化器，也是确定新政府在它的政策动议上"触地起跑"的主要代理。例如，白宫经济团队的成员几乎是立即就经济刺激计划开始工作(包括盖特纳，财政部当时唯一被任命的官员)，在 12 月中旬举行同奥巴马的碰头会(Wilson，2009)。另外，在新政府开始的几个月，白宫的"显贵们"被指定来带领关键性的政策创新，最终有超过 30 个这样的职位。

国会：搭建桥梁？

过渡时期也被用作同国会议员碰头的时机，目标就是为新政府的政治议程建立支持。报告显示，选举后两天，奥巴马和指定的白宫办公室主任伊曼纽尔同民主党国会领导人们开始制订一揽子经济刺激计划。有一种说法，他们"秘密地"制订一项计划，此项计划包括"更多的失业者受益，食品券，为在金融上受困的州和市提供援助，为基础设施项目投资以保持就业(Zeleny and Calmes，2008)。"此计划的诸多元素跟一揽子刺激计划的大部分内容一致，而这一揽子计划会在 2 月 13 日由国会通过。商谈主要内容所包含的其他政策领域，就是对于汽车工业的紧急援助及布什总统曾两次否决的扩大儿童医疗保险的项目(Hulse and Herszenhorn，2008)。

奥巴马团队也接近国会中的共和党人；即便民主党在众议院和参议院的多数席位进一步增加，接近反对党、搭建桥梁也是他们所追求的。奥巴马在 11 月 17 日同反对派参议员约翰·麦凯恩(亚利桑那州共和党议员)会面。然后，奥巴马对共和党领导人发出呼吁，并指派伊曼纽尔在国会山同他们会面。在 1 月，伊曼纽尔与国家经济委员会主席萨默斯同共和党参议员私下进行了几次会谈,商讨经济复苏计划及释放银行救助基金剩余的3 500亿美元。据对这些尝试所做的一份记录所言,"有些共和党人说,在布什政府时期,他们听到的比他们曾经做的更多(Hulse,2009)。"如此献殷勤能产生足够的支持票来通过奥巴马的议程吗? 奥巴马阵营所具有的一个优势就是——除了奥巴马自己、副总统乔·拜登及伊曼纽尔他们都在国会工作过——众多过渡团队的成员曾经是国会的职员。奥巴马白宫职员中的很多成员也曾在国会工作过(参见:Burke,2009,587)。

奥巴马入职:一份富有活力的政策议程

奥巴马过渡团队所做的工作——无论是选举前还是选举后——得到了回报。在就职后的两个周之内,奥巴马总统发布了一系列行政命令,废除布什的行政命令,并落实新的命令到位。在近期的命令中,最为出名的就是3月9日的命令,废除对于绝大部分干细胞研究的联邦拨款禁令。

至于立法方面的尝试——尽管在过渡时期,也尝试穿过过道——在国会,奥巴马同共和党的关系,跟他的前任们在处理同国会山反对党成员的关系时,也没有明显的不同:正常的党派关系——即便有时也存在不和。奥巴马的早期行政命令允许各州提高机动车排放标准,允许联邦对海外堕胎提供者进行资金支持。并且,起初,奥巴马建议关闭国外的关塔那摩监狱,招致了共和党的炮轰。证明了两党合作是难以捉摸的。

早期的成功

奥巴马取得了一些早期的成功。其中的两个是布什任总统时遗留下来的。在1月末,奥巴马总统签署《莉莉·莱德贝特报酬法》;延长了雇员针对各种源于工作歧视的诉讼时间。此项议案在前一年春季被参议院共和党人阻止,但民主党多数派席位的进一步增加使议案在第111届国会得以通过(投票数为,众议院250对177,参议院61对36)。在2月4日,总统签署立法,更新并扩展了《州政府儿童医保项目》的覆盖面,此项议案被布什总统两次否决;此项立法增加了400万儿童的医保覆盖。众议院中有40位共和党人投票支持,参议院的投票为66票对32票。在这两个措施上,奥巴马政府获得了两党的一些支持,但这不会持续多久。

考虑到经济的悲惨状况及对预算赤字增加的预测,奥巴马团队就如何及是否应该继续一个富有活力或更加聚焦于经济的政策议程产生分歧。有些人支持模仿富兰克林·D.罗斯福在1933年的广阔路径[6],而其他人更为谨慎,并从克林顿就职早期进行医保改革的失败中汲取教训。但随着时间推移,有迹象表明,虽然没有完全追寻罗斯福的模式并把所有的事情立即放置在最前沿,但是新政府正计划在第一年内采取步骤推进主要的政策动议。然而,付出的代价就是进行两党合作,很快共和党吵闹着把他们自己跟政府的提案疏远开来。

早期的动议

最为重要的早期立法动议就是白宫的经济刺激计划。奥巴马积极游说获得两党支持,但最终也仅是民主党的一个动议。一份价值 7 870 亿美金的一揽子计划的议案最终在 2 月 13 日得以在国会的两院中通过。这是一次高度党派性的投票,在众议院共和党中无人投支持票;在参议院中只有三个共和党参议员投票支持此议案。此议案的目标,就是通过在交通和其他基础设施上的投资、在能源、医保和教育上的投入,来创造几千万个工作岗位。但这种努力是刺激经济的最佳设计吗?"物有所值"吗?

第二个主要的动议,就是为 2009 财年的剩余时间提供资金。持续的国会决议在 10 月已经到位;但布什的白宫跟民主党控制的国会却无法达成一致。2009 年,国会提出的新建议尤其招致了批评,因为它包含了超过 8 500 个"指定拨款"的项目。奥巴马虽然敦促人们对这些议案采取克制态度,但他在 3 月 11 日签署了他所谓的"非完美"法案。此项立法对于联邦赤字的影响——连同银行业救助及经济刺激计划——是令人惊愕的。在 2007 财年,联邦赤字是 1 620 亿美元;2008 财年,是 4 580 亿美元;在 2009 年,如果不是更多,也是 18 000 亿美元。然而,经济环境依然恶劣。也许最终事实才可能证明联邦支出是明智的。

第三个早期的动议,就是奥巴马总统自己对于 2010 财年预算的建议。此项建议是在 2 月 26 日奥巴马对国会联席会议发表的一个电视讲话中提出的。此计划包含 1 500 亿美元的新能源项目;针对全球变暖所采取的新环境政策,特别是有关碳排放的"总量控制和排放交易"系统;扩大对大学生的拨款;一项重大的、长达 10 年、花费 6 340 亿美元(到 2009 年夏,总价提升到了至少接近 9 000 亿美元)的动议,以便普及医保覆盖。在税收方面,此计划建议多样化的增税,并改变对收入最高的 5% 的纳税人所实行的逐条登记的减税规则,同时让布什的减税项目期满失效。然而,白宫拒绝了更为广泛的措施,诸如众议院议长南希·佩洛西(Nancy Pelosi,加利福尼亚州民主党议员)希望立即废止布什对富人的减税政策,而不是等待它们自己失效。无论如何,这仍然是一项充满雄心的政策议程,包括全面的预算及税收计划,预测赤字至少为 12 000 亿美元。初步的预算投票以妥协结束——接近奥巴马政府的要求,但以党派为分界线——在 4 月初,参众两院得以通过。

进展中的议程

奥巴马和他的顾问们选择把赌注押在一项雄心勃勃的议程上,而不是仅仅聚焦于经济上。到 2009 年夏末为止,此议程中两个重大事项的命运仍然悬而未决:全面的医保改革建议和以"总量控制和排放交易"为目标的环境政策,此政策为限制大气污染物的一套雄伟的系统。然而,事实证明,另一项旨在取消有关工会代表权的不记名投票选举的关键建议(该建议转而依靠有利于组织工会的"签名卡")却分歧过大,误入歧途。时间会告诉我们白宫的医保改革和环境建议是否结出果实。其中,特别需要注意的就是白宫策略的命运:强调广泛的参与及目标,而不是白宫指导的计划,让国会就医保改革指定具体的细节,但取得了一些重要的胜利。奥巴马政府未遭遇多少异议,成功地确定了原联邦上诉法院法官索尼娅·索托马亚尔(Sonia Sotomayor)为美国最高法院法官。她将是最高法院首位西班牙裔的女法官,代替戴维·苏特尔(David Souter)大法官。

结论

没有侧重的一长串清单会给新任总统带来麻烦,就如 1977 年卡特总统所发生的事情;克林顿所提出的受到严格控制的医保改革计划也是如此。更具有靶向性及更为透明的尝试似乎是更为聪明的政治技巧,特别是这些政治技巧利用新任总统刚上任的支持率及同国会的"蜜月期",来促成日后(时间甚至早到 2010 年国会中期选举开始时)将很难取得成功的重要的立法动议。总统能掌控的时间很少。经济危机本可以为政府提供有利的时机:对危机做出回应迫在眉睫,而采取的回应方式也可能是他们以后不会采取的。更重要的是,伊曼纽尔在选举后的很短时间内就观察到:"永远不要浪费任何一次危机,它们就是成就大事的机会(Zeleny,2008a)。"奥巴马政策议程中的立法胜利,将是对奥巴马早期总统职位的考验,包括银行业救助计划、医保改革及"总量控制和排放交易"的环境政策等带来的影响。

虽然不完美,但奥巴马入职前的过渡效果良好,为他的总统职位奠定了基石。选举前的尝试特别引人注目。它不仅采取必要的步骤来有效地组织选举后过渡,还采取了富有活力的尝试来为奥巴马的总统职位做出规划。选举日之前及之后,遵守纪律占据上风;没有发生困扰着很多早期过渡期出现的暗战及媒体泄密事件。选举后的过渡在任命及组织白宫职员方面迅速展开;然而,白宫的内部动态如何运转,我们将拭目以待。对有些内阁的任命审查很明显有问题,但审查又会导致次内阁层面任命的延误。

奥巴马总统发出信号,目的是通过他的行政命令及早期的政策和预算建议把他与不受欢迎的布什总统执政划清界限。同时,他又寻求降低公众对于快速解决经济问题的预期。虽然早期而又充满雄心的行动已经采取,但正如他在就职演说中谨慎描绘的,"我们所面临的挑战是真实的"并且它们"不会很容易就被解决,或者在短时间内被解决"。奥巴马的初始政治资本看起来很高。

但奥巴马采取的行动方向正确吗? 做出的决策包括广泛系的政策改革,而不仅仅是聚焦于经济。更为重要的是,这是一份备受争议的议程。奥巴马为获取国会两党支持的早期尝试——在很大程度上就像他的前任们一样——看起来很大程度上是无用的,这样迫使政府依赖于微弱的多数党优势。而依然存在的问题是,他在国会及公众中的政治资本是否会给他带来立法上的胜利并最终带来政策上的胜利。

　　良好的过渡规划是顺利的,但不能提供任何保证。当然,没有它,就有可能带来政治及政策上的灾难。看来总统奥巴马很大程度上处在有利的一面。但他的早期尝试是否会带来成功,在 2009 年的夏天仍然是未知的。

尾注

1. 有关奥巴马入职过渡更全面的分析,参见 Burke(2009). On the Carter through Clinton transitions,有关卡特和克林顿的入职过渡,参见 Burke(2000);on the George W. Bush transition and early presidency,有关乔治·W. 布什的过渡及初期总统制,参见 Burke(2004).

2. 极为少见的例外之一是选择詹姆斯·A.贝克在 1988 年为国务卿和小安德鲁·卡德在 2000 年为乔治·W. 布什的幕僚长。

3. 在 11 月 19 日,另外七个团队宣布成立。

4. 12 月 3 日,新墨西哥州州长及前总统候选人比尔·理查森任商务部部长;12 月 7 日,前陆军参谋长埃里克·辛塞奇将军任退伍军人事务部部长;12 月 11 日,前参议员汤姆·达施勒任卫生和福利部部长;12 月 13 日,纽约市住房专员恩·杜诺文任住房和城市发展部部长;12 月 15 日,加利福尼亚大学的物理学家朱棣文任能源部部长,前新泽西州环境保护专员丽莎·杰克逊任环境保护部部长;12 月 16 日,芝加哥公立学校行政长官阿恩·邓肯任教育部部长;12 月 17 日,参议员肯·萨拉查任内政部部长,前艾奥瓦州州长汤姆·维尔萨克任农业部部长;12 月 19 日,众议员雷·拉胡德(伊利诺伊州共和党议员)任运输部部长,众议员希尔达·索利斯(加州民主党议员)任劳工部部长,前达拉斯市长让·柯克任美国贸易代表。只有两个关键位置有一些拖延,即丹尼斯·布莱尔任国家情报总监和莱昂·帕内塔任中央情报局局长;这两个位置直到次年 1 月 9 日才公布。

5. 未被确认的人员包括提名理查森任商务部部长,达施勒任卫生和福利部部长,还有提名参议员朱迪·格雷格(新罕布什尔州共和党议员)首次替代理查森。达施勒未能加入,奥巴马团队在医改倡议方面损失很大。达施勒已经被推举带领在这个政策领域的一个特殊白宫团队,并且报告称可能给他一个办公室并参加早会。尤其是在财政部,非正式顾问团成员的任命出现了拖延(更全面的分析,参见 Burke 2009, pp. 591-593)。不过,到 4 月 29 日 100 天为止——据特里·苏利文汇编的数据——221 个需参议院确认的提名已经公布(G. W. 布什当时为 201 个),183 个已送达参议院(布什为 87 个),同布什的 33 个相比,67 个已经得到确认。而且奥巴马领先于 G. H. W. 布什和克林顿(两人都是 45 个得到了确认),但是落后于里根的 83 个(White House Transition Project, 2009b)。

6. 然而需要关注的是,富兰克林·罗斯福的一些最重要的动议在他的第一任期内就实施了——在他的首个重点应对经济危机的动议之后——尤其是"第二次新政"的重要组成部分,比如社会安全法案,《国民劳动关系(瓦格纳)法案》,创建《工程进度管理和国家青年管理的法案》等。随后在 1934 年国会中期选举中,富兰克林·罗斯福也从民主党占到大多数而受益。

参考文献

Baker, Peter, 2008. "Obama Team Weighs What to Take on First," *The New York Times*, November 9.

Balz, Dan and Shailagh Murray, 2008. "President-Elect Meets the Press, Cautiously," *The Washington Post*, November 8.

Burke, John P., 2000. *Presidential Transitions: From Politics to Practice*, (Boulder: Lynne Rienner).

——. 2004. *Becoming President: The Bush Transition, 2000 - 2003*, (Boulder: Lynne Rienner).

——. 2009. "The Obama Transition: An Early Assessment," *Presidential Studies Quarterly* 39 (September 2009): pp. 572 - 602.

Connolly, Ceci and R. Jeffrey Smith, 2008. "Obama Positioned to Quickly Reverse Bush Actions," *The Washington Post*, November 9.

Crowley, Michael, 2008. "The Shadow President: How John Podesta Invented the Obama Administration," *New Republic*, November 19, pp. 26 - 28.

Fletcher, Michael A., 2008. "Domestic Adviser May Play Greater Role," *The Washington Post*, November 25.

Hulse, Carl, 2009. "Obama Team Makes Early Efforts to Show Willingness to Reach Out to Republicans," *The New York Times*, January 20.

Hulse, Carl and David M. Herszenhorn, 2008. "Obama Team and Congress Are Hoping to Have Bills Ready by Inauguration," *The New York Times*, November 27.

Kornblut, Anne E., 2008. "Obama Warns Economy Will 'Get Worse,'" *The Washington Post*, December 8.

Lizza, Ryan, 2009. "The Gatekeeper: Rahm Emanuel on the Job," *The New Yorker*, March 2, pp. 24 - 29.

Rucker, Philip, 2008. "Potential Obama Appointees Face Extensive Vetting," *The Washington Post*, November 18.

Tumulty, Karen, 2008. "Change: What It Looks Like," *Time*, November 24, pp. 26 - 29.

White House Transition Project, 2009a. "Transition Roundup: Cabinet Record; WH Staff Record," www. whitehousetransitionproject. org (accessed March 1,2009).

——. 2009b. Appointments Summary. www. whitehousetransitionproject. org (accessed April 8, 2009).

Wilson, Scott, 2009. "Bruised by Stimulus Battle, Obama Changed His Approach to Washington," *The Washington Post*, April 29.

Zeleny, Jeff, 2008a. "Obama Weighs Quick Undoing of Bush Policy," *The New York Times*, November 10.

——. 2008b. "Obama and Bush Working to Calm Volatile Market," *The New York Times*, November 25.

Zeleny, Jeff and Jackie Calmes, 2008. "Obama, Assembling Team, Turns to the Economy," *The New York Times*, November 7.

文献 31　单方面权力：简短概述

威廉姆·G. 豪威尔

　　总统们为推进他们的政策议程，有两种选择：他们可以给国会提出建议，并就此希望国会议员忠实地引导议案成为法律；或者，他们可以施行他们的单方面权力——发布指令，诸如行政命令、行政协议、公告、国家安全指令或者备忘录——并就此制定具有法律分量的政策，而无需现任国会的正式背书。当然，为寻求单方面的策略，总统们必须能够综合利用成文法、条约或者宪法权力，来为他们的行动做出合理解释；如果不能，他们只有依靠立法。但由于《宪法》第二条下权力的模糊性和总统可以利用的法律所具有的广泛性，以及立法过程所需要的证据充分的艰难处境，对于单方面权力的吁求是显而易见的。

　　毫无悬念的是，几乎所有的趋势线都是上升的。在美国历史的前 150 年中，条约（需要参议院批准）通常在数量上超过行政协议（不需要参议院批准）；但在刚刚过去的 50 年中，总统们为每一个递交给国会的条约签署了大约 10 个行政协议（Margolis，1986；Moe and Howell，1999b）。总统们颁布国家安全指令的频率越来越高（这些政策甚至没有披露给公众审查），他们利用这些指令来组成他们政策议程的各个方面（Cooper，1997，2002）。自从杜鲁门总统决定性地把朝鲜战争称为一项"警察行动"以来，现代总统们实际上在没有得到国会的正式授权时就发动了几百次军事行动（Blechman and Kaplan，1978；Fisher，2004b）。虽然行政命令的总体数量已经下降，但是总统们在 20 世纪后 50 年所发布的"重大"命令几乎是前 50 年数量的 4 倍（Howell，2003，83）。通过使用行政命令，内阁各部的命令及重组计划，总统们单方面创建了《美国政府手册》中列明的绝大多数的行政机构（Howell and Lewis，2002；Lewis，2003）。更重要的是，这些政策机制几乎总是让总统们取之不尽、用之不竭，他们经常依此发明新的机制或者改写旧的机制，以便适应他们自己的战略利益。

　　奥巴马之前的两届政府的经历更为适时地凸显了这个主题。从军事法庭的创建，到审判"敌方作战人员"嫌疑人，到对阿富汗和伊拉克正在进行的冲突所做出的战术决定，到冻结美国银行中跟本·拉登和其他恐怖主义网络有联系的金融资产，再到国内和国外情报收集的重组，布什实际上在他"反恐战争"中的所有方面都依

来源：*Presidential Studies Quarterly*，Volume 35，Issue 3(September 2005)：417-439. © 2005 John Wiley and Sons. 经 John Wiley and Sons 许可使用。

靠了他的单方面权力。令国会民主党人大为惊讶的是,布什颁布了诸多的规定来放松对于环境和工业方面的管控,诸如柴油发动机耗油量的许可量、货车司机在路上不经休息连续驾驶的小时数及联邦森林的采伐等。

比尔·克林顿在其任期内也"更倾向于独自管理的艺术"。[1]虽然共和党有力地削弱了他在 1993 年的医保改革动议,克林顿实际上成功发布了指令,为联邦雇员创立了一个病人权利法案,改革了医保项目的上诉程序,对于拒绝为穷人及有先决医疗条件的人提供医保覆盖的公司实行新的惩罚。克林顿力促控枪法案的生效成败参半。即便这样,他发布了行政命令,禁止多种进攻性武器,并要求为执法机构官员新购的枪支安装扳机锁。接下来,在其总统生涯临近结束时,克林顿实际上把联邦保护扩展到了内华达州、加利福尼亚州、犹他州、夏威夷和亚利桑那州千万公顷的土地上。

在此方面,布什和克林顿并不是绝无仅有。纵览整个现代史,总统们利用单方面行动权力在很多政策领域内进行干预。诸如此类的例子随手可得:通过创立公平就业实践委员会(和它接下来的实体)及在 20 世纪四五十年代取消军队的种族隔离,总统们在 1964 和 1965 年《民权法案》的几十年之前就明确了联邦政府在民权方面的参与;从和平部队,到酒精、烟草和火器局,到国家安全局,再到食品安全检验局,总统们已经单方面创建了现代最为重要的多个政府部门;像最为引人注目的里根总统的第 12291 号行政命令一样,总统们已经发布了一长串的指令,目的就是提高他们对于联邦政府部门的监管;未经国会事先支持的授权,最近的几位总统发动了对格林纳达、利比亚、黎巴嫩、巴拿马、海地、波斯尼亚和索马里的打击。在现代,有人可能会争辩,总统权力一个明确的特点就是一种独自行动的倾向和能力。

权力及说服力

目前我们应运用什么理论工具去识别总统们何时行使他们的单方面权力并去分析他们这样做带来的影响呢? 学者们习惯性地转向了理查德·纽斯塔特(Richard Neustadt)撰写的有重要影响的《总统权力》(*Presidential Power*)一书。这本书 1960 年首次出版,之后数次修订。这本书不仅为美国总统制的研究设立了议程,还对学者们在美国自有的高度分化的政府体系中理解总统权力的方式做出架构。

在探讨自富兰克林·D. 罗斯福以来的总统们时,纽斯塔特认为:"弱势是从一开始就一直存在的状态(Neustadt, 1990, xix)。"现代总统们与其说是领导人不如说是职员,挣扎着在以下事务中保持优势:世界事务,同国会打交道,媒体圈,自己党内的意见分歧,内阁及白宫。总统们虽然要对几乎所有的事项负责,但他们几乎没有控制任何事情。无论如何,国会使法律生效,政府来执行法律,这就把总统置于政府行动的边缘。总统坚持自己的政策议程,但更多的是妥协让步而不是坚定的信念;他的最终胜利依靠的是其他人做事的意愿,单靠自己是不可能实现的。

纽斯塔特确定了现代总统们所面临的基本困境:公众预期他们完成的要远超他们的正式权力所允许的。这种状况自新政以来就更是如此。当时,联邦政府接管了国家的经济、商业和公民的社会福利。如今总统们必须处理可以想象到的几乎所有社会和经济方面的问题,从全球范围内恐怖主义活动的扩散到同性结合对婚姻所造成的"攻击"。但是现代总统们所拥有的权力也只限于提出建议,否决立法及推荐政府官员和法官的任命,在此状况下,总统们从一开始就好像注定要失败。正如最近的一份论述总统"伟大性"的论文所描述的,"现代总统们沐浴在自新政以来所形成的更为令人敬畏的光环之下,他们却发现他们自己游走在一个危险而又孤独的路径之上,而这条路径又受制于一个脆弱的政治进程,使得既受欢迎又持久的成就变得不太可能"(Landy and Milkis,2000,197)。

纽斯塔特提出忠告,如果一个总统要取得任何程度上的成功,他必须掌握说服的艺术。实际上,对纽斯塔特来说,权力和说服是同义词。正如乔治·爱德华兹(George Edwards)所说:"对于美国总统制,最为著名的格言可能就是'总统的权力就是说服的权力。'这个精彩而又措辞良好的短语抓住了纽斯塔特在《总统权力》一书中的精髓,并给学者们研究总统制提供了一个全新的方向(2004,126)。"总统的说服力即说服其他政治因素,使他们相信自己的利益就是他们的利益,界定了总统的政治权力,是总统成功的关键。[2]权力,就是讨价还价和谈判;就是说服其他政治因素,使他们相信总统的利益就是他们自己的利益;就是撮合交易和互换承诺;就是甜言蜜语使立法者、官员和司法人员来完成他的标的。总统在成功地增加他讨价还价的砝码及构建行政联盟的时候,会施加他的影响。依据纽斯塔特的观点,取得成功的主要途径就是利用他带到办公室的经历、技巧及品质。[3]

总统们特立独行,开展反恐战争,修改民权政策或重组联邦政府体系的形象却与学术文献所描述的形象构成强烈的对比:总统的行政权力就是说服力,并且因此把总统置于立法进程的边缘。布什政府开展秘密的反恐战争,解除前任政府所达成的国际条约,围绕过去 50 年所生效的最为重要的环保法律采取迂回策略,当委员会的主席们就是否代表布什引入相关立法的时候,他并没有袖手旁观。相反,每一次,布什都抓住了主动权,他大胆行动(有的人说是不负责任,甚或是违反宪法的),然后激起他的对手反击。布什发布指令后,并不急于寻求国会的支持并使国会的态度中立化。一个笨拙、衰弱的对手,而不是一个团结、热切的同盟,好像成了促成总统采取单方面行动的最主要因素。

布什总统及他现代历史中的前任们,依据命令所采取的行动不会完全符合行政命令的理论框架,这种理论框架强调的是软弱和依靠性,提供的方法是依靠说服。而总统单方面行动的能力,在概念上区别于依靠讨价还价的框架而存在的一系列总统权力,其中至少有两个原因。首先,当总统采取单方面行动时,他们把政策放在首位,并因此把修改政治蓝图的负担置于国会和法院的身上。如果它们选择不予以还击,无论是利用通过一项法律还是裁定来反对总统,那么总统的命令就成立。只有通过采取切实的行动(或者让人相信确实要采取行动),联合机构才能限制总统的单方面权力。其次,当总统采取单方面行动的时候,他单独行动。当然,现在他依靠众多的顾问来形成他的政策,以便设计路线来保护他的行动免受国会或者司法的侵害,同时来监管他的行动的执行(下文会就此详述)。但为了发布实际的政策,总统不需要团结大多数、同反对派妥协或者等待某个利益团体就某一案例上诉至法庭。相反,总统可以仅凭自己采取行动。通过这样做,现代的总统们就处于一个独特的位置,来领导并打破弥漫在联邦政府的停滞状态,在新的行政领域方面来执行总统的意愿。

那么,先行动起来并单独行动的单方面行动与来自其他方面的单方行动区别很大。实际上,纽斯塔特观点的核心认知被颠倒了前后次序,因为实质上单方面行动权力和说服能力是相对的两个方面。总统采取行动的权力位于一面,而说服能力位于相对的另一面。所以他们采取单方行动的权力并不是由说服能力决定,"说服[政治参与者]使他们相信白宫需要他们做的,就是他们为了自己的利益和他们的权力所应该做的(Neustadt,1990,30)。"制定政策,总统不需要获得国会的正式同意。相反,如果总统们设立公共政策,并挑起了对抗,只要国会缺乏反转他的投票(通常是上下两院的三分之二),总统就可以充满信心,他制定的政策就可以成立。

对总统权力的制度性约束

显而易见的是,总统并不能通过颁布指令来制定他们政策议程的所有方面。保持我们政体的相互制衡的体制依然发挥作用,虽然当总统们操纵单方面行动的时候,制衡体制没有发挥很好的作用。如果总统未经法律或《宪法》的授权就开展行动,法庭就会站出来,来推翻他的行动,国会也可能对他的行动进行修订,削减总统行动的资金,或者全部取消。[4]即便是当总统权力到达顶峰的时候——也就是说,在国家处于危机的时候——司法和国会的特权可以得到维护(Howell and Pevehouse,2005;Kriner;Lindsay,1995,2003)。2004年,当国家面临再一次国内恐怖主义袭击的时候,汽车爆炸和自杀式袭击的画面充斥着晚间新闻,法庭把保护扩展到了总统原先认定为敌方作战人员的公民身上,[5]以及在国外处于保护性羁押中的非公民身上。[6]同时,虽然国会依据自己的立法,继续按照布什要求的金额对伊拉克占领行动进行拨款,但国会议员对于款项如何使用施加了更多的限制。

虽然我们有时候也看到政府的分支联合崛起并击败总统的命令,然而司法和国会对于总统权力约束的深层影响仍然是隐藏的。布什可能打算单方面地制定政策禁止同性婚姻,延长对公民的减税计划,或者是开始对社保账户的各个方面私有化,但他缺少采取此类行动的《宪法》及法律上的基础,因此他变得谨慎温和起来。[7] 并且,所有的总统都是这样。当采取单方面行动的时候,总统们期望能远离其他因素多远就离多远。但当单方面指令可能招致国会或司法的某种报复的时候,总统们的行动就谨慎起来;既然知道他们的命令可能被推翻,他们通常压根就不采取行动了。

其他方面,我调查了历史上立法及司法对总统颁布的行政命令进行修订及否决的记录(Howell,2003,第5、6章)。总体来说,国会在修订或推翻总统颁布的行政命令时,困难颇大。但在把行政命令编纂成为法律或对其提供资金的时候,会有明显高得多的成功几率;虽然法官及司法看起来倾向于否决总统的行政命令,但这些命令的绝大多数还从没有遭到挑战;对于那些受到挑战、走向审判的行政命令,总统们80%的概率会赢得审判。

信息与外交政策

在外交事务中,总统享有重要的信息优势,在牵扯使用武力的事务中就更是如此。由国家安全顾问组成的庞大的网络、整个情报系统及驻扎在全世界范围内的外交使节都或多或少地直接向总统汇报工作。而与此相比,没有谁会给国会议员提供信息。相反,国会议员必须依靠总统及当局的官员来分享信息,而这些信息就是当代外交政策辩论所依据的内容。为解决总统们并不总是坦率相告这样一个事实,国会设立了不同的监管程序、一个复杂的制定规则的过程及在联邦机构内设立代表办公室(Kiewiet and McCubbins,1991;McCubbins and Schwartz,1984)。但一个更为基本的问题通常被忽视:单方面指令的颁布,国会根本不知情,或者当国会议员发现的时候为时已晚,难以做出有效的回复。诸如此类的信息分解侵害了国会对于总统权力的制衡;为减轻这些具体的影响,在过去的一个世纪,国会已经通过了几项重要的法律。

在富兰克林·罗斯福的第一个任期之前,国会不能想当然地认为总统们会公开地披露他们政策指令的内容。虽然他们实际上发布了数以千计的行政命令、公告、规则和条例,并没有人要求总统来公开它们,也没有一个核心的交换场地存在,以便议员们来审查它们。随着联邦政府的扩大,也带来了相当大的混乱:已经生效的立法同总统单方面的指令冲突,法官和官员迷惑于法律的地位,行政机构内部的不同部门之间努力跟进着彼此的行动。哈佛大学法律教授 E. N. 格里斯沃尔德(E. N. Griswold)意识到"政府条例的数量和重要性已经大大增加",并且没有一个有效的系统来把它们归类或做成条目，并发出警告：有限政府和相互制衡的基本原则正遭受危机。"可以这样说，我们的政府没有完全脱离边沁所谴责的暴君特点，即暴君'因为人民不服从法律或命令而惩罚人民，而他又不让人民知晓这些法律或命令'（1934,213）。"为改变这种状况，国会在 1935 年通过了《联邦公报法》。该法规定，政府印刷办公室与国家档案局合作出版所有的行政命令、公告、政府机关的规则和条例；后来，通知及建议的规则也被收录在册。此项立法，通常被理解为是对于日益增长的行政问题的一个实际的解决方案——显而易见的原因就是当时普遍存在的办事低效。而此项立法对于国家的分权及相互制衡机制的效力也带来了重要的影响，因为通过及时的出版及编纂诸多不同的单方面指令，至少为国会议员建立了一个监管并制衡总统政策制定的机制。

在将近 40 年之后，国会再次回到这些问题上，此次提出了行政协定的发布问题。因为《联邦公报法》没有规定总统公布同外国达成的协定，对于总统协调签署的新的贸易或者安全协定，国会经常被蒙在鼓中。[8]例如，20 世纪五六十年代，艾森豪威尔政府、肯尼迪政府和约翰逊政府同南越政府就一系列行政协定进行了谈判，但国会直到尼克松入职才知道这些协定的存在。因此，国会在 1972 年通过了《凯斯法》，规定总统必须在 60 天内对国会汇报所有达成的"国际协定，而不仅仅是条约"。在 1977 和 1979 年，国会又通过附加的立法，把报告时间缩短为 20 天，并把此法的覆盖范围扩展到由行政机构及部门协调所达成的所有国际协定上。然而，跟行政命令及公告不同的是，行政协定仍然没有一个统一的归类或者编码机制，这使政客们（先不说学者们）很难去追索它们的信息。

本节中要研究的三部法律中最为著名的 1973 年《战争权力决议案》解决的就是与使用武力有关的问题。该决议尝试在以下方面来限制总统自由决定派遣军队到国外的时间和时长的权力：要求总统在派遣军队到海外敌对国家之前，"在尽可能的所有情况下"咨询国会；然后还要求，如果国会没有授权该行动，必须在 60 天或 90 天之内撤回军队。必须获得国会的授权，那就意味着总统将把军事行动的花费及获益信息提供给国会，而这些信息恰恰就是国会议员所迫切需要的。一旦国会议员不同意总统介入冲突的最初决定，他们会迫使总统撤出军队。

即便国会借助《联邦公报法》、《凯斯法》及《战争权力决议案》来监视总统对其单方面权力的使用，问题依然没有消除。总统们经常忽视《战争权力决议》的汇报要求（Fisher，2000,2004b）；他们把"行政协定"重新安上"安排"或者"协议"的标签，以便绕开《凯斯法》（Hall，1996,267）；他们还宣布拥有行政特权来隐瞒他们构建及执行公众政策的尝试（Fisher，2004a；Rozell，2002）。同时，行政保密最为幸运的一点就是仍然不受约束：国家安全指令（有时被称为国家安全决定备忘、国家安全决定指令或总统决定指令）被作为机密保存，实际上也就使国会议员不可能对它们进行调控。在过去的几十年,总统们使用国家安全指令开展了诸多的行动:升级在越南的战争,20世纪80年代发动对尼加拉瓜反动派的支持,开展"星球大战"导弹防御系统的委员会研究,指挥国家对国际毒品贸易宣战,发展国家电信安全政策,定义国家跟前苏联的关系[9]。而且,这些具体的行动,是在最近(总统)命令解密后才浮出水面的。更多的会继续随之而来,但国会及公众不得不等待时日来获悉它们。

很明显,要想核查行政权力,立法者及法官必须清楚总统们做了什么,或者他们计划做什么。然而,美国历史从古至今,很明显的结果就是总统们并不总是把他们的单边行动通知国会议员。延续至今日,总统们继续发布通常具有深远政策后果的保密指令。总统们拥有非同凡响的自由度,来精雕细琢他们新型的单方面指令,把事关国家安全的考虑和行政特权作为隐藏他们行动的合理化借口,由此他们阻止了国会议员努力追赶的步伐。

转入(总统)议程

在利益团体和政府扩张之间拥挤的舞台上,政治演员们挣扎着把他们最为关心的问题置于公共议程之上。考虑到国会现在必须应对的问题,单是从数量、有限的时间及可以获得的资源上,要保证对一个选定的议题进行听证就非常困难。非常确定的是,总统通过接近公众、介绍他们的年度预算建议或依靠关键的委员会成员,特别是在国家重要性的问题上有独特的优势。通过举办峰会或在国情咨文演讲中宣布一项政策动议,总统们通常能成功地把发动公众对他们的立法议程进行审议。而在较小问题上,国会议员制约总统的影响力,不是通过太多的组织及动员反对联盟进行,而是让他的建议自行枯萎。国会议员不会与总统当面碰撞并就总统具体建议的优点进行辩论,取而代之,他们只是让他们自己忙于其他的政策议题。结果,国会的不作为通常比作为的时候更多,与白宫去恳求国会相比,国会的不作为偶尔竟成为白宫更为欢迎的反应,同时国会的不作为也成了总统把遗留问题寄希望于立法胜利而最终破灭的根源。

幸运的是,从总统这方面来看,单方面指令提供了一条出路。因为,当总统采取单方面行动的时候,他不必大范围地隔空喊话并希望有人做出反应。完全相反,挥动手中的笔,总统们立即就把军队的同性恋问题、饮用水中的砒霜问题或者军事法庭问题变为当天的新闻。如果国会议员希望影响政策制定的过程,那么国会必须马上采取行动,因为一个行政命令拥有法律的分量,直到或除非其他人把它推翻。无视总统的策略反过来会对国会不利;国会的这种自满所带来的对总统权力的核查也就遁于无形。实际上,发布了一项单方面指令后,总统们宁愿悄无声息地通过,因为国会的不作为在功能上等同于支持总统。

然而,通过发布一项单方面声明,总统们不仅仅抓住了国会议员的眼球,同时也改变了随之而来的辩论的本质。总统的发言并不是许多试图影响委员会议员或者国会大会议员所做决定的因素中的一个。相反，总统处于核心重要位置，正是由于他的命令才导致了接下来的辩论。当国会议员考虑是否给一个单方面创建的部门提供资金，或者是否修订一项新发布的命令，或者是否把总统的行动编入法律时，辩论不是围绕着一批假想及预测而懒散地展开。取而代之，他们对已经发生变化的世界有一种紧迫感；因此，他们不可避免地聚焦于总统自己所制定的所有政策细节上面。并且，因为在分权制体系中任何政策改变都是艰难的，特别是在过渡期的费用支出及立法程序中存在多处否决点的政策改变中，总统在后期的辩论中比在前期的辩论中更有可能取胜。

这种现实情况在总统们考虑对外派遣军队时就十分清楚地表现出来。虽然克林顿干预海地和波斯尼亚的计划面临不少的反对意见——就像布什（第41任总统）在入侵伊拉克时所做的，还有里根考虑对格林纳达采取行动时的作为——这些总统们一发动军事行动，辩论的条款就会彻底地发生改变。一旦军队处于危险之中，保护美国人生命的紧急性就让先前关于军事行动的诸多保留意见消声了。国内政治世界改变了总统正式决定打击敌人的时刻。虽然国会对于这些军事行动正在运作的行为保留着重要的影响手段，但总统的反对者们，至少一开始，是处于守势上的。通过单方面使用武力，总统们有效地重造了政治宇宙，启动他们的政策动议，目标是到达国会议程的最顶部；保证在行动之前的数周及数月的时间内，接受到比他们本来接受的更为公平的听证。

当然，我们也不能夸大这一点。在很多政策领域，总统们都缺少单方面行动的《宪法》或法律的授权；在此情况下，总统唯一的选择就是寻求立法过程。更为重要的是，即便当总统保留一个行政策略的选择时，他们也不能确定国会会放弃修改或推翻他的行动。然而，基本点依然存在：如果采取置之不理和漠不关心的态度作为制约行政权力的有效方式的话，单方面指令会用一种全新的紧急意识逐渐进入到随后的辩论中，并以对总统更为有利的方式改变辩论的条款。

预算

如果有一张王牌的话，为单方面创立的项目拨款的权力就是国会的这个王牌。当一个单方面行动需要拨款时，重大的影响力就轮回到了立法分支这里——因为在这些情况下，总统的指令需要国会正面的行动。而先前，总统们仅仅需要阻止国会修改或推翻他们命令的尝试即可——考虑到立法过程中证据充分的难处，这是更容易做到的——现在，他们必须建立并维持联盟。而在集体决策机构中，这通常是非常难以捉摸的。如果总统们不能确保这一点，纸面的命令可能无法转换成地面的行动。

然而，至少因为三个原因，拨款职责不会危害总统的单方面权力。首先，也是最为明显的,总统采取的很多单方面行动不需要附加的拨款。例如,布什的命令即刻生效:他决定把养殖的三文鱼也包括在《濒危物种法》下的联邦统计中,把 27 个三文鱼物种中的 23 个从濒危物种条目中移除并因此把大片的土地用于公共开发[10];当他发布规则,改变柴油机尾气允许的排放量时,这实际上延长了卡车司机连续驾驶的时间;他允许林务局经理在未经标准环境核查的情况下同意在联邦森林中伐木[11];他冻结了美国银行中跟本·拉登及其他恐怖主义网络有关联的所有金融资产[12]。这些命令,借用纽斯塔特的术语,都是"自动生效的",而且拨款程序没有把他置于额外的审查之下。

其次,拨款程序更为简化,因此比立法程序更易于操控。情况只能是这样,因为国会必须每年都通过一个持续扩张的联邦预算,而要求获得绝对多数的支持是不可能的。然而,通过降低跳过拨款的门槛,国会放松了它对于总统单方面权力的核查。有一系列的项目及部门缺少所需要的绝对多数的支持来创建它们,但却拥有需要的多数的支持来进行拨款。仅仅因为总统不能说服国会,颁布法律而通过一个项目或机构,并不意味着总统就不能建立所需要的联盟来进行拨款。

最后,考虑到总体预算的庞大及自由裁定拨款的存在,总统们偶尔找到方法来锁定即便是国会大多数都反对的项目和机构的拨款。总统们可以为广受欢迎的动议要求拨款,然后一旦确定,就抽取一部分给单方面创立的更具争议性的项目和机构。他们可能在预算账户内重新编排拨款,或者当国会同意时,他们可以在账户间转款。他们可以从预防性账户中取款,为不能预见的危机储备,并且也可能为面临国会相当多反对意见的特定机构的行动而储备。依据路易斯·费舍尔的描述:"出现事端的机会是巨大的(1975,88)。"虽然自由裁量权远非绝对,但与严格意义上去理解国会的拨款权力相比,总统们在决定如何花费拨款上面确实拥有更多的弹性。

为最后这点提供的证据是 1961 年肯尼迪创建和平队的行政命令。在此之前几年,国会已经考虑过并拒绝创建一个部门,派遣志愿者到国外开展公共工作的想法。国会共和党人对在一个"幼稚的实验"上面花费数百亿美元的想法完全提不起兴趣,而该实验的首要目的就是"帮助志愿者逃避兵役";国会民主党拒绝以他们政党的分量来支持该建议并保证它的通过(Whitnah, 1983)。肯尼迪通过在 1961 年单方面创建和平队,并在第一年使用预防性账户来为其提供资金,他成功地改变了所有的这一切。因为当国会在 1962 年最终开始考虑是否为一个运作中的和平队拨款时,政治形势已经发生了巨变——该项目在华盛顿雇佣了将近 400 人,并有 600 名志愿者在 8 个国家工作。国会继而被置于一个尴尬的境地,要么为它所反对的项目提供拨款,要么清除已经被雇佣的雇员及已经购买的设施。毫不奇怪的是,国会加紧工作并提供了肯尼迪所要求的全部拨款。

除了上面的三个原因之外,拨款的迫切性凸显出一个重要特点。当不需要国会的拨款时,总统单方面行动的权力是最大的。因为当需要国会的拨款时,国会的不作为可能导致一个单方面创立的机构或项目的终止。作为结果,总统单方面行动的权力变小,而同时国会对于这些机构及项目的范围及行动的影响力却扩大了。

结论性观点

在过去的几十年里,对总统权力量化研究的大多数工作,都专注于总统引领他们的政策议程在国会成功通过的条件方面的研究。全部的文献,致力于研究跟国内政策动议相比,总统是否更为成功地说服国会,使他们的外交政策生效成为法律(参见 Wildavsky,1966,1989);致力于研究在立法游戏结束时,总统行使否决权所获得的影响(Cameron,1999;Cameron and McCarty,2004);致力于研究总统转向公众寻求支持对立法审查的影响(Canes-Wrone,2005;Kernell,1997);致力于研究总统必须政治化及中央集权化立法建议手段的动机(Rudalevige,2002)。在衡量总统权力的尺度方面,学者们参考总统们在劝诱立法进程方面所取得成功的可变性,如果不通过劝诱这种方式,立法过程在广度和深度上就不会达到如此程度。

这个章节的所有方面都至关重要,需要做的还有很多。但要详述总统行使权力的全部方面,我们需要可比较的文献,以此来详细考查总统发布单方面指令的条件及他们这样做带来的影响。立法舞台,几乎不可能是总统行使权力的唯一地点。总统们不是越来越多地通过法律来寻求他们的政策议程,取而代之,他们通过行政命令、行政协议、公告、备忘录和其他种类的单方面指令的组合来达到目的。除非我们对于跟行政和立法策略相关的利弊权衡有一个充分的理解,除非我们对于总统从这两者中选择一个而不是另一个的规律性有更多的文献可查,否则我们对于总统权力的理解就仍然是不全面的。

在我们编纂这些文献的时候,学者们应该记住两个注意事项。首先,用来(无论过去还是现在)解释总统在国会取得成功的理论,可能不会精确地解释总统在国会外所取得的成功。立法理论及单方面行动的理论,极可能促成对于政策变化发生的条件的不同预期。例如,最近两项关键的政治模型表明,当国会和总统在其内部和跨越两个分支的倾向性相对来说紧密结合的时候,国会和总统会更具建设性;但当倾向性分散时,颁布法律的机会通常会下降(Brady and Volden,1998;Krehbiel,1998)。然而,正如我们所见,重大行政命令的产生遵从了一个非常不同的逻辑。当国会议员团结并强大时,单方面行动衰减;当僵局占据统治地位时,总统就会抓住机会,通过单方面指令来发布政策,而本来这些政策是不可能经立法程序通过的。这个具体而又实证的发现一点也不足为奇,因为总统的单方面权力是受制于立法和司法对总统的核查而产生变化的。当这些核查变弱的时候,总统单方面权力扩张;当核查加强的时候,总统单方面权力衰减。然而,当通过单方面指令而产生的总统影响力消散的时期及范围,似乎也恰恰是通过立法程序而产生的总统影响力提高的时期及范围。

这就引入了有关构建研究总统单方面行动文献的第二点。总统权力的理论(和测试)必须是嵌入在分权制的更宏大理论(和测试)中的,这一点要理解充分(参见 Jones,1994)。现在,几乎没有学者会认为:我们会在每个总统所生存的更大的政治体制之外去理解美国的总统制。但当我们研究总统单方面权力的时候,总统同国会和法院的关系以重要的方式转换。具体来说,当施行单方面权力的时候,立法者、法官和行政人员不会齐心协力来完成有意义的政策变化,政策变化的机遇不会依赖政府不同分支机构同彼此合作的意愿及能力。与此相反,体制看起来更像一个滑轮和杠杆装置——当总统发布单方面指令的时候,他们奋力保护命令的整体性,努力破坏政府相关机构修订或推翻所采取的行动做出的努力。国会和法庭,不是促成总统成功的潜在恩惠,而是代表威胁。对于总统们来说,窍门就是盘算出立法者和法官什么时候可能取消一项已经采取的单方面行动。当不取消的时候,就抓住这些机会发布公众政策,而这些政策跟纯粹立法背景下生成的政策看起来是差别甚大的。

尾注

1. Francine Kiefer, "Clinton Perfects the Art of Go-Alone Governing," *Christian Science Monitor*, July 24,1998, p. 3.

2. 确定的是,诺伊施塔特不是把权力与派别同等对待的唯一学者。在诺伊施塔特出版《总统权力的重要地带》一书大约七年前,罗伯特·达尔和查尔斯·林德布鲁姆评论道:"像在美国制定政策过程中的其他人一样,总统必须不断地——与国会领导人,国会议员,他的部门领导人,各局领导人及非政府组织领导人等进行讨价还价(1953,333)。"

3. 许多学者对这个言论提出了质疑,即权力是个人的,并依赖于总统的名望及声誉。更为犀利的评论之一,参见 Moe(1993).

4. 未来的总统继任者也可以推翻他前任们的单方指令。即将上任的总统常常会放宽或完全取消前总统们的一些规定和命令;在这一方面,现任总统带来的影响会在他们的继任者那儿受到限制。理查德·沃特曼(Richard Waterman)做了正确的诠释:"继任总统们能够并经常会……推翻行政命令。克林顿推翻了里根和 G. H. W. 布什政府通过行政命令颁布的堕胎政策,G. W. 布什随后又推翻了克林顿政府关于堕胎的行政命令……如果认为这只是一届政府与另一届政府的事情的话,这不是一种制约,但是对于希望留下长期政治遗产的总统们来说,考虑到下届总统可能会推翻他们的政策,至少有时,他们会被迫移交到立法程序中。"然而,每届政府间单方指令的改变和更换并不总是和所想完全一致。总统们要想改变前任们颁布的行政命令,经常会付出很大的政治代价,会削弱国家的公信力,或者面临严峻的经常是不可克服的司法障碍(参见豪威尔和迈耶在本书中的文章)。

5. *Hamdi v. Rumsfeld*，03,66 - 96，June 28,2004；*Rumsfeld v. Padilla*，03,10 - 27，June 28,2004.

6. *Bush v. Gherebi*，03 - 1245，Ninth Circuit U. S. Court of Appeals，December 18,2003. 在 2004 年 6 月 30 日,最高法院鉴于哈姆丹和帕迪利亚的判决,决定把案件发回重审。

7. 对于总统通过精心设计措辞恰当的法规来应对约束带来的种种困境的讨论,参见 Moe and Howell（1999a，1999b）。

8. 对于总统在什么情况下发布行政协议而不是条约,更多内容参见利莎·马丁在本册中的文章。

9. 美国国家安全档案馆最近收集了自杜鲁门起每位总统发布的解密国家安全指令样本,参见 http://nsarchive. chadwyck. com/pdintro. htm（accessed January 6,2005）。

10. Timothy Egan，"Shift on Salmon Re-ignites Fight on Species Law，" *The New York Times*，May 8,2004，p. A1.

11. David Brinkley，"Out of Spotlight，Bush Overhauls U. S. Regulations，" *The New York Times*，August 14,2004，p. A1.

12. Carolyn Lochhead，"Bush Goes after Terrorists' Funds，" *San Francisco Chronicle*，September 25,2001，p. A1. Patrick Hoge，"U. S. List of Frozen Assets Gets Longer，" San Francisco Chronicle，October 13,2001，p. A8.

参考文献

Blechman，Barry，and Stephen Kaplan. 1978. *Force without War：U. S. Armed Forces as a Political Instrument*. Washington，DC：Brookings Institution Press.

Brady，David，and Craig Volden. 1998. *Revolving Gridlock：Politics and Policy from Carter to Clintn*. Boulder，CO：Westview Press.

Cameron，Charles M. 1999. *Veto Bargaining：Presidents and the Politics of Negative Power*. New York：Cambridge University Press.

Cameron，Charles，and Nolan M. McCarty. 2004. "Models of Vetoes and Veto Bargaining，" *Annual Review of Political Science* 7：409 - 435.

Canes-Wrone，Brandice. 2005. *Who's Leading Whom*? Chicago：University of Chicago Press.

Cash，Robert. 1963. "Presidential Power：Use and Enforcement of Executive Orders，" *Notre Dame Lawyer* 39(1)：44 - 55.

Cooper，Phillip. 1997. "Power Tools for an Effective and Responsible Presidency，" *Administration & Society* 29(5)：529 - 556.

——. 2001. "Presidential Memoranda and Executive Orders：Of Patchwork Quilts，Trump Cards，and Shell Games，" *Presidential Studies Quarterly* 31(1)：126 - 141.

——. 2002. *By Order of the President：The Use and Abuse of Executive Direct Action*. Lawrence：University Press of Kansas.

Dahl，Robert，and Charles Lindbloom. 1953. *Politics，Economics，and Welfare*. New York：Harper and Row.

Deering，Christopher，and Forrest Maltzman. 1999. "The Politics of Executive Orders：Legislative Constraints on Presidential Power，" *Political Research Quarterly* 52(4)：767 - 783.

Edwards，George C. III. 2004. "In Memoriam：Richard E. Neustadt，" *Political Science and*

Politics 37(1): pp. 125 – 127.

——. ed. 2005. *Presidential Politics*. Belmont, CA: Wadsworth.

Farris, Anne, Richard P. Nathan, and David J. Wright. 2004. *The Expanding Administrative Presidency: George W. Bush and the Faith-Based Initiative*. Washington, DC: Roundtable on Religion and Social Policy.

Fisher, Louis. 1975. Presidential Spending Power. Princeton, NJ: Princeton University Press.

——. 2000. *Congressional Abdication on War and Spending*. College Station: Texas A & M University Press.

——. 2004a. *The Politics of Executive Privilege*. Durham, NC: Carolina Academic Press.

——. 2004b. *Presidential War Power*. 2nd ed. Lawrence: University of Kansas Press.

Fleishman, Joel, and Arthur Aufses. 1976. "Law and Orders: The Problem of Presidential Legislation," *Law and Contemporary Problems* 40 (Summer): 1 – 45.

Griswold, E. N. 1934. "Government in Ignorance of the Law: A Plea for Better Publication of Executive Legislation," *Harvard Law Review* 48(2): 198 – 215.

Hall, Richard. 1996. *Participation in Congress*. New Haven, CT: Yale University Press.

Hebe, William. 1972. "Executive Orders and the Development of Presidential Powers," *Villanova Law Review* 17 (March): pp. 688 – 712.

Howell, William G. 2003. *Power without Persuasion: The Politics of Direct Presidential Action*. Princeton, NJ: Princeton University Press.

Howell, William, and David Lewis. 2002. "Agencies by Presidential Design," *Journal of Politics* 64(4): pp. 1095 – 1114.

Howell, William, and Jon Pevehouse. 2005. "Presidents, Congress, and the Use of Force," *International Organization* 59(1): pp. 209 – 232.

——. Forthcoming. *While Dangers Gather: Congressional Checks On Presidential War Powers*. Princeton, NJ: Princeton University Press.

Huber, John, and Charles Shipan. 2002. Deliberate Discretion? *The Institutional Foundations of Bureaucratic Autonomy*. New York: Cambridge University Press.

Jones, Charles. 1994. *The Presidency in a Separated System*. Washington, DC: Brookings Institution Press.

Kernell, Samuel. 1997. *Going Public: New Strategies of Presidential Leadership*. Washington, DC: Congressional Quarterly Press.

Kiewiet, Roderick, and Mathew McCubbins. 1991. *The Logic of Delegation*. Chicago: University of Chicago Press.

Krause, George, and David Cohen. 1997. "Presidential Use of Executive Orders, 1953 – 1994," *American Politics Quarterly* 25 (October): pp. 458 – 481.

Krause, George, and Jeffrey Cohen. 2000. "Opportunity, Constraints, and the Development of the Institutional Presidency: The Case of Executive Order Issuance, 1939 – 1996," *Journal of Politics* 62(February): pp. 88 – 114.

Krehbiel, Keith. 1998. *Pivotal Politics: A Theory of U.S. Lawmaking*. Chicago: University of Chicago Press.

Kriner, Douglas. Forthcoming. "Hollow Rhetoric or Hidden Influence: Domestic Constraints on the Presidential use of Force," Ph. D. diss. , Department of Government, Harvard University,

Cambridge, MA.

Landy, Marc, and Sidney Milkis. 2000. *Presidential Greatness*. Lawrence: University of Kansas Press.

Lewis, David E. 2003. *Presidents and the Politics of Agency Design*. Stanford, CA: Stanford University Press.

Lindsay, James M. 1995. "Congress and the Use of Force in the Post-Cold War Era," In *The United States and the Use of Force in the Post-Cold War Era*, edited by T. A. S. Group. Queenstown, MD: Aspen Institute.

——. 2003. "Deference and Defiance: The Shifting Rhythms of Executive-Legislative Relations in Foreign Policy," *Presidential Studies Quarterly* 33(3): pp. 530 – 546.

Margolis, Lawrence. 1986. *Executive Agreements and Presidential Power in Foreign Policy*. New York: Praeger.

Mayer, Kenneth. 1999. "Executive Orders and Presidential Power," *Journal of Politics* 61(2): pp. 445 – 466.

——. 2001. *With the Stroke of a Pen: Executive Orders and Presidential Power*. Princeton, NJ: Princeton University Press.

Mayer, Kenneth, and Kevin Price. 2002. "Unilateral Presidential Powers: Significant Executive Orders, 1949 – 99," *Presidential Studies Quarterly* 32(2): pp. 367 – 386.

Mayer, Kenneth, and Thomas Weko. 2000. "The Institutionalization of Power," In *Presidential Power: Forging the Presidency for the Twenty-First Century*, edited by R. Shapiro, M. Kumar, and L. Jacobs. New York: Columbia University Press.

McCubbins, Mathew, and Thomas Schwartz. 1984. "Congressional Oversight Overlooked: Police Patrols versus Fire Alarms," *American Journal of Political Science* 28(1): pp. 165 – 179.

Moe, Terry. 1990. "The Politics of Structural Choice: Toward a Theory of Public Bureaucracy," In *Organization Theory: From Chester Barnard to the Present and Beyond*, edited by Oliver Williamson. New York: Oxford University Press.

——. 1993. "Presidents, Institutions, and Theory," In *Researching the Presidency: Vital Questions, New Approaches*, edited by G. Edwards, J. Kessel, and B. Rockman. Pittsburgh, PA: University of Pittsburgh Press.

——. 1999. "The Presidency and the Bureaucracy: The Presidential Advantage," In *The Presidency and the Political System*, edited by M. Nelson. Washington, DC: Congressional Quarterly Press.

Moe, Terry, and William Howell. 1999a. "Unilateral Action and Presidential Power: A Theory," *Presidential Studies Quarterly* 29(4): pp. 850 – 872.

——. 1999b. "The Presidential Power of Unilateral Action," *Journal of Law, Economics, and Organization* 15(1): pp. 132 – 179.

Moe, Terry M., and Scott A. Wilson. 1994. "Presidents and the Politics of Structure," *Law and Contemporary Problems* 57(2): pp. 1 – 44.

Morgan, Ruth P. 1970. *The President and Civil Rights: Policy Making by Executive Order*. New York: St. Martin's Press.

Neustadt, Richard E. 1990. *Presidential Power and the Modern Presidents*. New York: Free Press.

Rockman, Bert, and Richard W. Waterman, eds. Forthcoming. *Presidential Leadership*: *The Vortex of Power*. Los Angeles: Roxbury Press.

Rozell, Mark. 2002. *Executive Privilege*: *Presidential Power*, *Secrecy*, *and Accountability*. Lawrence: University of Kansas Press.

Rudalevige, Andrew. 2002. *Managing the President's Program*: *Presidential Leadership and Legislative Policy Formation*. *Princeton*, NJ: Princeton University Press.

Waterman, Richard W. 2004. "Unilateral Politics," *Public Administration Review* 64 (2): pp. 243 – 245.

Whitnah, Donald R. 1983. *Government Agencies*. Westport, CT: Greenwood Press.

Wildavsky, Aaron. 1966. "The Two Presidencies," Trans-Action 4 (December): pp. 7 – 14.

——. 1989. "The Two Presidencies Thesis Revisited at a Time of Political Dissensus," *Society* 26 (5): pp. 53 – 59.

文献 32　特权与向恐怖主义宣战

理查德·皮亚斯

"我们将保卫美国，"布什在 9·11 恐怖袭击后向美国人民许诺，"只是我们这样做将以《宪法》为准则……美国人民应该明白，对我而言《宪法》是神圣不可侵犯的。"[1]有时布什采取了不同的立场，发出了限制公民自由的信号："敌人已经向我们宣战，"他说，"我们千万不能让国外的敌人以自由为幌子来破坏自由本身。"[2]几年后中央情报局局长乔治·特尼特（George Tenet）在他的回忆录中为极端审讯措施辩护，声称需要通过它们获得情报来保护美国人民。[3]布什政府对恐怖主义的反应意味着我们要进入人权正当法律程序及国际准则逐渐丧失的局面中，还是意味着我们要进入与历史先例及《宪法》保持一致的局面中呢？

总统特权

布什政府在对付恐怖主义威胁时可选择两种方式：一种是在反对恐怖活动的"战争"中注重收集情报，另一种是把逮捕恐怖主义分子看作是警务工作中一个需要国际合作的问题，同时将遵守正当的法律程序。

情报模式

"情报"模式重点放在来自大规模杀伤性武器造成的潜在损失的严重性，攻击控制着实体或信息系统基础设施的网络战的可能性，以及能够逐渐把恐怖活动渗入到人民群众中殉教行为的潜在性上。[4]恐怖主义能导致恐慌，美国人将会涌出城市，远离核反应堆，因而由一小撮甚至一个恐怖主义分子所做出的行动带来的影响是举足轻重的。情报人员网络联系松散并散布在世界各地，难以对他们进行监视。来自实验室兵工厂及前苏联储备库的武器可能被偷或卖给恐怖分子。美国的边界驻守不严，人员或武器可能由此出入。进行报复性的威胁毫无意义并且震慑性因素也是有限的。[5]

为了对以上出现的问题进行约束，情报模式（第 24 套电视节目建立在其基础之上）设法增强监视能力，利用双重间谍渗入，实施先发制人的拘捕，进行突击审讯等工作，所有这些都是为了发现正在计划新一轮袭击的特工人员并瓦解其计划。比起对反叛者或凶手进行审判来说，避免发生灾难性事件更为重要。重要的是要在下次恐怖行为发生之前拘捕他们并从他们口中获得情报。

正当程序模式

正当程序模式实施的前提条件是当一个人（不管是否是美国公民）处在监视之

下或作为嫌疑人接受调查,这个人必须被赋予《宪法》和法律的正当程序。对普通犯罪嫌疑人来说,享有更为广泛的权利,包括知晓为什么被指控的权利,拥有人身保护令的特权(地方法官决定是否逮捕和拘留的合法权利),有权请律师辩护,有权询问证人,有权出示证据,有权出席审判,有权提起上诉等。对于在国外被逮捕的外国人来说,权利可能受到限制,但是每一个人必须根据法律条文接受处置。

错误的二分法

批评家认为正当的程序模式不能保护美国人民,并且其他方式必须被替换,原因是恐怖主义分子的行为可能带来的代价是灾难性的——包括导致全球毁灭的核武器的使用。[6]他们一旦使用大规模杀伤性武器,先前社会为了确保被告人权利所做出的慎重考虑而付出的代价是无法补救的。

著名的法官和法学家理查德·波斯纳(Richard Posner)主张:"国家越感觉安全,法官就越愿意给予自由更多的重视。一次事件给国家的安全带来的威胁越大,寻求压制这个事件的理由就看似越有力,甚至以牺牲自由为代价。"[7]波斯纳认为在考虑政府行为的合宪性时,需要对限制自由付出的代价和得到的益处进行权衡。

然而这种"寻求平衡"的方式很有可能判断错误。有时可能会出现这种需要权衡的局面,为了获得一件事情一些有价值的方面必须要放弃另一件事情一些有价值的方面;但是有时这种平衡不会发挥作用,因为采取的方式不能得到更多在这两方面都有价值的东西。在反恐怖主义的战斗中,我们想要得到最佳结合,既能保证正当法律程序保护我们的个人自由和我们的隐私,又能保证强有力的政府行为保护我们的国家安全和我们自己的个人安全。[8]

公民自由主义者主张对正当程序权利进行保护能够最大限度地利用有关恐怖主义的情报。第一,如果监视活动没有对准最为可能出现的威胁的话,就会浪费资源。如果需要法官批准监视请求的话,政府可能就会把工作集中在最有可能产生结果的搜查上。第二,进行暴力审讯或使用酷刑可能会导致误导性情报的出现,原因是受到如此对待的被扣押人将会说出任何事情。第三,抗辩式制度比审讯式制度能获取到更好的情报。囚犯的律师将会研究案情,收集证据并组织证词。律师会建议当事人请求从轻判处,告发同犯证人,寻求宽大处理。这样的话,正当的合法程序极大地保护了无辜,无辜的人被释放后,政府不再把资源转向对子虚乌有的恐怖主义的斗争上,而这种子虚乌有的恐怖主义威胁是根据过去那些嫌疑犯的所作所为推测得出的。第四,情报的线索来自情报人员和市政府领导人的合作,这种合作更有可能在法律的规定下达成而不是通过残酷对待民众的方式达成。

布什的选择

在对待恐怖主义的问题上,布什政府采用了情报模式。为了做到这些,政府将超越对国际法、宪法条款、法令法规和现有的军事条例的通常解释，而所有这些法律条文都是建立在遵循正当程序模式的基础上的。[9] 布什总统将发布行政和军事命令，这些命令以《宪法》赋予他的特权为依据（正如他给它们下的定义一样）来授权进行侵略性的情报收集工作，这种情报的收集工作是通过扩大的电子设备进行、不受司法限制的监视活动；通过对被扣押人的虐待行为；通过无限期地扣押、惩罚他们来完成，联邦法庭和军事法庭的审判将由军事法庭取代。

监视权

紧随着 9·11 事件之后，布什总统通过一项秘密行政命令，授权国家安全局（NSA）瞄准国内外的电话联络。考虑到一个国外并且团伙可能与"基地"组织保持联系，布什这种做法并没有遵循外国情报监听法案的规定，征得外国情报监听法庭的司法许可。对此布什政府曾多次向国会领导人做简要汇报，但要求他们发誓保守秘密并且不允许他们就这个项目是否合法咨询外界的律师。按照另一项目，威瑞森电讯公司（Verizon）、贝尔南方电信公司和 AT&T 公司允许国家安全局在未经许可的情况下对国内电话和电子邮件实施监控。这一项目违反了 1934 年的《通信法案》第 222 条，此法案禁止电话公司泄露他们客户的电话信息。两年后，司法部长约翰·阿什克罗夫（John Ashcroft）及其他高层官员认为国家安全局执行这个项目的方式是非法的，并以辞职加以威胁。布什总统出面干预并未经司法同意重新对这个项目进行授权，其后为了防止辞职而做出了进一步的修改（仍处于保密状态）。

敌方武装分子的身份

为了无限期地拘留在阿富汗和其他地方抓获的囚犯，为了获取情报而对囚犯进行虐待，布什总统要求获得重新解释现存国际义务的特权。他把《日内瓦公约》应用到在阿富汗抓获的塔利班囚犯身上，但没有适用于被拘留的基地组织人员身上（因为基地组织不是一个主权国家，也不是公约的一个组织），但是他确定两者都不能被认定为战犯身份，两者将被认定为"非法武装分子"。按照《日内瓦公约》，合法的武装分子被给予重要的正当程序保证，他们有权得到经许可的律师或自己选择的律师为其做辩护（见条款第 105 条），有对民事法庭判决上诉的权利（见条款第 106 条），与美国人享有相同的限定死刑判决的权利（见条款第 87 条）。[10] 然而非法武装分子会得到不同的对待：根据《日内瓦公约》，他们的身份应该由一个有决定权的审理委员会进行确定，布什总统没有使用民事法庭或军事法庭，自己充当了"有决定权的审理委员会"，对全部被拘留人员单方面做出了决定。《日内瓦公约》第一附加议定书中详细地说明了给予非法武装分子的一些正当程序的权利。[11] 但是美国没有签署这项公约；因而，阿富汗的和关塔那摩湾的囚犯没有被给予任何权利；如何对待他们完全取决于军事当局。

对非法武装分子的无限期扣押

按照国际法,美国有权对非法武装分子进行羁押和审判,这些武装分子违反了战争法(战场上的暴行),或违反了人道主义法(种族灭绝),或违反了刑法(劫机和谋杀)。一些非法武装分子被送往新建成的古巴关塔那摩湾海军基地监狱(X 射线营地,后来的三角洲营地)。[12]

美国公民不会被带到关塔那摩关押,其中一些被单独监禁和无限期地关押在美国的军事设施里。在过去,只有在宣布了军事管制和武装部队在发动脱离政府或叛乱中占领了领土时,公民才会受到军事羁押和在军事法庭接受审判。如果他们在战事期间是敌方的武装分子并且违反了战争法的话,他们也会受到军事审判。在奎瑞案中(Ex Parte Quirin),来自德国的蓄意破坏者们在美国被捕,最高法院讨论如何处理的问题是:其中一个被捕者拥有美国公民身份,他是否受到拒绝进入民事法庭的总统声明的制约。最高法院坚持认为"按照海牙国际法会议的主旨和战争法的规定,把自己和敌方政府的军事行动联系在一起,并且在其帮助指导下进入实施敌对行动国家的公民,应属于交战的敌方"[13]。因而不管是否是本国的公民,违反了战争法足以移交军事审判。

假设没有这样的违法行为,平民能够顺利地对军事扣押和审判提出质疑。在米利根案中(Ex Parte Milligan),印第安纳州的一位公民在内战期间因谋反罪名被捕并被军方羁押。他被军事审判委员会判处死刑并通过人身保护令请求释放。最高法院认为军事审判法庭没有管辖权,因为印第安纳州不是一个反叛州,联邦民事法庭是开放畅通的,米利根是一位公民,不应该接受战争法的审判。[14]在邓肯诉卡哈纳莫库案(Duncan v. Kahanamoku)中,最高法院重申了其在米利根案中的推断。最高法院认为因为民事法庭在二战期间的夏威夷是开放的,军事法庭不能取代其对平民的管辖权。[15]而另一方面,对平林诉美国政府案(Hirabayashi v. U.S.)和是松诉美国政府案(Korematsu v. U.S.)的审判中则维护了美国政府的权利,当时美国政府对西海岸的日裔美国人实行宵禁,然后把他们从西海岸驱赶出去并在战争期间把他们扣留在内地的集中营里。最高法院支持这些行动,指出国会和总统是"步调一致的",因为在完善这项政策时国会和总统一样都采取了合宜的行动。[16]然而除了这两个案例外,还有其他的案例。作为包括是松案在内的一揽子协议中的一部分,最高法院也同时对远藤案(Ex Parte Endo)做了判决。在此案中最高法院判决单个机构不能够做出扣押人的决定,没有合理的理由能够证明大规模扣押是合法的。[17]在所有的这些案件中,是联邦法庭,而不是军事当局,对总统授权和军事当局执行的行动是否合宪得出最终的结论。在第二次世界大战的案例中联邦法庭只能做出有利于政府的裁决,为此国会已经给予了授权。

就布什政府而言,与反恐战争有牵连的任何人都不属于平民的范畴,而是归入

"敌对武装分子"的行列之中，他们可能没有经过指控而被扣押，拒绝律师为其辩护并被无限期地单独"软禁起来"。五角大楼不会遵守惯常的国际法和《日内瓦公约》来向红十字会透露武装分子的姓名——按照 1996 年战争罪法案，违反这一条构成战争罪。政府采取的立场是总统作为总司令能够依照他自己的权力发布命令，采取这些行动，并且此后法庭不能对这些无限期的扣押进行复审；总统的特权废除了国会不允许把无限期扣押适用于美国公民的禁令；9·11 之后国会已经通过了利用军队力量反对恐怖分子的授权，当涉及与恐怖主义作战的问题时，国会已经间接地授权总统对非法武装分子进行扣押。

对非法武装分子的审讯

根据《日内瓦公约》对战犯的处理，合法武装分子不必向俘虏他们的人提供除"姓名、军衔和部队编号"或其他基本信息之外的信息，并且不会受到威胁。然而，布什政府认为《日内瓦公约》中的这些保护措施将不适用于"非法武装分子"，虽然按照《日内瓦公约》，即使非法武装分子也有权利得到人道主义的对待；对他们进行审讯也有限制性的规定；虽然被监禁，他们也有权利同如红十字会和红新月会等保护机构进行沟通——他们没有获得上述权利。

《日内瓦公约》总则第三条规定，被拘人员"在任何情况下都将得到人道主义的对待"，为此，一些已明确说明的行为"在任何时候、任何地点都一直被禁止"。抓捕者虐待监禁中"被保护的人"属于公约中规定的"严重违法行为"的战争罪。战争罪包括如下罪行：（1）故意杀害在他们控制之下的受伤武装分子、战犯和平民等受保护的人们；（2）谋杀，暴力伤害事件，酷刑，非人道对待，对个人尊严的凌辱、羞辱及侮辱性对待，或对被保护人造成极大的痛苦或身体上的伤痛。《反酷刑公约》第一条禁止酷刑，并把酷刑定义为任何故意对人施加严重的疼痛或苦难（身体上或精神上）来获取信息或从这个人或别人（比如近亲属）那里得到供词的行为。

过去，不虐待囚犯一直是美国军队的一项传统，时间可追溯到乔治·华盛顿领导的美国独立战争时期。亚伯拉罕·林肯在美国内战期间颁布了第 100 号将军令，其中第 16 条，无论出于什么样的军事必要都禁止实施酷刑。依据《反酷刑公约》的规定，国会通过了一项法律，把对美国公民或居住在美国的外国人在美国以外的地方借法律的幌子实施酷刑或试图实施酷刑的行为认定为刑事犯罪。[18] 这条法律把酷刑定义为"由人实施的一种行为，以法律为幌子明确地故意给人施加身体上或精神上的疼痛……"在这条反酷刑的条文下不包括位于国外的外交、军事及其他政府设施和美国管辖下的拘留中心——一个巨大的漏洞。而反酷刑的另一条禁令是由国会通过的 1996 年《战争罪法案》，它规定美国公民或美国武装部队的成员（公民或非公民）在美国本土或国外严重违反《日内瓦公约》都属于刑事犯罪。[19]

在国防部提议和国务院的反对下，布什总统发布了如下命令："美国武装部队将继续人道地对待被拘留人员并在一定程度上适度与军事需要保持一致,在一定程度上与日内瓦原则保持一致。"这些文字援引了《日内瓦公约》并许诺人道对待,结果使用"军事需要"推翻了这个许诺。国防部的民事法律顾问随后准备了法律备忘录,认为审讯使用的一些残酷的方法是合理的:他们主张囚犯是非法武装分子,他们没有权利受到《日内瓦公约》的保护;如果不违反公约,那么就不会违反《美国军事审判统一法典》(the Uniform Code of Military Justice)反对战争罪的禁令,因为法典要求在确定是否犯战争罪时看是否违反了公约。国防部长唐纳德·拉姆斯菲尔德(Donald Rumsfeld)任命了一个工作组,这个工作组推荐了一系列极端残酷的审讯方式并获得了拉姆斯菲尔德的同意。只有那些造成持久的身体或精神上的类似于器官衰竭或永久残疾的影响会被认定为酷刑并被禁止。造成短暂性疼痛、痛苦或精神错乱等不管多么痛苦都不会被认定为酷刑。

在军法署署长办公室里经验丰富的审讯者和军事律师认为使用进攻性的审讯方式会降低他们争取到敌对势力投降的概率,或者会赢得当地社区的合作,或得到友好国家的援助。获得的情报可能是不可靠的,因为如果受到酷刑的那些人垮掉的话,他们会说出任何事——或者如果他们没有垮掉的话,他们会说出不正确的任何事情(或通常一点也不正确)。使用这些酷刑手段会让美方人员一旦被捕也处在危险之中。他们的这些主张被五角大楼的被委任的平民政治官员驳回。后来,使用酷刑受到在伊拉克的高层美国指挥官戴维·皮特雷乌斯(David Petraeus)上将的谴责,在他给部队的一封信中这样解释道:"一些人认为如果我们批准实行酷刑的话,我们将会更有效地……从敌人那儿获取情报。他们错了。除了这些行为是非法的这个基本事实以外,历史事实已表明这些行为也总是没有用处,没有必要的。"[20]

在阿富汗,第 337 宪兵队里的审讯人员和签署了私人契约(为中情局工作)的审讯人员都使用特别残酷的询问方式。囚犯们指称这些方式包括拷打,长久地保持他们在压力状态下,把他们浸在冷水中,用链子吊起来,对他们实行"水刑"(模拟溺水),使用性侮辱(羞辱或违背伊斯兰教反对注视裸体的禁令)。在美国监禁期间至少有八名囚犯死掉。在关塔那摩,前四年进行了 24 000 多次审讯。行为科学家与被扣押人员接触并阐释了伊斯兰教激进分子的心理概况。司法部认为把囚犯单独关押并使用攻击性审讯方式是获得情报最好的方式。[21]很多国会和私人组织展开调查并证实虐待行为一直是严峻的、有计划、有步骤的。[22]像一些海军人员所做的那样,在关塔那摩的联邦调查局侦探们在目睹了审讯之后向他们的上级提出了抗议,但是他们的反对没有促成任何变化。几年后,退休将军查尔斯·克鲁拉克(Charles Krulak)和约瑟夫·霍尔(Joseph Hoar)对酷刑受到前中情局局长特尼特和竞选总统提名的重要民主党候选人的支持(在 2007 年辩论中)进行了谴责,当时他们警告道：如果我们表明在非常严峻或危急的形势下这些审讯方式是可以进行协商并由此放弃我们的准则的话，我们就会让这些不确定性的因素进入敌方的阵营中。这条道路是失败的，并且我们也会沿着这条道路走向失败。[23]

特别军事法庭

从审讯中获得的证词对起诉被拘留人来说是必要的，但是按照军事法庭审判条例这些证词不能被采用。布什政府决定设立遵循不同条例的法庭。在 2001 年 11 月 13 号，布什总统基于他作为总司令的权力颁发了一项军事命令。[24]这项命令批准设立特别军事法庭（在美国本土之内或之外）并随后通过五角大楼制定的规章而生效。[25]由总统决定接受特别军事法庭审判的将会是任何一位非美国公民（包括外籍居民），他们或者是基地组织成员，或者参与了"国际恐怖主义行动"，或者"故意窝藏"属于前两类的其他人。美国公民将不受此军事法庭的管辖。

总统将任命特别军事法庭的军事审判员。总统将决定谁将接受审判，如果被告人被认定有罪，总统将会决定判决及刑期。在特别法庭诉讼中存在一些正当程序部分。被告人将被假定为无罪，审判前将收到指控通知，将不必陈述对自己不利的证词。他们可以选择自己的律师（如果能支付得起）或为他们提供军事律师。举证责任将在政府一方。被告人能够要求证人为他们作证。审判小组的三分之二人员将投票决定是否定罪。根据国防部的规定，死刑只有全体一致裁决才能通过。有向可能有平民任职的独立上诉委员会上诉的权利。

然而，在很多方面，对正当程序的保护是欠缺的。对"国际恐怖主义"的界定在发布的命令中或随后的规章中都没有做出解释。团伙组织和成员身份，而不是具体犯下的罪行，是实施拘留和审判的依据。只经总统决定就能指控和审判一个人，并且不必对其做出进行任何司法复审的决定。（在平民刑事诉讼中，第四修正案要求在逮捕令做出后立即对其合理依据进行司法认定，通常限定在 48 小时之内。）被指控的任何人都能在世界的任何地点无限期地被扣押，这则条款远远超出了《美国爱国者法案》(the USA Patriot Act)中国会的意图，《美国爱国者法案》中具体规定了仅仅七天有限的拘留时间，七天后被拘留的人必须因犯罪或因违反移民法被指控并且在人身保护令诉讼中允许司法复审。允许被告人选择他的一名平民律师，但是这名平民律师必须要按照国防部的指导方针排除获取"秘密"情报的嫌疑。如果委员会或总统命令"保密"诉讼，这些律师将没有权利参加审判。甚至能够命令部分或全部被告人不能出庭。并且没有与起诉证人当面对质的权利。

也许最重要的是，如果非法和违宪获取的证据"对一个合适的人具有证据力"，那么这样的证据是允许的。这就与通常的军事法庭审判形成了鲜明的对照，军事法庭审判与民事法庭相似，对证据的采用要遵守严格的规定。而特别军事法庭对于非法获取的尤其通过不合理的搜查和扣押获取的证据，或通过酷刑、虐待非法得到的供认，或被告人、证人做出的其他陈述等都不在证据排除规则之内。

上诉权利有限，上诉委员会只能调查证据，不能运用《宪法》或联邦法。不具有向民事法庭上诉的权利，这与通常军事法庭审判的案件形成了对比，通常军事法庭审判的案件可以由刑事上诉法庭复审，然后由武装部队的上诉法庭复审，再由美国最高法院复审。最后，如果五角大楼宣布被告人被认为是危险的，甚至被法庭宣布无罪的被告人仍然可能被监禁。[26]

政府声称通过把布什总统作为总司令的权力和捍卫《宪法》的就职宣誓结合在一起，总统拥有了《宪法》赋予的权力来设立这样的军事机构。它指出依据《宪法》，曾出现过这样的先例，包括在内战、第二次世界大战和朝鲜战争（虽然在最后这次战争中从来没有使用过）中都设立过军事法庭。政府也引证了《授权使用武力》（AUMF）的决议，其中提到国会已经授权总统"使用所有必要的适当的武力来对付他认定的参与计划、授权、实施或帮助了发生在 2001 年 9 月 11 日的恐怖袭击的那些国家、组织或个人，对付那些为这些组织或个人提供庇护的国家、组织或个人，目的是为了避免这些国家、组织或个人将来再次对美国发动恐怖主义袭击行动"[27]。军事法庭只运用一段时间，是为了提供一个拘押和审判恐怖分子的体系，这项决议对阿富汗的军事行动进行了考量，并没有通过。政府也同时指出由国会制定的《军事审判统一法典》提到了由总统设立军事法庭的内容。[28]但是在此法典的第三十六章国会已经明确规定设立的军事法庭"不可以违反或与《军事审判统一法典》不一致"。

布什的军事命令招来了批评者的一片反驳之声，不只是国内的自由主义者和党派反对者，崇尚法治的中立派和右倾自由主义者也反对这次政府权力的扩张行为。美国律师协会代表大会（the American Bar Association House of Delegates）以 286 票比 147 票表决通过，建议应确保接受特别军事法庭审判的被告人得到惯常的立法保护，并表决通过特别法庭只在有限的情况下并且遵循已确定的《宪法》及法律条例才能启用。美国的同盟国，包括英国和澳大利亚政府（已派遣部队到伊拉克和阿富汗），对总统布什通过的诉讼程序进行了谴责。

国防部官员劝阻提供无偿服务的私人律师不要为被拘留人员辩护。司法部提议把律师进入关塔那摩的次数限定为三次并允许政府官员拒绝辩护律师未经法庭授权而使用秘密证据的要求。它还提议对律师与被辩护人的邮件进行监视。[29]五角大楼建议未经法官许可不遵守规定的律师不得与被辩护人见面。

法庭上的情报模式
私人律师（一些为民权组织工作）和被指派给被拘留人的军事律师开始行动起来对很多特权提出质疑。

对非法武装分子的无限期拘留

沙菲克·拉苏尔(Shafiq Rasul)、阿西夫·伊克巴尔(Asif Iqbal)和戴维·希克斯(David Hicks)在阿富汗被捕,被拘留在关塔那摩湾,他们否认自己是敌对武装分子或基地组织成员。被审讯后,他们供认已经参加了在阿富汗的恐怖主义训练营并在录有奥萨马·本·拉登(Osama bin Laden)的录像带中辨认出了他们自己。对人身保护令的上诉被宪法权利中心移交给了联邦地区法院,上诉理由为1903年与古巴签署的租赁协议给予了美国"对关塔那摩及内部完全的管辖权和控制权",美国拥有事实上的最高统治权,因此被扣留在此地的囚犯就像被扣留在美国领土上一样被赋予相同的权利,未经审判就不能被无限期拘留。最高法院正式受理了此案,主要的问题在于联邦法院是否对被拘留在关塔那摩的外国人拥有管辖权。那么相应地法院将要对是否把1950年的美国领土之外的军事审判案,约翰逊诉艾森特拉格案,(*Johnson v. Eisentrager*)作为一个先例做出回应。[30]在这个案例中,法院做出的判决为二战后被羁押在美国领土之外的战斗人员不受人身保护令的保护。

法官史蒂文森(Stevens)所写的主要意见书对拉苏尔等被拘留人和在艾森特拉格案中德国战犯的身份做了区分。德国战犯一直被羁押在德国本土,而拉苏尔和其他人不是与美国交战国中的国民;他们否认进行密谋侵略的行为;他们没有接受任何审判或任何罪名的指控;两年多来他们被监禁在美国行使专属管辖权和控制权的领土上。国会已规定在美国领土上享有人身保护令复审的权利。史蒂文森认为关塔那摩属于美国的领土范畴,因为美国虽然不拥有其最终的主权但行使着完全的专属管辖权,因此上诉人有获得人身保护令复审的权利。同时他认为如果不存在这样一项国会法令的话,外国人本来就不会享有复审的宪法权利。此后不久,英国情报机构向美国当局证明这两位英国人(拉苏尔和伊克巴尔)在被指称出现在本·拉登组织的录像带期间一直待在英国国内,于是他们在2005年获释并被遣返回国。随后五角大楼制定了一项不寻常的、秘密的"返工"(do-over)诉讼程序:如果五角大楼对做出的判决不同意,它能够下令举行听证会并持续到复审委员会同意对被捕人员实行拘留为止。

在下一个重要的案例哈姆丹诉拉姆斯菲尔德案(Hamdan v. Rumsfeld)中,最高法院以5比3投票裁决总统拥有国会授予的设立军事委员会的权力。[31]法庭判决民事法庭的审判不适用于被拘留人员,并且法官都没有强烈要求关闭关塔那摩或其他的军事拘留设施。史蒂文森法官(自身为二战老兵)为大多数法官代笔,指出:"哈姆丹没有对政府拘留他的有效的战争期限提出质疑,我们如今也没有解决这个问题。"对政府来说,法院的判决不是全盘的胜利,因为后来法院经过斟酌拒绝了很多总统设立军事委员会的程序。史蒂文森认为国会已经要求军事委员会遵守战争法,除非国会规定总统的行为应受法规和条约的限制及必须遵守武装冲突国际法。同时国会也规定这些军事委员会制定的法律法规应该与军事法庭的规则保持一致。但是特别军事法庭违反了《军事审判统一法典》和《日内瓦公约》:被拘留人能被排除在这些诉讼程序之外;被拘留人或律师能够被剥夺知晓证据的权利,在强迫之下获得的证据能够被承认。法院规定只有国会有权设立具有这种程序的法庭;另外《日内瓦公约》第三条适用于基地组织恐怖分子。他们只能被"常规设立的法院"审判和判刑,这意味着是按照一个国家已经生效的法律和程序设立的"普通的军事法庭"。只有在能够说明脱离军事法庭原因的某种切实可行需求的情况下,军事委员会才能被"常规设立"。法院发现政府还没有展示出这种需求。四位法官与史蒂文森意见一致,他们认为在《日内瓦公约》第三章中的"所有保证的权利……被认为是文明人享有的必不可少的权利"必须被理解为至少包含着一些被惯常国际法认可的在审判中提供的保护的权利。法官布雷耶(Breyer)也表达了相同的意见,要求国会在对被拘留人以后的审判程序方面解释清楚其意图。[32]

布什总统对这个判决表现出无所谓的态度,声称最高法院已经同意使用特别军事法庭,并且宣布他会请求国会来判定军事法庭是否为正确的手段并要求国会形成成文法。[33]随后五角大楼加快了把被拘留人员转移回他们自己国家的步伐:释放了关押在关塔那摩接近三分之一的囚犯,原因是他们不再对美国安全造成威胁,并且五角大楼的官员透露大多数在押人员将最终被遣返回他们自己的国家或被释放,因为他们不再有任何情报价值。然而哈姆丹被指控为密谋并为恐怖主义提供支持罪(他是奥萨姆·本·拉登的司机和保镖)并在2007年接受审判。五角大楼打算只对被拘留的600多人中的60到80人进行起诉。

对美国公民的无限期拘留

一名沙特阿拉伯居民,亚瑟·埃萨姆·哈姆丹(Yaser Esam Hamdan),在阿富汗战场上被北方联盟军抓获,被押送到了关塔那摩湾,但在得知他出生在美国为美国公民之后,随后很快被转移到弗吉尼亚诺福克海军基地的海军监狱里(在那里被单独监禁,只有红十字会和审讯人员能够接触)。哈姆丹是一名"敌方战斗人员",按照对战犯的规定不符合受保护的条件,并且司法部认为他可以不经审判被无限期羁押。司法部进一步主张是,行政部门,而不是法院,对他的身份有权做出最后的判决,因而哈姆丹无需或无权得到律师辩护。这是美国政府第一次坚决主张美国公民能够不经指控被无限期拘留,不允许律师辩护,不允许法院进行人身保护令复审。

一个下级联邦法院裁决哈姆丹不能被无限期拘留,但是在里士满和弗吉尼亚联邦上诉法庭由三名法官组成的专家小组支持政府的观点。虽然审判长J.哈维·威尔金森(J. Harvie Wilkinson)确实对于"任何被指称为敌方战斗人员的美国公民未经指控或律师辩护都能被无限期拘留"的这种分类不具有司法复审权表达了关切之情，但是他把拘留描述为是军事行动之后的情报收集工作，不是刑事司法过程的一部分。这个专家小组的判决得到了全体上诉法院的认可。

哈姆丹的律师把裁决上诉至最高法院。副总检察长保罗·D.克莱门特（Paul D. Clement）坚持认为考虑到美国"仍然还有一万人的美国部队在阿富汗，[没有]法律或逻辑要求美国释放被拘留的人使他重新加入到战斗中"。最高法院最后以8比1做出判决，即使被指称为"敌方战斗人员"也有权进行公平的听证会来判定他们的身份，并且联邦法院保留对这种诉讼程序合理性的人身保护令复审权。[34] 撰写主要意见书的法官奥康纳（O'Conner）精心制定了一套军队在完善他们的听证程序时使用的指导原则。意见书遭到了持异议的斯卡利亚（Scalia）法官的批判，他主张人身保护令本应该被采用，并且哈姆丹本应该在联邦法院的管辖之下，而不是在军事法庭的管辖之下。

由于最高法院的判决，政府决定结束对哈姆丹的羁押。随后他被驱逐到沙特阿拉伯，条件是他放弃他的美国公民身份。就在他返回沙特不久的2004年10月11日，他宣布放弃他的美国公民身份并同意五年内不离开沙特，永远不再踏上阿富汗、伊拉克、以色列、巴基斯坦、叙利亚、约旦河西岸或加沙地带。

国会审查的假象

布什使用特权本应接受国会的审查，但事实上共和党总统依靠的是共和党在参众两院中占多数的支持，这种党派上的支持意味着国会方面的行动提供的只是进行有效审查的假象及对前五年反恐怖主义战争的制衡。

未经授权进行监听的法定权限

布什总统授权国家安全局执行未经授权电子监控的事件曝光，其后果就是由共和党掌控的国会绕开了《外国情报监听法案》的条款并进一步讨论把这个项目置于法律的规定之内。布什总统尝试与司法委员会的温和派参议员达成妥协，司法委员会主席阿伦·斯佩克特（Arlen Specter）起草了2006年国家安全监控法案（S. 2453）。这项法案并没有削弱总统的特权而是认同了总统权力，并为执行这些权力提供了法律保护。它为那些参与到自9·11事件以来由总统授权的泄露和未泄露（即那些国会还不知情的）监控项目中的人员提供了法律追溯豁免权。如果总检察长以国家安全为由突然停止了在联邦和州法院的一系列诉讼的话，任何指称违反民权的法律上的质疑都将被移送至《外国情报监听法案》的复审法庭。根据参议院法案，由支持这种情报模式的法官所控制的情报法庭，"可能会以任何理由驳回对电子监控项目合法性的质疑"，并且它的程序和判决将会处于保密状态。即使这项法案设立了司法许可程序，它也承认了总统单边授权监控项目有效。第108条详述的是"此法案中的任何规定都没有去限制《宪法》赋予总统收集关于外国势力和间谍情报的权利"。"按照对行政机构的《宪法》授权或 1978 年的《外国情报监听法案》",这项法案规定了将对电子监听授权,从而废除了以前法律条文规定的把《外国情报监听法案》作为电子监听的"唯一依据"。[35]最终即使使用《外国情报监听法案》程序,国家安全局也不再需要获得对个人进行监听的许可,而是只需为了监听"项目"赢得法院的批准即可。

批评家抱怨说斯佩克特法案承认了总统的特权,没有对此做出任何的约束。斯佩克特反驳说:"法案没有同意总统对固有权力的要求;这需要法院做出确认或驳回。法案仅仅在尽可能存在的程度上承认了总统权力。"[36]一些共和党人感觉到这项法案为政府提供了太多选择的自由:参议员克雷格(Craig)、苏努努(Sununu)和穆尔科斯基(Murkowski)提议法案中删除参考总统固有《宪法》权力的用词,删除涉及"项目"授权的条款。

法案还未经国会通过,共和党在国会的统治地位结束。民主党在 2007 年控制国会,这样一来,国会可能会通过一项议案,来重新确认《外国情报监听法案》的程序并剥夺未经授权监听的权利。但是为了避免参议院中出现阻挠议案通过的情况发生,有可能议案将不得不囊括一些允许总统证明监听必要性的用词;扩大监听目标的范围;为以前的监听提供免责条款;把现存的诉讼移至《外国情报监听法案》法庭。一旦国会通过这样的一项法案,由于总统和国会已经达成"共同的一致",联邦法院可能会对未经授权的监听表示支持。

审讯监督

在报纸上发布伊拉克阿布格莱布监狱的虐囚事件之前,国会对中央情报局和五角大楼的监督一直是形式上的。但是由于参众两院由共和党控制,委员会没有把调查的矛头指向政府高级官员,而民主党也未能在推进此事上获得支持。经过一番军事调查之后,只有下等"士兵"和中下级官员被起诉。

最终国会以 90 票比 9 票通过了参议员约翰·麦凯恩对一项军事授权法案的"反酷刑修正案",被称为《被拘留人员待遇法案》(DTA)。然而,仔细研究后发现这只是摆出一副虚假的姿态而已。麦凯恩的法案要求处在军队监管下的被拘留人员只能使用《陆军野战手册》(the Army Field Manual)授权的审讯方法进行审讯,并且规定"处在监管或美国政府人身控制下的任何人,不管什么国籍或身处何地,都不会受到残忍的、非人道的或有辱人格的对待或惩罚"[37]。议案最初的版本也包括了中情局审讯的条款。此法案中麦凯恩本来同意了总统的豁免权,"如果总统决定这样做对保护美国及人民免受恐怖主义袭击是至关重要的话",但是,在副总统切尼试图向他施压要求他撤回整个修正案时,麦凯恩的态度变得更加强硬,删除了总统豁免条款,并得到了 36 名之多的退休高级别军事官员签署的联名支持信。麦凯恩和布什在椭圆形办公室见面"摊牌",之后布什同意不行使他的否决权,但是他在如下的工作中这样做是没有任何理由的:五角大楼已经在修订《陆军野战手册》增加对极端审讯的授权;其中的措辞没有提供出对残忍、非人道及有辱人格对待被拘留人的具体解释。而麦凯恩在以下两个重要方面做出了妥协:被指控为使用虐待方式进行审讯的中情局官员和其他人员能够以他们遵守了合法程序为自己做辩护;被指控为实施了虐待的审讯人员将有权得到政府律师的辩护。最后参议员林赛·格雷厄姆(Lindsey Graham)和琼·凯尔(Jon Kyl)发起制定了《被拘留人员待遇法案》中的一则另行条款,其内容更多地偏向布什政府一边:格雷厄姆把以前禁止使用通过胁迫审讯获得证据的草拟稿改成了如下条款:"在切实可行的程度上"军事法庭将会评估证词是否"通过胁迫"获得,考量非法获得证据的"证据力",并且有权承认证据。这是国会首次把在法庭上使用刑事逼供获取的证据合法化。[38]《被拘留人员待遇法案》同时还剥夺了联邦法庭对被拘留人员人身保护令申诉无限期拘留合法性进行复审的权利。[39]关塔那摩的被拘人员只有在对他们的敌方武装分子身份进行确认和被特别军事法庭判决进行上诉时才能使用法庭。当布什签署此法案并制定成法律时,他发表了"签署声明",这暗示着他没有放弃任何特权:"行政机构将以一种与宪法赋予总统的……作为总司令的权利保持一致的方式解释[这条法律]。"对待被拘人员的方式将会在五角大楼的指导原则下继续下去。

国会与特别军事法庭

作为最高法院对哈姆丹案判决的回应,共和党控制的国会通过了2006年《军事委员会法案》。[40]此法案没有对总统声称的权力进行压制,而是把总统下达的所有命令都合法化。为了使中情局免于在审讯方式上被起诉,它修改了《战争罪行法案》。在被拘留人员获得分级复审之前,法案禁止他们的律师公开从被辩护人那里得到任何情报(包括被审讯时的待遇)。它扩展了总统确定敌人的定义(敌人不但包括与美国作战的那些人,而且还包括那些"有目的并在物质上支持敌对势力"的人),对其进行无限期地拘留并由特别军事法庭进行审判。它允许中情局继续扣留和审讯在美国领土之外监狱里的恐怖分子,因为在这里他们将会免受《反酷刑法》的约束。并且它承认在2005年《被拘人员待遇法案》通过之前由军队进行审讯获得的证据,即使审讯已经涉嫌进行"残忍的,非人道的,有辱人格"的虐待(虽然它确实禁止通过酷刑获得证据)。它禁止总统授权使用酷刑,但是它允许总统对《日内瓦公约》规定的残忍的、非人道的、有辱人格对待方面的"含义和运用做出解释"(这项条款将会削弱联邦法院的解释权)。争议最大的法律条款是禁止联邦法院审理被拘留在任何地点的即使在美国的外国敌方战斗人员提出的人身保护令的上诉。通过这项条款,国会完全剥夺了联邦法院对人身保护令案件的审理权。

这条法律随后受到了哈姆丹案的挑战。在地区法官詹姆斯·罗伯森(James Robertson)做出的判决中,坚持的观点是被拘人员没有权利在联邦法庭上对他们遭受的监禁提出质疑,并且对复审令(被最高法院复审)的申诉被法官驳回。[41]此后对哈姆丹的军事审判开始。2007年民主党控制国会后,去年由共和党控制的国会剥夺了联邦法院拥有人身保护令的条款可能有望恢复,但是这项法律的其他条款是否会被废止难以预测;即使废止了其他条款,避开总统布什可能实施的否决权也几乎是不可能的。

并行统治

总统们声称享有的特权,是以作为总司令所拥有的权力、他们固有的暗含的行政权力或他们就职宣誓时所负的责任为基础的。当极端地使用这些特权时,后果不仅仅是所有的行政权力将由总统和他的下属来执行"单一行政权力",而且在立法和司法方面形成了并行统治,即行政机构绕开国会和法院,也能行使准立法和准司法权力。

詹姆斯·麦迪逊(James Madison)在《联邦党人文集》第47篇中评述:"立法、行政和司法所有的权力集中在同一个人手中,不管是一个人、几个人或很多人,并且不管是世袭、自封或选举产生,都应当称为专制政府。"他主张采用三权分立制,但同时又指出如果实行完全的三权分立(国会行使所有的立法权和专属的立法权,总统行使所有的行政权和专属的行政权,法院行使所有的司法权和专属的司法权),被委任以所有立法权的机构将会非常强势,它会把其他机构带入到"立法机构的漩涡中"。麦迪逊主张部分上的三权分立,其中有些权力将会重叠,有些将会结合,这样一来一个部门能够行使的权力,又是另一个部门权力的一部分。尽管《宪法》把"司法权"委任给了最高法院,但是国会也有发出传票的权力;在听证会上可以有证人;进行弹劾审判;总统有权发布死刑缓期执行令并赦免反对美国的罪行。同样地,国会不行使所有立法权:行政命令、行政协议、军事命令和声明公告都具有法律效力,最高法院"里程碑式"的判决和国会通过的立法一样有效。

部分分权学说派准许布什总统匆匆拼凑出一套并行权力和制度化的做法,首先确定了对恐怖主义宣战的政策,然后单边执行了这些政策,最后做出裁决,并一直要求获得免除司法复审的权力。他这样做的时候正是公众舆论对权力的行使持怀疑态度而又坚持要求对国家安全采取有力措施的时候,正是司法机构时而行动起来维护自己的管辖权而又不能去推翻总统政策的时候,正是国会更关注党派团结而不是坚持已通过的保护民权的法律法规应由布什总统忠诚执行的时候。

尾注

1. "60 Minutes II" *CBS Network*, September 11,2002.

2. 引用见 Charles Lane, "Fighting Terror vs. Defending Liberties," *The Washington Post National Weekly Edition*, September 9 - 15,2002, p. 30.

3. George Tenet, *At the Center of the Storm*. New York: Harper Collins, 2007.

4. "Means of Attack" in "National Strategy for Homeland Security" (Washington, DC: The White House, 2002).

5. Richard K. Betts, "The Soft Underbelly of American Primacy: Tactical Advantages of Terror," in Demetrios Caraley, ed. , September 11, *Terrorist Attacks, and U. S. Foreign Policy* (New York: Academy of Political Science, 2002), pp. 33 - 50.

6. Laurence Tribe, "Trial by Fury," *The New Republic*, December 10,2001, p. 12; and Ronald Dworkin, "The Threat to Patriotism," *The New York Review of Books*, February 28,2002, p. 47.

7. Richard Posner, "Security versus Civil Liberties," *The Atlantic Monthly*, November 2001, p. 46

8. James Fallows, "How We Could Have Stopped It: The Plan We Still Don't Have," *The Atlantic Monthly*, January/February 2005, pp. 80 - 92.

9. For a defense of these policies see 对这些政策的辩解,参见 Viet D. Dinh, "Foreword: Law and the War on Terrorism, Freedom and Security After September 11," *Harvard Journal of Law and Public Policy*, Vol. 25, No. 4,2002, p. 399.

10. 战俘是指那些参加了公开宣布的、符合战争法规的战争中被俘虏的人。根据《日内瓦第三公约》,只有他们遵循一系列命令,有固定的识别标志或制服并公开携带武器,并且行动要遵循战争法律法规,他们才属于武装部队人员,或有组织的反对现行政府的群体。

11. 根据《日内瓦公约》第七十五条,非法战斗人员应该由公正的、定期开庭的法庭进行审判,有必要的人权和辩护途径,有无罪推定的权利,有讯问证人的权利及不举证的权利。

12. Diane Marie Amman, "Guantanamo," 42 *Colum. J. Transnat'l L.* (2004): 263.

13. *Ex Parte Quirin*, 317 U. S. 1 at 38.

14. *Ex Parte Milligan*, 71 U. S. 2(1866).

15. *Duncan v. Kahanamoku, Sheriff*, 327 U. S. 304(1946).

16. *Hirabayashi v. U. S.* 320 U. S. 81(1943); *Korematsu v. US* 323 U. S. 214(1944).

17. *Ex Parte Endo*, 323 U. S. 283(1944).

18. 18. U. S. C. sec. 2340A.

19. *War Crimes Act* 18 U. S. C. sec. 2441(1996).

20. David H. Petraeus, Letter to U. S. military personnel from Headquarters Multi-National Force-Iraq (10 May 2007).

21. Neil A. Lewis, "Guantanamo Prisoners Seek to See Families and Lawyers," *The New York Times*, December 3,2002, p. A22.

22. 兰德尔·施密特和约翰·弗尔洛将军在关塔那摩的有关审讯总结见 www. defenselink. mil/news/detainee_investigations. html. 亦可参见 Command Responsibility, (NY: Human Rights First. 2006).

23. Charles C. Krulak and Joseph P. Hoar, "It's Our Cage Too: Torture Betrays Us and Breeds New Enemies," *The Washington Post*, May 17, 2007, p. A17.

24. "Military Order on Detention, Treatment and Trial of Certain Non-Citizens in the War Against Terrorism," 66 Fed. Reg. 57831(2001). Note that this was a military order, and not an executive order. 注意：这是军事命令，不是行政命令。

25. Procedures for *Trials by Military Commissions of Certain Non-United States Citizens in the War Against Terrorism*, Department of Defense Military Commission Order No. 1, March 21, 2002. 由五角大楼公布的规定可见网站：www. defenselink. mil/news/Mar2002/d20020321ord. pdf.

26. 根据五角大楼官员威廉·J·海耶斯，II，参见 Katharine Q. Seelye, "Pentagon Says Acquittals May Not Free Detainees," *The New York Times*, March 22, p. 13.

27. P. L. 107 - 140 Sec. 2 (a)(2001).

28. 使用军事法庭已经在 1920 年战争法案，1950 年《军事审判统一法典》和 1996 年《战争罪行法案》中通过。

29. American Bar Association, Task Force on Treatment of Enemy Combatants Criminal Justice Section, Section of Individual Rights and Responsibilities, "Report to the House of Delegates, 2003."

30. 339 U. S. 763(1950).

31. *Hamdan v. Rumsfeld* 126 S. Ct. 2749(2006).

32. Jeremy Rabkin, "Not as Bad as You Think: The Court Hasn't Crippled the War on Terror," *The Weekly Standard*, July 17, 2006, Volume 11, Issue 41.

33. Sheryl Gay Stolberg, "Justices Tacitly Backed Use of Guantanamo, Bush Says," *The New York Times*, July 9, 2006.

34. *Hamdi v. Rumsfeld*, 542 U. S. 507(2004).

35. 18 U. S. C. 2511(2)(e).

36. Arlen Specter, "Surveillance We Can Live With," The Washington Post, July 24, 2006, p. A19.

37. Title X, Defense Appropriation Act, 2006 (H. R. 2863); Sections 1402 - 1405, Defense Authorization Act, 2006.

38. 此次修正案与禁止使用通过酷刑或极端胁迫获得证言的规定相矛盾，参见 the *Uniform Code of Military Justice*, 10 U. S. C. sec. 863.

39. 格雷厄姆修正案目的是用来实施最高法院的裁决，裁决见 *Rasul v. Bush* 542 U. S. 466 (2004)，a nullity. 最高法院认为关塔那摩的被拘人员可以提出人身保护令请愿，对他们的被拘提出质疑。此修正案对战斗状态审查法庭裁决有效期的复审，即初期的诉讼程序，进行了限定。这意味着联邦法庭不能决定是否已经违反了麦凯恩反酷刑修正案。Sec. 1005 of the *Detainee Treatment Act of 2005*, "Procedures for Status Review of Detainees Outside the United States."

40. P. L. 106 - 366,(2006).

41. *Hamdan v. Gates*, 127 S. Ct. 1507(2007).

文献 33 奥巴马白宫的决策

詹姆斯·P. 菲夫纳

总统们在白宫招贤纳士，然而总统获得提议的优劣则取决于他或她如何去利用这些贤士人才。评判应接不暇的信息，辨别下属的看法是否正确，确保收到的提议是从总统而不是从下属的角度作为优先考虑事项等诸多方面，最高行政长官面临着艰巨的挑战。

研究总统决策的政治科学家们逐渐归纳出几个理解白宫组织和进程方面最为重要的因素：集权化的程度，多方位支持的影响程度；对给总统管理建议的公正调停人的使用。本文仔细研究了奥巴马总统在这三个因素方面的决策风格，并采用了以下几个案例进行举例说明：经济政策，被拘留人政策，阿富汗战争中的决策。

集权化、多方位支持及公正调解人

总统们通过各种各样的方式来应对获得有用信息及建议的挑战。为了确保他们能从广泛的范围内而不是从有限的支持他们自己部门的内阁部长们那里获得建议，总统们扩充了白宫工作人员的人数并让他们充当初级顾问的角色。为了确保他们不去仓促地做出决定及忽视一些应考虑到的重要的因素，一些总统已经坚持采用一种有秩序的审议进程，其中包括做出重要决策之前听取反对观点及不同的政策选择。一些总统已经任命"公正调解人"到他们的工作人员中以确保聆听到工作人员和内阁部长们的重要观点。总统巴拉克·奥巴马在白宫继续集中收集政策建议并在政策审议中坚持多个支持群体参与。然而他没有任命公正调解人，而是本人亲自控制决策的各个环节。

集权化

自艾森豪威尔以来，总统们稳固地加强了对总统提议和政策管理的集权化。20 世纪前半叶，相对来说，总统们拥有数量较少的白宫工作人员，他们把内阁成员作为他们的主要顾问。艾森豪威尔成了所谓的具有美国风格的内阁政府的典范，即他把内阁作为一个议事机构并授权他的内阁部长们在他们自己机构的管辖权内制定政策。在他对内阁部长们的指示中，艾森豪威尔总结了他对内阁部长们所任角色的设想："你们不是来代表你们自己的机构，自己的州，或其他的任何地方。你

来源：*Presidential Studies Quarterly*，Volume 41，Issue 2(June 2011)：244 - 262. © 2011 *Center for the Study of the Presidency*. 由 James P. Pfiffner 授权使用。

们是我的顾问。我希望你们自由地发表见解,而且我更愿意你们去思考和评论其他内阁成员发表的意见(Burke,2010,361)。"

在猪湾入侵事件之后,约翰·肯尼迪开始在白宫集中管理政策建议,他指示麦乔治·邦迪(McGeorge Bundy)在白宫"设立小的国家部门"。理查德·M. 尼克松总统对职场官僚体制的不信任是出了名的,他使白宫工作人员部门制度化,比如成立国家安全委员会和国内政策委员会作为政策发展中心。他想在他的直接控制下运用自己的分析能力,而不必依靠更多行政分支部门或机构获取政策建议。因此,尼克松大规模地扩充了白宫工作人员队伍。

相对于尼克松统治方式的集权化,吉米·卡特总统通过授予他的各部部长们自由裁量权来尝试他所称的内阁政府。但历经几年的挫折之后,他更换了五位内阁部长,把信任放在了白宫工作人员身上。罗纳德·里根总统一开始授权给他的内阁部长们,但是不久就意识到要想控制决策,尤其是外交政策,他必须把信任放在最亲近的顾问身上。

自里根以来,已得到公认的是,总统们必须要反对美国政府的这种离心倾向,即主要依靠他们的白宫工作人员而不是依靠他们的内阁部长们。表面上看来,总统制的这种集权化趋势可能是凭借总统的个人关系和喜好。然而,来自结构和体制上的因素促使政策发展的集权化进入白宫。内阁部长们的看法及观点必然会受到他们的政策角度和对自己所在部门的支持的影响。为了抵制这种离心的倾向,总统们需要获得建议去打破部门界限。此外,白宫工作人员从身体和心理上占据着亲近总统的优势。

考虑到总统制中制定政策集权化这种稳定的发展趋势,奥巴马总统在继续坚持集权化方面并没有什么特别之处,但是通过许诺司法部长埃里克·霍尔德(Eric Holder)对起诉反恐战争中被拘留人的政策制定上拥有宽泛的自由裁量权,奥巴马开始了他的政府运作。然而在霍尔德做出了最初的一些决议之后,受到了来自白宫工作人员的压力,尤其是拉姆·伊曼纽尔(Rahm Emanuel),他说服奥巴马撤回了霍尔德做出的一些决议。最终霍尔德被视为缺乏政治敏感性,奥巴马放弃了给予他的授权尝试。下文将会进一步讨论。

多方位支持

政治科学家是结构和过程的研究者,他们坚决主张有秩序的政策过程能够促进总统的决策制定;或者至少说缺乏有秩序的过程将可能损害决策的制定。正如德怀特·D. 艾森豪威尔总统所评论的:"组织机构当然不能从蠢才中造就出成功的领导者,同样它也不应该为领导者做出决策。但是在把失败的可能性降到最低及保证右手确实知道左手在干什么方面,它是发挥作用的(1965,630)。"

亚历山大·乔治(Alexander George,1972,1980)坚决主张:总统们需要确保他们的顾问体系能为他们提供一系列任何重要决定的备选方案，并且保证能够做到的最好方式是"多个支持群体"体系。他还认为仅仅白宫工作人员提出不同的建议不能保证把有效的备选方案呈现给总统。因而，必须要有意识地组织形成这个体系，这样支持不同备选方案的代表们才能在智力和机构方面拥有相似的资源。重要的是，多个支持群体体系的贯彻执行需要总统积极地参与，以此来确保政策方面的辩论达到均衡化和系统化（George，1980，193）。

在越南问题上的两个关键性决策的对比，解释了为总统提供系统化建议的重要性：艾森豪威尔在 1954 年的决策是不向越南派遣美国地面部队，林登·约翰逊在 1965 年的决策是逐步升级对美国军队的派遣。艾森豪威尔对他的决策方式进行了系统组织，从而产生了相互冲突的观点看法，并毫不避讳地对这些观点看法进行仔细斟酌。相比之下，约翰逊的决策方式则倾向于缩小范围，阻止开展辩论。

在 1954 年，艾森豪威尔总统面临着抉择，是干预越南局势解救被围困在奠边府（Dien Bien Phu）的法国部队，还是听任法国部队被击败并被驱逐出越南。艾森豪威尔当时已经形成了一个有保障的决策进程，相当正式并且建立在直接面对备选政策的基础上。在艾森豪威尔的回忆录中，他对自己的决策方式进行了描述："我知道只有一种方式，通过这种方式你能够确定你已经尽了最大的努力去做出了明智的决策。就是让所有人在这个特殊领域，不管它可能是什么领域，都承担部分和可限定的责任。让他们在你面前发表不同的观点，倾听他们的辩论（Burke and Greenstein，1991，54）。"反对的观点公开呈现在艾森豪威尔面前之后，他认为直接干预越南局势是不明智的。

相较于艾森豪威尔决策的方式，约翰逊总统在 1965 年春制定了一系列渐进式的决策，最终导致美国部队无限度地介入到了越南战争中。约翰逊不支持他的顾问们全面考量他们的决策所带来的更广泛影响，并且他们没有清楚地认识到战争升级的每一个阶段所引发的后果。根据伯克和格林斯坦的说法，决策的顺序"根本就是缺乏分析"（1991，278）。约翰逊在越南问题上的系列决策与艾森豪威尔精心策划的审议过程形成了鲜明的对照。艾森豪威尔促使他的顾问们提出各种对抗的提议；而约翰逊则压制异议。约翰逊的不安全感和专横的个性阻止了建议的公开交流；艾森豪威尔的经验和自信让他的意见在审议过程中受到挑战。约翰逊不支持有分歧的意见；艾森豪威尔明确表示他不需要总是表示同意的人。艾森豪威尔国家安全委员会的审议过程是有秩序的，并且有意识地完全公开听取有分歧的意见；按照伯克和格林斯坦的分析，约翰逊制定决策的过程是"组织上的混乱无序"（1989—1990，575）。

奥巴马总统的主要决策是经过小心谨慎的（有时是冗长的）政策审议过程的，截然不同的政策的提倡者，经常在总统面前面对面地直接发表他们不同的提议。

在被拘留人员政策方面,奥巴马让霍尔德走进白宫,直接面对那些反对他提出的在民事法庭体系内审判被指控的恐怖主义分子的决议。在经济政策方面,奥巴马坚持主张应该呈报给他各种不同意见,直接摆在那些在政策上已经达成共识的人面前。在关于阿富汗问题的审议过程中,奥巴马坚持先介绍关于反恐怖主义方案的基本情况,而这正是参谋长联席会议主席迈克尔·马伦(Michael Mullen)不愿意公布的。

2009 年秋,阿富汗战争的审议过程集中体现了奥巴马采用多方位支持的决策方式,最终他决定把美国部队增加到十万人之多。当奥巴马寻求大幅度战争升级的备选方案时,前副总统理查德·切尼指控他"犹豫不决"。但是奥巴马仍坚持继续进行讨论并交换意见,直到他对最后的决策满意为止。下文中我对奥巴马努力协调意见分歧的策略方面进行了仔细研究。

公正调解人

奥巴马在白宫继续沿着决策集权化的进程行进,并且他似乎采纳了研究者拥护的谨慎的多方位支持的决策方式。但是在他执政前两年的审议过程中似乎没有采用公正调解人的决策方式。很多学者们已经阐释了公正调解人的概念:亚历山大·乔治(Alexander George, 1980)和约翰·伯克(John Burke, 2009)在国家安全政策决策方面,罗杰·波特(Roger Porter, 1980)在经济决策方面,还有詹姆斯·菲夫纳(James Pfiffner, 1993)在总统办公室主任方面等对此都有阐释。

亚历山大·乔治在他的书《总统外交政策的决策制定》(*Presidential Decisionmaking in Foreign Policy*)中主张"监护经理"(公正调解人)是在进谏总统方面能确保获得多方位支持的一个重要方面。公正调解人代表总统采取行动,保证审议过程中让在权力和资源方面达成均衡的顾问们参与进来,必要时吸收新顾问及不同渠道的信息,并预先安排对辩论的前提条件进行单独的分析(George, 1980, 195 - 196)。

约翰·伯克在他的《公正调解人》(*Honest Broker*)一书中把公正调解人的角色描述为总统决策制定中有效的重要组成部分。他主张:"国家安全委员会顾问不仅仅是政策顾问,而且还需要做到的是,把公正均衡的信息提交给总统及那些给总统提供建议的人(经常被称为'负责人'),还要关注在决策制定中起作用的组织以及整个过程的总体质量(Burke, 2009, 1)。"

罗杰·波特以他在福特政府时期领导经济政策委员会的经验为基础,强调指出:必须要仔细地权衡所有相互冲突的观点,公正调解人必须"保证代表各利益相关方并且辩论要系统性、均衡性"。波特这样描述了公正调解人的角色:

公正调解人和他的工作人员不像集权化的管理工作人员一样,他们不是部门拥护者与总统之间的调解人,而是会比确保正当程序进行做得更多。他们会促进观点之间真正的碰撞角逐,辨别出没有被充分代表的观点或需要有限定条件的观点,确定整个过程什么时段没有被给予足够的广泛的选择空间,并增强一方或另一方的资源来达到均衡呈报的结果。简而言之,他们能够保证正当程序及质量控制(1980,26)。

在比尔·克林顿政府时期,国家经济委员会主席罗伯特·鲁宾(Robert Rubin)把自己看成是一名公正调解人。

菲夫纳仔细研究了白宫办公室主任作为公正调解人的情况,并主张:内阁部长们和其他白宫工作人员原封不动地把他们的观点呈送总统时,必须要充满信心。如果他们没有这种信心,他们会利用能够运作的秘密渠道把他们的观点呈报给总统。不必说,缺乏信任和使用秘密渠道将导致不正常顾问体系的产生,总统将不会得到很好的服务。他认为杰克·沃森(Jack Watson,为卡特总统服务),詹姆斯·A.贝克(James A. Baker,为里根总统服务),莱昂·帕内搭(Leon Panetta,为克林顿总统服务)都有效地充当了公正调解人的角色。他们严格地管理呈报给总统的提议并在政策形成过程中严格纪律。相反,刚愎自用的白宫办公室主任,比如H. R.霍尔德曼(H. R. Haldeman,为尼克松总统服务),唐里根(Don Regan,为里根总统服务),约翰·苏努努(John Sununu,为G. H. W.布什总统服务)都没有担当公正调解人的角色,最后都以不光彩地辞职为结局(Pfiffner, 1993)。

如果高层工作人员不去认真地担任公正调解人的角色,而是成为政策的支持者,要想保证把有关立法的所有观点都体现出来,这个重担就转移到总统身上。这会花费总统个人的时间和精力并让总统陷入到政策备选方案的细枝末节中(Rudalevige, 2009)。这样做的好处在于总统对政策议题获得了深度的理解,坏处在于他不得不花费个人时间来缓和工作人员之间的纠纷并确保他要全程参与政策制定过程。

奥巴马总统任职前两年,在主要决策中,他选择不使用公正调解人。奥巴马的高级经济顾问拉里·萨姆斯(Larry Summers)很明确地拒绝波特和鲁宾支持使用公正调解人的观点。他力图阻止其他经济政策顾问向总统呈报他们自己的观点,这一点在下文中会提到。奥巴马的白宫办公室主任拉姆·伊曼纽尔是奥巴马所有重要决策的核心人物。但是他充当的角色是政策的支持者,相比国会中民主党或其他奥巴马的顾问所持的立场来说,他尤其支持更温和的政策立场。

在对阿富汗问题的审议过程中,国家安全顾问詹姆斯·琼斯(James Jones)本来可以成为一名公正调解人,但是奥巴马很大程度上依赖琼斯的副手托马斯·唐尼伦(Thomas Donilon)为其提供建议。琼斯常常感觉到他没有得到他应该得到的机会去接近总统,而奥巴马也没有像琼斯期望的那样去咨询他(Woodward,2010)。但从另一方面来说,琼斯在白宫平民领袖和五角大楼之间的沟通方面确实发挥了重要的作用。

奥巴马作为决策者的三个实例

奥巴马总统采取了强烈的具有自我意识的决策方式并认为他的方法分析缜密且小心谨慎。他把他的方式描述为"把最优秀的人才团结起来,并作为一个团队工作。在评价问题的性质时坚持分析的严谨性;确保听到不满的呼声和对一系列的备选方案进行研究(Walsh,2009)。"奥巴马把他的相对理智的决策方式解释为是一种理性的方式。"你必须要以信息而不是以感情为基础来制定决策(Achenbach,2009)。"奥巴马可能一直含蓄地把自己的和乔治·W.布什总统制定决策的方式进行比较,当时他宣布:"我只认为这是出于本能。我不是一名教科书的参与者。我是一名本能的参与者(Woodward,2002,137)。"

被拘留人政策

在奥巴马竞选总统时,他因审讯政策抨击了布什政府,并许诺如果他当选总统将关闭关塔那摩监狱。在竞选获胜后,为了与"以前的事务一刀两断",他开始履行他的诺言(Stolberg,2009)。在1月22日宣誓就职的第三天,奥巴马下达命令"在切实可行的情况下尽可能快地"关闭关塔那摩湾拘留设施,"并且不能迟于命令下达之日起一年时间(White House,2009a)。"同日他还颁布了一项行政命令,指示中情局遵循陆军战斗手册中在审讯方面详细规定的条例,所有这些要遵守《日内瓦公约》;"任何加强型审讯方法"(EITS)都不能在审讯中使用(White House,2009b)。后来在他第一年的任职中,他的政府决定在联邦法院体系中起诉一些关塔那摩的被拘留人员,并在纽约市审判哈立德·谢赫·穆罕默德(KSM)。共和党抨击了奥巴马的每一项决策,政治上的压力改变了他在民事法庭审判恐怖主义嫌疑人及审判地点上的立场。国会阻止他关闭关塔那摩湾监狱,但是他坚守了宣布刑讯逼供不合法的诺言。

奥巴马制定了很多的政策决议,在这些议题上改变了政府的立场,从一个更"自由"的合法的立场到一个更为保守的政治上更为协调的立场。他拒绝了司法部长埃里克·霍尔德初期的政策提议并支持在政治上更为协调的白宫顾问们的提议,尤其是来自白宫办公室主任拉姆·伊曼纽尔的提议。奥巴马白宫顾问们的更为广泛的政治敏感性战胜了更注重法律的司法部长和司法部的提议。奥巴马任职总统的前6个月内在白宫关于被拘留人政策方面的决策变得更加集权化。

尽管先前两党对关闭关塔那摩湾监狱表示支持,关塔那摩湾监狱已经变成了反恐战争中虐待和拷打被嫌疑人的象征,但是国会却阻止奥巴马许诺在一年期限内执行关闭的决定(McNamara，2006；Baldwin，2009)。对关闭关塔那摩政治上提出反对意见始于 2009 年春,5 月国会经两党支持通过了一项追加开支法案的修正案,这项追加开支法案终止了政府要求关闭关塔那摩所需的 8 000 万美元的支出。并且这项修正案还禁止使用相应的款项用于关闭关塔那摩或把任何被拘人员带入美国。

布什政府期间,在审讯恐怖主义嫌疑人的过程中,美国职员已经使用了非常残酷的有时甚至是严刑拷打的手段(EITs)并导致了被拘人员的死亡(Pfiffner，2010),这是清楚明了的。奥巴马把对被拘人员的残酷对待作为一个竞选议题,他许诺如果他上任,此类手段将不会被授权。1 月 22 日他的行政命令宣布《日内瓦公约》第三条是对待囚犯的"最低底线"。命令中规定被拘"人员在任何情况下都将得到人道主义的对待,不应该受到危及生命和人身安全的暴力威胁",包括对他们个人尊严的凌辱和有辱人格的对待。"从今天开始"审讯必须与《陆军战地手册》2 - 22.3 保持一致(2006)。

副总统切尼及其他布什政府时期的官员对奥巴马宣布撤回严刑拷打的手段进行了强烈抨击并且指控他危及国家安全(Thiessen，2010)。奥巴马总统采取行动,准备公布布什时期使用严刑拷打的手段的备忘录及美国工作人员虐囚的照片,此举更激怒了布什政府审讯手段的支持者们。当奥巴马正准备根据法庭判决行动起来,公布备忘录(由法律顾问办公室代理主任史蒂芬·布拉德伯里在 2005 年 5 月所写)和照片时,前中情局局长迈克尔·海登(Michael Hayden)公开请求奥巴马重新考虑此事。迈克尔·海登组织其他前中情局局长们一起反对这次信息公布。伊曼纽尔和白宫政界警告总统此次公布将会造成政治上的强烈反对,奥巴马开始更加严肃认真地考虑此次动议将带来的政治影响。

4 月 15 日,为了重新审议司法部长霍尔德公布备忘录的提议,奥巴马在一次白宫晚间会议中安排他的顾问格雷·克雷格(Greg Craig)和国家安全委员会助理丹尼斯·麦克多诺(Denis McDonough)之间进行一场辩论,格雷·克雷格支持公布备忘录,而丹尼斯·麦克多诺对此持反对意见(Calabresi and Weisskopf，2009)。最终奥巴马决定公布备忘录。但是在倾听了国防部长罗伯特·盖茨(Robert Gates)及其他人的辩论之后,奥巴马决定不公开照片。当时辩论的内容为把照片公之于众是否可能激怒穆斯林并导致危及美国人生命的更多暴力活动。在备忘录被公开的同时,伊曼纽尔宣布政府将不起诉使用了经司法部法律顾问办公室通过的审讯手段的中情局特工(Klaidman，2009)。伊曼纽尔在公布照片及不起诉中情局审讯人员等议题上战胜了司法部长霍尔德。

霍尔德在克林顿政府期满时因批准存在争议的赦免而备受批评,之后他想要表明他独立于他的朋友奥巴马。同时他也想把对待司法部长办公室的方式同布什政府严格控制法律议题的方式区别开来。因而,他说服奥巴马公开授权他在起诉反恐战争中恐怖分子嫌疑人方面做出决策的权力。

霍尔德坚信,既然法院体系具有几个世纪以来法学上的合法性并被国际上看作是正当法律程序的典范,那么民事审判将会体现出美国人遵守法治。正是基于此,2009 年 11 月 13 日他决定审判 9·11 犯罪嫌疑人。霍尔德确信已经审判过几百个恐怖主义分子的民事法庭能够有效地起诉 9·11 恐怖主义分子。他断定:"在[《宪法》]第三条规定中的法庭是最合适的审判案件的场所,也是我们最合适的全面反击基地组织的场所(Kornblut and Johnson,2010)。"依据第三条进行审判的依据涉及欧洲国家,其中一些正扣留着嫌疑恐怖主义分子的国家,是否愿意把嫌疑人引渡到美国起诉(Savage and Shane,2010)。如果这些国家对美国的正当法律程序有信心,他们将会毫不迟疑地把嫌疑人押送至美国进行审讯。

奥巴马下令对关塔那摩被拘人员的法律案件由司法部组建的一个委员会进行彻底的复审,这个委员会由来自国务院、国防部、中情局和联邦调查局的代表组成。在此委员会及霍尔德的建议下,奥巴马决定在《宪法》第三条规定的法庭或特别军事法庭起诉 25 名在关塔那摩的被拘人员,释放 110 名被拘人员。同时他还宣布美国将继续扣留一些未经起诉或审判的被拘人员。这样的决策相当于未经起诉或审判就继续进行无限期拘留,为此自由派人士对奥巴马进行了抨击。

霍尔德及在民事法庭审判被拘人员的支持者们主张,《宪法》第三条中规定的法庭是美国法律制度中最好的代表,并且是经过检验而又可靠的美国司法体系的手段。他们同时强调指出《日内瓦公约》第三条要求被告人应该由"固定的《宪法》规定的法庭审判,并且应该提供文明民族认为的必不可少的所有的司法保障(Pfiffner,2010,chap.3)"。他们认为特别军事法庭只是近几年来依据特别军事委员会法案设立,审判程序没有在法庭上得到检验。因而,与《宪法》第三条规定的几十年来经受过上诉而保留下来的法庭相比,特别军事法庭程序将更有可能被上诉法院推翻。在指出特别军事法庭只具备有限经验的同时,他们强调只有三位恐怖主义分子已由特别军事法庭审判,其中两位随后被释放。

奥巴马初期的授权允许霍尔德决定哪位被拘人员在哪个审讯地点接受审判。但是当霍尔德宣布在联邦法院审判一些 9·11 嫌疑人时,遭到了共和党批评者的强烈反对。他们认为民事审判将为嫌疑人提供太多的权利并且被告人能够利用审判做出公开指责美国的言论。相比之下,特别军事法庭允许使用传闻和胁迫得来的证词作为证据。

2009 年 12 月 25 日发生了阿卜杜勒穆塔拉布(Umar Farouk Abdulmutallab)试图使用藏匿在内衣里的爆炸物炸毁一架飞机的事件,此议题到了非解决不可的地步。阿卜杜勒穆塔拉布没有得逞,联邦调查局对他进行羁押并审讯了他与恐怖分子的关系。在政府决定在法庭上起诉他而遭到公开批评的几周后,司法部长霍尔德写信给参议员少数党领袖米奇·麦康奈尔(Mitch McConnell)解释了政府的决策。霍尔德指出,从2001年9·11到2009年被布什政府在美国捉获的每一位恐怖主义嫌疑人都在《宪法》第三条规定的法庭按照刑法被审判。刑事司法体系给300多名嫌疑人定罪并把他们关进监狱(Center for Law and Security, 2009)。

当霍尔德决定在联邦法庭起诉自称为9·11策划者的哈立德·谢赫·穆罕默德时,他决定把审讯地点放在纽约市,原因为纽约市是"犯罪发生的州和地区"(第六修正案)。由于此问题造成了政治上的动荡不安,白宫不允许霍尔德为他审判地点的决策做公开辩护(Kantor and Savage, 2010)。在民事法庭上起诉9·11嫌疑谋划者及对圣诞节劫机者采取的决策引起了政治上的强烈反对,从而引发了一场政治风暴。拥护特别军事法庭进行审判的支持者们似乎赢得了民意。

由白宫办公室主任伊曼纽尔领导的白宫政治助理们从一开始就不想让引发争议的国家安全议题危及政府的国内政策议题,他们竭力要求霍尔德对党派政治因素做出更敏感的反应(Kantor and Savage, 2010)。比如,参议员林赛·格雷厄姆(Linsey Graham)强烈主张任何关于9·11的审判都应该由特别军事法庭进行,他还主动提出如果政府同意由特别军事法庭而不是《宪法》第三条规定的法庭来审判哈立德·谢赫·穆罕默德及其他人员的话,他将在关闭关塔那摩湾方面尽力取得共和党的支持。

拉姆·伊曼纽尔认为格雷厄姆在关闭关塔那摩湾方面提供帮助是至关重要的,并且他希望能够减少在审判恐怖主义嫌疑人方面的党派攻击,因此他继续与参议员格雷厄姆合作以求达成协议。据伊曼纽尔所言:"没有参议员格雷厄姆的支持,你不能关闭关塔那摩,哈立德·谢赫·穆罕默德在协议中是一个连接点(Kantor and Savage, 2010)。因而奥巴马处于两难境地:是支持霍尔德最初的处置被拘留人的合法决策,还是迫于政治压力把审判从民事法庭转到特别军事法庭上? 当时参议员约翰·麦凯恩和约瑟夫·利伯曼(Joseph Lieberman)一边主张采用所有外国恐怖主义嫌疑人应由特别军事法庭而不是民事法庭审判的法律法规,一边还加紧了政治上的施压。面对这种授权还是集权化的两难境地,奥巴马选择了集权化。

奥巴马总统在制定政策上出现的这些变化表明了白宫决策集权化的影响力。当霍尔德的决策遭到政治上的强烈反对时,白宫工作人员,尤其是白宫办公室主任,说服奥巴马相信霍尔德的决策所带来的政治后果相比于他的法律观点及他独立于白宫来说会更为严重。奥巴马白宫工作人员对高可见性法律政策掌控的集权化,例证了当代所有总统们所面临的压力,即总统们要确保各部门的观点看法不会削弱更为广泛的总统利益。

经济政策

奥巴马总统,在他过渡时期的第三周,为了应对经济危机,宣布成立了经济政策工作组。他推举联邦储备银行行长蒂莫西·盖特纳(Timothy Geithner)作为他的财政部长,皮特·奥斯扎格(Peter Orszag)作为国家管理及预算办公室主任。在白宫,克里斯蒂娜·罗默(Christina Romer)被提名为经济顾问委员会(CEA)主席,副总统的经济顾问杰瑞德·伯恩斯坦(Jared Bernstein)加入进来并担任重要角色。作为国家经济委员会主席的拉里·萨默斯将会协调和领导经济团队。奥巴马为了稳定市场,还聘请了重量级人物保罗·沃尔克(Paul Volcker),他曾在 20 世纪 70 年代晚期到 80 年代早期担任过联邦储蓄委员会主席,并且为了抑制经济中的通货膨胀提高了利率。虽然沃尔克在白宫工作人员中没有职位,但是他将担任奥巴马的高级顾问并领导总统经济复苏顾问委员会。

奥巴马为了确保获得全方位的经济建议,每天都会安排半小时的经济政策会议,会议由萨默斯、盖特纳、奥斯扎格、罗默、伯恩斯坦和伊曼纽尔参加(Alter,2010,189;Lizza,2009)。萨默斯主持会议并且他是在白宫西厢唯一拥有办公室的经济顾问(Calmes,2009)。对于其他重要的政策议题,审议过程集中在白宫进行,伊曼纽尔为奥巴马监督审议过程。在经济危机期间,财政部长盖特纳是关键性决策的核心人物,但是由奥巴马最后做出决定,伊曼纽尔作为盖特纳每日的监督人(Alter,2010,194)。在汽车援助审议中,根据史蒂文·莱特纳(Steven Rattner)所言,伊曼纽尔"每日对蒂姆[盖特纳]开始了有效的监督(2010,68)"。相比之下,布什总统给予他的财政部长亨利·保尔森(Henry Paulson)更多形成政策的空间,尤其是在问题资产救助计划(TARP)政策方面。

伊曼纽尔协调决策制定的过程,但是拉里·萨默斯竭尽全力操纵向总统提供实质性的经济建议。与为克林顿总统管理国家经济委员会的罗伯特·鲁宾相比,萨默斯并不想成为公正调解人的角色。鲁宾把他的工作视为确保总统能听到所有人提出的建议,然而萨默斯坚决拒绝公正调解人的方式。他来为奥巴马工作之前,曾宣布"如果我们要使这个世界变得更好,只是探究所有立场的实施过程而放弃掉改变别人的想法,这是不够的(Lizza,2009)。"

萨姆斯以敏锐的才智及对其他白宫工作人员的急脾气而出名。在他面谈这个职位期间,他告诫奥巴马他将会支持他所认为的最好的政策而不是担任公正调解人的角色。"我很自我,我不会轻易地与蠢人为伍。[如果你雇佣我]你将会得到缜密而严肃的论点(Alter,2010,190)。"奥巴马理解萨姆斯的立场及言外之意。因为在经济政策方面没有公正调解人,奥巴马不得不花费更多的时间来确保在经济问题上获得广泛的建议。

萨默斯持续把自己的观点传达给奥巴马,他的自信促使他把其他的经济顾问排挤出重要的会议,避免他们有接近总统的机会。在政府成立初期,他极力阻止经济顾问委员会主席罗默参加重要会议,而罗默向伊曼纽尔发出呼吁,伊曼纽尔确信她被包括在(Alter,2010,198)内。萨姆斯还极力限制联邦储备银行行长盖特纳和国家管理及预算办公室主任奥斯扎格接近总统(Calmes,2009)。

萨默斯最大限度地减少了民主党左派自由主义经济学家接近总统的机会,比如约瑟·斯蒂格利茨(Joseph Stiglitz)和保罗·克鲁格曼(Paul Krugman),他们都主张金融公司国有化。罗伯特·莱许(Robert Reigh),克林顿政府里的一名自由主义者;沃伦·巴菲特(Warren Buffet),深受尊敬的亿万富商;他们都是奥巴马竞选总统期间的顾问,但是在奥巴马成为总统及萨默斯接管经济决策后他们就没有再接近过总统(Alter,2010,205)。保罗·沃尔克(Paul Volcker)主张为了避免经济危机的反复发生,政府需要在金融界选取一位更强有力的监管人。萨默斯则认为应通过更保守、不干涉的方式来解决问题,并阻止沃尔克面见总统(Alter,2010,194)。

因经济决策方面缺乏公正调停人的角色,奥巴马不得不密切地参与到决策制定的细节中。奥巴马不得不亲自监督审议过程以确保获得全方位的备选方案。在审议初期沃尔克曾一度对“为什么总统想要知道详细的细节”感到诧异(King and Weisman,2009)。奥巴马谨慎小心地找出不同的观点建议。比如,如果他在考量关于金融危机及可能的解决方案带来的后果等复杂的议题,感觉到还没有倾听到全方位的建议时,他就会下达命令:“给我其他人关于这个议题的建议。我想要更多的想法(King and Weisman,2009)。”

在一次决定汽车行业命运的会议(2009年3月26日)上,萨默斯没让经济顾问委员会成员奥斯坦·古尔斯比(Austan Goolsbee)参加,原因是他不赞成萨默斯政府不应该帮助汽车行业走出困境的提议。在会议上,当萨默斯开始做简要的情况介绍时,奥巴马打断了他,说“我读过备忘录了”,并询问了在简要备忘录中提出不同意见的部分。这时经济顾问委员会主席罗默告知奥巴马,是古尔斯比提出了不同意见,于是奥巴马指示把他带入会议室,并要求他陈述不救助克莱斯勒公司的最好的理由。虽然最后古尔斯比没有占到上风,但是奥巴马想要确保听到他的论点(Alter,2010,178;Rattner,2010,130)。

尽管这样,左派还是批评奥巴马没有严肃认真地考虑更为广泛的备选方案,经济顾问委员会主席罗默对此给出了这样的解释:刺激法案(《美国复苏及再投资法案》)的经费本来应该要高于7 870亿美元。然而与国会关系密切的白宫工作人员认为经费过高行不通,甚至可能会失去本来就没有几个共和党人表示支持的投票。国会中很多共和党人批评总统,原因就是他们认为刺激法案花费太多,这样会增加太多财政赤字。

2009年3月,左派施加了强大的压力,要求把处在严重困境中的银行国有化。然而右派中的一些人认为,应该让已经做出糟糕经营决策的金融机构倒闭,而不是用纳税人的钱去救助它们。在经过大量的审议之后,奥巴马否定了来自左右两派较为极端的观点。他接受了主流经济学家的建议,认为没有政府的干预,经济将陷入一场不亚于大萧条的经济衰退。最后奥巴马决定实施盖特纳的计划,对银行进行"抗压测试",让市场消除疑虑,并鼓励私人资本流入银行(Lizza,2009)。他拒绝了左派国有化的呼吁及右派不干涉金融市场的主张。

同样,在汽车行业危机中,奥巴马没有去附和保守派的看法,保守派认为汽车行业已经犯下了基本的经营错误,本应该遭受市场体系带来的命运:破产和解体。在白宫的审议中,经济顾问委员会成员奥斯坦·古尔斯比提出的不应该救助克莱斯勒公司的主张没有奏效。奥巴马也没有同意左派的汽车行业本应该国有化的主张。相反,奥巴马选择了迫使克莱斯勒公司和通用汽车公司在指定时间内进行重组,以便获得问题资产救助计划的资金支持(Alter,2010,179)。

左派和右派里的一些人认为大型金融公司应该解体,这样就不会因为规模太大而不能倒闭的大型公司把经济作为砝码了(Alter,2010,201)。当金融监管改革正要最终被敲定时,沃尔克主张《格拉斯-斯蒂格尔法案》(Glass Steagall Act)应该被废除,对大型金融银行的规章制度应该加大力度。而萨默斯在限定新的金融监督制度的范围方面占有优势。与我在这篇文章中所研究的其他政策一样,奥巴马最终也采取了温和的经济政策。

因而,在经济政策的制定过程中,既然奥巴马没有使用公正调解人来领导政策讨论,他就充当了辩论的策划人和对他的助手们提出质询的人。他阅读简报,熟知政策细节并担任自己的公正调解人。他的这种风格更类似于尼克松、卡特和克林顿总统对政策的分析方法,而里根和乔治·W.布什总统的方法倾向于把政策的细节方面放权给他们的工作人员。奥巴马总统决策的方式方法与布什总统的方式方法形成鲜明的对比,总统布什让副总统切尼拟定议题,组织详细的分析并控制决策的过程。

阿富汗战争的逐步升级

在伊拉克战争之前的2002年,奥巴马在批评布什政府计划入侵伊拉克时说道:"我不是反对所有的战争。我是反对愚蠢的战争(Obama,2002)。"在竞选总统时,候选人奥巴马阐明了他反对在伊拉克发动战争的观点,并做出承诺要着手把美国从这个国家中解救出来,当然不会用一种"不负责任的"或轻率的方式去结束它。奥巴马把在伊拉克的这场"愚蠢的战争"与在阿富汗的"正义的战争"进行了比较,认为布什政府因为在伊拉克的战争而忽视了阿富汗战场上形势的不断恶化。在2001到2009年间,美国在阿富汗的紧张局势已升级;塔利班正在卷土重来,并向卡尔扎伊(Karzai)中央政府和当地部落领袖发出挑衅,争夺国家的控制权。

在奥巴马对阿富汗战争的审议中,他谈到了三个关键的转折点:不缩减这场战争的规模的决定;基本策略从击败塔利班到削弱塔利班转变的决定;2010年初再派遣3万人次美国部队的决定。奥巴马在斟酌向阿富汗大幅度增加美国兵力的议题上行动迟缓,他认真听取了支持战争升级及主张美国更小规模参与战争的建议。奥巴马在军事决策上的方式与布什总统的方式形成了鲜明的对比,布什持续召开非正式会议并且经常不让政治任命官员和职业官员参加审议。

在奥巴马就职后不久的2009年3月,他决定批准军队派遣更多部队的请求,并增派2.1万人到阿富汗,部队人数总共达到了6.8万人(中情局人员和军方雇员除外)。在2009年5月,他委任斯坦利·麦克里斯特尔(Stanley McChrystal)将军接替了在阿富汗的美国指挥官麦基尔南(McKiernan)将军,麦克里斯特尔将军支持反叛乱行动策略,这个策略把注意力集中在保护平民及构建阿富汗管理结构上,而不是局限在杀死敌方人员身上。

2009年夏,很清楚的是,美国在阿富汗战场上继续处于不利的局势下,军队领导人开始要求增派部队。在8月30日,麦克里斯特尔将军向国防部长盖茨递交报告,提议全面拥护和实施一个反叛乱行动策略上的改变,此策略不再侧重部队防护,而是更注重与当地居民合作并构建管理体系。此后,麦克里斯特尔向总统递交了增派部队的正式秘密请求,请求派遣四万、三万或一万人到阿富汗(Kornblut,Wilson and De Young,2009)

在收到麦克里斯特尔将军的请求之后,奥巴马在随后两个月内召开了十次正式会议来决定美国军队在阿富汗的未来行动方案。麦克里斯特尔建议增派部队的备忘录在9月中旬被泄露给了媒体,麦克里斯特尔将军10月1日在伦敦公开发表声明,表示缩小在阿富汗战事的范围和降低强度将是"目光短浅的"(Wilson,2010)。当他被问及是否认为在阿富汗少量的派军是明智的时,他的回应是"答案是不"(Baker,2009)。麦克里斯特尔这种公开的立场表明,如果奥巴马决定不增派部队,他的政敌将会指责他对阿富汗战场上的军队指挥官置之不理。

奥巴马和他的助理们在两个月的时间里进行了仔细的审议工作,由此他得到了一些人的赞扬,赞扬他对美国军队在南亚的立场进行认真的重新评估。但是他也因为审查的延长而遭受批评;前副总统切尼批评奥巴马的审议工作是"犹豫不决"。一些民主党人,包括最出名的副总统拜登已经开始怀疑美国军队击败当地塔利班武装分子的能力,并支持把精力直接用于攻击世界各地的基地武装分子的身上。

麦克里斯特尔备忘录强调了当地政府部队的重要性。"单靠一支外国军队不能击败暴乱。这是他们的战争。直到阿富汗人民做出决定支持他们的政府,并能够为他们自己的安全提供保障",美国才会取得胜利(McChrystal,2009,2-5)。他认为取得胜利的第一个"主要的威胁"是"有组织的、坚决叛乱"的塔利班组织。但是他认为第二个主要的威胁是美国正在支持的阿富汗政府本身。"第二个威胁来自阿富汗政府机构的优柔寡断,贪官污吏及政治掮客滥用职权却不受惩处,政治上普遍剥夺公民权利及长期缺乏经济机遇。"他认为这些情况"导致了新成员加入到叛乱组织中(McChrystal,2009,2-5)。"而美国支持阿富汗政府是取得阿富汗战争胜利的一大威胁。

麦克里斯特尔将军相信增派更多的部队能够让美国在阿富汗取胜,而卡尔·W. 艾肯伯里(Karl W. Eikenberry)对此持怀疑态度。在白宫工作人员的鼓动下,他给国务院发去电报(电报内容也被泄露给了媒体)表达了他的观点。作为军队里的一位将军,艾肯伯里一直负责美国在阿富汗的部队,并在 2009 年初被奥巴马任命为美国驻阿富汗大使。艾肯伯里对卡尔扎伊政府的怀疑在 2009 年 8 月选举后不断加剧,在这次选举中,总统哈米德·卡尔扎伊是在可疑及被控选举舞弊的情况下获胜。艾肯伯里电报中表达的观点是:阿富汗政府没有"表现出具备接管最重要的安全责任的意愿和能力,更不必提去进行统治管理了。因而,再次增派部队将不能为持久推进我们的策略目标提供足够的理由;相反,会让我们陷入得更深"(Eikenberry,2009b)。而且:

> 总统卡尔扎伊不是一个能够胜任的战略伙伴。提议的反叛乱策略假设阿富汗政治领导层在推动我们的目标时即能够承担责任又能够行使国家主权。然而卡尔扎伊对任何统治义务都继续采取回避责任的态度,不管是在防御、管理还是发展方面。他和他圈子里的多数人都不想让美国离开阿富汗并且非常高兴地看到我们能够进一步投入(Eikenberry,2009a)。

两位职业军队领导人对相同的政治和军事形势进行了评判,然而对美国政策的下一步方向却得出了相反的结论。

尽管艾肯伯里对总统提出建议,可能是麦克里斯特的公开立场带来的压力所致,奥巴马在 9 月底还是决定不考虑在阿富汗减少美国兵力。"我现在只是想说,我想撤消我们离开阿富汗的计划(Baker,2009;Woodward,2010,186)"。然而,奥巴马没有决定增加多少或是否增加美国兵力。

在紧接下来的八个星期里,总统顾问们进行了广泛而又充分的审议。军队领导人们,还有国防部长盖茨和国务卿希拉里·克林顿,都坚定地支持大幅度增加 4 万美国兵力。然而,对需要的兵力,总统奥巴马持怀疑态度,他认为一份完整而又详尽的反叛乱策略只有投入比要求的 4 万多得多的兵力,才有可能取得胜利,而这个策略将会花费太多,持续时间太长。他支持副总统拜登,拜登为自己提出的最可取方案给出了正当的理由:一场"反恐怖主义"运动将致力于击败基地组织(al Qaeda),而不是在阿富汗建立一个阿富汗人民支持的政府。奥巴马指示拜登:"我想要你说出你到底怎样想的。并且我想让你提出你能够想到的最严峻的问题(Woodward,2010,160)。"实际上,奥巴马在是否向阿富汗增派美国军队的审议中指派拜登扮演了"故意唱反调"的角色(George 1980,169-173)。其他几位白宫工作人员,包括国家安全顾问琼斯,他的副手托马斯·多尼伦,反恐事务顾问约翰·布伦南,伊曼纽尔及丹尼斯·麦克多诺都对大量增派美国部队持怀疑态度。

在10月9日的一次正式会议中,奥巴马做出了关键性的决定,把美国的使命改变为"削弱"而不是击败塔利班。据盖茨所言:"我们需要消灭基地组织,但是我们只需要削弱塔利班的实力(Sanger,2010,wk1;Woodward,2010,219,260)。"

奥巴马愿意鼓励提出坦诚的政策意见,但是一旦他做出最后决定,他也重视达成共识。"在我的团队中我欢迎辩论,但是我将不容忍分歧的存在(Woodward,2010,374)。"奥巴马,包括他的白宫助理们,对军队领导人们呈报的关于阿富汗策略的几个可行方案表示了不满。军队领导人们坚持他们最初推荐的增派4万兵力的提议,奥巴马曾不满地表示:"你们只是递交给我四个方案,而其中两个是不现实的",第三个方案很接近于他们支持的4万。"选择的余地不够多,你们基本上只给了我一个方案(Woodward,2010,278)。"参谋长联席会议主席海军上将马伦(Mullen)承认奥巴马所言是对的,并说道"我没有看到其他的道路"(Woodward,2010,279)。马伦上将曾一度极力制止参谋长联席会议副主席詹姆斯·卡特赖特上将(James Cartwright)递交备选的反恐怖主义策略的报告。当奥巴马听说了这件事时,坚持要求向他呈报这项完整的报告(Woodward,2010,237-238)。

到10月底为止,奥巴马已决定增派部队,尽管他还没有决定增兵的数量。在11月11日,奥巴马宣布"我正在寻找一次突袭的机会",这样派遣部队将会快速到达阿富汗,从2011年7月部队兵力开始逐渐缩减(Kornblut,Wilson,and De Young 2009,A19;Baker,2009)。奥巴马的这个期限设定效仿了乔治·W.布什最后向伊拉克增派兵力设定期限的策略。一次"突袭"意味着有一次相对快速的增兵,但是又会设定一张开始减弱兵力的清晰的时间表。据琼斯所言,目的是"缩小使命,收紧时间表"(Kornblut,Wilson,and De Young,2009,A19)。宣布开始缩减兵力日期的目的是给卡尔扎伊发出这样的信号:美国在阿富汗的行动不是无限期的。据参加11月23日会议的一位官员所言,奥巴马说,实际上,"我们把消息传递给卡尔扎伊,现在是必要的"(Kornblut,Wilson,and De Young 2009,A19)。盖茨坚持认为缩减兵力的时机应该"视情况而定",即视阿富汗当时的具体情况而定。

在感恩节前一天的一次与军队领导人的会议上,奥巴马认为他已确定增军人数为3万人,然而五角大楼的官员在感恩节后回来的那天又对增兵数量提出更多问题(Woodward,2010,307-315)。最后奥巴马决定他必须要详细地记录下他已经决定的事情。"也许在这件事上我干预的太多,但是我想我必须这样做(Woodward,2010,315)。"他最后的措辞包括了"必须遵守的3万部队的突袭行动"、一份2010年12月的官方国家安全委员会的进展情况汇报及2011年7月开始缩减兵力的计划。奥巴马的决定之后,戴维·皮得雷乌斯将军(David Petraeus)对奥巴马任劳任怨地深入研究政策细节做出评价:"历史上没有一位总统在他的一生中口述过没有空行的五页纸的报告。这是工作人员领取报酬做的事情(Woodward,2010,327)。"

奥巴马在11月29日向他的高级文官和军事助理宣布了他最后的决定。美国将再派遣3万人的部队并尽力说服北大西洋公约组织同盟国再派遣5千人,国家安全委员会将在2010年12月进行全面的形势汇报(Kornblut,Wilson,and De Young 2009,A19)。即使奥巴马在竞选中清楚地表明了阿富汗战争是他的首要任务之一,但是他的这项决定还是冒着失去民主党左派支持的风险。美国众议院议长南希·佩洛西(Nancy Pelosi)在公开陈述众议院支持增派部队是经过深思熟虑时,着重强调了奥巴马做出增派阿富汗驻军的决定所遇到的政治上的困难。"总统将不得不亲自向国会陈述自己的理由(Kane,2009,A4)。"利昂·帕内塔(Leon Panetta)精确地概括了奥巴马面临的政治局势:"没有任何一位民主党总统能够反对军队的提议,尤其是如果他主动寻求军队的提议时(Woodward,2010,247)。"

在审议阿富汗政策过程中,奥巴马充当了他自己的公正调解人。用亚历山大·乔治的话说就是"裁判官"是"倾听别人给出的观点,对观点进行评估,引出问题并提出问题,是采取支持者清楚表达的行动方案,还是听取建议后自己单独制定行动方案,最后对此做出判断(George,1980,201)。"在口述增派兵力条款的备忘录时,奥巴马明确地否决了军事顾问们提出的备选方案并规划出自己的方案。

在战争决策方面,奥巴马采用的方式方法与总统乔治·W.布什的方式方法形成了鲜明的对比,布什说他是一个"勇气"玩家而不是一位善于分析的决策者(Woodward,2002,137)。布什白宫里的决策过程经常是处于保密状态,缺乏审议,本来在重要决策上应该接受咨询的政府和职业服务部门的成员被排除在外(Pfiffner,2009)。而奥巴马的方式方法包容性强并且更与学术性的推论保持一致,"多方位团体"将会及时地通报总统的决策。

通过特别军事法庭而不是正常审判法庭(联邦法庭或《军事审判统一法典》法庭)审讯敌方武装分子,布什总统对此做出的决策是,他没有咨询或通知他的国家安全团队的重要成员,比如国家安全顾问康德莉莎·赖斯(Condoleezza Rice)和国务卿科林·鲍威尔（Colin Powell）。这项命令由副总统的律师戴维·阿丁顿（David Addington）草拟并且有意不让政府的其他人知晓。副总统切尼下达严格的指示，在布什总统签署之前应该避开白宫和内阁的其他人。副总统切尼和阿丁顿未与国家安全委员会重要领导人充分商榷，筹划了暂时取消《日内瓦公约》的决议。虽然当时国务院的威廉·塔夫脱（William Taft）已经撰写了一份异议备忘录，鲍威尔也确实有机会面见布什总统，并敦促召开国家安全委员会会议，但是决议已经做出。

布什总统最初做出入侵伊拉克的决议似乎经过了一年左右的时间，并且一路走来是以渐进式的决策为特点。保罗·皮勒（Paul Pillar）2001年到2005年任近东和南亚国家情报总监，指出"做出进入战争的决策缺乏任何可以确认的过程——至少当时没有看得见的过程。没有会议，没有政策备选文件，在咨情室（the Situation Room）也没有对进入战争是否明智进行辩论的时间或做出决议的时间进行摊牌（Pillar，2006，55）。"中情局局长乔治·特尼特也表示："关于伊拉克威胁的迫切性在政府内部从来没有进行过一场严肃的辩论"或者就是否选择继续遏制伊拉克进行过一场"意义重大的讨论"（Shane and Mazetti，2007）。

布什总统在重要战争政策上的决策制定倾向于保守秘密，自上而下进行控制，严控信息，漠视专业人士的观点，拒绝有能力的行政部门专家的审议，而这些专家可能与那些起初拟定决议的人存在意见分歧（Pfiffner，2009；2010）。相比之下，奥巴马总统在阿富汗战争问题上做出的决议是在军队支持者和平民官员之间经过慎重考虑和协商做出的，军队支持者提议大幅度增派军队，平民官员主张采用一种更为温和的方式。虽然他们的要求并未全部得到满足，但是奥巴马的军队领导人赢得了这次辩论。因而，奥巴马和布什在军队的决策方式上形成了鲜明的对比。

结论

所有的白宫工作人员都反映了他们总统的价值观，奥巴马的白宫工作人员把他的价值观归纳为集权化，慎重审议及亲自掌控政策细节。正如近年来其他的总统一样，奥巴马将所有重大决定的提议直接放入白宫讨论。发生的唯一意外是，他起初打算把重要的立法决议放权给司法部长霍尔德，然而，不久后政治上的反对声音取消了他最初放权的打算。

认真而有时漫长的审议过程是奥巴马制定决策的风格。他坚持通过要求他的工作人员在他面前阐述理由来获得多方支持，就像他要求在经济和军事政策上由本人表述不同意见时所做的一样。他因为花费太多时间决定是否增兵及向阿富汗增兵多少而备受批评。但是他花费在和他的国家安全委员及军队领导人召开一系列会议上的个人时间表明，增派军队的决定并不是仓促做出的。

　　奥巴马决策风格最为突出的特点大概就是他在政策细节上的亲力亲为。无论是出于原则还是因为他所选择的雇员的品格问题,奥巴马拒绝使用公正调解人,他自己深入地研究他的政府所制定的重大政策。在此方面,奥巴马跟卡特总统和克林顿总统相似,但却跟里根总统和乔治·W.布什总统形成强烈的对比。当奥巴马认为他的军事顾问们没有提供给他所需要的一系列选择时,他感到不得不给出命令,口述备忘,指明升级阿富汗战争决策的准确细节。

　　显而易见的是,奥巴马所有事关重大政策的决策使他的政策朝着温和的方向发展。这种温和脱离了民主党的基本愿望,向着政治派别的中心点迈进。对于事关囚犯政策的政治压力,奥巴马做出的反应是:他决定使用特别军事法庭进行某些审判,使用此法庭决定对某些囚犯进行无限期关押。他拒绝了国有化银行的呼声,并拒绝了让汽车巨头通用和克莱斯勒自行倒闭的要求。他抵制了削减美国对阿富汗政策开支的建议,但他并没有按照军方要求的数量来增派前往阿富汗的军队。

　　无论这些政策是否会解决更为长远的问题,当初制定这些政策的目的就是改善这些问题,奥巴马总统所践行的决策进程的类别通常就是政治科学家们所倡导的。奥巴马的路径保证了他会全面地检查事关所做政策的所有严肃的选项,但他是否做出了明智的决策,那就另当别论了。

参考文献

Achenbach, Joel. 2009. "Obama goes with head, not gut." *Washington Post*. November 25, p. 1.

Alter, Jonathan. 2010. *The Promise: President Obama, Year One*. New York: Simon and Schuster.

Baker, Peter. 2009. "How Obama Came to Plan for 'Surge' in Afghanistan." *New York Times*, December 6.

Baldwin, Tom. 2009. "Barack Obama denied funding needed to close Guantanamo Bay." *The Times*, May 21, http://www. timesonline. co. uk/tol/news/world/us _ and _ americas/article6329778. ece.

Burke, John P. 2009. Honest Broker?: *The National Security Advisor and Presidential Decision Making*. College Station: Texas A & M University Press.

——. 2010. The Institutional Presidency. In *The Presidency in the Political System*, ed. Michael Nelson. Washington, DC: CQ Press, 341 – 366.

Burke, John P., and Fred I. Greenstein. 1991. *How Presidents Test Reality: Decisions on Vietnam, 1954 and 1965*. New York: Russell Sage Foundation.

Calabresi, Massimo, and Michael Weisskopf. 2009. "The Fall of Greg Craig. *Time Magazine*, November 19. http://www. dtime. com/time/printout0,8816,1940537,00. html.

Calmes, Jackie. 2009. "Obama's Economic Circle Keeps Tensions High." *New York Times*, June 8.

Center for Law and Security. 2009. *Terrorist Trial Report Card*, 2001 - 2009: *Lessons Learned*. New York: New York University School of Law.

Eikenberry, Karl W. 2009a. Cable to the Secretary of State "COIN Strategy: Civilian Concerns," November 6. http://documents.nytimes.com/eikenberry-s-memos-on-the-strategy-in-afghanistan.

——. 2009b. Cable to the Secretary of State "Looking Beyond Counterinsurgency in Afghanistan," November 10. http://documents.nytimes.com/eikenberry-s-memos-on-the-strategy-in-afghanistan.

Eisenhower, Dwight D. 1965. *Waging Peace*. New York: Doubleday.

George, Alexander L. 1972. "The Case for Multiple Advocacy in Making Foreign Policy." *American Political Science Review* 66(3): 751 - 778.

George, Alexander. 1980. *Presidential Decisionmaking in Foreign Policy: The Effective Use of Information and Advice*. Boulder, CO: Westview Press.

Greenstein, Fred, and John P. Burke. 1989 - 1990. "Dynamics of Presidential Reality Testing: Evidence from Two Vietnam Decisions." *Political Science Quarterly* 104(4): 557 - 580.

Kane, Paul. "Pelosi Says She Will Not Seek Votes for Troop Surge." *Washington Post*, December 17.

Kantor, Jodi, and Charlie Savage. 2010. "Getting the Message." *New York Times*, February 15.

King, Neil jr, and Jonathan Weisman. 2009. "A President as Micro Manager: How Much Detail Is Enough?" *Wall Street Journal*, August 12, http://online.wsj.com/article/SB12500304538 0123953.html.

Klaidman, Daniel. 2009. "Independent's Day." *Newsweek*, July 20.

Kornblut, Anne E., Scott Wilson, and Karen De Young. 2009. "Obama Pressed for Faster Surge." *Washington Post*, December 6.

Kornblut, Anne E., and Carrie Johnson. 2010. "Obama to Help Pick Location of Terror Trial." *Washington Post*, February 12.

Lizza, Ryan. 2009. "Inside the Crisis: Larry Summers and the White House economic team." *New Yorker*, October 12, http://www.newyorker.com/reporting/2009/10/12/091012fa_fact_lizza.

McChrystal, Stanley. 2009. "Commander's Initial Assessment" Headquarters International Security Assistance Force Kabul, Afghanistan, August 30. http://www.google.com/search?source=ig&hl=en&rlz=&=&q=mcchrystal+commander%27s+initial+assessment&aq=0 sx&aqi=g-sxl&aql=&oq=mccrystal%2C+commander%27s+ini&gs_rfai=CI1hDQoTJTPm oKaDgyATjgsndDwAAAKoEBU_QiUEr.

McNamara, Melissa. 2006. "Bush Says He Wants To Close Guantanamo." CBS News, May 8, www.cbanews.com/stories/2006/05/08/politics/main1596.

Obama, Barak. 2002. "Against Going to War with Iraq," October 2. http://www.informationcl earinghouse.info/article19440.htm.

Pfiffner, James. 1993. "The President's Chief of Staff: Lessons Learned." *Presidential Studies Quarterly* 23(1): 77 - 102.

——. 2009. "Decision Making in the Bush White House." *Presidential Studies Quarterly* 39(2): 363 - 384.

——. 2010. *Torture as Public Policy*. Boulder, CO: Paradigm Publishers.

Pillar, Paul. 2006. "Intelligence, Policy, and the War in Iraq." *Foreign Affairs*, March/April.

Porter, Roger B. 1980. *Presidential Decision Making*. New York: Cambridge University Press.

Rattner, Steven. 2010. *Overhaul*. Boston: Houghton Mifflin Harcourt.

Rudalevige, Andrew. 2009. "Rivals, or a Team? Competitive Advisory Institutions and the Obama Administration." Paper presented at the Meeting of the American Political Science Association, Toronto.

Sanger, David E. 2010. "Testing the Meaning of Victory." *New York Times*, February 14, wk1.

Savage, Charlie, and Scott Shane. 2010. "Experts Urge Keeping Both Civilian and Military Options in Terror Trials." *New York Times*, March 9, A13.

Shane, Scott, and Mark Mazetti. 2007. "Ex-CIA Chief in Book, Assails Cheney on Iraq." *New York Times*, April 27.

Stolberg, Sheryl Gay. 2009. "On First Day Obama Sets New Tone." New York Times, January 21.

Thiessen, Mark A. 2010. *Courting Disaster: How the CIA Kept America Safe and How Barak Obama Is Inviting the Next Attack*. Washington, DC: Regnery Publishing.

Walsh, Kenneth T. 2009. *U. S. News and World Report*. October 27.

White House, Office of the Press Secretary. 2009a. Executive Order: "Ensuring Lawful Interrogations." January 22.

——. 2009b. Executive Order: "Review and Disposition of Individuals Detained at the Guantanamo Bay Naval Base and Closure of Detention Facilities." January 22.

Wilson, Scott. 2010. "The Making of a Wartime Commander in Chief." *Washington Post*, January 19.

Woodward, Bob. 2002. *Bush at War*. New York: Simon and Schuster.

——. 2010. *Obama's War*. New York: Simon and Schuster.

第八章　武装部队总司令及国家安全

　　制宪者们把保护国家安全和发动战争之责任分配给国会(负责宣战)和总统(武装部队总司令)。同时,制定和实行外交政策的其他职能,也由国会和总统分配。即便制宪者们打算给予国会在外交政策中一个重要——有时甚至是统治性的——角色,但 20 世纪以来,军事上发生的系列事件使得总统在对外政策上占据了绝对的统治地位。本章研究国家安全政策制定的过程,及此过程中的各种政治因素,以及国会和总统在力争控制美国对外关系中的合作与对抗。

　　本章第一节是路易斯·费舍尔(Louis Fisher)的一篇分析,研究制宪者如何在政府中分配战争的权力。费舍尔认为,现代总统在处理对外关系中行使的某些权力已经超出了宪法赋予的范畴。他认为,自杜鲁门执政以来,有些总统行使的权力超出了宪法所赋予的权力,在国会正式授权以前,把国家带入战争。杜鲁门总统下令派遣军队到朝鲜作战,约翰逊总统时期的越南战争,乔治·W.布什总统发动的伊拉克战争都是这种情况。因此,费舍尔得出结论,在战争权力分配中,《宪法》赋予国会一个重要的角色,但有些总统冒险无视这种角色的存在。

　　第二节中詹姆斯·林赛(James M. Lindsay)追溯了美国历史中总统及国会对外交政策控制的更替及演变。林赛认为,国会在多大程度上强推它的特权,很大程度上取决于国家是处在某种威胁之下还是相对安全之中。例如,9·11 之后,国会授予布什总统极大的权力,对外发动战争,对内应对恐怖主义的威胁。但越是来自紧急国家安全考虑(如贸易政策)的外交政策问题,国会就越不愿意授予总统权力。

　　限制政治领袖权力的现代传统可以追溯到《大宪章》,这是根植于美籍英国人政府中的一种传统。制宪者们深受他们英式宪法遗产的影响,尊重个体的权利,并大量借鉴英国宪法的先例。但对于政府结构,他们摒弃旧有体制,在成文宪法的基础之上,创造了三权分立制度。他们设计宪法的原则,就是明确限制政府的权力并实行分权制,目的就是防止权力在任何一个政府部门内过度集中。詹姆斯·菲夫纳节选的材料,分析了布什总统的几次行动。他认为,布什总统超常规地寻求总统的权力。以下是他分析的四个事例:在 2002 年,他暂停执行《日内瓦公约》;拒绝将人身保护法令适用于反恐战中的被拘捕人;他下令,国家安全局可以未经授权监控美国国内团体之间的信息往来;以及他对于签署声明的使用。

在接下来的一节,朱尔斯·洛贝尔(Jules Lobel)分析了布什总统如何依据宪法中武装部队总司令的条款寻求超常规的权力。因为美国致力于反恐战争,布什政府认为总统固有的权力包括为保护国家而采取行动的权力,同时,国会不能限制总统拘捕敌方作战人员、采用严酷审讯策略、未经授权监控美国公民的自由裁量权。除此之外,布什政府还认为,法院没有相应的管辖权去审判行政首脑的行为。洛贝尔对于布什政府的推理提出质疑。他认为,联邦法庭始终有管辖权来审判《宪法》框架下行政首脑权力的范围。他回顾了最高法院最近的裁决,削弱了布什政府在国家安全事务中行使单边权力的论调。

最后一节,路易斯·费舍尔提出以下案例:2011 年春,奥巴马决定加入其他北约国家,干预利比亚,以便保护持不同政见者免受利比亚独裁者卡扎菲军队的屠杀。奥巴马决定进行干预,但他并没有寻求国会授权。在初期军事行动结束后,美国军队继续支持北约军事行动,即便是已经超过了 1973 年军事法案所限定的 60 天时限。奥巴马政府认为,美国的介入并没有构成此军事法案中所认定的"敌意"。但费舍尔认为,按照此术语的正常使用,美国军队进行的军事行动就是军事上的敌意行为。费舍尔以此得出结论,跟其他总统一样,奥巴马总统的做法也超出了《宪法》划定的范围。

参考文献

Bose, Meena, *Shaping and Signaling Presidential Policy* (College Station, TX: Texas A & M University Press, 1998).

John P. Burke, *Honest Broker?: The National Security Adviser and Presidential Decision Making* (College Station, TX: Texas A & M University Press, 2009).

Draper, Theodore, *A Very Thin Line: The Iran-Contra Affair* (New York: Hill & Wang, 1991).

Fisher, Louis, *Presidential War Power* (Lawrence, KS: University Press of Kansas, 1995).

George, Alexander, *Presidential Decision Making in Foreign Policy* (Boulder, CO: Westview Press, 1980).

Glennon, Michael J., *Constitutional Diplomacy* (Princeton, NJ: Princeton University Press, 1990).

Henkin, Louis, *Foreign Affairs and the Constitution* (New York: Free Press, 1972).

Inderfurth, Karl F., and Loch K. Johnson, eds., *Decisions of the Highest Order* (Pacific Grove, CA: Brooks/Cole, 1988).

Koh, Harold H., *The National Security Constitution* (New Haven, CT: Yale University Press, 1990).

Mann, Thomas E., ed., *A Question of Balance: The President, the Congress, and Foreign*

Policy (Washington, DC: Brookings, 1990).

National Commission on Terrorist Attacks Upon the United States, *The 9/11 Report* (NY: Norton, 2004).

Pfiffner, James P., and Mark Phythian, eds., *Intelligence and National Security Policymaking on Iraq: British and American Perspectives* (Manchester, UK: Manchester University Press, 2008).

Schlesinger, Arthur M., Jr., *The Imperial Presidency* (Boston, MA: Houghton Mifflin, 1973).

Whicker, Marcia, James P. Pfiffner, and Raymond A. Moore, eds., *The Presidency and the Persian Gulf War* (Westport, CT: Praeger, 1993).

文献 34 国家安全中的总统权力

路易斯·费舍尔

总统尊重《宪法》，并同国会联合行动，这给敌人及盟友传递了最为强烈的信号。遵守这些准则，其他国家理解美国的政策有着广泛的支持作基础，而不是短暂的、总统单边的行动，而短暂的、单边的行动会分裂国家并随时有被否定的可能。当总统同其他部门步调一致，并忠于《宪法》的这些准则时，国家安全势必会加强。

当国家安全面临紧急情况及威胁时，无论是潜在的还是真实存在的紧急情况及威胁，法律通常会对总统的动议和滥用权力做出让步。虽然这种模式在美国历史中占据非常突出的位置，但是也没有必要每次都要重复相同的错误。当面临切实的紧急情况时，总能找到既不违反《宪法》同时又合乎法律的手段让政府去践行行政职权。过去，既有良好的先例，也有一些糟糕的先例。

面对 9·11 恐怖主义袭击，美国很大程度上效仿了这些不良的先例，由此导致《宪法》遭到破坏，其首要责任在于政府的行政机构。但如果没有国会的默许和司法的让步，违反法律和违反《宪法》的行为就不可能发生，更不会持续存在。《宪法》的设计依赖于权力制衡和三权分立制度，但这种设计在 9·11 之后一再被忽视。违反宪法的原因有很多，对此进行了解对于回归及确保法治和遵守《宪法》的政府是最根本的第一步。

把紧急行动合法化

发生危机时，《宪法》可以得到保护。如果紧急情况发生，行政长官没有机会寻求合法授权，这时行政长官就会以保护公众利益为名采取行动，有时是缺少相应的法律，有时甚至是违法的。这被称为"洛克式特权"。约翰·洛克建议，如果行政机构滥用权力，最主要的补救就是"上诉到上帝"了。

在此情况下，一个更为持久并符合《宪法》的保护因素出现。在特殊危机发生时，总统所采取的单边行动必须得到国会的及时授权，授权是来自整个国会，而不是国会内部的某个团体。[1] 为维护《宪法》秩序，行政长官的特权必须受制于以下两个因素。

（1）总统必须承认紧急情况下采取的行动是不符合法律和《宪法》的。

来源：Piesidential Studies Quarterly，Volume 39，Issue 2（June 2009）：349 - 362. © 2009 Center for the Study of the Piesidency. 经 John Wiley and Sons 授权使用。

（2）鉴于以上原因,总统必须前往立法机构,解释已经采取的行动及采取此种行动的原因,以便寻求立法机构通过法案,使非法的行动合法化。

在内战爆发后,林肯总统就采取了以上步骤。正如我们所知,他采取的行动包括没有拨款法案就从财政部提取资金;召集军队;封锁南方并暂停执行人身权利保护法令。林肯从没有宣称他所采取的这些行动是符合法律及《宪法》的规定,他也从来没有辩称《宪法》第二条允许他去做他已经做过的。

相反,林肯承认他的办公室所采取的行动超出《宪法》所规定的范围,因此应该接受国会的制裁。对于自己采取的行动,林肯告诉国会:"无论严格意义上是否合法,这种冒险是适应情势的要求并符合公众的需要。因此,相信国会现在愿意授权。"他解释道,他不仅使用了《宪法》第二条赋予总统的权力,还使用了《宪法》第一条赋予国会的权力。但声称,他的行动并没有超越《宪法》赋予国会权力的范围。林肯意识到,制定法律的是更高层级的国会,而不是总统。如果总统以上述方式采取行动时,他会面临两个可能的后果:要么寻求立法机构的支持,要么遭到弹劾,被解职。而国会明确地知道林肯所采取的行动违反了法律,却反溯过来通过法案合法化了林肯的行动、公告和命令。[2]

"固有"权力的虚幻声索

林肯总统采取以上行动的时候,正是美国所经历的最为危急的时刻之一。林肯总统的这种模式在9·11之后就没有再采用过。当初,布什总统也曾前往国会寻求其授权使用武力,启动《美国爱国者法案》及执行2002年伊拉克决议案。然而行政机构越来越多地秘密采取单边行动,而这在他们看来是总统与生俱来的职责和权力。

最高法院曾多次把联邦政府界定为《宪法》所列举的一系列权力中的一种。1995年,它曾声明"我们遵从首要的原则,宪法创造了一个具有一系列权力的联邦政府"。[3]两年之后,最高法院再次重复了这种论调。[4]实际上,把联邦政府作为一种权力是不正确的。假设这种论调正确,那么法院就不会有司法审查的权力,总统就没有罢免政府各个部门长官的权力,国会就不会有调查的权力。但《宪法》中没有明确地列明这些权力(包括日常使用的其他权力)。

制宪者们创造了一个联邦政府,这个政府具有一系列列明的或者隐含的权力。这些列明的权力,在《宪法》文本中表述清楚。而隐含的权力就是这些从列明的权力中推理出来的权力。"固有的"有时用作"隐含的"代名词,但他们从根本上是不同的。"固有的权力"不是从"列明的权力"中推理出来的权力。固有的权力是这样定义的:"拥有的一种权力,这种权力不是从另一种权力中衍生出来的……这种权力超出了《宪法》明确赋予的权力或者《宪法》明确列明的权力中合理隐含的权力

(Black，1979，703)。"

美国《宪法》的目的就是列明并限制政府的权力,以此来保护个体的权利和自由。《宪法》列明及隐含的权力为此原则服务。但由于行政机构寻求的这些权力具有无法确定、界定或者限定的特性,从而削弱了《宪法》的效力。标准大学词典这样解释"固有"这个词,"某一事物的基本特点：按性质或习惯所具有的"。[5]那么,人们如何决定什么是基本的或者是性质的一部分？这些词语如此模糊不清,导致政治上权力滥用,并给违法和违宪行动提供了司法解释的便利,从而威胁到个体的自由(Fisher，2007a)。

只要是行政机构用"固有"权力来为他的行动寻求解释时,法律的地位就受到威胁。但为保持《宪法》体系,行政机构长官必须说明他们采取的行动,适用的是列明的还是隐含的权力。他们必须合理地去操作这个过程,同时保持对其他分支机构职权和个体权力及自由的适当尊重。

有时人们认为,如果总统按照《宪法》第二条所界定的"固有"权力来行使职责,国会就无权立法来限制他的行动。因此,法定权力必须受制于《宪法》权力。此论点有几个缺陷。首先,当总统说他采取的行动,是依据《宪法》第二条所得出的"固有"权力而进行时,这只是他自己的声索或断言。国会不会因为行政机构的声索或断言而被禁止行使立法权。同样的,法院也不会被禁止行使司法权。其次,如果总统声索《宪法》第二条下确实存在这些赋予他的权力,那国会也完全可以依据《宪法》第一条来进行立法。总统武断的言论并不能合理解释《宪法》所赋予的权力。同样,国会和法院也不能武断地做出自己拥有某些权力的结论。当其中一方声索一种权力时,另外两方不应默许。如果默许,那当初制宪者所创立的相互制衡制度就被打破了。

误解柯蒂斯·莱特案

在国家安全领域,司法部门曾做出过诸多扩大总统权力的裁决,而这些判断不当并且理由不充分,因而削弱了法律的效力并威胁到个人的权利。在所有这些司法裁决中,1936年的柯蒂斯·莱特案则自成一体。法院和行政机构经常用它来解释总统"固有"权力的存在。乔治·萨瑟兰(George Sutherland 法官在附带意见中使用了简单明了的语言,而这些语言文字与摆在最高法院面临的案例没有任何关联,他写道：

　　至关重要的是,我们必须牢记于心,我们所面临的不单单是通过使用立法权赋予总统某种权力,而且还要面对在国际关系中总统作为联邦政府的唯一机构所拥有的一种微妙、全面而又独特的权力。这种权力不以执行国会的某项法案为基础。但正如其他的政府权力一样,这种权力的行使必须服从于所适用的《宪法》条款。[6]

萨瑟兰法官对于"唯一机构"学说的曲解将在接下来的一节中进行分析。在此需要指出的是,最高法院面临的案例跟总统的权力没有任何关系,它只是与国会的权力有关。《宪法》的争议在于,经过参众两院联合决议,国会是否能够授予富兰克林·D. 罗斯福总统权力,允许他宣布对南美的一个地区实行武器禁运。[7]实行武器禁运,罗斯福总统依据的仅仅是法定权力,而不是"固有"权力。他是"依据国会成文的联合决议所赋予的权力,采取的行动"。[8]罗斯福总统没有主张总统固有的、独立的、独有的、全面的或者超越《宪法》的权力。

萨瑟兰法官意见书中的诉讼聚焦于立法权力上,因为在 1935 年最高法院曾经两次驳回国会就国内权力给予总统的授权。[9]因此,在柯蒂斯·莱特案中存在的问题是,在国际关系中国会是否享有比在国内事务中更为广泛的立法授权。地方法院认为联合决议不能授权立法的权力,但也没有论及总统拥有固有或独立的权力。[10]当时这项决议直接提交给了最高法院,在最高法院双方的概述中都没有提及总统固有或独立的权力。而谈及司法问题,司法机构认为最高法院面临的问题回到了"为达到执行立法的目的,国会授权给行政机构进行调查并做出相应结论的国会权力上"。[11]因此,司法机构认为,国会通过的联合决议包括了足够多的标准来指导总统并使总统避免成为"自由裁量权"的牺牲品,而这种自由裁量权正是 1935 年最高法院在两次授权法案的决议中确立的。[12]

柯蒂斯·莱特案对于私营公司的诉讼要点也仅仅是聚焦在总统被授予权力的问题上,而没有探究总统独立或者固有权力是否存在。[13]为其他私人团体准备的一份单独诉讼中,讨论了立法权力的授权,但并没有尝试去探明总统独立的或者随心所欲的权力。[14]鉴于罗斯福总统依靠的是法定权力,而前面所提及的诉讼都没有谈及总统的固有权力,那么最高法院也就没有必要对于行政权力的源头进行讨论了。

与上述标准相符的任何观点都可以成为判决附带意见。而在柯蒂斯·莱特案例中萨瑟兰法官给出的无关联的附带意见一直以来成为很多学者批评研究的对象。一篇文章认为,萨瑟兰法官在总统固有权力是否存在的问题上所采取的立场:"(1)跟美国历史背道而驰;(2)违背了我们的政治理论;(3)违反《宪法》;(4)不必要、不民主、很危险(Patterson, 1944, 297)。"其他学术研究也发现萨瑟兰附带意见中有类似的缺陷(Fisher, 2007b 总结了这些学术研究;而对于"唯一机构"学说的详细解释,具体参照 Fisher, 2006b)。

联邦法院多次引证柯蒂斯·莱特案以便保持在国际关系领域中给予总统立法权,并以此支持在对外政策方面固有和独立的总统权力的存在。虽然最高法院里有些法官把总统外交关系方面的权力认定为"独有",但是最高法院本身也没有否决国会依据《宪法》权力,进入外交领域并否决或者修改总统在国家安全和外交关系中做出的决定(具体参照 Fisher,2006b,23—28)。

错误的"唯一机构"学说

萨瑟兰法官对于总统固有权力的另一个缺陷论断是他在柯蒂斯·莱特案中参照了众议员约翰·马歇尔(John Marshall)在 1800 年 3 月 7 日所做的演讲:"总统在外交关系中是国家的唯一机构,面对外国时,是国家的唯一代表。"[15]通读马歇尔的整个演讲,就会理解演讲的内容是国会众议院试图弹劾或者谴责约翰·亚当斯总统。马歇尔的演讲中没有任何内容支持总统具有独立的、独有的、全面的、固有的或者超越《宪法》的权力。马歇尔当时的唯一目标,就是为亚当斯总统执行一项引渡条约的权力进行辩护。从这种意义上说,总统不是制定条约或制定一项国家政策的唯一机构,而是执行条约或国家政策的唯一机构。马歇尔陈述的本应是显而易见的观点。《宪法》第二条有明确的语言表述,总统的职责是"保证法律得以忠实地执行"。《宪法》第六条指明,所有缔结的条约"就是国家的最高法律"。

根本无需去争论总统是否具有固有或者全面的权力,马歇尔所依据的是《宪法》明确规定的总统执行法律的责任。他强调,亚当斯总统没有试图独自制定对外政策,他所执行的是总统和参议院(负责签订条约)联合制定的政策。在其他情况下,总统承担执行法规所制定的政策。从此种意义上说,总统是执行由总统和国会所决定的国家政策的唯一机构。

马歇尔说,即便在执行一项条约时,总统也有可能受到另一项附属法规的限制。国会"可以规划"执行一项条约的"模式"。[16]例如,1848 年立法规定美国和另一个国家之间签订的所有引渡条约中,联邦和州法官有权决定对被引渡的人进行控告的证据是否充足。[17]

马歇尔作为最高法院首席大法官,运用自己的能力,坚定地坚持自己的立场:外交政策的制度是由行政和立法机构共同完成,而不是总统单方面或者独有的权力。对于发动战争,马歇尔认为,《宪法》单独赋予国会授权国家进入战争的权力,而没有赋予总统这样的权力。马歇尔界定了拥有战争权力的机构:"依据美国《宪法》,战争的全部权力赋予国会。在此方面,国会制定的法案就是我们行动的唯一指南。"[18]马歇尔裁定,如果在战时总统发布的公告与国会授权生效的法规产生冲突时,以国会的法规为准。[19]

尽管马歇尔对于"唯一机构"的使用已经非常明确,司法部却一再引证柯蒂斯·莱特案为总统的固有权力授权。2006 年 1 月 19 日,司法部对国家安全局的监控项目做出合法的辩护就是其中一例。司法部把唯一机构学说和总统固有权力联系在一起，指出："总统作为武装部队总司令，拥有《宪法》赋予并得到公认的固有权力，在对外关系中是代表国家的唯一机构。"[20] 在这个司法解释中的后半部分，司法部陈述道："在对外关系领域，总统通过执行国家安全和对外情报领域的显著权力，长久以来就确定了自己在对外关系中成为代表国家的唯一机构的角色。"[21] 只有以柯蒂斯·莱特案中萨瑟兰法官判决附带意见中的错误观念作为依据，才可能出现如此表述。马歇尔演讲中没有任何内容为总统固有或者显著的权力提供过佐证。

篡夺战争权

从 1950 年杜鲁门总统对朝鲜宣战开始，在过去的半个多世纪里，诸多总统在没有寻求国会对外宣战或法案授权的情况下，就声称拥有《宪法》权力把国家带入战争。如果总统认为《宪法》中武装部队总司令条款赋予了总统发动战争的权力的话，那么对法治的践踏将是不可估量的。只要跨出这一步，其他所有的权力、自由和程序性保护措施都会被削弱，有时甚至被剥夺。

英国宪法模式赋予国王发动战争的绝对权力。制宪者们否决了这种形式的政府，因为对于历史的研究使他们确信行政机构发动战争不是为了国家的利益，而是为了满足个人沽名钓誉的欲望。军事上的冒险行动对于国家是灾难性的，不单是生命的逝去，还有财富的浪费。约翰·杰伊在《联邦党人文集》第 4 篇中提醒道："不受任何约束的君主经常发动战争，而国家不会从战争中得到任何东西。发动战争仅仅是为了达到一些私人的目的和目标，诸如对军事胜利的渴望，对私人所受侮辱的报复，野心或者完成私人契约以便强化或支持他们特定的家庭或政党。所有这些及其他一系列动机，影响的仅仅是最高统治者的心境，经常导致他发动战争，而这样的战争是不符合正义或不被国民所认可的。"

国会，只有国会，是经授权来决定是否发动战争的政府机构。《宪法》的这个原则，是制宪者们工作的基本原理。他们干净利落地弃用了允许国王控制对外关系包括战争权力的宪法模式。制宪者们制定的《宪法》，致力于通过民选代表来进行民众统治。他们惧怕把战争的权力置于一个人的手中。他们不相信人类的本性，特别是倾向于发动战争的行政领导者。与 2008 年 7 月（Baker-Christopher）贝克-克里斯托弗关于战争权力报告相反的是，《宪法》在赋予国会战争权力方面不是"模棱两可"的（具体参照 Fisher，2008c，44—45；2009；对于战争权力和战争权力决议的证据和相关的其他文章，请参见 http://www. loc. gov/Law/help/usconlaw/Constitutional_law. php）。

在 1787 年费城制宪会议上，只有一位代表（来自南卡罗来纳州的皮尔斯·巴特勒[pierce Butler]）支持赋予总统发动战争的权力。他认为总统"将会具有所有必要的品质，只有国家支持他的时候他才发动战争"。而来自康涅狄格州的另一位代表,罗杰·舍尔曼(Roger Sherman)提出反对:"总统应该能够抵制战争而不是开始一场战争。"马萨诸塞州的埃尔布里奇·格(Elbridge Gerry)里说,他"从没有料想到在一个共和体内会有赋予总统单独发动战争权力的动议"。弗吉尼亚州的乔治·梅森(George Mason)说"反对赋予总统战争的权力,因为总统拥有战争的权力是不安全的……总统是阻止战争的,而不是促进战争的"(Farrand,1937,2:318-319)。

费城制宪会议上的辩论,强调了如下原则:总统具有一定的防卫权力来阻止国家面临的突然攻击,但是具有进攻性质的任何权力(把国家从和平状态带到战争状态)都保留给国会。1789到1950年,这种观念占据主位。但1950年当杜鲁门总统发动对朝战争时,他甚至没有前往国会寻求授权。

总统是武装部队总司令。但授予总统这个头衔的目的,从来就不是给予总统单独的权力,来发动战争并决定战争的范围。如果总统拥有这种权力,那《宪法》第一条下赋予国会的明确权力将会无效,那制宪者们当初把战争权力赋予国会民选代表们的初衷也会无法实现。《宪法》第一条的八个条款,对国会的战争权力做出了具体的界定。而《宪法》关于武装部队总司令的条款,部分上是出于维护公民至上的目的。正如首席大法官爱德华·贝茨(Edward Bates)所解释的,无论什么样的士兵在战场上带领军队,"他要服从于民事裁判官的命令,并且他和他的军队总是要'服从民权'"。[22]采取军事行动并不是掌握在海军上将和将军们的手中,而是由包括国会议员们在内的民选领导人们来执行。立法者们需要授权相关的军事行动,当然在任何时候,可以限制和使之结束。

寻求联合国"授权"

当杜鲁门总统发动对朝战争时,他宣称获得联合国安理会通过的两项决议的授权。《联合国宪章》的立法历史中从未对上述解释的合法性给予支持。根据《宪法》,这样的主张是不置可否的:总统和参议院通过缔结条约,可以创造一种程序,从而允许总统绕开国会(包括众议院),从一个国际或地区机构中获得某种授权。

在参议院参与制定《联合国宪章》时,从没有预想到总统会利用联合国安理会取代国会。当时参与制定宪章的各方都会想起《凡尔赛条约》制定时发生的事情,并且美利坚合众国没有加入到国际联盟中。伍德罗·威尔逊总统曾对《凡尔赛条约》的一系列参议院修正案提出反对意见,包括在语言上的措辞:要求国会"必须通过联合决议"对国际联盟的任何军事行动提供授权(Fisher,2004,82)。

对于任何军事行动,都需要提前获得国会的授权,这一原则得到《联合国宪章》起草者的认可(Fisher,2004,84-87)。在参议院就《联合国宪章》辩论期间,杜鲁门总统从波茨坦发来电报承诺,他同联合国达成的任何军事行动都会寻求国会的提前授权。"当达成任何这样的协议时,我打算寻求国会通过合适的立法来通过这个或者这些协议(Fisher,2004,91)。""通过"意味着众议院和参议院都通过,并且是事前通过。参议院支持在此理解之上的《联合国宪章》。

所有国家,必须在保持"宪法程序"一致性的前提下决定如何执行《联合国宪章》中关于使用武力的条款。为达到此目的,国会通过了1945年《联合国参与法》。毫无疑义的是,这个成文法案的第6节要求:实行与联合国达成的任何协议前"应该得到国会以相应的立法或联合决议的形式进行的授权"。[23]然而,五年之后,杜鲁门总统甚至压根没有前往国会寻求授权,仅仅依据联合国的决议就发动了对朝战争(Fisher,1995,21;2004,97—104)。

杜鲁门的行为给其他总统制造了先例,从联合国寻求"授权"发动战争。这包括乔治·H. W. 布什总统在1990年发动伊拉克战争,比尔·克林顿总统在1994年和1995年分别对海地和波斯尼亚动武。通过使用《联合国宪章》而绕过国会的控制导致违宪,这也发生在其他诸多条约中,诸如《共同安全条约》。克林顿总统没有从联合国安理会得到对科索沃动武的授权,继而转向北约寻求所谓的"授权",这也是违反《宪法》的。总统不从国会,而是从北约的每个成员国寻求"授权",这种观点根本就不合理(Fisher,1997,1237)。

行使国家机密特权

行政机构特别是近些年,已经行使"国家机密特权"来阻止诉讼人挑战他们看起来非法和违宪的行为。这些民事诉讼案例包括马赫·阿拉尔(Maher Arar)和卡勒德·马斯里(Khaled El-Masri)特别引渡案;起诉政府和电信公司的国家安全局监控案。在这些案例中,法官在评估行政机构的申诉时,如果认可了所谓的"遵从"或"最大限度遵从"的标准,那法律的地位就会受到威胁。维护"国家安全"的法律条文也只是"维护"这个词了。在这些案例中,如果法官没有坚持他们的独立性,行政当局在法庭上没有受到任何实质性的挑战,那么它们就可能违反成文法律、条约和《宪法》。

对于此问题,国会有完全的权力,依据法律采取措施来纠正错误。在过去的一年,众议院和参议院已经就此问题举行听证。在2008年8月1日,参议院司法委员会报告了它的法案。[24]在1953年美国政府诉雷诺兹案中,司法机构遵从了最高法院的判决,第一次认可了政府机密特权。此次诉讼的历史表明,行政机构谋求文件中存在"国家机密",这本身就误导了法庭。当这份文件,一份美国空军事故报告,解密并公之于众的时候,显而易见,报告中并没有包含国家机密(Fisher,2006a)。

机密法

行政机构的运转,越来越多地建立在秘密行政命令、备忘录、指示和法律备忘录之上。2008 年 3 月 31 日,布什政府解密并发布了司法部们在 5 年前准备的一个法律备忘录,这是关于在美国之外对外国的非法军人进行军事审讯的备忘。其他的法律备忘仍然作为机密保存。一个社会,如果由机密法支配,特别是实行的政策支持总统广泛而又不受任何核查的权力时,人们就不会保持对法律的忠诚。如果法律备忘录包含敏感信息,这些敏感信息可以进行编辑,文件的剩余部分可以公之于众。隐瞒了法定推理,就不会有合理的案例存在。机密政策意味着它们不是成文法或者条约,虽然公开颁布,但对于这些机密的行政政策的具体内容,公民甚至国会议员并不知悉。因为行政机构从不公布机密法,所以公众和执行机构无法去遵守,议员们无法去检阅及修改司法解释。[25]

总统对签署声明的滥用

2005 年 12 月 30 日,由布什总统签署的一项声明里出现了一种机密法的形式。鉴于对被拘捕者虐待审讯招致的批评,国会通过立法,禁止对被美国囚禁的人员进行残忍、非人道或不体面的对待或惩罚。[26]布什总统签署这项法案并声明这项法规应如此理解:"在形式上同《宪法》赋予总统的权力保持一致,总统监管单一行政机构,是武装部队总司令。"[27]这个声明,对于行政一体理论和武装部队总司令条款的解释,太过笼统而无法理解声明中提出的反对意见的本质或者所宣称的总统权力的范围。其他的签署声明,也通常无法理解和分析,因为它们条款的表述非常抽象,诸如任命条款、陈述条款、推荐条款和其他被简化的引用。[28]总统签署一份法案时提出反对意见并继续实施一些公众或者国会所不知晓的政策——诸如对被拘捕者的审讯法案——这样一来,对《宪法》的担忧进一步加剧。

签署声明进一步加强了这样一种观点:法律不是国会在一项法案中规定的条款,而是总统对于法案条款的解释。1971 年,理查德·尼克松总统签署一项法案,其中就包含要求美国从东南亚撤军的条款。而他签署声明表明了这样一种观点:这则条款"并不代表行政当局的政策"。[29]一年以后,联邦地方法院通知尼克松总统:法律就是他所签署的内容,而不是他在签署法案时所说的。[30]当总统签署一项法案时,美国的一项政策就得以制定:"它排除了其他任何不同的行政或者当局的政策,并对政府的任何官员都有效并具有约束力,不论这些官员对于这项政策的私人观点是什么。这项政策把寻求任何跟自身不一致的行政或当局的政策都界定为违法。"[31]任何行政声明,包括总统声明,都"不能否认法律法规具有有效性"。[32]

为违法事项"授权"

为了对公众和其他机构提供保证,政府当局经常宣称它所做的得到了充分授权。这种模式在布什政府时期得到佐证:布什当局在没有寻求依据《外国情报监控法》法官的授权下就开始了反恐监控项目,这已经违反了《外国情报监控法》。但布什政府公开声明,政府已得到"授权",并定期得到"再授权",监控项目是"法定的"和"合法的"。这些话暗示了政府是遵从法治采取行动或与法律保持了一致,即使在实际的操作中公开或秘密地违反了法律(Fisher,2008b,291－298,300－302)。罗伯特·杰克逊法官提醒我们"法治"的意义:"即便有其本身的瑕疵、延误和不便,法律由议会经过审议制定,行政机构依照法律行事,只有这样才能避免政府长久以来的自由散漫。"[33]

夸大的行政特权

在过去,行政机构认同总统不应该行使行政特权使法治不能发挥效力,尤其是当行政官员已经"做错"时,却阻止国会获得有关信息,这是非常错误的。国会拥有调查的权力,对此最高法院解释道"包含调查联邦政府的各个部门以曝光腐败、效率低下或浪费"。[34] 1958 年,司法部长威廉·罗杰斯(William Regers)通告一个参议院委员会,指出对国会隐瞒文件"无论何时都不能成为掩盖错误、避免困扰或达成政治、私人或者金钱目的的合理理由"。[35] 1982 年,司法部长威廉·史密斯(William French Smith)说道,对于"包含行政机构官员刑事犯罪或者不道德行为证据的文件",他不会阻止国会"进行合理的审查"。[36] 1983 年,罗纳德·里根总统在一次新闻发布会上说道,"我们将永远不会行使行政特权来掩盖错误的行为"。[37] 在 1994 年 9 月 28 日的一个备忘录中,白宫法律顾问罗伊德·卡特勒(Lloyd Cutler)声明,"跟政府官员个人错误行为调查相关"的过程中不能强推行政特权,无论是在司法程序中还是在国会的调查和听证过程中。[38]

以上这些声明促成了一个基本原则:行政机构所行使的特权,不应该被行政官员用来掩盖腐败、犯罪、不道德或者错误行为。特权不能用来保护违反法律的政府官员。然而,在过去的两年间,当国会试图调查司法部内部包括解雇美国检察官在内的几次行动时,政府当局决定,特权可以保护不论是往届的还是现任的白宫高级别官员。这种解释,排除了国会对于这些人进行任何调查的可能。虽然这些官员藐视国会,但最终法律上的努力也是徒劳的。在这一政策下,要求检察官依法把一份不服从国会的传票交给大陪审团,以便调查可能的错误行为,但是他不必履行法定责任。在此项政策中,国会调查行政机构腐败的调查权被架空。对行政部门的现存的核查就仅仅来自这些部门自身。

2008 年 7 月 31 日,地区法官约翰·D. 贝茨(John D. Bates)抵制了司法机构一系列的论证,而这些主张恰恰是用来阻止众议院对于藐视权的投票。最为重要的是,他抵制了这样的主张:总统高级助理完全不在国会强制执行程序的范围之内。他找到明确的先例和富有说服力的政策推理,得出结论,"行政机构不能成为评判自己特权的法官"。[39]

这个案例无关国家安全事务。而在国家安全事务领域,行政机构频繁地寻求特别而又独特的权力,以便阻止国会和司法机构得到相关文件。在此方面,司法机构主要遵循最高法院在 1998 年对伊根案所做的判决。[40]此案例中,最高法院承认总统拥有保护事关国家安全文件的职责。然而,正如地方法官沃恩·R. 沃克(Vaughn R. Walker)在最近的一次裁决中所解释的一样,在伊根案中最高法院明确提及:总统的权力是宽泛的,"除非国会明确地提出相反的表述"。[41]沃克法官认为,最高法院对伊根案的裁决"表明,行政机构保护国家安全信息的权力,既不是特有的也不是绝对的"。[42]

警惕前任留下的计划

任何当选总统,在面对上届政府行政机构所制订的各种计划时需要保持警惕,在任期开始的前几个周和几个月内,要采取快速的行动。1952—1953 年,在解除伊朗总理穆罕默德·摩萨台职务时的秘密行动就是一个例子。当时英国和美国中央情报局建议杜鲁门总统授权解除摩萨台的职务,但杜鲁门拒绝了。当艾森豪威尔总统入主白宫时,他支持这个计划,摩萨台被解职,由伊朗国王沙阿执掌权力(Kinzer,2003)。美国作为一个支持民主政府和法治的国家,因为这次干预事件,声誉遭到破坏。当艾森豪威尔八年总统任期接近结束的时候,又一项秘密计划已备好并提交给继任总统约翰·F. 肯尼迪。这个计划就是"猪湾"入侵计划。

复活结构审查

制宪者们并不仅仅依靠总统或者联邦法庭来保护公民个人的权利和自由。他们不相信人类的本性,他们决定信任一个三权分立而又相互制约的权力体系。权力不是集中在一个分支机构,而是三个分支机构分别执行他们各自的权力,包括他们各自有权去阻止另一个机构的侵犯。只有这样,法律才能得到保护。当国会和司法机构都服从于行政机构的主张和要求时,就会把法治置于危险的境地,这是过去两个世纪特别是过去的七年我们得到的教训。

詹姆斯·麦迪逊寻求一种政治制度,在此制度下不同部门的野心相互制约。而国会(和司法机构),通常缺乏维护制度上给予它们的权力和责任的野心,行政机构从而以牺牲公民的权利和《宪法》为代价实现自己的野心。由于越南战争,招致1968 年民主党选举失败。与此相同,统治白宫 20 年的民主党因为朝鲜战争而选举失败。正如史蒂芬·安布罗斯(Stephen Ambrose，1983,1:569)所说"选民主要关心的是朝鲜，而不是恶棍。"人们普遍认为伊拉克战争是共和党在 2006 年和 2008 年大选失利的一个主要原因。

艾森豪威尔起初相信杜鲁门发动朝鲜战争的决定是"聪明而必要的" (Eisenhower，1963,82)，但他后来逐渐意识到总统在没有得到国会支持和授权的前提下把国家带入一场战争，无论是政治考量还是遵守《宪法》方面，都是一个严重的错误。对艾森豪威尔来说，如果国会和行政机构共同决定，那国家的意志就会更加强大。因此，在处理事关国家安全的紧急事务时，他会寻求国会明确的授权。他强调两个机构集体行动的重要性。"我相信寻求国会合作是必要的。只有双方合作，我们才能为阻止侵略提供保证。"[43]

1954 年，当艾森豪威尔面临压力对中南半岛进行干预时，他拒绝采取单方面行动。在一次新闻发布会上，他这样告诉记者："除非依据《宪法》程序让国会宣战，否则美国不会加入战争。现在，让我们澄清这件事，这就是答案。"[44]他告诉国务卿约翰·福斯特·杜勒斯"没有获得国会支持的协定"，在中南半岛问题上给予法国的任何支持"都是完全违宪和站不住脚的"。[45]

同样在 1954 年，艾森豪威尔总结道：他缺少军事介入台湾海峡的授权。在给国务卿杜勒斯的备忘录中，他说："没有国会的授权，我怀疑我们是否可以讨论这个问题？"[46]其中涉及的一个问题是，艾森豪威尔是否可以下令对中国的机场发动攻击。他提到："既然这是战争，发动攻击，必须得到国会授权。如果没有得到国会授权，那么从逻辑上就为被弹劾提供了理由。无论我们做什么，必须遵循《宪法》途径。"[47]艾森豪威尔的白宫幕僚长谢尔曼·亚当斯(Sherman Adams)后来回忆道，艾森豪威尔决定"没有国会授权，就不会诉诸任何军事行动"(1961,109)。

艾森豪威尔在他的回忆录中就在行使总统特权和寻求国会支持之间做出的选择进行解释。在 1957 年新年当天，他同国务卿杜勒斯和两党国会领袖会面。众议院多数党领袖约翰·麦考马克(John Mccormack，马萨诸塞州民主党议员)询问艾森豪威尔：身为武装部队总司令，没有国会授权，他是否已经拥有足够的权限在中东开展军事行动。艾森豪威尔回答道："行政和立法机构的相互让步会取得更大的效果，我极为真诚地谈到，中东国家期望得到美国政府准备提供帮助的保证……在此次会议结束的时候，我提醒立法者们，《宪法》的预设是我们政府的两个分支机构相处融洽(1965,179)。"

在 1957 年的一次新闻发布会上，艾森豪威尔总统被问到，作为武装部队总司令，他是否可以不寻求国会授权就把军队派遣到任何他想到达的地方。艾森豪威尔没有界定总统独立的或固有的权力，反而指出机构之间的合作在现实中的重要性。[48]他明白，律师和行政机构的政策顾问总是可以通过引用不同的先例和授权，来为总统单方面的行动找到合理的解释。他相信,美国所做的承诺,如果代表了行政和立法机构的集体观点,那么无论对于美国的盟友还是敌人来说,这种承诺产生的影响会更加深远。

尾注

1. 9·11事件之后,布什政府只是与"八人帮"会晤,宣布了"恐怖分子监听计划"。这个"八人帮"由参众两院四个政党领导人及两个情报委员会的主席和副主席组成。这个计划在2005年12月的《纽约时报》揭发后,政府才寻求国会的同意。

2. 12 Stat. 326(1861). 亦参见 Fisher (2004,47 - 49).

3. *United States v. Lopez*, 514 U. S. 549,552(1995).

4. *Boeme v. Flores*, 521 U. S. 507,516(1997).

5. *Merriam Webster's Collegiate Dictionary*, 10th edition (1993),601.

6. *United States v. Curtiss-Wright Corp.*, 299 U. S. 304,320(1936).

7. 48 Stat. 811, ch. 365(1934).

8. 48 Scat. 1745(1934).

9. *Panama Refining Co. v. Ryan*, 293 U. S. 388(1935); *Schechter Carp. v. United States*, 295 U. S. 495(1935).

10. *United States v. Curtiss-Wright Export Corp.*, 14 F. Supp. 230 (S. D. N. Y. 1936).

11. U. S. Justice Department, Statement as to Jurisdiction, *United States v. Curtiss-Wright*, No. 98, Supreme Court, October Term, 1936, at 7.

12. Id. at 15.

13. Brief for Appellees, *United States v. Curtiss-Wright*, No. 98, Supreme Court, October Term 1936, at 3.

14. Brief for Appellees Allard, *United States v. Curtiss-Wright*, No. 98, Supreme Court, October Term, 1936.

15. 299 U. S. at 320.

16. 10 *Annals of Cong.* 614(1800).

17. 9 Stat. 320(1846), upheld in *In Re Kaine*, 55 U. S. 103,111 - 114(1852).

18. *Talbot v. Seeman*, 5 U. S. 1,28(1801).

19. *Little v. Barrem*, 2 Cr. (6 U. S.) 170,179(1804).

20. Office of Legal Counsel, U. S. Department of Justice, "Legal Authorities Supporting the Activities of the National Security Agency Described by the President," January 19,2006, at 1.

21. Id. at 30.

22. 10 Op. Atty Gen. 74,79(1861).

23. 59 Star. 621, sec. 6(1945).

24. S. Rept. No. 11 - 442,110th Cong., 2nd sess. (2008).

25. 机密法律备忘录的问题在2008年4月30日的一次参议院司法委员会听证会上研究过。亦参见 Fisher (2008d).

26. Detainee Treatment Act of 2005, Pub. L. No. 109 - 148,119 Stat. 2680,2739(2005),

codified at 42 U. S. C. A. 2000dd（West. Supp. 2007）.

27. 41 *Weekly Comp. Pres. Doc.* 1919(2005)；亦参见 Bumiller (2006).

28. "Presidential Signing Statements," Findings of the Subcommittee on Oversight and Investigations，House Armed Services Committee，August 18，2008，available at 参见网址 http://www. fas. org/sgp/congress/2008/signing. pdf.

29. *Public Papers of the Presidents*，1971，at 1114.

30. *DaCosta v. Nixon*，55 F. R. D. 145（E. D. N. Y. 1972）.

31. Id. at 146.

32. Id. 亦参见 Fisher（2007c，183）.

33. *Youngstown Co. v. Sawyer*，343 U. S. 579，655(1952).

34. Watkins v. United States，354 U. S. 178，187(1957).

35. "Freedom of Information and Secrecy in Government," hearing before the Subcommittee on Constitutional Rights of the Senate Committee on the Judiciary，85th Cong. , 2nd sess. 5 (1958).

36. Letter of November 30，1982，to Congressman John Dingell，reprinted in H. Rept. No. 698，97th Cong. , 2nd sess. 41(1982).

37. *Public Papers of the Presidents*，1983，I，at 239.

38. Memorandum for all Executive Department and Agency General Counsels from Lloyd N. Cutler，Special Counsel to the President，"Congressional Requests to Departments and Agencies for Documents Protected by Executive Privilege," September 28，1994，at 1.

39. Committee on the Judiciary，*U. S. House of Representatives v. Harriet Miers*，Civil Action No. 08－0409（JDB），(D. D. C. July 31，2008），at 91.

40. *Department of the Navy v. Egan*，484 U. S. 518 (1988).

41. *In re：National Security Agency Telecommunications Records Litigation*，MDL Docket No. 06－1791 VRW (D. Cal. July 2，2008），at 22.

42. 同上。更多对伊根案及国会为什么可以获取敏感机密文件的分析，参见 Fisher（2008a，219）.例如，伊根案是一个法律解释的问题，不是宪法解释的问题。

43. *Public Papers of the Presidents*，1957，at 11.

44. *Public Papers of the Presidents*，1954，at 306.

45. Foreign Relations of the United States (FRUS)，1952－1954，vol. 13，part 1，at 1242.

46. Id. , vol. 14，part 1，at 611.

47. Id. at 618.

48. *Public Papers of the Presidents*，1957，at 177－178.

参考文献

Adams，Sherman. 1961. *Firsthand Report：The Story of the Eisenhower Administration*. New York：Harper.

Ambrose，Stephen E. 1983. *Eisenhower：Soldier, General of the Army*. 2 vols. New York：Simon & Schuster.

Black，Henry Campbell. 1979. *Black's Law Dictionary：Definitions of the Terms and Phrases of American and English Jurisprudence，Ancient and Modern*. 5th ed. St. Paul，MN：West.

Bumiller, Elizabeth. 2006. "For President, Final Say on a Bill Sometimes Comes After the Signing." *The New York Times*, January 16, p. A11.

Eisenhower, Dwight D. 1963. *Mandate for Change*. New York: Doubleday.

——. 1965. *The White House Years: Waging Peace*, 1956 – 1961. New York: Doubleday.

Farrand, Max, ed. 1937. *Records of the Federal Convention of 1787*. 4 vols. New Haven, CT: Yale University Press.

Fisher, Louis. 1995. "The Korean War: On What Legal Basis Did Truman Act?" *American Journal of International Law* 89 (January): 21 – 39.

——. 1997. "Sidestepping Congress: Presidents Acting Under the UN and NATO." *Case Western Reserve Law Review Al*: 1237 – 1279.

——. 2004. *Presidential War Power*. 2nd ed. Lawrence: University Press of Kansas.

——. 2006a. *In the Name of National Security: Unchecked Presidential Power and the Reynolds Case*. Lawrence: University Press of Kansas.

——. 2006b. "The Sole Organ Doctrine." Studies on Presidential Power in Foreign Relations no. 1, Law Library of Congress. http://www. loc. gov/law/help/usconlaw/pdf/SoleOrganAug06. pdf [accessed February 21, 2009].

——. 2007a. "Invoking Inherent Powers: A Primer." *Presidential Studies Quarterly* 37 (March): 1 – 22.

——. 2007b. "Presidential Inherent Power: The 'Sole Organ' Doctrine." *Presidential Studies Quarterly* 37 (March): 139 – 152.

——. 2007c. "Signing Statements: Constitutional and Practical Limits." *William & Mary Bill of Rights Journal* 16: 183 – 210.

——. 2008a. "Congressional Access to National Security Information." *Harvard Journal on Legislation* 45: 221 – 235.

——. 2008b. *The Constitution and 9/11: Recurring Threats to America's Freedoms*. Lawrence: University Press of Kansas.

——. 2008c. "When the Shooting Starts: Not Even an Elite Commission Can Take Away Congress' Exclusive Power to Authorize War." *Legal Times*, July 28.

——. 2008d. "Why Classify Legal Memos?" *National Law Journal*, July 14.

——. 2009. "The Baker-Christopher War Powers Commission." *Presidential Studies Quarterly* 39 (March): 128 – 140.

Kinzer, Stephen. 2003. *All the Shah's Men: An American Coup and the Roots of Middle East Terror*. Hoboken, NJ: Wiley.

Patterson, C. Perry. 1944. "In re the *United States v. the Curtiss-Wright Corporation*." Texas Law Review 22: 286 – 308.

文献 35　顺从和反抗：对外政策中行政机构和立法机构关系的转换节奏

詹姆斯·M. 林赛

比尔·克林顿和乔治·W. 布什的总统任期在诸多方面对比鲜明，特别是在外交政策方面，他们处理与国会关系时不同的经历形成了鲜明的对比。克林顿总统提出的动议经常遭遇国会的挑衅，好像国会还乐此不疲。他在国会山的失败有一长串记录，诸如：1994 年国会逼迫他从索马里撤军；国会大幅度消减他的对外援助要求；国会拒绝给予他建立快速通道进行贸易谈判的权力；国会强迫他接受国家导弹防御计划和伊拉克政权更迭作为美国对外政策的目标，即使克林顿和他的很多顾问们怀疑这两项政策的正确性及实用性；克林顿要促成联合国退回美国的会费，国会阻止了他这方面的工作；参议院抵制了《全面禁止核试验条约》；在外交政策方面，国会即便支持克林顿，诸如紧急派遣维和部队到波斯尼亚，批准《化学武器公约》和北约东扩，但这也是政府当局付出了超常的努力所取得的成果。

布什的经历就迥然不同。在诸多对外政策问题上面，国会急于顺从布什的领导。国会以压倒性优势授权布什发动战争，不是一场，而是两场战争；国会顺从布什的决定，退出 1972 年签署的《反弹道导弹条约》，进而着手发展一个新的扩张的国家导弹防御系统；国会对于布什在国防和外交事务方面的开支几乎是有求必应；国会欣然接受布什的要求，进行一个多世纪以来联邦政府最大规模的重组；国会授予布什促进贸易发展的权力（克林顿时期要求但遭到拒绝的建立快速通道进行贸易谈判的权力）。大概最为显著的是，所有共和党人及众多民主党人急切地告诉选民，他们支持布什的国家安全政策。

9·11 事件解释了国会从对克林顿的反抗到对布什的顺从所发生的改变。9·11事件中，对世贸中心和国防部的袭击，改变了美国国内的政治形势。先前，以对抗白宫为傲的国会议员，突然意识到自愿团结在总统周围所形成的良好政治和政策优势。9·11 事件所导致的在行政和立法机构关系上的变化是巨大的，但也并不是没有先例。在美国历史进程中，对外政策的掌控权在国会和总统之间的摇摆交替已经发生过多次。这种权力的兴衰交替原因并不在于《宪法》。从《宪法》起草开始，它对于外交政策权力的正式分配就从没有变化过，这种分配都赋予国会和总统非常重要的权力。所以更确切地来说，原因来源于政治。国会在多大程度上行使它在外交政策上的权力取决于两个关键的问题：从国家层面看，是面临威胁还是安全；总统的政策成功与否。简单说，和平时期及总统采取错误行动时，易引起国会的抵抗；战争时期和总统政策成功时，国会则是顺从的。

宪法及外交政策

绝大部分美国人，当被问起在美国是谁制定外交政策时，他们马上回答是总统。在一定程度上，他们是正确的。粗略浏览《宪法》，也可以清楚地看到国会拥有广泛的外交政策权力。《宪法》第一条第八款赋予国会以下权力："建立共同国防"，"控制对外商务"，"定义并惩罚公海上的海盗行为及重罪"，"宣战"，"招募并维持陆军"，"组建并维持海军"，"给政府制定法则，给陆军和海军制定规则"。《宪法》第二条第二款指明，缔结条约和使节任命必须由参议院给出建议并由参议院通过。国会享有更为综合的权力来负责所有的政府拨款并通过内阁官员的任命，这使它拥有影响外交政策的更多途径。

当牵扯到外交事务时，我们所得到的教训就是国会和总统两者都可以寻求充足的《宪法》授权。就如理查德·纽斯塔特（Richard Neustadt, 1990, 29）再三陈述的，这两个分支相互独立但又共享权力。作为原则性问题，当两个机构的权力发生冲突时，哪个机构应该占上风的争论，从两个世纪以前就开始了，当时亚历山大·汉密尔顿和詹姆斯·麦迪逊摆开架势进行了他们著名的太平洋-海维狄斯辩论。汉密尔顿认为，只要认为合适，总统就可以自由地行使他的权力，即使他的这些行动"可能给立法机构行使权力造成影响：即便行政机构在行使它的《宪法》权力时有可能形成一些事情的先决状态（在此过程中应该考虑立法机构的决定），立法机构仍然可以根据它对这些行动的判断，自由地行使它的职权"（Smith, 1989, 52）。麦迪逊否认所谓的并生权力的存在，坚持认为总统行使权力不应该"删减或影响"已经给予立法机构的诸多权力（Smith, 1989, 56）。

在21世纪初，汉密尔顿和麦迪逊的学术继承人继续他们的争论。毫无疑问，接下来的很多年，他们会继续这样辩论下去。200年前汉密尔顿和麦迪逊论战所展现的激情，他们在"战斗"中也尽情地释放了出来。然而，这些论战大部分也就是在学术和有趣的知识训练方面，极少应用到现实世界的政策辩论中。《宪法》赋予国会广泛外交政策权力的事实意味着绝大部分行政和立法机构的争论并不会提出事关《宪法》的问题，而是会提出政治问题并牵扯到政治权力的行使问题。爱德华·考文经过再三研究得出：《宪法》"引诱不同机构为争取美国外交政策的特权而争斗"（Corwin, 1957, 171）。

我们说国会会在外交政策上留下自己的烙印，但这并不等于说国会会努力这样去做。为便于理解国会在外交政策方面的能动性随时间变化而出现不同，我们有必要离开法律领域，前往政治领域。

政治和外交政策

国会在外交政策领域话语权的变化，第一个解释来源于阿历克西·德·托克维尔在 150 年之前的一个发现。托克维尔吃惊地发现，在内战之前，国会在外交政策方面扮演着主要的角色，因此，他推测国会发挥主要作用是由于国家没有受到外部的威胁。"如果联盟的生存受到持续的威胁，如果联盟的巨大利益同其他大国的利益持续交织在一起，那我们就会看到行政机构威望的增长，因为人们对它及它的所作所为寄予了期望(de Tocqueville，1969，126)。"

为什么人们察觉到威胁或危险可以影响国会如何行动呢？当美国人相信他们面临很少的外部威胁，或者认为参与国际事务本身就可能产生威胁时，他们看到，在外交政策方面顺从白宫带来的优势很少，而顺从国会会带来更多的优势。争论及意见不合不太可能付出巨大代价：毕竟国家处于安全状态。但是，当美国人相信国家面临一个来自外部的威胁时，他们迅速地转而相信国家需要一个强大的总统领导。此时，先前可以接受的国会的异议，现在似乎突然充其量成了毫无帮助的干预，说难听点，就是不爱国。国会议员跟他们的选民没有任何不同，对于顺从总统的明智行为，他们与选民一样会有相同的情绪变化。他们也非常清楚，如果站在这种情绪变化的对立面，会损害他们的竞选连任。

纵览整个美国历史，外交政策权力在这种根本动力的作用下，一直在宾夕法尼亚大街的两头轮流交替着。19 世纪后半叶的美国，跟其历史上的任何时期一样，都远离外部袭击、非常安全。在这样的一个时代，国会在外交政策方面占有统治性地位，这个时代被称之为"国会政府"时代、"国会至上"时代、"政府服从国会"时代。当美国加入第一次世界大战时，权力的钟摆偏向了白宫。伍德罗·威尔逊总统在战时总统任期内，几乎没有遭遇到国会的挑战。但是，一旦战争结束，国会，特别是参议院，就再次重归强势。国会的主导地位一直延续到 20 世纪 30 年代，甚至是变本加厉。国会中不主张参与战争的多数派相信，只要不参与欧洲的政治事务美国就可以保持安全，所以他们极力反对富兰克林·罗斯福总统试图采取的任何行动，以避免使美国陷入大西洋对岸正在酝酿的战争中。

但日本轰炸珍珠港推翻了主张不参与战争议员们的观点，并极大地扩大了罗斯福总统推行外交政策的自由。实质上，他所做出的所有主要的战时决定，都没有照会国会或者从国会山寻求建议。当二战结束时，国会开始重拾强势。国会众议院外交事务委员会及参议院对外关系委员会的高级别成员推动起草了《联合国宪章》《轴心国和平条约》及共同防务条约，诸如《北大西洋公约》等。

但是，由于对苏联不断增长的忧虑情绪，延缓了权力从白宫到国会的变换进程。20 世纪 40 年代晚期，美国逐渐认为敌对的共产主义国家威胁到了自己及自由世界的其他国家。美国人在以下两个基本思想上越来越达成一致：美国需要抗击共产主义的扩张;为达成此目的,需要强有力的总统领导。绝大部分的国会议员同意这两个基本思想(并推动这两种思想发扬光大);而那些持不同意见的议员就会在选举时遭受惩罚。这是一个自我强化的过程。20世纪50年代,当越来越多的议员在国防和外交政策领域退居边线时,那些持不同意见的人越来越意识到反对也不会产生效果,更不用说自己在政治上面临的风险了。到20世纪60年代,由温顺的国会所衍生的"皇权总统"到达鼎盛(Schlesinger,1973)。正如1965年一位参议员所抱怨的,外交事务中即便是最为宽泛的总统决定,国会议员们也因为急于看谁能以最快、最大的声音说出"赞"这个字时都变得结结巴巴了(Sundquist,1981,125)。

但当公众对于越南战争的观点开始变得尖酸时,国会顺从于皇权总统的时代戛然而止。很多美国人意识到,发生在第三世界的共产主义革命不会对美国的核心安全利益造成直接的威胁,正如国际紧张局势的缓和使很多人相信列昂尼德·勃列日涅夫的苏联不会对美国的核心安全利益构成太多的威胁一样。在此背景下,公众更倾向于质疑政府的政策,众多的国会议员也是如此。更多的人在以下三个方面同白宫分歧甚多:什么是美国至关重要的利益?如何最好地保护这些利益?如何最好地促进这些利益?更为重要的是,20世纪70年代早期,国会议员在挑战总统时面临的政治风险比前几年所面临的风险要小。实际上,很多人预测挑战总统的外交政策可以帮助他们获得选票,并以此得到他们的选民所支持的职位。结局不难预测,就是国会的主导地位不断上升。

然而,20世纪七八十年代,国会议员对外交政策强加自己烙印的企图并不是总会达到目的。虽然对总统不经思考的顺从已经消失,但温和国会的某些因素,在一些高级别国会议员(这些人在国会顺从总统时代成熟起来)和温和派成员(他们担心打败总统会伤及国家的信誉)中依然根深蒂固。从尼克松到老布什的诸位总统,在重大问题上总是占据上风,因为他们总能用一个极其简单的论断来说服上述两个团体支持自己:当局的政策固然有缺陷,但拒绝总统的要求会破坏总统在国外的地位,可能会使莫斯科更为大胆地采取更具有进攻性的行为,并最终损害美国的利益。然而,越南战争之后的总统们必须提出这样一个论点,事实是:自皇权总统以来,形势发生了多大的变化。福特总统、卡特总统和里根总统没能像艾森豪威尔总统和肯尼迪总统一样得到国会山的默从。

虽然对国家所面临外部威胁的理解是导致权力在宾夕法尼亚大街的两端轮流交替的主要动因,但它并不是唯一的原因。同时跟这个原因相互关联的另一个因素是总统外交政策方面的动议执行得如何。就与里根总统一样,有些总统聪明地消费他们的政治资本,并且展示了由于他们的努力所收获的成功,这样他们就可以从习惯于施展权力的国会手中夺回权力。与此形成鲜明对比的是,那些在外交政策方面酿成大错的总统,诸如里根的伊朗门事件和克林顿的索马里事件,就促成国会对总统权力的挑战。在此方面,约翰·F. 肯尼迪的结论(Kennedy,1961,316 - 317),"成功是众人之功,失败我自承担"是外交政策政治领域的铁律。在极端情况下,总统的决定可能酿成历史的灾难,第一个例子就是发生在林登·约翰逊总统身上的,然后就是尼克松总统在越南战争时犯下的错误,这些决定所导致的结果可能改变美国人在国家安全和繁荣面临威胁时的思维方式。

国会挑战重燃

由于越南战争,国会的挑战变得愈发强大,冷战结束更加速和加剧了这样一种趋势。随着苏联沉入历史的灰烬中,绝大部分美国人审视国外时,在地球上再看不到有同样强大的威胁势力。20 世纪 90 年代民调让人们列举美国所面临的最重要问题,结果发现几乎不超过 5% 的美国人会把外交问题列在其中。相较于冷战时的高峰时期,有超过 50% 的人把外交视为最主要问题,这简直是断崖式下降。更为重要的是,当时众多的美国人根本说不出有任何的外交政策问题会让他们忧虑。1998 年的一个民调要求人们列举"两到三个当今美国所面临的最重要的外交政策问题",21% 的被调查者的共同答案是"不知道"(Reilly,1999,111)。

公众的这些态度,意味着在外交政策上挑战白宫的国会议员在选举时几乎没有任何风险。既然公众不太关注对国会议员滥用权力进行惩罚,很多议员开始忙于挑战比尔·克林顿的外交政策。例如,1999 年 4 月,科索沃战争期间,国会众议院拒绝就是否支持轰炸科索沃进行投票。更甚的是,6 个月后,国会参议院投票否决了《全面禁止核试验条约》,即便克林顿总统和 62 个参议员已经要求把此事项从议事名单中撤销。这些小插曲完全背离过去的做法。冷战后半期,在国会议员同白宫在诸如越南战争、MX 洲际战略导弹、援助尼加拉瓜等问题上公开对决时,他们获得了公众强烈的支持。然而,在科索沃问题和禁止核试验问题上,几乎没有人强烈要求国会去挑战克林顿总统。很多美国人对此没有什么看法,即便是持有观点,大部分人都跟总统站在一边。

同样重要的是,这个曾经很有说服力的论点也不再被理睬,即在关键问题上国会议员应该顺从于白宫以免损害广泛的美国利益。1997 年,克林顿政府寻求说服国会授予他"快速通道"进行谈判的权力,以便签署国际贸易协议(依据快速通道权力,总统谈判所签署的任何贸易协议,国会同意不对其进行修改,而只是通过或者否决这项协议。这简化了贸易谈判进程,因为其他国家不用担心国会会去改写已经达成的贸易协定)。当克林顿总统意识到他没有足够的选票占据上风时,他增加赌注,强调说他需要快速通道权力,因为"现在超出以前任何时候,我们的经济安全也是国家战略的基础"(Broder,1997,A1)。然而,把贸易问题重塑成一个国家安全问题的决定——一个在冷战时已经尝试过并成功的策略——并没有让几个人改变主意。克林顿总统意识到已经失败,要求国会领袖把该法案从议事日程中撤销。这标志着几十年来,总统游说国会支持一个重要贸易立法的动议第一次以失败而告终。

苏联解体后,公众对于外交事务的兴趣减少,这不但鼓励了国会议员在外交事务中施展权力,也鼓励了他们迎合在外交政策上狭隘而又带有强烈倾向的某些团体。国会这样做有两个原因:首先,当绝大部分人聚焦于国内事务时,原先聚焦于外交政策的政客转而把一些利益团体当作他们政治上得失的主要渠道,这些利益团体就像"能哭的孩子有奶吃"一样通过影响国家政策而获利。其次,当绝大部分公众关注其他方面时,国会议员倾向于狭隘团体利益所带来的风险也就随之降低,因为选民不可能对他们未看到的行为进行惩罚。

上述两种趋势造成的结果就是,20 世纪 90 年代的外交政策通过其他途径成了国内政治的延续,这正诠释了著名的德国军事战略家克劳塞维茨(Clausewitz)的战略。国会议员更感兴趣的是种族、商业及单一议题团体如何帮助他们竞选连任上,而对他们自己支持的项目是否对于一个连贯的外交政策有所帮助不感兴趣。正如前众议员李·H. 汉密尔顿(印第安纳州民主党议员)所说:"有太多的人把选民利益置于国家利益之上。对他们而言,在游说议员获取高速公路建设资金和向某一个特别的利益团体倾斜外交政策之间,这两者没多大的差别"(Mufson,2000,A1)。美国大使查思·W. 弗里曼(Chas W. Freeman)以不同的方式表述了同样的事实,他认为 20 世纪 90 年代把"外交政策的特许经营权"赋予了利益团体(Mufson,2000,A1)。

当然,利益团体对外交政策的影响并不是什么新鲜事。1773 年,一群波士顿人组成"自由之子",他们通过波士顿倾茶事件来抗议英国皇室的税收政策。20 世纪 50 年代,"中国游说团"施压要求加大对民族主义中国的支持。20 世纪 70 年代,人权团体推进了有关人权的立法。20 世纪 80 年代,钢铁企业和汽车生产商反对低成本的国外产品的进口,以对自己的行业进行保护。利益团体在美国政治中是如此重要的一个组成部分,以至于美国在实践中成为一个"利益团体社会"(Berry,1989)。

20 世纪 90 年代,发生变化的是来自更广泛利益的对抗力量减少,利益团体对在政策问题上的掌控更加坚实。然而,在冷战时期,围绕遏制政策所达成的一致,有助于遏制狭隘利益的膨胀。对特殊政策的需求不得不经常受到更广泛战略考量的制衡。同时,随着大众更多地关注外交事务,特别是当行政机构反对时,国会议员在纵容利益集团时变得更加谨慎。但随着苏联的解体,这种阻力也随之消失。对总统意愿的顺从也随之降低,因为国会议员仅仅通过国会的积极行动就使行政机构完成工作更加困难,所以他们几乎没有任何理由去拒绝利益团体对他们的酬谢。

一个恰如其分的例子是 2000 年众议院努力推动通过了一项没有约束力的决议,认定 1915 到 1923 年奥斯曼帝国对亚美尼亚人的屠杀是"种族大屠杀"。众议员詹姆斯·罗根(James Rogan,加利福尼州亚共和党议员)发起这项决议。他没有宣称自己是外交政策方面的专家,他在委员会的工作任务也跟外交政策没有任何瓜葛。在他一生中,只离开过美国一次。然而,他在竞选连任时遭遇强有力的竞争,他的国会选区恰巧是美国美籍亚美尼亚人最为集中的居住区,美籍亚美尼亚人非常看重对这种条款的界定,所以这项决议的通过就提供了一个同选民建立友好关系的良好通道。而经常就国会议员在影响亚美尼亚人问题上投票进行评级的美国亚美尼亚人大会,针对这项决议已经进行过长期游说。

但如果换做另一个时间,罗根的决议极有可能走不出委员会的大门。党派领袖也许会允许他介绍自己的议案——以使他获得为"正义而战"的选民的政治信赖——但实际上,又阻止这项议案取得进展——并因此保护国家更为广泛的利益。但在 2000 年,众议院共和党领袖面对民主党在即将到来的选举中所形成的潜在威胁,为维持共和党微弱的多数党优势,支持了这项议案。众议院议长 J. 丹尼斯·哈斯特尔特(J. Dennis Hastert,伊利诺伊州共和党议员)许诺罗根,他会把这项决议列入众议院的投票日程。他亲自把这项决议加入到了众议院的立法日程中。众议院国际关系委员会进而以压倒性优势通过了这项决议。

当罗根、哈斯特尔特和其他众议院议员推动"亚美尼亚种族大屠杀"决议通过的时候,他们几乎没有考虑到他们的这种象征性的姿态对于美国更广泛利益所造成的后果。其后果就是加剧了同土耳其的紧张局势。而土耳其作为美国的一个主要盟友,在诸多的合作事务中,允许美国和英国战机使用英基里克空军基地,以便对伊拉克北部的空域进行巡逻。土耳其总统对此项决议表达了"严肃的保留意见",重申了土耳其一贯的主张:在当时没有进行种族大屠杀(Mufson,2000,A1)。突然之间,美国国防工业的相关公司面临丧失对土耳其军售的可能;而五角大楼也面临失去战机从英基里克空军基地起飞的可能。克林顿总统、其他政府官员及军队高级官员密集致电哈斯特尔特,警告他此项决议将极大损害美国的外交政策,哈斯特尔特最终同意众议院推迟就罗根议案所进行的投票表决。

国会顺从回归

冷战之后的第一个十年,公众相信发生在美国国界之外的事情跟他们的生活几乎没有关系,从而导致国会挑战总统比尔·克林顿。然而,9·11 事件的突然爆发打破了这种幻想,结束了美国人长达十年的"历史休假"(Krauthammer,2001,

156)。突然之间，外交政策成为美国公众最优先考虑的事项。毫无意外，权力轮回突然就转向了白宫。

"团结在国旗周围"

当布什总统演讲稿撰写人戴维·弗雷姆（David Frum，2003，272）写道"在2001年9月10日，乔治·布什的总统之路并不成功"时，这可能是接近实情的。经济处于衰退之中，公司会计丑闻占据晚间新闻头条，政府当局在国外问题上的诸多单边行动，从遏制全球变暖的《京都议定书》再到国际刑事法庭问题，激怒了美国在国外的朋友及盟友。2001年9月，早期民调显示，布什的民意支持率只有51％。除了杰拉尔德·福特总统在决定赦免理查德·尼克松时所遭遇到的民意支持率的急速下跌之外，从来没有美国总统在上任伊始的前8个月就遭受到如此低的支持率（Smith，2002，44）。

9·11事件对美国公众观点的影响是巨大的。盖洛普民调显示，布什总统的民意支持率急速上升到90％。如此高的民意支持率在这之前只出现过一次，那就是他的父亲作为总统发动海湾战争的时候。虽然老布什总统的民意支持率很快回归到战前的水平，但小布什总统的民意支持率却维持高百分比数月之久。在9·11恐怖袭击一周年之际，小布什的支持率维持在70％（Jones，2003）。盖洛普民调显示，每三个美国人中就有两个把恐怖主义、国家安全或者战争作为美国所面临的最主要问题。自从科学的民调开始以来，外交政策在政治上达到如此显著的位置只有两次：朝鲜战争和越南战争的开始阶段（Gallup Organization，2001）。同样重要的是，美国人应对袭击不是选择从国际社会中退出。恰恰相反，2001年11月的一项民调显示81％的美国人同意"积极参与国际事务对于国家的将来会更有利"（Program on International Policy Attitudes，2001）。这标志着，就美国是否应该积极参与国际事务这个问题被提出50多年以来，公众支持美国积极参与的比例达到了最高值（Lindsay，2003，43，53）。

公众团结在国会和总统周围——公众对国会开展工作所采取方式的支持率提高了一倍，从9月早期的42％上升到10月早期的84％（Smith，2002，45）。无论如何，这种团结带来的政治受益者是白宫，而不是国会山。主要原因就是，在政府应该做什么这个问题上国家不但没有出现分化——就像越南战争后期的状况一样——反而特别地团结。而小布什又进一步从以下状况中受益：民主党在政治上如此羸弱，对他如何回击恐怖主义袭击的决定根本不会做出任何反对。民调显示，自20世纪70年代以来，在处理外交事务的能力方面，美国公众对共和党比对民主党更有信心。这样，倾向于批评当局政策的民主党人担心他们自己会被控诉为不爱国，会被控诉为对美国公众愿意倾听任何批评持怀疑态度。

共和党意识到民主党在此方面的弱点并加以利用。2002 年 2 月发生的事情就是一个很生动的例子。参议院多数党领袖汤姆·达施勒（Tom Daschle，南达科他州民主党议员）告诉记者，他相信反恐战争"已经取得成功"，但他担心当局扩大战争的努力缺少"一个明确的方向"（Purdum，2002，A1）。共和党迅速反击，并没有任何妥协。参议院少数党领袖特伦特·洛特（Trent Lott，马萨诸塞州共和党议员）抱怨道："当我们正在进行反恐战争，特别是当我们的军队还在战场之上时，参议员达施勒怎么敢批评布什总统呢？当我们的国家团结在一起时，他不应该尝试去分裂国家。"众议院多数党党鞭汤姆·迪莱（Tom DeLay 得克萨斯州共和党议员）发布了一个词的新闻发布稿，他认为达施勒的评论是"令人厌恶的"。众议院议员汤姆·戴维斯（Tom Davis，弗吉尼亚州共和党议员），共和党国会选举国家委员会主席，控诉达施勒"给我们的敌人援助和便利"，这在法律上恰恰被界定为叛国罪（Dewar，2002，A6）。而达施勒的民主党同事们几乎没有几个出来为他进行辩护的。

早期的行动

政治权力从国会山转换到白宫立竿见影。2001 年 9 月 14 日，国会议员除一人外都投票赞成给予总统权力，对恐怖主义袭击的相关责任人进行报复，而国会对于他们要做的事情可能造成的后果几乎没有进行辩论。在授予总统权力的广度方面，这项决议让人瞠目结舌。此项决议陈述道：总统可以"使用所有必要和合适的力量来打击他认为参与计划、授权、执行或者帮助恐怖分子在 2001 年 9 月 11 日进行恐怖袭击的国家、组织或个人"。简而言之，实际上就是国会宣战，把决定敌人是谁的任务留给了布什总统。

国会对白宫的顺从，在其他问题上也迅速得以彰显。1997 年，克林顿政府同参议院外交关系委员会主席杰西·赫尔姆斯（Jesse Helms，北卡罗来纳州共和党参议员）和副主席约瑟夫·拜登（特拉华州民主党参议员）达成一项协议，以便支付美国拖欠联合国的绝大部分（但不是全部）会费。但在执行所谓的赫尔姆斯-拜登法案时，拨出所有需要款项的尝试在众议院陷入困境。很多众议院议员对联合国发挥的作用持极大的怀疑态度，还有很多众议员利用这项法案对克林顿政府施压，以改变政府对国际刑事法庭问题的政策及对计划生育组织的援助政策。

当布什入主白宫时，政府也提出了赫尔姆斯-拜登法案问题。但在 2001 年 9 月初，布什政府几乎没有就此问题做出任何努力。但当世贸中心和五角大楼遭到攻击时，组建一个多国联盟对恐怖主义宣战就变得非常必要。此时，白宫发现国会更加乐于接受它的观点。众议院领袖快速达成一致：进行工作以便通过一项独立的法案来提供所有必需的拨款。他们把这项议案放到待议日程中，这样可以限制对其进行的辩论，但仍然需要三分之二的多数才能通过。2001 年 2 月在参议院通过的此项法案以口头表决形式获得通过(Pomper,2001b,2276)。

布什政府还对先前的另一个热点问题——对巴基斯坦的制裁问题,进行交涉。伊斯兰堡由于 1998 年 5 月进行的核试验已经招致一系列的制裁。1999 年 10 月,佩尔韦兹·穆沙拉夫(Pervez Musharraf)将军推翻巴基斯坦民选政府,美国法律要求对此进行强制性的一系列另外的制裁措施。而克林顿政府当时意识到这些制裁不一定符合美国的利益。然而,说服国会接受这种观点则完全是另一码事。在 20 世纪 90 年代,国会的情绪急剧地向巴基斯坦的敌人印度方面倾斜。有 100 多位议员属于国会印度人核心小组成员。克林顿政府决定,不去消耗有限的外交政策资本来引用一项法律条款,这项法律条款允许总统搁置作为回应核试验而实行的制裁。但紧随 9·11 恐怖袭击,布什总统就行使了这项搁置制裁的权力,以此作为他尝试的一部分,保证巴基斯坦支持反恐战争及在阿富汗的军事行动。在 10 月中旬,国会通过立法,授权布什搁置先前已经对伊斯兰堡进行的其他制裁(Pomper,2001a,2487)。

国会民主党人立场的转变,在国家导弹防御计划这个问题上表现出来。2001 年整个春夏两季,他们持续批评行政机构,因为行政机构准备把美国从《反弹道导弹条约》中退出来。他们认为,破坏他们所认定的"国际稳定的基石",以便五角大楼能够进行未经证实的国防科技试验太过鲁莽。众多民主党人也认为,反对布什政府的导弹防御计划在政治上会有回报。他们相信,20 世纪 80 年代他们反对里根战略防御动议的决定在政治上获益匪浅,他们希望这种成功再次上演。

在此问题的辩论上,民主党有一张硬牌可打:他们控制着参议院。参议员卡尔·列文(Carl Levin,密歇根州民主党议员)利用他作为参议院军事委员会主席的特权,在 2002 财年国防授权法案中添加一项条款:从政府寻求的 83 亿美元导弹防御计划中削减 13 亿美元,并且禁止国防部进行任何违反《反弹道导弹条约》的反导试验。军事委员会的投票以民主党议员全部赞成显示了对"主席讲话"的支持。"参议院激烈的摊牌"看起来风雨欲来(Towell,2001,2079)。然而,随着 9·11 事件的发生,参议院民主党议员剔除了国防授权法案中禁止反导试验的条款,恢复了白宫要求的几乎全部的拨款(其中一小部分被转到了反恐账户中)。2001 年 12 月,布什总统宣布美国退出《反弹道导弹条约》。总统的此项决定,在国会山几乎没有任何意见而顺利通过。

在宣布退出《反弹道导弹条约》之前的几周,白宫在 11 月 13 日发布军事命令(Bush,2001)。命令宣布,美国在发动反恐战争中拘留的外国公民可以在特别军事法庭中受审。此项命令触犯了众多的公民自由主义者,并招致 300 多名法学教授签署联名信,宣称特别军事法庭"在法律上是有缺陷的、不必要的、不明智的"(Seelye,2001,B7)。此项命令可能会影响国会所享有的"解释并惩罚……违反国家法律的犯罪行为"的《宪法》授权，并影响它制定其他所有"必要及合理"法律的权力，以便联邦政府行使所列举的权力（Tribe，2001）。然而，国会既没有否决总统的决定，也没有采取行动来补充这项命令的法律依据。强烈支持上述意见的国会议员，诸如前副总统候选人参议员约瑟夫·利伯曼也认为国会无需采取任何行动。成立特别军事法庭的想法是否明智，有些议员对此持怀疑态度；有些议员担心成立这样的法庭会影响美国公民权利，但他们要么屈指可数，要么默不作声。当司法部把美国出生的基地组织嫌疑人何塞·帕迪拉（Jose Padilla）移交给国防部以便作为敌方战斗人员羁押时，以上情况几乎没有发生变化。[1]没有议员愿意自己被认定为同情一个被认定的恐怖主义分子，批评一个受欢迎的总统。

从托拉波拉到巴格达

布什总统对外交事务的统治延续到2002年。2002年2月，他建议增加国防预算480亿美元。这是自里根增强军备的初期阶段以来，国防开支以美元计算，所要求的最大增长，并且仅这个增长的额度就大约相当于中国国防开支的总额。布什的这个要求几乎没有遭到国会的任何抱怨，即便是国防开支增长的一大部分是用于几年来已经在筹划中的国防项目，而不是用于满足因反恐战争而产生的新增需求。当然，国会也做了技术性调整，削减了略多于10亿美元的拨款。同时，它也剔除了一项条款，即创立100亿美元意外开支基金以便五角大楼在认为合适的地方使用。即便是顺从的国会议员也不乐意给予国防部如此金额的灵活资金。无论如何，国会议员释放信号，他们能够容纳五角大楼任何具体的拨款申请。2003财年，最终的拨款给予国防开支接近370亿美元的增长，这相当于英国全年的军事预算。

2003年初的民调显示布什总统的支持率非常高，但一些民主党人对于他们所看到的深感失望，因为布什没有让联邦政府做好反恐方面的准备。9·11一发生，作为回应，布什在白宫创建国土安全办公室。以参议员利伯曼为首的评论者建议可以更进一步，成立一个新的内阁-国土安全部。他们认为，把有关国土安全的主要机构放置在一起更易于协调他们彼此的行动，进而促进国家的安全。诸多民主党人支持这种重组，这对他们带来的好处是：他们可以从右翼批评总统，这对在国家安全问题上处于劣势的民主党来说是一个政治上的安全和有利点。如果布什不重组，他们可以宣称白宫没有做出足够的努力来保护美国人免受基地组织和类似恐怖主义的威胁。

布什政府在最初的几个月，抵触成立新内阁部门的想法。2002年3月，白宫发言人艾里·弗莱舍（Ari Fleisher，2002）说道："成立一个新的内阁部门不能解决所有问题。"其他政府官员认为重组会使美国更加不安全，因为重组会分散华盛顿的资源，并偏离反恐战争这个焦点。白宫也清楚，很多共和党国会议员对成立一个新的内阁部门的想法,最多也就是不冷不热。这些议员相信重组意味着会产生一个更大的、更耗费金钱的、更强势的联邦政府,这恰恰是他们多年来努力避免发生的事情。

然而,在 2002 年 6 月 6 日,布什发表的全国电视讲话震惊了整个美国:他想创建一个新的部门,国土安全部。更让人瞠目结舌的是,布什的重组计划让国会山原先考虑的计划看起来是如此渺小。布什建议,合并 22 个机构,雇佣 17 万名雇员,年度开支超过 350 亿美元。然而最让人震惊的还在后面,布什要让国会在 2002 年年底就通过这项立法,授权进行重组。要知道,这是自 1947 年国防部创立以来,最为野心勃勃而又极其复杂的政府重组。

白宫认为其观点的转变是对重组进行辩论的结果。民主党人认为这是政治的体现。在 5 月中旬,参议院以利伯曼为主席的政府事务委员会通过了一项重组法案,但此项法案的内容仅获得少数几个共和党议员的支持。布什政府在国会山的同盟成功地阻止了这项法案,但政府面临风险,给了它的批评者一个可以对总统发起攻击的理由。更为糟糕的是,重组声势越来越强劲,与此同时,布什政府在 9·11发生之前几周的工作效力正遭受一系列新闻报道的质疑。记者们已经发现证据,中央情报局和联邦调查局之间及它们自己内部沟通出现错误,产生口角,这都导致政府没有成功发现恐怖袭击的阴谋。实际上,就在联邦调查局特工科琳·萝莉(Coleen Rowley)计划到国会作证的前一晚上,布什总统宣布了重组计划。对于此次作证,她期待已久,指证联邦调查局总部是如何没有成功追查到可能会发现的9·11阴谋线索。

无论重组建议背后的动因是什么,绝大部分国会议员发现很难反对这个建议。诸多共和党议员仍然不喜欢民主党的重组计划,布什总统(2002c)通过宣布他的重组计划来寻求平息议员们的反对,他宣称:"解散重叠或复制的机构,我们可以减少用于这些机构的一般性费用,从而把更多资金用于保护美国。"虽然很多专家驳斥布什总统的言论不切实际,但绝大部分共和党人意识到政治上的需要使他们必须支持自己政党的领袖。而民主党却面临另一个问题:在自己要求成立一个国土安全部仅仅几个月后,他们不能突然公开地抨击这个想法非常糟糕。民主党只能对总统改变心意的做法大加赞赏,同时希望选民记住是民主党首次提出了成立国土安全部的想法。众议院少数党领袖理查德·格普哈特(Richard Gephardt,密苏里州民主党众议员)甚至更进一步地致力于敦促民主党在 9·11 恐怖主义袭击一周年之前通过重组法案,以此促使布什宣布的重组计划尘埃落定。

国会最终没有在格普哈特计划的最后日期通过法案,但并不是因为对重组法案的实质条款产生了分歧,而是越来越多的专家参加到针对政府重组计划缺陷的辩论中来。国会各委员会主席以个人身份就重组计划所影响到的他们所管辖的各个机构提出各种问题。无论如何，众议院和参议院决心快速行动，并压制任何潜在的反抗情绪。到 2002 年 8 月初，国会所有分会已经准备完毕，法案内容反映了白宫预期创建的国土安全部的基本框架。

然而，这列看起来无可阻止的立法列车却突然脱轨，问题不是出在哪些机构不被重组进入新的国土安全部或者这个新的部门会行使哪些权力，而是出在原先这些机构的工作人员所享有的公务员保护制度在新的部门中会有多少被取消的问题上。民主党把进行重组的建议看作是一个国内的政治问题，而这个问题威胁到民主党一个关键选民团体的利益：隶属工会的工人。民主党预测，反对白宫在最大灵活性上的要求，可以调动工会的支持者，从而使民主党候选人在 11 月的中期选举受益。而共和党则预测，美国公众会把重组的争议看作是事关国家安全的一个问题，从而对在广泛的公众利益面前更倾向狭隘团体利益的民主党进行惩罚。选举当天的结果验证了共和党战略家的预测。在 11 月中旬，跛脚鸭国会以主要依据布什总统建议为基础通过了立法，创建一个新的国土安全部。

2002 年夏末，民主党与共和党在国土安全部职员所应享有的公务员保护问题上争论激烈。同时，怀疑布什总统打算对伊拉克发动战争的争论也非常热烈。2002 年 1 月 29 日，布什总统发表国情咨文，把伊拉克、伊朗和朝鲜界定为"邪恶轴心，拥有武装威胁到世界的和平"。他还进一步宣布"时间不在我们这边。当危险聚集之时，我不会坐等机会错失"。随后，布什和他的助理们排除了会对伊朗和朝鲜使用武力的可能。但在处理美国和伊拉克的关系上，他们没有给出这种承诺。2002 年 6 月 1 日，布什在西点军校毕业典礼上演讲，宣称美国必须"做好先发制人的准备"。演讲之后，对布什计划发动伊拉克战争的担心进一步增长。布什的高级助理们公开提及伊拉克需要进行政权更换。

美国政府威胁推翻伊拉克的萨达姆·侯赛因政权，促使国会议员号召对战争的可能性进行讨论。参议院外交关系委员会在 7 月底就此问题举行第一次听证会。在接下来的几个周，两党议员开始提出：没有国会同意，政府就不能够把国家带入战争之中。白宫的首要答复就是 1991 年海湾战争决议、9·11 决议和总统作为武装部队总司令的固有权力都使国会的同意与否不再成为必要。但到 9 月初，白宫立场开始变得温和，交给国会山一份使用武力的决议草案，这份草案将给予总统几乎没有任何限制的权力。布什政府官员意识到实际上国会一定会同意授权。如果民主党决定投票反对使用武力的决议，共和党在中期选举中就会以此来攻击民主党。

事实再次证明，布什政府的预测是正确的。民主党尝试将投票延迟到选举决定胜负后。参议院多数党领袖达施勒采取的防守就是用一个有约束的决议代替白宫提交的无限制的决议。然而，这个延缓战略在众议院少数党领袖格普哈特分道扬镳之时轰然倒塌。格普哈特私下同布什总统会面,同意对略有更改的白宫建议的决议文本进行支持。其他国会议员迅速放弃自己的努力,不再费尽心思地制定替代决议。10月初,国会参众两院以绝对性优势投票通过立法,授权总统发动战争。

国会通过的决议,同白宫开始建议的决议在几个方面有所不同。最终决议放弃了原始决议中最为过分的条款,这种条款授予总统"使用所有他认为合适的方式"在战争地区"重建国际和平和安全"。最终的决议,也包含了加长篇幅的语言来详细描述萨达姆统治的恐怖,同时强制要求白宫进行相关报道。尽管如此,富有攻击性的有效条款仍保留不变:当总统认为合适时,他就可以发动战争。在此方面,2002年10月的伊拉克战争决议在美国历史上是绝无仅有的。在总统还没有决定是否(至少是在公众层面上)进行一场战争时,国会已经授权他发动这场战争。[2]

当参议院多数党领袖达施勒被问及为什么民主党没有做出更多的努力来反对他们很多人都认为不明智的战争决议时,达施勒满脸倦容地说"底线是,我们要往前走"(Rich,2002,A21)。国会急于把自己的战争权力授予总统,引起在国会山工作50年的资深参议员罗伯特·伯德(Robert Byrd)的忿怒。"我们是如何到达国会历史上如此低点的? 我们是如此的软弱而不能拒绝一个总统的要求,以至于他坚决使国会的集体意志屈从于他的个人意志"(Byrd,2002,A39)?

国会顺从的极限

9·11事件之后,顺从国会的回归并没有延续到所有的政策问题上,甚至可以说没有延续到所有的外交政策问题上。正如针对国土安全部雇员所应享有的公务员保护政策而进行的辩论所展现的一样,在很多问题上,国会议员的所作所为跟9·11事件之前一致。按照通常的规则,国会议员挑战总统的意愿,随着总统政策对于议员选民切实利益威胁程度的变化而变化。

国会对于白宫顺从意愿的极限,在国内政策问题上显而易见。尽管布什在2001年末到2002年初的民意支持率直线上升,民主党仍然感觉否决他的经济刺激计划是安全的。布什政府坚持认为,出于国家安全考虑,在美国国内寻找新的能源开采地势在必行。但参议院仍然否决了开放北极国家野生动物保护区进行石油开采的议案。参议院民主党还利用他们多数党优势,成功阻止了对于联邦法官提名的投票,他们认为被提名人过于保守。诸如此类的例子,"正常的"政治占据上风,因为这些问题事关民主党的关键选民,并且反对总统立场将危及反恐战争的论调,所以就大部分人看来,最多也就是牵强附会。

国会对总统动议质疑和修改的尝试,在与反恐战争联系更为紧密的问题上也得以体现。紧随9·11事件之后,白宫提交立法申请,最终成为美国的《爱国者法案》。该法案建议对管理监控和情报活动的规则进行诸多的改变。在这些建议改变的条款中，很多已经讨论多年，但从未制定成法律，因为问题从没有如此紧迫以至于可以克服立法的惰性。然而，建议中要采取的其他变动，则超越了恐怖主义袭击之前所讨论的范围，并对公民个人的隐私和其他公民自由带来潜在的巨大影响。虽然国会采纳了白宫力求迅速行动进行立法的主张——该项法案还是在 9·11 事件之后，在总统的桌子上搁置了 5 周——但国会议员仍对此法案进行了一个重大的修改。他们规定，该项法案中最富有争议的条款在 2005 年期满，除非国会投票再次更新，否则它们将失效。插入这些落日条款的尝试来自共和与民主两党的公民自由主义人士，他们回应并支持公众的担忧，害怕《爱国者法案》在限制公民个人自由方面做得太过火（Bettelheim and Palmer，2001）。

布什政府在贸易方面遇到的抗拒甚至更为强硬。即使是在 9·11 事件的背景下，并且共和党在众议院是多数党，众议院仅以一票的优势通过立法授予总统有关贸易促进的权限。即便取得这项胜利，也是在布什政府承诺收回先前贸易立法给予加勒比海和中美洲国家进入美国纺织品市场的一些准入为前提的。白宫还承诺，基于巴基斯坦参加反恐战争而对其进行的援助应该以"对美国纺织服装业的影响最小化"为设计原则（Faler，2001，A19）。但随后，在对伊斯兰堡做出承诺允许巴基斯坦服装出口享有更多的美国市场准入方面，政府还是放弃了它的承诺（Brainard，2001，A19）。

参议院直到 7 月才就贸易促进授权法案进行投票。而即便是这个投票，也是民主党迫使共和党增加 120 亿美元的拨款，用于贸易调整援助项目，以帮助由于外国竞争而失业的工人之后进行的。众议院也仅仅是在共和党领袖压制了对于贸易促进法案条款的几个反对意见之后才通过了有关的会议报告。事关贸易辩论的教训非常清晰：议员们在事关战争与和平的问题上愿意顺从总统，但在直接影响他们选民生计的问题上就不会顺从。

结论

在外交事务中，国会对于总统领导地位从顺从到挑战的变化反映了一种政治上的动态性，这种动态可以追溯到美国共和制的开始。当国会议员相信美国不必担心国际事务或者总统建议的行动构成危险，危及美国的安全时，那么他们就乐于行使《宪法》特权。相反，当美国面临的威胁事实清楚，总统的决定已经产生成果而不是失败，政治及良好政策的感觉鼓励国会议员团结在国旗周围。

我们无法预测，国会顺从的这样一个时代会持续多长时间。对于国内政策，评论家有很强的政治动机来批评白宫。而与此不同的是，从 2003 年 4 月开始，政治风向却急速转向相反的方向。一段时间的持续和平可能改变这些预测，但这看起来遥不可及。美国同伊拉克仍处在战争中,基地组织的高级头目仍然逍遥法外,同朝鲜核项目的对抗面临升级的危险等。

对于帝王式总统的更大威胁,似乎来自相反的方向——行政机构过度延伸所带来的威胁。布什总统决定发动伊拉克战争,做出了一个可能划分历史的战略性赌注。他发誓,不仅要推翻一个冷酷的独裁者并销毁他的大规模杀伤性武器,而且要把民主带给伊拉克人民和中东地区。如果战争比美国公众愿意忍受的更加血腥和昂贵,或者极有可能是这样,如果为赢取和平而进行的军事占领开始看起来像美国 1983 年在黎巴嫩进行的维和任务,那么,政治风向可能会很快走向相反的方向。如果这样,布什总统就会领悟到 30 多年前约翰逊总统所得到的教训:虽然外交政策占据上风时,国会议员会顺从总统,但这并不意味着当外交政策破产时,国会议员仍然选择顺从。

尾注

1. 特别军事法庭条款明确仅适用于外国公民。帕迪拉最终的法律命运到 2003 年 3 月也没有决定。
2. 国家创立者否决了国会可以或应该给总统进行偶发事件授权的动议(Schlesinger, 1973, 26 - 29)。

参考文献

Berry, Jeffrey M. 1989. *The Interest Group Society*, 2d ed. Glenview, Ill. : Scott, Foreman/Little, Brown.

Bettelheim, Adriel, and Elizabeth A. Palmer. 2001. "Balancing Liberty and Security," *CQ Weekly Report*. 59: 2210 - 2213.

Brainard, Lael. 2001. "Textiles and Terrorism," *The New York Times*. December 27.

Broder, John M. 1997. "House Postpones Trade-Issue Vote," *The New York Times*. November 8.

Bush, George W. 2001. "President Issues Military Order," The White House. November 13. Available at http://www. whitehouse. gov/news/releases/2001/11/2001111327. html.

Bush, George W. 2002a. "President Bush Delivers Graduation Speech at West Point," The White House. June 1. Available at http://www. whitehouse. gov/news/releases/2002/06/200206013. html.

Bush, George W. 2002b. "President Delivers State of the Union Address," The White House. January 29. Available at http://www. whitehouse. gov/news/releases/2002/01/2002012911. html.

Bush, George W. 2002c. "Remarks by the President in Address to the Nation," The White House. June 6. Available at http://www. whitehouse. gov/news/releases/2002/06/200206068. html.

Byrd, Robert C. 2002. "Congress Must Resist the Rush to War," *The New York Times*. October 10.

Corwin, Edward S. 1957. *The President: Office and Powers*, 1787 – 1957, 4th rev. ed. New York: New York University Press.

Daalder, Ivo H., et al. 2002. "Assessing the Department of Homeland Security," Brookings Institution, Washington, DC, July 15. Available at http://www. brook. edu/dybdocroot/fp/projects/homeland/assessdhs. pdf.

De Tocqueville, Alexis. 1969. *Democracy in America*. New York: Anchor Books.

Dewar, Helen. "Lott Calls Daschle Divisive," *The Washington Post*. March 1.

Faler, Brian. 2002. "Jobs in Pakistan or North Carolina?" *National Journal*. 50: 44 – 45.

Fleisher, Ari. 2002. "Press Briefing," White House. Office of the Press Secretary. March 19. Available at http://www. whitehouse. gov/news/releases/2002/03/200203197. html.

Frum, David. 2003. *The Right Man*. New York: Random House.

Gallup Organization. 2001. "Terrorism Reaches Status of Korean and Vietnam Wars as Most Important Problem," November 19.

Jones, Jeffrey M. 2003. "Latest Update Shows No Change in Support for Invasion of Iraq," Gallup Poll, March 7.

Kennedy, John F. *Public Papers of the Presidents: 1961*. Washington, DC: U. S. GPO.

Krauthammer, Charles. 2001. "The Hundred Days," *Time*. December 31.

Lindsay, James M. 2003. "Apathy, Interest, and the Politics of American Foreign Policy," *The Uncertain Superpower: Domestic Dimensions of U. S. Foreign Policy after the Cold War*, ed. Bernhard May and Michaela Honicke Moore. Berlin: Leske & Budrich.

Mufson, Steven. 2000. "Local Politics Is Global as Hill Turns to Armenia," *The Washington Post*. October 9.

Neustadt, Richard E. 1990. *Presidential Power and the Modern Presidents: The Politics of Leadership from Roosevelt to Reagan*. New York: Free Press.

Pomper, Miles A. 2001a. "Bill to Waive Pakistan Sanctions Clears over Protests from Appropriators and Supporters of India," *CQ Weekly Report*. 59: 2487.

Pomper, Miles A. 2001b. "House Clears Payment of Debt to U. N. as Anti Terrorism Effort Takes Priority," *CQ Weekly Report*. 59: 2276.

Program on International Policy Attitudes. 2001. "Americans on the War on Terrorism: A Study of US Public Attitudes," November 6. Available at http://www. pipa. org/OnlineReports/Terrorism/WarOnTerr. html.

Purdum, Todd. 2002. "Democrats Starting to Fault President on the War's Future," *The New York Times*. March 1.

Reilly, John E. 1999. "Americans and the World: A Survey at Century's End," *Foreign Policy* 114: 97 – 114.

Rich, Frank. 2002. "It's the War, Stupid," *The New York Times*. October 12.

Schlesinger, Arthur, M., Jr. 1973. *The Imperial Presidency*. Boston: Houghton Mifflin.

Seelye, Katharine Q. "A Nation Challenged: The Military Tribunals," *The New York Times*. December 8.

Smith, Eric R. A. N. 2002. "Who Benefits? Public Opinion, Partisan Politics, and the

Consequences of September 11," In *American Politics after September 11*, ed. James M. Lindsay. Cincinnati: Atomic Dog Publishing.

Smith, Jean E. 1989. *The Constitution and American Foreign Policy*. St. Paul: West Publishing.

Sundquist, James L. 1981. *The Decline and Resurgence of Congress*. Washington, DC: Brookings Institution Press.

Towell, Pat. 2001. "Armed Services Democrats' Move to Shackle Anti-Missile Program Sets up Fierce Senate Showdown," *CQ Weekly Report* 59: 2079 – 2080.

Tribe, Laurence H. 2001. "Trial by Fury," *New Republic*. December 10.

Williams, Bob, and David Nather. 2002. "Homeland Security Debate: Balancing Swift and Sure," *CQ Weekly Report*. 60: 1642 – 1648.

文献 36　约束行政权力：乔治・W.布什与《宪法》

詹姆斯・P.菲夫纳

　　约束行政首脑权力的现代传统深深扎根于美籍盎格鲁政府的传统中。1215年的《大宪章》、1679 年的《人身保护法案》、1689 年的《权利法案》、普通法及英国《宪法》等其他文件和传统都给美国的制宪者们提供了可以参考的先例。从美国《宪法》的批准到当代，总统制的经验和先例在宪法体制下为总统行使合法权力奠定基础方面也扮演着重要的角色。这篇阅读材料将会研究布什总统的几次行动，并证明他对于总统权力的寻求超越常规。本文研究布什总统寻求总统权力的四个事件：2002 年布什暂停执行《日内瓦公约》；拒绝对反恐战争中的俘虏实行人身保护法令；未经授权，国家安全局可以监控美国国内团体间的信息往来；他对总统签署声明的使用。

　　制宪者们在公民个人权利方面深受他们英国《宪法》遗产的影响，并大量利用英国《宪法》的先例。但对于政府结构，他们拒绝了英国的先例，在成文《宪法》的基础上，他们创立了分权制。他们设计《宪法》的原则就包含明确限制政府的权力，并实行分权制结构，以防止权力在任何一个政府分支累积过大。

　　制宪者们建立的制度，在两个多世纪的政治实践中工作良好（但南北战争是个例外）。在 19 世纪，除了在战争状况下，国会会倾向于控制政策制定。但在 20 世纪，总统积累了足够大的权力，以至于在国内和外交政策方面都扮演统治性角色。总统和国会在一系列问题上产生了事关《宪法》的对抗，其中之一发生在林顿・约翰逊和尼克松时期的帝王式总统统治期间。面对总统权力的扩大，国会通过一系列法律，约束总统的权力，以维持自己的《宪法》权力。

　　20 世纪 70 年代国会重新维护了自己的《宪法》权力，但在 2001 年布什和切尼分别当选为总统和副总统时，他们极想扭转这种态势。当局，特别是曾为福特总统时期的白宫办公室主任的副总统切尼，感觉到国会对于越南战争和水门事件反应过度，并且以违宪的方式使总统权力跛足难行。正如他所说：

　　　　福特总统时期我就这样感觉，我认为这也被历史所证实，作为后果，特别是越南战争和水门事件，（国会与总统间的）平衡发生变化，如果你愿意这样认

来源：*Presidential Studies Quarterly*，Volume 38，Issue 1（March 1，2008）：123 - 143.　© 2008 John Wiley and Sons. 经 fames Pfiffner 授权使用。

为的话,实际上,总统职权遭到弱化,国会在尽力控制并对总统权力施加限制(Walsh,2006)。

之后,白宫的一个助理掷地有声地表达了一个貌似众多布什政府高级官员所共有的观点:

> 总统权力已经被侵蚀和剥夺到了极点。我们陷入了一场新的战争,打赢这场战争不能依靠老套的方式。它只能由一个强大的行政首脑来指挥,这个行政首脑不能独自受制于立法者或者法官所面对的冲突性压力。无论媒体和学者怎么说,公众理解和支持这种不乐观的现实(Hoagland,2006)。[1]

当然,这些"冲突性压力"就是分权制的意义所在。布什成为总统后,寻求扩大行政权力,而9·11恐怖主义袭击的暴行,为他成功获取诸多行政权力的扩大提供了机会。本文提供四个案例,研究布什总统在《宪法》系统下寻求超常规的总统行政权力:暂停执行《日内瓦公约》、拒绝人身保护法案上诉、国家安全局监控和总统签署声明。

暂停《日内瓦公约》和酷刑

布什是唯一公开为美方人员严刑拷打被拘押者的权力进行辩护的总统。可能总统并没有打算让美方人员采用如此臭名昭著的拷打方式,以至于导致众多在押人员死亡。但是,布什确实认为美方人员在审讯反恐战争的囚犯时需要使用攻击性的方法。尽管宣称"我们不严刑拷打",美方人员(军方、中央情报局人员及合同工)在关塔那摩监狱、阿富汗和阿布格莱布监狱所使用的攻击性审讯程序被绝大部分国家认定为酷刑。在决定审讯政策的法律基础方面,布什政府就"酷刑"的定义,使用的是一个狭隘的技术性定义,这个定义是法律顾问办公室在2002年8月的一个备忘录中提出的(在此之后废除)。布什总统强力辩称,在反恐战争中继续寻求攻击性审讯的"程序"是必不可少的,他反对2005年的《被拘禁者待遇法案》,支持2006年的《特别军事法庭法案》。

虽然其他总统们已经决定从《日内瓦公约》中退出,但他们都没有断定《日内瓦公约》不适用于美国对待战时的俘虏。尽管在解读公约上总统有自己的余地,最高法院在哈姆丹裁决中裁定,《日内瓦公约》通用条款第三条判定特别军事法庭无效,而特别军事法庭就是布什设立的,用于审讯关押在关塔那摩监狱的恐怖主义嫌疑人。最高法院的这项裁决促使布什政府说服国会于2006年通过了《特别军事法庭法案》。

尽管在美国发动的多次战争中出现虐俘事件，但是布什总统在加强审讯实践（或者说酷刑，看如何定义了）的政策制定方面，在美国历史上是绝无仅有的。与鼓励或者赦免酷刑的政策相比，违法地临时使用酷刑会遭受惩罚，禁止酷刑的原则才能得以维持。但对高压审讯鼓励并提供政府批准的一项政策很容易被用来作为酷刑的借口，这在关塔那摩监狱和阿布格莱布监狱是显而易见的。

暂停《日内瓦公约》的决定

布什总统是否应该宣布《日内瓦公约》不适用于基地组织或塔利班的俘虏成为2002年初一系列备忘录的主题。这些备忘录在总统法律顾问阿尔维托·冈萨雷斯（Alberto Gonzales）给总统的一个建议中到达高潮，他建议总统应该对基地组织的成员暂停执行《日内瓦公约》。2002年1月25日的备忘录建议，《日内瓦公约》第三条关于战争俘虏待遇的条款不适用于基地组织和塔利班的俘虏。他推理道，反恐战争是"一场新型的战争，新的模式摒弃了《日内瓦公约》对于审讯俘虏的严格限制……"。[2]冈萨雷斯辩称把被捕的基地组织或者塔利班俘虏从《日内瓦公约》对俘虏的保护中免除出来，将会揭开对美国士兵依据《战争罪法案》（1997）[3]起诉的序幕。

国务卿科林·鲍威尔反对司法部和总统法律顾问阿尔维托·冈萨雷斯的推理。在2002年1月的一个备忘录中，他辩论道不适用《日内瓦公约》的劣势超过了由此带来的优势，因为"这会推翻一个多世纪以来的政策……破坏战争中对我们士兵的法律保护，不但在此次反恐的具体冲突中，还包括通常的情况下；说到国际上的负面反应，这更是一个高昂的代价……；它将会破坏持批评态度的同盟国中公众对美国的支持……"。[4]鲍威尔还强调适用《日内瓦公约》"保持美国军队的战争俘虏地位……通常会支持美国的目标，确认美国军队依据《日内瓦公约》得到相应的保护"（2002）。

布什总统没有接受鲍威尔的备忘录内容。相反，他依据司法部长和他的法律顾问的建议，在2002年2月7日签署了一份备忘录，声明"依据我作为武装部队总司令的权力……我……决定《日内瓦公约》的任何条款都不适用于我们在阿富汗或者世界的任何其他地方同基地组织进行的战争，诸多原因之一就是基地组织不是《日内瓦公约》的缔约方"（White House，2002）。这个决定否决了基地组织战俘嫌疑人的身份，允许对他们使用中央情报局和军事情报机构在关塔那摩监狱使用的进攻性审讯手段，这些基地组织的战俘嫌疑人后来在2003年秋季被转移到阿布格莱布监狱。

对于关塔那摩监狱因犯身份认定上的政策变化，让美国海军犯罪调查局的高级别军事律师们很是失望，其中包括参谋长联席会议主席办公室的律师们。2003年，一组来自美国海军军法署的官员参观了纽约国际人权律师协会委员会。他们担心"一个灾难性的真实危险",这种担心后来被证明是多么地有先见之明(Barry, Hirsh and Isiskoff, 2004; Hersh, 2004)。[5]

法律顾问办公室关于酷刑的备忘录和总统的权力

9·11事件之后不久,针对如何对待反恐战争中拘捕的囚犯,司法部的法律顾问办公室就开展法律层面的工作。司法部长助理兼法律顾问办公室主管杰伊·S.拜比(Jay S. Bybee)签署一份部分由约翰·柳(John Yoo)起草的备忘录(2006,171)。此项备忘录涉及美方人员如何避免《美国法典(刑法)》第18款中所涉及的惩罚。战争罪行法案要求对美国人战俘执行《日内瓦公约》,反对对美国人施加酷刑和其他残忍的、非人道的和使其失去尊严的对待或者惩罚性措施(Klaidman, 2004)。

《日内瓦公约》要求"对战俘不能进行肉体或者精神上的拷打,也不能采取任何形式的强制措施,以便从他们身上获取任何形式的情报"。[6]《日内瓦反酷刑公约》也得到美国认可,强调"无论什么情况都没有例外,无论是战时状态还是处于战争的威胁状态,国内政治动荡或者其他任何公共紧急情况,都不能援引其来为酷刑做合理化的借口"(Bravin, 2004)。[7]《美国酷刑受害者保护法案》这样来定义"酷刑":"由一个人在法律的外衣下,对受其拘禁或者人身控制之下的另一个人所采取的目的是使其遭受严重的肉体或精神上的痛苦或苦难(不是由法律制裁而附带的痛苦或苦难)的行为(《美国法典》第18款第2340节)。"

拜比备忘录的第一部分解释了上述内容和"酷刑"的狭隘定义;通过这样做,备忘录把形成"酷刑"所需要积累的"严重痛苦"门槛进一步提高:"我们认为,构成酷刑的一个行为,它必定使人遭受痛苦……这种痛苦在强度上等同于严重的人身伤害所带来的痛苦,诸如器官的衰竭、身体功能的损伤甚至是死亡(Bybee, 1, 6)。"这个狭隘的定义,允许一系列大范围的野蛮行为,而这些野蛮行为是不符合备忘录中所指明的严格标准的。备忘录明确地把"残酷、非人道或者使其丧失尊严的对待或惩罚"排除在"酷刑"范围之外,备忘录还就此举出明确的例子,诸如靠墙站立、蒙头、施以噪声、剥夺睡眠、剥夺食物和水。但备忘录确实也指明有些行为是"酷刑",诸如棍棒重打、威胁致死、断肢、烧烫、电击生殖器、强奸或者性侵犯(Bybee, 15, 24, 28)。[8]

备忘录第五部分认为,总统作为武装部队总司令的权力可以超越任何法律。"总统在行使他的武装部队总司令的权力及开展反击敌对势力的行动上,享有完全的自由裁量权(Bybee, 33)。"因此,"任何运用(《美国法典》第18款)第2340A节去干涉总统对于核心战争事务诸如对于敌方部队的拘留和审讯的努力,都是违宪的(Bybee, 31)。"

布什政府利用武装部队总司令的条款辩称总统的政策优先于公法。因此,布什当局认为总统不受法律的约束，尽管《宪法》第 2 条第 3 款规定总统"应该负责法律得到如实地执行"。这也意味着武装部队总司令条款胜过《宪法》第 1 条第 8 款的规定：国会拥有"对于陆地和水中的俘获制定规则"的权力。[9]

这些备忘录，连同国防部长拉姆斯菲尔德和其他官员的政策指令，对发生在关塔那摩监狱、阿布格莱布监狱和阿富汗巴格拉姆空军基地的酷刑及虐囚创设了条件。一系列官方的问询及外部报道都记录了野蛮虐囚及酷刑事件，有些事件导致囚犯的死亡(Pfiffner，2005)。

麦凯恩修正案

参议员约翰·麦凯恩(John McCain,共和党亚利桑那州参议员)在越战时作为战因在监狱中度过了 5 年，并遭受了严刑拷打。因此，他对于美国士兵及平民(雇员)在关塔那摩监狱、阿布格莱布监狱和阿富汗虐囚事件的报道公开表达了愤怒，并因此采取了一项重大的法律措施。麦凯恩拟对 2006 年《国防部拨款法案》进行修正，禁止美方雇员使用酷刑，无论在什么地理位置。2005 年的《被拘留者待遇法案》第 1003 款规定："处于美国政府拘禁或者实际人身控制之下的任何个人，无论国籍或身处何地，都不应该遭受残忍的、非人道的或使其没有尊严的对待或者惩罚。"[10]

副总统切尼带领当局进行尝试，以便在国会否决这项议案(The White House，2005)。切尼一开始致力于让国会完全放弃这项法案。在这个目标失败后，他又想把中央情报局排除在此议案的条款之外。布什总统威胁，如果法案通过，他会行使总统否决权。然而，他们所有的努力都是徒劳的，议案最终在参众两院以免受总统否决的多数通过，参议院为 90 比 9，众议院为 308 比 122。麦凯恩虽然拒绝就他的法案措辞进行修改，但作为妥协，他同意增加以下条款：允许美国平民雇员使用赋予美国军事雇员相同的正当防卫权利。[11]

然而，当布什总统签署这项法案时，他同时发布了一项总统签署声明，宣布："行政机构应该以《宪法》赋予总统的权力为准绳，与武装部队总司令的权力、《宪法》对于司法权力的限制保持一致，来解释此法案中有关被拘留者的 A 款第 10 条，以便监督单一的行政机构(The White House，2005)。"此项声明表明，布什总统并没有被自己刚刚签署生效的法案束缚。

因此，布什总统通过他的法律顾问办公室宣称：他不受《日内瓦公约》的束缚；武装部队总司令的权力使任何事关囚犯的法律都无效；他不受《被拘留者待遇法案》限制。所有这些观点试图把布什总统放置在三权分立系统的制约之外，放置在法律之外。

特别军事法庭和《人身保护法》

布什总统对于行政权力的寻求，曾遭受过来自最高法院的几次阻挠。在哈姆丹诉拉姆斯菲尔德案例中(542 U. S. 507,2004),法庭裁决在法庭之上,美国公民有权对他们在关塔那摩监狱被囚禁提出质疑。在拉苏尔诉布什案例中(542 U. S. 466,2004),法庭裁决非美国公民可以通过请求执行《人身保护法》来对他们的被拘捕提出质疑。在哈姆丹对拉姆斯菲尔德案例中(126 S. Ct. 2749,2006),法庭裁决布什总统建立的特别军事法庭不合法,因为这些法庭的建立不是以美国法律为基础,并且违反了《日内瓦公约》通用条款第三条。

最高法院对哈姆丹案的裁决

尽管布什政府辩称:美国法庭对关押在关塔那摩监狱的囚犯没有司法权;总统作为武装部队总司令的权力已足以决定进行无限期的拘禁;被拘禁者正享有充分的法律诉讼程序的权利;但是最高法院在上述案例中仍然否决了布什政府。在哈姆丹案例中,最高法院宣布"人身自由利益最为基本的一点"就是["未经法律正当程序"],"免于被自己的政府进行人身控制的利益……历史和常识教会我们:不受制约的拘禁系统就可能变为镇压的一种方式,就可能变为对那些没有造成威胁的人进行虐待的一种方式……"因此,"我们今天再次确认,一个公民权利的最基本特性就是,在未经法律正当程序的情况下,免受自己政府施加的非自愿的人身限制……"

要求使用正当法律程序并不适用于"战场上最初被俘的人员","但当决定对俘虏继续进行拘押时,需要经过正当的法律程序"。在做出这些裁决之时,最高法院主张:尽管政府意见相左,最高法院对于行政机构所进行的拘禁行为拥有司法权,并且即便是在战时,最高法院也愿意强化它的司法权力。在拉苏尔诉布什案例中,最高法院(以法律为基础做出判定,而不是以《宪法》为基础)裁定即便是非美国公民也有权利根据《人身保护法》对他们的拘禁提出质疑。

在是否允许美国通过布什总统创建的特别军事法庭对非美国公民的敌方作战人员进行审判的问题上,最高法院在哈姆丹案中做出了否定的裁决,推翻了上诉法庭的裁定。[12]史蒂文斯(Stevens)法官为最高法院出具书面报告,做出总结:特别军事法庭及布什总统建立的程序没有《宪法》或任何美国法律的授权,因此总统必须遵守现行的美国法律。他解释道:"结构和程序都违反了《美国军事审判统一法典》和1949年签署的四个《日内瓦公约》(Hamdar, 4)。"最高法院最后裁定:"即便我们假定:哈姆丹是一个危险的个体,如果给他机会,他可能对无辜的公民造成巨大的危害或者导致死亡,但行政机构在审判他并使他接受刑事惩罚的时候,无论如何也必须服从法律至上的这个原则(Hamdan, 7)。"

在最高法院裁定的这些案例中所确立的最为主要的一个原则,也许就是桑德拉·戴·奥康纳(Sandra Day O'Connor)法官在哈姆丹案例中依据多数人的观点所做出的声明:"长久以来我们已经清楚表明,在事关一个国家公民权力的问题上,战争状态并不是总统的空白支票。"[13]

2006 年的《特别军事法庭法案》

最高法院的裁定给政府制定政策造成了障碍,为了跨越这些障碍,布什总统寻求立法,以便授权创立特别军事法庭,并列明被拘禁者权利所受的限制。布什总统辩称,他称为"程序"的各种严酷审诉的方法,在反恐战争中是必须的。布什政府坚持认为,他们建议的法律与《日内瓦公约》通用条款第三条相比,将给予中央情报局审讯人员更多的余地。

布什总统激烈辩论,要求通过政府的提议。他说,如果通过,会提供给"职业情报人员所需要的工具"(Smith,2006a;Smith,2006b;Babington & Weisman,2006)。布什坚称:"除非法律明确,职业情报人员不会更进一步……我强烈建议,为了我们能够保护美国,必须使这个项目得以通过(Bush,2006)。"[14]在拟就的法案中没有指明允许哪些审讯手段,但据说包括:延长剥夺睡眠的时间、压力姿势、隔离、诱导体温降低、酷热和高强度噪声。国会议员,包括约翰·麦凯恩在内,也提及特别军事法庭法禁止坐水凳(水刑)。[15]但当副总统切尼貌似要对此进行反驳时,他们的理解也遭到了质疑(Vice President's Office,2006;Eggen,2006b & Lewis,2006)。[16]2006 年 9 月 13 日,前国务卿鲍威尔给麦凯恩参议员发出一封公开信,督促他反对布什政府对于《日内瓦公约》通用条款第三条下囚犯待遇的重新定义,因为"世界正在开始怀疑我们反恐战争的道德基础",同时还因为"这会把我们自己的军队置于危险之中"(Reid,2006)。

两党经过几周的争吵辩论,S3930(《特别军事法庭法》)在参众两院得以通过。2006 年 10 月 17 日,布什总统签字通过了《特别军事法庭法》(公法 PL 109—366)。在以什么方式对待被拘禁者方面,此项法案给予了布什政府它想得到的绝大部分东西,而这些方式恰恰是最高法院在哈姆丹案裁决中所禁止的。最为直接的就是,法律授权总统建立特别军事法庭来审判那些被认为是恐怖主义分子或者是非法的敌方作战人员的外国被拘禁者。布什总统进行了激烈的争论,认为《特别军事法庭法》是必须的,目的是让政府继续使用具有"强健的"审讯手段的"程序"。而这种辩论恰恰构成了政府对于使用这些审讯手段的承认,并把它们视为审讯过程的必须手段。

重要的是,对于"已经被美国拘禁的外国人的拘留、转运、待遇、审判或者人身限制的任何方面",此项立法拒绝给予这些外国敌方作战人员提供法庭上《人身保护法令》授予的权利。被拘禁者经允许上诉,仅限于法律本身是否符合《宪法》及政府是否遵守法律,但不能就被拘禁者的拘捕证据基础或者在被拘捕期间的待遇问题提出上诉。

此法案禁止采用通过"酷刑"获得的证词,并且指明哪些更加极端方式的酷刑是非法的。针对被控诉人所采取的审讯方法，也排除了"2005年《被拘禁者待遇法案》第1003节禁止的、相当于残忍、非人道或使其丧失尊严之对待"的方法（第948r节）。按照布什政府的解释，此项法案仅仅禁止"惨绝人寰"的审讯手段，而不是执行《日内瓦公约》通用条款第三条更严格的禁止范围："对个人尊严的践踏，特别是侮辱和使其丧失尊严的对待……"（Elsea，2004，p5；Smith，2006a）。《特别军事法庭法》分配给总统诸多全新的重大权力。它允许总统或者国防部长单方面决定谁是敌方作战人员；它允许行政机构使用逼供证词对一个人提起公诉；它排除了司法机构对行政机构行为的任何监管（Shane & Liptak，2006）。[17]

该法案的批评者抱怨：法案的措辞并不等于说接受了《日内瓦公约》通用条款第三条，并且将会允许非常残忍地对待囚犯，最后等同于"酷刑"。批评者认为诸如压力姿势、睡眠剥夺、感知剥夺、隔离或者高强度噪声等审讯手段，依据所使用的强度和持续使用的时间，可能等同于"酷刑"。通过这些方法获得的陈述，如果主审官员判决"司法利益得到了很好的保护"，并且"整体状况下，陈述可信并具有足够的证据价值"，那么这些陈述就会被用来指控被拘禁者（第948r节）。

除此以外，政府的批评者认为此项新法律将会允许美国军队在世界的任何地方逮捕他们宣称的任何"敌方作战人员"，包括他们认定的那些有目的地支持敌对势力反对美国及与美国共同交战国的嫌疑人，并对他们进行无限期拘捕。这些嫌疑人有可能没有受到任何指控就被拘捕，并且在没有追索法庭《人身保护法》的情况下就面临残酷的审讯手段。批评者还提出质疑，此项法律是否依照《宪法》能够如它所愿否决被拘禁者适用《人身保护法》（Shane & Liptak，2006；Zernike，2006；Grieve，2006；Fletcher，2006）。

在象征意义层面，《特别军事法庭法》对全世界传达了如下信息：美国会继续使用严酷的审讯手段（按照副总统切尼的声明，包括使用水刑），这在绝大部分国家来说就是"酷刑"，并违反了《日内瓦公约》通用条款第三条的内容。在法律层面，此项法案意图拒绝《人身保护法》适用于绝大部分被拘禁者，并允许使用严酷的审讯手段。在《宪法》层面，此法案代表国会认可行政机构单方面设立特别军事法庭、执行审判、在有限的法律程序下对被拘禁者行使判刑的行政权力，而这些都不受司法或者国会的监管。

通过《特别军事法庭法》，布什总统以法律的形式取得了先前所声称的作为总统的《宪法》权力。然而，即便国会认可布什总统对被拘禁者《人身保护法》的上诉及充分法律程序拥有否决的权力，这些权力未必就合乎《宪法》。然而对于最高法院来说，由于缺乏国会在法律上的改动，限制总统就变得愈发困难。即便布什寻求国会对其行为的支持，他也没有放弃他的观点：他，作为总统，拥有《宪法》赋予的权力来单方面采取这些行动。

国家安全局未经授权的电子监控

2005 年 12 月,《纽约时报》披露布什政府对外国恐怖主义嫌疑人和美国国内公民间的电话和电子邮件进行秘密监控。行政机构对国外情报目标进行电子监控的合法权力是没有异议的。但政府对美国国内的嫌疑人,在没有授权的情况下就进行秘密窃听或者偷录的权力是受到《宪法》第四修正案和法律的限制的。

《外国情报监控法》

20 世纪 70 年代,尼克松政府被曝进行了一系列未经授权的窃听来监控他们的政治对手(Senate Report,1978;Senate Report,1976;Schwarz & Huq,2007,31;Bazan & Elsea,2005)。[18]国会对监控的滥用做出反应,修改了 1968 年《综合犯罪控制和街道安全法》的第 3 款——政府控制电子监控的权力。修改后的法律对于寻求授权以便进行电子监控的程序进行规定,禁止没有获得授权就进行监控。该法律的第 3 款,对于事关国家安全的某些监控也做出例外规定:"总统依据《宪法》授权,为保护国家免受切实的或潜在的攻击而采取他认为必要的措施……同时,为获得事关美国安全的外国情报信息……(Bazan & Elsea 2005,17)。"[19]

第 3 款的这个部分在 1978 年的《外国情报监控法》中被废除(Cole et al.,2006)。[20]修改后的法律规定,只要是遵照 1978 年的《外国情报监控法》,为获得国外情报,就允许进行监控。修改的法律指明:"1978 年的《外国情报监控法》是开展电子监控,就如该法的第 101 章节所界定的,拦截国内电报、口信及电子通信的唯一途径(Bazan & Elsea,2005)。"[21]

如果有合理的证据表明嫌疑人可能是外国势力的代理人,《外国情报监控法》规定,可将信息提供给特别法庭,考虑发放电子监控授权。在要求从该法案特别法庭获得授权进行监控方面,该法律提供了 3 个例外:1)如果司法部长确定通讯是在外国势力或者他们的代理人之间进行,并且"监控不太可能获得美国人作为通讯一方的任何通讯内容";2)如果司法部长确定没有足够的时间来获得授权,但如果此种情况发生,必须在监控开始的 72 小时内通知特别法庭的法官(在 2001 年 12 月 28 日从 24 小时改为 72 小时);3)国会宣战后的 15 天内可以未经授权就开展监控(Bazan & Elsea,2005,25 - 26)。

布什总统证实了《纽约时报》对于秘密监控项目的报道,同时指出对美国国内被怀疑与恐怖主义有牵连的人进行监控是"我们反恐战争的一个至关重要的工具",《纽约时报》对于此项目的泄露破坏了美国的安全(Sanger,2005)。"在战争时期,一个人泄露了这个如此重要的项目,是一种可耻的行为。我们现在就这个项目展开讨论实际上正在帮助我们的敌人(Baker & Babington,2005)。"

布什总统貌似也不是没有办法让国家安全局在法律的框架下进行监控。他本可以从《外国情报监控法》特别法庭寻求授权,而特别法庭就是为此目的而设立的。

如果势在必行,国家安全局可以先开展监控,但在72小时之内汇报给特别法庭,以便按照法律规定,获得后发授权。或者,如果已经落实到书面的法律太窄而不能包含所有认为必要的监控种类(诸如数据挖掘或对电话进行标签),总统可以要求国会修改法律(此法律在9·11事件之后已经数次修正)。但布什总统没做上述的任何事情;相反,他秘密命令国家安全局开展监控。当此事遭到泄露时,他宣称他拥有《宪法》授权可以无视此法案。

布什总统的论点

布什政府辩称依据《外国情报监控法》来获取授权太慢,太过复杂,因此政府不得已才设置了一个秘密项目,让国家安全局秘密开展无授权的监控。然而该法案特别法庭的记录显示,政府在获得监控授权方面好像并没有遇到过麻烦。从1978年设立到2005年末,该法庭共签发授权18 748份,仅仅否决过5份申请(Baker & Babington,2005)。这几乎相当于一个人对橡皮图章所寄予的希望一样。对于授权发放速度的问题,如果需求紧急,国家安全局可以立即行动,然后在72小时之内汇报以获得授权。

布什政府还辩称,既然当局已经告知领导层及参众两院情报委员会的主席和副主席,这也就意味着当局就此项目与国会协商过。布什总统说道:"不仅司法部的官员审阅过此项目,美国国会议员也审阅过此项目(Lichtblau,2006)。"然而,这个论调遭到参议员杰伊·洛克菲勒(Jay Rockefeller)的质疑,他曾经在2003年7月17日接受对此项目的简报。国会议员们都被要求宣誓保密,并被告知他们不能把此项目的有关情况通知他们的同事或职员。在简报会后,洛克菲勒给副总统切尼手写了一封信以表达自己对此事的担心。并且,他还做了拷贝,把此拷贝密封后放入自己的保险柜,以此作为证据证明他对此已经表达过关切。对于他所认为的政府可能的违法行为,他没有其他途径来表达自己的忧虑。在给副总统切尼的信中,他这样写道"很明显,我们所讨论的政府活动事关极其重大的监管问题"(Babington & Linzer,2005)。

布什政府还辩称,2001年9·11恐怖主义袭击之后,国会通过的一份授权使用武力的联合决议给予总统以下权力:

> 总统能够使用所有必要和恰当的力量来反击他认定的参与组织、授权、开展或者援助2001年9月11日发生的恐怖主义袭击的国家、组织或者个人,或者为这些组织或个人提供庇护的国家、组织或者个人。目的是阻止这样的国家、组织或者个人在将来再次发动针对美国的国际恐怖主义行动(Brimmett,2006)。[22]

然而该决议在措辞方面没有提及国外或者国内的监控问题。布什政府认为《授权使用武力法案》压倒了《外国情报监控法案》，这也就意味着国会打算废除该法案的以下条款：宣布《外国情报监控法》是"开展电子监控的唯一途径（依据）"。

当国会考虑授权总统使用武力的时候，布什政府试图以决议语言的形式插入一个条款，此条款将会允许"在美国国内"及在反击参与9·11恐怖袭击的"国家、组织或个人"时使用"必要和恰当的力量"。参议院拒绝了这种表述，这从根本上否定了《授权使用武力法案》要废除《外国情报监控法》的论点（Daschle，2005）。另外，既然国会明确在宣战后提供15天的无授权监听，有关使用武力的决议在法律或者《宪法》层面比国会宣战的分量都要轻很多，那它又如何能够授权进行毫无限制的监听呢?[23]

司法部长冈萨雷斯在解释布什政府为什么没有寻求对《外国情报监控法》的修正，以便允许无授权的监听时，回答道，他获得通知，这样的修正案不太可能在国会通过（Eggen，2006a）。但政府的辩论本身就自相矛盾，一方面政府认为，当问及国会时，国会可能不会给予政府所需的无授权监听；同时，政府又认为，国会通过授权使用武力的决议就授予了总统进行无授权监听的权力（Cole et al.，2006）。同时被披露的还有，司法部律师起草了对于《美国爱国者法案》的法律修正，此修正将会为得到总统"合法授权"进行监听的政府官员提供法律保护。

如果总统非常明确地拥有固有权力授权这样的监听，那也就没有必要再对监听进行立法授权了。[24]

除参议员洛克菲勒表达的忧虑之外，布什政府司法部的有些成员对此也持严肃的保留意见。当白宫寻求司法部授权在2004年继续进行监控项目时，代理司法部长詹姆斯·B.柯米（James B. Comey，阿什克罗夫特的代理人）拒绝给予授权。不得以，白宫幕僚长安德鲁·卡德（Andrew Card）和白宫法律顾问阿尔伯特·冈萨雷斯专程前往医院，以便获取司法部长约翰·阿什克罗夫特（John Ashcroft 其刚做完大手术，正在医院康复中）的授权。戏剧性的是，阿什克罗夫特当着柯米的面，在病榻上宣布，他拒绝否决自己的代理人柯米（Lichtblau & Risen，2006；Lichtblau，2006；Klaidman & Taylor，& Thomas，2006）。随后柯米被召入白宫，并被告知监控项目会继续。阿什克罗夫特、柯米和司法部几个其他的高级别官员威胁辞职才使布什相信，他需要照顾到律师们的关切。只有在被布什总统说服，相信他们的担心得到应有的处理之后，他们才同意监控项目的继续。但在白宫会议上发生的事情就不得而知了。

这里的问题，不是是否存在来自恐怖主义的严重威胁，也不是政府在没有得到授权的情况下是否能够监听美国公民。允许政府开展这样的监控项目无论是不是好的政策，做出这种决定的《宪法》程序都需要相应的立法程序及对于此法律的司法解释。尽管国会立法并且总统也及时签署法律,但布什总统宣称他拥有固有权力忽视法律的存在,进而设置了一个未经授权的秘密监控项目。因此,问题就是事关总统的一项《宪法》授权跟其他两个分支(立法和司法)的权力和义务的问题。《宪法》没有给予总统无视法律的权力。事关监控问题的智慧另当别论。

副总统切尼的幕僚长和法律顾问戴维·阿丁顿(David Addington)对于《外国情报监控法》法庭表达了自己的观点:"我们要除掉这个令人讨厌的法庭,只需一颗炮弹(Goldsmith,2007,181)。"司法部法律顾问办公室主任杰弗里·戈德史密斯(Jeffrey Goldsmith)参与了恐怖主义监控项目的政策制定,他这样说:"在9·11之后,切尼、阿丁顿和政府中的其他高级官员对待《外国情报监控法》就像他们对待其他不喜欢的法律一样:他们依据自己浅薄的法律观念,秘密地避开这些法律,同时又严守秘密,这样就没有人质疑他们行动的法律基础了"(Goldsmith,2007,181)。戈德史密斯指出,即便是国家安全局的律师也无权审查使恐怖主义监控项目合法化的法律文件(Goldsmith,2007,182)。

总统签署声明

《宪法》第1条第1款这样开始:"此处所授予的所有立法权力应该归属于美国国会,美国国会由参议院和众议院组成。"宪法第2条如此陈述:"行政权力归属于美国总统,并且,总统是美国陆军和海军的总司令。"尽管第2条的条款要求总统"应该保证法律得到忠实地执行",但总统利用签署声明辩称《宪法》第2条的条款优先于第1条。

总统签署声明的想法开始于一个合理的假设:政府并列的每一个分支机构都有一个角色来解释《宪法》及其各自的《宪法》权力。正如詹姆斯·麦迪逊在《联邦党人文集》第49篇中所说:"几个部门依据它们通常的职权完美地并列(权力),很明显,它们中的任何一个都不能假装拥有唯一或更高的权力来界定它们各自权力间的界限。"因此,在《宪法》三权分立、相互制衡的体系中,没有一个分支对于《宪法》可以做出最终的解释或者最终决定公共政策应该是什么样的。每一个分支在解释《宪法》方面都有自己的角色,但每一个分支又同时受到其他两个分支的制衡。

自詹姆斯·门罗以来的总统们在签署议案使其成为法律的时候,偶尔也发布声明,但这种状况在共和制时期的前150年很少出现。绝大部分签署声明都是象征性的,意味着总统对于此立法的支持或者偶尔意味着总统对于此立法公开保留意见。在杜鲁门当政时期,象征性的签署声明开始增多。但签署声明更重要的用途是针对有异议的法律记录是否符合《宪法》方面的疑问。在福特和卡特主政时期,人们开始严肃对待针对以上目的而使用的签署声明。在里根总统时期,对于签署声明的使用跨进了一大步,里根总统战略性地使用签署声明,来表示对于自己正在签署的法律的部分条款所持否定意见(Kelley，2002)。

1986 年,里根政府在改变签署声明的地位上迈出了一大步。政府安排西部出版公司在《美国国会法典和行政新闻》(USCCAN)的"立法历史"板块中出版总统签署声明,为一项法律发展的背景提供信息,以便将来法庭需要相关的背景信息对法律作出解释。司法部长埃德温·米斯(Edwin Meese)解释道,政府行动的目的是这样的:总统签署一项议案成为法律时,总统的思想"会同时附上来自国会的立法发展过程描述,这样在将来对于法令的真实意思进行解释时可对法庭提供帮助(Garber & Wimmer，1987)"。

这样的一个目的似乎合情合理,因为它仅仅是为了提醒法庭注意总统对于法律的看法。然而,对签署声明做出的这种良好的诠释,后来米斯在 2001 年签署声明用途的陈述中有了不同的解释,他说道,除了表示总统对于签署法律的看法之外,还可以指出"法律中有些条款可能不会执行"(Kelley，2002)。但是,总统对法律的意义表达看法与拒绝执行总统不赞成的法律条款之间是有巨大区别的。卡特总统、里根总统、布什总统和克林顿总统有时使用签署声明来表明他们对于自己签字生效的法律持保留意见,并且可能不执行。

然而,乔治·W. 布什总统对于签署声明的使用达到了史无前例的程度。在其总统任期内前 6 年,对于 150 部法律中的某些条款,他发起了 1 000 多项《宪法》挑战。他还利用签署声明强推自己单方面的无可核查的行政权力来选择法律的哪些条款可以执行,哪些条款可以无视。例如,他利用签署声明来表明他不受以下法律中所有条款的约束:依据爱国者法案对国会进行汇报;虐囚;对能源部检举人的保护;驻哥伦比亚美国军队的数量;对非法获得情报的使用;教育部收集的教育数据的出版(Savage，2006;2007，228 - 249)。

此种签署声明的一个问题是它们可能实现制宪者们所不希望给予总统的权力:绝对的否决权。《宪法》程序要求议案由国会通过,然后提交给总统签署通过或者否决。但是,签署声明实际上允许总统签署议案成为法律,之后再决定总统是否不愿遵从法律的某部分条款。实际上,签署声明还可以允许总统否决法律的某部分条款,但最高法院裁定此做法违宪。在通过某项立法时,国会议员通常对一项议案进行表决,因为他们确信法案中的某些条款具有意义。但如果行政长官单方面决定不执行他认为对《宪法》权力造成侵犯的法律部分的话,国会议员多数派的投票实际上也就无效了。

布什相信他可以选择性地执行依附于自己签署声明的法律,这也可能是他在任期前五年半的时间内没有使用任何否决权的部分原因,而这种情况是托马斯·杰弗逊总统以来没有出现过的。有一个很好的例子体现了总统签署声明的潜在的不受制约的特性(前面也讨论过)。由参议员约翰·麦凯恩发起的《被拘留者待遇法案》，禁止酷刑，但遭到布什总统的强烈反对，他威胁使用否决权。但此议案在国会参众两院以不受否决的压倒性多数得以通过。布什总统同参议员麦凯恩在白宫举行签字仪式使法律生效，象征着政府从囚犯处获取情报时不使用酷刑。

然而，布什总统在他伴随法律的签署声明中，指出他没有感受到法律的约束，他"采用与《宪法》授予总统的权力一致的方式"来执行法律（前面也解释过）。因此，当总统认为法律与他作为武装部队总司令的权力相冲突时，他为自己保留无视该法律的权力，但他避免一种《宪法》程序，在此程序中总统的否决权受制于国会，甚至可能会被国会推翻。既然布什政府先前宣称国会不能限制行政部门对待囚犯的方式，那也就意味着政府不会受囚犯待遇法律条款的约束。布什政府在签署声明中貌似宣称政府可以避免司法审查。

这些对于总统权力的广泛寻求寓意深远，削弱了法治的真正意义。尽管《宪法》把立法权力授予国会，布什政府依然认为行政权力和武装部队总司令的《宪法》条款事实上可以超越限制行政机构的任何法律。鉴于此，布什总统宣称单边控制着法律。如果行政机构认为跟（《宪法》）书面陈述不同，它不受法律的管制，它可以对要执行的法律条款挑挑拣拣，那也就基本上意味着它拥有单方面的权力来决定法律的具体内容。最终，《宪法》第 2 条"总统负责法律得到忠实地执行"的条款，事实上就无效了。

尽管出现某些总统不受法律约束的状况是有限的，但是把这种有限的、合法的实践扩大到 1 000 多次挑战法律而不去执行，这实际上形成了总统的霸权。[25]《宪法》没有给予总统决定不去忠实执行法律的选择。如果对于法律的解释存在争议，《宪法》程序中三个机构的相互作用是解决这个问题的合适途径。法律在通过过程中所涉及的政治，使用否决权与否，在法庭上质疑法律的权力，这些都是处理法律、解释分歧的合法途径。但是，行政机构断言它独自拥有解释法律的权力，它依据自己的判断来执行法律，这威胁到了《宪法》所建立起来的三权制约的平衡。

结论：从《宪法》的角度思考

即使我们假定布什总统没有也不会滥用他的行政权力，那么他宣称可以无视法律，如果允许这个观点成立，这也会形成一个危险的先例，继任的总统们可能会效仿而导致权力滥用。乔尔·阿伯巴奇（Joel Aberbach）指出："最终这不是一个事关党派的问题，因为有一天民主党会控制参众两院，而且不太遵守约束的政党也可能支持像布什和切尼清晰构建的这样一个类型的政府（2008）。"麦迪逊在《联邦党人文集》第 10 篇中说道："并不总是开明的政治家在掌舵。"从《宪法》的角度上去思考就是要为未来着想，并且意识到将来的行政首脑极可能寻求跟他们前任相同的权力。对行政权力的寻求逐渐升高，除非其他两个分支保护它们自己的《宪法》权力,行政首脑的权力就不会像钟摆一样摇摆不定。

对于自由社会及民主来说,法治是根本,因为没有法治,两者都不可能存在。托马斯·潘恩在《常识》中说到:"在美国,法律是国王。在专制的政府中,国王是法律……"詹姆斯·麦迪逊在《联邦党人文集》第47篇中这样说:"所有权力积累在同一只手中,包括立法、行政和司法权力,不论是一个人、几个人或者很多人,无论是世袭的、自我任命的还是选举的,都极好地诠释了'暴政'的定义。"在下述每一个寻求《宪法》权力的案例中,布什总统断言他可以单独行使三个分支机构中每一个分支机构的权力:

1)《日内瓦公约》和酷刑:布什总统扮演了如下角色:

A. 立法者,暂停执行条约,依据《宪法》第6条,是"国家的最高法律"。

B. 行政人员,执行政策,采用严酷审讯实践对囚犯进行审讯。

C. 法官,诉讼过程保密,宣称只能对他提出上诉,法庭没有司法权力来听取上诉。

2)军事法庭:布什总统扮演了如下角色:

A. 立法者,他自己创建特别军事法庭,而不是依据颁布的法律。

B. 行政人员,逮捕嫌疑人入狱。

C. 法官,开展审判,强加宣判,充当最后的上诉。

3)拒绝对被拘禁者实行人身保护:布什总统扮演了如下角色:

A. 立法者,暂停执行《人身保护法》,这是《宪法》赋予国会的权力。

B. 行政人员,拘禁被拘捕者,不允许他们寻求人身保护法令,拒绝他们寻求法律顾问的帮助(直到最高法院强迫他改变做法)。

C. 法官,宣称行政机构对被拘禁者地位的裁定是最终的,任何上诉只能在行政机构内讨论。

4)国家安全局无授权监听:布什总统扮演了如下角色:

A. 立法者,他决定他可以无视通常颁布的法律,为在美国国内开展监控,他强推自己的规则。

B. 行政人员,命令国家安全局执行他的政策。

C. 法官,辩称作为总统秘密执行监控是他的固有权力,而不用从《外国情报监控法》法庭寻求授权。

5)签署声明:布什总统宣称他可以无视法律中他认为侵犯总统特权的那些条款,拒绝接受国会或者法庭限制他权力的合法性,布什这样做就削弱了三权分立和法治自身。

总统应该有足够的权力来达到合理的政策目标,但不应该拥有仅仅依据自己的判断就采取行动的权力,以便单方面推翻其他两个分支机构。在上述超常规寻求行政权力的案例中,布什总统宣称《宪法》中的三权分立、相互制约对他没有约束。美国《宪法》创立了一个机制,在此机制下,权力在一个分支的集中会受到其他两个分支行动的制约。虽然国会和法庭仍然可能解除总统对于行政权力的超常规诉求,但布什对于权力的寻求已经严重地挑战到了《宪法》权力的平衡。宪政主义原则和法治原则巩固了美国政体的基础。布什总统在上述案例中拒绝承认《宪法》对于他行政权力的限制,在此情况下,他削弱了上述这两个基础原则。

后记: 奥巴马总统和行政权力

作为参议员和总统候选人,巴拉克·奥巴马批评布什总统对于总统权力的寻求,认为布什超越了《宪法》给他划定的范围。但当奥巴马成为总统时,他并没有正式地放弃所有布什做出的先例。虽然奥巴马行动的范围跟布什总统的相去较远,但很明显,对于布什总统所宣称拥有的大部分行政权力,他都没有放弃。

布什总统对于行政权力的寻求把后来的奥巴马政府置于一个微妙的境地。一方面,在行政权力的使用上,奥巴马想把自己的政府跟布什政府区别开来;但另一方面,他并不能完全自由地在几个重要的方面展开新的一页。

首先,历任总统和他们的律师们厌恶割让自己的权力给政府的其他分支机构。因此,一旦总统宣布拥有某一种特权,一个继任的总统,即便他不会是第一个寻求这种权力的,也不愿宣布放弃这种权力。因此,即使奥巴马不想使用布什寻求的行政权力,他感到有义务去保护总统办公室和总统特权。

其次,布什遗留给奥巴马的还有几个既成事实。当布什卸任时,美国在古巴关塔那摩监狱还囚禁着100多号囚犯。另外,这些被遗留囚犯中的很多人在受审时遭到虐待。因此,对他们的起诉在合法性上是可疑的,原因是指证他们的证据是通过高压手段获得。既然大部分的囚犯极有可能犯有恐怖主义罪行,或者如果被释放,他们会寻求报复美国,奥巴马也就被卡在这个问题上:不经过审判,对他们进行无限期的拘押。

最后,即便是两党都支持在2008年关闭关塔那摩监狱,党派政治风气已经相当极端化以至于奥巴马政府很难在法庭上审判恐怖主义嫌疑人,甚至是释放那些被公认的对美国不构成威胁的人。

鉴于以上因素,奥巴马总统在行政权力问题的记录上是混杂的,不论人们相信布什总统寻求行政权力的行为是完全合理的,还是相信他违反法律扩大了总统行政特权。以下几个方面突显了奥巴马总统在行政权力使用上的记录:

1) 对于加强型审讯技巧,奥巴马总统许诺"同先前的审讯模式一刀两断"。2009年1月22日,他发布一项行政命令,把《日内瓦公约》中的通用条款第三条作为对待被拘禁者的"底线",指令中央情报局依据《陆军战场手册》2–22.3条款

(2006)来开展审讯。奥巴马这样做，遭到前副总统切尼的强烈批评，切尼认为他这样做威胁到了美国的安全。

2）在奥巴马成为总统前，两党都支持关闭关塔那摩监狱，因为在国际上这已经成为美国虐囚的一个标志。即便是奥巴马行政命令指示在他宣誓就职的一年之内关闭该监狱，但国会通过几项措施使奥巴马很难或不可能完成他的本意。国会还制造特殊障碍使奥巴马难以把囚犯从关塔那摩监狱转移到美国大陆地区受审或者转移至其他国家。因此，奥巴马确实做出尝试来兑现他竞选时关闭该监狱的诺言。但是，国会两党议员通过投票，阻止他去这样做。

3）《日内瓦公约》的通用条款第三条要求被告人应该在具有通常架构的法庭上受审。奥巴马一开始把如何起诉被拘禁者的决定委托给司法部长埃里克·霍尔德。但当霍尔德宣布在依据条款第三条设立的法庭中对恐怖主义嫌疑人进行审判时，政治热潮如此凶猛以至于他不得不退后一步，要求对关塔那摩的囚犯进行详细审查并决定如何处置。在2011年早些时候，奥巴马决定有些囚犯可以被释放，有些可以在条款第三条设立的法庭进行审判，有些要在特别军事法庭审判，而有些需要不经过审判而进行无限期关押。

4）对于监控，对嫌疑人通信进行拦截的主管法律发生变化，这在布什总统时期被认为是总统单方面的权力，而对于奥巴马来说已经合法了。公民权力和自由的问题可能出现，但这并不是总统对于权力的单方面寻求。

5）对于总统签署声明，奥巴马在执政的早期表示，他会"仅在合适的时候才发布签署声明以便解决与《宪法》有关的问题"，并且他会就任何待定的法律是否符合《宪法》的考虑通知国会。在他执政的前三年，奥巴马始终兑现自己的诺言，但他偶尔也会使用签署声明来对某些法律条款是否符合《宪法》提出质疑，并拒绝执行这些对应的法律条款。虽然跟布什总统使用签署声明的规模相比，奥巴马要小得多，但他仍没有放弃使用签署声明来强推总统特权。

6）布什总统时期宣称国家机密享有特权，事实证明奥巴马继续了这种实践。他认为牵扯到特殊引渡和酷刑的民事案件将不可避免地泄露国家机密进而威胁国家安全。从表面上来看，法庭通常毫无疑义地接受了奥巴马的这些观点。

7）对于行政特权，最具争议的就是奥巴马发布行政命令，宣布关塔那摩监狱的一些囚犯将不经审判而被无限期地关押。

8）在本篇后半部分，路易斯·费舍尔提供的记录显示，2011年春季奥巴马总统没有通过国会就派出美国军队去帮助推翻利比亚独裁者卡扎菲（2012）。1973年《战争权力法案》要求除非获得国会授权，总统应该从敌对行动中撤出美国军队。奥巴马辩称美军在利比亚的行动并没有构成战争权力法案中所设定的"敌对行动"，他拒绝从利比亚撤出军队。

因而,即使奥巴马总统在寻求行政特权方面不及布什总统,但他仍然继续保护总统的独立,使其免于国会和司法的限制,而这也正是制宪者们本应预料到的。

尾注

1. 资料来源:美国白宫助理为关塔那摩湾囚犯的政策做辩护,与吉姆·霍格兰会谈中的秘密引渡和非法窃听。

2. 总统备忘录(2002 年 1 月 25 号)来自阿尔维托·冈萨雷斯,主题:重新决议,《日内瓦公约》对战犯之条款适用到与基地组织和塔利班的战争中。根据新闻周刊,备忘录"实际上"是由副总统迪克·切尼的法律顾问戴维·阿丁顿所写。冈萨雷斯在媒体中受到指责,因为他认为"新的模式"摒弃了《日内瓦公约》陈旧的限制。但是他在文中是否使用了"陈旧"这个词,不是那么确凿,而引用了这个词看起来是确凿的。这个句子的最后写道:"……显示出陈旧,它的一些条款要求被俘房的敌人被提供这样的东西,比如日用物资权,凭证(即月薪预付),运动制服和科学仪器"这是否为《日内瓦公约》的公正表述另当别论。

3. 美国战争罪法案(18 U. S. C. Par. 2441(Sup. III 1997)(WCA)。法案第 2441 条把"战争罪"定义为"严重违反"《日内瓦公约》的行为,包括蓄意杀害、拷问或非人道对待等方面,比如进行生物实验、蓄意对身体或健康造成严重伤……或故意剥夺战俘公正、定期接受审判的权利等。

4. 备忘录至:国家安全事务总统法律顾问及总统助理,备忘录来自:科林·L·鲍威尔(26 January 2002)主题:"总统应用《日内瓦公约》到阿富汗战争中适用性决议草案备忘录。"很多备忘录及口头指令都有如此的陈述:尽管被拘人员可能会遭受更为强力的审讯手段,他们将会得到"人道地"对待。存在的问题是如果被拘人员得到了人道的对待,那么从他们身上得到信息将会更加困难。因而这些陈述只是形式上的东西,而这些指令则是被拘人员会遭受到超出《日内瓦公约》规定之外的更为残酷手段的审讯。

5. 对待战俘方面的法律问题分析及美国在被拒人员方面的国际和法律义务,详细分析参见:军队中的很多人对此持怀疑态度,这在 2007 年由两位前将军查尔斯·C. 克鲁拉克(前海军陆战队司令)和约瑟夫·P. 霍尔(前中央司令部司令)所写的一篇文章中体现出来:"就像已经发生在每一个国家的一样,它们使用过一点点的拷问手段——仅仅用于最难攻克的案子,仅仅是无其他手段可用的情况下——而拷问手段的滥用像野火一样蔓延开来,每一位被俘囚犯都成了拆除潜在定时炸弹的关键人物。我们在伊拉克的士兵每天都处在真正"定时炸弹"的局势下,比如敌方的简易爆炸装置,来自上层关于拷问手段的"灵活"度问题,一系列命令像石头一样砸过来——规则能够马上确定下来的是罕见的特例。"*Washington Post*(May 17,2007), p. A17.

6. Article 17, paragraph 4.

7. 《联合国反酷刑及其他残忍、不人道或侮辱性的待遇或惩罚公约》。[General Assembly Resolution 39/46, Annex, 39 U. GAOR Sup. No. 51, U. N. Doc. A. 39/51(1984)。《反酷刑公约》这样定义"酷刑":"为了从一个人或第三方那里获得信息或供词有目的地对其实施强制手段,任何造成的,不管是身体上的还是精神上的,严重疼痛或痛苦的行为……"

8. 根据这个备忘录,拷问者必须具备"实施造成严重疼痛的具体意图",这必须是他的"明确目的。"(p. 3)"因而,即使被告知道他的行为将导致严重的疼痛,如果造成这样的伤害不是他的目的,即使是被告善意地去行动,他必须具备必要的具体的意图。"因而可以实施带来痛苦的拷问,但如果比如主要目的是获取信息而不是为了造成痛苦,那么就不能因实施了拷问而获罪。这种推理属于狡辩。在 2004 年 12 月 30 日,拜比备忘录被"全面"取代,取代它的是副司法部部长詹姆斯·B. 科米备忘录,来自代理助理司法部长丹尼尔·莱文修订版：Legal Standards Applicable Under 18 U. S. C. par. 2340 – 2340A."这个备忘录没有提及总司令为总统的权力,因为这是"不必要的"(p. 2)。

9. 《宪法》第六条也规定"在美国《宪法》下所有缔结的条约或将要缔结的条约,都列入美国最高法律的范围。"

10. 《被拘留者待遇法》把残忍、不人道或侮辱性的待遇解释为"残忍、不寻常和不人道的待遇或惩罚",这在《宪法》第五、第八和第十四修正案中被禁止。在 1984 年 12 月 10 日,联合国大会在纽约缔结了《反酷刑及其他形式的残忍、不人道或侮辱性的惩罚待遇条约》,美国对联合国此条约的保留条款、声明和协议中也做出了与被拘留者待遇法同样的解释。"

11. 也就是说,如果美国人从事审讯工作,"在进行审讯时是经官方授权并且是合法的,那么对于这些对审讯不合法并不知情的官员、雇员、武装部队成员,或其他特工人员及具备一般常识的人来说,这将是一个防卫条款。"

12. 2001 年 11 月 13 日的军事命令"在反恐战争中对非公民的拘留、待遇和审判"中规定了这些事项。参见：http://www. whitehouse. gov/news/releases/2001/11/2001111327. html

13. 在奥康纳大法官从最高法院退休后的言论中,她提及了联邦法官所面临的恫吓,"我们必须时刻对这些人保持警惕,他们强迫司法部门去采取他们推行的政策,当然一个国家陷入专制由很多人的堕落行为促成,但是我们必须要阻止这些事的发生,才能避免出现这样的结局。"据 Raw Story 网络新闻,全国公共广播电台尼娜·托滕伯格对她的言论进行了报道(Totenberg 2006)。

14. 然而,现役军人并不渴望通过这个法案。军法署署长斯科特·C. 布莱克少将说,对《日内瓦公约》进行"进一步解释是没有必要的,可能被看做是弱化了我们的条约义务,而不是加强了待遇标准"(Baker 2006)。

15. 水刑是审讯的一种方法,把人绑到一块平板上,头浸在水中,用一块浸湿的布盖在嘴上(或把水泼在布上),直到人不能吸入充足的空气并认为自己快要溺死。一名日本军官浅野由纪夫因为二战时对一名美国人实施了水刑而被判处十五年劳役(Pincus, 2006；Shane & Liptak, 2006)。

16. 副总统切尼在白宫接受记者采访,记者问："如果把〔恐怖嫌疑犯〕浸泡在水中能够拯救生命,你同意这是一件非常容易的事吗?"切尼回答："对我来说,这是一件容易的事……我们不使用酷刑……但事实是,你可以在不使用酷刑的情况下采用强有力的审讯手段,我们需要能这样做。如今在总统的领导及国会的授权下,我们能够继续使用这个手段。"在被问及关于"把恐怖分子浸泡在水中"的另一个问题时,切尼回答道："我确实赞同。我认为恐怖主义威胁,比如,在审讯一些像立达·谢赫·穆罕默德这样的高价值囚犯方面,这一直是一个我们能够保证国家安全的重要的手段。"很清楚的是,在副总统的言辞中使用的"这个"和"这是"指的是"把恐怖分子浸泡在水中",表明布什政府没有把水刑看做是酷刑。

17. 在这条法律的合宪性及政府是否已经遵守了这条法律方面,允许上诉。

18. House Report No. 95 – 1283, pp. 15 – 21, as cited in Bazan & Elsea 2005, pp. 12 – 13

19. 82 Stat. 214,18 U. S. par 2511(3), as cited in Bazan & Elsea 2005 p. 17.

20. Public Law 95 – 511,92 Stat. 1783. as cited in Cole, et. al. 2006.

21. 18 U. S. C. par. 2511(2)(f), Public Law 95 – 511,92 State 1783, as quoted in Bazan and Elsea 2005 p. 15.

22. Authorization for Use of Military Force, Public Law 107 - 40, 115 Stat. 224(2001), passed the House and Senate on September 14, 2001 and signed by the president on September 18, 2001.

23. 美国国家安全局监控项目的曝光也提出了这个问题,即布什总统在政府监控和公民自由方面让质问者放心是否是真实的。2004 年 4 月 20 在纽约的布法罗,布什总统发表言论:"现在,无论何时你们听到美国政府谈及窃听,它需要——窃听需要经过法院同意。什么都没有改变。当我们谈到追踪恐怖分子,我们先要讨论获得法院批准,然后才能去做。重要的是我们的同胞要理解,当你们考虑《爱国者法案》时,涉及做什么来保卫我们的国家方面,我们有《宪法》保证,因为我们尊重并遵守《宪法》(Bush 2004)。"

24. 司法部发言人表示草案的目的不是影响国家安全局监听,提议还没有呈递给司法部长或白宫(Eggen 2006a)。

25. 比如,如果法律中包含着一个议院立法否决条款或对总统任命权的明显违宪侵权条款等。

参考文献

18 U. S. C. Sec. 2340. 1994. 见网址: http://uscode. house. gov/download/pls/18C113C. txt.

18 U. S. C. Sec. 2340A. 1994. *U. S. Criminal Law that Implements the U. N. Convention Against Torture.* 见网址: http://uscode. house. gov/download/pls/18C113C. txt.

Aberbach, Joel. 2008. "Supplying the Defects of Better Motives?" in Campbell, et al. Washington: CQ Press, 130.

American Bar Association. 2006. "Task Force on Presidential Signing Statements and the Separation of Powers Doctrine," July 2006. 14 见网址: http://www. abanet. org/op/signingstatements/aba_finalsigning_statements_recommendation-report_7-24-06. pdf.

Babington, Charles; and Linzer, Dafna. 2005. "Senator Sounded Alarm in '03," *The Washington Post*, December 20, A10.

Babington, Charles; and Weisman, Jonathan. 2006. "Senate Approves Detainee Bill Backed by Bush," *The Washington Post*. September 29, 1.

Baker, Peter. 2006. "GOP Infighting on Detainees Intensifies," *The Washington Post*, September 16, A01.

Baker, Peter; and Babington, Charles. 2005. "Bush Addresses Uproar Over Spying," *The Washington Post*, December 20, A01.

Barry, John; Hirsh, Michael; and Isiskoff, Michael. 2004. "The Roots of Torture," *Newsweek*, May 24, 28 - 34.

Bazan, Elizabeth B. ; and Elsea, Jennifer K. 2005. "Presidential Authority to Conduct Warrantless Electronic Surveillance to Gather Foreign Intelligence Information," *Congressional Research Service*, January 5.

Bravin, Jess. 2004. "Pentagon Report Set Framework for Use of Torture," *Wall Street Journal*, June 7.

Brimmett, Richard F. 2006. "Authorization for Use of Military Force in Response to the 9/11 Attacks (P. L. 10740): Legislative History", *Congressional Research Service* (Order Code RS22357), January 4.

Bush, George. 2004. "President Bush: Information Sharing, Patriot Act Vital to Homeland

Security," The White House, April 20. 见网址：www. whitehous. gov/news/releases/2004/04/print/20040420-2. html.

Bush, George. 2006 Press Conference of the President. September 15. 见：http://www. whitehouse. gov/news/releases/2006/09/20060915-2. html

Bybee, Jay S. 2002. *Memorandum for Alberto R. Gonzales, Counsel to the President re: Standards of Conduct for Interrogation under* 18 *U. S. C. Sec. 2340 - 2340A*, August 1, 1 - 33. 见网址 http://www. washingtonpost. com/wp-srv/politics/documents/cheney/torture_memo_aug2002. pdf.

Campbell, Colin; Rockman Bert A. ; and Rudalevige, Andrew. 2008. *The George W. Bush Legacy*. Washington: CQ Press.

Cole, David, et. al. 2006. "On NSA Spying: A Letter to Congress,". *New York Review of Books*. February 9, 42.

Daschle, Tom. 2005. "Power We Didn't Grant," *The Washington Post*, December 23, A21.

Eggen, Dan. 2006a. "2003 Draft Legislation Covered Eavesdropping," *The Washington Post*, January 28, A02.

Eggen, Dan. 2006b. "Cheney's Remarks Fuel Torture Debate," *The Washington Post*, October 27, A09.

Elsea, Jennifer K. 2004. *Lawfulness of Interrogation Techniques under the Geneva Conventions*, 2. Washington, DC. Congressional Research Service Report to Congress (RL32567). September 8, 2004.

Fisher, Louis. 2012. "President Obama's War in Libya. " in Pfiffner, James P. and Davidson, Roger H. , *Understanding the Presidency*. 7th ed. NH: Pearson.

Fletcher, Michael A. 2006. "Bush Signs Terrorism Measure," *The Washington Post*, October 18, A4.

Garber, Marc N; and Wimmer, Kurt A. 1987. "Presidential Signing Statements as Interpretations of Legislative Intent: An Executive Aggrandizement of Power," *Harvard Journal on Legislation* Vol. 24, p. 367.

Gonzales, Alberto R. 2002. *Memorandum for the President*, January 25. Available from http://www. msnbc. msn. com/id/4999148/site/news/.

Goldsmith, Jack. 2007. *The Terror Presidency*. New York: Norton.

Grieve, Tim. 2006. "The president's power to imprison people forever," *Salon*, September 26. 见网址：http://www. salon. com/politics/war_room/2006/09/26/tyrannical_power/index. html.

Hamdan v. Rumsfeld, Secretary of Defense, et. al. Slip Opinion. 2005. 4, 7. 见网址：http://www. supremecourtus. gov/opinions/05pdf/05184. pdf.

Hersh, Seymour M. 2004. "The Gray Zone," *New Yorker*, May 24, 42.

Hoagland, Jim. 2006. "Two Leaders' Power Failures," *The Washington Post*, March 9, A19.

Jefferson, Thomas. 1789. Letter to James Madison (March 15). Quoted in Schlesinger.

Kelley, Christopher S. 2002. "'Faithfully Executing' and 'Taking Care': The Unitary Executive and the Presidential Signing Statement," Paper presented at the American Political Science Association annual convention, 2002.

Kelley, Christopher S. 2007. webpage: http://www. users. muohio. edulkelleycs//; accessed

June 7,2007.

Klaidman, Daniel. 2004. "Homesick for Texas," *Newsweek*, July 12,32.

Klaidman, Daniel; Taylor, Stuart Jr.; and Thomas, Evan. 2006. "Palace Revolt," *Newsweek*, February 6,39.

Lewis, Neil A. 2006. "Furor Over Cheney Remark on Tactics for Terror Suspects," *The New York Times*, October 28, A8.

Lichtblau, Eric. 2006. "Bush Defends Spy Program and Denies Misleading Public," *The New York Times*, January 2,11.

Lichtblau, Eric; and Risen, James. 2006. "Justice Deputy Resisted Parts of Spy Program," *The New York Times*, January 1,1.

Pfiffner, James P. 2005. "Torture and Public Policy," *Public Integrity*, Vol. 7, no. 4,313 - 330.

Pincus, Walter. 2006. "Waterboarding Historically Controversial," *The Washington Post*, October 5, A17.

Powell, Colin L. 2002. *Draft Decision Memorandum for the President on the Applicability of the Geneva Convention to the Conflict in Afghanistan*, January 26,2,4. In Greenberg, Karen J. and Dratel, Joshua L. (Eds.), *The Torture Papers: the Road to Abu Ghraib* (124 - 125). New York, Cambridge University Press, 2005.

Reid, Tim. 2006. "Republicans Defy Bush on Tougher CIA Interrogation," *Times Online*, September 15. 见网址：http://www. timesonline. co. uk/tol/news/world/us _ and _ americas/ article639839. ece.

Sanger, David E. 2005. "In Address, Bush Says he Ordered Domestic Spying," *The New York Times*, December 18, A01.

Savage, Charlie. 2006. "Bush Challenges Hundreds of Laws", *Boston Globe*, April 30. 见网址：http://www. boston. com/news/nation/articles/2006/04/30/bush _ challenges _ hundreds _ of _ laws/.

Savage, Charlie. 2007. *Takeover*. New York: Little Brown.

Schwarz, Frederick A. O.; and Huq Aziz Z. 2007. *Unchecked and Unbalanced*. NY: The New Press.

Senate Report No. 94 - 755. 1976. "Final Report of the Select Committee to Study Governmental Operations with Respect to Intelligence Activities," Intelligence Activities and the Rights of Americans, Book II. (94th Congress, 2nd Session). April 24,169.

Senate Report No. 95 - 511, Title I, 92 Stat. 1796. 1978. codified as amended at 50 U. S. C. par. 1801 et seq. (October 25,) 见网址：http://uscode. house. gov/download/pls/50C36. txt.

Shane, Scott; and Liptak, Adam. 2006. "Shifting Power to a President," *The New York Times*. September 30,1.

Smith, Jeffrey R. 2006a. "Behind the Debate, CIA Techniques of Extreme Discomfort," *The Washington Post*, September 16, A3.

Smith, Jeffrey R. 2006b. "Detainee Measure to have Fewer Restrictions," *The Washington Post*, September 26,1.

Totenberg, Nina. 2006. "Retired Supreme Court Justice Hits Attacks on Courts and Warns of Dictatorship," *The Raw Story*, March 10. 见网址：http://rawstory. com/news/2006/Retired_

Supreme_Court_Justice_hits_attacks_0310. html.

Walsh，Kenneth T. 2006. "The Cheney Factor," *U. S. News & World Report*，January 23，48.

White，Josh. 2005. "President Relents，Backs Torture Ban," *The Washington Post*，December 16，1.

Vice President's Office. 2006. *Interview of the Vice President by Scott Hennen*，WDAY at Radio Day at the White House，October 24. White House Website. 见网址：http://www. whitehouse. gov/news/releases/2006/10/print/20061024-7. html.

White House. 2002. *Memorandum re：Humane Treatment of al Qaeda and Taliban Detainees*，signed by President Bush，February 7. 见网址：http://usinfo. state. gov/xarchives/display. html? p=washfile-english & y=2004 & m=June & x=20040623203050cpataruk0. 1224024 & t=livefeeds/wf-latest. html.

White House. 2005. "President's Statement on Signing of H. R. 2863，the "Department of Defense，Emergency Supplemental Appropriations to Address Hurricanes in the Gulf of Mexico，and Pandemic Influenza Act，2006." December 30. 见网址：http://www. whitehouse. gov/news/releases/2005/12/20051230-8. html.

Yoo，John. 2006. *War by Other Means*. New York：Atlantic Monthly Press.

Zernike，Kate. 2006. "Senate Approves Broad New Rules to Try Detainees,". *The New York Times*，September 29，p. 1.

文献 37　武装部队总司令和法庭

朱尔斯·罗贝尔

布什政府宣称拥有压倒性的、固有的、不受制衡的战争权力来开展反恐战争。2002 年,司法部的法律顾问办公室认为:"就像国会不能过多控制总统调遣战场军队的权力一样,国会也不能过多地控制总统拘捕审讯敌方作战人员的权力(U. S. Department of Justice,2002b,35)。"这种立场后来因为"不必要"而取消,但从没有遭到评判(U. S. Department of Justice,2004,2)。2005 年,就麦凯恩修正案禁止对被拘禁者进行残酷而非人道审讯的条款,布什政府发布了一项总统声明,其中相当于再次重申了此立场,行政机构会"以《宪法》赋予总统权力的方式……以总统作为武装部队总司令的方式……并依据《宪法》对于司法权力的限制"。(Bush,2005)。正如一位高级政府官员后来解释的,此项签署声明的目的就是,尽管国会禁止,但"在事关国家安全的特殊情况下",保留总统使用严酷审讯方法的《宪法》权力(Savage,2006)。

与此相似,布什政府认为"总统拥有固有的权力召集特别军事法庭来审判和惩罚被俘虏的敌方作战人员,即便缺乏法定权力"(U. S. Department of Justice,2006b,8)。布什政府虽然未宣称国会没有权力来规定行政机构对于特别军事法庭的使用,但它确实宣称总统的固有权力"强烈否决"利用国会法令"来限制武装部队总司令在战时对违反战争法的敌方作战人员进行追责的能力"(如上,8—9)。

布什政府还宣称总统作为武装部队总司令拥有固有的《宪法》权力及作为处理外交事务的唯一机构允许总统授权进行无(国会)授权的监听,而无需考虑《外国情报监控法》。如果此法案是用来禁止国家安全局进行无授权的监听项目(实际上国家安全局进行的就是无授权监听),布什政府认为这违反《宪法》(U. S. Department of Justice,2006a,8)。高级别政府顾问也提出相似的论调,认为总统在战时拥有固有的权力来违反或者暂停条约中的条款(U. S. Department of Justice,2002a,16)。对于总统权力最为清晰和广泛的陈述来自 2003 年国防部《有关被拘禁者审讯的工作小组报告》,"在战时,需要总统独自决定使用什么方法来更好地战胜敌人"(U. S. Department of Defense,2003,24)。

布什政府还明确地表达了一个广泛的法定理论来支持自己关于固有权力的论

来源:*Presidential Studies Quarterly*,Volume 37,Issue 1 (March 2007):49－65. ⓒ 2007 John Wiley and Sons. 经 John Wiley and Sans 授权使用。

点。这个理论的本质把宣战或国会对使用武力的其他授权解读为为总统宣称所拥有的全部固有权力提供了立法认可，即便当时没有国会的授权。因此，布什总统宣称2001年授权总统使用"所有必要的和合适的武力"来打击与9·11恐怖主义袭击有关的个人、组织或者国家的《授权使用武力法案》（AUMF）也为以下方面提供了国会授权：无限期拘禁作为敌方作战人员的美国公民或其他个人；进行无授权监听；设立特别军事法庭审判敌方作战人员。简而言之，依据布什政府的观点，任何使用武力的授权就引发并提供了总统作为武装部队总司令固有权力的法律授权，以此采取他认为必要的，并以武力授权的行动来打击敌人。

最后，布什政府认为正如国会无权干涉总统决定使用什么样的方式和战术来进行反恐战争一样，法庭也无权干涉总统。在一系列案例中，司法部裁定：法庭没有司法权，即便是仅仅听取关押在关塔那摩监狱或其他地方的外国敌方作战人员的申诉；法庭仅能对于被视作敌方作战人员并被关押在美国境内的美国公民提供最为有限的表面上的核查；法庭不能核查总统对于特别引渡的质疑，也不能核查国家安全局的监听项目；任何对于总统设立的特别军事法庭的核查必须要毕恭毕敬。

本文将依据制宪者们及共和制早期领导人们所采用的《宪法》设计与理论，来审视布什政府的辩解。在事关战争和国家安全的问题上，会专门以法庭的角色为核心来进行分析。所涉及的问题包括：

（1）对于一场充分授权的战争，国会在多大程度上可以对总统执行的战争进行控制？

（2）总统拥有哪些固有权力来开展没有国会控制的战争？

（3）在开展这样的战争时总统是否超越他的权力范围？在决定这个问题上法庭处于什么样的角色？……

当前与基地组织的冲突中司法和军事的必要性

最高法院最近有关政府反恐战争裁定中的一个基本主题，就是司法审核与行政机构明确表明寻求军事必要性之间的紧张关系。正如我们所看到的，早期的最高法院一般不会屈从于行政机构这类的主张。现代的司法记录很明显是更为复杂的。一个最为臭名昭著的案例就是卡里马苏诉美国案，在这个案例中，最高法院服从于军事当局，同意驱逐西海岸的美籍日本人是一项必须的战争措施。[1]此外，在有些案例中，诸如芝加哥和南方航空有限责任公司诉沃特曼轮船公司案，最高法院使用笼统的语言暗示行政机构所做事关外交政策的决定是政治决定，不是司法决定。[2]然而，在最近有关敌方作战人员的案例中——哈姆丹诉拉姆斯菲尔德案、拉苏尔诉布什案和哈姆丹诉拉姆斯菲尔德案——最高法院拒绝顺从以下观点：建立在所宣称的军事必然性和固有行政权力基础之上的行政决策是广泛而又不可核查的。

在最近事关敌方作战人员的三个案例中,最高法院的审判规程很大程度上依据如下差别:在作战中实际战场上的军事必然性和在脱离战场几年后拘捕一个人或者审判被拘捕人所宣称的必然性。在这些案例中,最高法院隐性或显性地发现,对于军事必然性的广泛寻求并不能否定法庭具有核查被拘捕人职责的主张。

在最近的哈姆丹诉拉姆斯菲尔德案中,最高法院挫败了政府当局单方面设立特别军事法庭审判被指控的恐怖主义者的企图。[3]约翰·保尔·史蒂文斯(John Paul Stevens)法官观点的大部分内容代表了法庭多数派的观点,观点的部分内容是四位法官中多数的观点,主要依据为最高法院对于以下主张的否决:任何军事必然性都需要这些特别军事法庭。

史蒂文斯法官及多数法官对此案例架构的一个基本问题就是,"保证军事必然性的存在以便为特别军事法庭的使用做合理化解释的前提条件是否在这里得到满足"。[4]对于多数法官来说,鉴于"需要对战场上俘获的参战国人员执行快速审判,通常被判处死刑"——而这正是布什政府寻求实施的类型——用来审判违反战争法的敌人的特别军事法庭就此引出。[5]然而,对于成立特别军事法庭,政府没有成功"满足最基本的前提条件"——"军事必然性"[6]。史蒂文斯法官这样记录,审判哈姆丹的法庭不是"由战场上的指挥官指定,而是由一位退休并远离任何实际战斗的少将来指定的……并且,对他的审判不是针对他在战场上的行为来进行的"。[7]

史蒂文斯法官在法庭记录中探讨了法律上的规定:如果政府不能够证实美国军事法庭的程序不"可行",那么特别军事法庭的审判程序必须同审判美国士兵的军事法庭一致(但很显然它们不一致)。这时他又返回到了军事必然性的主题上面。最高法院强调军事必然性来自战场上的紧急事件,并指出法令"没有把特别军事法庭从真正紧急事件的审判庭变为一个更为方便的宣判工具"。最高法院要求任何对于美国军事法庭审判程序的偏离都必须先表明这些程序的不可行性,这种要求"在军事法庭审判程序和满足战场上有时出现紧急事件的需要之间维持了一个谨慎的平衡"。[8]简而言之,法官们不但审核而且决定性地否决了特别军事法庭合法性赖以存在的事关军事必然性的主张。

同样,安东尼·肯尼迪(Anthony Kennedy)法官赞成并强调最高法院没有发现任何紧急事件、实际需要或者军事必然性需要去背离军事法庭通常的审判程序。对肯尼迪法官及多数的法官来说,术语"'可行的'并不能被解释为仅仅为了方便或者权宜之计就允许偏离审讯程序"。[9]哈姆丹已经被拘禁 4 年,政府没有任何证据证明其为紧急事件或明显的实际需要而偏离军事法庭审判程序。[10]

与此形成对比,贯穿克拉伦斯·托马斯(Clarence Thomas)法官所持异议的主题就是,在事关战争的问题上,最高法院的裁决是对法庭传统的有限作用史无前例的背离。[11]最高法院裁定为：哈姆丹在特别军事法庭受审,背离了普通军事法庭的审判程序,并且没有实际需要或者军事必然性的正当理由。对于持异议者来说,最高法院的这种裁定构成了对行政首脑以下权力的干涉,而这种干涉是不允许的:依据国会授权,总统有权采取合适的军事方式,使用武力打击援助在 2001 年 9 月 11 日进行恐怖主义袭击的那些人。持异议者认为"多数法官指定他们自己为一项政策和一项军事裁定的最终仲裁者"。[12]持异议者认为,无论是在紧急事件还是非紧急事件情况下,总统有权指定特别军事法庭的法官。同时,最高法院不应该裁定总统的这种行动是否必要。最高法院也不应该裁定通常的军事法庭审判程序是否"可行",因为"这恰恰是'司法既没有能力、条件,又没有责任'来做出的一种决定"。对于托马斯法官来说,这种裁定是在国会授权"使用所有必要和恰当的武力来打击敌人"的情况下为总统保留的仅有的权力。[13]或者,正如提出异议的安东宁·斯卡利亚(Antonin Scalia)法官认为的那样,禁止正在进行的特别军事法庭审判程序的命令"把司法机构置于同行政机构直接冲突的一个领域之中,而在此领域中,行政首脑的法律行为能力是最大化的,司法机构的法律行为能力实际上并不存在"。[14]

司法机构研判一个特别军事法庭合法性的法律能力"实际上并不存在"似乎是没有理由的。人们认为,联邦法庭会有大量的专业知识来分析背离司法程序的基本原则是否必要。例如,正如肯尼迪法官所提问的,为什么有必要允许国防部长或他指派的政治上的人员在审讯中做出决定性的裁定或者指定审讯中的主管官员?——这种权力引起了人们对于特别军事法庭中立性的关切。当政府通过违背《日内瓦公约》及美国法律的高压审讯手段所获取的证据性供词时,法庭当然有能力来评估公平的审讯是否受到了损害。当然法庭也不是没有能力来评估公正审判过程和必然性之间的相互抵触的主张。更为重要的是,《日内瓦公约》通用条款第三条的适用范围和解释、特别军事法庭的历史实践或者阴谋是否是一种战争罪行这类问题,都好像是法庭通常纠结的最基本的法律问题。在战争的激烈阶段做出决定可能要求速度、保密、自由裁决及直接获取情报等,而这些是军事指挥官,而不是法庭,有资格来做的。但所有的这些因素并不能决定在囚犯被捕四年之后所进行的军事审判是否使用了公平、合法或者必要的诉讼程序。斯卡利亚法官或者托马斯法官不认为政府设立的特别军事法庭在军事上是必须的,他们也没有辩称通常的军事法庭审判程序是不可行的,他们仅仅认为,这个决定不应由最高法院来做出。

同样,在哈姆丹诉拉姆斯菲尔德案中,最高法院把以下两种审查清楚地区分开来:对战场上的拘捕进行的司法审查和从战场上移除下来的公民进行无限期拘押的司法审查。[15]法官中多数派的观点否决了政府的论点:对拘捕为敌方作战人员的公民所进行的任何重要的司法审查都将对战争的中枢功能产生可怕的影响。

在事关战争(事务)的实际执行上,我们把自己最大程度的关注和考虑都给予了军事当局所做出的审判,并且我们意识到军事当局的这种自由裁量权很有必要保持广阔的范围。即便如此,法庭行使他们历史悠久的、《宪法》赋予的核查权力及解决类似如现在摆在面前的争端的权利时,也并没有破坏军事机关的核心角色。[16]

当然,"战争的实际执行"这个词组有些模糊不清。总统认为,实际上他所做的打击恐怖主义的所有事情,诸如电子监控,对在关塔那摩监狱和其他地方的囚犯进行无限期的关押或者非常规引渡,所有这些都是与"战争的实际执行"有关的事情。但在此观点形成的来龙去脉中,很明显的是,法官多数派把以下情况区分开来:在战场上或战场附近所采取的军事行动;对远离实际战斗的被拘禁的个人所采取的军事决定。"战场上的初始拘捕",各方都同意不必接受法定诉讼程序,而"当决定继续囚禁这些被俘获的人时",要求接受法定诉讼程序。[17]在后面这种情况下,最高法院驳斥了政府最高法庭的权力必须被"狠狠地限制"的主张。[18]在哈姆丹案例中,法官多数派很清楚地表达道:"军事机关自由裁量权所被允许的界限在哪里,在一个具体的案例中他们是否超越界限,这些是司法问题。"[19]法庭以清晰的语言宣告:"我们很久以来已经表达清楚,一种战争的状态,在事关这个国家公民的权利时,不能成为总统的空白支票。"[20]

最高法院对总统远离战场所制定的战时决策的顺从度在降低,这从多数派强调哈姆丹案例狭义的"来龙去脉"中可见一斑:"一个在**外国的**作战区域被逮捕的美国公民。"[21]法官多数派对哈姆丹在战场上被捕的这件事着重进行了强调,以此来作为对四位持异议法官的回应,持异议法官认为:无论是依据《非拘捕法案》还是《宪法》,总统都根本没有权力拘留一个作为敌方作战人员的美国公民,并暗示多数派中至少有些法官在乔西·帕迪拉案中原本可能与他们的观点相同。在乔西·帕迪拉案中,帕迪拉作为美国公民,不是在外国的战场上被捕,而是在芝加哥机场被捕的。政府认为,在打击恐怖主义的全球战争中,"战场"是世界性的,包括美国。但在哈姆丹案例中,多数派所界定的战场,在当时的情况下就是指在阿富汗发生军事冲突的战场。第四巡回上诉法庭后来裁定帕迪拉可以作为敌方作战人员被拘捕,虽然他是在美国境内被捕,但因为他一度"在军事冲突中全副武装并出现在作战区域",但是在哈姆丹案裁定之前,第二巡回上诉法庭早已对帕迪拉案做出了相反的裁定。[22]很明显,在最高法院接受帕迪拉对于第四巡回上诉法庭裁定的上诉之前,政府极为担心最高法院会推翻第四巡回上诉法庭的判决,对帕迪拉案进行复审:把帕迪拉从作为敌方作战人员的拘捕中释放,以另一项罪名来对他进行指控——这项罪名跟敌方作战人员的罪名没有任何瓜葛。

最后,在拉苏尔诉布什案中,肯尼迪法官同时再次清楚地表明了同一个主题:直接军事必然性的缺失,这也是作为哈姆丹案例和哈姆丹案例中大部分观点的基础。肯尼迪法官认为法庭对于关塔那摩监狱囚犯人身保护管辖权的主张在此情况下是得到授权的，部分因为政府在没有经过审判或其他法律程序的情况下对囚犯进行无限期的拘押提供了一个"较弱的军事必然性的案例……有可能，从敌对区域中俘获被拘捕人，没有经过法律程序或审判就进行拘捕，如果仅仅拘捕几个周，那军事必然性可以成为合理化的借口；但当拘捕期限从几个月延长到几年的时候，继续拘押以便应对军事紧急事件的说法就变得很无力了"。[23] 相同而又未阐明的推理毫无疑问地促使法庭的多数派否决了政府的观点：人身保护管辖权的推行会严重干涉总统发动反恐战争的能力。

战争和司法权限

约翰·柳(John Yoo)和理查德·波斯纳(Richard Posner)等学者们主张"在国家安全事务上，司法干预之手应该轻微"；或者，对于司法机构，在战时放弃对行政政策的挑战(Posner, 2006, 35 - 37；Yoo, 1996)。在柳看来，哈姆丹案和拉苏尔案的裁决"是联邦法庭对于行政机构传统权力史无前例的、正式的和功能性的侵入"，这会把法庭带到"远远超越他们专业知识的正常范围"(Yoo, 2006, 574 - 575)。

这些学者强调在应对战争或国家安全事务问题上司法机构的制度性缺陷。法官是通才，不像国会委员会或者行政官僚机构，他们专注于国家安全问题。司法机构不同于国防部或者参议院外交关系委员会，未设立一个对问题进行系统性研究的部门。因此，柳认为联邦司法机构是一个分散、拖沓和谨慎的机构，它设置了大量的教条式障碍和资源型障碍。同时，它在获取和处理信息方面比政治机构更为局限。(Yoo, 2006, 592 - 600)。

这些对于司法机构在战争、国家安全或者外交事务问题上权限的评论忽视了司法机构的中枢和批判性功能，这些功能无论是在战时还是和平时期，都至关重要。司法机构是一个特殊存在的分支，来监督行政机构在军事或者国家安全事务中其自由裁量权所应受到的法律限制。很明显，在战时，行政机构拥有更大的自由裁量权。但它的权力并不是不受约束的，它仍然要受到法律的限制。决定这些法律限制是什么，在个案中如何使用这些限制，就经常牵扯到司法机构的专业知识和经验。诸如总统是否有权力拘捕作为敌方作战人员的美国公民，总统是否未给予他们公正的听证就能够无限期地拘押他们，总统是否能够通过特别军事法庭允许通过酷刑或者其他高压手段审判囚犯以获取证据，或者囚犯是否应该遭受酷刑或其他冷酷和非人道的审讯方式，所有这些都不是超越法官权限的事务。

此外，战争跟和平一样，都需要对行政机构的过度延伸进行结构性核查，可能在战时更应如此，因为战时行政机构权力的扩大会带来更大的危险。尽管柳和波斯纳等人认为国会或者行政机构自身可以提供足够的核查，但在当下同恐怖主义的冲突中,事实证明这种自身的防护措施是不充分的。在最高法院开始对此展开辩论前,对于总统给予囚犯的对待、囚禁或者把囚犯作为敌方作战人员进行军事审判,国会一直保持沉默,实际上并没有进行任何的核查或监管。国会对于总统超常规引用的政策也没有提出质疑,允许行政机构把恐怖主义嫌疑人发配到其他国家,在未经任何司法程序的情况下对囚犯施加酷刑和无限期拘押。事实上,甚至是在最高法院逼迫国会去处理政府提议的特别军事法庭的缺陷之后,国会才生效了一项法令,而很多参议员认为此项法令是违宪的。参议院司法委员会主席投票支持了此项法令,并声明"法庭会把它处理干净",以此来为他的投票提供理由(Lithwick and Schragger,2006;*Los Angeles Times*,2006)。

而且,在行政机构内部体制、法律及政治上的核查更缺乏效力。而法律顾问办公室,作为司法部内部体制上的核查机构,人们预期它能提供独立的法律建议,但其提供的却是由政治上精心挑选的指派人写成的秘密备忘录,这些备忘录是遵照他们的监管者所想要的底线而提出的建议(Pillard,2006,1297)。实际上当局从未打算把拜比酷刑备忘录公之于众,当它被泄露给新闻机构时,遭到了狂风暴雨般的批评,以至于最后不得不将之撤销。

这个问题不仅仅存在于布什政府。几十年来,行政机构寻求把法律咨询过程归于保密状态(Pillard,2006,1302)。此外,在9·11之后,政府对于法律战略的讨论,大部分时间把军事律师和外交政策方面的官员都排除在外,而他们可能具备柳和波斯纳所认为的专业知识。在事关国家安全的事务上,这种做法就把行政机构置于比法官相对有利的位置上。(Golden,2004,§1,1;Mayer,2006)例如,在有些军事律师抗议政府有关被拘捕人的政策时,那些推动这些政策的少数高级别官员往往对此置若罔闻(Mayer,2006)。公众对于不同意见的审议及推理性论证具有司法程序的特点,这就是司法机构的一种体制性力量,这恰恰是政府在决定反恐战争中法律战略时所缺乏的。虽然军队行动、战争计划及军事战略应该保密,并应该被置于法庭的权限之外,但是法律问题及战略,诸如酷刑的界定、总统违反或暂停条约的《宪法》权力或授权酷刑及《日内瓦公约》在当下反恐战争中的适用性等事务,最好在公开的对话及辩论中解决。而从制度上来讲,这些事务是司法机构,而不是行政机构,最应该做的。

结论
最高法院主张对总统制定的敌方作战人员政策进行审查的司法权力就是依据《宪法》的设计对行政机构的权力进行限制并制约,无论是在战时还是和平时期。最高法院的这种主张与早期司法机构对行政机构所做出的战时决定提出质疑的案例中所提的司法主张保持一致。然而,可能是由于现代司法往往倾向于顺从总统的战时决定,在法院做出裁定时还是让很多观察家大为吃惊。

时事评论员对于法庭在针对敌方作战人员的案例中采取的强硬立场提供了诸多的理论解释:法庭可能从过去得到了教训;可能法庭早先限制行政权力的战时先例,诸如米丽顿案和杨斯顿钢铁公司案,在法院所做的裁定中都发挥了一定的作用;再有可能,就如柳所描述的,司法程序的缓慢导致了这些裁定——也就是在9·11事件之后的三到五年,法院的这些裁定就是当危机在某种意义上已经过去的时候,法院才针对这些案例做出了裁决;还有可能,就是法院的这些裁决是20世纪晚期司法机构更为自信的产物。许多时事评论员提出了以上解释(Waxman,2005,1)。

然而,也许法庭所做的这些裁定是针对行政机构的这种主张而做出的,即在这场反击恐怖主义的新型战争中,行政机构认为没有相应的法律适用于敌方作战人员的待遇问题。政府认为我们处于战争当中,无论是《宪法》还是适用于和平时期的人权法都不能用于处理敌方的作战人员。但同时,政府还辩称通常的战争法——管理战俘的《日内瓦公约》——也不适用,因为这些囚犯是非法的敌方作战人员,所以通常的战争法不适用于我们打击基地组织的战争中。依据政府的主张,没有法律可以管辖,无论给予这些囚犯什么样的待遇都仅仅是政府自由裁量权的问题。这些战争囚犯就相当于处于一个法律黑洞之中。

行政机构认为这些战争囚犯完全可以在法律之外被拘押,对于他们的拘押不能有任何审查,或只能进行非常顺从的审查,但法院驳回了行政机构的这种观点。具有讽刺性的是,政府认为这是一场反击非传统敌人的新型战争,这就意味着对于政府的拘押政策需要更为强有力的审查。这场新型的战争很可能拖延几年、几十年,甚至是几代人。在这场战争中,区分战争与和平、平民与军人、战场与家庭的传统界线已经模糊,甚至面目全非,这极有可能导致发生以下军事错误的概率会更高:决定谁去拘捕及被错误拘捕的无辜平民被终身监禁的可能性。在这些情形下,需要的司法审查比过去的战争中要多得多。

美国《宪法》的一个指导性原则就是政府是受制约权力中的一个。布什总统实际上是寻求不受制约、不受审查的权力去拘禁和审判政府认定的敌方战斗人员。而法院有义务告知总统他这样做是错误的。

尾注

1. *Korematsu v. United States*, 323 U. S. 214(1944).
2. *Chicago & Southern Air Lines*, *Inc. v. Waterman Steamship Corp.*, 333 U. S. 103(1948).
3. Hamdan v. Rumsfeld, 126 S. Ct. 2749(2006).

4. 同上,2777。

5. 同上,2782。

6. 同上,2785。

7. 同上。

8. 同上,2793。

9. 同上,2801(肯尼迪大法官,部分上意见一致)。

10. 同上,2805,2807—2808。

11. 同上,2826(托马斯大法官,持不同意见)。

12. 同上,2838。

13. 同上,2843(引自 *Chicago & Southern Air Lines*, *Inc.* v. *Waterman Steamship Corp.*, 333 U. S. 103[1948])。

14. 同上,2822(斯卡利亚大法官,持不同意见)(强调后加)。

15. *Hamdi v. Rumsfeld*,542 U. S. 507(2004)。

16. 同上,535(相对多数意见)。

17. 同上,(原文强调)。

18. 同上,535。

19. 同上(引自 *Sterling v. Constantin*,287 U. S. 378,401[1932])。

20. 同上,536。

21. 同上,523。

22. *Padilla v. Hanft*,423 F. 2d 386(4th Cir. 2005),cert. denied,126 S. Ct. 1649(2006); *Padilla v. Rumsfeld*,352 F. 2d 695(2d Cir. 2003),rev'd on other grounds,124 S. Ct. 2711(2004)。

23. *Rasul v. Bush*,542 U. S. 466,488(2004)(肯尼迪大法官,赞同)。

参考文献

Adler,David Gray. 2006. "The Law: George Bush as Commander in Chief: Toward the Nether World of Constitutionalism," *Presidential Studies Quarterly* 36: 525 – 540.

Bradley,Curtis A. , and Martin S. Flaherty. 2004. "Executive Power Essentialism and Foreign Affairs," *Michigan Law Review* 102: 545.

Bush,George W. 2005. "Statement on Signing of H. R. 2863,December 30. The Department of Defense, Emergency Supplemental Appropriations to Address Hurricanes in the Gulf of Mexico, and Pandemic Influenza Act, 2006," *Weekly Compilation of Presidential Documents* 41: 52.

Dennison,George M. 1974. "Martial Law: The Development of a Theory of Emergency Powers," 1776 – 1861. *American Journal of Legal History* 18: 52.

Editorial. 2006. "Careless Congress: Lawmakers Passed a Detainee Law of Doubtful Constitutionality Now They Expect the Courts to Clean It Up," *Los Angeles Times*, November 3,28.

Farrand,Max, ed. 1996. *The Records of the Federalist Convention of 1787*,4 vols. , reprint. New Haven, CT: Yale University Press.

Fisher,Louis. 2006. "Lost Constitutional Moorings: Recovering the War Powers," *Indiana Law*

Journal 81：1199.

Golden，Tim. 2004. "Threats and Responses：Tough Justice；after Terror，a Secret Rewriting of Military Law," *The New York Times*，October 24，§ 1,1.

Hamilton，Alexander，James Madison，and John Jay. 1937. *The Federalist*. New York：Modern Library.

Keynes，Edward. 1982. *Undeclared War，Twilight Zone of Constitutional Power*. University Park，PA：Penn State University Press.

Jefferson，Thomas. 1810. Letter from Jefferson to Colvin，September 20. In *The Works of Thomas Jefferson*，vol. 11，edited by Paul Leicester Ford. 1905. New York：G. P. Putnam.

Lithwick，Dahlia，and Richard Schragger. 2006. "Congress Behaving Badly," *The Washington Post*，October 8，B2.

Lobel，Jules. 1989. "Emergency Power and the Decline of Liberalism," *Yale Law Journal* 98：1385.

Locke，John. 1960. *Two Treatises of Government*，edited by P. Laslett. Cambridge，UK：Cambridge University Press.

May，Christopher. 1989. *In the Name of War：Judicial Review and the War Powers since 1918*. Cambridge，MA：Harvard University Press.

Mayer，Jane. 2006. "Annals of the Pentagon," *New Yorker*，February 27,32.

Pillard，Cornelia. 2006. "Unitariness and Myopia：The Executive Branch，Legal Process and Torture," *Indiana Law Journal* 81：1297.

Posner，Richard A. 2006. Not a Suicide Pact：*The Constitution in a Time of National Emergency*. New York：Oxford University Press.

Richardson，J.，ed. 1897. *Compilation of the Messages and Papers of the Presidents*，vol. 1. New York：Bureau of National Literature.

Savage，Charlie. 2006. "Bush Could Bypass New Torture Ban," *Boston Globe*，January 4，A1.

Schlesinger，Arthur. 1973. *The Imperial Presidency*. Boston：Houghton Mifflin.

Sofaer，Abraham. 1976. "The Presidency，War，and Foreign Affairs：Practice under the Framers," *Law & Contemporary Problems* 40：12.

Sofaer，Abraham. 1981. "Emergency Power and the Hero of New Orleans," *Cardozo Law Review* 2：233.

U. S. Department of Defense. 2003. "Working Group Report on Detainee Interrogations in the Global War on Terrorism：Assessment of Legal，Historical，Policy，and Operational Considerations," April 4. 见网址：http://www. washingtonpost. com/wp-srv/nation/documen ts/040403dod. pdf.

U. S. Department of Justice. 2002a. Memorandum from John Yoo，deputy assistant attorney general and Robert J. Delahunty，special counsel，to William J. Haynes II，general counsel，Department of Defense，re：Application of treaties and laws to al Qaeda and Taliban detainees. January 9. 见网址 http://www. texscience. org/reform/torture/yoo-delahunty-9jan02. pdf.

U. S. Department of Justice. 2002b. Memorandum from Jay S. Bybee，assistant attorney general，Office of Legal Counsel，to Alberto R. Gonzales，counsel to the president，re：Standards of conduct for interrogation under 18 U. S. C. §§ 2340 - 2340A. August 1. 见网址 http://www. texscience. org/reform/torture/bybee-olc-torture-1aug02. pdf.

U. S. Department of Justice. 2004. Memorandum from Daniel Levin, acting assistant attorney general, Office of Legal Counsel, to James B. Comey, deputy attorney general, re: Legal standards applicable under 18 U. S. C. §§ 2340 - 2340A. December 30. 见网址 http://www.usdoj. gov/olc/dagmemo. pdf.

U. S. Department of Justice. 2006a. "Legal authorities Supporting the Activities of the National Security Agency Described by the President," January 19. Reprinted in Indiana Law Journal 81: 1374,1376. 亦见网址: http://www. usdoj. gov/opa/whitepaperonnsalegalauthorities. pdf.

U. S. Department of Justice. 2006b. Hamdan v. Rumsfeld. Brief for respondents.

Waxman, Seth P. 2005. *The Combatant Detention Trilogy through the Lenses of History in Terrorism, the Laws of War, and the Constitution*, edited by Peter Berkowitz. Stanford, CA: Hoover Institution Press.

Wilmerding, Lucius, Jr. 1952. "The President and the Law," *Political Science Quarterly* 67: 321.

Yoo, John C. 1996. "The Continuation of Politics by Other Means: The Original Understanding of War Powers," *California Law Review* 84: 167.

Yoo, John C. 2006. "Courts at War," *Cornell Law Review* 91: 573.

文献 38　奥巴马总统的利比亚战争

路易斯·费舍尔

奥巴马政府为发动反击利比亚政府的军事行动提供了诸多不同寻常的法律和《宪法》层面上的辩护理由。政府认为总统可以不从国会而是从联合国安理会获得"授权"，并且可以从北约获得额外"授权"。其次，在利比亚的军事行动不等同于"战争"，这些军事行动并没有构成《战争权力决议案》中对于"战争行动"的定义。其他有意思的声明还包括：政府依靠参议院第 85 号决议案作为法律支持；"非活跃性援助"参考；认为政府通过诸如安理会、"利比亚人民"和一个"广泛的联盟"包括阿拉伯联盟获得授权采取军事行动。

总统的含糊其辞[1]

制宪者们只有国会可以发起并授权战争的决定是美国《宪法》的根本。为了保证自治及民众主权的基本原则，把国家从和平状态带入战争状态的决议仅能由民选的国会成员来做出。制宪者们承认总统可以行使防御性权力来"抵抗突然面临的攻击"。[2]

约翰·杰伊(John Jay)把制宪者们的意图用直言不讳的文字表述如下："这再正确不过，虽然从人性出发这是可耻的，当一个国家感觉需要通过战争就可以得到某些东西的时候，这个国家通常都会发动战争；更进一步，专制君主们并不是因为他们的国家需要发动战争来获得某些东西，而仅仅是为了私人的目的和目标，诸如对于军事荣耀的渴望，对于个人所受侮辱的复仇，或者是通过私人合约来强化或支持他们特定的家庭或党派。上述这些和其他的一系列因素影响的仅仅是君主的心情，但却经常导致他发动战争，而这些战争是不被正义或他的人民的呼声和利益所认可的。"[3]迈克尔·J. 格伦农(Michael J. Glennon)教授最近在关于利比亚战争的一篇文章中强调，《宪法》"把发动战争的决定权归于国会的手中"。[4]

这可能引起争论的是，18 世纪 80 年代制宪者们所说的反映了对于君主冒险活动的一种担心，而这些冒险活动不能运用到美国的政治制度及它强大的立法机构、独立的司法机构和对于三权分立、相互制约的保证。虽然这样，但是制宪者们关注的是人类的本性，特别是总统对于战争的胃口。人类的本性在 21 世纪跟在 18

来源：本文据路易斯·费舍尔下文基础上写出：The Constitution Project，Before the Senate Committee on Foreign Relations，"Libya and War Powers" June 28，2011. 经 Louis Fisher 授权使用。

世纪没有多大的不同,正如我们从 1945 年之后发生的战争中所看到的一样,包括朝鲜战争、越南战争和 2003 年的伊拉克战争。

1789 年到 1950 年,只要是美国牵涉其中的战争都是国会授权或宣布的。这种持续 160 年的模式在哈里·杜鲁门单方面把国家带入朝鲜战争后突然改变。与之前的所有总统不同的,杜鲁门总统没有前往国会寻求法令授权。杜鲁门和他的助理们为扩大他们对于战争权力的控制,也做了其他总统已做过的事情。他们长篇累牍地给国会和公众作出解释:他们正在做的事情不是他们正在做的。在一次新闻发布会上,杜鲁门总统被问到国家是否处于战争当中。他回答道:"我们没有处于战争中。"一位记者问及是否把军事行动称为"在联合国领导之下的警察行动"更为正确时,杜鲁门总统马上回答道:"这正是它的含义。"[5]总统和行政官员对于所说的话搞双重标准有诸多的例子。对于这样的行动,总统和国家都付出了高昂的代价。朝鲜战争变为"杜鲁门的战争"。

1951 年 6 月在参议院就朝鲜的军事冲突举行听证会期间,国务卿迪安·艾奇逊(Dean Acheson)承认了这个显而易见的事实。他承认"按照这个词的通常意义,有战争在进行"。[6]他使用这个词的时候用的是什么时态?联邦和州法院在界定发生在朝鲜的敌对行动为"战争"时没有任何困难。它们还负责解释含有术语"战时"的安全保障政策。一个联邦地方法院在 1953 年这样解释道:"我们深感怀疑的是,对于在朝鲜发生的不是战争的观点,这个国家大多数民众的心中是否还对此存有任何疑问。"[7]

1964 年 8 月,林登·约翰逊总统告知全国人民在越南北部湾发动了"又一次袭击"。这种说法在当时遭到质疑,我们现在知道是虚假的。[8]在 2005 年,国家安全委员会披露了一份研究报告,报告认定没有所谓的又一次袭击。当时报告的又一次袭击是来自第一次袭击迟到的信号。[9]约翰逊总统使用秘密和欺诈的行动使战争升级,这构成了对其总统生涯的永久损害。他意识到成为战争总统跟成为伟大的总统完全不同。

上述这些例子为理解奥巴马政府力图界定和重新界定以下这些词的含义提供了来龙去脉:"授权""战争""敌对行动""非活跃"和"授权"。

奥巴马对于战争权力的立场

在 2007 年和 2008 年的总统选举过程中,奥巴马提及他反对伊拉克战争,但支持在阿富汗的军事行动。奥巴马在他的一本书《无谓的希望》中收录了 2007 年《波士顿环球报》对他的采访和 2009 年 12 月的诺贝尔获奖演讲,这些进一步阐发了他对于战争权力及独立的总统权力范畴的理解。

在书中,当提及《宪法》时,奥巴马一度对"无视规则,操纵语言以取得一个特定的结果"提出警告。[11]但当他一入主白宫,他和他的政府就无视规则,并操纵语言以便延续在利比亚的战争。他曾经提及"国会宣布战争的权力遭到侵蚀",但却通过利比亚的战争动议进一步侵蚀国会的权力。[12]他把民主理解为"不是要建一座房子,而是要进行一场对话",并解释说《宪法》的"精心设计的机构——三权分立、相互制衡、联邦主义原则及权利法案——是用来把我们逼入一个对话中,一个'协商的民主'"。[13]对于利比亚问题,对话及协商存在于安理会、北约盟国及阿拉伯联盟,但不是同美国国会或者是美国人民进行对话或协商。

在该书的后半部分,奥巴马就二战之后的美国外交政策提出批评,认为外交政策没有提供"足够的协商及构建国内的一致性"。[14]因某种原因,奥巴马在没有事先同国会及公众达成一致的情况下决定军事干预利比亚。当谈及使用军事力量时,他说,"美国同其他的主权国家一样,拥有单方面的权力来保护自己免于被袭"。奥巴马还认为美国有权"采取单方面的军事行动来消除对我们的安全造成迫在眉睫的威胁,只要这种迫在眉睫的威胁被认定为是一个国家、团体或者个人正在主动准备对美国的目标发动袭击即可"[15],但没有这样的威胁来自利比亚。

在竞选总统期间,《波士顿环球报》记者查理·萨维奇(Charlie Savage)就几个《宪法》问题问及奥巴马的立场。同上述观点保持一致,奥巴马说总统"在不涉及制止一个切实的或迫在眉睫的国家威胁时,在《宪法》框架下,总统没有权力单边授权进行军事打击"。但他却强调,总统作为武装部队总司令,"确实负有保护和守卫美国的责任",在此状况下,他可以在通知国会或寻求国会同意之前采取行动。之后奥巴马又警告:"然而历史不止一次告诉我们,军事行动在获得立法机构的授权和支持的时候才是最为成功的。在采取任何军事行动之前,通知并获得国会的同意总是更好的选择。"[16]

2009年12月10日,奥巴马在奥斯陆接受诺贝尔和平奖时,发表的演说对此提供了更进一步的指引。在演说中,他提到制止迫在眉睫的威胁不单单是自卫或者使用武力。他还谈到一场"正义战争"的概念和人道主义干预:"我们面对越来越多的棘手问题,如何防止政府对它自己人民的屠杀,或者制止一场内战,防止内战的暴乱和痛苦吞噬整个地区。我相信考虑到人道主义问题,武力是合乎情理的,诸如在巴尔干半岛和其他被战争伤害的地区。"[17]奥巴马说道,作为国家首脑,他"宣誓保护和捍卫我的国家"。[18]实际上,他的就职宣誓与此大不相同。《宪法》第2条规定,总统的义务是维护《宪法》:"我谨庄严宣誓(或保证),我会忠实地执行美利坚合众国总统办公室的职责,会尽我最大的能力来保持、保护和守卫美利坚合众国的《宪法》。"

联合国安理会的"授权"

奥巴马总统和他的法律顾问多次宣称,在利比亚开展军事行动,奥巴马获得了联合国安理会的"授权"。2011 年 3 月 21 日,奥巴马通知国会,美国军事力量依据"联合国安理会的授权在利比亚开始进行军事行动……"[19]奥巴马政府时常提及从安理会获得的"授权"。正如我在前面的研究中解释的,无论是美国法律还是《宪法》都不允许把国会的权力转移给一个国际的(联合国)或者地区的(北约)的组织。[20]总统和参议院不能通过缔结条约的过程把《宪法》第 1 条所赋予国会众议院和参议院的权力解除。缔结的条约不能对《宪法》进行修正。

　　2011 年 5 月 20 日,奥巴马总统给国会致函,再次提及"联合国安理会的授权"。他说国会对利比亚军事行为的支持"会加强美国对这次重大国际尝试的决心"。另外,国会"在《宪法》框架的环境下"通过的决议"也是重要的,因为这会展示在事关国家安全事务的重要问题上不同政治机构目的的统一性。我同时也认为在国会的承诺、协商和支持下,采取军事行动是更好的,即便是诸如此类的有限军事行动"。如果这一直以来是奥巴马的观点,那在 2011 年 2 月前往国会寻求立法机构的授权就是他的义务。

北约的"授权"

2011 年 3 月 28 日,在一次全国讲话中,奥巴马总统宣布,在美国打击利比亚地面及空中的军事行动之后,他会"把责任转交给我们的同盟国和合作国"。北约"已经承担起指挥武器禁运和禁飞区的职责"。[21]而在此之前的两天,国务院法律顾问哈罗德·克欧(Hardd Koh)谈到此次对北约的责任转移:"所有的 28 个同盟国现在也都已经授权军事当局,通过北约开展的行动计划,依据《1973 号决议》采取更为广泛的保护平民的任务。"[22]奥巴马在 5 月 20 日致国会函中解释道,截止到 4 月 4 日,"美国已经把在利比亚进行军事行动的责任转交给北大西洋公约组织,在联盟的行动中,美国的参与仅是一个支持性的角色"。

　　政府的上述或者其他任何函件都无法确认北约授权进行军事行动的源头。同《联合国宪章》一样,北约也是根据条约创立的。总统和参议院不能通过缔结条约的过程来把国会的授权功能转移给外部组织,无论是安理会还是北约。《战争权力决议案》的第 8 条明确陈述:当局把美国武装力量带入敌对行动或者牵扯敌对行动的状况之下,是在明确指明的情况之下,"而不是从这之前或之后批准的任何条约推断出来的……除非这个条约是由立法机构生效,明确授权把美国武装力量带入敌对行动或者这样的情况之中,并明确目的就是在这个联合决议的意思之内,构成具体的授权法令"。[23]授权的机构始终是国会,不是联合国安理会或者北约。

利比亚的军事行动: 不是"战争"

奥巴马政府始终致力于超越通常的及书面的意义来解释词语。2011 年 4 月 1

日，法律顾问办公室推断"依据宣战条款对于'战争'一词的意义，有计划的军事行动应该获得国会事前的授权"。但它判定"只有在持续时间长并且大规模的军事行动中，通常是牵扯到美国的军事人员在相当长的时间内暴露于相当的危险之中的时候"才称之为"战争"。[24] 据此分析，法律顾问办公室得出结论，利比亚的行动没有达到当局对于"战争"的定义。如果美国的伤亡保持在低水平，对于另一个国家的实际破坏和人身伤亡无论达到什么程度，对于法律顾问办公室来说，依据宪法来界定的"战争"都不存在。

如果另一个国家对美国实施轰炸，同时没有遭受伤亡，我们会把它称为战争吗？很明显，我们会把它称为战争。1941 年 12 月 7 日当珍珠港遭受袭击时，不管由日本造成的军事损失多大，美国立即确定国家进入战争中。为了达到帮助反对派推翻卡扎菲的目的，美国从地中海的战舰上发射了几百枚战斧巡航导弹，并命令对利比亚的地面部队进行空袭，这都构成了战争。任何国家发射战斧巡航导弹或者相同的导弹到纽约市或华盛顿特区都将构成对美国的战争。

依据《战争权力决议》没有进行"敌对行动"

作为对于 2011 年 6 月 3 日众议院通过的一项决议的回应，奥巴马政府于 6 月 15 日给国会递交了一份报告。在法律分析的章节（p.25），报告推定，依据《战争权力决议》中对于"敌对行动"这个词的解释，美国在利比亚的军事尝试并不存在"敌对行动"，因为"美国的行动没有包含持久的战斗或者同敌对力量的主动交火，同时也不包含美国地面部队的出现、美军的伤亡或者美军面对由此产生的严重威胁，或者具有以上特点并有可能上升为冲突的任何明显的机会"。

这种解释忽略了《战争权力决议》出台的政治环境。1973 年通过这项法令的一部分动力就与尼克松政府决定对柬埔寨进行轰炸有关。[25] 大范围的空袭没有包含"持久的战斗或者同敌对力量的主动交火"、美国地面部队的出现或者大规模的美军伤亡。虽然这样，但是很清楚的是，空中轰炸构成了敌对行动。

依据奥巴马政府 6 月 15 日的报告，如果美国在 3 万英尺的高度开展军事轰炸行动，从地中海的战舰上发射战斧巡航导弹，使用武装无人机，并且美国伤亡达到最低或者没有伤亡，那按照《战争权力决议》中的术语解释，在利比亚就没有"敌对行动"。按照此报告，一个拥有更强大军事力量的国家可以把另一个国家化为齑粉（有可能使用核武器）而不用进入敌对行动或者战争。奥巴马政府在 6 月 15 日通知众议院议长约翰·博纳（John Boehner）："美国政府支持北约依据《联合国安理会 1973 号决议》进行的军事行动……"通过这句话，奥巴马政府实际上正在支持敌对行动。

虽然法律顾问办公室在 4 月 1 日的备忘录中支持奥巴马政府在利比亚的军事

行动,即便这种行动缺少法律的授权,但是它并不同意在利比亚没有"敌对行动(如《战争权力决议》所界定的)"。失去法律顾问办公室的支持,奥巴马总统又转向白宫顾问罗伯特·鲍尔(Robert Bauer)和国务院法律顾问哈罗德·克欧寻求支持性的法律分析。[27] 对于法律顾问办公室来说,提供出可信的法律辩护本来就不是件容易的事情。4 月 1 日的备忘录对在利比亚"使用武力"进行辩护,原因是奥巴马总统"能够合理地确定使用武力是符合国家利益的"。同时法律顾问办公室告知:对于有限军事行动中"使用武力",《宪法》并没有要求提前获得国会的同意。[28] 此备忘录中提到的是"对于利比亚军事设施的摧毁"。[29]

2011 年 6 月的一份报纸报道,对帮助进行利比亚军事行动的美国军队,五角大楼支付额外的薪水,因为他们在"紧急的危险中"提供服务。国防部在 4 月决定每个月多支付 225 美元作为"紧急危险薪酬"给予参加利比亚空袭的服役人员或者在利比亚海岸 110 海里之内战舰上的服役人员。为了授权支付此种薪酬,五角大楼必须裁定处在这些地方的服役人员正在"因为国内暴乱、内战、恐怖主义或者战时环境而面临人身伤害的威胁或者紧急危险"。[30] 参议员理查德·德宾(Richard Durbin)已经指出,"遥控指挥的敌对行动仍然是敌对行动"。奥巴马政府选择使用武装无人机来消灭"我们可能使用战斗机来消灭的目标"。[31]

有趣的是,急于拓展总统权力极限的历届政府似乎明白,无论是法律上还是政治上,他们都不可以使用"战争"或"敌对行动"这些词。显然他们意识到,特别是如国会议员、联邦法官和普通公众所理解的那样,按照通常意义使用这些词就承认了制宪者们所确信的事情。除非是抵制突然袭击,保护海外美国人的生命,总统们在没有寻求及获得国会授权的情况下不会把国家从和平状态带入战争状态。

非活跃性援助

在关于反击利比亚军事行动的整个辩论中,奥巴马政府尝试把"活跃"和"非活跃"行动区分开来,而后者很显然就是指非军事力量。奥巴马总统在 2011 年 3 月 11 日致函国会,提及明显的活跃性军事行动。美军"把卡扎菲政府的防空系统、指挥和控制机构,卡扎菲用来袭击平民及平民居住区的其他军事力量作为打击目标"。[32] 两个月之后,5 月 20 日,奥巴马总统再次致函国会:"自 4 月 4 日,美军的参与主要由以下构成:(1)对北约领导的行动给予非活跃性支持……"非直接使用武力的组成部分列明如下:情报、物流支持及搜寻和解救任务。然而,信函也确定了继续使用的军事力量:"为支持禁飞区而动用的帮助打压和破坏防空系统的飞机"和"自 4 月 23 日,为支持北约领导的联合部队,对被清楚确定的一系列有限目标使用无人飞行器进行的精确打击"。[33]

《参议院第85号决议》的支持

法律顾问办公室4月1日的备忘录部分记录了依据参议院的立法支持："2011年3月1日，美国参议院以全票赞成通过了《参议院第85号决议》。在诸多的事务中，该决议'强烈谴责了在利比亚粗暴的、有组织的践踏人权的行为，包括对要求民主改革示威者的暴力袭击'，'呼吁卡扎菲停止进一步的暴力行动'，并'敦促联合国安理会采取可能必要的进一步行动以保护利比亚平民免受袭击，可能的话包括在利比亚领土上实行禁飞区'。"[34] 参议院的"全票通过"意味着参议院对于此决议的强烈支持，并且国会议员们对此决议的好处及必要性进行了积极的辩论。但立法记录中对于此种"强烈支持"并没有提供任何支持性文字。即使有证据表明参议员们在起草、辩论及投票通过这项决议的过程中积极参与其中，仅仅一个议院通过的决议也并不包含任何法定的佐证。一项参议院的决议仅仅表示了国会一个议院的观点。另外，通过的《参议院第85号决议》除了几位参议员稍微地参与了之外，并没有显示出更多的东西。

《参议院第85号决议》的第7款敦促安理会"采取可能必要的进一步行动以保护利比亚平民免受袭击，可能的话包括在利比亚领土上实行禁飞区"。有关禁飞区的文字是什么时候加入到决议中的？很显然是在当天的晚些时候。参议员们获得了足够关于此修正的信息了吗？有证据表明议员们并没有得到相关信息。该决议的立法历史记录很是缺乏。没有听证会，没有有关委员会的报告。该决议不是由某个具体的委员会发起。该决议的发起者包括10位民主党人（鲍勃·梅南德斯、弗兰克·劳坦柏、迪克·德宾、柯尔斯顿·吉里布朗德、伯尼·桑德斯、谢尔登·怀特豪斯、查克·舒默，鲍勃·凯西、罗恩·怀登、本杰明·卡丁）和1位共和党人（马克·柯克）。

关于此议案没有开展辩论。没有证据表明当时除了参议员舒默（Schumer）和主持会议的官员之外还有其他的参议员在现场。舒默寻求全体同意以便开始着手这项决议，没有人反对，可能是因为没有人在场来提出反对。参议院"审议"没用一分钟就完成了。当人们通过有线卫星公共事务网络来观察参议院的行动时，对于此项决议案的审议从4点13分44秒开始，到4点14分19秒结束，仅用了35秒。3月30日，参议员约翰·恩赛（John Ensign）提出反对，理由是《第85号决议》"同为邮局命名的决议一样得到了同样的审议，这项立法是通过热线进行的"。[35] 也就是说，通常是在晚上的晚些时候，此时几乎没有参议员在场，通过自动电话和电子邮件通知参议员办公室此决议要进行审议。根据一些参议院助理的反馈，"几乎没有参议员知道有关禁飞区的条款"被添加到了决议案中。[36] 在当天下午4点03分，参议员们的办公室通过上述热线的程序收到了包含禁飞区条款在内的《第85号决议》，但对添加有关禁飞区的重大变化并没有做出特别标注。[37] 参议员麦克·李

(Mike Lee)写道:"很明显,立法过程被滥用。不应该通过一个热线电话把国家引诱并带入一次军事冲突之中。"[38]参议员杰夫·赛辛斯(Jeff Sessions)评论道:"我知道,在决议案通过的时候,参议院中没有人知道貌似授权使用武力的条款已经包括在决议案中。我对于这样通过决议案的方式很不高兴。"[39]

利比亚军事行动的"授权"

奥巴马总统在 2011 年 3 月 28 日的演说中讲道:"美国不是单独行动。相反,我们有一个强大并不断壮大的联盟加入进来。这个联盟包括我们最紧密的盟友国家,诸如英国、法国、加拿大、丹麦、挪威、意大利、西班牙、希腊和土耳其。所有这些国家在过去的几十年同我们并肩战斗。联盟也包括阿拉伯伙伴,诸如卡塔尔和阿拉伯联合酋长国,他们选择勇于承担自己的责任,保护利比亚人民。"在整个 3 月,"我们国家同我们的国际伙伴合作,动员一个广泛的联盟,确立国际授权来保护平民,制止对方部队的前进,防止大屠杀,同我们的盟友和伙伴合作建立禁飞区"。[40]但在这个联盟和授权中缺少的是美国国会。奥巴马总统在他的演讲中提及"利比亚人民自己请求援助"。[41]他"对于人们的普遍权力,包括自由表达的权力"提供帮助,他还对"最终响应人民渴望"的政府提供帮助。[42]然而,在这整个过程中,无论是奥巴马总统还是他的政府都没有做出任何努力来倾听美国人民的声音或者获得美国人民的支持。

奥巴马总统在 2011 年 5 月 20 日致国会的信中说道,他对利比亚开展军事行动"依据的是阿拉伯联盟的请求和联合国安理会的授权"。奥巴马政府在 6 月 15 日递交国会一函中宣称他对利比亚开展军事行动是"得到来自联合国的授权"。但依据美国《宪法》,对一个没有袭击或者威胁美国的国家使用军事力量只有一种被允许的授权方式,这个授权必须来自国会。

2011 年 6 月 21 日提交的《参议院第 20 号联合决议》的目的就是用来为在利比亚使用武力进行授权的。此决议案中,有两处使用了"授权"这个词。《安理会 1970 号决议》"授权进行国际经济制裁及武器禁运"。《安理会 1973 号决议》"授权'所有必要的措施'来保护利比亚的平民,执行'禁飞区',加强反击卡扎菲政权的武器禁运"。安理会不能授权、命令或者领导美国。依据美国《宪法》,授权来自国会通过的法律。

参议院外交关系委员会在 6 月 28 日标记了《参议院第 20 号联合决议》,并预期在 30 日提交进行投票。并且,为防止出现冗长辩论以阻挠议事的行动,议事终结的动议已经准备好。然而,把利比亚问题优先置于联邦债务所引发的担忧之上遭到了强大的反对。7 月 5 日,参议院多数党领袖哈里·瑞德(Harry Reid)同意撤销就该联合决议继续进行投票的有关动议。参议员鲍勃·考克(Bob Corker)解释了不提交该决议的另一个原因："如果我们正在辩论的决议案,可能在今天晚上确实经过了辩论并通过,这对于我们在利比亚正在进行的行动不会产生任何细微的影响。事实是国会众议院已经否决了相同的决议案。"[43] 瑞德认可了参议院的想法："我们一致同意,尽管我们广泛地支持利比亚决议,但这个周我们最应该关注的问题是预算问题。"[44]

结论

总统拥有一定的自由裁量权,在没有提前获得国会授权的情况下使用武力,诸如反击突然袭击。这种解释并不适用于发生在利比亚的战争。美国并没有受到卡扎菲的威胁或袭击。奥巴马总统把美国的军事行动称为服务于国家利益的人道主义干预。《宪法》从没有授权任何一个政府官员,包括总统,单方面决定国家利益,特别是牵扯到战争和经费支出的国家利益。

为恢复宪制政府,国会及公众必须对抗没有寻求立法授权就置美国军队于国外战争的总统们。篡夺国会的战争权力,削弱民选政府及三权分立、相互制衡的制度,总统的行为再也没有比这更应该遭到弹劾并免职的了。国会议员需要明白他们的责任并履行相应职责,不仅要保护自己的权力,而且还要保护他们的选民的权利。议员们宣誓支持并护卫的是《宪法》,而不是总统。

尾注

1. 有些读者可能认为使用这个标题是对总统们的不尊重,含糊其辞被定义为"使用的语言看起来既热烈又富有意义,但事实上是意义与无意义混杂在一起;使用夸大的、晦涩的、经常是模棱两可的语言"。参见 Louis Fisher, "When Wars Begin: Misleading Statements by Presidents,"40 Pres. Stud. Q. 171(2010),见网址: http://www. loufisher. org/docs/wi/ 432. pdf.

2. The Records of the Federal Convention of 1787, at 318 - 319. (Max Farrand, ed. 1966).

3. John Jay, Federalist No. 4, The Federalist 101 (Benjamin F. Wright, ed. , MetroBooks 2002).

4. Michael J. Glennon, "The Cost of 'Empty Words': A Comment on the Justice Department's Libya Opinion," Harv. Sec. J. Forum, April 14, 2011, at 7, available at 参见 http:// harvardnsj. com/2011/04/the-cost-of-empty-words-a-comment-on-the-justic-departments-libya- opinion.

5. 在 7 月 13 日的一次记者招待会上,杜鲁门总统再次把朝鲜战争叫作一次"警察行动"。同上,第 522 页。

6. "Military Situation in the Far East" (Part 3), hearings before the Senate Committees on Armed Services and Foreign Relations, 82d Cong. , 1st Sess. 2014(1951).

7. Weissman v. Metropolitan Life Ins. Co. , 112 F. Supp. 420,425 (S. D. Cal. 1953). 亦参见 Gagliomella v. Metropolitan Life Ins. Co. , 122 F. Supp. 246 (D-Mass. 1954); Carius v.

New York Life Insurance Co. , 124 F. Supp. 388（D. Ill. 1954）；Western Reserve Life Ins. Co. v. Meadows, 261 S. W. 2d 554（Tex. 1953）；and A. Kenneth Pye, "The Legal Status of the Korean Hostilities," 45 Geo. L. J. 45（1956）.

8. Louis Fisher, Presidential War Power 129 - 133（2d ed. 2004）.

9. Robert J. Hanyok, "Skunks, Bogies, Silent Hounds, and the Flying Fish: The Gulf of Tonkin Mystery, 2 - 4 August 1964," Cryptologic Quarterly, declassified by the National Security Agency on November 3, 2005, 参见 http://www. nsa. gov/public_info/_files/gulf_of_ tonkin/articles/rel1_skunks_bogies. pdf.

10. Barton Gellman, "Students Receive Albright Politely," *Washington Post*, February 20, 1998, at A19.

11. Barack Obama, The Audacity of Hope 94（2008 ed. paperback edition）.

12. 同上, 105。

13. 同上, 110。

14. 同上, 338。

15. 同上, 364—365（原文强调）。

16. "Barack Obama's Q & A," 参见 http://boston. com/news/politics/2008/specials/Candidate QA/ObamaQA.

17. http://www. whitehouse. gov/the-press-office/remarks-president-acceptanc-nobel-peace-prize at 3.

18. 同上, 2。

19. Text of a Letter from the President to the Speaker of the House of Representatives and the President Pro Tempore of the Senate, March 21, 2011, 参见 http://www. whitehouse. gov/ the-press-office/2011/03/21/letter-president-regarding-commencement-operations-libya.

20. Louis Fisher, "Obama's U. N. Authority?," National Law Journal, April 18, 2011, available at 参见 http://www. loufisher. org/docs/wp/authority. pdf; Louis Fisher, "Sidestepping Congress: Presidents Acting Under the UN and NATO," 47 Case Western Res. L. Rev. 1237 1997）, available at 参见 http://www. loufisher. org/docs/wp/424. pdf; Louis Fisher, "The Korean War: On What Legal Basis Did Truman Act?," 89 Am. J. Int'l L. 21（1995）, 参见 http://www. loufisher. org/docs/wp/425. pdf.

21. Remarks by the President in Address to the Nation on Libya, March 28, 2011, at 2, 参见 http://www. whitehouse. gov/the-press-office/2011/03/28/remarks-president-address-nation-libya.

22. Harold Hongju Koh, Legal Advisor U. S. Department of State, "Statement Regarding Use of Force in Libya," March 26, 2011, appearing before the American Society of International Law Annual Meeting, at 2, 参见 http://www. state. gov/s/l/releases/remarks/159201. htm.

23. 87 Stat. 555, 558, sec. 8（a）（2）（1973）.

24. U. S. Justice Department, Office of Legal Counsel, "Authority to Use Military Force in Libya," April 1, 2011, at 8, 参见 http://www. justice. gov/olc/2011/authority-military-use-in-libya. pdf.

25. Thomas F. Eagleton, *War and Presidential Power: A Chronicle of Congressional Surrender* 150 - 183（1974）.

26. Letter from the Department of State and Department of Defense to Speaker John A. Boehner,

June 15,2011, at 1.

27. Charlie Savage, "2 Top Lawyers Lose Argument on War Power," *New York Times*, June 18, 2011, at A1.

28. OLC Opinion, supra note 24, at 1.

29. 同上,6。

30. David A. Fahrenthold, "Obama's Reasoning on Libya Criticized," *Washington Post*, June 21, 2011, at A8.

31. 同上。

32. March 21,2011 letter, supra note 19, at 2.

33. President Obama's Letter About Efforts in Libya, May 20,2011, sent to Senate and House leaders John A. Boehner, Nancy Pelosi, Harry Reid, and Mitch McConnell, at 1.

34. OLC Opinion, supra note 24, at 2.

35. 157 Cong. Rec. S1952 (daily ed. March 30,2011).

36. Conn Carroll, "How the Senate was Baitand Switche dinto War," http://washingtonexaminer-com/print/blogs/beltwa-confidential/2011/04-how-senate-was-bait-and-switched-war.

37. 同上。

38. 同上。

39. 157 Cong. Rec. S2010 (daily ed. March 31,2011).

40. Remarks by the President in Address to the Nation on Libya, March 28,2011, at 2, supra note 21.

41. 同上,3。

42. 同上,4。

43. 157 Cong. Rec. S4314 (daily ed. July 5,2011).

44. 同上,S4319.

第九章　评估总统：伟大性与权力滥用

　　总统制在美国政治中占据突出地位，美国人民赋予总统巨大的权力。这种权力不仅仅影响法律和宪法层面，还会影响人民的福祉，无论是通过对经济施加影响，还是把国家带入战争。然而，在影响更为深远的诸多总统权力中，其中之一就是总统权力对于我们国民心理的影响——无论是抱怨事情多么的糟糕，还是受激励加紧工作以便在解决我们国家不断面对的现实问题取得进步方面。因此，有关总统伟大性与权力滥用的诸多问题对于美国来说是至关重要的。总统可以唤醒美国人民，去激发他们付出最大的努力和最积极的本能；当总统背叛了人民的信任时，可能把人民带入到愤世嫉俗的情绪之中。本章详细研究了公众对于总统态度的问题，不同的节选材料也告诉我们：公众对于总统信任的重要性。

　　在第一篇文章中，詹姆斯·P. 菲夫纳全面公正地研究了现代总统制中的三次重大丑闻：水门事件、伊朗门事件及弹劾克林顿总统。三次危机都招致人们对相应事件中所牵扯的总统的判断力提出质疑，提出了弹劾总统的问题，并且这些事件都是由于总统自身的问题造成，而不是由他们的政治"敌人"造成。在研究每一次危机的基本事实时，菲夫纳分析了每一位总统的动机及他们行动的后果。他指出了颇具讽刺意味的结果：三位总统起初都否认并掩盖事实真相，而不是立即承认他们先前的行为，这给他们自己造成了更大的损害。然而，更为深远的影响是，三位总统违背公众的信任都是没有必要的，而且也没有取得他们所寻求的效果。这篇文章提醒人们，我们赋予总统的权力可能对总统滥用权力形成巨大的诱惑。因此，詹姆斯·麦迪逊在《联邦党人文集》第 51 篇中所提及的"附加的警惕"仍是必要的。

　　而选自托马斯·克罗宁（Thomas Cronin）和迈克尔·吉诺维斯（Michael Genovese）的材料则清晰地提出了一种悖论，他们认为我们的总统必须拥有足够的权力来领导这个国家，同时又必须对人民负责。他们的文章以来自《联邦党人文集》第 51 篇中詹姆斯·麦迪逊的经典构想以"如果人类是天使"为标题开始：

　　如果人类是天使，就不需要政府。如果天使来统治人类，就不需要对政府

　　进行外部和内部的控制。架构一个人来管理人的政府，最大的困难就在于：你必须首先让政府来控制被管理的人；然后，强制政府进行自我控制。毫无疑问，对人的依靠是对政府的首要控制；但经验已经教会人类，附加的警惕是必要的。

　　这两位作者评论道，美国人渴望强大的领导人掌权并带领他们到他们想要去的地方。但他们也指出"反政府、反领导、习惯性抱怨者综合征"是美国政治传统的固有部分。他们认为，把美国政府跟美国人民更紧密地结合在一起的方法之一就要有一个强大的政党体制，这种体制可以帮助克服组织的瘫痪，使政府对选民的回应更为积极。最后，他们辩论道，美国的政治制度取决于公民的质量。如果公民同他们的政府站在一起，我们可以同时拥有强大的总统及民主责任，而这两者对于一个成功的政体是必不可少的。

　　接下来的材料，史蒂芬·韦恩（Stephen Wayne）分析了奥巴马在其总统生涯早期所做的两个重要政策中所展现的性格特征及判断力：一个是升级在阿富汗战争的决定，另一个是寻求全面社会保障改革立法的决定。韦恩得出结论，奥巴马的品格决定了他做出决定的方式：奥巴马在处理政策制定的问题上是深思熟虑、仔细而又审慎的。他让各行专家发挥他们的才能，为达成一致，愿意做出让步。他的对手控诉奥巴马太过死板，而他的很多支持者都认为他太乐于做出让步。

　　最后的材料，安德鲁·鲁迪勒维奇（Andrew Rudalevige）对于总统权力进行了一个历史性的综述，并着重介绍了现代总统的权力。他明确表示这不是一个简单的问题；美国人民需要总统拥有充分的权力以便能够采取行动保护国家安全，但美国人民对于行政权力保持戒心，因为行政权力可能被用来侵犯公民的自由，而这种自由恰恰是美国人民所珍视的。在美国政治中，国会与总统之间权力的平衡一直以来是一个持续的主题。在布什任总统期间，权力的轮回偏向了总统这边。

参考文献

Abshire, David, *Saving the Reagan Presidency* (College Station, TX: Texas A & M University Press, 2005).

Bailey, Thomas A., *Presidential Greatness* (New York: Appleton-Century-Crofts, 1966).

Barber, James David, *The Presidential Character*, 4th ed. (Englewood Cliffs, NJ: Prentice Hall, 1992).

Barger, Harold M., *The Impossible Presidency* (Glenview, IL: Scott, Foresman, 1984).

Bose, Meena, and Mark Landis, *The Uses and Misuses of Presidential Ratings* (NY: Nova Science, 2003).

Brace, Paul, and Barbara Hinckley, *Follow the Leader* (New York: Basic Books, 1992).

Edwards, George C. , and Philip John Davies, *New Challenges for the American Presidency* (NY: Longman, 2004).

Genovese, Michael, *The Presidential Dilemma* (New York: Harper Collins, 1995).

Lowi, Theodore, *The Personal President* (Ithaca, New York: Cornell University Press, 1985).

Mansfield, Harvey C. , *Taming the Prince* (New York: Free Press, 1989).

Pfiffner, James P. , *The Character Factor: How We Judge America's Presidents* (College Station: Texas A & M University Press, 2004).

Rockman, Bert A. , *The Leadership Question: The Presidency in the American System* (New York: Praeger, 1984).

Rudalevige, Andrew, *The New Imperial Presidency* (Ann Arbor: University of Michigan Press, 2005).

Schlesinger, Arthur M. Jr. , *The Imperial Presidency* (Boston: Houghton Mifflin, 1973).

文献 39 现代总统制下三次危机中的总统性格分析

詹姆斯·P. 菲夫纳

三次重大的信任危机对现代总统制震动巨大——水门事件、伊朗门事件及对克林顿总统的弹劾——这些危机不是由外部威胁造成，而是由总统的决策造成。每一次危机都导致了对总统进行弹劾并罢免的严肃考虑：尼克松面对实际的弹劾引咎辞职；里根说出实情而免于被弹劾；克林顿遭到弹劾但所幸没有被罢免。[1]

这些危机根植于相关总统的性格之中。水门事件的根源是理查德·尼克松对于他的政治"敌人"的憎恨及关于他们正如何颠覆他的猜疑。为了报复他的政治敌人，尼克松乐于使用非法手段；为掩盖他的非法行动，他乐于使用谎言。而对于援助尼加拉瓜反叛军资金挪用之事，里根总统要么不关心，要么懒得费力去查明他的下属在以他的名义做什么。比尔·克林顿被弹劾，因为他乐于冒险维持一种不正当的关系，而不乐意对自己的行动承担责任。他乐于对此说谎并鼓励其他人为其说谎。

本文会从总统动机、危机发生的来龙去脉及造成的结果对上述三个案例进行详细分析。并从总统关键的决定、具有讽刺意味的后果、总统个人的过失及最终这些危机对《宪法》和政体所带来的相对威胁这些方面，对三个案例进行比较。结论就是这三位总统都犯有严重的错误。但里根总统处理危机的能力要好于其他两人：他采取严肃行动，将真相公之于众；同时，克林顿总统的越轨行为，对于《宪法》的危害没有其他两次危机所造成的危害严重。

水门事件
事件的来龙去脉

当前国防分析员丹尼尔·艾尔斯伯格（Daniel Ellsberg）把美国对越南早期政策的一份长篇分析泄露给媒体的时候，尼克松政府的一个关键转折点提前到来。这一系列文件就是著名的"五角大楼文件"，牵扯到尼克松成为总统之前的政策制定。尼克松定性文件的泄露违反了安全规定，不可接受，他命令助理们就此采取某些行动。1969 年，尼克松要求约翰·亚列舒曼（John Ehrlichman）"在白宫成立一个小组，秘密行动，查出发生了什么并想办法阻止它"。[2]这个"小组"变成了"铅管

来源：在下文基础上改写：David Abshire, ed. Triumphs and Tragedies of the Modern Presidency, ed. David Abshire (Washington: Center for the study of the Presidency, 2001). 经 James Pfiffner 授权使用。

工"，计划如何阻止文件泄漏并执行政治情报和破坏的其他任务。

为诋毁丹尼尔·艾尔斯伯格，尼克松的随从破门而入侵入他的精神科医生位于洛杉矶的家。他们没有发现任何有价值的东西，但他们的目的可能就是找到并散发令艾尔斯伯格尴尬的信息，以便影响对他违反安全规定所进行的审判。破门而入当然是一种罪行。而这种剥夺艾尔斯伯格公民权利的企图，众议院司法委员会在对尼克松弹劾指控的第二章中也将其包括在内。尼克松还鼓励闯入布鲁金斯学会夺取有关"五角大楼文件"的那些文件。

这些"铅管工"从总统竞选基金及总统再选委员会获得活动经费，他们要开展诸多的政治情报行动，包括对拉里·奥布莱恩（Larry O'Brien）的办公室进行监听，而奥布莱恩的办公室就位于民主党国家总部所在的水门大厦。而政党的国家总部通常不太可能发现有价值的政治情报，尼克松的人可能对发现拉里·奥布莱恩跟霍华德·休斯（Howard Hughes）之间的非法联系更感兴趣。1968 年的选举之后，尼克松从霍华德·休斯处接受了一批非法的竞选资金。但同时，休斯也付给了奥布莱恩一批定金。因此，关于奥布莱恩与休斯关联的信息可以用来反击任何来自民主党的揭发或者是有关尼克松跟休斯关联的谴责。[3]

在 1972 年 6 月 17 日晚上，"铅管工"中的 5 人在霍华德·亨特（Howard Hunt）和戈登·里迪（Gerdon Liddy）的指挥下，闯入民主党国家委员会位于水门大厦的总部，修理他们事先安置的窃听工具。在他们被发现并被捕后，踪迹追溯到了总统再选委员会和白宫。而对此次闯入事件的掩盖则成了压倒尼克松总统的最后一根稻草。

除了上述事件，尼克松当政的白宫和再选活动都采取了一系列的其他措施，而这些措施都被水门事件的影响掩盖了。其中之一就是用来影响 1972 年民主党初选的"肮脏的手段"。尼克松认为参议员埃德蒙·马斯基（Edmund Muskie）可能是他最为强劲的对手，因此他的人通过采取破坏马斯基的选举集会、伪造信函、对那些为对手进行资金支持的人采取手段来降低马斯基竞选活动的影响。[4]白宫官员试图让美国国税局介入，对民主党的反对派及他们的支持者进行审计。进行政治情报的计划和行动得到了尼克松的授权，但从未被施行。[5]尼克松的顾问约翰·迪安（John Dean）及其他一些人还草拟了作为政治报复目标的政治"敌人"名单。

在所有这些不正当的行为中，使尼克松最终倒下的是他参与了对所犯罪行的掩盖。尼克松好像从没有认真地考虑过以下可能：对闯入水门大厦进行谴责，承诺白宫在将来不再从事这样的活动。尼克松的律师伦纳德·加门特（Leonard Garment）这样回忆：

从笨手拙脚地闯入水门大厦到掩盖罪行，这种过渡自动进行，没有任何讨论、辩论甚或是私下的低语，因为总统自己也参与其中，即便是没有参与闯入水门大厦，但先前授权卡尔森和铅管工的行动，诸如闯入艾尔斯伯格的医生办公室，卡尔森疯狂炸毁布鲁金斯学会来攫取一套"五角大楼文件"的阴谋。而这些行动比水门事件更具致命性。还有其他因素促使尼克松对事件进行掩盖，但我确信主要动机是尼克松感觉到自己已经处于危险境地。他的这种决定具有合理性，但结果证明是极端错误的。[6]

回顾发生的事情，尼克松认为水门事件参与者的行动本身没有造成多大危害，但掩盖行动是他犯下的重大错误。[7]但尼克松是错误的，由秘密的白宫情报小组所从事的违法行动，包括破门闯入水门大厦，就是严重的权力滥用。这也就解释了为什么尼克松认为无论以何种代价都要掩盖闯入水门大厦这件事。对水门事件进行彻查将会把所有的这"一团糟"的事实公之于众，包括尼克松白宫所进行的其他违法的权力滥用。事实上，这也是接下来在尼克松政府所发生的事情。

结果

当闯入水门大厦的窃贼被逮捕的时候，他们不承认自己正在为尼克松的再次选举活动而工作，因为戈登·里迪已经承诺将会很好地照顾他们，如果被判刑，判刑也是极为轻微的。但法官"大约翰"·西里卡（"Maximum John" Sirica）对他们判以长期监禁，因为他怀疑这些窃贼的缄口是为了保护他们的上级。这促使约翰·迪安同总统讨论付封口费给被判入狱的铅管工。迪安告诉总统，要让他们保持沉默，可能需要 100 万美元。尼克松回答道："我们能弄到钱。对于钱，如果你需要钱，你就能弄到钱。你能得到 100 万美元。你能拿到现金。我知道哪里可以找到钱。"[8]约翰·迪安证实给了里迪和他的人 50 万美元。[9]

参议院水门事件委员会对白宫行为的诸多方面展开了调查，发现尼克松总统在白宫已经设立了一个监听系统。特别检察官及众议院弹劾委员会对监听的录音进行传讯。尼克松把录音的文字记录交给了该委员会，但关键的地方已经被修改。最终，最高法院裁定尼克松不能隐瞒磁带上的证据。当"证据确凿"的磁带被发现的时候，众议院的转折点到来了。而直到此时，该委员会的很多共和党成员仍然认为，针对尼克松的证据不具有决定性。弹劾是如此严重的一步，只有对于罪行具有充足的决定性证据的时候，才能投票通过弹劾。

在 1972 年 6 月 23 日的对话录音中，在闯入水门大厦仅 5 天之后，H. R. 赫德曼（H. R. Haldeman）告诉总统，联邦调查局探员正在追查水门大厦窃贼资金的来源，很快要发现资金来自总统再选委员会及白宫的保险箱。赫德曼建议，阻止联邦调查局调查的方法，就是让中央情报局通知联邦调查局：进一步的调查会威胁到中情局的行动，他们应该停止资金的追查。赫德曼还建议，"现在，我们处理此种情况的方法就是让［中情局的］沃尔特斯（Walters）给联邦调查局长巴·格雷（Pat Gray）打电话，并这样说'别掺和了……这件事，我们不想你们继续进行下去'。"在赫德曼提出建议后，尼克松告诉赫德曼转告中情局长理查德·赫尔姆斯（Richard Helms）："总统相信这会把猪湾事件的事情再次挑起。并且……中情局应该把联邦调查局也召集进来，并不再进一步地调查此案！"[10]

录音的披露及录音所提供的确凿证据给众议院司法委员会提供了就弹劾条款进行投票的最后动力。条款1控告总统没有履行他的就职宣誓，并破坏了司法公正。在诸多的指控中，该条款特别提及非法闯入艾尔斯伯格精神科医生办公室的事件、滥用中情局阻碍司法部的调查、隐匿证据、动员作伪证等。条款2控告总统没有忠实地执行法律，利用美国税务局对他的政治对手进行骚扰，利用联邦调查局对公民开展非法监听，使用竞选基金在白宫内维持一个秘密调查小组的运转，阻碍刑事调查等。条款3控告总统拒绝尊重众议院司法委员会依法发布的国会传唤，阻碍国会依据《宪法》使用自己的弹劾权力。

众议院司法委员会还就其他两个条款进行了辩论，但最终否决了它们。其中的一个条款要指控总统在越战期间通过秘密轰炸柬埔寨来削弱国会的《宪法》权力。另外一个条款要指控尼克松在副总统给国家档案馆的总统礼物汇报文件上填写比实际要早的日期，涉嫌所得税偷税犯罪。[11]但在这些条款被交给众议院进行全体讨论通过前，尼克松总统递交了辞呈，在1974年8月9日离职。

伊朗门事件
事件的来龙去脉

在1984年和1985年，7名美国人在黎巴嫩被与伊朗领导人联系紧密的什叶派穆斯林绑架为人质。当时，伊朗与伊拉克正处于战争期间。伊朗极度需要军事设备及零部件来修复武器，而这些武器中的很多正是美国支持伊朗沙阿国王期间来自美国的。伊美中间人就此建议达成一项交易：伊朗释放7名人质，以此来换取美国提供战机零配件及导弹给伊朗。

里根总统特别关注这些人质所处的困境，人质之一是中情局一个分站的站长。里根的担忧在国家安全委员会工作人员那里得到了响应，他们达成协议，以美国武器及零配件作为交换，换取伊朗进行干预，释放黎巴嫩的美国人质。国家安全委员会工作人员还认为美国同伊朗的温和派重新建立联系至关重要，这样当阿亚图拉·霍梅尼（Ayatollah Khomeini）离世的时候，美国在伊朗还可以保持一定的影响，不至于使伊朗都归于苏联的影响之下。以色列在两伊战争中也想支持伊朗，其将伊拉克视为对自身安全的更大威胁。因此，以色列同意运输武器给伊朗，而接下来再由美国补充到以色列。美国还直接运输陶式导弹及鹰式导弹给伊朗。

质疑总统以武器换人质的决议有几个根据。首先，此项政策表面上的合理化是同伊朗的"温和派"开展联系。但值得怀疑的是，在当时的伊朗，是否有任何的温和派处于执掌权力的位置之上。据中情局的判断，霍梅尼当权，他不允许任何的其他人同美国展开谈判，特别是关于武器的谈判。[12]其次，美国一贯的政策是不同恐怖主义者谈判。在1985年的一次演说中，里根总统说伊朗是一个"恐怖主义国家同盟"中的一部分，"是谋杀的一个新型国际版本。美国从不会对恐怖主义做出让步"。[13]里根政府之前已经发动了名为"坚定行动"的外交活动，来阻止美国的欧洲盟友销售武器给伊朗或者伊拉克。[14]

在白宫的一系列会议中，国务卿乔治·舒尔茨（George Shultz）和国防部长卡斯帕·温伯格（Caspar Weinberger）都极力反对武器换人质计划（会议分别安排在1985年8月6日、12月7日和1986年1月7日）。[15]虽然温伯格和舒尔茨在观点的是非曲直上可能是正确的，但是很明显当选总统拥有权力来制定行政机构的政策。内阁成员仅仅是总统的顾问及政策的执行者，总统没有义务必须采纳他们的建议。另一方面，运送武器给伊朗再次提起了1976年《武器出口控制法案》的问题，此法案禁止美国销售武器给美国认定为发起恐怖主义的国家。而伊朗自1984年以来都被美国认定为这样的国家。舒尔茨要求他的法律顾问亚布拉罕·索发尔（Abraham Sofaer）仔细考量销售武器的合法性。索发尔得出结论：这样的武器销售是非法的。[16]1985年12月7日在总统及总统高级助理的会议上，温伯格极力反对销售武器给伊朗，认为这会违反《武器出口控制法案》。[17]

另外，涉及管理秘密行动的《国家安全法案》明确指出：只有总统正式"查明"秘密行动对于国家安全至关重要时才能采取这样的行动。[18]总统国家安全顾问约翰·波因德克斯特（John Poindexter）在国会作证：里根总统早期对伊朗的接触路径是签署过这样一个"调查结果"的，但他为免受总统可能的尴尬将其销毁了。里根总统还在1986年1月17日签署了一项调查结果，授权对伊朗直接销售武器。法律要求在采取秘密行动之前要通知国会，或者如果可能，"要尽快"。[19]国会对武器换人质方案一无所知，直到黎巴嫩报纸——*Al - Shiraa* 在1986年11月3日披露了此计划。

里根政府为换取人质的释放卖出了几批武器，但这些行动最终徒劳无功，几位人质被释放，但又有三个人被拘为人质。讨好伊朗"温和派"的计划也不成功。因为：首先，没有温和派掌权；其次，卖出的导弹中，许多是落后的武器，但却人为地收取了过高的价格。

就伊朗门事件中的尼加拉瓜反叛军方面，白宫助理们特别是国家安全顾问海军上将波因德克斯特和白宫雇员奥利佛·诺斯（Oliver North）负责使用从伊朗导弹销售获得的"利润"来支持尼加拉瓜的反叛军。问题是国会已经通过，里根总统也已经签署一项法律,禁止美国援助反叛军。所谓的博兰(此修正案的发起者,马萨诸塞州民主党众议员爱德华·P. 博兰[Edward P. Boland],众议院情报委员会主席)修正案陈述如下:

> 在 1985 财年,目的是支持或者进行类似的支持,无论是直接还是间接,由任何国家、团体、组织、运动或者个人在尼加拉瓜进行的军事或者准军事行动,中情局、国防部或美国其他任何跟情报活动有关的机构或实体都不会获得资金。
>
> [《公共法》98—473,98 STAT 1935—37,第 8066 节]

没有国会的充分审议,有关的法律条款也不可能在国会通过。从 20 世纪 80 年代开始,里根政府就视尼加拉瓜的桑定政府为美国国家安全利益的严重威胁,因而支持尼加拉瓜的反叛军就成了里根政府一个非常优先的选择。政府对反叛军进行资金及行动上的援助,但军事援助却受制于 1982 年到 1986 年之间的公共法的一系列限制。尽管里根政府不遗余力地进行辩论,国会对于继续武装尼加拉瓜反叛军的明智性及有效性却半信半疑。最终,针对 1985 财年的《博兰修正案》得以通过。[20]

里根政府无视法律,铁了心地继续支持尼加拉瓜反叛军。里根总统告诉国家安全顾问罗伯特·麦克法兰(Robert McFarlane)要把反叛军团结在一起,"从肉体到灵魂"。[21]国家安全委员会雇员奥利佛·诺斯建议"一不做,二不休",使用对伊朗销售武器的资金来支持尼加拉瓜的反叛军,这就需要把资金从美国财政部转移出来。为达到此目的,诺斯和他的同僚设立秘密银行账户来处理这些资金。

结果

为尼加拉瓜反叛军提供资金支持的秘密行动直接违反了《公共法》,并对《宪法》构成了严重的威胁。总统的助理们决定,通过公共宪法程序不能达到目的(继续支持尼加拉瓜反叛军),他们将会通过秘密方式来达到。法律上不允许是毫无异议的;对于是否应该援助尼加拉瓜反叛军,高级别公开辩论贯穿于 20 世纪 80 年代,里根政府没能够说服国会的大多数议员相信:在 1985 年美国对尼加拉瓜反叛军持续的军事援助对美国的安全是必须的。而白宫助理们决定援助应该继续进行。毫无疑问,里根总统强烈支持对反叛军的援助,并就此同他的幕僚已直接进行过沟通。然而,对于挪用资金给反叛军一事,里根否认知情,也没有证据表明他确实知道这件事。这种状况直到司法部长埃德文·米斯(Edwin Meese)发现实情后才得以改变。

武器换人质及资金挪用事件的泄露使里根政府陷入长达数月的混乱之中。民调显示,绝大部分美国人相信里根总统否认以武器换人质是在撒谎。公众对总统及其政府的支持率大大降低。国务卿舒尔茨认为波因德克斯特和诺斯:

> ……同一帮远比他们两个要狡猾和聪明的行家里手纠缠在一起。结果就是:美国违反了它本身对于反恐和禁止销售武器给伊朗的政策;以鼓励夺取他人自由的方式来购买我们自己公民的自由;同国际上声名狼藉的中间人进行合作;危害了我们管理国家的宪法机制;误导美国民众——所有这些都以进一步促进某些所谓的地区政治进程或者是获得人质的释放为幌子。无论如何,通过粉饰武器换人质计划并掩盖它最为糟糕的方面,首先是麦克法兰,然后是波因德克斯特,很明显还有比尔·凯西(Bill Casey)的强力合作,他们把此计划兜售给总统,而总统在解救美国人质的人道主义动力下,对此也是迫不及待地接受。[22]

国会对此事件举行了听证会,并得出结论:这是一场灾难。

> 最终,同伊朗的关系没有得到改善,反击恐怖主义的责任也没有减少,成为人质的美国人的数量也没有降低。
>
> 伊朗门事件的所谓成功,就是用另三个人质代替了原先的三个;为伊朗提供了2 004套陶式导弹及鹰式导弹电池的200多件核心零配件;错误地为尼加拉瓜反叛军及其他的秘密行动生成资金支持(虽然远远不及诺斯所相信的数量);为哈基姆-西科德公司制造利润,而这些利润实际上应该属于纳税人;带领国家安全委员会及中情局的工作人员欺骗他们自己政府的代表;削弱了美国在世界人民眼中的信誉;破坏了行政机构与国会的关系;总统被美国历史上政府所面临的最严重的一次信任危机所吞噬。[23]

虽然行政机构和立法机构都谈及了弹劾的可能性,但国会并没有继续跟进。国会内部感觉到,在水门事件之后如此短的时间内,国家还没有做好准备经历再一次创伤。另外,没有证据表明:在事实发生之前,里根总统知晓挪用资金给尼加拉瓜反叛军的事情,而这也是进行弹劾的最可能的动因。至于对伊朗开放的其他方面,虽然可能不合法,但还不至于严重到弹劾的地步。除此之外,里根总统并没有妨碍调查的进行,但尼克松总统及克林顿总统都曾阻挠过。里根成立了塔楼会,就此事件展开调查;他指派大卫·爱博夏尔(David Abshire)为特别顾问来保证不会对事实进行掩盖;当霍华德·贝克(Howard Baker)成为白宫办公室主任时,白宫进行了一次全面的内查。[24]里根拒绝寻求行政特权,把有关文件交给了一个独立的法律顾问及国会的调查者。最终，里根总统把他的总统任职从可能极为糟糕的结局中拯救了回来。

弹劾克林顿总统
事件的来龙去脉

1995 年 6 月大学毕业后不久，莫妮卡·莱温斯基（Monica Lewinsky）作为众多实习生中的一员来到白宫工作。按照她的叙述，克林顿总统跟她在当年 11 月就发生了婚外情。由此，莱温斯基在立法事务办公室获得了一份带薪工作。到 1996 年 4 月，一些白宫雇员感觉到莱温斯基跟总统见面太频繁，所以把她调到了五角大楼从事一份公共事务的工作。在接下来的 21 个月，白宫日志记录到莱温斯基通过安检进入白宫多达 37 次。[25] 在五角大楼工作期间，莱温斯基同白宫前秘书琳达·特里普（Linda Tripp）成为朋友，后者当时也在五角大楼工作。特里普曾就克林顿总统跟凯瑟琳·威利（Kathleen Willey）在白宫的邂逅为一个新闻报道提供信息来源。在 1997 年秋天，当总统的律师开始怀疑特里普的可靠性时，她开始把她自己同莱温斯基的电话进行录音。电话录音中包含了莱温斯基的说辞：与总统的关系，因总统不给她电话的失望之情。

与此同时，保拉·琼斯（Paula Jones）对总统提起的诉讼也正在进行并持续了数年时间。琼斯指控：1999 年在小石城的宾馆房间内跟克林顿邂逅，当时还是州长的克林顿粗鲁地要跟她进行性交易，被她拒绝。这种诉讼是指控性骚扰的民事行为。在处理案件的过程中，琼斯的律师一直收集证据证明克林顿同其他女性保持多年的不正当关系作为证明性骚扰的一种方式。

克林顿总统在 1998 年 1 月 17 日对保拉·琼斯的诉讼提交了一份证词。琼斯的律师们清楚特里普与莱温斯基的通话被录音的事情，他们就是否同莱温斯基发生了性关系询问了克林顿。当问及婚外情的时候，克林顿否认同莱温斯基发生性关系。并提出，如果斯塔尔能证明他们发生了性关系，这可以作为指控其作伪证的证据，并最终对其进行弹劾。同实习生发生性关系并不违法（不管它是多么的错误），但在民事证词中有意说谎就可能构成作伪证。因此，琼斯律师们关于同莱温斯基关系的问题把克林顿放置到了一个可能作伪证的指控上面。根据电话录音，斯塔尔怀疑克林顿可能非法掩盖他同莱温斯基的婚外情。

1998 年 1 月 21 日，公众获知电话录音的事情及莱温斯基同特里普的对话，并且媒体开始疯狂获取这个丑闻的方方面面。克林顿总统发表措辞强硬的声明，公开否认他同莱温斯基发生过性关系。"听好了，我再次重复，我没有同这位女士，莱温斯基小姐发生性关系。我没有让任何人撒谎———一次也没有，从没有。这些指控都是无中生有的，我需要回到为美国人民服务的工作中去。"[26]

特别法律顾问肯尼斯·斯塔尔(Kenneth Starr)对克林顿的调查持续了1998年的整个春夏两季。7月,斯塔尔同莱温斯基达成了一份豁免协议:在莱温斯基就她同克林顿关系证言的基础之上,保证她不会受到起诉。于是,莱温斯基就她与克林顿的关系提供了详细证词,提供证据促使大陪审团相信她同克林顿发生了性关系。依据莱温斯基的证言,斯塔尔寻求传唤克林顿,在大陪审团面前作证。

结果

面对传唤,1998年8月17日克林顿总统同意在斯塔尔的大陪审团面前,就他与莱温斯基的关系"自愿"出面作证。斯塔尔的律师们对克林顿进行了4小时的仔细盘问。克林顿仔细地回答了绝大部分问题,但他仍然坚持自己在同莱温斯基的性关系方面没有说谎。但很明显,总统在回答有关他们关系的问题时躲躲闪闪,含糊其辞。

然而,在作证之后的当天晚上,总统就他的证词通过全国电视讲话做出声明。在他的声明中,他告诉整个国家,对于同莱温斯基的关系及造成的后果,他感到后悔。"确实,我同莱温斯基保持了一段不恰当的关系。实际上,这是错误的。这构成了判断力方面的严重过失及我个人的失败,对此我承担唯一及全部的责任……我知道我所做的公开评论及我在这件事上的沉默给人们造成了错误印象。我误导了民众,甚至包括我的夫人。我对此深感惭愧。"克林顿在声明中还就斯塔尔不留情面地搜寻证据提出批评:"是时候停止打探及破坏私人生活了,现在让我们回归我们的国家生活吧!"

几周后的9月9日,就克林顿总统可能招致弹劾的错误,斯塔尔给国会递交了相关报告。报告提出了一系列指控,包括在保拉·琼斯性骚扰案中,总统立誓作证后还说谎;在他8月17日的证词中,他要求莱温斯基和他的秘书在立誓后说谎;他让他的秘书隐瞒证据,试图妨碍司法;他还试图为莱温斯基找到一份工作,以便阻止她泄露他们关系的实情。

10月5日,共和党控制的众议院司法委员会按照党派立场以21∶16的投票通过进行弹劾听证会的建议。3天后的10月8日,众议院全院以258∶176(31个民主党众议员及所有共和党众议员投票支持)投票赞成开展弹劾问询。12月11日和12日,众议院司法委员会按照党派立场投票通过弹劾的4个条款。民主党提出对总统进行谴责的动议被共和党轻松打败,弹劾条款提交给了整个众议院。

12月18日,正式的弹劾辩论在众议院开始。共和党认为克林顿作伪证和妨碍司法腐化了法治;民主党认为克林顿应该被谴责,但不应该被弹劾。民主党及温和派共和党人感觉到克林顿的行为应该遭到谴责,而不是被弹劾,他们打算投票赞成谴责总统。谴责文稿由民主党人提议,严厉地谴责了克林顿就自己理应遭到谴责的行为发表错误声明;谴责克林顿"亵渎了美国人民的信任,降低了总统办公室在人们中的威望"，使总统职位"蒙羞"。²⁷但谴责总统的动议没有成功。

众议院在 1998 年 12 月 19 日举行会议，通过了弹劾条款中的两个。条款 1，控告克林顿总统就他同莱温斯基的关系问题，在 1998 年 8 月 17 日"故意提供伪造的、错误的及误导性的证词给大陪审团"，并尝试掩盖事实真相。条款 3，控告克林顿总统通过鼓励保拉·琼斯案中的一个目击证人说谎，隐匿证据，通过给莱温斯基提供一个工作机会，来试图阻止她提供真实的证言等行动，"阻止并妨碍司法部门"以便"拖延、阻碍、掩盖及隐藏现存的证据及证言"。所有的这些弹劾条款都得出结论："威廉·杰弗逊·克林顿削弱了总统办公室的公正，引起了对于总统职位的异议，背叛了作为总统的责任，采取的行动破坏了法治及司法，这对美国人民造成了明显的伤害。"其他两个条款指控都未获通过：1 月 17 日在保拉·琼斯案的证词中作伪证；对国会的问询没有做出足够的回应。

参议院在 1999 年 1 月 7 日开始就此进行审理。众议院弹劾会议概要认为总统确实犯下了两个条款中所指控的罪行：大陪审团在 1998 年 8 月 17 日对他进行调查时，他立誓后仍然说谎（条款 1）；他鼓励莱温斯基就他们的关系撒谎，隐匿证据，给莱温斯基找到一份工作，他通过这些行为来妨碍司法。1999 年 2 月 12 日，参议院最后投票，这两个弹劾条款都没有达到三分之二的多数而使克林顿免于被定罪及被罢免。

对比危机中的三位总统

这三位总统中的每一位，在面对他们行为泄露给公众所带来的潜在的破坏时，一开始都采取行动来降低对他们自己及对他们政府所带来的政治破坏；每一位都采取了会威胁到他们总统职位的行为方式。承认被指控的不恰当行动这种事实将危及他们的政府，但采取欺骗的回应方式就导致更为严重的危害发生。

但在更深层次上，三位总统一开始从内心深处都不承认他做过任何错事。尼克松为自己政府的行为找借口，并辩解民主党派的总统也干过同样的事情，并且这是他的敌人站出来要毁掉他；里根为自己的武器换人质计划找借口，他认为在美国对伊朗的战略开放中，人质事件仅仅是一个次要问题；克林顿为自己的谎言找借口，他认为他的敌人出面要逮捕他，还有比他更糟糕的总统，他的私生活不关公众的事。从技术层面讲，他讲了实情。所有这一系列借口导致总统们选择了比当初承认事实所带来的危害更甚的方式。

关键性决策

三位总统起初所做的关键性决策反映了他们性格上的缺陷，而这些缺陷置他们于泥潭之中。

当尼克松得知水门大厦侵入事件曝光时，他没有犹豫。他遵从了自己的本能：

限制事件所带来的政治上的危害,掩盖事实真相。尼克松做出这种决定部分建立在这种推理之上:把事件公之于众将在政治上危害自己,并有可能揭露出白宫和总统再选委员会助理们非法行动所形成的其他不利证据。

麦克法兰访问伊朗被曝光,里根的初始反应就是否认这种出访会有任何问题。他最高级别助理的行动仅是想促成对伊朗的开放。里根认为自己(表面上)没有批准武器换人质计划,因此他得出结论:他不可能批准过此计划。在经历数周的公示及新闻报道和大卫·爱博夏尔及乔治·舒尔茨的指责后,里根最终认识到自己必须实情相告。他全面配合调查,不再使用行政特权,上交涉案的文件,这些行动都把里根从转移款项给尼加拉瓜反叛军所带来的更深一步的危害中解救出来。因此,里根阻止了对其总统职位的破坏,而其他两位总统都没有做到这点。当然,转移款项是一个严重的《宪法》问题,但里根总统对此并不知情。

克林顿的第一个本能就是否认他同莱温斯基的性关系,就如同之前对他不当性行为的指控所做出的反应一样。在指控被曝光后,克林顿好像确实考虑过实话实说的可能性;但在迪克·莫里斯(Dick Morris)的民意调查之后,他得出结论:承认说谎在政治上将给他带来极大的危害。因此,他采取了坚决否认的方式,这招致了对他的弹劾。

讽刺性

第一个具有讽刺意义的就是,每一位总统的否认及掩盖带给他们的危害远大于他们立即承认自己先前行为的事实所带来的危害。代价将会极高,但事实最终水落石出。在后期所造成的危害要远大于一开始就承认所带来的危害。

但影响更为深远的讽刺在于三位总统或者他们的助理们对信任造成的破坏要么不必要,要么他们的行动远没有达到先前预期的目标。

尼克松根本不需要通过非法的帮助来获取 1972 年的选举优势。即使民主党提名埃德蒙·马斯基,民主党(存有异议的)最为强大的候选人(但民主党提名的却是乔治·麦戈文[George McGovern]),尼克松的政策很受欢迎,也可以保证他的连任。因此,采取掩盖事实的行动是不必要的;仅仅是尼克松的偏执和他所设置的基调鼓励他的助理们采取了这样的行动,最终使他下台。

里根总统销售武器给伊朗没有解救人质;他是用其他人质来换取原先人质的释放。以高价销售落后的武器并没有使美国和伊朗变得更为亲近。伊朗因不愿被拉入苏联的轨道也有自己安全方面的考虑。把款项从伊朗转移给尼加拉瓜的反叛军,在反叛军抗拒政府的能力方面也没有产生大的差别。实际上,计划中的资金仅有一小部分被反叛军获得。

克林顿在保拉·琼斯案的证词中没有必要说谎。即便是克林顿说谎已被披露,法官在几个月之后还是决定不受理此案。在他的指责性声明中,克林顿也没有必要直接对美国公众说谎。在其说谎被曝光后，事实证明，公众对他的支持足够强大可以抵御这场风暴。在他被弹劾及审判期间，克林顿的公众认可率达到最高。他把斯塔尔作为自己的强硬对手成了一个自我应验的预言：斯塔尔追踪克林顿不放，披露了他最为隐私及令其尴尬的行为。

自作自受

三位总统都觉得他们的政治敌人及新闻媒体给他们制造了麻烦。但实际上，三位总统中的每一位都是造成他自己问题的首要原因。性格缺陷是造成三位总统自我创伤的最基本原因。

尼克松对于他的政治敌人及敌人们要清除他所采用的策略深表忧虑。但这些疑虑通常是尼克松用来对付自己敌人所使用的策略的反应。当然，尼克松确实有政治敌人，这些敌人也想在政治上击垮他。但这都是政治的本性。尼克松的过度反应及反击敌人所采取的行动恰恰完成了他的政治敌人所从不能完成的事情：他屈辱地辞任总统职位。尼克松在他总统职位的最后时刻顿悟，在离开华盛顿之前，他发表告别演说："……始终牢记在心，其他人可能憎恨你，但这些憎恨你的人不会取得胜利，除非你也憎恨他们，但憎恨他们，你也毁了自己。"[28]

里根感到新闻界置他于窘迫之中并阻碍他尝试修复同伊朗的关系是错误的。他认为国会企图阻碍他的政策实施，是通常意义上的不负责任。当然，国会同里根在政策倾向性上是不同的，并通过了里根不接受的法律。但并不是新闻界或者国会发起了失败的武器换人质计划，诺斯和波因德克斯特对违反法律感到合情合理也不是他们的错。武器换人质，这是里根的决定；允许他的下属采取非法行动，这是里根对于政策走向及管理白宫的方式。

克林顿长久以来指责他的敌人致力于让他倒台。他感到新闻界对他采取敌意态度，并且他的夫人也指责一个"广泛的右翼阴谋集团"精心安排试图使其下台。当然，克林顿也有自己的政治敌人，他们不遗余力地想削弱他。但导致克林顿与莱温斯基的婚外情事件或者他就此说谎的并不是他的政治敌人。给他带来灾难的是他否认自己的行为并拒绝为自己的行为负责。

对《宪法》及政体的危害

在事关总统职位的三次危机中，中心主题就是：法治、对《宪法》负责及权力滥用。水门事件主要危及国内政治进程、选举的公正及公民的民权。伊朗门事件主要危及国会所具有的《宪法》角色、总统负有忠诚执行法律的义务和对《宪法》的责任。克林顿事件的主要危害就是总统对司法程序的不尊重及总统漠视遵守法律的义务。

水门事件极大地危害了公民自由和政治及选举过程的公平。尼克松总统的白宫助理们给一个秘密小组提供资金，这个小组恐吓政治敌人、非法收集情报，这种情报除了对自己的政治领导人负责外，不对任何人负责。尼克松总统利用政府机构进行非法及违法的活动，诸如财政部、联邦调查局和中情局。他的竞选团队非法地干预政治及选举进程。

除了他自己的谎言及违法行动外，尼克松总统还为他的再选连任定下基调，这样一来，他的竞选团队及白宫助理们就认为尼克松想要他们采取违法及不道德的行动，以便支持他的再选。实际上，他们也确实这样做了。

而伊朗门事件则对法治及《宪法》框架下总统和国会的权力平衡构成了极大的危害。国防部长温伯格警告总统：武器换人质计划可能违反法律，是不明智的决策。里根没有就秘密行动通知国会则造成了更大的麻烦。但最为严重的问题则是：直接违反法律，转移资金给尼加拉瓜的反叛军。总统的助理们还破坏证据，出具假的日期记录，对国会说谎以隐藏他们的行动。威廉·凯西（William Casey）计划设置"一家企业"来提供他能指挥使用的资金，而完全不对国会、《宪法》或者法律负责。

伊朗门事件对《宪法》的危害绝不仅仅是边缘化国会在制定对外政策的过程中所具有的立法角色，它还违反了《武器出口控制法案》及《国家安全法案》所要求的对国会汇报的规定。这些都是对法律的严重侵犯，但可能还没有到达"重罪和不端行为"的水平。然而，转移资金给尼加拉瓜反叛军违反了法律并严重地破坏了《宪法》：允许行政机构单方面制定政策，这违反了总统签署的《公共法》中列明的国会的明确意志。如果允许这样的实践存在，那就确实有可能导致立宪者们所担心的行政机构的暴政。如果总统知晓并通过了资金转移计划，那就极有可能导致弹劾程序的开启。

但当时，并没有证据表明里根总统知晓资金转移的事情，直到司法部长助理发现这件事。因此，国会没有采取弹劾行动。在事件泄露给公众后的余波中及他的助理的强烈推动下，里根总统所采取的行动比尼克松总统和克林顿总统在他们各自的危机中所采取的行动水平都要高。他下令查出真相，并全力配合相关部门的调查。

另一方面，尽管独立检察官得出结论："里根总统的行为达不到犯罪行为的标准，不能被起诉"，但是里根没有尽到他作为总统的全部职责。[29]国会调查伊朗门事件的委员会则这样总结：

> ……伊朗门事件的最终责任必须由总统承担。如果总统不知道他的国家安全助理们正在做的事情，他应该已经……这是总统的政策——不是诺斯或者波因德克斯特所作出的孤立的决定——秘密销售武器给伊朗并保持反叛军"肉体和灵魂"的统一，博兰修正案不会反对……总统创造了或者至少是容忍了这种环境的存在：那些清楚资金转移的人非常确定地相信他们正在执行总

统的政策。[30]

里根总统的错误就在于在白宫设置了一种基调，鼓励他最高级别的助理们相信他们正在完成总统的愿望。给予尼加拉瓜反叛军提供援助是违反法律的，但他们为实现总统的愿望，愿意做出违法行为。对于伊朗武器销售问题，里根愿意继续进行此计划，即便国务卿和国防部长都认为此计划不合法。

而克林顿总统的弹劾案所提出的主要问题跟他个人的行为并没有太多牵扯，虽然他的个人行为令人遗憾。弹劾的主要问题是在司法进程中，他宣誓说真话，但仍然说谎。克林顿的谎言破坏了司法制度，而这种制度仰赖的就是所有人，特别是政府官员真实的证言。他对美国公众的谎言也破坏了美国公民对于总统和更广泛意义上的政府的信任。克林顿总统的错误还在于在白宫形成一种基调：说谎可以被接受。在此情况之下，他的助理和被任命的官员为保护他而对公众说谎，即便他们私底下意识到总统正在说谎。克林顿的谎言及行动是堕落的。

克林顿的行为因此也腐化了行政机构的一些成员，并且他没有做到使法律得到忠实地执行。他的行为是错误又令人遗憾的，但对于政体的危害并没有达到水门事件及伊朗门事件的水平。

尾注

1. 这一章的较早期出版版本见 David Abshire, ed. *Triumphs and Tragedies of the Modern Presidency* (Westport, CT: Praeger, 2001).
2. 1969 年，尼克松告知约翰·亚列舒曼组建"一个白宫小组，着手工作去查清事情真相并进行阻止"。引用见 Stanley I. Kutler, *The Wars of Watergate* (NY: Alfred A. Knopf, 1990), p. 112. 1973 年 5 月 16 日，尼克松在与亚历山大·黑格的谈话中说："艾尔斯伯格事件是我们着手调查的。让我告诉你。我知道这里发生了什么，艾尔知道现在发生的事情。我们在白宫巴德·克罗领导下成立了一个独立小组来处理五角大楼文件泄露的问题……铅管工行动。"录音记录见 Stanley I. Kutler, *Abuse of Power: the New Nixon Tapes* (NY: The Free Press, 1997), p. 514.
3. Fred Emery, *Watergate* (NY: Times Books, 1994), p. 30.
4. 参见 Stanley Kutler, *Abuse of Power* (NY: The Free Press, 1997), p. 33.
5. 关于休斯敦计划，尼克松说道："承认我们授权了……非法行动。这是问题所在，"并且，"我命令他们使用任何必要的手段，包括非法手段，去完成这个目标。"引用见 Kutler, *Abuse of Power*, p. xxi.
6. Leonard Garment, *Crazy Rhythm* (NY: Times Books, 1997), p. 297.
7. 参见 Kutler, *Abuse of Power*, p. xxi.
8. The New York Times, *The White House Transcripts* (NY: Vintage Books, 1973), pp. 146 - 147; (March 21,1973).

9. 参见 Michael Genovese，*The Nixon Presidency*（NY：Greenwood Press，1990），p. 190.

10. *The White House Transcript*，被引用见 Larry Berman，*The New American Presidency*（Boston：Houghton Mifflin，1987），p. 189.

11. 参见 Kutler，*The Wars of Watergate*，pp. 431-434.

12. George Shultz，*Turmoil and Triumph*（NY：Charles Scribner's and Sons，1993），p. 824. 舒尔茨在回顾了中央情报局的分析之后，得出结论："霍梅尼掌权，拉夫桑贾尼正在执行反对美国的阿亚图拉·霍梅尼决议政策；近年来在伊朗发生的事件表明，除了霍梅尼，伊朗没有其他的领导人有权力去和美国建立友好关系或提供谈判的机会。"

13. 引用见 William S. Cohen and George J. Mitchell，*Men of Zeal*（NY：Viking，1988），p. xx.

14. 参见 George Shultz，*Turmoil and Triumph*（NY：Charles Scribner's Sons，1993），pp. 237，239，785. 白宫助理告知舒尔茨美国不会销售武器给伊朗，并且同时会阻止美国的欧洲盟友销售武器给伊朗，而事实是美国正在向伊朗出售武器。舒尔茨对此愤怒不已。参见 pp. 783-924，passim.

15. 参见 the chronology in William S. Cohen and George J. Mitchell，*Men of Zeal*（NY：Viking，1988），p. xix-xxxi.

16. 参见 Shultz，*Turmoil and Triumph*，p. 811.

17. 参见 Theodore Draper，*A Very Thin Line*（NY：Hill and Wang，1991），pp. 225-226，247-248. 亦可参见 Bob Woodward，*Shadow*（NY：Simon and Schuster，1999），p. 137. 白宫顾问彼得·威利森也向白宫办公厅主任唐纳德·里甘报告说这会违反《武器出口控制法案》。参见 Woodward，*Shadow*，p. 109.

18. 参见 Schultz，*Turmoil and Triumph*，p. 804.

19. 有关这项法律的讨论，参见 Cohen and Mitchell，*Men of Zeal*，pp. 12-13；pp. 279-288.

20. 对《博兰修正案》及其在国家安全委员会的采用分析，参见 Report of the Congressional Committees Investigating the Iran-Contra Affair（Washington：Government Printing Office，November 1987），pp. 41-42.

21. 参见 Draper，*A Very Thin Line*，p. 33.

22. Shultz，*Turmoil and Triumph*，p. 811.

23. *Report of the Congressional Committees Investigating the Iran & Contra Affair*，p. 280.

24. 参见 David Abshire's account of his experience in the Reagan White House，*To Save a Presidency*：*The Curse of Iran & Contra*（NY：Oxford University Press，forthcoming）. 有关贝克成为白宫主管时的内部调查，参见 Bob Woodward，*Shadow*（NY：Simon and Schuster，1999），p. 151. 其中包括对总统的 13 次询问，对白宫 67 名工作人员的询问及对 12 000 份文件的审查。

25. *Washington Post*（8 February 1998），p. A20.

26. 引用见 Jeffrey Toobin，"Circling the Wagons," *The New Yorker*（July 6，1998），p. 29.

27. *Congressional Quarterly Weekly*（22 December 1998），p. 3324.

28. Richard Nixon，*RN：The Memoirs of Richard Nixon*（NY：Grosset and Dunlop，1978），p. 1089.

29. Lawrence E. Walsh，*Iran & Contra：The Final Report*（NY：Random House，1993），p. 445.

30. *Report of the Congressional Committees Investigating the Iran & Contra Affair*（November 1987），pp. 21-22.

文献 40　"如果人类是天使……"：总统领导力及责任

托马斯·E.克罗宁　迈克尔·A.吉诺维斯

小说家威廉·萨默塞特·毛姆(W. Somerset Maugham)曾经说过："写小说有三个规则。很遗憾,没人知道这三个规则是什么。"同样,我们也可以借此得出结论：成为有作为的总统也有三个规则,但直到现在也没有人确切地知道它们是什么。

正如我们已经讨论过的,总统职位因时间而异,因人而异,因问题而异。我们可能永远不会解开有关美国总统职位的大部分悖论。然而,有些事情,美国人民及总统总可以做,来勉励现实、有效地行使总统的职能。

我们期望有人领导,但我们对独立和自由又倍加珍爱。我们期望白宫有一个"说了算"的领袖,但我们又要求一个负责而又有求必应的领导者。当今,很多美国人都不再满足于每隔 4 年走向投票站时让总统承担起责任,他们坚持总统应该时时刻刻负起责任。我们的制度是建立在对强大领导不信任的基础之上的,制度需要他们承担相应的责任。

同富兰克林·D.罗斯福总统在位时的任性时代相比,同冷战时代的国家安全状态相比,现今的总统职位是一个更为克制的官职。如果说在大萧条时期和第二次世界大战时期,罗斯福发明了现代总统制,那么冷战的需要就进一步把总统官职扩大并赋予其更多权力。但在 20 世纪的后冷战时代,对于一个强大而中央集权的总统职位的需求看起来并不是特别紧迫。

我们可能偶尔需要英雄式的领袖,但比起过去的 65 年,我们并非特别需要一个绝对控制性的总统。冷战的结束把我们从臣服于强大总统的模式中解放出来,这种模式在特定时刻是有效的,但在其他时间却是危险的。然而,当美国进入了21 世纪,我们仍然为如何最好地保持总统既高效运转又诚实守信而闹心不已。

总统担责

正如我们的主题所标明的,对于总统领导力和责任的任何讨论都必须把始终存在的有关总统职位的悖论考虑在内。我们中的一部分人需要一位富有传奇色彩、手持双枪、具有超凡魅力的拉什莫尔山上的领袖。哈里森·福特(Harrison

来源：*Paradoxes of the American Presidency* by Cronin & Genovese(1998), pp. 354 - 394. 经 Oxford University Press, Inc. 授权使用。

Ford)在影片《空军一号》(*Air Force One*，1997)中栩栩如生地刻画了这种渴望。然而，我们仍然具有这样的症状：非常明显地反政府、反领导并抱怨不断。我们需要强大而富有魄力的领袖来作为"国家的城市经理人"进行轮流管理。我们需要总统拥有足够的权力来解决我们的问题，但这些权力又不能太多以免造成持久的破坏。

责任不仅仅意味着对大多数人的渴望做出回应及对行动负责，还意味着把人民及人民的意见考虑在内；意味着由诚实和个性所指引的所作所为；意味着重要的决定可以解释给人民，以便允许他们衡量一个总统如何有效地处理着自己职位上的责任。

那么这种责任应归于谁？总统们似乎最多只是部分对人民负责，因为总统倾听一部分人及观点要多于倾听其他人及他们的观点。然而，近些年来我们所知道的事情就是总统无过错的信条已经被否定。强权行政负责人的武断统治也一再被拒绝。但当专家们的观点迥异或者是专家观点同占多数的公众观点截然不同时，怎么办？多大责任及哪种责任是合理的？难道不可能出现下面这种状况：追寻最终的责任会促成这样一种总统职位，这种职位没有创造性的领袖所必须的特权及独立的自由裁量权。

实际上，现代总统制可能难以描述，因为在某些领域总统太过强大及独立，在另外一些领域又太过羸弱及从属。勾画现代总统制，令人费解的状况之一就是：当最不需要约束时，它却存在；当需要时，这种约束又不足。另外，总统的力量也不能保证总统有求必应或者是对行动负责。实际上，当总统独立强大的力量与总统短期个人权力目标一致时，可能会导致更低的责任感。

总统职位及民主理论

你如何授予并控制权力？可以赋予领导人权力又实行民主化吗？

这些是我们的立宪者们所面临的经典问题，同时又是在民主政治理论辩论中的核心议题。领导意味着权力；责任意味着约束。矛盾置于一边，责任则是民主难题的最基本问题。实质上，它意味着公共官员要对他们的行动负责。但对谁负责？在何种限制之内？通过什么方式？

本质上，有三种不同的问责：最终问责(美国通过弹劾程序进行此种问责)；周期性问责(通过大选和不定期的有重大影响的最高法院的裁决进行)；日常问责(分权制中多少有所包含)。[1]詹姆斯·麦迪逊相信选举提供了"对于政府的基本制衡"，分权制("野心用来抵制野心")及"辅助的预防措施"应该解决剩余的问题。[2]

确实有些时候，总统们滥用权力或者有腐败行为。但即便是在滥用权力的水门事件和伊朗门事件中，总统受到了自由新闻、独立国会、独立司法和觉醒公众(有些姗姗来迟)的抗衡而被制止。

我们可以问责总统,但他们能承担起相应的责任吗? 也就是说,他们能聚集足够的权力进行统治吗? 提高责任心并授权给领袖的一种方式就是加强美国的政党体制。我们的政党,至少按照欧洲标准,是相对弱势、散漫无纪律并且没有意识形态的。一个更为强大的政党体制可以组织并动员公民和政府,消除分权制的裂痕,减缓我们公民的分化。如果我们的政党更加守纪并富有纲领性,政府推进它的项目的能力无疑会得到加强。

一个更为负责的政党体制可以为总统们夯实基础,形成一个更倾向于达成一致的领导风格,并因此消除近期总统们经常尝试要达到的独立而又互不关联的领导风格。一个更为有活力的政党体制可以帮助总统和国会联合形成一种更为配合的关系。[3]

所有的总统都努力取得成功,但"成功"到底意味着什么? 极受公众欢迎? 有良好的历史声誉? 完成你的政策目标? 在国会中取得不错的成绩? 如你所愿?

如果成功仅仅依据是否如你所愿来衡量,那诸多的强势可以被判定为成功。但成功不仅仅意味着一个人得到了他想得到的东西。判定成功与否,我们必须时常问一下"权力是为何目的而生",因为脱离目的的权力是一种潜在的危险,是民主所不欢迎的。

总统政治应该总是事关核心问题及价值。竞选入主白宫并因此寻求权力影响数以百万计美国人生活的候选人应该这样做,因为他们拥有建立一个更美好、更公正的美国的愿景。如果不是这样,那些只为自己利益而寻求权力的候选人应该在选举中被揭露出来。

如果我们视政府为敌人,把政治看作一个肮脏的词汇,那我们的愤怒就变成了漠不关心,权力(但不是责任)从我们手中溜走。我们通常不把政治视为实现公众利益的一种方式,而是看作一种罪恶;我们视选举为两害相权择其轻;我们揣测我们的民主责任只有通过经常的投票来实现,要么就放弃政治。毫无意外,很多人完全放弃了政治。

这也就是为什么政治和选举如此重要。放弃政治的人实际上放弃了实现他们最为珍视的政策思想的可能性。放弃政治和政党的人实际上把事关自己生命的权力拱手让给了其他人。

在民主政治中,一位成功的总统追求并使用权力,不是为了达到自私的目的,也不是为了强化他的地位,而是为了帮助解决问题,帮助公民享受自由和福祉。

最出色的民主领袖就是导师,他们理解美国的诺言和使命,并教给我们所有人。他们驱动政府,寻求根植于国家价值观的一致性。他们呼吁公民释放最好的一面,尝试带领国家走向更为完美的方向。[4]

富兰克林·罗斯福指出：总统职位"很明显就是一个精神领袖的位置"。[5]因此，总统们可以把他们的办公室作为一个"一号讲坛"，充分发挥，来更好地唤起我们的本能并进行民主化的领导。正是通过政治和政府，20世纪进步的社会运动帮助我们前进以获得更大程度的种族和性别平等，设计政策使教育和机遇扩大到更为广泛的阶层中去，尝试保护和扩大公民的权利。这些"战争"远没有结束。作为一个国家，要真正地使所有公民都享受到自由和富有，我们还有很长的路要走。然而，这需要通过政治来实现——也仅能通过政治——我们才能有希望完成这些目标。如果我们希望我们的政治和政府成功，我们必须为公民们找到方法指引和鼓励负责任的总统领导人。

总统们可以并且也已经使用总统职位所带来的权力来促进美国的经济稳定及经济增长。罗斯福、威尔逊、肯尼迪、里根和克林顿都极力刺激经济，推动有利的贸易项目，这反过来也创造了就业和经济安全。总统们通常知道人们期望他们做什么作为经济发展的催化剂。然而，事实再次呈现：他们可能对于积极参与政治进程及政党政治的那些人的渴望和游说做出响应。

权力服务的目的很重要。但按照总统的含义来说，仅有美德并不够。一个成功的总统必须具有品格及能力。没有能力（诸如资源、技巧和权力）的品格给我们的是高尚但无效的领袖；但没有品格的能力可能导致蛊惑人心的政客组成的政府。

以民主精神进行领导的总统可以鼓励领导人，培育公民责任，鼓励其他人在他们的社区之中负担起领导的责任。民主的领袖会勾画出一个目的性明确的愿景，追求进步的目标、质疑、挑战、许诺及教育公民们。

美国需要一个强大的总统，一个民主控制的总统，这反过来也让一种强大的公民文化成为必须。[6]政治理论家本杰明·R. 巴伯（Benjamin R. Barber）提及在寻找这样一个总统的过程中所固有的一个挑战：

> 民主理论的核心存在着一个长久以来的困境，这种困境至少从18世纪以来就折磨着民主的实践。民主不但要求高效的领导，还要求充满活力的公民权，但领导的条件和结果似乎经常削弱公民的活力。虽然两者都渴望民主，但它通常要么适应强大的领导，要么适应强大的公民。绝大部分时间，依据在大范围社会内的代表工具，民主在西方体现的是强大的领导和因此而较弱的公民。[7]

美国总统制在分权制内运行，这种分权制内部很多不同的团体对于他们自己的主张互相竞争。由不同价值观及财富和机会分配导致的较大的社会冲突形成了政府及超政府权力中心，总统在这种权力中心中挣扎前行。结果就是，总统制成为这样一个地方：几乎不会做出极端的决定；国内政策的绝大部分就是对于过去的实践进行探索性的、补偿性的或者是实验性的修饰。

毫无疑问，人们通常期望对于总统行动的自由进行限定。当今仍然还在发挥作用的诸多的相互制衡都是制宪者们当初的谨慎设计。在一些措施中，总统应该就是他们的活动目标、政党和所宣布计划的代理人。绝大部分时候，他们应该对美国人民中的多数所持有的观点做出反应。总统的行为应该由《宪法》、现存的法律及通常理解的——虽然较为模糊——界定民主程序的价值来指引。在选举活动中列明的政党项目允许公众对于政策的制定通过选举过程进行一定程度的控制，那么这种想法就是一种需要被复兴的制动机制，而这种制动机制也是我们所需要的。其他限制总统自由裁量权的制动机制可能被视为是肯定的或者否定的，这取决于个人的政治和经济观点。而由官僚主义及特殊利益对总统形成的遏制，如果不是明确的，那就是一种含蓄的问责，即便这种问责不是我们所确切需要的、针对权力滥用的首要的《宪法》保护措施。

美国政治制度设计得谨慎，以免增加特殊利益否决影响它们自身政策的机会。虽然不同的经济和职业精英并不像权力精英学校所建议的那样紧密团结及无所不能，但富有的利益团体无疑持有对他们有利的政府特权，以便使其朝着自己的业务和职业目标前进。虽然在危机时期，使特殊利益服从于国家的福祉是极大的诱因，但这种危机时期对于总统也是奢侈品。在通常情况下，一张精心设计的势力与约束力的大网也可以挫败总统的目标，特别是在国内政策领域。

在公共政策某一个具体的舞台上，精英利益团体的一致或者是冲突的程度决定了一位总统成功的余地。如果某一职业或行业的政策精英在某一具体的问题上有广泛共识，那么总统要执行一个相反的见解将会非常困难。偶然的例外，诸如医保、机动车安全工具及反污染立法等都不具有说服力，因为这些存疑的职业或行业几乎不会损失多少，并且这些项目的成本在绝大多数情况下通过某种方式转嫁给了消费者或纳税人。然而，如果在广泛的或程序性事件上产生分裂或异议，总统可以有其独立的影响力；虽然在那时，总统影响的范围和类型会由这些精英利益团体的冲突特点决定。因此，约翰逊努力创建模板城市以此来展示社会规划和物质规划如何可以创造高雅及适合居住的城市，而这很快受到来自房屋建筑商、发展商及不动产协会、大城市市长和其他拥有战略性位置的利益团体的压力。与其相似，尽管卡特在环境方面的快速行动获得了公众的广泛支持，但他的环保建议很快就受到以下团体观点的影响：机动车生产商与受到严格标准及快速执行这些标准潜在影响的工会。更为近期的例子是，克林顿总统进行医保改革的尝试遭到来自保险公司和医疗护理提供者的猛烈反对，他们感觉受到了克林顿所倡导的改革带来的威胁。他们能够动员国会和公众，阻止克林顿的建议生效成为法律。有些时候，政策精英们达成的一致可能是总统承诺的产物；但反过来，更为可能的状况是，总统的承诺是政策精英们达成一致的产物。

向特别利益团体许下的事前承诺限制了计划的实行，束缚了总统聚焦于新问题的能力，导致总统消耗了自己的政治信誉。即便是抱有很高的期望，总统们可能发现他们自己仅仅是自己的政党放置在战略位置上的掮客，仅能以有限的方式来影响现存的拨款或补贴的模式。

每一个拨款项目都给某一个特别的团体带来具体的收益。自罗斯福新政以来，参与联邦援助项目增长的几乎任何一个团体都具有占有欲强的特点。依据利益团体的规则，非团体都被排除在绝大部分政策制定的局势之外。实际上，利益团体几乎不会把促进公众的利益作为自己的目标，也几乎不会发展让所有人都受益的项目。同时，公正的标准及对法律的尊重在这些强大的利益团体之间非正式及实际上封建领地式的谈判中遭到破坏，而这些利益团体可以依据它们的优势与获益来调整法律。

作为结果，政府的三个分支及官僚机构仔细聆听并通常屈服于以下不同社会阶层的观点：能够代表他们自己的阶层，能够形成这些分支机构特点的阶层及能够准确提供促使制度前行的信息和论据的阶层。因此，诸多穿着考究的利益团体在同一个真正进步的总统的竞争中继续享受这种特殊的优势。

几乎可以肯定，国家的创始人们很乐意看到相互制衡的制度如何挫败行政机构的暴政。但他们可能对于总统跟国会之间这种经常僵化的关系特点不太满意。

政治科学家伯特·罗可曼（Bert Rockman）在《领袖问题》（*The Leadership Question*）中问道："领导力如何得以发挥而又受到约束？"这个问题困扰着我们国家的创始人，当今仍然给我们制造麻烦。政治僵局成为普遍现实。总统制破碎了吗？总统制需要完善吗？将来的改革者必须小心翼翼保证改革不会成为畸形。

分权制模式是问题所在吗？分权制制造了僵局和停滞不前吗？如果你是总统，你肯定认为有些时候总统制看起来是如此的。伍德罗·威尔逊认为分权制制造了逃避责任和义务的巨大政治漏洞。在入主白宫很久之前的 1884 年他这样写道：

> 权力和使用权力所带来的严格责任是一个良好政府的基本组成部分……因此，我们的联邦机制把权力分块并跟责任混淆很明显是一个根本的瑕疵。而 1787 年制宪会议的主要目的看起来就是完成这个严重的错误……如果把参加这个精彩大会的人员再次召集在一起……他们会首先承认分权制的唯一结果就是使得此制度不可靠。[9]

再三考虑，我们也会看到分权、共享及权力重叠的积极意义。像我们做的一样，如果一个人重视深思熟虑、讨论和辩论；如果我们接受建立在一致及合作基础之上的民主管理，那么改革的议程将会缩短。但是有的人认为分权制导致了困境和僵局。

尾注

1. Theodore C. Sorenen, *Watchmen in the Night* (Cambridge, Mass.：MIT Press，1975).

2. James Madison, *The Federalist Papers*, No. 51. (Modern Library，1937).

3. Sidney M. Milkis, *The President and the Parties* (New York：Oxford University Press，1993).

4. Bruce Miroff, *Icon of Democracy* (New York：Basic Books，1993)，chap. 1.

5. James M. Burns, *Roosevelt：The Lion and the Fox* (San Diego：A Harvest/HJB Book，1956，renewed 1984)，p. 151.

6. Benjamin Barber, *Strong Democracy：Participatory Politics for a New Age* (Berkeley：University of California Press，1984).

7. Benjamin R. Barber, "Neither Leaders Nor Followers：Citizenship under Strong Democracy," in Michael R. Beschloss and Thomas E. Cronin, eds. , *Essays in Honor of James MacGregor Burns* (Englewood Cliffs，NJ：Prentice Hall，1989)，p. 117.

8. Bert Rockman, *The Leadership Question* (New York：Praeger，1984)，p. 221.

9. 引用见 Larry Berman, *The New American Presidency* (Boston：Little，Brown，1987)，p. 344.

文献 41　总统性格及判断力：奥巴马的阿富汗及医保决策

史蒂芬·J.韦恩

性格至关重要。不可避免的是,总统们也要做他们自己。他们的性格塑造他们的信念及行为,并形成他们与其他人的关系。性格不是影响他们进行思考、表述语言、做出决定及相互作用的唯一因素。但相比较而言,性格的影响持续存在,并几乎总是与上述行为相关。获胜的总统候选人在入主白宫后并不摒弃他们的品格。他们在过去所展示的特点影响他们现在的行为,也预示了他们将来的思想和行动。这也就解释了研究总统的性格及性格的衍生物、信念和风格为何如此重要。

总统职位权力的增长、总统决策的达成及行动和他可能对全世界所带来的影响使以下研究成为必要:总统性格及这种性格可能并确实影响政策制定及执行的方式。然而,问题是现代政治科学研究的目标和这种研究所采用的量化分析模式并不很适合检验复杂的甚或是特殊的案例研究,特别是这样的一些案例:总统的品格特点是从可观察的行为中推断出来,然后用来解释某些特定的结果并以此预测在其他类似的状况下可能出现的结果。

总统性格在总统决策及行动中可能扮演更为重大角色的通常是那些最为重要并颇具有争议性的决定和行动;这些决定和行动倾向于最为复杂并具有相互影响的变量,并对最终的决策形成潜在的影响。总统的性格、外部环境、具体的境况及做出决策的时间框架也需要考虑在内。要鉴别出所有的这些变量很困难,但要识别出它们对于决策的单独及集体的影响却没有如此困难。

但政治科学家并不满足于仅仅理解单个的决策。他们想就一位总统或者总统们如何做出决定提供更为广泛的解释,他们还想就将来的决策作出预测。为达到这个目标,他们需要进行概括。单个案例的研究并不能为概括化提供基础。案例的对比研究是必要的。为辅助对比研究,必须剔除特殊的细节。但当细节被剔除时,如果这些无论是独立的抑或是集体的因素影响到最终的结果,那么对比性案例就缺少外部有效性。当社会科学家在设计他们的研究项目时,外部有效性与可比较性就是他们所必须做出的交换。他们包含的细节越多,研究案例越能反映真实的世界,但从一个决定或行为概括另一个决定或行为就会越发困难。

然而,这种说法忽视了性格对判断力和执行力的影响,因为政治科学学科发现

来源:Presidential Studies Quarterly, Volume 41, Issue 2(June 1,2011):291-306. © 2011 John Wiley and Sons. 经 John Wiley and Sons 授权使用。

完全不顾传统智慧的研究是困难的，而传统智慧使人们能够并确实影响他们做出的决定及采取的行动。这种说法还忽视了心理学文献的一个主体，这个主体假定了建立在以下基础之上的品格理论：临床观察、实验设计、心理测量措施、社会互动、团体领导力及环境影响对个人与团体行为的影响。最后，它还忽视了一个较新的研究领域，在此领域中，意见形成与政治活动的遗传构成被识别出来并加以衡量。

然而，有关性格的研究同样存在研究上的问题。问题之一来自对于可观察行为的心理推理。诸如此类的推理，即便是建立在心理理论之上，也不可避免地具有臆断性。另一个困难来自对执行力产生影响的具体心理事实的详述。如果条件和环境变量不在考虑之列或者不恒定，结果可能不同，即便是做出决定或采取行动的人的性格没有产生变化。性格跟其他的因素相比更为稳定，但它本身也可能是一个变量。无论如何，变量的流动使每一个案例的结论跟其他不同。第三个问题是从属于还原论的一种谬论，这种理论把心理因素作为唯一的因素来做出解释。简而言之，研究者们必须谨慎地得出结论，并谨慎使用这些结论来生成用于进一步测试的假设。

在本文中，我分析了形成奥巴马政治信念及政治决策的性格的各个方面。我的研究目标是弄清奥巴马的这些政治信念和他的行事风格如何影响他做出判断：增派 3 万名美军到阿富汗；在民主党丢掉参议院多数党席位（60 个席位）后，决定继续推行全面的医保改革。下一节将讨论性格、信念与行事风格的关系。然后，我将分析总统做出的决策本身及总统制定决策的风格，解释奥巴马的事前声明、信念及奥巴马做出判断期间的公众观点。在最后的结论中，我将简要讨论奥巴马在其总统职位的前两年，其性格影响他在做出上述两个重要决策中的相似性及差异性。

何为性格？

詹姆斯·大卫·巴伯（James David Barber）在其著作《总统性格》（*Presidential Character*）一书中这样定义性格：对生活的一种基本取向，人们如何看待他们自己（1972，5）。性格建立在自省和无意识感情的基础之上，是在个人经历中发展形成的。这种经历影响认知、思考及判断力。这种经历也与倾向性有关：是坚持自己的判断还是依据公众的接受度、新的证据或者变化中的条件来改变自己的判断。

斯坦利·任逊（Stanley Renshon）认为性格是"个性结构发展和执行的根本源泉"（1998，184）。他认为性格形成了对信息的处理、决定的做出以及由这些决定而产生的行动。

个人的经历形成性格，同时也影响个人信念。当人们开始认识周围的世界并努力去理解它的时候，人们形成观点，而这些观点框定人们的倾向，并借此做出判断。人们的观点及信念也会形成他们对于现实的理解；这些理解对决定的做出提供指引。

总统候选人竭尽全力传播他们的信念及把这些信念融合在一起的体制。在此过程中，他们创建人们对于他们将来执政后的决策及行动的期望。罗纳德·里根和乔治·W.布什在他们的总统任期内始终受他们保守观点的指引。他们知道他们所信仰的，并且绝大部分时候对于这些信念或者这些信念所存在的设想毫不怀疑。相比较而言，克林顿和奥巴马并非如此坚定不移，也不具有如此的意识。他们对于对抗性观察结果及建议更为开放，他们更喜欢探讨，他们更深入地参与到决策制定的过程中，他们对于自己的判断更加细致入微。他们对于自己解决复杂问题的能力看起来比里根或布什更为自信，但在某些时候，比起共和党的前任们，他们又好像不是很果断。

风格、性格的又一个衍生物，就是我们做事情的方式：我们同其他人如何互动以及我们做出、执行及交流意见的方式。个人的行事风格就是他的行为模式，用来反映一个人最令人喜爱的特性，同时隐藏最不被人喜爱的特性。它是保护和提高一个人自我形象的一种工具。

依据巴伯的观点，一个人的政治风格是他在自己取得首次政治成功的过程中发展形成的。这种风格发挥作用以便完成一个特定的目标，并且将来会被继续使用直到失去作用或看起来不再合适。奥巴马在其总统任期的前 15 个月中倾向于把自己政策目标的细节分享给国会，这使他所希望反映的领袖形象及寻求完成的政策目标黯然失色。他很快发现，要看起来是自己说了算，那自己必须先说了算。

总统们面临的挑战就是要展示自己的个人品质帮助他们当选，同时要能从工作中学习并相应地调整自己的行为。这并不容易。如果总统们发现他们的信条需要调整，他们的行为方式需要变化，他们必须以不削弱他们自己信誉、诚信及性格力量的方式进行。

总统顾问们有时尝试重塑总统的形象，例如新的理查德·M.尼克松的形象和旧有的尼克松形象。但他们并不能改变总统的性格，这也就是为什么改变总统形象的游戏通常失败。总统们也不会寻求专业疗法以消除他们自己的剧痛或者矫正他们不受欢迎的政策及行为。

底线就是性格、信念和行为相对稳定。它们是多年经历与发展的结果。按照巴伯的话来说，它们就是"生活在一个人的人生中所刻画的东西"（Barber，1972，8）。

奥巴马增兵阿富汗的决策

一位民主党总统，他一直以来反对在伊拉克的战争，包括布什在 2006 年的增兵；他的政党基础变得越来越反战；他召集的顾问团队开始时在做什么和怎么做的问题上存在分歧。而对于美国来说，阿富汗只具备有限的战略重要性、少得可怜的可出口资源及按照美国的标准，一个软弱又腐败的政府。谁会预料到这样的一位总统会两次扩大在阿富汗耗费金钱的军事行动？答案是，任何研究了奥巴马在大选前、大选中及大选后所发布的公告，研究了他确立及维护一个强大领袖形象的决心，并研究了他仔细全面的决策制定过程的人都不会对他的决策感到惊讶。然而，他们可能感到惊讶的是，奥巴马作为一个参与式民主的提倡者，会无视他的选举支持者的观点和感受。

信念与政策立场

奥巴马在选举之前及当政期间的声明重申了在阿富汗战胜塔利班和基地组织的必要：

2002 年 10 月 2 日："我并不反对所有的战争。我反对的是愚蠢的战争。我反对的是鲁莽的战争。布什总统，你想要一场战争吗？让我们通过以下方式结束同本·拉登及基地组织的战争：有效及协同的情报，关闭支持恐怖主义的金融网络，比颜色预警系统更为丰富的国土安全项目。"[1]

2007 年 8 月 1 日："我们在阿富汗没有完成打击基地组织的任务。我们没有拓展新的能力来打败新的敌人，我们没有发动一项全面的战略来使恐怖主义的支持基地枯竭。我们没有重申我们的基本价值观，没有保护我们国土的安全。是到了翻过这一页的时候了。在我当选总统的时候，我们要通过一项全面的战略发动一场必胜的战争……从伊拉克抽出身，回到阿富汗和巴基斯坦的正确战场上来。"

2008 年 7 月 15 日："作为总统，我会致力于一项强硬、聪明及有原则的国家安全战略——此项战略认识到不仅仅在伊拉克有我们的利益，在坎大哈和卡拉奇也有我们的利益……我会把此项战略聚焦于……负责任地结束在伊拉克的战争；同时，结束打击基地组织和塔利班的战争。"

2008 年 10 月 22 日："是时候听从麦基尔南和其他将军要求增兵的呼吁了。这就是我为什么会增派至少两个或三个战斗旅到阿富汗的原因。我们还需要对阿富汗安全部队进行更多的训练，需要更多的非军事援助帮助阿富汗开发罂粟种植的替代品，需要更多的安全措施来预防腐败，需要全新的努力来打击跨境的恐怖主义。只有把阿富汗问题和打击基地组织的战争放到优先位置，一项全面战略才会获得成功，而这就是我要带给白宫的改变。"

2009 年 2 月 17 日："塔利班在阿富汗死灰复燃，基地组织支持叛乱，并从巴基斯坦边界的安全避难所威胁美国。为适应这些紧急的安全需要，我通过了国防部长盖茨的申请,在今年春天的晚些时候部署一个海军陆战队远征旅,并部署一个陆军斯特里克旅及必要的补给部队来支持他们。"

公众观点

对于在阿富汗要采取行动的最佳方案,美国人意见不一。他们都认为美国的军事行动不是一个错误(Gallup Poll,2010a),但就麦克里斯特尔将军增派4万军队的要求将带来的利弊上产生分歧。在总统决定是否增派军队之前,不到50%的民众指出他们支持增加军队的数量。跟共和党和无党派人士相比,总统民主党的党派基础更不支持增兵。对于4万增兵计划,65%的共和党和36%的独立派支持,而民主党只有17%的支持(Newport,2009)。

自己的政党反对,美国公众观点分歧,国家还处在水深火热的经济衰退之中,政府为帮规模大而不能倒闭的公司渡过难关及稳定和刺激经济,已经投入1.5万亿美元资金,奥巴马入主白宫不到一年,他为什么同意一项可能耗费几十亿甚或几万亿美元的增兵政策?[2]而这项政策可能增加美军的伤亡人数,使军事行动时间进一步延长,而在美国国内恐怖主义威胁级别并没有明显提高?

此问题的部分答案跟奥巴马由来已久的信念有关:他认为跟伊拉克相比,阿富汗藏匿了对于美国安全更大的威胁。一部分答案也在于他外延的决策制定过程及由他所倡导的在国家安全顾问内部达成的一致。[3]

决策制定风格

奥巴马是一个相信协商过程的人。在《无谓的希望》一书中,他写道:"以此种方式做出的决策,无论在实质上还是政治上都更为优秀(Obama,2006,92-96)。以集体方式达成的决策筑成了对此决策本身的支持,不仅仅在顾问团体之内,在顾问团体之外也是这样。"

奥巴马也是一个努力寻求一致的人。他的风格就是召集政策专家;倾听他们的心声;鼓励争论;提出大量细节性的问题;使讨论朝向决议的方向发展。虽然他喜欢"把此过程干净利落地完成"(Zeleny and Rutenberg,2008),他并不草率做出最终的判断。[4]

有关阿富汗的战略性会议在2009年9月晚些时候开始,一直延续到当年的12月初。会议有10次会期,持续时间超过了25小时。会议充满争吵及散乱的争论。副总统拜登、白宫办公室主任伊曼纽尔及总统竞选顾问中被任命到当局国家安全高级职位的几个人对扩大战争忧心忡忡,他们害怕美国像越南战争和伊拉克战争一样陷入另一个沼泽。他们的观点也反映了很多民主党人的担忧。国防部长盖茨、国务卿希拉里·克林顿及那些相信增派军队对于成功开展打击叛军的军事行动非常必要的军事指挥官们则想要采取一个更具侵略性的军事立场。虽然总统对于扩大美国在阿富汗的参与度持怀疑态度,但也排除了撤军的可能。奥巴马先前批准了在其任期的第一个月派遣 17 000 名新的军队到阿富汗的要求,并在几周之后增派了 4 000 名的训练人员。现在,指挥官们要求派更多的人,并且他们提出要求的方式看起来像在强总统所难。

五角大楼指派斯坦利·麦克里斯特尔将军代替先前在阿富汗的指挥官大卫·麦基尔南将军。麦克里斯特尔将军的报告被有意泄露给了《华盛顿邮报》的鲍勃·伍德沃德(Bob Woodward)。白宫怀疑泄露的目的就是给总统施加压力增派 4 万军队,以满足麦克里斯特尔将军所说的:他需要这些军队来完成打败塔利班的战略目标。奥巴马颇为恼火。他相信军方正在"拼尽全力使事情朝着他们所期望的方向发展"(Woodward,2010,280,195)。[5]

在《奥巴马的战争》(Obam's Wars)一书中,伍德沃德按照时间记录了会议上的讨论及促成这些讨论的多样化的观点。总统也是一个积极的参与者。"我可能比通常更多地参与了此讨论的过程。"奥巴马这样告诉伍德沃德(2010,279)。《纽约时报》的彼得·贝克(Peter Baker)这样报道:"奥巴马先生带有火药味地对自己的顾问、税务分析师及五角大楼的雇员提出诸多的问题,并且对于信息的索取展现出难以满足的样子,而税务分析师们给他准备了 36 份情报报告,五角大楼的雇员也抽出了几千页的档案(Baker 2009)。"

但总统也意识到他的选择十分有限。美国及盟军清除了塔利班的权力进而把伊拉克转为军事优先考虑之后,塔利班取得诸多进展。地面情况的恶化显示需要更多的人力和物力来扭转塔利班所获得的优势。

奥巴马还有另一个目标。他想表明无论在理论上还是实践中他都是武装部队总司令。他相信他的前任们对于军方太过顺从(Alter,2010,379)。缺少军事经验,奥巴马意识到他要依靠拥有军事经验的这些人,但他又不想被这些人利用。他感到自己需要强势起来。

最终,总统接受增派 4 万军队的建议,但他为此设置了限制:美国将派出 3 万人,剩余的要从美国的北约盟军中出,此项战略受到了更多限定。奥巴马放弃了打败塔利班这样一个宽泛的目标,他把目标重新定义为使这个组织降级并说服塔利班的一些领导者加入或者支持阿富汗政府,[6]并着手实施一项撤军战略,如果地面情况扭转预势,预计 2011 年 7 月开始减少美国的军队数量。最后,总统要求在 1 年之内的 2010 年 12 月对此战争及战争内的美军军事行动进行重估。伍德沃德报告称,总统亲自在长达 6 页、单倍行距的命令中明确说明了这些战略目标(2010,315)。

决策制定过程的最后一步就是保证参与决策形成过程的每一个人的支持,并保证参与执行此计划的每一个人的支持。奥巴马告诉他们:"对于我们要做的事情，如果你们有任何个人的担忧或者任何职业的疑虑，请现在就告诉我，因为我需要听到它。如果你们认为这不是正确的方法，现在就说出来（Woodward，2010，326）。"但奥巴马也很快就限定了军事方面的选择，"唯一可替代的方案就是派遣军事训练员"，1 万人到 1.1 万人，而这个备选方案在军方看来是最为危险、最不可能成功的方案（Woodward，2010，326）。

奥巴马为达成一致所遵从的价值观解释了他为什么在 2009 年 12 月 1 日在西点发表电视讲话公开宣布他的政策之前，要确认每一个参与者都同意他的最终战略决策。按照他一个顾问的话说，"奥巴马认为所有人可以并且应该支持他的战略（Kornblut，Wilson，and De Young，2009）。"总统想使自己免于军方进一步的批评、阐述及更多的派军要求。他正在划出一条底线。

这项新的战略同奥巴马先前有关战争的声明保持一致。虽然不是受公众观点的驱使，这项战略同公众观点并不相左。无论如何，奥巴马还必须说服反战的民主党人：他的政策是有道理、合适的，但同时有充分的限制。就总统决策的后果进行的民调显示，民主党和共和党的绝大多数都支持这项新的政策，并且这种情况会持续到接下来的几个月。[7]

最终，决策是奥巴马更喜欢的一种风格的产物：一开始内容宽泛，经过进一步组织，最终在他的政策顾问中达成一致。这反映了他实用主义而非理想化的观点；还反映了他用大脑来决策的倾向，而不是用情绪或直觉来决策。如果说有任何感情，那就是总统在西点发表演讲时所表达的及他造访多佛空军基地迎接阵亡美军遗骸回国时所表达的感情。在飞回华盛顿的一大早，他只字未吐（Woodward，2010，255－256）。

简而言之，奥巴马的阿富汗决策与其性格相符，也同他的信念及做事风格相一致。这是一项理性的判断，是他自己的决定，国会的角色有限。但这同时还展示了他的韧性、他拒绝被催促及被欺凌、当他感觉到他的政治声望及权威被别人挑战时，他坚决维护。

除了性格，影响总统决定的因素还包括：他收到的情报信息、过往及当下美国政策的承诺、公众对总统工作接受率的下降及事关政策辩论本身的实质等。虽然总统的决策有可能不可预知，即便是总统选举人支持的基础发生反转，总统个人因素、先前的信念、掌权的需要及对于达成一致的渴望都帮助解释了决策的形成。

2010 年 1 月继续医保改革的决定

奥巴马即便是在开始他的总统选举之前，医保已经是他的一个主要的优先事项。但在他成为总统力图实现这个目标的过程中有两个关键点，在此关键点中重大的障碍危及这个目标，使其脱离正轨：第一个是严重的经济衰退及政府为稳定和刺激经济而花费的巨额资金,第二个是在 2010 年 1 月在马萨诸塞州的特别选举中民主党丢掉了 60 票而导致其丢掉了议案不受阻的参议院多数席位。这两个障碍中的任何一个都足够强大,以至于促使实用主义的奥巴马修改、推迟或者放弃他医保改革的动议。但奥巴马选择坚持改革,即便是共和党一致反对;保守激进主义分子愤怒示威;在此问题上,美国公众产生分歧,他们绝大多数并不把医保改革视为一场危机,但公众对大规模的政府项目及日益增长的预算赤字持怀疑态度。

公众对政府的信任也在下降。按照盖洛普民调数据,在 1993 年和 2010 年,当涉及国家医保改革的时候,民众对政府的不信任达到最高点。只有 19% 的人相信,他们能够信任"华府总是或者绝大部分时间做出正确的事情"(Gallup Poll, 2010c)。

面对参众两院颁布一系列的议案,面对一个机构对其他机构的政策形成怀疑不定,面对政治气候对民主党变得越来越不友好及奥巴马工作的支持率降低到 50% 之下,为什么总统仍然坚持继续这样的一个改革动议,而使自己的政治资本及领袖形象面临进一步流失的风险呢?

上述问题在以下研究中得到回答。此案例研究观察奥巴马的性格和政治目标如何综合影响形成他的决策,以便持续改革进程、增加他的幕后活动并最终使此项立法获得通过。

信念和公众立场

奥巴马相信政府必须帮助那些不能帮助自己的人,必须帮助那些几乎没有其他选择的人。在《无谓的希望》一书中,奥巴马这样写道:"我对于持续倾向于富有及有权势的人而不是普通美国人的政策非常生气,我坚信在为所有人提供机会这个问题上,政府应该扮演一个重要的角色(Obama, 2006, 10)。"他还主张:医保是一种权利,不是一项特权——因此,把这项权利覆盖到所有人是政府的义务。[8]

奥巴马寻求的医保改革开始于伊利诺伊州的州立法律,并延续到美国参议院。在其总统竞选期间,他承诺在确切的期限内进行医保改革。在总统任期的第一年,医保改革始终是他政府工作的优先事项。[9]虽然他对于政府作为促进平等机会的力量的强调在减弱,虽然对于那些没有保险的人他不再提及政府作为一个选项,但奥巴马继续倡导医保改革,并使用更多的平民主义的语言。为表达自己的观点,他提及保险行业特殊利益与公众利益的冲突、高额的保费及保险覆盖的失效。同时,在国会预算办公室指明参众两院不同的计划会产生的资金节约金额后,削减赤字也变为一个首要的议题。在整个辩论期间,总统重申了他的目标:扩大保险覆盖面、减少成本并约束保险公司依据先决条件来排除一些人获得保险的自由裁量权。奥巴马的声明展示了他重心的转移,但并没有改变他的目标或决心。

2007 年 1 月 25 日："在 2007 年 1 月的这个上午,在杜鲁门总统发布对于全国医疗保险的倡议 60 多年之后,我们发现我们自己正处在医保事务的一个历史性节点之中。联邦政府应该为此指引道路。"

2008 年 1 月 21 日："问题不是人们在尽力地回避医保,而是人们付不起医保的费用。我的计划强调的就是降低保险成本。设置一个政府计划,以便于那些没有保险的人可以买上保险并得到一定的补助（Congressional Black Caucus, 2008）。"

2008 年 8 月 28 日："我的核心信念就是人们急切地需要保险覆盖,而我的计划提供了这些相同的补助。如果我们提供给他们这些补助,他们拥有良好的、有质量的及伸手可得的医保,那么他们就会购买这种保险。现在就是兑现我们的最终诺言,使每一个美国人都可以买得起、用得上医保的时候了。"

2009 年 7 月 14 日："几十年来,医保成本一再上涨,压垮公司及家庭,使政府背负不可持续的负担,而华盛顿也没有采取成功的行动。但今天,众议院的关键委员会已经参与了一项史无前例的合作,以便生成一项医保改革的建议,而这项建议将会降低成本,给病人提供更好的治疗,并保证保险行业给予消费者公平的待遇。"

2010 年 9 月 9 日："给医保体制带来麻烦的并不仅仅是没有保险的那些人的问题。那些确实拥有保险的人从没有像今天一样缺乏安全感和稳定感。越来越多的美国人担心,如果你搬迁、丢掉工作或换了工作,你也将丢掉你的医保。越来越多的美国人为他们的保单买单,但在他们生病的时候却发现他们的保险公司不再为他们担负保险,或者不会赔付全额医疗费用。"

2009 年 12 月 24 日："如果得以通过,这将会是 20 世纪 30 年代《社会安全法》以来最为重要的一项社会政策,并且也是 20 世纪 60 年代《医保法》通过以来,我们的医疗体制最为重要的改革。使这项改革如此重要的不仅仅是它的成本节约或者赤字削减,而是这项改革对于美国人的影响:当他们需要体检或者处方的时候,他们不再因为买不起保险而离去;对于家庭,他们不再担心生一次病就可能让他们倾家荡产;对于公司,他们不再面对要价过高的保险缴纳比例而被束缚了竞争力。"

2010 年 3 月 22 日："今天的投票回应了所有美国人的祈祷,我们深切地期望为保险公司服务而不是为普通美国人服务的医保制度应该有所改变了。如果你有医保,这个改革会通过这个国家所从未有过的最为强硬的消费者保护而给予你更多的控制权,阻止最糟糕的保险准入及保险行业的滥用——为的是你真正得到你已经为此买单的东西。"

2010 年 3 月 25 日："3 年前,我来到这个校园（艾奥瓦大学）做出一项承诺。那是我们的竞选刚开始的几个月……我承诺在我第一任期结束的时候，我将会签署法律对我们的医保体制进行改革。在星期二，在经历一年的辩论及一个世纪的努力后，在你们中的很多人分享了你们的故事、你们所头痛的事情及你们的希望后，这项承诺最终变为现实"。

公众观点

2009 年 6 月市民大会上愤怒的抗议引起全国媒体注意的时候，总统失去了对于医保改革辩论的控制。"茶党"运动进一步推动了对于政府干涉私人及家庭事务的控诉，而"茶党"就是对于庞大、昂贵及侵略性政府项目不满的那些人的松散联盟。在此期间，因为国内和国外的其他问题占据主角，需要总统处理，总统无法使自己的工作重心聚焦于医保改革上面。更为重要的是，国会议员之间甚至在民主党多数派内部拖沓的公共谈判表现出的是异议而不是一致。这使得总统的领袖形象黯然失色，并降低了公众对于国会正在考虑的诸多立法建议的支持度。

对政策变化的支持让位给了怀疑主义。当奥巴马入主白宫的时候，64％的人相信让所有美国人拥有医保是政府的责任，33％的人不相信(Gallup Poll，2010b)。到 2010 年 3 月医保改革投票的时候，认为这是政府义务的人降为 50％，持相反意见的人为 47％(Gallup Poll，2010b)。在众议院投票决定是否接受参议院法案然后通过和解程序制定修正条款之前的一个周，反对奥巴马计划的人(48％)略多于支持的人(45％，Jones，2010)；在投票通过立法之后，认为这是一项好法案的人提高到 49％，但仍有 40％的认为这不是一项好的法案(Saad，2010a)。然而，一周之后，公众反应变得更为消极，并在 2010 年的中期选举中维持了这种状态(Newport，2010)。一句话，公众对此持分裂态度，对政府付出的努力持反对态度的人比支持的人要稍微多一些。

并且，两党所持观点继续保持极度分化，81％的民主党支持此项立法，86％的共和党反对，独立选民持否定态度的占 54％，持肯定态度的占 43％(Saad，2010b)。总体来说，那些没有医保的人、年轻人和社会中较贫穷的人更为支持此立法；那些拥有私人保险或拥有医保的人更为反对此立法。奥巴马除了他的党派基础之外，很明显并没有得到公众支持迅速高涨的回应。

民主党显然相信：如果某个行动最多只能获得不温不火的支持，那没有比这更有害的行动了。民主党的这种判断毫无疑问是基于他们在 1994 年克林顿的医疗保险建议在国会被枪毙之后得到的经验，其结果就是民主党失去了对国会参众两院的控制。同时奥巴马政府认为，一旦医保改革法案颁布，人民会从立法中受益。那作为结果，人民就会变得更加支持此项改革。而共和党，深受他们党派团体基础强烈反对的影响，相信无论立法通过与否，民主党都会失败。而民主党在

2010 年的中期选举中确实失败了。

决策制定风格

2010 年 1 月 19 日晚上，在新闻媒体报道马萨诸塞州选举的真实结果之前，奥巴马总统同众议院议长南希·佩洛西(Nancy Pelosi)和参议院多数党领袖哈里·瑞德(Harry Reid)在白宫会面。会谈的主题就是医保，或者更为精确地说，鉴于民主党在 2009 年的州长选举中遭受的政治上的失败及 2010 年 1 月马萨诸塞州参议院选举的失败，如何获得参众两院必要的妥协以便使此项立法生效。

佩洛西和瑞德在他们各自的议院已经构筑起多数的支持并通过了医保议案。然而，参众两院通过的医保议案差异巨大。总统备受挫败。不仅他的立法策略没有产生他所期望的结果，连民主党也对他的领导力提出质疑，特别是没有成功掌控权力并施加足够的立法影响来使议案生效成为法律。回顾过去，白宫逐渐意识到奥巴马赋予国会山太多的权力；现在，他的白宫办公室主任建议重开辩论，拯救参众两院所颁布的一揽子医保议案中奥巴马所能拯救的部分。总统决定，既然他如此靠近目标，他将不会放弃。在 1 月初的足球季后赛中，奥巴马告诉他的内阁，他正在球门线前，不会接受任意球(Cohn, 2010, 14)。

在 1 月底，奥巴马按计划要参加众议院共和党人在巴尔的摩举行的电视会议。在绝大部分议题上，总统在同他对手的辩论中表现颇佳。事实上如此之好，所以他计划安排 1 个月后召开两党医保白宫高峰电视会议，以使自己的动议保持活力。这个决定使国会中的民主党人颇为吃惊，因为他们在总统之前的两党尝试中几乎没有看到任何成功。

白宫辩论(在白宫对面的布莱尔宫举行)持续了 7 个小时，吸引了诸多媒体的注意。会议期间，虽然总统接受了大约 20 位共和党的建议，但他没有赢取任何共和党的转营。无论如何，总统再次获得激励。同时加利福尼亚圣歌蓝十字(保险公司)建议的支持率提升了接近 40％，也为奥巴马提供了一个具体的例证，奥巴马利用它来解释为什么医保体制的现状是不可接受的。

奥巴马受到他自己豪言壮语的激励，同时民调显示公众对于奥巴马的主张发生了情绪上的一些变化也激励了奥巴马。鉴于此，总统、国会领导及代表支持此项立法团体的说客——这些团体诸如工会、制药行业、美国退休者协会及"继续前进"民主团体等——开始做国会山的工作。他们找出了那些勉强并持观望态度的民主党人，增加了一项用于这些代表所在选区的 600 万美元的广告活动，他们还在"管理美国"这个组织的帮助下组织了一次扩大范围的尝试，而组织的管理者成立这个组织的目的就是帮助动员公众支持他的政策优先事项。他们接洽这些国会代表所在选区的有名望的个人，并要求他们致电这些国会成员，以便敦促他们支持此项立法(Zeleny, 2010)。

　　总统在上述白宫峰会后的一个月内同 64 位众议院议员会见或谈话。对于那些蓝狗民主党人（保守民主党人），奥巴马强调了国会预算委员会所说的此项立法可以产生的资金节约；对于那些自由主义者，奥巴马警告医保立法的失败会对他们其他政策优先事项带来政治上的负面影响，并对他们政党在 2010 年中期选举的命运带来不利(Stolberg, Zeleny and Hulse, 2010)。

　　在此活动中，奥巴马所获得的最重要的转营是来自丹尼斯·库辛尼奇(Dennis Kucinich,俄亥俄州民主党人)，一个自由派活动家，他对于参议院医保计划中政府方案的缺失不满。在乘坐空军一号从华盛顿特区到俄亥俄州克利夫兰的飞行中，奥巴马说服库辛尼奇支持此项立法。库辛尼奇的支持引领很多自由主义者加入到医保改革的潮流中。民主党人中的势头转向投票支持此项参议院议案，然后利用和解程序对议案进行修改，在此程序中仅仅需要一个简单的参议院多数就可以使议案颁布成为法律。而共和党对此无计可施，只能大喊违规并威胁在投票中进行报复。总统尽量消除这个威胁的影响：利用他的公众活动来给予民主党人政治上的掩护，并做出承诺在即将到来的国会选举中帮助他们。

　　奥巴马、他的支持者及众议院议长佩洛西从挫败中抓住了胜利。奥巴马个人也参与进来，虽然迟了一些。他的一些个人特质推动了这种参与。

　　当奥巴马把问题放在个人化层面来对待时，他会做出自己最大的努力。在医保改革上面，他就是这样做的：利用普通美国人的日常故事来给他自己、国会民主党人及大众清楚说明问题所在。善于分析及推理，奥巴马有时让自己的才智及非感情化的性格阻碍了他信息的情感感召力，结果就是人们经常难于把他和他的政策宣传区分开来。奥巴马清楚他的"哲学家国王"倾向，努力通过保持与公众的联系来弥补这个缺陷。他举行镇民大会倾听其他人的个人劳苦；他经常阅读收到的由他的通信助手挑选出的代表性信件。

　　奥巴马使用这些叙述中的故事来说明和详述他的信息。但这些故事中的一些对他也产生了影响，并渗透进他坚韧的性情中去。2010 年 1 月 8 日，奥巴马收到来自密歇根的一位名为詹妮弗·克莱因(Jennifer Cline)的年轻女士的信件，这位女士当初投票支持了他，经历了怀孕、失业，她患上了黑色素瘤及皮肤基底细胞癌。这封用三页纸写成的故事使奥巴马为之动容，触动了他内心的感情线并坚定了他的决心。他给这位女士回了信(Saslow, 2010)。

　　大卫·艾索洛(David Axelrod)讲述了一个类似的故事。2009 年夏天，他向总统表示进行医保改革看起来越来越没有把握。艾索洛说奥巴马转向他，并拍了拍他的肩膀回答道，他在威斯康星州碰到一位女士，她的医疗保险并没有把她的卵巢癌包括在内。"因此，你知道，我们要继续战斗(Axelrod, 2010)"。

　　奥巴马还把这个问题私人化。他回忆起他的母亲在寻求她的保险公司为她的癌症治疗买单时遇到的困难。被推到悬崖边缘,他予以还击。[10] 他有韧性,这种顽强被他调和的态度、冷静的品行、随和的表情和优雅的风格所掩盖。但这种韧性,无论如何,都始终存在,并被他在芝加哥的政治经验所夯实。[11]

比起大棒,奥巴马更喜欢胡萝卜,这也就是他为什么愿意就他政策的细节进行磋商以便达到他的目标。他寻求共同的立场。但到此为止,优先事项本身是不可谈判的,这一点他在自己迟来的医保改革游说中再次强调。

奥巴马是一位信使,他相信自己的信息。他喜欢寻求公众支持并似乎从中获得激励。他似乎被他吸引来的人群所激励,感到被他与普通大众的互动"净化"(Obama,2006),并且以他品质的吸引力为傲(Obama,2006,8-9)。在2009年夏天失去对医保改革辩论的控制之后,他在2010年2月晚期的医保改革峰会中回归,并保持这种优势直到2010年3月30日医保改革法案颁布。在此期间,他就医保改革做过11次演讲,这还不包括他偶尔的评论及由他的新闻代表所做的简报会(White House,2010)。

奥巴马迟来的公共活动开始在公众舞台成功地重新架构这个问题,使民主党基础获得活力,而且也使奥巴马乘势前进。奥巴马为自己及众议院的民主党人下了政治赌注,因此使失败变得更不可接受。换言之,他对自己发起挑战。通过这样做,他最终展示了自己的领袖才能。这种才能他已经许诺过,但对于国会的大部分成员及美国人民并没有被证实过。他好像正在对他内心的东西做出回应。

可能是他所看到或听到的一些个人的故事使然,抑或是他所下的政治赌注,如果失败会威胁并削弱他的影响并危及他及其政党的其他政策优先事项的立法,他所重申的医保改革的紧迫性无论是公开还是私下里开始引起共鸣。可能是他受到国会民主党同僚的批评,批评他没有提供更多的方向和决心;可能是当他排除其他问题最终能够聚焦于医保改革时他自己的信念;或者是在他总统职位一年结束的时候,他开始评估自己的总统职位、自己的权力及他的遗产,虽为时尚早。但无论如何,这个问题变成了他的私人问题,这促使他更加努力地工作以取得成功。他长途跋涉并最终取得胜利。

结论

我们研究了两个不同的案例。在这两个案例中,性格发挥作用,但是以不同的方式发挥作用。在事关阿富汗的决策中,是奥巴马审慎的方式、思考的方式及努力达成一致的方式形成了他对此的决策判断,尽管他维护自己作为武装部队总司令的权力需求也很明显。在医保上面,他拒绝放弃,他决心取得成功使医保立法得以颁布,因为医保改革的成功无论对于他个人还是政治上都意义重大。

在这两个案例中,奥巴马先前的立场、声明和演讲跟政策的结果总的来说保持了一致,唯一可能的例外就是政府医保选项的缺失。而这正是他在活动中建议和强调的,但当他看到公众和参议院对此条款的反对呈增长的势头后,他就低调处理了。

令人吃惊的是,公众观点对这两个决策的制定好像没有产生明显的影响,虽然总统很明显地意识到民主党担心阿富汗问题及共和党对医保改革的动议不满意。公众观点对于总统很重要,但总统不会被其指引,而是反过来指引公众观点。[12]总统需要启动他的基地,特别是由民主党代表所占领的地区。他需要给代表更为保守的选民的民主党人提供保护,同时给那些代表自由派但不满意于参议院议案中妥协方案的人施加压力。

奥巴马没有成功地控制关于医保的公共辩论,对于一个动员了几百万志愿者、捐助者和投票者的候选人来说是令人失望的;对于一个拥有相当能言善辩技巧并如此经常使用一流讲坛的总统来说是令人失望的;对于一个分享民主的倡议者来说是令人失望的。这个失败也引起了对于奥巴马的一个特殊悖论——在民主社会中,领袖却是如此劳苦。这也给控诉奥巴马是杰出人物统治论的人以口实,这种论调在奥巴马选举活动期间及执政后带来的麻烦不断。

这两个案例佐证了奥巴马人格的两个方面:一方面,考虑周到的、细心的及理性的决策制定者,同专家们深思熟虑,利用他的智力技能达成一致并在此基础上采取行动;另一方面,他是转型变革、再分配政治及行动主义政府的热情支持者。两个方面的奥巴马都当选,并在不同的时期,两个方面的奥巴马好像都在掌权。

尾注

1. 除非特别标记,这篇文章中引用的奥巴马所有的演讲和言论及他成为总统之前的言论可按日期顺序参照以下网站:http://www.asksam.com/ebooks/releases.asp?file＝Obama&Speeches.ask. Speeches and remarks after he became president can be found by date on the White House Web site:http://www.whitehouse.gov.

2. 2010 年 10 月期间管理与预算办公室为总统做出了这样的预算:2010 年到 2020 年,增加的 4 万部队加上原先已经驻扎在那里的部队,还有重建工作,总费用一年 1 万亿美元。《纽约时报》的彼得·贝克写道,总统审阅这份报告时,"看起来对其昂贵的费用惊讶不已"。

3. 奥巴马总统的国家安全顾问团包括这些人:副总统约瑟夫·拜登,国务卿希拉里·克林顿,国防部长罗伯特·盖茨,总统国家安全顾问詹姆斯·琼斯,他的副手阿富汗和伊拉克特别顾问理查德·霍尔布鲁克以及美国驻阿富汗大使卡尔·艾肯伯里,白宫幕僚长拉姆·伊曼纽尔及国家最高军事指挥官们。这些指挥官包括美军参谋长联席会议主席、海军上将迈克·马伦,美军中央司令部的长官大卫·彼得雷乌斯将军,美国驻阿富汗指挥官麦克里斯特尔将军。艾肯伯里和麦克里斯特尔从阿富汗通过安全会议电话参加会议。

4. 奥巴马执政的第一年里,重要的决策会议通常会超出预先安排的时间,为此奥巴马经常会表示歉意(King and Weisman,2009)。

5. 麦克里斯特尔将军的报告包含对增加军队人数的三种选择，增加 1 万—1.1 万人、4 万人或 8.5 万人。最少的人数这一项将主要用于训练阿富汗的安全部队。中间较多的人数选项将能够保护人民并参与作战。第一个选项的人数要想取得击败塔利班的目标是远远不够的；鉴于当前国内的政治环境及仍然在伊拉克的军事部署的情况，第三个选项是不切实际的。奥巴马对于这种无选择余地的状况颇为恼火。

6. 这个重新定义的目标有计划地用于相对较短的阶段，奥巴马总统认为在这个阶段他会取得公众的支持，两年即可（Woodward，2010，110）。

7. 2010 年 3 月 29 日至 4 月 1 日，哥伦比亚广播公司新闻网进行了一次民意调查，发现 49％的受访者同意总统在阿富汗的政策，34％的受访者不同意，17％的表示不确定。（http://www.pollingreport.com/obama_ad.htm）. 根据盖洛普民意调查，2010 年夏季美国人民保持支持的态度。"Topics A & Z：Afghanistan"（2010a）.

8. 在 2006 年《美国展望》对奥巴马的一次采访中，奥巴马总统说道："我的价值观深深植根于进步的美国传统观中，机会均等、公民权利、保护工薪家庭、关注人权的外交政策、坚信公民自由、保护环境、政府发挥重要角色的观念、机会属于所有人的观念、抛除恃强凌弱的观念。"

9. 奥巴马在宣誓就职几天后告知汤姆·达施勒（Tom Daschle），他决定进行医疗改革。"医改对于我来说，现在比以前更加重要。它应该按照这样发展（Alter，2010，115）。"

10. 奥巴马把这一教训归功于他的继父，在他的作品《我父亲的梦想》中他写道，一次和一个男孩打架后，头上肿着鸡蛋大小的包回到家，他的继父告诉他，"要记住的第一件事就是如何保护自己"，第二天继父买了拳击手套，教他打拳击（Obama，1995，35）。

11. 伊利诺伊州参议员艾丽兹·帕尔曼在民主党国会初选中落选后，要求在 1996 年正在谋求她的席位的奥巴马退出，而奥巴马拒绝这样做并对帕尔曼的签名请愿重新投票发出挑战，结果挑战获得成功。当牧师耶利米·赖特认为奥巴马在一次全国记者俱乐部的演讲是煽动性言论并为此做辩解时，他断绝了与牧师的关系，他曾经把牧师赖特作为他私人与家庭的朋友，赖特曾经主持过他和米歇尔的婚礼，为他和他的孩子洗礼并时常保持交往。当奥巴马意识到如果共和党候选人和他一样都接受大选政府基金，他将处于劣势时，他果断放弃了他的承诺。

12. 劳伦斯·R.雅各布斯和罗伯特·Y.夏皮罗（2000）描述了总统克林顿和他的助手在 1993—1994 年的医改辩论中也有过类似的反应。

参考文献：

Alter, Jonathan. 2010. *The Promise*. New York：Simon & Schuster.

Axelrod, David. 2010. "Transcript from the Charlie Rose Show," March 23, www.charlierose.com.

Baker, Peter. 2009. "How Obama Came to Plan for 'Surge' in Afghanistan." *New York Times*, December 6, www.nytimes.com/2009/12/06/world/asia/06reconstruct.html.

Barber, James David. 1972. *The Presidential Character*. Englewood, NJ：Prentice Hall.

Enda, Jodi. 2006. "Great Expectations." American Prospect, January 16, www.prospect.org/cs/articles? article=great_expectations.

Gallup Poll. 2010a. "Topics from A & Z：Afghanistan." http://www.gallup.com/poll/116233/Afghanistan.aspx.

——. 2010b. "Topics from A & Z：Health Care," http://www.gallup.com/poll/4708/HealthcareSystem.aspx.

——. 2010c. "Topics from A & Z: Trust in Government," http://www. gallup. com/poll/5392/Trust-Government. aspx.

Jacobs, Lawrence R. , and Robert Y. Shapiro. 2000. *Politicians Don't Pander: Political Manipulation and the Loss of Democratic Responsiveness.* Chicago: University of Chicago Press.

Jones, Jeffrey. 2010. "In the U. S. , 45% Favor, 48% Oppose Obama Healthcare Plan. " Gallup Poll, March 9, http://www. gallup. com/poll/126521/Favor-Oppose-Obama-Healthcare-Plan. aspx.

King, Neil Jr. , and Jonathan Weisman. 2009. "A President as Micromanager: How Much Detail Is Enough? *Wall Street Journal* , August 12, online. wsj. com/article/SB125003045380123953. html.

Kornblut, Anne, Scott Wilson, and Karen DeYoung. 2009. "Obama Pressed for Faster Surge," *Washington Post* , December 5, www. washingtonpost. com/wp-dyn/content/article/2009/12/05/AR2009120501376. html? hpid=topnews.

Newport, Frank. 2009. "In U. S. , Support for Increasing Troops in Afghanistan," Gallup Poll, November 25, http://www. gallup. com/poll/124490/In-U. S. -More-Support-Increasing-Troops-Afghaniscan. aspx.

——. 2010. "U. S. Still Split on Whether Gov't Should Ensure Healthcare," Gallup Poll, November 18.

Obama, Barack. 1995. Dreams from My Father. New York: Three Rivers Press.

——. 2006. *The Audacity of Hope.* New York: Crown Publishers.

Renshon, Stanley A. 1998. *The Psychological Assessment of Presidential Candidates.* New York: Routledge.

Saad, Lydia. 2010a. "By Slim Margins, Americans Support Healthcare Bill's Passage. " Gallup Poll, March 23, http://www. gallup. com/poll/126929/Slim-Margin-Americans-Support-Healthcare-Bill-Passage. aspx.

——. 2010b. "One Week Later, Americans Divided on Healthcare. " Gallup Poll, March 29, http://www. gallup. com/poll/127025/One-Week-Later-Americans-Divided-Healthcare. aspx.

Saslow, Eli. 2010. "For a Look outside Presidential Bubble, Obama Reads 10 Personal Letters Each Day," *Washington Post* , March 31, www. washingtonpost. com/wp-dyn/content/article/2010/03/30/AR2010033004260. html.

Stolberg, Sheryl Gay, Jeff Zeleny, and Carl Hulse. 2010. "Health Vote Caps a Journey Back From the Brink. " *New York Times* , March 20, www. nytimes. com/2010/03/21/health/policy/21reconstruct. html.

Woodward, Bob. 2010. *Obama's Wars.* New York: Simon & Schuster.

Zeleny, Jeff. 2010. "Millions Spent to Sway Democrats on Health Care," *New York Times* , March 14, www. nytimes. com/2010/03/15/health/policy/15health. html.

Zeleny, Jeff, and Jim Rutenberg. 2008. "A Delegator, Obama Picks when to Take Reins. "*New York Times* , June 16, www. nytimes. com/2008/06/16/us/politics/16manage. html.

文献 42 一个新的帝王式总统制？

安德鲁·路德里维基

"他们应该拥有多少权力？" 2006 年伊始，《新闻周刊》封面这样提问，同时配有乔治·W. 布什总统和迪克·切尼副总统在标题下瞪着眼的图片。这个问题是由假日期间被披露的一系列对于总统单方面权力的激进主张及其行使所引发的。这些问题涉及从世界范围内被逮捕的恐怖主义嫌疑人的拘禁（和对待）到没有法庭授权就对美国人进行电话监听。"我们已经有能力恢复总统的合法权力了。"副总统坚持说；其他人担心《宪法》的制衡机制遭到破坏，担心越南战争/水门事件时代的"帝王式总统制"死灰复燃。[1]

框架性问题

《新闻周刊》的提问虽然很及时，但显然并不新鲜。实际上，在 1787 年的制宪会议上，关于行政机构构造及范围问题引起的辩论最多。代表们必须决定如何选举总统，总统应该服务多长时间，总统是否能够多次竞选连任，总统应该拥有多少权力，甚至总统应该是一个"他"还是一个"他们"。[2] 制宪者中的一些人不相信把行政机构放在第一位的必要性。其他的人认为行政权力必须严格地进行划分，以便阻止将来的暴政：对他们来说，按照弗吉尼亚州州长埃德蒙·伦道夫（Edmund Randolph）的措辞，单个人担任的行政长官就是"君主制的胎儿"。[3] 当然，君主制恰恰是制宪者们所要避免的东西。

最终，事关总统权力的框架性工作在很大程度上就以概要的形式遗留下来，需要在实践中最终得以确定。《宪法》第 2 条里第一句话是这样开始的："行政权力应该被授予美利坚合众国的总统。"什么是"行政权力"？它会允许总统做什么？对于这些问题，《宪法》没有给出答案。[4] 另外，总统被授予一系列有限的明确的权力，而其中的很多权力被国会进一步删减——总统可以完成条约或者决定任命，但要在参议院通过后；法律的执行需要先在立法机构通过；没有国会事先拨款就无钱用于花销。这些分享的权力如何运作，本身并没有明确：所期望的是，按照麦迪逊在《联邦党人文集》上的著名用语，机构之间的相互作用将允许制度上的"野心……来抵消野心。"

来源：*Presidential Studies Quarterly*，Volume 36，Issue 3（Sept. 1, 2006）：506 - 524. © 2006 John Wiley and Sons. 经 John Wiley and Sons 授权使用。

当财政部长亚历山大·汉密尔顿与国会议员詹姆斯·麦迪逊就华盛顿总统单方面权力的范围展开争论时,这种相互制约马上开始了。究其本质,争论当时是——现在也是——相对直接的:总统是被限定在《宪法》明确列明的具体权力或者是法令所授予的权力中,还是可以采取他认为符合公众利益的任何行为,只要这些行为实际上没有被《宪法》禁止?西奥多·罗斯福重申了汉密尔顿的立场,并清楚地表示:"我相信,依据国家的需要来做任何事情,不但是总统的权力,更是他的义务,除非这种行为被《宪法》或法律所禁止。"罗斯福的继任者,威廉姆·霍华德·塔夫脱,对此表达了反对的观点。"除非可以公证及合理地追索到具体的权力授权,或者是恰当地暗示这种快速授权是行使权力所恰当和必要的,总统不能行使任何权力",塔夫脱这样写道,"没有供总统施行的不明确的权力残留,因为这对他来说看起来符合公众的利益……"[5]

无论立宪者们的真实目的是什么,随着时间推移,汉密尔顿的立场胜出。在大萧条期间及之后政府规格和范围的增长,及二战和冷战期间所建立的国家安全机构都有效地解决了这个争论。H. L. 门肯(H. L. Mencken)在 1926 年这样说道:"没有人想成为严格《宪法》意义下的美国总统。"[6]但人们确实希望成为总统,因为现代总统职位的权力超越了立宪者们当初所预见的范围。当富兰克林·罗斯福的"现代总统制"被他的继任者们制度化的时候,总统们已经获得诸多的工具来变通他们来自《宪法》中强制性的弱势。他们战略性并积极主动地使用他们的正式权力;他们以他们自己的形象建立一个行政机构,并使用广泛的总统工作人员来监管和控制这个机构;他们以对自己有利为基础,继续并创造性地为《宪法》的模糊性做出解释,以便重塑政策环境。同时,依靠同公众的直接联系来使他们的行为合法化。在此过程中,一个美国政府的新框架在争议中创建。[7]

由于国家所面临的需求,几乎没有人担心这种发展趋势。实际上,进入 20 世纪 60 年代,绝大部分学者更为担心国会好像不愿意或者不能够应对战后时代的挑战:总统在很大程度上被看作是"救世主"。[8]立法者没有成功地为二战做准备;在1945 年之后,他们不愿意在更广泛的世界范围内致力于美国角色的扩大;在要求速度的核时代他们的深思熟虑、拖沓冗长;他们碎片式而又被资格老者控制的委员会体制使愚人获得权力;他们对机制化的种族歧视进行心照不宣的(通常不是那么沉默的)保护;他们以牺牲更广泛的公众产品为代价对地方产品(猪肉)进行目光短浅的、分段式的追求——看到这些,很多人感到国会的领导权应该被取代,授予行政机构。正如法学者爱德华·考文(Edward Corwin)在水门事件很久之前就总结的一样,"总统制的历史就是总统权力强化的历史",这种强化通常是被普遍接受的。[9]

然而,不久总统们迅速完成了天堂的轮回——从"救世主"到"魔鬼"[10]——正如越南战争和水门事件中所展示的总统单边主义的黑暗面一样。小阿瑟·施莱辛格（Arthur M. Schlesinger, Jr.）在 1973 年的代表性书籍《帝王总统制》（The Imperial Presidency）指出，最近的总统们，特别是尼克松总统，寻求的不是总统力量，而是霸权。在书中，他绝大部分篇幅聚焦于战争权力及独立于国会授权之外的"总统战争的崛起"。然而，他也批评了尼克松政府努力把预算权力中央集权化并通过扣留款项（拒绝支出划拨的款项）来单边地形成政策的结果，以便建立起一个庞大而又参与政治的雇员队伍，极大地扩大"秘密系统"，并拓宽与此相关的行政特权。水门事件时代对总统制的指控从对选举活动的蓄意破坏开始，并迅速演变为抢劫、贿赂、敲诈、诈骗、毁灭证据、国内间谍、妨碍司法公正及滥用各个方面的行政权力——从努力对政治对手进行惩罚性的税务审计，到广泛的款项扣留（拒绝支出国会的拨款），到秘密行动甚至是秘密的战争。[11]

肯尼迪"卡米洛王朝"的浪漫光辉在越南水稻田及司法听证厅刺眼的眩光中消散。如果尼克松之前的总统们表现出帝王式的野心，那恰恰是尼克松政府对权力的过分寻求导致帝国的垮台；在 1974 年 8 月，面对特定的弹劾及罢免，尼克松成为美国第一个也是唯一一个从职位上辞职的总统。"当总统这样做的时候，就意味着这是合法的。"尼克松曾公开地如此评论道。[12]但是，国会已经与尼克松就总统职位进行了斗争，现在正准备把注意力转向总统制的体制上。简言之，国会准备把它变为非法。

国会的复兴和衰落

国会的这种变化在广泛的范围内进行。在《国会的衰落和复兴》（The Decline and Resurgence of Congress）一书中，詹姆斯·L. 桑奎斯特（James L. Sundquist）记录道，在"处于最低点的国会"后，水门事件后的立法者们获得了"一个集体的决心……重建行政机构与立法机构之间的平衡……一个（国会）复兴的时期开始了"。[13]贯穿 20 世纪 70 年代，立法者们建立了一个由诸多新法律构成的网格，目标就是在国会特权被忽视的广泛的领域内重新构建行政与立法的关系。不出意料，此次国会崛起政体的策划者们预见到了国会——无论是在提出建议还是给予许可方面——所具有的更重要的角色，而这不是近代总统们所希望或允许的。"总统在他所采取的行动中已经超越了他办公室的权力范围"，众议员吉利斯·朗（Gillis Long，洛杉矶民主党议员）警告道。"我们给总统的信息是，他正在为自己的权力攫取招致报复的危险；为国会进行反攻提供支持，在国会的全部成员中都可以找到——无论是老成员还是新成员，无论是自由派还是保守派，无论是民主党还是共和党。"[14]国会的目的就是重新获得对国家底线的控制，禁止总统扣留款项；在授权和监管军队调动及秘密冒险上，国会要具有关键性角色；国会要对行政机构的腐败进行密切监管。

根据国会通过法令的部分名单可以对国会的雄心窥见一斑。例如，1974年的《国会预算及扣留控制法案》禁止总统单边的支出决定，创建了重要的中央集权式的组织（预算委员会，国会预算办公室[CBO]）来指引国会的预算过程。在对外政策上，《战争权力决议案》就是保证国会在以下问题上的发言权：美国军队的使用、休斯-瑞恩修正案的使用、《情报监管法案》的使用，目的就是使国会清楚那些秘密行动。《非囚禁法案》《国家紧急法案》《对外情报监控法案》及1972年的基思案裁决限制了总统的国内治安权力。通过扩编的《信息自由法案》、诸多的"阳光政府"法律及总统文件的及时披露使行政机构的工作更为透明；同时，最高法院在"美国对尼克松案"中裁定：总统强推"行政特权"的权力不是绝对的，可受到法庭的复审。金钱在政治中扮演的角色，将会由一个新的联邦竞选委员会不断削弱；如果这个措施不奏效，一个新的独立法律顾问机构会进行行政渎职调查。

到1976年，记者们持续跟进"自水门事件以来，总统对国会"的持续较量中的"得分"情况，国会处于领先地位。实际上，杰拉尔德·福特总统不久就会抱怨道："我们没有帝王式总统制，但我们有陷于危险中的总统制。在当今的规则下……总统制没有有效地运作……这对于我们整体的国家利益是有害的。"[15]

但事情很快就变得清晰：国会复兴的这种政体本身是建立在脆弱的基础之上。即便是在尼克松辞职接下来的10年，总统办公室保持了坚实的权力基础，而这种基础根植于它抓取公众注意力的核心、设立议程的能力；保持了武装部队总司令的权力；保持了对于政策执行的潜在控制；保持了在人事任命中的角色；保持了否决权的手段。从罗纳德·里根以来的总统们强势地使用行政工具——从监管审查到签署声明——以加强他们对官僚主义的影响力，并避免立法机构的指点。他们抵制信息调查，并对各种不同的记录材料强推行政特权，甚至是历史材料也不向公众披露。通过任命私人的忠诚者到政府机构的行政职位，有时通过休会期的任命，他们寻求"把他们的DNA根植于整个政府"。[16]

这种政体的法令层面也崩溃了。在有些情况下，限制总统权力的尝试却给了先前仅仅是非正式运用的权力以法律的地位；例如，《国际紧急经济权力法案》，设计的目的是限制总统施加经济制裁的权力，结果却导致自1979年以来几十件"国家紧急事件"的公告。在另外一些情况下，国会从它自己创建的挑战总统的进程中后退，或者是没有成功地使这些进程发挥作用。最引人瞩目的是，《战争权力决议案》没有成功地约束总统使用武力，正如在黎巴嫩、伊朗、格林纳达、波斯湾（1987—1988）、利比亚、巴拿马、索马里、伊拉克（1993年及整个"禁飞区"时期）、海地、波斯尼亚、苏丹、阿富汗（1998）和科索沃进行的军事行动所表明的一样。例如，虽然北约在科索沃的战争动用了美国800架飞机，对南斯拉夫全境约2 000个目标出动了超过 2 万架次,但克林顿总统认为:按照《战争权力法案》的描述,美国军队没有"涉入敌对行动或者是没有涉入周围环境清楚表明有对敌对行动的紧急参与中"。[17]到《战争权力法案》颁布 25 周年的时候,即便是对此法案目的持赞同意见的观察者也认为此法案应该被废止了。[18]

与此相似,《国会预算法案》也没有在联邦支出方面遵守规矩;在 20 世纪 90 年代晚期简短的财政盈余之后,到 2006 财年的时候,联邦政府的财政赤字已经超过 4 000 亿美元。重要的是,1974 年设计出的审慎的程序却通常被违反:虽然每年的 10 月 1 日之前要求通过 13 个预算法案,但在 2002 年到 2005 年的 4 个财政年度,总共仅有 6 个这样的法案按时通过。早在 2002 年,即将离职的国会预算局局长丹·克里本(Dan Crippen)对此情况坦率地总结道:"国会预算程序已经死亡。"受益方,在他看来,就是总统,因为"没有了这种程序……国会将被任何一位总统控制"。[19]

毋庸置疑,并不是这种政体的所有方面都立即崩溃,或者是所有时间都没有发挥作用。最为明显的就是克林顿总统在 1998 年—1999 年遭受的弹劾及审判,这是自 1868 年以来的首次,也是一位当选总统的首次。尽管在这种状况下谈论国会的顺从貌似很奇怪,但即便是这一时期,仍然突出了总统潜在的权力并重申了国会对于总统权力的默认。正如 1994 年民主党丢掉国会的多数党席位后克林顿所提议的,"我想,现在我们能更好地平衡以下两者:把总统制作为一号讲坛和总统利用总统制的权力来做事情,实际上是完成事情,并且……不允许仅仅依据同国会的关系来界定总统制"——正如 1998 年的标题"克林顿使一个人管理政府的艺术完美化"所见证的一样。这个夏天,甚至是在众议院就总统的命运进行辩论的时候,依据总统命令,美国对苏丹及阿富汗发射了巡航导弹。在此期间,克林顿通过利用国会预算程序及他的否决权,在他所支持的政策上取得的成功也是显著的。恰恰是弹劾程序本身——在充满敌意的舆论面前——助长了人们的不信任,促使在 1999 年终结了独立律师条例。[20]如果说鲍勃·迪伦(Bob Dylan)著名的"时代在变"的断言在 20 世纪 70 年代似乎没有及时得到印证的话,那么到 2001 年总统制的现状貌似可以用迪伦虚构电影讽刺性的另一面来更好地描述,鲍勃·罗伯茨(Bob Roberts):"时代在变——回来了。""帝国的"基础设施似乎被大规模地重建了。

不受约束的特权:9·11 之后的世界

对于后水门事件时代的总统单边主义,仍然是乔治·W.布什的总统任职提供了最为清晰的研究案例。"我有义务保证总统职位保持活力。我不会允许国会侵蚀行政机构的权力。"布什在 2002 年说道。副总统——他以尼克松当政时的白宫职员开始自己的政治生涯——甚至更为直接地表达了自己的目标:"我已经待在这个地方 35 年。35 年间,美国总统的特权和权力在遭受持续并稳定的侵蚀,我不想成为其中的一部分。"[21]

在有些领域,上述观点甚至在 9·11 之前就变成了行动。正如一位细心观察者所说:在"宗教"体系下,"我们人民使得白宫太开放,负有太多责任了",布什政府取缔了《自由信息法案》的信息公开,提高了联邦行政机构隐瞒信息免于公众知情的能力。总统记录法案依据行政命令进行了修改,以便扩大既往政府延迟或禁止公开历史记录的能力。之后,布什政府走向法庭,甚至没有正式地寻求行政特权就成功护卫了其隐瞒信息的能力:阻止国会审计者或其他人获得有关副总统切尼所带队的能源特别行动组的信息。[22]

然而,对纽约和华盛顿的野蛮袭击确实给总统办公室带来了新一波的可见性及影响力。布什总统的领导地位飙升,他抓住了这个角色,并处于支配位置。在一系列阵线上,立法者迅速行动以便扩张他的权力。在国会参众两院中都只有一票反对的情况下——参议院对于绝大部分议案的讨论是在议案通过之后进行的——国会在 2001 年 9 月 14 日通过了一份决议,声明"依据《宪法》,总统有权采取行动威慑及阻止针对美国的国际恐怖主义行动"并授予他权力使用"所有必要及合适的力量来打击总统裁定的那些谋划、授权、参与或援助发生在 2001 年 9 月 11 日恐怖主义袭击的国家、组织或个人;或者是容留这些组织或者个人的行为,目的是阻止这些国家、组织或者个人在将来再次发动针对美国的国际恐怖主义行动"。[23]在 2002 年秋,国会通过了另一项广泛的对伊拉克使用武力的授权。在国内阵线方面,2001 年 10 月国会快速通过《美国爱国者法案》(Public Law 107 - 156),此法案设计的目的就是增强行政机构公诉人的工具及权力,以便通过放松监控限制并软化国内执法机关与对外情报搜集之间的障碍来开展刑事调查。整体来说,布什在其第一任期之内得到的立法支持达到历史上的高位。到 2006 年开始,他还从没有否决过任何一个法案,这种势头持续五年,是托马斯·杰弗逊政府以来最长的。在一次记者招待会上被问及这个问题时,总统听起来有些茫然:"你怎么能动用否决权呢……如果国会已经做的事就是你要求他们做的?"[24]

然而,更为经常的是,布什总统更愿意去做,而不是去问。("这届政府",众议院议员大卫·奥贝[David Obey,威斯康星州民主党议员]如此抱怨道,"认为《宪法》第一条是一个根本性的错误。")[25]布什政府对于武装部队总司令权力的解释可能是最为广泛并最具有争议的。例如,2001 年末布什总统颁布了一项秘密行政命令。此命令授权国家安全局追踪国外被怀疑与恐怖主义有染的个人与美国境内的美国人之间的通信。从表面上看,此项行动似乎违反了《外国情报监控法》,《外国情报监控法案》是在 20 世纪 70 年代中期联邦调查局、中央情报局及国家安全局被曝一系列的监控滥用之后于 1978 年通过的,目的就是管理此类情报收集的程序。

依据此法律，进行监控要求从一个特别的法庭获得授权。当目标不是美国人时，获得授权仅仅是要求司法部确认目标正在为国外的某一势力工作；然而对于美国人，必须要有合理的根据证明此嫌疑人代表国外的某一势力以可能违反《刑法》的方式工作。《外国情报监控法》确实允许宣战之后的 15 天内进行无授权的监听，并允许在有必要获得授权前进行最多 72 小时的紧急监听（9·11 之后从 24 小时提高到 72 小时）。

布什的这项立法提案在 2005 年晚期被曝光时，当局迅速把它命名为"恐怖主义监控项目"并辩称总统具有固有及法定的权力来命令进行这样的监听。"我的法律权力来源于《宪法》及 2001 年 9 月美国国会对于武力的授权"，布什总统在一次记者招待会上如此说道。[26]司法部在 2006 年 1 月递交给国会一份长达 42 页为国家安全局辩护的白皮书。该白皮书认为"总统作为武装部队总司令和国家在外交领域的唯一机构代言人，针对敌方部队开展无授权监视以便侦测并阻断对美国的武装袭击，众所周知这是总统固有的宪法权力，国家安全局的行动是由总统的这些权力所支持的"。更进一步讲，总统完全没有违反法律（诸如《外国情报监控法》），他恰恰遵从了法律的确切措辞：2001 年 9 月 14 日，国会授权使用武力的决议应该被理解为对于监听项目直接的法律批准，因为监听就跟 2004 年最高法院在哈姆丹案（见下文）中裁决拘禁"敌方作战人员"相似，是战争的一个"基本事件"。无论什么情况，《外国情报监控法》或国会通常都不能限制总统"武装部队总司令去行使主要的控制权"；任何这样的尝试都是违宪的。[27]

此项研究突出了总统权力的几个重要标准。总统是国家外交政策方面"唯一机构"的解释可追溯到 1936 年最高法院案例——美国对柯蒂斯·莱特案。此案例中，最高法院为总统在国际事务中辩解"全面而又综合的"权力。行政权力不可分割的思想来源于一个平行的理论——"单一的行政"（例如，总统武装部队总司令的权力可从国会的宣战权和管理武装部队及战争行动的权力中分离）。[28]《宪法》第 2 条解释所赋予的条款暗示国会不但不能限制总统的权力，而且只有总统能够为其权力划定界限。例如，在白皮书中，主导《宪法》权威的通常不是最高法院，而是司法部法律顾问办公室。此份摘要强调监控决定的"合理基础"——而更不合理的是，这个标准等同于《外国情报监控法》授权所要求的"可能原因"——但这个决定再次完全在行政机构内部做出。当局宣称为保密需要，并拒绝向非行政部门披露以下信息：为什么它认为《外国情报监控法》在保护国家安全方面是不充分的。[29]

当局按照类似的单边逻辑对待在多次反恐行动及伊拉克战争中擒获的囚犯。他们中的一些人被囚禁在所谓的"黑狱"里面，这些监狱由中央情报局管理，遍布全世界。更多的数以百计的囚犯被囚禁在古巴关塔那摩湾美国海军基地专门修建的囚禁中心里面。这些囚犯被当局认定为"非法的敌方作战人员"，而不是战俘，不享有《战俘囚犯身份法案》所赋予的权力。这个决议不是通过听证会（《日内瓦公约》确实为此提供听证），而是通过命令达成。布什总统在 2002 年 2 月宣布："依据我作为武装部队总司令及美利坚合众国行政长官的权力，我……决定《日内瓦公约》的任何条款都不适用于我们同阿富汗或全世界其他地方的基地组织的冲突……"他还补充道："我们国家的价值……要求我们人道地对待囚犯"并"同《日内瓦公约》的原则保持一致"。在实践中，按照国防部长唐纳德·拉姆斯菲尔德的说法：被囚禁的这些人"将以与《日内瓦公约》'合理一致的方式'被对待——就绝大部分内容而言"，然而其他部分可能规定的内容在当时并没有被披露。虽然这样，但是经拉姆斯菲尔德批准，先前军队中限制审讯方法的条例被暂停。国防部长已经通过了一个高度机密的项目，目标就是在世界范围内实行"紧急审讯——如果必要，使用武力"。正如一位情报官员告诉记者西摩·赫许（Seymour Hersh）的，规则就是"抓你必须抓的人，干你想干的事"。这可能包括性侮辱，他们认为此方法在羞辱阿拉伯裔囚犯使他们配合上特别奏效，还包括使用攻击性犬类。[30] 这些手段通常以被粉饰过的悲惨方式被广泛移植到阿富汗和伊拉克的其他军事设施中，超越了这个项目最初的目的。最为臭名昭著的例子就是 2004 年巴格达郊外的阿布格莱布监狱所发生的事情，在那里囚犯的反抗被曝光。因被囚禁者的人权遭到侵犯，当局遭到指控。这个问题持续到 2005 年晚期。当时，"黑狱"问题及"囚犯引渡"——把囚犯送往不受法定诉讼程序约束的国家——的事实被曝光。总统反复强调"我们不虐囚"，但被批准的一系列审讯手段就包括蒙面、剥夺睡眠、使人痛苦的捆绑姿势及以模拟溺水为目的的"水刑"。截止到 2005 年，中央情报局职员卷入了该监狱拘禁囚犯中至少 4 名囚犯的死亡事件中。[31]

总统宣称：即便是美国公民，在美国境内被捕，如果他们也被认定为"敌方作战人员"，那也可能不被指控或没有律师而被无限期地拘禁。按照总统的说法，决定哪些人成为敌方作战人员，完全取决于他自己，而不是法庭或者立法机构，甚至不需经政府的这些机构审查。[32] 总统还宣称拥有权力，在正常的司法系统之外为恐怖主义嫌疑人创建军事法庭，并颁布行政命令进行此类操作。实际上，正如国家安全局所进行的项目一样，认为由 9·11 恐怖主义袭击及 9 月 14 日决议所衍生的行政权力尤其不受限制。司法部宣布："就像国会不能就战场上的战略或战术决定发布命令一样，它也不能干涉总统对敌方作战人员审讯的行动。"

此外，司法部辩称："酷刑"这个术语在法律上被限定为那些足以导致诸如"器官衰竭……甚或死亡"的行为，并且只有在审讯者的"明确目的"就是（通过这些行为）为了施加这样的痛苦（并不是，诸如，获取情报）的情况下。在 2004 年晚些时候，当局在某种程度上扩大了这个概念（虽然继续辩称先前批准的手段不是酷刑）。无论如何，一个政府律师工作组在一个备忘录中得出如此的结论，"为尊重总统指挥一场军事行动而固有的《宪法》权力，《美国法典》第18编第2340节A条［禁止酷刑］及其他任何可能适用的成文法必须被解释为不适用于依据武装部队总司令权力所进行的囚犯审讯"。国会不能侵害总统这种权力的使用。因此，当立法者们在2005年晚期压倒性地通过一项全面禁止酷刑的国防措施修正案时，总统说他将禁止酷刑（推测为政府先前所定义的酷刑）。但同时他也秘密做出声明，他会践行如下条款："以与总统《宪法》权力相一致的方式来监督单一行政机构并担负起武装部队总司令的职责。"[33]也就是说，他将决定如何（及，具有争议性地，什么时候）适用禁止酷刑。使用的这种手段值得注意：布什总统对这种"签署声明"的使用要超过他的所有前任们使用的总和，保护的不但是武装部队总司令的权力，还有对于国会接收情报要求的保护或是被任命者具有某些资格的要求的保护。[34]再次传达的信息就是总统将决定他权力的界限及法律本身的界限。

1690年约翰·洛克在他的《政府二论》（Second Treatise）一书中把"特权"定义为行政机构"为公众利益，依据自由裁量采取行动，不需要法律的指示并且有时甚至违反法律"的权力。行政机构需要自由裁量权来执行法律或者当法律缺失的时候，设置一个政策方向。[35]对于此解释的实际利用，建立在前任们的努力之上，布什总统的尝试达到一个极为广泛的范围。行政机构对于权力声索的主张使用了尊重法律的甚至是公式化的语言，这种语言倾向于掩盖他们在超常规的范围内对于总统权力的声索。但毫无异议的是，这些主张实际上在至少事关国家安全的事务中把总统置于法律之上。由此，他们重塑了部门之间的权力平衡，并且这样做并没有经过广泛的审议或辩论。

然而，即便是洛克事关"特权"的版本也存在某些致命的固有的缺陷。这种版本只有在它反映英联邦的时候才合法，并且仅仅是暂时的：立法导向缺失，行政控制占据主位，但仅仅到"立法机构能够方便召集来提供指导"时为止。法律可以修正；但在法治政府之下，法律不能长久地被漠视。

雄心抑或是逃避？隐形的国会

恰恰是在美国社会环境下，对特权的限制则更强。总统们的主张很明显是单一的，但反过来《宪法》是虔诚的三位一体。总统们自然珍爱柯蒂斯·莱特公司的措辞；但立宪者们打算赋予行政机构——或者其他任何机构——的行政权力高于其他权力的意图是不够明确的。在这种情况下，"organ"这个词只有当它表示一种乐器，它的音符由施加在它键上的全部压力来界定时才是正确的用词。没有隐形的国会，就不会有帝王式总统制。

虽然如此，尽管国会对于自己的《宪法》权限有明确的主张，总统寻求对其进行阻碍，国会却没有采取有效的行动来保护自己的权力。关于9月14日决议与国家安全局项目的关系，布什总统的主张表达得清清楚楚，广泛的权力能够以立法者们可能没有预期到的方式被授予。[36]立法者们的意思是绕开《对外情报监控法》的要求，允许在美国境内进行无授权的监视吗？前参议院多数党领袖汤姆·达施勒（Tom Daschle，南达科他州民主党议员）对此持否定态度：他写道，这个问题"从来没有出现过……投票支持授权对基地组织使用武力的98位参议员认为他们不会支持国内的无授权监视"。决议"除了授权使用武力之外，没有授权其他任何事情"，戴安娜·范斯坦（Dianne Feinstein，加利福尼亚民主党参议员）如此补充道。

然而，总统对至少由决议暗示的权力赋予的范围做出解释，这种做法是正确的。并且，国会没有采取行动，至少没有立即行动，来澄清其意图。[37]

国会的这种不作为特别明显，因为9月14日的决议曾经由最高法院做出解释，其中包含的权力授予没有被指明。此案例事关亚瑟·哈姆丹（Yaser Hamdi，在阿富汗战场被捕的一位美国公民）被总统指定为"敌方作战人员"。结果，他未经控告即被拘押在军方的一个禁闭室达两年半之久。法庭确实拒绝了当局的主张：哈姆丹的拘留甚至不能接受司法的考虑（司法部告诉第四巡回上诉法庭："法庭不能事后评论军方对敌方作战人员的决心。"）。此外，最高法院裁决敌方作战人员确实需要某种公正的听证。法官桑德拉·奥康纳（Sandra Day O'Conner）具有导向性的意见宣布"对于总统，在事关国家公民权利的时候，战争状态不是一张空白支票"。"在美国与其他国家的交往中或是同敌对组织的冲突中，无论美国《宪法》为行政机构设想了什么样的权力，当个人自由处于危险境地时，毫无疑问的是《宪法》为三个分支机构都设想了各自的角色。"

这段著名的话语使法庭总体结论的重要部分相形见绌。例如，法庭没有指明包含什么样的法定诉讼程序，而在缺少立法行动的情况下将其留给当局决定。最为致命的是，法庭支持当局的基本主张：当局认为9月14日的决议（授权使用武力，或称为术语AUMF）赋予总统明确的立法授权，此授权足以用来指定哪些人是敌方作战人员。尽管授权使用武力并没有对这样的一个程序展开讨论，但是法庭发现1971年的《非拘禁法》不适用于哈姆丹案：对军事冲突而言，俘虏被认为是最重要的，所以"授权使用武力一直采用了与拘禁有关的具体用词"。因此，在另一个美国公民的平行案例中，荷西·帕迪拉（Jasé Padilla）——不是在外国战场上被捕，而是在芝加哥奥黑尔机场被捕——巡回法庭合议庭裁决"最高法院在哈姆丹案中对授权使用武力的解释也授权总统将帕迪拉作为敌方作战人员进行拘禁"。[38]因此在当局对国家安全局的项目进行辩护时，哈姆丹案的裁决成为宣扬的对象，当局辩称监听同样也是战争不可分割的一部分。

那么国会也打算授权总统指定哪些美国人为敌方作战人员并拘留他们吗？就国家安全局的问题来说，案例不太明晰——甚至法庭也存在严重分歧，奥康纳的观点只有其他三个法官支持。但法庭也不可能用法令的措辞把国会从它变幻莫测的自作自受的行为中拯救出来。正如刘易斯·鲍威尔(Lewis Powell)法官曾经解释的:"如果国会不去选择与总统当面对质,那么我们也没有义务这样做。"[39]实际上,一位就哈姆丹案持异议者强调"含有竞争性主张的国会决议需要表达得清清楚楚"。然而这种情况并没有很快显露。在 2005 年末,先前对反酷刑的解释得以通过,同时要求军事审判程序应该汇报给国会,以保证华盛顿特区及巡回法庭的审判裁决接受司法审查,并限制被拘留者使用其他美国法庭或者提出其他诉求。依据共同提案人卡尔·列文(Carl Levin,密歇根州民主党议员)的观点,这个提案的目的不是为了影响进行中的案例。[40]但其中并没有出现避免这种影响的确切措辞;当局很快就寻求利用了这个表达的不严谨之处。司法部采取行动,不予受理由被拘留者提起的所有待定案例的上诉,包括哈姆丹案,该案就军事法庭的合宪性等待最高法院的裁决。

　　雄心正在崛起? 立法者们最终采取行动的事实确实表明了立法机构开始复苏。实际上,早在 2004 年国会就已经开始不断地活跃起来,当年的选举好像把被冰冻的政府其他分支机构的雄心暖和了过来。布什的民主党对手,参议员约翰·克里,猛烈地抨击当局诸多的主张和政策,为他自己的兵役政策拉选票,甚至在国家安全问题上挑战布什总统的领导力。最高法院 2004 年有关拘禁制度的裁决确实至少表明了司法方面对行政机构过度延伸权力的担忧。更糟糕的是,来自伊拉克的坏消息削弱了总统所鼓吹的"任务已经完成"的观点,立法者们开始怀疑当局的战前主张及战后的占领计划。因为拨款材料缺乏细节说明、先前支出估计不准确及阿布格莱德监狱丑闻,2004 年国防部人员为寻求追加伊拉克拨款提供的作证材料遭到质疑。"这是一张空白支票。"参议员约翰·麦凯恩(亚利桑那州共和党议员)如是说。看来,空白支票不再像以前那么受欢迎了。[41]

　　2004 年 11 月布什总统险胜获得连任,他鼓励伊拉克在 2005 年 1 月底进行选举,在此期间对他的批评短暂停止,但到 2005 年秋,对他的批评急剧增加。国外,伊拉克暴乱持续,导致军队及平民伤亡(2005 年美国军队阵亡人数超过 2 150,受伤人数达到 15 000;2005 年 12 月,总统估计伊拉克死于战争的人数大约为30 000),这导致在诸多的民调中对战争的支持率低于 40%。伊拉克占领计划及管理受到广泛的否定评估,这对公众的看法没有任何帮助。在国内,对卡特里娜飓风苍白无力的反应也动摇了公众对于政府应对大型紧急情况能力的信心。布什总统还因任命不称职的政治忠诚者到关键的管理职位上而遭到批评(迈克·布朗[Michael Brown],联邦紧急事务管理局局长,在卡特里娜飓风之后被迫辞职。);当白宫法律顾问哈里特·迈尔斯(Harriet Miers)面临同样的攻击时,布什被迫撤回对她最高法院法官的提名。2005 年 10 月,一名中央情报局特工人员的丈夫就政府发动伊拉克战争的依据提出质疑,之后这名特工的名字被泄露给了媒体,而副总统切尼的办公室主任刘易斯·利比(Lewis Libby)被指控就此案作伪证。

围绕酷刑、囚犯引渡、国内窃听及类似事例的争议使国会山的愤怒火上浇油。民主党人利用就法官塞缪尔·阿利托(Samuel Alito)被提名为最高法院法官的听证会对布什政府行政权力的主张进行批评;甚至有的共和党人(特别是那些担心2006年中期选举的人,或者是那些自己考虑参加2008年总统竞选的人)也开始表示质疑。《爱国者法案》于2005年年底到期,有几个共和党参议员及参议院民主党人担心此法案的侵入性及滥用,他们对一次会议委员会的报告投票进行阻挠以防此法案的大部分内容变为永久法律,最终该法案被短暂延期到2006年2月。麦凯恩推动把反酷刑的文字写进法律;司法委员会主席阿伦·斯派克特(Arlen Specter,宾夕法尼亚州共和党人)把事关国家安全局项目的听证会转换成了是否合法的会议。甚至是值得信赖的第四巡回上诉法庭猛烈抨击当局在民事法庭对荷西·帕迪拉提起指控的决定,而他作为敌方作战人员在被拘押期间从未被指控,从而避免最高法院可能撤销有关裁决。[43]

在某种程度上,事件、选举、法庭裁决及立法听证会所带来的刺激效果一点也不令人惊讶。政治环境已经变化;世界已经变化;但《宪法》及它所规定的各个分支机构及机构之间的控制约束并没有改变,仍然要依靠国会来行使它的权力、完成它的工作。斯派克特认为如果国会还没有展现"肌肉"的话,那它至少"正在展现一些肌腱"。[44]

任何对于总统权力消亡的讣告仍然为时过早。当代行政机构继续使用各种手段来界定辩论条款,来充分利用行政办公室的结构性优势。国会是由集体选择运作的分裂性机构的事实给予总统固有的"决定、行动、保密和调遣"(按照亚历山大·汉密尔顿的说法)的优势。即便总统们不能最后说了算,但常常是他们先采取第一步行动——这可能为接下来要做的决定奠定基础。在2005年年末,布什总统恰恰就是竭力这么做的。为寻求重新构建对伊拉克的看法,布什总统开始了进行演讲的广泛日程,为他的伊拉克政策辩护,宣称正在取得稳定的进展,并暗示从伊拉克撤军的要求说好听点是不成熟,说难听点就是不爱国。布什的一系列被提名人,在后卡特里娜飓风的闪光灯下难以获得国会的认可,但通过休会任命的方式被安置在他们的岗位上。白宫拒绝提供调查委员会关于应对卡特里娜飓风的内部记录材料,甚至阻止前联邦紧急事务管理局局长布朗在危机期间他与白宫签署的合同出面作证。2006年1月,总统同样拒绝了对《外国情报监控法》进行修改的立法支持的提议。没有必要"尝试就已经合法的事情再次通过一项法律",因为立法辩论可能泄露信息,这些信息会"对敌人有利"。强调战争问题是明确总统来年的作战计划;他认为:"指挥战争是行政机构的责任,而不是立法机构的责任。"他还补充说："我认为这不是与立法机构在竞争。"[45] 当然，在这一点上，"不存在竞争"是一个恰当的描述。

实践优势和严重危机

一个"新的帝国总统制"存在吗？也就是说，机构间的权力平衡倾斜到总统这边，达到越南战争/水门事件时期的程度了吗？如果达到这种程度，会产生哪些结果呢？

简短的答案为"是的"：20 世纪 70 年代的复兴政体消失，总统权力已经扩大来填补真空地带。尼克松政府和我们近年来的总统们在辩护语言上有着意味深长的相似之处，每一位都强调总统"固有的"权力的概念，总统办公室广泛的压倒性的宪法"权力"。甚至假设布什政府在 2005 年 1 月被克里政府取代的话，即便是以不同的形式和在不同的情况下，上述论点也会持续，原因是这个论点不是个人而是机制造成的。

当然对于最为令人关注的这些问题来说，上述简短的回答是远远不够的。一系列的线性趋势描述如下：总统权力的崛起延续到 20 世纪 60 年代；总统制的延伸越过了"救世主"成为"撒旦"；贯穿 20 世纪 70 年代的其他政治因素的复兴；20 世纪 80 年代开始的反复兴的总统首创精神；在 2001 年 9·11 之后加速，进而超速前进。概括来说，这当然是准确的。各种先例发挥作用并合并发展，后来的总统们依据先例形成现在总统与国会之间"正常的"权力平衡。

尽管总统们坚持不懈地努力超越《宪法》第 2 条稀少的授权来扩大他们的制度资源并通常取得成功，但是他们最终还是受制于《宪法》的约束并服从于一系列部分的潜在的制衡。现代总统制拥有很多强有力的手段并具有全球影响力，这当然不是立宪者们所预见到的。然而，他们所设计的框架保留至今。总统权力，在实际意义上，就是减去体系中其他机构权力后的权力。[46]

因此，总统的权力是有条件的。我们对其进行评估必须也是有条件的，是由一个基本的张力所生成的：在美国的政府体制中，强大的行政领导曾经是不可避免而又不可接受的。最高法院法官罗伯特·杰克逊（Robert Jackson）可能把这个尴尬境地描述得最为贴切。"全面而不明确的总统权力，"他在 1952 年这样写道，"既为国家带来实践优势，又给国家带来严重危机。"[47]

优势一目了然。虽然这样，一个人如何才能为一个庞大的国家指引方向，而这个国家拥有庞大的国家行政设施，拥有巨大的公众期待——并且还希望既要满足上述需要又要限制所需的权力呢？超过 400 万的文职及军职雇员在联邦行政机构工作，他们跨越了 15 个部级层次的部门和超过 100 个的局级部门。联邦年度预算接近 2.5 万亿美元（相当于 1960 到 1974 年的预算总和）。如果一个国家由诸多的选区及遍布各地的部门推举产生 535 个行政首脑或武装部队总司令，那么这个国家将无法应对危机，甚至日常的管理需要。在十三州联邦宪法时期，国家要小得多，国会也小得多，而世界好像要大得多，由此而引发的政府问题足够使立宪者们对君主制不再恐惧并把权力赋予一个人使其成为总统。现今，惠灵顿蝴蝶翅膀的振动改变了华盛顿的气候；一个全球化、分化的世界似乎要求足够的领导力授权以便与他们当前任务所需的权力相匹配。

另一方面，如果总统"领导力"对宪法原则造成破坏，那按照定义，这种"领导力"就是不道德的。要进入总统圣徒传记——并因此形成行政统治——对于一个共和制政体来说是相当成问题的。反联邦派爱国者帕特里克·亨利（Patrick Henry）的余音回绕多年：*如果你们的美国领袖是一个充满雄心和富有能力的人，那么他要实行专制是如何的简单呢？* 我们想要充满雄心富有能力的男士或女士来做我们的总统，但要保证的是他们的喜好不需要说服就应该变为政策，并且他们理所当然地应该用命令代替组建联合政府，那么从某种意义上我们的保证就是要放弃我们自治的灵魂与核心。单方权力带来的危险是巨大的，因为这些主张一旦实施，它们是没有任何逻辑上的限制的。

这并不意味着我们要成为杞人忧天者；但这也不是空中楼阁。要考虑到之前查到的国家安全局白皮书的逻辑，或者同样要考虑到当局在拉姆斯菲尔德与敌方作战人员帕迪拉案例中的主张。总统宣称，在"一些证据"的基础上，他能够把某个人从法庭系统中移除并不经指控或审判就对此人进行拘押。代理司法部长保罗·克莱门特（Paul Clement）在一次最高法院的口头辩论中被要求描绘出总统这一主张的范围。如果 9 月 14 的决议没有对此权力的足够的授权的话，那么总统仍然有权力否决对美国公民的审判吗？克莱门特的回答是肯定的。鉴于 9·11 所造成的紧急情况，"我认为今天他当然可以这样做，今天可以是 2001 年 9 月 12 日或 2003 年 4 月 28 日"。并且事实上"我想说的是总统在 2001 年 9 月 10 日就有这种权力"。一位法官问道，在此情况下，你会枪毙一个敌方作战人员，或者会对他施以酷刑吗？克莱门特对此的回答是否定的，"这违反了我们战争罪的概念"。克莱门特被问题步步紧逼，如果是一条执行命令会如何？如果为获取情报，酷刑被认为是必要的会如何？"为获得情报，有些制度这样做。"克莱门特回答道，"但我们的总统不这样做。"

"靠什么来束缚？这是关键。仅仅依靠总统的善良吗？"

"你们必须意识到，这是在发生战争的情况下——政府处于战时体制——你们必须相信总统来做出典范的军事上的判断。"[48]

这样就回到了施莱辛格在 20 世纪 70 年代所谴责的"平民选举的总统制"上，此体制中总统主张采取广泛的自由裁量权，唯一的限制就是四年一次对总统所做决议进行的公投——这是一个存在问题的模式,在此模式里总统们受任期限制,在连续的四次选举中获胜者获得51%或更少的普选票。同时,选民们必须相信总统正在为他们的利益而行动。当局宣称"我们的总统不会这样做",但历史表明我们的总统会这样做。

这一点是至关重要的。我们必须接受事实上总统自由裁量权正变得越来越重要。然而,这个自由裁量权应该在什么框架内行使呢?谁负责为部门之间设置界限?在一场战争中,参数和敌人的变化就如"全球反恐战争"中参数和敌人的变化一样,谁来决定战争什么时候开始,什么时候结束?尽管总统更愿意这样做,但是他不是独自承担他的责任。即使总统不承认他的错误,总统也不会总是正确。在我们的分权制中,通过在国会中建立联盟,并说服联盟相信总统是正确的,在各部门间搭起桥梁,大规模的变革才能变得合法化。由于国会的惰性而使总统主张的权力与经过全面而自由的辩论后赋予总统的权力,这两种权力存在着明显的标准上的不同。安东尼·斯卡利亚(Antonin Scalia)法官在哈姆丹案中所持的异议提醒我们"开国者们警告我们这种危险,并为我们制定了《宪法》来处理这种危险"。野心必须继续抵消野心。

第一分支的工作不是每日负责政策的执行,也并不总是能够通过新的法律:事实证明,复兴政体在缺乏巩固其构成部门的政治意愿下,无法胜任创建一个法律框架的工作。但无论如何,国会有一个至关重要的任务。它的工作就是通过辩论和审议来提取优先事项并设置清晰的标准;按照这些标准来监督及评判其他分支的决策和行动;把政府的努力,不管是好的还是坏的,暴露给公众审查;根据后面发生的事件来回顾其先前的辩论。所有这些都是国会的工作;辩论、评判及监管被授予机制中的其他机构。

立法审议的目的不是为了它自己的利益来培养对政府的信任;实际上,明智的合理的对政府的不信任是美国历史的一部分,是一个有价值的问责工具。按里根总统的话来说,我们应该"信任——但要证实"。我们应该努力工作,在美国政府权力及目标方面,在政府确切范围及方向方面,做出艰难的决定及提出交换条件。实际上,考虑到具有我们新世纪特点的这些危机,这么做是我们国家的最高优先事项。但这需要我们尽极大努力积极地参与。"我们必须意识到,"年轻的约翰·肯尼迪在他1946年初次选举竞选时如是说,"如果我们不关心我们的政治生活,那众多年轻人在国外浴血奋战所取得的胜利,我们在国内会轻而易举地丢掉。"[49]

尾注

1. Newsweek issue of January 9, 2006; "Vice President's Remarks to the Traveling Press," Air

Force Two，Office of the White House Press Secretary，December 20，2005；Arthur M. Schlesinger，Jr.，The Imperial Presidency（Boston：Houghton Mifflin，1973）；Andrew Rudalevige，*The New Imperial Presidency：Renewing Presidential Power after Watergate*（Ann Arbor：University of Michigan Press，2005），以下很多内容都是从以上文献中选取。

2. 当然总统是否应该是"她"，在那时并没有进行讨论；谈论总统制，我将尊重历史事实，使用男性代词描述各届总统们，但是"他"应该理解为"他，某一天她"。

3. 引用伦道夫的内容见 Jack N. Rakove，*Original Meanings：Politics and Ideas in the Making of the Constitution*（New York：Knopf，1996），257. 更为详细描述制宪会议上草拟的《宪法》第二条内容，有很多资料来源，其中之一参见 Rakove，Ch. 9；Forrest McDonald，*The American Presidency：An Intellectual History*（Lawrence：University Press of Kansas，1994），Ch. 7.

4. 参见 Edward S. Corwin，*The President：Office and Powers*，5th rev. ed.，with Randall W. Bland，Theodore Hinson，and Jack W. Peltason（New York：New York University Press，1984），3.

5. Theodore Roosevelt，*An Autobiography*（1913；reprint，New York：Da Capo Press，1985），372；William Howard Taft，*Our Chief Magistrate and His Powers*（1916），引用见 Christopher H. Pyle and Richard M. Pious，eds.，*The President，Congress，and the Constitution：Power and Legitimacy in American Politics*（New York：Free Press，1984），70 - 71.

6. H. L. Mencken，*Notes on Democracy*（New York：Alfred A. Knopf，1926），185.

7. Fred I. Greenstein，"Toward a Modern Presidency," in Greenstein，ed.，*Leadership in the Modern Presidency*（Cambridge，MA：Harvard University Press，1988），3.

8. Erwin C. Hargrove and Michael Nelson，*Presidents，Politics，and Policy*（New York：Alfred A. Knopf，1984），4.

9. Corwin，*President：Office and Powers*，354.

10. Hargrove and Nelson，45.

11. Schlesinger，x，252；Michael A. Genovese，*The Watergate Crisis*（Westport，CT：Greenwood，1999）；Stanley I. Kutler，*The Wars of Watergate*（New York：Alfred A. Knopf，1990）.

12. Stephen E. Ambrose，*Nixon，Vol. III：Ruin and Recovery，1973 - 1990*（New York：Touchstone，1992），508.

13. James L. Sundquist，*The Decline and Resurgence of Congress*（Washington，DC：Brookings Institution，1981），Ch. 1. 亦参见 Thomas Cronin，"A Resurgent Congress and the Imperial Presidency," *Political Science Quarterly* 95（Summer 1980）：209 - 237.

14. *Congressional Record*，April 18，1973，p. 13190.

15. Dom Bonafede，Daniel Rapoport，and Joel Havemann，"The President versus Congress：The Score since Watergate," *National Journal*（May 29，1976），738；Ford quoted in interview with *Time* magazine（November 10，1980），30.

16. Mike Allen，"Bush to Change Economic Team," *Washington Post*，November 29，2004，A1. More generally 更为概括内容，参见 Thomas J. Weko，*The Politicizing Presidency：The White House Personnel Office，1948 - 1994*（Lawrence：University Press of Kansas，1994）.

17. Fisher，*Presidential War Powers*，140 - 141；Peter Huchthausen，*America's Splendid Little*

Wars: *A Short History of U. S. Military Engagements*, *1975 - 2000* (New York: Viking, 2003), Ch. 4.

18. Louis Fisher and David Gray Adler, "The War Powers Resolution: Time to Say Goodbye," *Political Science Quarterly* 113 (Spring 1998), 1.

19. Dan L. Crippen, "Observations on the Current State of the Federal Budget Process," Address at the Fall Symposium of the American Association for Budget and Program Analysis, November 22,2002.

20. *Public Papers of the Presidents*, September 25, 1995, 1475; Francine Kiefer, "Clinton Perfects the Art of Go-Alone Governing," *Christian Science Monitor* (July 24,1998),3;亦参见 David Gray Adler, "Clinton in Context," in Adler and Michael A. Genovese, eds., *The Presidency and the Law*: *The Clinton Legacy* (Lawrence: University Press of Kansas, 2002).

21. *Weekly Compilation of Presidential Documents* (March 13,2002),411;切尼引自 2003 年 1 月 27 日的 NBC 广播公司采访,参见 Tom Curry, "Executive Privilege Again at Issue," *MSNBC*. com, February 1,2003 [http://www. msnbc. com/news/695487. asp? cp151],还可参见 Kenneth T. Walsh, "The Cheney Factor," U. S. News and World Report (January 23, 2006), 42 - 43.

22. 私人国家安全档案馆主任托马斯·布兰顿,引用见 Dana Milbank and Mike Allen, "Release of Documents is Delayed," *Washington Post* (March 26,2003), A15. 在更广泛的层次上——两党立法者做出的类似反应,参见 Alison Mitchell, "Cheney Rejects Broader Access to Terror Brief," *The New York Times* (May 20,2002), A1; Alexis Simendinger, "The Power of One," *National Journal* (January 26, 2002); Kirk Victor, "Congress in Eclipse," *National Journal* (April 5,2003), 1069 - 1070. The PRA order is E. O. 13223. The Energy Task Force saga is described in Rudalevige, *New Imperial Presidency*, 189 - 191.

23. "Authorization for Use of Military Force," Public Law 107 - 40 (September 18,2001).

24. "President Holds Press Conference," Office of the White House Press Secretary, December 20,2004;更为概括内容,参见 Andrew Rudalevige, "George W. Bush and Congress: New Term, New Problems — Same Results?" in Douglas Brattebo, Thomas Lansford, and Robert Maranto, eds., *The Second Term of George W. Bush*: *Prospects and Perils* (New York: Palgrave Macmillan, 2006).

25. 引用见 Lisa Caruso, "You've Got to Know When to Hold 'Em," *National Journal* (July 12, 2003),2258. 这种情绪是代表两党的:参议员查克·哈格尔(共和党-内布拉斯加州)同样抱怨道:"这届政府······把国会作为附属品,是《宪法》上的败笔。"引用见 David E. Rosenbaum, "In the Fulbright Mold, Without the Power," *The New York Times* (May 3,2004), A16.

26. "Press Conference of the President," Office of the White House Press Secretary, December 19,2005;可参见 Charles Lane, "White House Elaborates on Authority for Eavesdropping," *The Washington Post* (December 20,2005), A10.

27. "Legal Authorities Supporting the Activities of the National Security Agency Described by the President," Department of Justice, January 19,2006,1 - 2,10 - 11,17,331.

28. 可参见 Article I's designation of Congress's authority to regulate the "land and naval forces," "captures on land or water," the militia, and "letters of marque and reprisal" (i. e., to hire private contractors to carry out warfare.)

29. Jess Bravin, "Judge Alito's View of the Presidency: Expansive Powers," *Wall Street Journal* (January 5, 2006), A1; Dan Eggen, "White House Dismissed '02 Surveillance Proposal," *The Washington Post* (January 26, 2006), p. A4. On OLC, 参见 "Legal authorities," 30, 34n18, 40. 白皮书指出"不能在一份非保密文件中给出充分的解释";但是多数情况下,也不能在保密简报中提供这样的解释。亦参见"Press Conference of the President," Office of the White House Press Secretary (January 26, 2006).

30. 参见 Gonzales memo of January 25, 2002, 题为 "Decision re Application of the Geneva Convention on Prisoners of War to the Conflict with Al Qaeda and the Taliban";拉姆斯菲尔德引用见 Katharine Q. Seelye, "First 'Unlawful Combatants' Seized in Afghanistan Arrive at U. S. Base in Cuba," *The New York Times* (January 12, 2002), A7 (emphasis added); Seymour Hersh, "The Gray Zone," *The New Yorker* (May 24, 2004); John Hendren, "Officials Say Rumsfeld OK'd Harsh Interrogation Methods," *Los Angeles Times* (May 21, 2004), A1; Dana Priest, "Covert CIA Program Withstands New Furor," *The Washington Post* (December 30, 2005), A1. 冈萨雷斯备忘录全文及其他文件后来被公之于众并在不同地方的网上收藏,还可参见 Karen J. Greenberg and Joshua L. Dratel, *The Torture Papers* (New York: Cambridge University Press, 2005).

31. 参见 Michael Fletcher, "Bush Defends CIA's Clandestine Prisons," *The Washington Post* (November 8, 2005), A15; Jane Mayer, "A Deadly Interrogation," *The New Yorker* (November 14, 2005).

32. President's Military Order of November 13, 2001; Government's Brief and Motion, August 27, 2002, *Jose Padilla v. George Bush*, *Donald Rumsfeld*, *et al*. (U. S. Dist. Court, Southern Dist. of New York—Case No. 02 - 4445).

33. 参见 Jay Bybee to Alberto Gonzales, "Re: Standards of Conduct for Interrogation under 18 U. S. C. §§ 2340 - 2340A," Office of Legal Counsel, U. S. Department of Justice, August 1, 2002, 1 - 6, 31 - 39; Working Group Report on Detainee Interrogations in the Global War on Terrorism: Assessment of Legal, Historical, Policy, and Operational Considerations, U. S. Department of Defense, April 4, 2003, 21 and Section III generally; "President's Statement on Signing of H. R. 2863," offce of the White House Press Secretary (December 30, 2005). 更为概括的内容参见 James P. Pfiffner, "Torture as Public Policy," unpublished ms. , George Mason University School of Public Policy, 12 - 14; Mayer, "A Deadly Interrogation. "

34. 虽然最早从杰克逊政府那里能找到一些分散的实践范例,但是总统罗纳德·里根将其作为更为系统化的策略推行,目的有二,一是把总统的观点写入"立法史"(如果司法部门参与的话),二是更好地管控行政部门的行为。里根的继任者们都使用了这一工具,但都没有像乔治·沃克·布什做得这么过分,他在第一任期时,制定了 500 多条反《宪法》的立法(与之相比,比尔·克林顿八年期间制定了 105 条)。参见 Phillip J. Cooper, "George W. Bush, Edgar Allan Poe, and the Use of Abuse of Presidential Signing Statements," *Presidential Studies Quarterly* 35 (September 2005): 515 - 532; Ron Hutcheson and James Kuhnhenn, "Bush Asserts Power over Laws," *Philadelphia Inquirer* (January 16, 2006), A1; Elizabeth Bumiller, "For President, Final Say on a Bill Sometimes Comes After the Signing," *New York Times* (January 16, 2006), A11.

35. John Locke, *Second Treatise of Government*, ed. C. B. Macpherson (Indianapolis: Hackett, 1980[1690]), 84; 概括参见 §§ 159 - 160.

36. 此外，在改写一些过时的、不精确的法令法规来满足他们当时的需要方面，总统们已经变得相当精明。罗斯福总统根据第一次世界大战时期的法律在 1933 年关闭银行；总统克林顿在犹他州官员的反对下，指定 200 万英亩的土地作为保护地，也是使用了 1906 年通过的一条法令。

37. Tom Daschle, "Power We Didn't Grant," *The Washington Post* (December 23, 2005), A21; 费恩斯坦引用见 Ron Hutcheson, "Presidential Power a Key Issue in Debate over Eavesdropping," Knight-Ridder (January 23, 2006).

38. *Hamdi v. Rumsfeld*, 124 U. S. 2633 (2004); *Padilla vs. Hanft*, 05 - 6396, Fourth Circuit Court of Appeals, September 9, 2005.

39. *Goldwater v. Carter*, quoted in Ronald J. Sievert, "*Campbell v. Clinton* and the Continuing Effort to Reassert Congress' Predominant Constitutional Authority to Commence, or Prevent, War," *Dickinson Law Review* 105 (Winter 2001), 167.

40. "Statement on the Department of Justice Motion to Dismiss the Hamdan Case in the Supreme Court," Office of Sen. Carl Levin, January 12, 2006.

41. Eric Schmitt, "Senators Assail Request for Aid for Afghan and Iraq Budgets," *The New York Times* (May 14, 2004), A1; Tyler Marshall, "The Conflict in Iraq: Unease Shadows Bush's Optimism," *Los Angeles Times* (September 17, 2004), A1.

42. 平民伤亡估计，参见 "President Discusses War on Terror and Upcoming Iraqi Elections," in Philadelphia, Pennsylvania, Office of the White House Press Secretary, December 12, 2005; 民意调查数据参见 the CNN/USA Today/Gallup Poll sequence provided at http://www.pollingreport.com/iraq.htm [accessed January 3, 2006]. 占领伊拉克的讨论，参见，inter alia, James Fallows, "Why Iraq Has No Army," *Atlantic Monthly* (December 2005); George Packer, *The Assassins' Gate* (New York: Farrar Straus Giroux, 2005); James Glanz, "Iraq Rebuilding Badly Hobbled, U. S. Report Finds," *The New York Times* (January 24, 2006), A1.

43. 然而，最高法院保留了对案件更广泛问题的权利，允许这种改变。

44. 引用见 James Kuhnhenn, "Senators Taking Reins of Their Watchdog Role," *Philadelphia Inquirer* (January 29, 2006), A3.

45. Thomas B. Edsall, "Bush Appointments Avert Senate Battles," *The Washington Post* (January 5, 2006), A13; Eric Lipton, "White House Declines to Provide Storm Papers," *The New York Times* (January 25, 2006), A1; "Press Conference of the President," Office of the White House Press Secretary, January 26, 2006; Richard Wolffe and Holly Bailey, "The Bush Battle Plan: It's the War, Stupid," *Newsweek* (January 30, 2006).

46. 感谢威廉·豪威尔和琼·佩伍豪斯提出的这一构想。

47. Concurring opinion to *Youngstown Sheet and Tube Co. v. Sawyer*, 343 U. S. 579(1952).

48. 来自美国最高法院的口头辩论文字记录，参见 *Rumsfeld v. Padilla*, April 28, 2004, 可从法院网站获取(http://www.supremecourtus.gov).

49. 引用 Robert Dallek, *An Unfinished Life: John F. Kennedy*, 1917 - 1963 (Boston: Little, Brown, 2003), 132.